에듀윌과 함께 시작하면,
당신도 합격할 수 있습니다!

은퇴 후 제2의 인생을 위해
모두 잠든 시간에 책을 펴는 40~60대 수험생

더 좋은 환경에서 전문적인 업무 수행을 위해
바쁜 와중에도 시험에 도전하는 관련 분야 종사자

취업과 학점은행제 학점 인정을 위해
자격증 취득을 결심한 비전공자

누구나 합격할 수 있습니다.
해내겠다는 '열정' 하나면 충분합니다.

마지막 페이지를 덮으면,

에듀윌과 함께
손해평가사 합격의 길이 시작됩니다.

eduwill

이론부터 최종 점검까지
무료특강 제공

고퀄리티의 강의로 손해평가사 1차
합격 문턱이 낮아집니다.

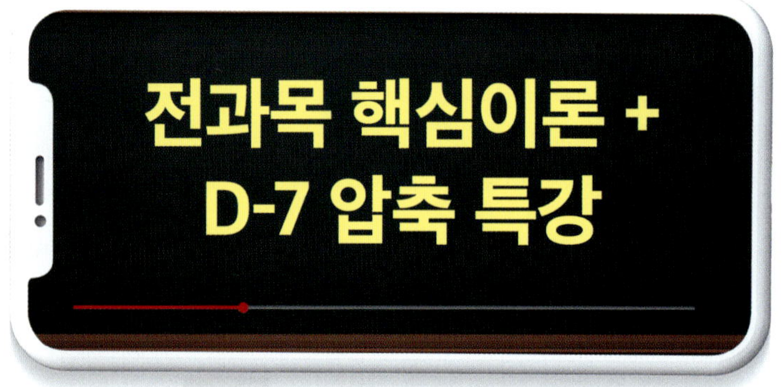

이용경로 | 에듀윌 도서몰(book.eduwill.net) ▶ 동영상강의실 ▶ '손해평가사 1차' 검색
유튜브(youtube.com) ▶ '에듀윌 손해평가사 1차' 검색

1차부터 2차까지 좀 더 다양한 강의를 듣고 싶다면?

에듀윌 홈페이지 (eduwill.net) ▶ '손해평가사' 검색 ▶ 강의 확인

홈페이지 바로 가기

2026 최신판

에듀윌 손해평가사 1차 한권끝장

2025년 최신 기출문제 포함

+무료특강

시험장에 들고 가는 단 한 권!

D-7 압축노트

• 최빈출 개념+문제

• 최신 기출문제(2025년 제11회)

eduwill

2026 최신판

에듀윌 손해평가사 1차 한권끝장

2025년 최신 기출문제 포함

+무료특강

에듀윌 손해평가사
1차 한권끝장

시험장에 들고 가는 단 한 권!

D-7 압축노트

- 최빈출 개념+문제
- 최신 기출문제(2025년 제11회)

최빈출 개념+문제

✓ 활용 TIP

- [음영] 표시된 개념을 위주로 확인하면 문제 풀이에 바로 적용할 수 있습니다.
- [참고] 코너로 개념을 확장하거나 부족한 해설을 보완할 수 있습니다.
- [색자] 정답 표시로 빠르고 직관적인 정답 확인이 가능합니다.

제1과목 상법(보험편)

1 보험계약의 특성(법적 성격)

낙성계약, 유상계약, 쌍무계약, 불요식계약, 사행계약, 최대선의계약, 부합계약

1 - Q | 제2회 기출

보험계약의 성질이 아닌 것은?

① 낙성계약

② 무상계약

③ 불요식계약

④ 선의계약

참고 보험계약은 서로 금전적 대가관계가 형성되는 유상계약이다.

2 보험계약의 성립과 낙부의 통지

- 보험계약자의 청약과 보험자의 승낙만으로 성립된다.
- 보험자가 보험계약자로부터 보험계약의 청약과 함께 보험료 상당액의 전부 또는 일부의 지급을 받은 때에는 다른 약정이 없으면 30일 내에 그 상대방에 대하여 낙부의 통지를 발송하여야 한다. 그 통지를 해태한 때는 청약을 승낙한 것으로 본다.

2 - Q | 제6회 기출

보험계약의 성립에 관한 설명으로 옳지 않은 것은?

① 보험계약은 보험계약자의 청약과 이에 대한 보험자의 승낙으로 성립한다.

② 보험계약자로부터 청약을 받은 보험자는 보험료 지급 여부와 상관없이 청약일로부터 30일 이내에 승낙 의사표시를 발송하여야 한다.

③ 보험자의 승낙의사표시는 반드시 서면으로 할 필요는 없다.

④ 보험자가 보험계약자로부터 보험계약의 청약과 함께 보험료 상당액의 전부 또는 일부를 받은 경우에 그 청약을 승낙하기 전에 보험계약에서 정한 보험사고가 생긴 때에는 그 청약을 거절할 사유가 없는 한 보험자는 보험계약상의 책임을 진다.

3 승낙 전 사고 담보제도의 요건

- 보험계약자의 청약
- 보험계약자의 보험료의 납부(전부 또는 일부)
- 청약을 거절할 사유가 없어야 함

4 타인을 위한 보험계약

- 손해보험에서는 보험계약자와 피보험자(타인)가 다른 보험계약을 말한다.
- 타인은 피보험자로서 보험계약 수익의 의사표시 여부와 상관없이 당연히 이익을 얻는다.
- 타인의 위임 여부, 특정 여부와 상관없이 성립될 수 있다.
- 타인의 위임이 없는 때 보험계약자는 이를 보험자에게 고지하여야 하고, 그 고지가 없는 때에는 타인이 그 보험계약이 체결된 사실을 알지 못하였다는 사유로 보험자에게 대항하지 못한다.
- 보험계약의 해지 시 타인의 동의를 얻거나 보험증권을 소지해야 해지할 수 있다.
- 손해보험계약의 경우 보험계약자가 피보험자에게 보험사고의 발생으로 인한 손해의 배상을 한 때에는 피보험자의 권리를 해하지 않는 범위 안에서 보험자에게 보험금액의 지급을 청구할 수 있다.

4 - Q | 제5회 기출

타인을 위한 보험에 관한 설명으로 옳지 않은 것은?

① 보험계약자는 위임을 받아 특정의 타인을 위하여 보험계약을 체결할 수 있다.

② 보험계약자는 위임을 받지 아니하고 불특정의 타인을 위하여 보험계약을 체결할 수 있다.

③ 타인을 위한 손해보험계약의 경우에 그 타인의 위임이 없는 때에는 이를 보험자에게 고지하여야 한다.

④ 타인을 위한 보험계약의 경우에 그 타인은 수익의 의사표시를 하여야 그 계약의 이익을 받게 된다.

5 보험자의 보조자 권한 여부

보험자는 보험대리상의 권한 중 일부를 제한할 수 있다. 다만, 보험자는 그러한 권한 제한을 이유로 선의의 보험계약자에게 대항하지 못한다.

권한	보험대리상	보험중개인, 보험설계사
보험계약 체결권	○	×
보험료수령권	○	○*
보험증권교부권	○	○
의사표시수령권	○	×
의사표시권	○	×

* 보험자가 작성한 영수증을 보험계약자에게 교부하는 경우에 한함

5 - Q | 제2회 기출

보험대리상이 갖는 권한이 아닌 것은?

① 보험계약자로부터 보험료를 수령할 수 있는 권한

② 보험계약자로부터 보험계약의 취소에 관한 의사표시를 수령할 수 있는 권한

③ 보험자로부터 보험금을 수령할 수 있는 권한

④ 보험계약자에게 보험계약의 변경에 관한 의사표시를 할 수 있는 권한

6 보험약관

• 보험자는 보험계약 체결 시 보험계약자에게 보험약관을 교부하고 그 약관의 중요한 내용을 설명하여야 한다.

• 보험약관의 교부·설명의무를 위반한 경우 보험계약이 성립한 날로부터 3개월 이내에 그 계약을 취소할 수 있다.

• 상법 보험편의 규정은 당사자 간의 특약으로 보험계약자 또는 피보험자나 보험수익자의 불이익으로 변경하지 못한다. 그러나 재보험 및 해상보험 기타 이와 유사한 보험(기업보험)의 경우에는 그러하지 아니하다.

6 - Q | 제4회 기출

상법 제663조(보험계약자 등의 불이익변경금지)에 관한 설명으로 옳지 않은 것은?

① 상법 보험편의 규정은 가계보험에서 당사자 간의 특약으로 피보험자의 불이익으로 변경하지 못한다.

② 상법 보험편의 규정은 재보험에서 당사자 간의 특약으로 피보험자의 불이익으로 변경하지 못한다.

③ 상법 보험편의 규정은 가계보험에서 당사자 간의 특약으로 보험계약자의 불이익으로 변경하지 못한다.

④ 상법 보험편의 규정은 해상보험에서 당사자 간의 특약으로 피보험자의 불이익으로 변경할 수 있다.

7 보험증권

• 보험자는 보험계약이 성립한 때에는 지체없이 보험증권을 작성하여 보험계약자에게 교부하여야 한다. 그러나 보험계약자가 보험료의 전부 또는 최초의 보험료를 지급하지 아니한 때에는 그러하지 아니하다(위반 효과 없음).

• 보험증권은 요식증권, 증거증권의 성질을 지닌다.

• 보험계약 변경 시 새로 보험증권을 작성하여 교부할 필요 없이 보험증권에 변경 내용을 기재하여 갈음할 수 있다.

• 보험증권 재교부 시 증권작성의 비용은 보험계약자가 부담한다.

• 보험증권의 기재내용에 이의제기를 할 수 있는 기간은 1개월 미만으로 할 수 없다.

7 - Q | 제11회 기출

상법상 보험증권에 관한 설명으로 옳은 것은?

① 보험계약자가 최초의 보험료를 지급하지 아니한 때에도 보험자는 보험계약이 성립한 때에는 지체없이 보험증권을 작성하여 보험계약자에게 교부하여야 한다.

② 기존의 보험계약을 변경한 경우 보험자는 그 보험증권에 그 사실을 기재함으로써 보험증권의 교부에 갈음할 수 있다.

③ 보험계약의 당사자는 보험증권의 교부가 있은 날부터 14일 기간 내에 한하여 그 증권 내용의 정부에 관한 이의를 할 수 있음을 약정할 수 있다.

④ 보험계약자가 보험증권을 현저하게 훼손하여 증권의 재교부를 청구한 경우 그 비용은 보험자가 부담하여야 한다.

참고 ① 보험계약자가 보험료의 전부 또는 최초의 보험료를 지급하지 아니한 때에는 보험증권을 교부하지 않아도 된다.
③ 증권 내용에 대한 이의 제기 기간은 1개월을 내리지 못한다.
④ 증권 재교부 시 증권작성의 비용은 보험계약자가 부담한다.

8 손해보험증권의 기재사항

- 보험의 목적
- 보험사고의 성질
- 보험금액
- 보험료와 그 지급방법
- 보험기간을 정한 때에는 그 시기와 종기
- 무효와 실권의 사유
- 보험계약자의 주소와 성명 또는 상호
- 피보험자의 주소, 성명 또는 상호
- 보험계약의 연월일
- 보험증권의 작성지와 그 작성년월일

9 고지의무

보험계약 체결 시 보험자에게 중요한 사항(보험사가 서면으로 질문한 사항은 중요한 사항으로 추정함)을 고지하고 고의 또는 중대한 과실로 부실 고지를 하지 않을 의무를 말한다.

- 고지의무자: 보험계약자 또는 피보험자
- 고지의 방법: 특정한 제한 없음
- 위반 시 효과: 보험자는 그 사실을 안 날로부터 1월 내에, 계약을 체결한 날로부터 3년 내에 한하여 계약을 해지할 수 있다. 그러나 보험자가 계약 당시에 그 사실을 알았거나 중대한 과실로 인하여 알지 못한 때에는 그러하지 아니하다.

9 - Q | 제7회 기출

고지의무에 관한 설명으로 옳지 않은 것은?

① 고지의무를 부담하는 자는 보험계약상의 보험계약자 또는 보험수익자이다.

② 보험계약자가 고의로 중요한 사항을 고지하지 아니한 경우, 보험자는 계약 체결일로부터 1월이 된 시점에는 계약을 해지할 수 있다.

③ 보험자가 계약 당시에 보험계약자의 고지의무 위반 사실을 알았을 때에는 계약을 해지할 수 없다.

④ 보험계약자가 중대한 과실로 중요한 사항을 고지하지 아니한 경우, 보험자는 계약 체결일로부터 5년이 경과한 시점에는 계약을 해지할 수 없다.

참고 고지의무를 부담하는 자는 보험계약자와 피보험자이며, 보험수익자는 고지의무 대상이 아니다.

10 객관적 위험의 증가 시 통지의무

보험기간 중 사고발생의 위험이 현저하게 변경 또는 증가된 사실을 안 때에 지체없이 보험자에게 통지하여야 하는 의무를 말한다.

- 통지의무자: 보험계약자 또는 피보험자
- 위반 시 효과: 보험자는 그 사실을 안 날로부터 1월 내에 한하여 계약을 해지할 수 있다.
- 보험자가 위험변경증가의 통지를 받은 때에는 1월 내에 보험료의 증액을 청구하거나 계약을 해지할 수 있다.
- 보험사고가 발생한 후라도 보험자가 위험변경통지의 해태에 따라 계약을 해지하였을 때에는 보험금을 지급할 책임이 없고 이미 지급한 보험금의 반환을 청구할 수 있다.

10 - Q | 제4회 기출

위험변경증가의 통지와 보험계약해지에 관한 설명으로 옳지 않은 것은?

① 보험기간 중에 보험계약자 또는 피보험자가 사고발생의 위험이 현저하게 변경 또는 증가된 사실을 안 때에는 지체없이 보험자에게 통지하여야 한다.

② 보험자가 위험변경증가의 통지를 받은 때에는 1월 내에 보험료의 증액을 청구하거나 계약을 해지할 수 있다.

③ 위험변경증가의 통지를 해태한 때에는 보험자는 그 사실을 안 날로부터 1월 내에 한하여 계약을 해지할 수 있다.

④ 보험사고가 발생한 후라도 보험자가 위험변경통지의 해태로 계약을 해지하였을 때에는 보험금을 지급할 책임이 없고, 이미 지급한 보험금의 반환도 청구할 수 없다.

11 위험변경·증가 시 보험자의 조치

보험기간 중에 보험계약자, 피보험자 또는 보험수익자의 고의 또는 중대한 과실로 인하여 사고발생의 위험이 현저하게 변경 또는 증가된 때에는 보험자는 그 사실을 안 날부터 1월 내에 보험료의 증액을 청구하거나 계약을 해지할 수 있다.

12 의무 위반 시 해지 및 면책

고지의무 위반, 위험의 증가 시 통지의무 위반, 위험의 유지의무 위반 시 보험자는 보험계약을 해지할 수 있으며, 보험사고가 발생한 후라도 보험금지급책임은 없다. 다만, 이러한 사실과 보험사고와의 인과관계가 없으면 보험금을 지급해야 한다.

13 보험사고발생의 통지의무

- 통지의무자: 보험계약자, 피보험자, 보험수익자
- 위반 시 효과: 통지의무를 해태함으로 인하여 손해가 증가된 때에는 보험자는 그 증가된 손해를 보상할 책임이 없다.

14 보험자의 보험금 지급과 면책

- 보험금 지급의무
  - 보험금 지급책임: 당사자 간에 다른 약정이 없으면 최초의 보험료의 지급을 받은 때로부터 개시한다.
  - 소급보험: 계약 전의 어느 시기를 보험기간의 시기로 할 수 있다.
  - 보험금 지급 시기: 보험자는 보험금액의 지급에 관하여 약정기간이 있는 경우에는 그 기간 내에, 약정기간이 없는 경우에는 보험사고발생의 통지를 받은 후 지체없이 지급할 보험금액을 정하고 그 정하여진 날부터 10일 내에 피보험자 또는 보험수익자에게 보험금액을 지급하여야 한다.
- 보험사의 면책사유
  - 고의 또는 중대한 과실로 인한 면책: 당사자 간의 약정으로 변경할 수 없는 강행규정이다.
  - 전쟁위험 등으로 인한 면책: 강행규정이 아니므로 당사자 간의 약정으로 변경할 수 있다.
  - 손해보험계약에서의 면책사유: 보험의 목적의 성질, 하자 또는 자연소모로 인한 손해는 보험자가 이를 보상할 책임이 없다(강행규정).

14 - Q ㅣ 제1회 기출

보험자의 보험금 지급과 면책사유에 관한 설명으로 옳은 것은?

① 보험금은 당사자 간에 특약이 있는 경우라도 금전 이외의 현물로 지급할 수 없다.

② 보험자의 보험금 지급은 보험사고발생의 통지를 받은 후 10일 이내에 지급할 보험금액을 정하고 10일 이후에 이를 지급하여야 한다.

③ 보험의 목적인 과일의 자연 부패로 인하여 발생한 손해에 대해서 보험자는 보험금을 지급하여야 한다.

④ 건물을 특약 없는 화재보험에 가입한 보험계약에서 홍수로 건물이 멸실된 경우 보험자는 보험금을 지급하지 않아도 된다.

참고 ① 보험금은 현금으로 일시에 지급하는 것이 일반적이지만 현물, 기타의 급여로 지급할 수도 있다.

④ 보험사고로 인하여 상실된 피보험자가 얻을 이익이나 보수는 당사자 간에 다른 약정이 없으면 보험자가 보상할 손해액에 산입하지 아니한다.

15 보험료의 지급 및 반환

- 지급의무자: 1차(보험계약자), 2차[피보험자(타인을 위한 보험에서 그 타인이 그 권리를 포기하지 않는 경우)]
- 최초보험료 납부 해태: 다른 약정이 없는 한 계약 성립 후 2월이 경과하면 그 계약은 해제된 것으로 본다.
- 보험료의 감액청구: 보험계약의 당사자가 특별한 위험을 예기하여 보험료의 액을 정한 경우에 보험기간 중 그 예기한 위험이 소멸한 때에는 보험계약자는 그 후의 보험료의 감액을 청구할 수 있다(소급 ×).
- 보험료 반환청구: 보험계약자는 보험계약의 임의해지나 무효(선의 시)일 시 보험료의 반환을 청구할 수 있다.

15 - Q1 ㅣ 제11회 기출

상법상 보험료에 관한 설명으로 옳은 것은?

① 보험계약의 일부가 무효인 경우에 보험계약자와 피보험자가 선의이며 중대한 과실이 없는 때에도 보험자에 대하여 보험료의 일부의 반환을 청구할 수 없다.

② 보험계약의 전부가 무효인 경우에 보험계약자와 보험수익자가 선의이며 중대한 과실이 없는 때에도 보험자에 대하여 보험료의 반환을 청구할 수 없다.

③ 보험계약의 당사자가 특별한 위험을 예기하여 보험료의 액을 정한 경우에 보험기간 중 그 예기한 위험이 소멸한 때에는 보험계약자는 그 후의 보험료의 감액을 청구할 수 있다.

④ 보험사고가 발생하기 전에 보험계약자가 보험계약의 전부를 해지한 경우에도 보험계약자는 당사자 간에 다른 약정이 없으면 미경과보험료의 반환을 청구할 수 없다.

참고 ①, ② 보험계약의 전부 또는 일부가 무효인 경우에 보험계약자와 피보험자가 선의이며 중대한 과실이 없는 때에는 보험자에 대하여 보험료의 전부 또는 일부의 반환을 청구할 수 있다. 보험계약자와 보험수익자가 선의이며 중대한 과실이 없는 때에도 같다.
④ 보험사고가 발생하기 전에 보험계약자가 보험계약의 전부 또는 일부를 해지한 경우에도 보험계약자는 당사자 간에 다른 약정이 없으면 미경과보험료의 반환을 청구할 수 있다.

15 - Q2 | 제7회 기출

보험료의 지급과 지체의 효과에 관한 설명으로 옳은 것은?

① 보험계약자는 계약 체결 후 지체없이 보험료의 전부 또는 제1회 보험료를 지급하여야 한다.

② 계속보험료가 약정한 시기에 지급되지 아니한 때에는 보험자는 상당한 기간을 정하여 보험계약자에게 최고하고 그 기간 내에 지급되지 아니한 때에는 그 계약은 해지된 것으로 본다.

③ 특정한 타인을 위한 보험의 경우에 보험계약자가 보험료의 지급을 지체한 때에는 보험자는 그 계약을 해제 또는 해지할 수 있다.

④ 보험계약자가 최초보험료를 지급하지 아니한 경우에는 다른 약정이 없는 한 계약 성립 후 1월이 경과하면 그 계약은 해제된 것으로 본다.

참고 ② 계속보험료가 약정한 시기에 지급되지 아니한 때에는 보험자는 상당한 기간을 정하여 보험계약자에게 최고하고 그 기간 내에 지급되지 아니한 때에는 그 계약을 해지할 수 있다.
③ 특정한 타인을 위한 보험의 경우에 보험계약자가 보험료의 지급을 지체한 때에는 보험자는 그 타인에게도 상당한 기간을 정하여 보험료의 지급을 최고한 후가 아니면 그 계약을 해제 또는 해지하지 못한다.
④ 보험계약자가 최초보험료를 지급하지 아니한 경우에는 다른 약정이 없는 한 계약 성립 후 2월이 경과하면 그 계약은 해제된 것으로 본다.

16 보험계약의 해지

- 보험사고의 발생으로 보험자가 보험금액을 지급한 때에도 보험금액이 감액되지 아니하는 보험의 경우에는 보험계약자는 그 사고발생 후에도 보험계약을 해지할 수 있다.
- 보험자의 파산선고에도 불구하고 보험계약자가 보험계약을 해지하지 아니한 보험계약은 파산선고 후 3월을 경과한 때에는 그 효력을 잃는다.

16 - Q | 제8회 기출

보험계약의 해지에 관한 설명으로 옳지 않은 것은? (다툼이 있으면 판례에 따름)

① 보험자가 파산의 선고를 받은 때에는 보험계약자는 계약을 해지할 수 있다.

② 보험자가 보험기간 중에 사고발생의 위험이 현저하게 증가하여 보험계약을 해지한 경우 이미 지급한 보험금의 반환을 청구할 수 없다.

③ 보험자가 파산의 선고를 받은 경우 해지하지 아니한 보험계약은 파산선고 후 3월을 경과한 때에는 그 효력을 잃는다.

④ 보험자가 보험기간 중 사고발생의 위험이 현저하게 변경되었음을 이유로 계약을 해지하려는 경우 그 사실을 입증하여야 한다.

참고 보험자가 보험기간 중에 사고발생의 위험이 현저하게 증가하여 보험계약을 해지한 경우 이미 지급한 보험금의 반환을 청구할 수 있다.

17 보험계약의 무효

보험계약 당시에 보험사고가 이미 발생하였거나 또는 발생할 수 없는 것인 때에는 그 계약은 무효로 한다. 그러나 당사자 쌍방과 피보험자가 이를 알지 못한 때에는 그러하지 아니하다.

18 보험계약의 부활

계속보험료 미납으로 보험계약이 해지되고 해지환급금이 지급되지 아니한 경우에 보험계약자는 일정한 기간 내에 연체보험료에 약정이자를 붙여 보험자에게 지급하고 그 계약의 부활을 청구할 수 있다.

18 - Q | 제8회 기출

상법상 손해보험계약의 부활에 관한 설명으로 옳지 않은 것은?

① 제1회 보험료의 지급이 이루어지지 않아 보험계약이 해제된 경우 보험계약자는 보험계약의 부활을 청구할 수 있다.

② 계속보험료의 연체로 인하여 보험계약이 해지되고 해지환급금이 지급되지 아니한 경우 보험계약자는 보험계약의 부활을 청구할 수 있다.

③ 계속보험료의 연체로 인하여 보험계약이 해지된 경우 보험계약자가 보험계약의 부활을 청구하려면 연체보험료에 약정이자를 붙여 보험자에게 지급해야 한다.

④ 보험계약자가 상법상의 요건을 갖추어 계약의 부활을 청구하는 경우 보험자는 30일 이내에 낙부통지를 발송해야 한다.

참고 보험계약의 부활은 제1회 보험료(최초보험료)가 아닌 계속보험료의 미지급에 의한 해지여야 한다.

19 소멸시효기간

3년	보험금청구권, 보험료 또는 적립금의 반환청구권
2년	보험료청구권

19 - Q | 제2회 기출

소멸시효기간이 다른 하나는?

① 보험금청구권 ② 보험료청구권

③ 보험료의 반환청구권 ④ 적립금의 반환청구권

20 재보험과 원보험

재보험계약은 원보험계약의 효력에 영향을 미치지 아니한다.

21 피보험이익

- 피보험이익은 손해보험계약의 유효성을 판단하는 기준이며, 보험계약에서의 도박화를 방지하는 역할을 한다.
- 피보험이익의 요건: 경제성, 적법성, 확정성
- 특정 목적물에 관한 보험계약일지라도 피보험이익이 다르면 별개의 보험계약에 해당한다.

21 - Q | 제1회 기출

손해보험계약에서의 피보험이익에 관한 설명으로 옳지 않은 것은?

① 피보험이익은 보험의 도박화를 방지하는 기능이 있다.

② 피보험이익은 적법한 것이어야 한다.

③ 피보험이익은 보험자의 책임범위를 정하는 표준이 된다.

④ 동일한 건물에 대하여 소유권자와 저당권자는 각자 독립한 보험계약을 체결할 수 없다.

참고 동일한 건물에 대하여 소유권자와 저당권자의 피보험이익은 서로 다르므로 각자 독립한 보험계약을 체결할 수 있다.

22 손해액의 산정기준

- 보험자가 보상할 손해액은 그 손해가 발생한 때와 곳의 가액에 의하여 산정한다. 그러나 당사자 간에 다른 약정이 있는 때에는 그 신품가액에 의하여 손해액을 산정할 수 있다.
- 손해액의 산정에 관한 비용은 보험자의 부담으로 한다.

22 - Q | 제8회 기출

상법상 손해보험에서 손해액의 산정기준 등에 관한 설명으로 옳지 않은 것은?

① 보험자가 보상할 손해액은 그 손해가 발생한 때와 곳의 가액에 의하여 산정하는 것이 원칙이다.

② 손해액의 산정에 관한 비용은 보험계약자의 부담으로 한다.

③ 보험자가 손해를 보상할 경우에 보험료의 지급을 받지 아니한 잔액이 있으면 그 급기일이 도래하지 아니한 때라도 보상할 금액에서 이를 공제할 수 있다.

④ 보험자는 약정에 따라 신품가액에 의하여 손해액을 산정할 수 있다.

23 보험가액

- 보험가액은 손해액 산정의 기초가 된다.
- 보험가액은 고정되지 않고 경제적 상황에 따라 변동될 수 있으며, 시기와 장소에 따라 달라질 수 있다.
- 보험가액은 손해보험의 이득 금지의 원칙과 관련하여 피보험자에게 이득이 발생했는지 판단하는 기준이 된다.
- 당사자 간에 보험가액을 정하지 아니한 때(미평가보험)에는 사고발생 시의 가액을 보험가액으로 한다.

23 - Q | 제3회 기출

보험가액에 관한 설명으로 옳은 것은?

① 당사자 간에 보험가액을 정한 때에는 그 가액은 보험기간 개시 시의 가액으로 정한 것으로 추정한다.

② 미평가보험의 경우 사고발생 시의 가액을 보험가액으로 한다.

③ 보험가액은 변동되지 않는다.

④ 기평가보험에서 보험가액이 사고발생 시의 가액을 현저하게 초과할 때에는 보험기간 개시 시의 가액을 보험가액으로 한다.

참고 ①, ④ 당사자 간에 보험가액을 정한 때에는 그 가액은 사고발생 시의 가액으로 정한 것으로 추정한다. 그러나 그 가액이 사고발생 시의 가액을 현저하게 초과할 때에는 사고발생 시의 가액을 보험가액으로 한다.
③ 보험가액은 언제나 일정한 것이 아니고 물가의 등락, 보험목적물의 가치하락 등에 따라 변동될 수 있다.

24 미평가보험과 기평가보험

미평가보험	• 보험계약을 체결할 때 보험가액을 평가하지 않은 보험계약을 말함 • 사고발생의 때와 장소에서의 객관적인 가액을 보험가액으로 함
기평가보험	• 보험계약을 체결할 때 보험가액을 미리 협정하는 보험을 말함 • 기평가보험의 경우 그 가액은 사고발생 시의 가액으로 정한 것으로 추정함. 그러나 그 가액이 사고발생 시의 가액을 현저하게 초과할 때에는 사고발생 시의 가액을 보험가액으로 함

24 - Q | 제5회 기출

상법상 기평가보험과 미평가보험에 관한 설명으로 옳은 것은?

① 당사자 간에 보험가액을 정하지 아니한 때에는 계약 체결 시의 가액을 보험가액으로 한다.

② 당사자 간에 보험가액을 정한 때 그 가액이 사고발생 시의 가액을 현저하게 초과할 때에는 사고발생 시의 가액을 보험가액으로 한다.

③ 당사자 간에 보험가액을 정한 때에는 그 가액은 계약 체결 시의 가액으로 정한 것으로 추정한다.

④ 당사자 간에 보험가액을 정한 때에는 그 가액은 사고발생 시의 가액을 정한 것으로 본다.

참고 ① 당사자 간에 보험가액을 정하지 아니한 때(미평가보험)에는 사고발생 시의 가액을 보험가액으로 한다.
③, ④ 당사자 간에 보험가액을 정한 때(기평가보험)에는 그 가액은 사고발생 시의 가액으로 정한 것으로 추정한다.

25 초과보험

• 보험금액이 보험계약의 목적의 가액을 현저하게 초과한 경우를 말한다(계약 당시에 판단).
• 효과
  – 보험계약자가 선의인 경우: 보험자 또는 보험계약자는 보험료와 보험금액의 감액을 청구할 수 있다. 그러나 보험료의 감액은 장래에 대하여서만 그 효력이 있다.
  – 보험계약자의 사기로 인한 경우: 보험계약자의 사기로 인하여 체결된 때에는 그 계약은 무효이며, 보험자는 그 사실을 안 때까지의 보험료를 청구할 수 있다.

25 - Q | 제4회 기출

초과보험에 관한 설명으로 옳은 것은?

① 초과보험은 보험계약 목적의 가액이 보험금액을 현저하게 초과한 보험이다.

② 보험계약자의 사기로 인하여 체결된 때의 초과보험은 무효로 한다.

③ 초과보험에서 보험료의 감액은 소급하여 그 효력이 있다.

④ 보험가액이 보험기간 중에 현저하게 감소된 때에는 초과보험에 관한 규정이 적용되지 않는다.

참고 ① 초과보험은 보험금액이 보험계약의 목적의 가액을 현저하게 초과한 보험이다.
③ 초과보험에서 보험료의 감액은 장래에 대하여서만 그 효력이 있다.
④ 보험가액이 보험기간 중에 현저하게 감소된 때에도 초과보험의 규정이 적용된다.

26 일부보험

• 보험계약 당시에 약정한 보험금액이 보험가액보다 적은 보험을 말한다.
• 보험자는 보험금액의 보험가액에 대한 비율에 따라 보상할 책임(비례보상)을 진다. 그러나 당사자 간에 다른 약정이 있는 때에는 보험자는 보험금액의 한도 내에서 그 손해를 보상할 책임을 진다.

26 - Q | 제4회 기출

일부보험에 관한 설명으로 옳지 않은 것은?

① 일부보험이란 보험금액이 보험가액에 미달하는 보험을 말한다.

② 일부보험은 계약 체결 당시부터 의식적으로 약정하는 경우도 있고, 계약 성립 후 물가의 인상으로 인하여 자연적으로 발생하는 경우도 있다.

③ 일부보험에서는 보험자의 보상책임에 관하여 당사자 간에 다른 약정을 할 수 없다.

④ 의식적 일부보험의 여부는 계약 체결 시의 보험가액을 기준으로 판단한다.

27 중복보험

- 동일한 보험계약의 목적과 동일한 사고에 관하여 수개의 보험계약이 동시에 또는 순차로 체결된 경우를 말한다.
- 보험자는 각자의 보험금액의 한도에서 연대책임을 진다. 이 경우에는 각 보험자의 보상책임은 각자의 보험금액의 비율에 따른다.
- 중복보험의 경우 보험자 1인에 대한 권리의 포기는 다른 보험자의 권리의무에 영향을 미치지 아니한다.

27 - Q | 제8회 기출

상법상 중복보험에 관한 설명으로 옳지 않은 것은?

① 보험계약자가 중복보험의 체결사실을 보험자에게 통지하지 아니한 경우 보험자는 보험계약을 취소할 수 있다.

② 중복보험을 체결한 경우 보험계약자는 각 보험자에 대하여 각 보험계약의 내용을 통지하여야 한다.

③ 중복보험이라 함은 동일한 보험계약의 목적과 동일한 사고에 관하여 수개의 보험계약이 동시에 또는 순차로 체결된 경우를 말한다.

④ 중복보험은 하나의 보험계약을 수인의 보험자와 체결한 공동보험과 구별된다.

참고 중복보험인 경우 보험계약자는 각 보험자에게 그 사실을 통지하여야 하나, 통지하지 않더라도 보험자는 계약을 취소하거나 해지할 수 없다.

28 초과보험과 중복보험의 무효

초과보험, 중복보험 계약이 보험계약자의 사기로 인하여 체결된 때에는 그 계약은 무효로 하며, 보험자는 그 사실을 안 때까지의 보험료를 청구할 수 있다.

29 잔존물대위

- 보험의 목적(피보험 목적물)의 전손으로 보험금액의 전부를 지급한 보험자는 그 목적물에 대한 피보험자의 권리를 취득한다.
- 일부보험에서도 잔존물대위는 인정된다.
- 당사자 간의 약정으로 대위권을 포기하는 특약을 둘 수 있다.

29 - Q | 제1회 기출

잔존물대위에 관한 설명으로 옳은 것은?

① 보험의 목적 일부가 멸실한 경우 발생한다.

② 보험금액의 전부를 지급하여야 보험자가 잔존물대위권을 취득할 수 있다.

③ 일부보험의 경우에는 잔존물대위가 인정되지 않는다.

④ 보험자는 잔존물에 대한 물권변동의 절차를 밟아야 대위권을 취득할 수 있다.

참고 ④ 보험자는 잔존물에 대한 물권변동의 절차 없이도 대위권을 획득할 수 있다.

30 제3자에 대한 보험자대위

- 손해가 제3자의 행위로 인하여 발생한 경우에 보험금을 지급한 보험자는 그 지급한 금액의 한도에서 그 제3자에 대한 보험계약자 또는 피보험자의 권리를 취득하는 것을 말한다(보험자의 보험금 지급 의무가 있어야 함).
- 제3자에 대한 권리가 그와 생계를 같이 하는 가족에 대한 것인 경우 보험자는 그 권리를 취득하지 못한다. 다만, 손해가 그 가족의 고의로 인하여 발생한 경우에는 그러하지 아니하다.

30 - Q | 제5회 기출

제3자에 대한 보험자대위에 관한 설명으로 옳지 않은 것은?

① 손해가 제3자의 행위로 인하여 발생한 경우에 보험금을 지급한 보험자는 그 지급한 금액의 한도에서 그 제3자에 대한 보험계약자 또는 피보험자의 권리를 취득한다.

② 보험자가 보상할 보험금의 일부를 지급한 경우에는 피보험자의 권리를 침해하지 아니하는 범위에서 그 권리를 행사할 수 있다.

③ 보험계약자나 피보험자의 제3자에 대한 권리가 그와 생계를 같이 하는 가족에 대한 것인 경우 보험자는

그 권리를 취득하지 못한다. 다만, 손해가 그 가족의 과실로 인하여 발생한 경우에는 그러하지 아니하다.

④ 보험계약에서 담보하지 아니하는 손해에 해당하여 보험금지급의무가 없음에도 보험자가 피보험자에게 보험금을 지급한 경우라면, 보험자대위가 인정되지 않는다.

참고 손해가 그 가족의 '고의'로 인하여 발생한 경우에는 그러하지 아니하다(상법 제682조 제2항).

31 보험목적의 양도의 권리 · 의무

- 피보험자가 보험의 목적을 양도한 때에는 양수인은 보험계약상의 권리와 의무를 승계한 것으로 추정한다.
- 보험목적의 양도 시 양도인 또는 양수인에게 보험자에 대하여 지체없이 그 사실을 통지하여야 하는 의무는 있으나, 이 통지의무를 위반한 경우 효과에 관한 규정은 없다.

32 손해방지의무와 비용

- 손해보험계약에서 보험사고가 발생하였을 경우 보험계약자 측(보험계약자, 피보험자)에서 보험사고로 인한 손해의 발생을 방지하거나 손해의 확대를 방지하고 손해를 경감시키기 위해 노력해야 할 의무를 말한다(손해의 경감 및 확대방지 목적만 있으면 됨).
- 위무 위반 효과에 대한 상법상 특별한 규정이 없다.
- 손해방지비용은 보험금액을 초과한 경우라도 보험자가 이를 부담한다.

32 - Q | 제5회 기출

손해방지의무 등에 관한 상법 규정의 설명으로 옳은 것은?

① 피보험자뿐만 아니라 보험계약자도 손해방지의무를 부담한다.

② 손해방지비용과 보상액의 합계액이 보험금액을 초과한 때에는 보험자의 지시에 의한 경우에만 보험자가 이를 부담한다.

③ 상법은 피보험자는 보험자에 대하여 손해방지비용의 선급을 청구할 수 있다고 규정한다.

④ 손해의 방지와 경감을 위하여 유익하였던 비용은 보험자가 이를 부담하지 않는다.

참고 ①, ②, ④ 보험계약자와 피보험자는 손해의 방지와 경감을 위하여 노력하여야 한다. 그러나 이를 위하여 필요 또는 유익하였던 비용과 보상액이 보험금액을 초과한 경우라도 보험자가 이를 부담한다.
③ 손해방지비용은 사고가 발생한 이후 그 손해의 확대를 방지하고자 지출되는 비용으로, 손해를 예방하기 위해 선급으로 요청되는 금액이 아니다.

33 화재보험

- 개념: 보험의 목적물에 화재가 발생하고 이로 인해 생긴 피보험자의 경제적 손해를 보상하는 것을 목적으로 하는 손해보험계약을 말하며, 화재와 손해 간에 상당한 인과관계가 필요하다.
- 화재보험증권의 기재사항: 손해보험증권의 기재사항 외에 다음의 사항을 기재해야 한다.
  - 건물을 보험의 목적으로 한 때에는 그 소재지, 구조와 용도
  - 동산을 보험의 목적으로 한 때에는 그 존치한 장소의 상태와 용도
  - 보험가액을 정한 때에는 그 가액

33 - Q1 | 제2회 기출

화재보험에 관한 설명으로 옳지 않은 것은?

① 건물을 보험의 목적으로 한 때에는 그 소재지, 구조와 용도를 화재보험증권에 기재하여야 한다.

② 보험자는 화재의 소방에 따른 손해를 보상할 책임이 있다.

③ 보험자는 화재의 손해의 감소에 필요한 조치로 인한 손해를 보상할 책임이 있다.

④ 동산은 화재보험의 목적으로 할 수 없다.

참고 화재보험의 목적은 보험사고의 객체로서 동산뿐만 아니라 부동산도 그 대상에 포함될 수 있다.

33 - Q2 | 제7회 기출

건물을 화재보험의 목적으로 한 경우 화재보험증권의 법정기재사항이 아닌 것은?

① 건물의 소재지, 구조와 용도

② 보험가액을 정한 때에는 그 가액

③ 보험기간을 정한 때에는 그 시기와 종기

④ 설계감리법인의 주소와 성명 또는 상호

34 집합보험 및 총괄보험

집합보험	• 집합된 물건을 일괄하여 보험의 목적으로 한 것임 • 집합보험의 경우 피보험자의 가족과 사용인의 물건도 보험의 목적에 포함된 것으로 함. 이 경우에는 그 보험은 그 가족 또는 사용인을 위하여서도 체결한 것으로 봄(타인을 위한 보험의 성격을 지님)
총괄보험	• 집합보험의 일종으로 집합된 물건을 일괄하여 보험가입을 하며, 보험기간 중 보험의 목적의 교체가 예정되어 있는 보험을 말함 • 집합보험에서 그 목적에 속한 물건이 보험기간 중에 수시로 교체된 경우에도 보험사고의 발생 시에 현존한 물건은 보험의 목적에 포함된 것으로 함

34 - Q | 제7회 기출

집합보험에 관한 설명으로 옳은 것은?

① 피보험자의 가족의 물건은 보험의 목적에 포함되지 않는 것으로 한다.

② 피보험자의 사용인의 물건은 보험의 목적에 포함되지 않는 것으로 한다.

③ 보험의 목적에 속한 물건이 보험기간 중에 수시로 교체된 경우에는 보험사고의 발생 시에 현존한 물건이라도 보험의 목적에 포함되지 않는 것으로 한다.

④ 집합보험이란 경제적으로 독립한 여러 물건의 집합물을 보험의 목적으로 한 보험을 말한다.

제2과목 농어업재해보험법령

1 농어업재해보험의 관장 주체별 종류

• 농림축산식품부장관: 농작물재해보험, 임산물재해보험, 가축재해보험

• 해양수산부장관: 양식수산물재해보험

1 - Q | 제1회 기출

농어업재해보험법상 재해보험의 종류가 아닌 것은?

① 농기계재해보험

② 농작물재해보험

③ 양식수산물재해보험

④ 가축재해보험

2 재해보험 발전 계획

• 기본계획: 5년마다 수립 · 시행

• 시행계획: 매년 수립 · 시행

• 기본계획 포함사항

– 재해보험사업의 발전 방향 및 목표

– 재해보험의 종류별 가입률 제고 방안에 관한 사항

– 재해보험의 대상 품목 및 대상 지역에 관한 사항

– 재해보험사업에 대한 지원 및 평가에 관한 사항

– 그 밖에 재해보험 활성화를 위하여 농림축산식품부장관 또는 해양수산부장관이 필요하다고 인정하는 사항

2 - Q | 제8회 기출

농어업재해보험법상 재해보험 발전 기본계획에 포함되어야 하는 사항으로 명시되지 않은 것은?

① 재해보험의 종류별 가입률 제고 방안에 관한 사항

② 손해평가인의 정기교육에 관한 사항

③ 재해보험사업에 대한 지원 및 평가에 관한 사항

④ 재해보험의 대상 품목 및 대상 지역에 관한 사항

3 농어업재해보험 목적물

• 농업재해보험심의회 또는 중앙 수산업 · 어촌정책심의회를 거쳐 농림축산부장관 또는 해양수산부장관이 고시한다.

• 목적물의 구분
  – 농작물재해보험: 농작물 및 농업용 시설물
  – 임산물재해보험: 임산물 및 임업용 시설물
  – 가축재해보험: 가축 및 축산시설물
  – 양식수산물재해보험: 양식수산물 및 양식시설물

4 재해의 범위

• 재해의 발생빈도, 피해 정도 및 객관적인 손해평가방법 등을 고려하여 재해보험의 종류별로 대통령령으로 정한다.
• 재해의 범위

농작물·임산물 재해보험	자연재해, 조수해(鳥獸害), 화재 및 보험목적물별로 농림축산식품부장관이 정하여 고시하는 병충해
가축재해보험	자연재해, 화재 및 보험목적물별로 농림축산식품부장관이 정하여 고시하는 질병
양식수산물 재해보험	자연재해, 화재 및 보험목적물별로 해양수산부장관이 정하여 고시하는 수산질병

5 용어의 정의

농어업 재해보험	농어업재해로 발생하는 재산 피해에 따른 손해를 보상하기 위한 보험
시범사업	농어업재해보험사업을 전국적으로 실시하기 전에 보험의 효용성 및 보험 실시 가능성 등을 검증하기 위하여 일정 기간 제한된 지역에서 실시하는 보험사업
보험가입금액	보험가입자의 재산 피해에 따른 손해가 발생한 경우 보험에서 최대로 보상할 수 있는 한도액으로서 보험가입자와 보험사업자 간에 약정한 금액

5 - Q | 제7회 기출

농어업재해보험법상 용어의 설명으로 옳지 않은 것은?

① "농어업재해보험"은 농어업재해로 발생하는 인명 및 재산 피해에 따른 손해를 보상하기 위한 보험을 말한다.

② "어업재해"란 양식수산물 및 어업용 시설물에 발생하는 자연재해·질병 또는 화재를 말한다.

③ "농업재해"란 농작물·임산물·가축 및 농업용 시설물에 발생하는 자연재해·병충해·조수해(鳥獸害)·질병 또는 화재를 말한다.

④ "보험료"란 보험가입자와 보험사업자 간의 약정에 따라 보험가입자가 보험사업자에게 내야 하는 금액을 말한다.

참고 농어업재해보험은 인명 피해에 따른 손해는 보상하지는 않는다.

6 심의회의 심의사항

다음의 사항은 농업재해보험심의회 또는 중앙 수산업·어촌정책심의회의 심의를 거쳐야 한다.

• 재해보험에서 보상하는 재해의 범위에 관한 사항
• 재해보험사업에 대한 재정지원에 관한 사항
• 손해평가의 방법과 절차에 관한 사항
• 농어업재해재보험사업에 대한 정부의 책임범위에 관한 사항
• 재보험사업 관련 자금의 수입과 지출의 적정성에 관한 사항
• 그 밖에 농업재해보험심의회의 위원장 또는 중앙 수산업·어촌정책심의회의 위원장이 재해보험 및 재보험에 관하여 회의에 부치는 사항
• 재해보험 목적물의 선정에 관한 사항
• 기본계획의 수립·시행에 관한 사항
• 다른 법령에서 심의회의 심의사항으로 정하고 있는 사항

6 - Q | 제1회 기출

농어업재해보험법상 농업재해보험심의회의 심의사항이 아닌 것은?

① 재해보험상품의 인가

② 재해보험 목적물의 선정

③ 재해보험에서 보상하는 재해의 범위

④ 농어업재해보험사업에 대한 정부의 책임범위

7 농업재해보험심의회의 구성 및 운영

• 위원장: 농림축산식품부차관
• 부위원장: 위원 중에서 호선
• 구성: 위원장 및 부위원장 각 1명을 포함한 21명 이내의 위원
• 운영: 위원장은 심의회를 소집하며, 심의회의 회의는 재적위원 3분의 1 이상의 요구가 있을 때 또는 위원장이 필요하다고 인정할 때에 소집
• 의장: 심의회 위원장
• 개의 및 의결: 심의회의 회의는 재적위원 과반수의 출석으로 개의(開議)하고, 출석위원 과반수의 찬성으로 의결

7 - Q | 제2회 기출

농어업재해보험법령상 농업재해보험심의회 및 회의에 관한 설명으로 옳지 않은 것은?

① 심의회는 위원장 및 부위원장 각 1명을 포함한 21명 이내의 위원으로 구성한다.

② 위원장은 심의회의 회의를 소집하며, 그 의장이 된다.

③ 심의회의 회의는 재적위원 5분의 1 이상의 요구가 있을 때 또는 위원장이 필요하다고 인정할 때에 소집한다.

④ 심의회의 회의는 재적위원 과반수의 출석으로 개의(開議)하고, 출석위원 과반수의 찬성으로 의결한다.

8 농업재해보험심의회의 위원

- 임기: 3년
- 구성조건

  다음 조건의 사람이 각각 1명 이상 포함되어야 한다.
  - 농림축산식품부장관이 재해보험이나 농업에 관한 학식과 경험이 풍부하다고 인정하는 사람
  - 농림축산식품부의 재해보험을 담당하는 3급 공무원 또는 고위공무원단에 속하는 공무원
  - 자연재해 또는 보험 관련 업무를 담당하는 기획재정부·행정안전부·해양수산부·금융위원회·산림청의 3급 공무원 또는 고위공무원단에 속하는 공무원
  - 농림축산업인단체의 대표
- 해촉조건

  다음의 어느 하나에 해당하는 경우 해촉할 수 있다.
  - 심신장애로 인하여 직무를 수행할 수 없게 된 경우
  - 직무와 관련된 비위사실이 있는 경우
  - 직무태만, 품위손상이나 그 밖의 사유로 인하여 위원으로 적합하지 아니하다고 인정되는 경우
  - 위원 스스로 직무를 수행하는 것이 곤란하다고 의사를 밝히는 경우

9 분과위원회

- 구성
  - 분과위원장 1명을 포함한 9명 이내의 분과위원으로 성별을 고려하여 구성한다.
  - 분과위원장 및 분과위원은 심의회의 위원 중에서 전문적인 지식과 경험 등을 고려하여 위원장이 지명한다.
  - 분과위원회의 회의는 위원장 또는 분과위원장이 필요하다고 인정할 때에 소집한다.
- 종류: 농작물재해보험분과위원회, 임산물재해보험분과위원회, 가축재해보험분과위원회, 농업인안전보험분과위원회

9 - Q | 제4회 기출

농어업재해보험법령상 농업재해보험심의회 및 분과위원회에 관한 설명으로 옳지 않은 것은?

① 심의회는 위원장 및 부위원장 각 1명을 포함한 21명 이내의 위원으로 구성한다.

② 심의회의 회의는 재적위원 3분의 1 이상의 출석으로 개의(開議)하고, 출석위원 과반수의 찬성으로 의결한다.

③ 분과위원장 및 분과위원은 심의회의 위원 중에서 전문적인 지식과 경험 등을 고려하여 위원장이 지명한다.

④ 분과위원회의 회의는 위원장 또는 분과위원장이 필요하다고 인정할 때에 소집한다.

참고 심의회의 회의는 재적위원 과반수의 출석으로 개의하고, 출석위원 과반수의 찬성으로 의결한다.

10 재해보험가입자의 기준

- 농림업, 축산업, 양식수산업에 종사하는 개인 또는 법인
- 농작물 또는 임산물을 재배하는 자
- 가축을 사육하거나 양식수산물을 양식하는 자

11 재해보험사업을 할 수 있는 자

- 「수산업협동조합법」에 따른 수산업협동조합중앙회
- 「산림조합법」에 따른 산림조합중앙회
- 「보험업법」에 따른 보험회사

12 재해보험사업의 약정

재해보험사업을 하려는 자는 농림축산식품부장관 또는 해양수산부장관과 재해보험사업의 약정을 체결하여야 한다.

- 약정체결 시 서류: 사업방법서, 보험약관, 보험료 및 책임준비금산출방법서, 정관
- 약정서 내용
  - 약정기간에 관한 사항
  - 재해보험사업의 약정을 체결한 자가 준수하여야 할 사항
  - 재해보험사업자에 대한 재정지원에 관한 사항
  - 약정의 변경·해지 등에 관한 사항
  - 그 밖에 재해보험사업의 운영에 관한 사항

12 - Q | 제6회 기출

농어업재해보험법령상 농림축산식품부장관 또는 해양수산부장관이 재해보험사업을 하려는 자와 재해보험사업의 약정을 체결할 때에 포함되어야 하는 사항이 아닌 것은?

① 약정기간에 관한 사항

② 재해보험사업의 약정을 체결한 자가 준수하여야 할 사항

③ 국가에 대한 재정지원에 관한 사항

④ 약정의 변경·해지 등에 관한 사항

13 보험료율

- 산정 주체: 재해보험사업자는 재해보험의 보험료율을 객관적이고 합리적인 통계자료를 기초로 하여 보험목적물별 또는 보상방식별로 산정하여야 한다.
- 산정 단위: 행정구역 단위, 권역 단위

13 - Q | 제5회 기출

농어업재해보험법령상 재해보험사업 및 보험료율의 산정에 관한 설명으로 옳지 않은 것은?

① 재해보험사업의 약정을 체결하려는 자는 보험료 및 책임준비금 산출방법서 등을 농림축산식품부장관 또는 해양수산부장관에게 제출하여야 한다.

② 재해보험사업자는 보험료율을 객관적이고 합리적인 통계자료를 기초로 산정하여야 한다.

③ 보험료율은 보험목적물별 또는 보상방식별로 산정한다.

④ 보험료율은 대한민국 전체를 하나의 단위로 산정하여야 한다.

14 재해보험을 모집할 수 있는 자

- 산림조합중앙회와 그 회원조합의 임직원
- 수협중앙회와 그 회원조합 및 「수산업협동조합법」에 따라 설립된 수협은행의 임직원
- 「수산업협동조합법」 공제규약에 따른 공제모집인으로서 수협중앙회장 또는 그 회원조합장이 인정하는 자
- 「산림조합법」 공제규정에 따른 공제모집인으로서 산림조합중앙회장이나 그 회원조합장이 인정하는 자
- 「보험업법」에 따라 보험을 모집할 수 있는 자

14 - Q | 제8회 기출

농어업재해보험법상 재해보험을 모집할 수 있는 자에 해당하지 않는 것은?

① 산림조합중앙회의 임직원

② 「수산업협동조합법」에 따라 설립된 수협은행의 임직원

③ 「산림조합법」 제48조의 공제규정에 따른 공제모집인으로서 농림축산식품부장관이 인정하는 자

④ 「보험업법」 제83조 제1항에 따라 보험을 모집할 수 있는 자

15 재해보험모집 업무의 법률 준용 예외

조합이 조합원에게 법에 따른 보험상품의 보험료 일부를 지원하는 경우에는 해당 보험계약의 체결 또는 모집과 관련한 특별이익의 제공으로 보지 아니한다.

16 손해평가 업무

- 담당자: 손해평가인, 손해평가사, 손해사정사
- 업무의 기준: 손해평가요령
- 업무의 객관성과 공정성 규정
  - 업무 준수사항: 손해평가 업무 시 공정하고 객관적으로 손해평가를 하여야 하며, 고의로 진실을 숨기거나 거짓으로 손해평가를 하여서는 아니 된다.
  - 교차손해평가: 재해보험사업자는 공정하고 객관적인 손해평가를 위하여 동일 시·군·구내에서 교차손해평가를 수행할 수 있다.
  - 정기교육: 각 장관은 손해평가인이 공정하고 객관적인 손해평가를 수행할 수 있도록 연 1회 이상 정기교육을 실시하여야 한다(손해평가사에 관한 정기교육 규정은 없음).

17 손해평가사의 업무

손해평가사는 농작물재해보험 및 가축재해보험에 관하여 다음의 업무를 수행한다.

- 피해사실의 확인
- 보험가액 및 손해액의 평가
- 그 밖의 손해평가에 필요한 사항

17 - Q | 제1회 기출

농어업재해보험법상 손해평가사의 업무가 아닌 것은?

① 피해발생의 통지

② 피해사실의 확인

③ 손해액의 평가

④ 보험가액의 평가

참고 피해발생의 통지는 보험가입자의 의무이다.

18 손해평가사 자격시험

- 매년 1회 실시, 필요 시 2년마다 실시 가능
- 1차 시험 면제 대상
  - 손해평가인으로 위촉된 기간이 3년 이상인 사람으로서 손해평가 업무를 수행한 경력이 있는 사람
  - 손해사정사
  - 금융감독원, 농업협동조합중앙회, 손해보험회사, 손해보험협회, 손해사정법인, 한국화재보험협회에서 손해사정 관련 업무에 3년 이상 종사한 경력이 있는 사람

19 손해평가사 자격취소

농림축산식품부장관은 다음의 어느 하나에 해당하는 사람에 대하여 손해평가사 자격을 취소할 수 있다.

- 손해평가사의 자격을 거짓 또는 부정한 방법으로 취득한 사람(반드시 취소)
- 거짓으로 손해평가를 한 사람
- 다른 사람에게 손해평가사의 명의를 사용하게 하거나 그 자격증을 대여한 사람
- 손해평가사 명의의 사용이나 자격증의 대여를 알선한 사람
- 업무정지기간 중에 손해평가 업무를 수행한 사람(반드시 취소)

19 - Q | 제3회 기출변형

농어업재해보험법상 손해평가사의 자격취소의 사유에 해당하지 않는 것은?

① 손해평가사가 다른 사람에게 자격증을 빌려준 경우

② 손해평가사가 정당한 사유 없이 손해평가 업무를 거부한 경우

③ 손해평가사가 다른 사람에게 손해평가사의 명의를 사용하게 한 경우

④ 손해평가사가 그 자격을 부정한 방법으로 취득한 경우

20 손해평가사의 업무정지 처분 기준

- 업무정지의 최장 기간: 1년 이내
- 위반행위의 예
  - 「개인정보 보호법」 등 정보 보호와 관련된 법령을 위반한 경우
  - 금품 또는 향응을 제공받은 경우
  - 자기 또는 자기와 생계를 같이 하는 4촌 이내의 친족이 가입한 보험계약에 관한 손해평가를 한 경우
  - 자기 또는 이해관계자가 모집한 보험계약에 대해 손해평가를 한 경우
  - 손해평가요령을 준수하지 않고 손해평가를 한 경우
  - 직무를 게을리하거나 부적절한 행위를 했다고 인정되는 경우

20 - Q | 제6회 기출

농어업재해보험법상 손해평가사의 감독에 관한 내용이다. (　　)에 들어갈 숫자는?

> 농림축산식품부장관은 손해평가사가 그 직무를 게을리하거나 직무를 수행하면서 부적절한 행위를 하였다고 인정하면 (　　)년 이내의 기간을 정하여 업무의 정지를 명할 수 있다.

① 1

② 2

③ 3

④ 5

21 손해평가인의 자격요건 개요

- 실무 경력: 5년 이상
- 관련 공무원 경력: 3년 이상
- 교육 경력: 교원(5년 이상), 조교수 이상(3년 이상)
- 보험·공제 관련 업무: 3년 이상
- 손해평가 업무: 2년 이상
- 연구기관 또는 연구소 근무: 5년 이상(학사학위 이상 소지자)
- 보험학과 졸업 또는 졸업 예정자
- 80학점(보험 관련 과목 45학점 이상) 이상 이수
- 관련 자격 소지자

21 - Q | 제2회 기출

농어업재해보험법령상 손해평가인으로 위촉될 수 없는 자는?

① 재해보험 대상 농작물을 6년간 경작한 경력이 있는 농업인

② 공무원으로 농촌진흥청에서 농작물재배 분야에 관한 연구·지도 업무를 2년간 담당한 경력이 있는 사람

③ 교원으로 고등학교에서 농작물재배 분야 관련 과목을 6년간 교육한 경력이 있는 사람

④ 조교수 이상으로 「고등교육법」 제2조에 따른 학교에서 농작물재배 관련학을 5년간 교육한 경력이 있는 사람

참고 공무원으로 농촌진흥청에서 농작물재배 분야에 관한 연구·지도 업무를 3년간 담당한 경력이 있는 사람이 위촉될 수 있다.

22 손해평가인의 교육

- 연 1회 이상(4시간 이상)
- 교육 내용
  - 농어업재해보험에 관한 기초지식
  - 농어업재해보험의 종류별 약관
  - 손해평가의 절차 및 방법
  - 그 밖에 손해평가에 필요한 사항으로서 각 장관이 정하는 사항

23 수급권의 압류 금지

- 재해보험의 보험금을 지급받을 권리는 압류할 수 없다. 다만, 보험목적물이 담보로 제공된 경우에는 그러하지 아니하다.
- 수급권 압류 금지 금액
  - 농작물·임산물·가축 및 양식수산물의 재생산에 직접적으로 소요되는 비용의 보장을 목적으로 보험금수급전용계좌로 입금된 보험금: 입금된 보험금 전액(㉠)
  - ㉠ 외의 목적으로 보험금수급전용계좌로 입금된 보험금: 입금된 보험금의 2분의 1에 해당하는 액수

24 재해보험사업자의 업무위탁

재해보험사업자는 보험모집 및 손해평가 등 재해보험 업무의 일부를 다음의 자에게 위탁할 수 있다.

- 지역농업협동조합·지역축산업협동조합 및 품목별·업종별협동조합
- 지역산림조합 및 품목별·업종별산림조합
- 지구별 수산업협동조합, 업종별 수산업협동조합, 수산물가공 수산업협동조합 및 수협은행
- 손해사정을 업으로 하는 자
- 농림축산식품부장관 또는 해양수산부장관의 허가를 받아 설립된 비영리법인

24 - Q | 제1회 기출

농어업재해보험법령상 재해보험사업자가 재해보험사업을 원활히 수행하기 위하여 필요한 경우로서 보험모집 및 손해평가 등 재해보험 업무의 일부를 위탁할 수 있는 대상이 아닌 자는?

① 「산림조합법」에 따라 설립된 품목별 산림조합

② 「농업협동조합법」에 따라 설립된 농업협동조합중앙회

③ 「보험업법」 제187조에 따라 손해사정을 업으로 하는 자

④ 「농업협동조합법」에 따라 설립된 지역축산업협동조합

25 정부의 재정지원

- 정부는 예산의 범위에서 재해보험가입자가 부담하는 보험료의 일부와 재해보험사업자의 재해보험의 운영 및 관리에 필요한 비용의 전부 또는 일부를 지원할 수 있다. 이 경우 지방자치단체는 예산의 범위에서 재해보험가입자가 부담하는 보험료의 일부를 추가로 지원할 수 있다.
- 재해보험가입자가 부담하는 보험료의 일부와 재해보험 운영 및 관리에 필요한 비용의 전부 또는 일부의 금액을 재해보험사업자에게 지급하여야 한다.

25 - Q | 제2회 기출

농어업재해보험법상 재정지원에 관한 내용이다. (　　) 에 들어갈 용어를 순서대로 나열한 것은?

> 정부는 예산의 범위에서 재해보험가입자가 부담하는 (　　)의 일부와 재해보험사업자의 (　　)의 운영 및 관리에 필요한 비용(이하 "운영비"라 한다)의 전부 또는 일부를 지원할 수 있다. 이 경우 지방자치단체는 예산의 범위에서 재해보험가입자가 부담하는 (　　)의 일부를 추가로 지원할 수 있다.

① 재해보험, 보험료, 재해보험

② 보험료, 재해보험, 보험료

③ 보험금, 재해보험, 보험금

④ 보험가입액, 보험료, 보험가입액

26 회계의 구분

재해보험사업자는 재해보험사업의 회계를 다른 회계와 구분하여 회계처리함으로써 손익관계를 명확히 하여야 한다.

27 재보험 약정과 업무의 위탁

- 각 장관(보험자)과 재해보험사업자(피보험자)는 다음 사항이 포함된 재보험 약정을 체결하여야 한다.
  - 재해보험사업자가 정부에 내야 할 보험료에 관한 사항
  - 정부가 재해보험사업자에게 지급하여야 할 보험금에 관한 사항
  - 그 밖에 재보험수수료 등 재보험 약정에 관한 것으로서 법에 정하는 사항(재보험수수료에 관한 사항, 재보험 약정기간에 관한 사항, 재보험 책임범위에 관한 사항, 재보험 약정의 변경·해지 등에 관한 사항, 재보험금 지급 및 분쟁에 관한 사항, 그 밖에 재보험의 운영·관리에 관한 사항)
- 재보험사업에 관한 업무의 일부를 농업정책보험금융원에 위탁할 수 있다.

27 - Q | 제3회 기출

농어업재해보험법령상 농림축산식품부장관이 재보험에 가입하려는 재해보험사업자와 재보험 약정 체결 시 포함되어야 할 사항으로 옳지 않은 것은?

① 재보험 수수료

② 정부가 지급하여야 할 보험금

③ 농어업재해재보험기금의 운용수익금

④ 재해보험사업자가 정부에 내야 할 보험료

참고 농어업재해재보험기금의 운용수익금은 재보험 기금의 재원이다.

28 농어업재해재보험기금

설치	농림축산식품부장관과 해양수산부장관이 협의하여 한국은행에 계정을 설치함
재원	• 재보험료 • 정부, 정부 외의 자 및 다른 기금으로부터 받은 출연금 • 재보험금의 회수 자금 • 기금의 운용수익금과 그 밖의 수입금 • 차입금 • 「농어촌구조개선 특별회계법」에 따라 농어촌구조개선 특별회계의 농어촌특별세사업계정으로부터 받은 전입금
용도	• 재보험금의 지급 • 차입금의 원리금 상환 • 기금의 관리·운용에 필요한 경비(위탁경비를 포함)의 지출 • 그 밖에 농림축산식품부장관이 해양수산부장관과 협의하여 재보험사업을 유지·개선하는 데에 필요하다고 인정하는 경비의 지출

28 - Q | 제2회 기출

농어업재해보험법상 농어업재해재보험기금의 용도에 해당하지 않는 것은?

① 재해보험가입자가 부담하는 보험료의 일부 지원

② 제20조 제2항 제2호에 따른 재보험금의 지급

③ 제22조 제2항에 따른 차입금의 원리금 상환

④ 기금의 관리·운용에 필요한 경비(위탁경비를 포함한다)의 지출

참고 재해보험가입자의 보험료 지원은 기금의 용도가 아니며, 정부의 재정지원 사항에 해당된다.

29 농어업재해재보험기금의 위탁 업무

농림축산식품부장관은 해양수산부장관과 협의하여 기금의 관리·운용에 관한 다음의 사무를 농업정책보험금융원에 위탁한다.

- 기금의 관리·운용에 관한 회계 업무
- 재보험료를 납입받는 업무
- 재보험금을 지급하는 업무
- 여유자금의 운용 업무
- 그 밖에 기금의 관리·운용에 관하여 농림축산식품부장관이 해양수산부장관과 협의를 거쳐 지정하여 고시하는 업무

30 농어업재해보험기금의 회계 업무 공무원

농림축산식품부장관은 해양수산부장관과 협의하여 기금의 수입과 지출에 관한 사무를 수행하게 하기 위하여 소속 공무원 중에서 다음을 임명한다.

- 기금수입징수관
- 기금재무관
- 기금지출관
- 기금출납공무원

30 - Q | 제6회 기출

농어업재해보험법령상 농림축산식품부장관이 해양수산부장관과 협의하여 농어업재해재보험기금의 수입과 지출에 관한 사무를 수행하게 하기 위하여 소속 공무원 중에서 임명하는 자에 해당하지 않는 것은?

① 기금수입징수관

② 기금출납원

③ 기금지출관

④ 기금재무관

참고 기금출납원은 기금의 관리·운용에 관한 사무를 위탁한 농업정책금융원의 임원 중에서 임명하는 것이다.

31 농어업재해보험금의 회계 담당 임직원

농림축산식품부장관은 기금의 관리·운용에 관한 사무를 위탁한 경우에는 해양수산부장관과 협의하여 농업정책보험금융원의 임직원을 임명한다.

임원	기금수입담당임원, 기금지출원인행위담당임원
직원	기금지출원, 기금출납원

32 기금의 결산

- 보고서 작성: 기금수탁관리자는 회계연도마다 기금결산보고서를 작성하여 다음 회계연도 2월 15일까지 농림축산식품부장관 및 해양수산부장관에게 제출하여야 한다.
- 보고서 제출: 농림축산식품부장관은 해양수산부장관과 협의하여 기금수탁관리자로부터 제출받은 기금결산보고서를 검토한 후 심의회의 심의를 거쳐 다음 회계연도 2월 말일까지 기획재정부장관에게 제출하여야 한다.
- 보고서 첨부서류: 결산 개요, 수입지출결산, 재무제표, 성과보고서, 그 밖에 결산의 내용을 명확하게 하기 위하여 필요한 서류

32 - Q | 제4회 기출

농어업재해보험법령상 농어업재해재보험기금의 기금수탁관리자가 농림축산식품부장관 및 해양수산부장관에게 제출해야 하는 기금결산보고서에 첨부해야 할 서류로 옳은 것을 모두 고른 것은?

ㄱ. 결산 개요	ㄴ. 수입지출결산
ㄷ. 재무제표	ㄹ. 성과보고서

① ㄱ, ㄴ

② ㄴ, ㄷ

③ ㄱ, ㄷ, ㄹ

④ ㄱ, ㄴ, ㄷ, ㄹ

33 농어업재해보험 관련 업무

농림축산식품부장관 또는 해양수산부장관은 재해보험사업을 효율적으로 추진하기 위하여 다음의 업무를 수행한다.

- 재해보험사업의 관리·감독
- 재해보험 상품의 연구 및 보급
- 재해 관련 통계 생산 및 데이터베이스 구축·분석
- 손해평가인력의 육성
- 손해평가기법의 연구·개발 및 보급

34 관련 업무의 위탁 기관

농업정책보험금융원	• 농림축산식품부장관 또는 해양수산부장관은 다음의 업무를 농업정책보험금융원에 위탁할 수 있음 • 농림축산식품부장관 또는 해양수산부장관이 재해보험사업을 효율적으로 추진하기 위하여 수행하는 다섯 가지 업무 • 재해보험사업의 약정 체결 관련 업무 • 손해평가사 제도 운용 관련 업무 • 그 밖에 재해보험사업과 관련하여 농림축산식품부장관 또는 해양수산부장관이 위탁하는 업무
한국산업인력공단	손해평가사 자격시험의 실시 및 관리에 관한 업무를 한국산업인력공단에 위탁할 수 있음

34 - Q | 제2회 기출

농어업재해보험법령상 농림축산식품부장관으로부터 재보험사업에 관한 업무의 위탁을 받을 수 있는 자는?

① 「보험업법」에 따른 보험회사

② 「농업·농촌 및 식품산업기본법」 제63조의2 제1항에 따라 설립된 농업정책보험금융원

③ 「정부출연연구기관 등의 설립·운영 및 육성에 관한 법률」 제8조에 따라 설립된 연구기관

④ 「공익법인의 설립·운영에 관한 법률」 제4조에 따라 농림축산식품부장관 또는 해양수산부장관의 허가를 받아 설립된 공익법인

35 통계자료의 요청

농림축산식품부장관 또는 해양수산부장관은 관계 중앙행정기관 및 지방자치단체의 장에게 필요한 다음의 자료를 요청할 수 있다.

- 보험 대상의 현황
- 보험확대 예비품목의 현황
- 피해 원인 및 규모
- 품목별 재배 또는 양식 면적과 생산량 및 가격
- 그 밖에 농림축산식품부장관 또는 해양수산부장관이 필요하다고 인정하는 통계자료

36 통계업무의 위탁

농림축산식품부장관 또는 해양수산부장관은 다음의 자에게 통계업무를 위탁할 수 있다.

- 「농업협동조합법」에 따른 농업협동조합중앙회
- 「산림조합법」에 따른 산림조합중앙회
- 「수산업협동조합법」에 따른 수산업협동조합중앙회 및 수협은행
- 「정부출연연구기관 등의 설립·운영 및 육성에 관한 법률」에 따라 설립된 연구기관
- 「보험업법」에 따른 보험회사, 보험료율산출기관 또는 보험계리를 업으로 하는 자
- 「민법」 제32조에 따라 농림축산식품부장관 또는 해양수산부장관의 허가를 받아 설립된 비영리법인
- 「공익법인의 설립·운영에 관한 법률」 제4조에 따라 농림축산식품부장관 또는 해양수산부장관의 허가를 받아 설립된 공익법인
- 농업정책보험금융원

36 - Q | 제6회 기출

농어업재해보험법령상 농림축산식품부장관 또는 해양수산부장관으로부터 보험상품의 운영 및 개발에 필요한 통계자료의 수집·관리 업무를 위탁받아 수행할 수 있는 자를 모두 고른 것은?

ㄱ. 「수산업협동조합법」에 따른 수협은행
ㄴ. 「보험업법」에 따른 보험회사
ㄷ. 농업정책보험금융원
ㄹ. 지방자치단체의 장

① ㄱ, ㄴ

② ㄴ, ㄷ

③ ㄷ, ㄹ

④ ㄱ, ㄴ, ㄷ

참고 관계 중앙행정기관 및 지방자치단체의 장에게 필요한 자료를 요청할 수 있는 것이지 업무를 위탁하는 것이 아니다.

37 시범사업

재해보험사업자는 신규 보험상품을 도입하려는 경우 등 필요한 경우에는 농림축산식품부장관 또는 해양수산부장관과 협의하여 시범사업을 할 수 있다.

사업계획서	재해보험사업자는 시범사업을 하려면 다음의 사항이 포함된 사업계획서를 농림축산식품부장관 또는 해양수산부장관에게 제출하고 협의하여야 함 • 대상목적물, 사업지역 및 사업기간에 관한 사항 • 보험상품에 관한 사항 • 정부의 재정지원에 관한 사항 • 그 밖에 농림축산식품부장관 또는 해양수산부장관이 필요하다고 인정하는 사항
사업결과 보고서	재해보험사업자는 시범사업이 끝나면 지체없이 다음의 사항이 포함된 사업결과보고서를 작성하여 제출하여야 함 • 보험계약사항, 보험금 지급 등 전반적인 사업 운영 실적에 관한 사항 • 사업 운영과정에서 나타난 문제점 및 제도 개선에 관한 사항 • 사업의 중단·연장 및 확대 등에 관한 사항

37 - Q | 제6회 기출

농어업재해보험법령상 시범사업의 실시에 관한 설명으로 옳은 것은?

① 기획재정부장관이 신규 보험상품을 도입하려는 경우 재해보험사업자와의 협의를 거치지 않고 시범사업을 할 수 있다.

② 재해보험사업자가 시범사업을 하려면 사업계획서를 농림축산식품부장관에게 제출하고 기획재정부장관과 협의하여야 한다.

③ 재해보험사업자는 시범사업이 끝나면 정부의 재정지원에 관한 사항이 포함된 사업결과보고서를 제출하여야 한다.

④ 농림축산식품부장관 또는 해양수산부장관은 시범사업의 사업결과보고서를 받으면 그 사업결과를 바탕으로 신규 보험상품의 도입 가능성 등을 검토·평가하여야 한다.

참고 ③ 정부의 재정지원에 관한 사항은 사업결과보고서가 아닌 '사업계획서'에 포함된 내용이다.

38 보험가입의 촉진

- 재해보험사업자는 농어업재해보험 가입 촉진을 위하여 보험가입촉진계획을 매년 수립하여 해당 연도 1월 31일까지 각 장관에게 제출하여야 한다.
- 보험가입 촉진계획의 사항
  - 전년도의 성과분석 및 해당 연도의 사업계획
  - 해당 연도의 보험상품 운영계획
  - 농어업재해보험 교육 및 홍보계획
  - 보험상품의 개선·개발계획
  - 그 밖에 농어업재해보험 가입 촉진을 위하여 필요한 사항

38 - Q | 제7회 기출

농어업재해보험법령상 보험가입 촉진계획에 포함되어야 하는 사항을 모두 고른 것은?

ㄱ. 전년도의 성과분석 및 해당 연도의 사업계획
ㄴ. 해당 연도의 보험상품 운영계획
ㄷ. 농어업재해보험 교육 및 홍보계획

① ㄱ, ㄴ　② ㄱ, ㄷ
③ ㄴ, ㄷ　④ ㄱ, ㄴ, ㄷ

39 청문의 실시

농림축산식품부장관은 손해평가사의 자격취소 및 업무정지의 처분을 하려면 청문을 하여야 한다.

40 징역 또는 벌금

3년 이하의 징역 또는 3천만 원 이하의 벌금	「보험업법」 제98조에 따른 금품 등을 제공(같은 조 제3호의 경우에는 보험금 지급의 약속을 말함)한 자 또는 이를 요구하여 받은 보험가입자
1년 이하의 징역 또는 1천만 원 이하의 벌금	• 재해보험 모집 규정을 위반하여 모집을 한 자 • 고의로 진실을 숨기거나 거짓으로 손해평가를 한 자 • 다른 사람에게 손해평가사의 명의를 사용하게 하거나 그 자격증을 대여한 자 • 손해평가사의 명의를 사용하거나 그 자격증을 대여 받은 자 또는 명의의 사용이나 자격증의 대여를 알선한 자
500만 원 이하의 벌금	재해보험의 회계를 다른 회계와 구분하여 처리하지 않은 자

40 - Q | 제8회 기출

농어업재해보험법상 손해평가사의 자격을 취득하지 아니하고 그 명의를 사용하거나 자격증을 대여 받은 자에게 부과될 수 있는 벌칙은?

① 과태료 5백만 원

② 벌금 2천만 원

③ 징역 6월

④ 징역 2년

41 과태료

1천만 원 이하	재해보험사업자가 재해보험 안내자료 및 금지행위에 관한 규정을 위반하여 보험안내를 한 경우
5백만 원 이하	•「보험업법」에 따른 책임준비금과 비상위험준비금을 계상하지 아니하거나 이를 따로 작성한 장부에 각각 기재하지 아니한 경우: 과태료 500만 원 •「보험업법」에서 규정하는 금융위원회의 명령을 위반한 경우: 과태료 300만 원 •「보험업법」에서 규정하는 금융위원회의 검사를 거부·방해 또는 기피한 경우: 과태료 200만 원

5백만 원 이하	• 「보험업법」 제95조(보험안내자료)를 위반하여 보험안내를 한 자로서 재해보험사업자가 아닌 자: 과태료 500만 원 • 「보험업법」 제97조 제1항(보험계약 체결 또는 모집에 관한 금지행위) 또는 「금융소비자 보호에 관한 법률」 제21조를 위반하여 보험계약의 체결 또는 모집에 관한 금지행위를 한 자: 과태료 300만 원 • 제29조에 따른 보고 또는 관계 서류 제출을 하지 아니하거나 보고 또는 관계 서류 제출을 거짓으로 한 자: 과태료 300만 원

41 - Q1 | 제1회 기출

농어업재해보험법상 과태료의 부과 대상이 아닌 것은?

① 재해보험사업자가 「보험업법」을 위반하여 보험안내를 한 경우

② 재해보험사업자가 아닌 자가 「보험업법」을 위반하여 보험안내를 한 경우

③ 손해평가사가 고의로 진실을 숨기거나 거짓으로 손해평가를 한 경우

④ 재해보험사업자가 농림축산식품부에 관계 서류 제출을 거짓으로 한 경우

참고 손해평가사가 고의로 진실을 숨기거나 거짓으로 손해평가를 한 경우, 1년 이하의 징역 또는 1천만 원 이하의 벌금에 처한다.

41 - Q2 | 제4회 기출

농어업재해보험법령상 과태료 부과의 개별기준에 관한 설명으로 옳은 것은?

① 재해보험사업자의 발기인이 법 제18조에서 적용하는 「보험업법」 제133조에 따른 검사를 기피한 경우: 과태료 200만 원

② 법 제29조에 따른 보고 또는 관계 서류 제출을 거짓으로 한 경우: 200만 원

③ 법 제10조 제2항에서 준용하는 「보험업법」 제97조 제1항을 위반하여 보험계약의 모집에 관한 금지행위를 한 경우: 500만 원

④ 법 제10조 제2항에서 준용하는 「보험업법」 제95조를 위반하여 보험안내를 한 자로서 재해보험사업자가 아닌 경우: 1,000만 원

참고 ② 300만 원, ③ 300만 원, ④ 500만 원의 과태료에 해당한다.

42 손해평가 관련 용어

손해평가	농어업재해가 발생한 경우 법에 따라 손해평가인, 손해평가사 또는 손해사정사가 그 피해사실을 확인하고 평가하는 일련의 과정
손해평가인	법으로 정한 자 중에서 재해보험사업자가 위촉하여 손해평가 업무를 담당하는 자
손해평가사	손해평가사 자격시험에 합격한 자
손해평가 보조인	손해평가 업무를 보조하는 자
농업재해보험	농작물재해보험, 임산물재해보험 및 가축재해보험

42 - Q1 | 제2회 기출

농업재해보험 손해평가요령에 관한 내용이다. (　　)에 들어갈 용어는?

> (　　)라 함은 「농어업재해보험법」 제2조 제1호에 따른 피해가 발생한 경우 법 제11조 및 제11조의3에 따라 손해평가인, 손해평가사 또는 손해사정사가 그 피해사실을 확인하고 평가하는 일련의 과정을 말한다.

① 피해조사

② 손해평가

③ 검증조사

④ 현지조사

42 - Q2 | 제6회 기출

농업재해보험 손해평가요령상 용어의 정의로 옳지 않은 것은?

① "농업재해보험"이란 「농어업재해보험법」 제4조에 따른 농작물재해보험, 임산물재해보험 및 양식수산물재해보험을 말한다.

② "손해평가인"이라 함은 「농어업재해보험법」 제11조 제1항과 「농어업재해보험법 시행령」 제12조 제1항에서 정한 자 중에서 재해보험사업자가 위촉하여 손해평가 업무를 담당하는 자를 말한다.

③ "손해평가보조인"이라 함은 「농어업재해보험법」에 따라 손해평가인, 손해평가사 또는 손해사정사가 그 피해사실을 확인하고 평가하는 업무를 보조하는 자를 말한다.

④ "손해평가사"라 함은 「농어업재해보험법」 제11조의4 제1항에 따른 자격시험에 합격한 자를 말한다.

42 - Q3 | 제9회 기출

농업재해보험 손해평가요령상 농업재해보험의 종류에 해당하지 않는 것은?

① 농작물재해보험 ② 양식수산물재해보험
③ 가축재해보험 ④ 임산물재해보험

43 손해평가요령상 손해평가 업무

손해평가 시 손해평가인, 손해평가사, 손해사정사는 다음의 업무를 수행한다.

- 피해사실 확인
- 보험가액 및 손해액 평가
- 그 밖에 손해평가에 관하여 필요한 사항

43 - Q | 제9회 기출

농업재해보험 손해평가요령상 손해평가인의 업무에 해당하는 것은?

① 피해사실 확인

② 재해보험사업의 약정 체결

③ 보험료율의 산정

④ 재해보험상품의 연구와 보급

참고 ②, ③ 재해보험사업자의 업무에 해당한다.
④ 농림축산식품부장관 또는 해양수산부장관의 업무에 해당한다.

44 손해평가인의 위촉

- 재해보험사업자는 손해평가인을 위촉 시 손해평가인증을 발급해야 한다.
- 위촉 규모: 시·군·자치구별 보험가입자의 수 등을 고려하여 적정 규모의 손해평가인을 위촉할 수 있다.
- 손해평가보조인을 운용할 수 있는 자: 재해보험사업자 및 손해평가 업무를 위탁받은 자

44 - Q1 | 제9회 기출

농업재해보험 손해평가요령상 손해평가인에 관한 설명으로 옳지 않은 것은?

① 손해평가인은 농업재해보험이 실시되는 시·군·자치구별 보험가입자의 수 등을 고려하여 적정 규모로 위촉하여야 한다.

② 손해평가인증은 농림축산식품부장관 또는 해양수산부장관이 발급한다.

③ 재해보험사업자는 손해평가 업무를 원활히 수행하기 위하여 손해평가보조인을 운용할 수 있다.

④ 재해보험사업자는 실무교육을 받는 손해평가인에 대하여 소정의 교육비를 지급할 수 있다.

44 - Q2 | 제8회 기출

농업재해보험 손해평가요령상 손해평가인의 위촉과 교육에 관한 설명으로 옳은 것은?

① 손해평가인 정기교육의 세부내용 중 농업재해보험 상품 주요내용은 농업재해보험에 관한 기초지식에 해당한다.

② 손해평가인 정기교육의 세부내용에 피해유형별 현지조사표 작성 실습은 포함되지 않는다.

③ 재해보험사업자 및 「농어업재해보험법」 제14조에 따라 손해평가 업무를 위탁받은 자는 손해평가 업무를 원활히 수행하기 위하여 손해평가보조인을 운용할 수 있다.

④ 실무교육에 참여하는 손해평가인은 재해보험사업자에게 교육비를 납부하여야 한다.

참고 ① 손해평가인 정기교육의 세부내용 중 농업재해보험 상품 주요내용은 농업재해보험의 종류별 약관에 해당한다.
② 손해평가인 정기교육의 세부내용에 피해유형별 현지조사표 작성 실습은 포함된다.
④ 손해평가인이 교육비를 납부해야 한다는 규정은 없다.

45 손해평가인 위촉의 취소 사유

재해보험사업자는 손해평가인이 다음의 어느 하나에 해당하게 되거나 위촉당시에 해당하는 자였음이 판명된 때에는 그 위촉을 취소하여야 한다(강행규정).

- 피성년후견인
- 파산선고를 받은 자로서 복권되지 아니한 자
- 농어업재해보험법 제30조(벌칙)에 의하여 벌금 이상의 형을 선고받고 그 집행이 종료(집행이 종료된 것으로 보는 경우를 포함)되거나 집행이 면제된 날로부터 2년이 경과되지 아니한 자
- 위촉이 취소된 후 2년이 경과하지 아니한 자
- 거짓 그 밖의 부정한 방법으로 손해평가인으로 위촉된 자
- 업무정지기간 중에 손해평가 업무를 수행한 자

45 - Q | 제2회 기출

농업재해보험 손해평가요령에 따른 손해평가인 위촉의 취소 사유에 해당되지 않는 자는?

① 파산선고를 받은 자로서 복권되지 아니한 자

② 손해평가인 위촉이 취소된 후 1년이 경과되지 아니한 자

③ 거짓 그 밖의 부정한 방법으로 손해평가인으로 위촉된 자

④ 「농어업재해보험법」 제30조에 의하여 벌금 이상의 형을 선고받고 그 집행이 종료되거나 집행이 면제된 날로부터 3년이 경과된 자

참고 3년이 경과되었다면 위촉취소 사유에 해당되지 않는다.

46 손해평가인의 업무정지 및 위촉해지

- 재해보험자는 손해평가인이 다음의 어느 하나에 해당하는 때에는 6개월 이내의 기간을 정하여 그 업무의 정지를 명하거나 위촉해지 등을 할 수 있다.
  - 법 제11조 제2항(객관적으로 손해평가를 해야 하며, 고의로 진실을 숨기거나 거짓으로 손해평가를 해서는 안 됨) 및 이 요령(손해평가요령)의 규정을 위반한 때
  - 법 및 이 요령에 의한 명령이나 처분을 위반한 때
  - 업무수행과 관련하여 「개인정보 보호법」, 「신용정보의 이용 및 보호에 관한 법률」 등 정보 보호와 관련된 법령을 위반한 때
- 재해보험사업자는 위촉취소나 업무정지 시 손해평가인에게 청문을 실시해야 한다. 다만, 손해평가인이 청문에 응하지 않을 경우 서면으로 위촉을 취소하거나 업무의 정지를 통보할 수 있다.

47 손해평가반의 구성

구성주체	재해보험사업자는 손해평가를 하는 경우에는 손해평가반을 구성하고 손해평가반별로 평가일정계획을 수립하여야 함
구성인원	손해평가인, 손해평가사, 손해사정사의 어느 하나에 해당하는 자로 구성하며, 5인 이내로 함
구성에서 배제되는 자	• 자기 또는 자기와 생계를 같이 하는 친족(이해관계자)이 가입한 보험계약에 관한 손해평가 • 자기 또는 이해관계자가 모집한 보험계약에 관한 손해평가 • 직전 손해평가일로부터 30일 이내의 보험가입자 간 상호 손해평가 • 자기가 실시한 손해평가에 대한 검증조사 및 재조사

47 - Q1 | 제9회 기출

농업재해보험 손해평가요령상 손해평가반의 구성에 관한 설명으로 옳지 않은 것은?

① 손해평가반은 재해보험사업자가 구성한다.

② 「보험업법」 제186조에 따른 손해사정사는 손해평가반에 포함될 수 있다.

③ 손해평가인 2인과 손해평가보조인 3인으로는 손해평가반을 구성할 수 있다.

④ 자기 또는 이해관계자가 모집한 보험계약에 관한 손해평가에 대하여는 해당자를 손해평가반 구성에서 배제하여야 한다.

47 - Q2 | 제7회 기출

농업재해보험 손해평가요령상 손해평가사 甲을 손해평가반 구성에서 배제하여야 하는 경우를 모두 고른 것은?

> ㄱ. 甲의 이해관계자가 가입한 보험계약에 관한 손해평가
> ㄴ. 甲의 이해관계자가 모집한 보험계약에 관한 손해평가
> ㄷ. 甲의 이해관계자가 실시한 손해평가에 대한 검증조사

① ㄱ, ㄴ

② ㄱ, ㄷ

③ ㄴ, ㄷ

④ ㄱ, ㄴ, ㄷ

48 교차손해평가

- 재해보험사업자는 공정하고 객관적인 손해평가를 위하여 교차손해평가가 필요한 경우 재해보험 가입규모, 가입분포 등을 고려하여 교차손해평가 대상 시·군·구를 선정하여야 한다.
- 교차손해평가를 위해 손해평가반을 구성할 경우 선발된 지역손해평가인 1인 이상이 포함되어야 한다. 다만, 거대재해 발생, 평가인력 부족 등으로 신속한 손해평가가 불가피하다고 판단되는 경우 그러하지 아니할 수 있다.

49 손해평가의 준비 및 평가결과 제출

- 재해보험사업자는 현지조사서를 마련 및 배부해야 한다.
- 손해평가반은 현지조사서에 손해평가결과를 정확하게 작성하여 보험가입자에게 이를 설명한 후 서명을 받아 재해보험사업자에게 최종 조사일로부터 7영업일 이내에 제출하여야 한다(원예시설, 축사 건물 제외).

• 손해평가 후 보험가입자가 정당한 사유 없이 서명을 거부하는 경우 손해평가반은 보험가입자에게 손해평가결과를 통지한 후 서명 없이 현지조사서를 재해보험사업자에게 제출하여야 한다.

49 - Q | 제5회 기출

농업재해보험 손해평가요령상 손해평가준비 및 평가결과 제출에 관한 설명으로 옳지 않은 것은?

① 재해보험사업자는 손해평가반이 실시한 손해평가결과를 기록할 수 있는 현지조사서를 마련해야 한다.

② 손해평가반은 보험가입자가 정당한 사유 없이 손해평가를 거부하여 손해평가를 실시하지 못한 경우에는 그 피해를 인정할 수 없는 것으로 평가한다는 사실을 보험가입자에게 통지한 후 현지조사서를 재해보험사업자에게 제출하여야 한다.

③ 보험가입자가 정당한 사유 없이 손해평가반이 작성한 현지조사서에 서명을 거부한 경우에는 손해평가반은 그 피해를 인정할 수 없는 것으로 평가한다는 현지조사서를 작성하여 재해보험사업자에게 제출하여야 한다.

④ 보험가입자가 손해평가반의 손해평가결과에 대하여 설명 또는 통지를 받은 날로부터 7일 이내에 손해평가가 잘못되었음을 증빙하는 서류 또는 사진 등을 제출하는 경우 재해보험사업자는 다른 손해평가반으로 하여금 재조사를 실시하게 할 수 있다.

50 보험가입자의 손해평가 거부

손해평가반은 보험가입자가 정당한 사유 없이 손해평가를 거부하여 손해평가를 실시하지 못한 경우에는 그 피해를 인정할 수 없는 것으로 평가한다는 사실을 보험가입자에게 통지한 후 현지조사서를 재해보험사업자에게 제출하여야 한다.

51 재조사의 실시

재해보험사업자는 보험가입자가 손해평가반의 손해평가결과에 대하여 설명 또는 통지를 받은 날로부터 7일 이내에 손해평가가 잘못되었음을 증빙하는 서류 또는 사진 등을 제출하는 경우 재해보험사업자는 다른 손해평가반으로 하여금 재조사를 실시하게 할 수 있다.

52 손해평가결과 검증

• 주체: 재해보험사업자 및 농어업재해보험사업의 관리를 위탁받은 기관은 손해평가를 실시한 보험목적물 중에서 일정수를 임의 추출하여 검증조사를 할 수 있으며, 농림축산식품부장관은 재해보험사업자로 하여금 검증조사를 하게 할 수 있다.

• 검증조사에 따른 재조사: 검증조사 결과 현저한 차이가 발생되어 재조사가 불가피하다고 판단될 경우, 해당 손해평가반이 조사한 전체 보험목적물에 대하여 재조사를 할 수 있다.

• 결과에 대한 조치: 사업관리 위탁기관이 검증조사를 실시한 경우, 그 결과를 재해보험사업자에게 통보하고 필요에 따라 결과에 대한 조치를 요구할 수 있다. 재해보험사업자는 특별한 사유가 없는 한 그에 따른 조치를 실시해야 한다.

52 - Q | 제7회 기출변형

농업재해보험 손해평가요령상 손해평가결과 검증에 관한 설명으로 옳지 않은 것은?

① 검증조사 결과 현저한 차이가 발생된 경우 해당 손해평가반이 조사한 전체 보험목적물에 대하여 검증조사를 하여야 한다.

② 보험가입자가 정당한 사유 없이 검증조사를 거부하는 경우 검증조사반은 검증조사가 불가능하여 손해평가결과를 확인할 수 없다는 사실을 보험가입자에게 통지한 후 검증조사결과를 작성하여 재해보험사업자에게 제출하여야 한다.

③ 재해보험사업자 및 농어업재해보험사업의 관리를 위탁받은 기관은 손해평가반이 실시한 손해평가결과를 확인하기 위하여 손해평가를 실시한 보험목적물 중에서 일정수를 임의 추출하여 검증조사를 할 수 있다.

④ 농림축산식품부장관은 재해보험사업자로 하여금 검증조사를 하게 할 수 있다.

참고 재해보험사업자는 검증조사결과 현저한 차이가 발생되어 재조사가 불가피하다고 판단될 경우에는 해당 손해평가반이 조사한 전체 보험목적물에 대하여 재조사를 할 수 있다.

53 손해평가 단위

• 농작물: 농지별
• 가축: 개별가축별(단, 벌은 벌통 단위)
• 농업시설물: 보험가입 목적물별

53 - Q | 제2회 기출

농업재해보험 손해평가요령에 따른 보험목적물별 손해평가 단위로 옳은 것은?

① 사과: 농지별

② 벼: 필지별

③ 가축: 개별축사별

④ 농업시설물: 지번별

참고 • 농작물: 농지별(①, ②)
• 가축: 개별가축별(단, 벌은 벌통 단위)(③)
• 농업시설물: 보험가입 목적물별(④)

54 농지의 개념

• 손해평가 단위에서의 농지라 함은 하나의 보험가입금액에 해당하는 토지로 필지(지번) 등과 관계없이 농작물을 재배하는 하나의 경작지를 말한다.

• 방풍림, 돌담, 도로(농로 제외) 등에 의해 구획된 것 또는 동일한 울타리, 시설 등에 의해 구획된 것을 하나의 농지로 한다.

• 다만, 경사지에서 보이는 돌담 등으로 구획되어 있는 면적이 극히 작은 것은 동일 작업 단위 등으로 정리하여 하나의 농지에 포함할 수 있다.

55 농작물의 보험가액 및 보험금 산정

특정위험방식(인삼)	가입면적에 보험가입 당시의 단위당 가입가격을 곱하여 산정함
적과전 종합위험방식	적과후 착과수조사를 통해 산정한 기준수확량에 보험가입 당시의 단위당 가입가격을 곱하여 산정함
종합위험방식	보험증권에 기재된 보험목적물의 평년수확량에 보험가입 당시의 단위당 가입가격을 곱하여 산정함
생산비 보장	작물별로 보험가입 당시 정한 보험가액을 기준으로 산정함
나무손해보장	기재된 보험목적물이 나무인 경우로 최초 보험사고발생시의 해당 농지 내에 심어져 있는 과실생산이 가능한 나무 수에 보험가입 당시의 나무당 가입가격을 곱하여 산정함

56 가축·농업시설물의 보험가액 및 손해액 산정

가축*	보험가액	보험사고가 발생한 때와 곳에서 평가한 보험목적물의 수량에 적용가격을 곱하여 산정함
	손해액	보험사고가 발생한 때와 곳에서 폐사 등 피해를 입은 보험목적물의 수량에 적용가격을 곱하여 산정함
농업시설물**	보험가액	보험사고가 발생한 때와 곳에서 평가한 피해목적물의 재조달가액에서 내용연수에 따른 감가상각률을 적용하여 계산한 감가상각액을 차감하여 산정함
	손해액	보험사고가 발생한 때와 곳에서 산정한 피해목적물의 원상복구비용을 말함

* 가축의 보험가액과 손해액에서 적용가격은 보험사고가 발생한 때와 곳에서의 시장가격 등을 감안하여 보험약관에서 정한 방법에 따라 산정함

** 규정에도 불구하고 보험가입 당시 보험가입자와 재해보험사업자가 보험가액 및 손해액 산정방식을 별도로 정한 경우에는 그 방법에 따름

56 - Q | 제6회 기출

농업재해보험 손해평가요령상 농업시설물의 보험가액 및 손해액 산정에 관한 설명이다. (   )에 들어갈 내용은?

> • 농업시설물에 대한 보험가액은 보험사고가 발생한 때와 곳에서 평가한 피해목적물의 (ㄱ)에서 내용연수에 따른 감가상각률을 적용하여 계산한 감가상각액을 (ㄴ)하여 산정한다.
> • 농업시설물에 대한 손해액은 보험사고가 발생한 때와 곳에서 산정한 피해목적물의 (ㄷ)을 말한다.

① ㄱ: 시장가격, ㄴ: 곱, ㄷ: 시장가격

② ㄱ: 시장가격, ㄴ: 차감, ㄷ: 원상복구비용

③ ㄱ: 재조달가액, ㄴ: 곱, ㄷ: 시장가격

④ ㄱ: 재조달가액, ㄴ: 차감, ㄷ: 원상복구비용

57 종합위험방식 수확감소보장의 보험금 산정

옥수수 외	보험가입금액×(피해율−자기부담비율) * 피해율(감자·복숭아 제외)=(평년수확량−수확량−미보상감수량)÷평년수확량 * 피해율(감자·복숭아)={(평년수확량−수확량−미보상감수량)+병충해감수량}÷평년수확량
옥수수	MIN(보험가입금액, 손해액)−자기부담금 * 손해액=피해수확량×가입가격 * 자기부담금=보험가입금액×자기부담비율

57-Q | 제7회 기출

농업재해보험 손해평가요령상 종합위험방식 수확감소보장에서 "벼"의 경우, 다음의 조건으로 산정한 보험금은?

- 보험가입금액: 100만 원
- 자기부담비율: 20%
- 평년수확량: 1,000kg
- 수확량: 500kg
- 미보상감수량: 50kg

① 10만 원　② 20만 원
③ 25만 원　④ 45만 원

참고 • 피해율=(평년수확량−수확량−미보상감수량)÷평년수확량
=(1,000kg−500kg−50kg)÷1,000kg=45%
• 보험금=보험가입금액×(피해율−자기부담율)
=100만 원×(45%−20%)=25만 원

58 종합위험방식 과실손해보장의 보험금 산정

무화과	보험가입금액×(피해율−자기부담비율) * 피해율(7월 31일 이전에 사고가 발생한 경우)=(평년수확량−수확량−미보상감수량)÷평년수확량 * 피해율(8월 1일 이후에 사고가 발생한 경우)=(1−수확전 사고피해율)×경과비율×결과지피해율
복분자	보험가입금액×(피해율−자기부담비율) * 피해율=고사결과모지수÷평년결과모지수
오디	보험가입금액×(피해율−자기부담비율) * 피해율=(평년결실수−조사결실수−미보상감수결실수)÷평년결실수
감귤(온주밀감류)	과실손해보험금=손해액−자기부담금 * 손해액=보험가입금액×피해율 * 자기부담금=보험가입금액×자기부담비율 * 피해율=(등급 내 피해과실수+등급 외 피해과실수×50%)÷기준과실수×(1−미보상비율)
	동상해손해보험금=손해액−자기부담금 * 손해액={보험가입금액−(보험가입금액×기사고피해율)}×수확기 잔존비율×동상해피해율수×(1−미보상비율) * 자기부담금=|보험가입금액×MIN(주계약피해율−자기부담비율, 0)| * 동상해 피해율={(동상해 80%형 피해과실수 합계×80%)+(동상해 100%형 피해과실수 합계×100%)}÷기준과실수

58-Q | 제9회 기출변형

농업재해보험 손해평가요령상 종합위험방식의 과실손해보장 보험금 산정 시 피해율로 옳지 않은 것은?

① 감귤(온주밀감류): (등급 내 피해과실수+등급 외 피해과실수×50%)÷기준과실수×(1−미보상비율)
② 복분자: 고사결과모지수÷평년결과모지수
③ 오디: (평년결실수−조사결실수−미보상감수결실수)÷평년결실수
④ 7월 31일 이전에 사고가 발생한 무화과: (1−수확전 사고피해율)×경과비율×결과지피해율

참고 피해율(7월 31일 이전에 사고가 발생한 경우)=(평년수확량−수확량−미보상감수량)÷평년수확량

59 종합위험방식 상품 중 재정식조사

- 생육시기: 수확 전
- 재해: 보상하는 재해 전부
- 조사시기: 사고접수 후 지체없이
- 조사방법: 해당 농지에 보상하는 손해로 인하여 재정식이 필요한 면적 또는 면적비율 조사
- 비고: 양배추만 해당

59-Q | 제7회 기출

농업재해보험 손해평가요령에 따른 종합위험방식 상품의 조사내용 중 "재정식조사"에 해당되는 품목은?

① 벼　② 콩
③ 양배추　④ 양파

60 종합위험방식 상품 중 '오디'의 과실손해조사

- 생육시기: 수확 전
- 재해: 보상하는 재해 전부
- 조사시기: 결실완료 후
- 조사방법: 결실수 조사(표본조사)

60 - Q | 제6회 기출

농업재해보험 손해평가요령상 종합위험방식 상품(농업수입보장 포함)의 「수확 전」 생육시기에 "오디"의 과실손해조사 시기로 옳은 것은?

① 결실완료 후

② 수정완료 후

③ 조사가능일

④ 사고접수 후 지체없이

제3과목 농학개론 중 재배학 및 원예작물학

1 작물의 재배

- 작물생산량의 3요소: 유전성, 재배환경(기후, 토양), 재배기술
- 재배형식의 발전: 소경 → 식경 → 곡경 → 포경 → 원경

2 작물의 용도에 따른 분류

구분	용도	대표 작물
식용작물	식량	쌀, 보리, 콩
공예작물	공업, 약의 원료	목화, 담배, 사탕수수
사료작물	가축의 먹이	알팔파, 레드클로버
녹비작물	비료	클로버, 자운영
기호작물	기호품	커피, 담배
약용작물	약효	박하, 호프
원예작물	채소, 과수, 화훼	사과, 배, 오이

3 작물의 식물학적 분류

- 볏과: 벼, 밀, 보리 호밀 등
- 콩과: 콩, 완두콩, 녹두, 땅콩 등
- 장미과: 사과, 배, 매실, 자두, 복숭아 등
- 가짓과: 감자, 가지, 토마토 등
- 백합과: 마늘, 백합, 양파, 파 등

3 - Q | 제8회 기출

작물분류학적으로 과명(Family Namc)별 작물의 연결이 옳은 것은?

① 백합과 – 수선화

② 가짓과 – 감자

③ 국화과 – 들깨

④ 장미과 – 블루베리

참고 ① 수선화: 수선화과, ③ 들깨: 꿀풀과, ④ 블루베리: 진달랫과

4 호냉성(저온성) 작물

비교적 저온에서 생육하는 작물

예 맥류, 상추, 배추, 양배추, 딸기, 감자, 무, 시금치, 양파, 마늘 등

4-Q | 제3회 기출

호냉성 채소작물은?

① 상추, 가지

② 시금치, 고추

③ 오이, 토마토

④ 양배추, 딸기

참고 양배추, 딸기, 상추, 시금치는 호냉성 채소작물, 가지, 고추, 오이, 토마토는 호온성 채소작물이다.

5 저항성에 따른 작물의 분류

- 내산성: 블루베리, 감자, 귀리, 호밀, 수박 등
- 내건성: 수수, 조, 기장, 호밀 등
- 내습성: 벼, 미나리, 연근 등
- 내염성: 목화, 유채, 사탕무, 옥수수, 수수 등
- 내한성: 보리, 밀, 호밀, 감자, 무 등

6 과실의 구조적 특징에 따른 분류

- 인과류: 사과, 배, 모과, 비파 등
- 준인과류: 감, 감귤 등
- 핵과류: 복숭아, 자두, 매실, 살구, 체리 등
- 장과류: 포도, 참다래, 무화과, 나무딸기 등
- 각과류: 밤, 호두, 아몬드 등

6-Q | 제4회 기출

과실의 구조적 특징에 따른 분류로 옳은 것은?

① 인과류 – 사과, 배

② 핵과류 – 밤, 호두

③ 장과류 – 복숭아, 자두

④ 각과류 – 포도, 참다래

참고 ② 밤, 호두: 각과류, ③ 복숭아, 자두: 핵과류, ④ 포도, 참다래: 장과류

7 채소의 식용 부위에 따른 분류

- 엽경채류(잎채소): 배추, 양배추, 상추, 시금치, 미나리, 마늘 등
- 근채류(뿌리채소): 무, 당근, 우엉, 고구마 등
- 과채류(열매채소): 오이, 호박, 참외, 수박 등
- 화채류(꽃채소): 브로콜리, 콜리플라워 등

7-Q | 제5회 기출

식용 부위에 따른 분류에서 엽경채류가 아닌 것은?

① 시금치

② 미나리

③ 마늘

④ 오이

8 알뿌리 작물의 분류

- 인경(비늘줄기): 마늘, 양파, 백합, 튤립 등
- 구경(알줄기): 글라디올러스, 토란, 사프란 등
- 괴경(덩이줄기): 감자, 시클라멘 등
- 괴근(덩이뿌리): 고구마, 마, 달리아 등
- 근경(뿌리줄기): 칸나, 대나무, 둥글레 등

8-Q | 제6회 기출

형태에 따른 영양번식기관과 작물이 바르게 짝지어진 것은?

① 괴경 – 감자

② 인경 – 글라디올러스

③ 근경 – 고구마

④ 구경 – 양파

참고 ② 글라디올러스: 구경, ③ 고구마: 괴근, ④ 양파: 인경

9 생육기간에 따른 화훼의 분류

- 춘파일년초: 해바라기, 맨드라미, 코스모스, 채송화 등
- 추파일년초: 과꽃, 금잔화, 데이지, 안개꽃, 팬지 등
- 2년초: 파랭이꽃, 접시꽃, 안젤리카 등
- 다년초: 수련, 옥잠화, 카네이션, 민트 등

10 점토 함량에 따른 토성의 분류

- 사토: 12.5% 이하
- 사양토: 12.5~25%
- 양토: 25~37.5%
- 식양토: 37.5~50%
- 식토: 50% 이상

11 입단 형성방법과 파괴의 원인

입단 형성방법	• 유기물, 석회의 사용 • 콩과작물(두과작물)의 재배 • 토양개량제의 사용 • 토양의 피복
입단 파괴 요인	• 경운으로 입단을 결합시키고 있는 부식의 분해(쇄토) • 나트륨이온의 작용으로 알갱이의 엉킴 방해 • 습윤·건조, 수축·융해, 고온·저온의 반복 • 비와 바람

11 - Q | 제1회 기출

토양의 입단 파괴 요인은?

① 경운 및 쇄토

② 유기물 사용

③ 토양 피복

④ 두과작물 재배

12 토양수분의 형태

구분	특징	토양수분장력
결합수	분리될 수 없는 수분	pF 7.0 이상
흡착수	흡착된 수분	pF 4.5~7.0
모관수	토양의 공극 내에서 유지되어 작물이 주로 이용하는 수분	pF 2.7~4.5
중력수	토양 아래로 내려가는 수분	pF 2.7 이하

12 - Q | 제4회 기출

토양수분을 pF값이 낮은 것부터 옳게 나열한 것은?

ㄱ. 결합수　　ㄴ. 모관수　　ㄷ. 흡착수

① ㄱ – ㄴ – ㄷ

② ㄴ – ㄱ – ㄷ

③ ㄴ – ㄷ – ㄱ

④ ㄷ – ㄴ – ㄱ

13 토양 수분의 항수

- 포화용수량: 모관수가 최대로 포함된 상태
- 초기위조점: 식물의 생육이 정지하고 하엽이 위조하기 시작하는 상태
- 영구위조점: 식물이 수분을 공급받아도 회복이 불가한 상태

14 산성토양의 원인과 개선책

원인	• 빗물에 의한 염기 용탈 • 치환성 염기의 용탈로 미포화 교질의 증가 • 유기물 분해에 의한 유기산 증가 • 화학공장에서 배출되는 산성물질
개선책	• 석회와 유기물을 충분히 시비함 • 산성에 강한 식물을 심음 　예 벼, 귀리, 아마, 감자, 땅콩, 호밀 등 • 산성비료의 사용을 피함 　예 황산암모늄, 염화칼륨, 황산칼륨, 인분뇨 등 • 용성인비를 시비함

14 - Q | 제6회 기출

산성토양에 관한 설명으로 옳은 것은?

① 토양 용액에 녹아있는 수소이온은 치환 산성 이온이다.

② 석회를 시용하면 산성토양을 교정할 수 있다.

③ 토양입자로부터 치환성 염기의 용탈이 억제되면 토양이 산성화된다.

④ 콩은 벼에 비해 산성토양에 강한 편이다.

참고 ① 토양 용액에 녹아 있는 수소이온은 활산성 이온이다.
③ 토양입자로부터 치환성 염기가 용탈되면 토양이 산성화된다.
④ 콩은 산성토양에 매우 약하다.

15 토양 미생물의 작용

- 유기물 분해로 유리되는 양분을 식물이 흡수한다.
- 유리질소가 고정된다.
- 토양미생물에서 분비되는 점질물질에 의해 입단이 조성된다.
- 질산화작용이 이루어진다.
- 가용성 무기성분을 동화하여 유실을 적게 한다.
- 균근을 형성하여 식물을 이롭게 한다.

16 토양 중금속 오염의 대책

- 담수재배 및 환원물질 사용
- 석회질비료, 유기물 사용
- 인산질 사용을 통한 인산화물 불용화
- 점토광물을 사용하여 중금속을 흡착하고 불용화함
- 중금속 흡수식물 재배
- 경운, 객토 및 쇄토

17 작물과 물(수분)

물의 기능	• 식물체의 구성 성분이 됨 • 식물 세포 원형질의 생활 상태(팽압)를 유지함 • 작물이 필요한 물질의 흡수·이동을 위한 용매가 됨 • 필요 물질의 합성과 분해의 매개체가 됨 • 작물의 체온을 조절함 • 작물의 체형을 유지시킴 • 식물체 내의 물질 분포를 고르게 하는 매개체가 됨
요수량의 개념	• 작물의 건물 1g을 생산하는 데 소비되는 수분량을 말함 • 요수량이 작은 작물일수록 가뭄에 대한 저항성이 큼
수분 부족 시 반응	• 기공을 닫아 수분 손실을 줄임 • 증산 작용이 억제됨 • 잎의 표면적을 줄여 증산을 억제함 • 뿌리를 더 깊고 넓게 뻗음 • 아브시스산(ABA) 호르몬의 농도가 급격히 증가함

17 - Q | 제2회 기출

식물체 내 물의 기능으로 옳지 않은 것은?

① 세포의 팽압 형성

② 감수분열 촉진

③ 양분 흡수와 이동의 용매

④ 물질의 합성과 분해과정 매개

18 습해의 대책

- 배수로를 설치하여 물을 빼낸다.
- 이랑과 고랑을 만들어 준다.
- 미숙 무기물과 황산근 비료의 사용을 피하고 표층시비와 엽면시비를 한다.
- 토양을 객토하고 부식·석회·토양개량제 등을 사용하여 공극량을 증대시킨다.
- 내습성 작물을 재배한다.
- 과산화석회를 공급한다.

18 - Q | 제2회 기출

토양 습해 예방대책으로 옳은 것은?

① 내습성 품종 선택

② 고랑 파종

③ 미숙 유기물 사용

④ 밀식재배

19 배수의 방법

객토법	흙을 바꾸는 방식으로 지반을 높여서 배수하는 자연적 배수방법
기계배수	기계를 이용하여 배수하는 방법
명거배수	경사지게 하여 지하수를 흘려보내는 방법
암거배수	지하에 배수시설인 파이프관 등을 설치하여 배수하는 방법

20 한해(가뭄해, 건조해)의 대책

- 충분한 관수는 한해의 근본적인 대책이다.
- 건조한 토양에 강한 작물, 즉 내건성이 강한 품종을 선택한다. 예 수수, 보리, 밀, 조, 피, 기장 등
- 토양입단을 조성한다.
- 증발억제제를 살포한다.
- 피복과 중경제초를 실시한다.
- 드라이파밍(Dry Farming)을 실시한다.

20 - Q | 제3회 기출

작물재배 시 건조해의 대책으로 옳지 않은 것은?

① 중경제초

② 질소비료 과용

③ 내건성 작물 및 품종 선택

④ 증발억제제 살포

참고 질소비료의 과용은 작물의 성장비대를 가져와 외부 자극(병충해, 습해, 한해 등)에 약해지는 결과를 초래한다.

21 내건성이 강한 작물의 특징

- 수분의 흡수가 필요한 뿌리 부분이 잘 발달되어 있다.
- 표면적 대비 체적의 비율이 작고, 잎이 왜소하다.
- 잎조직이 치밀하다.
- 기공 크기가 작거나 수가 적어 낮은 호흡으로 수분의 증발을 막아 건조한 환경에서도 잘 성장할 수 있다.
- 세포의 크기가 작아 수분이 적어도 원형질 변형이 적다.

22 이산화탄소 포화점과 보상점

포화점	이산화탄소 농도가 어느 한계까지 높아지면 그 이상 높아져도 광합성 속도는 그 이상 증대하지 않는 상태
보상점	광합성에 의한 유기물의 생성 속도와 호흡에 의한 유기물의 소모 속도가 같아지는 이산화탄소 농도

23 풍해에 의한 장애 및 대책

장애	• 작물의 결손, 열상, 낙과, 도복, 탈립, 건조 등이 발생함 • 작물의 상처에 의한 호흡률이 증가함 • 기공이 닫혀 이산화탄소의 흡수, 즉 광합성률이 감퇴함 • 상처가 건조되면 광산화 반응을 일으켜 고사함 • 매개곤충의 활동 저하로 인해 수정률이 감소함 • 강풍 직후 작물의 저항성이 떨어져 병해충 피해가 심해질 수 있음
대책	• 방풍림, 방풍울타리를 조성함 • 내도복성 작물 및 품종을 선택함 • 풍향과 직각이 되도록 이랑을 조성함 • 과다한 질소비료 시비를 피함 • 밀식재배를 피함 • 태풍이 지나간 후에는 병충해 방지를 위해 살균제를 살포함

23 - Q | 제2회 기출

강풍이 작물에 미치는 영향으로 옳지 않은 것은?

① 상처로 인한 호흡률 증가

② 매개곤충의 활동 저하로 인한 수정률 감소

③ 기공폐쇄로 인한 광합성률 감소

④ 병원균 감소로 인한 병해충 피해 약화

24 광합성 경로에 따른 작물의 분류

C3 식물	이산화탄소를 기공을 통해 공기에서 직접 얻어 캘빈회로에 이용하는 식물
C4 식물	수분을 보존하고 광호흡을 억제하는 적응기구를 갖고 있는 식물 예 옥수수, 수수 등
CAM 식물	밤 동안 기공을 열어 광합성에 필요한 이산화탄소를 흡수하여 수분을 보존하고 이산화탄소를 C4 식물과 같이 4탄소 화합물로 조정하는 식물 예 선인장, 파인애플 등

25 광보상점과 광포화점

광보상점	식물이 광합성을 통해 이산화탄소를 흡수하는 속도와 호흡을 통해 이산화탄소를 방출하는 속도가 같아지는 최소한의 빛의 세기
광포화점	식물이 빛을 이용한 광합성 속도가 더 이상 증가하지 않고 최대치에 도달하는 빛의 세기

25 - Q | 제2회 기출

( )에 들어갈 내용은?

> 작물의 광합성에 의한 이산화탄소의 흡수량과 호흡에 의한 이산화탄소의 방출량이 같은 지점의 광도를 ( )이라 한다.

① 광반응점

② 광보상점

③ 광순화점

④ 광포화점

26 광 부족 시 나타나는 현상

- 줄기의 마디 사이가 길어진다.
- 잎이 넓어지고 얇아진다.
- 잎이 노랗게 변한다.
- 줄기가 가늘어진다.
- 꽃눈 형성이 저하된다.

26 - Q | 제6회 기출

시설 내에서 광 부족이 지속될 때 나타날 수 있는 박과 채소 작물의 생육 반응은?

① 낙화 또는 낙과의 발생이 많아진다.

② 잎이 짙은 녹색을 띤다.

③ 잎이 작고 두꺼워진다.

④ 줄기의 마디 사이가 짧고 굵어진다.

참고 시설 내에서 광 부족이 지속될 경우 광합성작용이 저하되고 동화작용으로 영양공급이 저하되어 낙화 또는 낙과가 발생할 수 있다. 또한, 엽록소 형성이 저하되어 잎이 황백색으로 변하는 황백화 현상이 일어나고 잎이 작고 얇아진다.

27 온도 관련 용어

유효온도	작물의 생육이 효과적으로 이루어지는 온도
적산온도	작물이 자라는 동안 일정기간 동안 축적된 기온을 수치화한 값
생육적온	작물이 가장 잘 자라는 데 필요한 적절한 온도

28 열해의 생리기전

- 유기물의 과잉소모
- 질소대사의 이상
- 철분의 침전
- 증산과다

29 열해의 대책

- 내열성이 강한 작물을 선택한다.
- 재배시기를 조절하여 혹서기를 회피한다.
- 피복을 하여 지온 상승을 억제한다.
- 밀식 및 질소과용을 피한다.
- 관개를 통해 지온을 낮춘다.

30 작물의 대표적 온도 장해

일소현상	강한 햇빛을 오래 받아 식물의 잎, 과실, 줄기 따위의 조직에 이상이 생기는 현상
결구장해	고온으로 인해 양배추, 양상추 등의 속이 차지 않는 현상
조기추대	고온 또는 지나치게 낮은 온도에 오랫동안 노출될 시 정상 생육시기보다 이르게 꽃대를 올리고 꽃이 피는 현상

30 - Q | 제4회 기출

다음 설명이 틀린 것은?

① 동해는 물의 빙점보다 낮은 온도에서 발생한다.

② 일소현상, 결구장해, 조기추대는 저온장해 증상이다.

③ 온대과수는 내동성이 강한 편이나, 열대과수는 내동성이 약하다.

④ 서리 피해 방지로 톱밥 및 왕겨 태우기가 있다.

참고 일소현상, 결구장해는 고온장해 증상이다. 조기추대는 고온·저온장해 증상 모두에 해당될 수 있다.

31 냉해의 구분 및 대책

구분	• 지연형 냉해: 등숙불량이 초래됨 • 장해형 냉해: 불임현상이 초래됨 • 병해형 냉해: 저온으로 저항력이 약해져 병원균에 감염되기 쉬움 • 혼합형 냉해
대책	• 보리, 밀, 호밀, 감자, 무 등의 내한성 품종을 선택함 • 방풍림 설치, 객토, 암거배수 등으로 입지조건을 개선함 • 관수를 적절히 관리함 • 조기재배, 조식재배 등으로 등숙기 냉해를 피하는 등 재배법을 개선함 • 질소의 과잉을 피함

31 - Q | 제3회 기출

다음이 설명하는 냉해는?

ㄱ. 냉온에 대한 저항성이 약한 시기인 감수분열기에 저온에 노출되어 수분수정이 안 되어 불임현상이 초래되는 냉해를 말한다.

ㄴ. 냉온에 의한 생육부진으로 외부 병균의 침입에 대한 저항성이 저하되어 병이 발생하는 냉해를 말한다.

① ㄱ: 지연형 냉해, ㄴ: 병해형 냉해

② ㄱ: 병해형 냉해, ㄴ: 혼합형 냉해

③ ㄱ: 장해형 냉해, ㄴ: 병해형 냉해

④ ㄱ: 혼합형 냉해, ㄴ: 장해형 냉해

32 기온 저하 시 응급대책

관개법, 송풍법, 발연법, 피복법, 살수결빙법, 연소법

33 서리 발생의 조건

- 가을과 봄은 서리가 잘 발생할 수 있는 계절이다.
- 맑고 구름 없는 날, 바람이 거의 없는 상태, 낮은 습도와 이슬점, 그리고 큰 일교차 등의 조건일 때 서리가 잘 발생한다.
- 특히, 강이나 저수지는 안개가 자주 발생하므로 그 옆에 과수원이 있을 경우 서리가 많이 발생한다.

34 우박 피해의 특징

- 우리나라의 우박 피해는 돌발적·국지적이며, 비교적 단시간에 큰 피해가 발생한다.
- 주로 사과, 배의 착과기와 성숙기에 해당하는 초여름(5~6월)과 초가을(9~10월)에 발생한다.
- 과실이나 가지에 타박상, 열상 등을 일으킨다.
- 피해 후 2차적으로 병해를 발생시키는 간접적인 피해를 유발하기도 한다.
- 그불을 나무에 씌워 피해를 경감시킬 수 있다.

34 - Q | 제1회 기출

우리나라 우박 피해에 관한 설명으로 옳지 않은 것은?

① 전국적으로 7~8월에 집중적으로 발생한다.

② 과실 또는 새 가지에 타박상이나 열상 등을 일으킨다.

③ 비교적 단시간에 많은 피해를 일으키고, 피해지역이 국지적인 경우가 많다.

④ 그물(방포망)을 나무에 씌워 피해를 경감시킬 수 있다.

참고 우박은 초여름(5~6월)이나 초가을(9~10월)에 잘 발생하며, 피해지역은 광범위하지 않고 국지적이다.

35 춘화(버널리제이션)

- 개념: 생육기간 중 일정한 시기에 식물이 온도자극(저온춘화, 고온춘화)에 의해 화아분화가 촉진되는 현상을 말한다.
- 처리시기에 따른 구분
  - 종자춘화형 식물: 식물체가 어릴 때 저온에 감응하는 식물
  - 녹식물춘화형 식물: 녹체기에 저온처리하는 식물
  - 비춘화처리형 식물: 춘화처리가 뚜렷하지 않은 식물

35 - Q | 제4회 기출

다음이 설명하는 현상은?

- 온도자극에 의해 화아분화가 촉진되는 것을 말한다.
- 추파성 밀 종자를 저온에 일정 기간 둔 후 파종하면 정상적으로 출수할 수 있다.

① 춘화현상

② 경화현상

③ 추대현상

④ 하고현상

36 일장 효과에 따른 식물의 분류

장일식물	장일 상태에서 화성이 유도됨 예 시금치, 감자, 금잔화, 양파 등
단일식물	단일 상태에서 화성이 유도됨 예 국화, 옥수수, 오이, 호박 등
중성식물	화성이 일장에 영향을 받지 않음 예 장미, 가지, 토마토 등

36 - Q | 제2회 기출

단일일장(Short Day Length) 조건에서 개화 억제를 위해 야간에 보광을 실시하는 작물은?

① 장미

② 가지

③ 국화

④ 토마토

참고 단일식물의 경우 밤이 길어야 개화를 하게 되는데, 인위적으로 보광을 하면 개화가 억제된다.

37 식물 호르몬별 작용 효과

- 옥신류: 생장 촉진, 발근 촉진, 낙과 방지 등
- 지베렐린: 과실 생장, 발아 촉진, 단위결과 유도 등
- 아브시스산(ABA): 휴면 유도, 생장 억제 등
- 에틸렌: 과실 성숙에 관여, 성숙호르몬

37 - Q | 제5회 기출

과수재배에 이용되는 생장조절물질에 관한 설명으로 옳지 않은 것은?

① 삽목 시 발근촉진제로 옥신계 물질을 사용한다.

② 사과나무 적과제로 옥신계 물질을 사용한다.

③ 씨없는 포도를 만들 때 지베렐린을 사용한다.

④ 사과나무 낙과방지제로 시토키닌계 물질을 사용한다.

참고 사과나무 낙과방지제로는 옥신계 물질(Auxins)을 사용한다.

38 종자의 외적 조건

- 순도가 높을수록 좋다.
- 크고 무거운 것이 발아·생육에 좋다.
- 수분량이 낮을수록 저장이 잘 되고 발아력이 오래 유지된다.
- 품종 고유의 색깔과 냄새가 있어야 좋다.
- 건전한 외부 상태, 즉 오염·변색·변질이 없어야 한다.

39 종자의 발아

- 발아 조건: 수분, 온도, 산소, 광
- 발아 촉진 방법: 최아, 프라이밍, 경아, 과산화물 처리, 저온·고온처리, 박피 제거 등

40 육묘의 종류와 필요성

종류	• 공정육묘: 자동화 기계 설비를 이용하는 방법 • 플러그육묘: 작은 셀로 나뉜 트레이에서 묘목을 기르는 방식
필요성	• 직파가 불리한 경우 적용함 • 수확기 및 출하기를 앞당길 수 있음 • 생산량을 증가시킬 수 있음 • 벼 재배 시 감자와 1년 2작이 가능함 • 경지 이용률을 높일 수 있음 • 각종 재해의 방지에 유리함 • 직파에 비해 종자를 절약할 수 있음 • 중경제초 등의 노력을 절감할 수 있음

40 - Q | 제3회 기출

작물의 육묘에 관한 설명으로 옳지 않은 것은?

① 수확기 및 출하기를 앞당길 수 있다.

② 육묘용 상토의 pH는 낮을수록 좋다.

③ 노지정식 전 경화과정(Hardening)이 필요하다.

④ 육묘와 재배의 분업화가 가능하다.

참고 pH가 낮을수록 산성화가 되며, 작물의 생장에 토양의 산성화는 좋지 않은 영향을 미친다. 육묘용 상토는 pH 5.5~6.8(약산성)이 적절하다.

41 영양번식(유성번식)

장점	• 종자번식(유성번식)이 어려운 경우 이용됨 • 조기수확이 가능함 • 우량한 유전적 성질이 그대로 보전됨 • 모주의 유전형질이 똑같이 후대에 계승됨 • 암수 중 어느 한쪽만 재배가 가능하게 함 • 접목 시 수세 조절, 병충해 저항성 증대, 결과 촉진, 품질 향상 등의 이점이 있음
종류	• 분주(포기나누기): 아스파라거스, 박하 등 • 취목(휘묻이): 성토법, 선취법, 고취법 등 • 삽목(꺾꽂이): 녹지삽, 신초삽, 경지삽, 일아삽 등 • 접목(접붙이기): 절접, 아접, 할접, 설접 등

41 - Q | 제4회 기출

다음이 설명하는 번식방법은?

> ㄱ. 번식하고자 하는 모수의 가지를 잘라 다른 나무 대목에 붙여 번식하는 방법
> ㄴ. 영양기관인 잎, 줄기, 뿌리를 모체로부터 분리하여 상토에 꽂아 번식하는 방법

① ㄱ: 삽목, ㄴ: 접목

② ㄱ: 취목, ㄴ: 삽목

③ ㄱ: 접목, ㄴ: 분주

④ ㄱ: 접목, ㄴ: 삽목

참고 접목은 번식하고자 하는 모수의 가지를 잘라 다른 나무 대목에 붙여 번식하는 방법이고, 삽목은 모체로부터 영양기관인 잎, 줄기, 뿌리 등 영양체 일부를 분리하여 상토에 꽂아 발근시켜 독립 개체로 번식하는 방법이다.

42 조직배양

- 식물의 전형성능을 이용하여 무균적으로 배양한다.
- 단시간 내 급속 대량 생산이 가능하다.

43 기지현상의 원인

- 특정한 비료성분의 소모가 많아져 결핍현상이 나타난다.
- 작토층에 염류가 과잉으로 집적된다.
- 토양의 물리성이 악화된다.
- 토양 중 특정 미생물이 번성하여 토양전염병 발병 가능성이 높아진다.
- 특정 잡초가 번성할 수 있다.
- 토양 내 선충이 번성한다.

44 작부체계의 종류

윤작	한 토지에 여러 가지 작물을 돌려 재배하는 방식
혼파, 혼작	두 종류 이상의 작물을 함께 재배하는 방식
교호작	생육기간이 비슷한 작물을 한 이랑씩 엇갈려 재배하는 방식
주위작	포장 주위에 포장 내 작물과 다른 작물을 재배하는 방식

45 작휴법의 종류

평휴법	이랑과 고랑의 높이를 같게 하는 방식
휴립법	이랑을 세우고 고랑은 낮게 하는 방식으로, 휴립구파법, 휴립휴파법이 있음
성휴법	이랑을 넓고 크게 만드는 방식

46 멀칭의 효과

- 잡초 발생 억제
- 수분 증발 억제
- 토양의 온도 조절
- 토양의 유실 방지
- 동해의 경감

46-Q | 제7회 기출

멀칭의 목적으로 옳은 것은?

① 휴면 촉진

② 단일 촉진

③ 잡초 발생 억제

④ 단위결과 억제

47 파종 양식

산파(흩뿌림), 조파(골뿌림), 점파(점뿌림), 적파(한곳에 파종)

48 비료의 3요소

질소(N)	단백질, 엽록소, 핵산의 구성 성분으로, 질산태(NO_3^-)와 암모늄태(NH_4^+)로 식물에 흡수되며 결핍 시 황백화 현상이 발생함
인(P)	세포 분열에 중요한 역할을 하며, 결핍 시 뿌리의 발달이 저해됨
칼륨(K)	물의 흡수와 이동, 세포 내 삼투압 조절에 중요한 역할을 하며, 결핍 시 잎의 가장자리가 마름

48-Q | 제5회 기출

작물재배에 있어서 질소에 관한 설명으로 옳은 것은?

① 볏과작물에 비해 콩과작물은 질소 시비량을 늘려주는 것이 좋다.

② 질산이온(NO_3^-)으로 식물에 흡수된다.

③ 결핍증상은 노엽(老葉)보다 유엽(幼葉)에서 먼저 나타난다.

④ 암모니아태 질소비료는 석회와 함께 시용하는 것이 효과적이다.

참고 ① 콩과작물은 질소고정능력이 있으며, 볏과작물에 비해 외부에서 질소비료의 공급 요구가 적기 때문에 질소 시비량을 줄여주는 것이 좋다.
③ 결핍증상은 유엽(幼葉, 어린잎)보다 노엽(老葉, 늙은잎)에서 먼저 나타난다.
④ 암모니아태 질소비료는 석회와 함께 시용할 때 휘발하므로 비효율적이다.

49 작물의 필수원소

다량원소	탄소(C), 수소(H), 산소(O), 질소(N), 인(P), 칼륨(K), 황(S), 마그네슘(Mg), 칼슘(Ca)
미량원소	몰리브덴(Mo), 구리(Cu), 아연(Zn), 망간(Mn), 붕소(B), 철(Fe), 염소(Cl)

50 엽면시비가 필요한 경우

- 작물의 영양생장을 촉진하고자 할 경우
- 작물에 미량요소의 결핍증상이 나타나 공급할 경우
- 토양시비로 뿌리흡수력이 약해졌을 경우
- 뿌리가 병충해, 침수 피해를 받았을 경우
- 작물에 빠른 영양 회복이 필요할 경우
- 작물의 품질 향상이 필요할 경우
- 토양시비가 곤란할 경우

50 - Q | 제2회 기출

과수의 엽면시비에 관한 설명으로 옳지 않은 것은?

① 뿌리가 병충해 또는 침수 피해를 받았을 때 실시할 수 있다.

② 비료의 흡수율을 높이기 위해 전착제를 첨가하여 살포한다.

③ 잎의 윗면보다는 아랫면에 살포하여 흡수율을 높게 한다.

④ **고온기에는 살포농도를 높여 흡수율을 높게 한다.**

참고 고온기에 비료를 살포하면 잎이 타는 부작용이 발생할 수 있으므로 가급적 피해야 한다.

51 과수관리방법

복대	과일에 봉지를 씌우는 것으로, 착색도 향상, 병충해·열과 예방, 농약의 과실 접촉 방지의 효과가 있음
적과	과실의 착생수가 과다할 때 여분의 것을 어릴 때 적제하는 것
적화	과수 등에서 개화수가 너무 많을 때 꽃망울이나 꽃을 솎아서 따주는 것
인공수분	인력으로 과수의 꽃에 꽃가루를 묻혀주어 결실이 잘 되도록 하는 방법

51 - Q | 제1회 기출

과채류의 결실 조절방법으로 모두 고른 것은?

ㄱ. 적과　　ㄴ. 적화　　ㄷ. 인공수분

① ㄱ

② ㄱ, ㄴ

③ ㄴ, ㄷ

④ ㄱ, ㄴ, ㄷ

52 과수원 토양관리방법

청경재배	풀이 자라지 않게 관리하는 방법으로, 병충해 감소에 유리하나 토양침식 발생률이 높음
초생재배	목초 또는 잡초를 이용하는 방법으로, 토양의 입단화 및 침식 방지에 유리하나 병해충에 취약함
멀칭재배	토양피복을 통해 재배하는 방법으로, 수분 증발 억제, 토양의 유실 방지 등의 효과가 있음

53 낙과 방지 대책

- 동상해 예방 조치를 취한다.
- 방풍시설을 설치하여 강풍 피해를 방지한다.
- 곤충방사, 인공수분, 수분수 혼식으로 수분을 원활히 유도한다.
- 병해충을 방제한다.
- 수광 상태를 개선한다.
- 낙과 방지용 생장조절제를 살포한다.

54 병해의 원인별 종류

진균(곰팡이)	깨시무늬병, 감자의 역병, 맥류의 깜부기병, 사과의 적성병, **탄저병**, **노균병** 등
세균	토마토의 청고병, 담배의 입고병, 사과의 근두암종병, 오이의 반점세균병, **궤양병** 등
바이러스	위축병, 위황병, 담배모자이크병 등

54 - Q | 제6회 기출

세균에 의해 작물에 발생하는 병해는?

① 궤양병　　② 탄저병

③ 역병　　④ 노균병

55 방제관리

생물학적 방제	천적 생물이나 자연에서 발견되는 유용한 생물을 이용하는 방법
물리적 방제	담수, 낙엽 소각, 온탕 처리, 피복 등을 통한 방법
화학적 방제	살균제, 살충제 등을 사용하는 방법
경종적 (재배적) 방제	윤작, 저항성 품종, 무병종자 선택 등을 이용한 친환경적 방법

55 - Q | 제2회 기출

작물의 병해충 방제법 중 생물적 방제에 해당하는 것은?

① 윤작 등 작부체계의 변경

② 멀칭 및 자외선 차단필름 활용

③ 천적 곤충 이용

④ 태양열 소독

참고 ① 재배적 방제방법에 해당한다.
②, ④ 물리적 방제방법에 해당한다.

56 호흡에 따른 과실의 분류

- 호흡 급등형 과실: 사과, 서양배, 바나나, 수박, 복숭아, 자두 등
- 호흡 비급등형 과실: 포도, 블루베리, 동양배, 감귤, 오렌지 등

57 작물의 수확 후 저장방법

- 예냉: 낮은 온도에서 예냉 처리하는 방법
- 큐어링: 수확물의 상처에 코르크층을 발달시켜 병충해를 방제하는 과정
- CA 저장: 온도, 습도, 대기조성 등을 조절하면서 저장하는 방법
- MA저장: 필름 등을 이용하는 방법

57 - Q | 제7회 기출

저장성을 향상시키기 위한 저장 전 처리에 관한 설명으로 옳지 않은 것은?

① 수박은 고온기 수확 시 품온이 높아 바로 수송할 경우 부패하기 쉬우므로 예냉을 실시한다.

② 감자는 수확 시 생긴 상처를 빨리 아물게 하기 위해 큐어링을 실시한다.

③ 마늘은 휴면이 끝나면 싹이 자라 상품성이 저하될 수 있으므로 맹아 억제 처리를 한다.

④ 결구배추는 수분 손실을 줄이기 위해 수확한 후 바로 저장고에 넣어 보관한다.

참고 결구배추는 수확한 후 바로 저장고에 넣지 않고 건조시킨 후 저장하는 것이 좋다. 배추와 같은 외피에 수분 함량이 많고 상처나 병충해 피해를 받기 쉬운 작물은 호흡 및 증산작용이 왕성하여 그대로 저장하는 경우 미생물의 번식이 촉진되고 부패율도 급속히 증가하기 때문이다.

58 과수원예의 특성

- 나무를 심고 수확하는 데 시간이 오래 걸리는 장기재배 주기의 특징이 있다.
- 과수는 특정한 기후와 환경조건에 민감하여 재배환경이 잘 맞아야 한다.
- 많은 자본과 노동력이 필요하다.
- 과수원예는 재배관리가 다른 작물보다 복잡하고 세밀한 관리가 필요하다.
- 다른 작물에 비해 고부가가치의 작물로 분류된다.
- 수량, 품질, 규격 등의 차이가 크게 발생하는 작물이다.

59 과수의 결실율 관여인자

- 타가수분을 위해 수분수와 혼식한다.
- 탄질비가 높을수록 결실률은 높아진다.
- 엽과비가 높을수록 과실의 크기가 커진다.
- 적성한 직괴와 전정작업이 필요하다.

60 과수별 품종

- 사과: 후지, 홍로, 양광, 아오리, 홍옥, 국광 등
- 배: 신고, 황금, 원황, 추황 등
- 포도: 델라웨어, 거봉, 샤인머스켓, 청수 등

61 사과 재배관리

- 사과는 비교적 서늘한 기후를 좋아하며, 온대북부지역에 적합하다.
- 봄철에는 질소 비료를, 과실이 형성될 때에는 칼륨과 인비료를 추가로 주는 것이 좋다.
- 일소현상: 식물이나 작물에 물방울이 맺히면 물방울은 렌

즈 작용을 하게 되어 햇볕에 작물체가 타들어가게 되는 현상을 말한다. 따라서 차광막을 설치하거나 가지관리를 통해 경감 및 예방할 수 있다.
- 동록현상: 온도가 급격히 내려갈 때 열매의 표면에 갈색 또는 녹색의 상처를 남기는 현상을 말한다.

61 - Q | 제1회 기출

일소현상에 관한 설명으로 옳은 것은?

① 시설재배 시 차광막을 설치하여 일소를 경감시킬 수 있다.

② 겨울철 직사광선에 의해 원줄기나 원가지의 남쪽 수피 부위에 피해를 주는 경우는 일소로 진단하지 않는다.

③ 개심자연형 나무에서는 배상형 나무에 비해 더 많이 발생한다.

④ 과수원이 평지에 위치할 때 동향의 과수원이 서향의 과수원보다 일소가 더 많이 발생한다.

참고 ② 겨울철 직사광선에 의해 원줄기나 원가지의 남쪽 수피 부위에 피해를 주는 경우도 일소로 진단한다.
③ 배상형 나무에서는 개심자연형 나무에 비해 더 많이 발생한다.
④ 과수원이 평지에 위치할 때 서향의 과수원이 동향의 과수원보다 일소가 더 많이 발생한다.

62 배 재배관리
- 배는 배수가 좋은 조건에서 잘 자란다.
- 배나무에 자주 발생하는 곰팡이성 질병인 검은별무늬병은 주로 습도가 높은 환경에서 발생한다.

63 포도 재배관리
- 포도는 주로 지삽으로 번식한다.
- 포도나무 잎곰팡이병, 노균병, 탄저병, 검은별무늬병에 취약하다.
- 충해로는 포도잎말이나방, 총채벌레, 포도코끼리장님노린재 등이 있다.

64 복숭아의 병충해
- 복숭아에는 세균구멍병이 흔히 발생하는데 이 병은 세균이 원인이며, 따뜻하고 습한 환경에서 잘 발생한다.
- 잎 표면과 과실에 작은 물집과 같은 갈색 반점이 생기고 심한 경우 과실이 썩어 떨어지기도 한다.

65 국화 재배관리
- 국화는 여러해살이 화초로 생육적온은 15~20℃이다.
- 품종에는 스탠다드 국화, 스프레이 국화가 있다.
- 대부분 삽목(꺾꽂이)으로 번식하며, 주로 4월~5월경 실시한다.

66 장미 재배관리
- 장미는 5~25℃ 정도의 온난한 기후에서 잘 자라며 과습에 약해 물 빠짐이 좋은 토양에서 재배한다.
- 블라인드(Blind) 현상: 부족한 일조량, 낮은 야간 온도에서 장미 꽃눈이 꽃으로 발육하지 못하는 현상을 말한다.

67 절화의 수명연장방법
- 화병의 물에 살균제와 당을 첨가한다.
- 산성물(pH 3.2~3.5)에 침지한다.
- 줄기 절단부를 수초간 열탕처리한다.
- 절화를 과일(에틸렌) 근처에 두지 않는 것이 좋다.
- 카네이션은 수확 후 에틸렌 작용 억제제를 사용하면 절화수명을 연장할 수 있다.
- 글라디올러스는 수확 후 눕혀서 저장하면 중력의 반대 방향으로 휘어지는 습성이 있으므로 반드시 세워서 저장해야 한다.
- 절화장미에서 자당(Sucrose)은 영양공급원으로, 수명 연장, 품질 유지, 개화 촉진에 중요한 역할을 한다.

68 토마토 재배관리
- 토마토는 정식일 기준 50~70일 전에 파종한다.
- 과실의 관리
  - 공동과: 과실의 속이 일부 비어 있는 것으로, 햇빛을 잘 받게 해야 한다.
  - 기형과: 열매 모양이 기형으로 생긴 것으로, 생육환경을 개선해야 한다.
  - 배꼽썩음과: 칼슘 부족 시 배꼽 부위가 검게 썩은 것처럼 되는 생리장해현상으로, 배꼽썩음과에는 석회 등을 엽면시비한다.
  - 줄썩음과: 과일의 윗부분에서부터 아랫부분까지 흑갈색의 줄무늬가 형성된 것으로 일조 부족, 고온다습, 칼리 결핍 등으로 발생한다.

68 - Q | 제4회 기출

토마토의 생리장해에 관한 설명이다. 생리장해와 처방방법을 옳게 묶은 것은?

칼슘의 결핍으로 과실의 선단이 수침상(水浸狀)으로 썩게 된다.

① 공동과 – 엽면시비

② 기형과 – 약제 살포

③ 배꼽썩음과 – 엽면시비

④ 줄썩음과 – 약제 살포

참고 ① 공동과: 과실의 속이 일부 비어 있는 것이며, 햇빛을 잘 받게 해야 한다.

② 기형과: 열매 모양이 기형으로 생긴 것으로, 생육환경을 개선해야 한다.

④ 줄썩음과: 과일의 윗부분에서부터 아랫부분까지 흑갈색의 줄무늬가 형성된 것으로, 일조 부족, 고온다습, 칼리 결핍 등으로 발생한다.

69 오이 재배관리

- 오이의 꽃눈은 암수의 구별 없이 한 꽃 안에서 분화되며, 육묘기간 중 야간온도가 15℃ 이하의 저온, 짧은 일조시간의 단일환경에서 암꽃 착생률이 높아진다.
- 노균병: 흔히 발생하는 병해로 곰팡이균에 의해 발생하며 고온다습한 환경에서 발병하여 잎의 표면에 작은 황색반점이 생기는 것이 특징이다.
- 온실가루이: 잎 뒷면에 붙어 잎의 즙을 빨아먹어 잎이 황색으로 변하고 시들게 만든다.

70 수박 재배관리

- 수박은 햇빛을 많이 필요로 하는 작물로 20~30℃가 생육적온이다.
- 콜히친 처리로 씨없는 수박을 생산한다.
- 내병성이 강한 대목에 접목을 하여 덩굴쪼김병과 같은 토양병의 저항성을 높이는 재배를 한다.

71 고추 재배관리

- 고추는 햇빛을 많이 필요로 하는 작물로, 하루에 최소 6~8시간 이상의 직사광선을 받을 수 있는 장소가 적합하다.
- 탄저병: 곰팡이에 의한 병해로 고온다습한 환경에서 발생하고 열매에 원형의 반점이 생긴다.
- 역병: 고온다습한 환경에서 발생하고 물에 젖은 듯한 반점이 생기고, 줄기가 썩어 결국 식물이 고사하게 된다.

72 양액재배(무토양재배)의 특성

- 품질이 향상되고 수확량이 증대된다.
- 자동화가 쉬워 노동력이 감소된다.
- 청정재배, 연작재배가 가능하다.
- 배지소독으로 연작장해 예방이 가능하다.
- 양액의 완충능이 없다.
- 재배기간 단축이 가능하다.
- 초기 자본투자가 크고 전문 기술이 필요하다.
- 병원균 오염 시 오염속도가 빨라 그 피해가 크다.
- 재배 가능한 작물이 많지 않다.

72 - Q | 제6회 기출

토양재배에 비해 무토양재배의 장점이 아닌 것은?

① 배지의 완충능이 높다.

② 연작재배가 가능하다.

③ 자동화가 용이하다.

④ 청정재배가 가능하다.

참고 무토양재배(양액재배)는 배지의 완충능이 없다는 단점이 있다.

73 배양액의 조건

- 필수무기양분을 함유해야 한다.
- 배양액의 농도가 적정해야 한다.
- 배양액의 pH가 적절해야 한다. pH 5.5~6.5가 이상적이나, pH 5.0~7.0이면 생육에 지장은 없다.
- 작물에 유해한 이온을 함유하지 말아야 한다.
- 농도, pH의 변화가 적어야 한다.
- 뿌리에서 흡수하기 쉬운 용해된 이온 상태여야 한다.

74 양액재배의 종류

담액수경 (담액재배)	작물의 뿌리가 물과 영양액에 완전히 잠긴 상태에서 자라는 방법
박막수경 (NFT)	• 작물을 플라스틱필름으로 만든 베드 내에서 생육시키고, 그 안에서 배양액을 새순환하는 방식으로 흘려보내는 재배방법 • 고형배지를 사용하지 않고, 뿌리의 일부는 공중에 노출하고 나머지는 양액에 닿게 하여 재배함

74 - Q | 제9회 기출

베드의 바닥에 일정한 크기의 기울기로 얇은 막상의 양액이 흘러 순환하도록 하고 그 위에 작물의 뿌리 일부가 닿게 하여 재배하는 방식은?

① 매트재배

② 심지재배

③ NFT재배

④ 담액재배

75 유리온실의 종류

외쪽지붕형(외지붕형), 3/4지붕형(쓰리쿼터형), 양쪽지붕형(양지붕형), 둥근 지붕형, 연동형, 벤로형

76 시설재배 피복재의 종류

연질 피복재	• 폴리에틸렌(PE)필름: 가장 많이 사용되고, 가장 저렴함. 광투과율이 높으며, 내구성이 약하고 보온성이 떨어짐 • 염화비닐(PVC)필름: 투명성이 좋고 보온성이 뛰어남. 먼지가 잘 붙어 광투과율이 나빠질 수 있음 • 에틸렌아세트산(EVA)필름: 열 보존 성능이 뛰어나고 내구성이 우수함. 먼지가 덜 붙으나 가격이 비쌈
경질 피복재	• 폴리에스테르(PET)필름: 광투과율이 높고, 내구성이 좋음 • 불소수지필름: 내구성이 좋아 눈이 많이 오는 지역에서 사용하면 유리함

76 - Q | 제3회 기출

다음이 설명하는 시설재배용 플라스틱 피복재는?

> • 보온성이 떨어진다.
> • 광투과율이 높고 연질피복재이다.
> • 표면에 먼지가 잘 부착되지 않는다.
> • 약품에 대한 내성이 크고 가격이 싸다.

① 폴리에틸렌(PE)필름

② 염화비닐(PVC)필름

③ 에틸렌아세트산(EVA)필름

④ 폴리에스터(PET)필름

77 시설토양의 특성

• 위치에 따라 온도 분포가 다르다.
• 위치에 따라 광 분포가 불균일하다.
• 노지에 비해 토양의 염류 농도가 높아지기 쉽다.
• 노지에 비해 토양이 건조해지기 쉽다.

77 - Q | 제6회 기출

시설 내의 환경 특이성에 관한 설명으로 옳지 않은 것은?

① 위치에 따라 온도 분포가 다르다.

② 위치에 따라 광 분포가 불균일하다.

③ 노지에 비해 토양의 염류 농도가 낮아지기 쉽다.

④ 노지에 비해 토양이 건조해지기 쉽다.

참고 시설토양은 비료성분이 강우 등으로 용탈되지 않고 축적되므로 노지에 비해 토양의 염류 농도가 높아지기 쉽다.

78 시설재배 기화냉방법

팬 앤드 패드 (Fan and Pad)	물이 증발할 때 주변 열을 흡수하여 공기를 냉각시키는 기화냉각원리를 활용한 방법
팬 앤드 미스트 (Fan and Mist)	시설 내의 온도를 조절하기 위해 팬과 미스트를 사용하는 냉각방법
팬 앤드 포그 (Fan and Fog)	시설에서 온도를 낮추고 적절한 습도를 유지하기 위해 팬과 포그를 사용하는 기화냉방법

78 - Q | 제3회 기출

시설 내의 온도를 낮추기 위해 시설의 벽면 위 또는 아래에서 실내로 세무(細霧)를 분사시켜 시설 상부에 설치된 풍량형 환풍기로 공기를 뽑아내는 냉각방법은?

① 팬 앤드 포그

② 팬 앤드 패드

③ 팬 앤드 덕트

④ 팬 앤드 팬

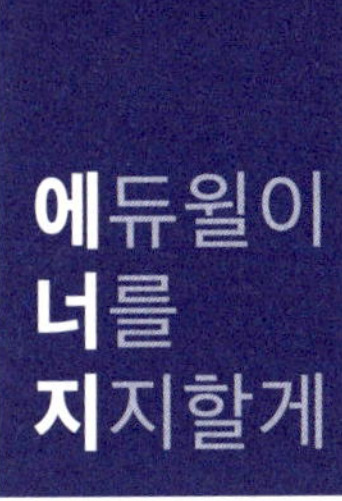

코이라는 물고기는
어항에서 5센티,
연못에서 20센티,
강물에서는 1미터까지 자랍니다.

코이는 어떤 물에서 살지 선택할 수 없지만
사람은 선택할 수 있습니다.

꿈은 사람이 선택하는 환경입니다.

– 조정민, 『사람이 선물이다』, 두란노

최신 기출문제 (2025년 제11회)

정답과 해설 p. 64

교시	문제형별	시험시간	문항
1교시	A	90분	75문항 (과목별 25문항)

모바일 성적분석
QR코드 스캔
▶ 모바일 OMR 입력
▶ 자동채점/성적분석

제1과목 상법(보험편)

01

상법상 보험계약의 법적 성질로 옳지 않은 것은?

① 낙성 · 불요식계약성
② 사행 · 선의계약성
③ 부합계약성
④ 유상 · 편무계약성

02

상법상 타인을 위한 보험에 관한 설명으로 옳지 않은 것을 모두 고른 것은?

ㄱ. 보험계약자는 위임을 받지 아니하고 타인을 위하여 보험계약을 체결할 수 없다.
ㄴ. 타인을 위한 손해보험계약의 보험계약자가 그 타인에게 보험사고의 발생으로 생긴 손해의 배상을 한 때에는 보험계약자는 그 타인의 권리를 해하지 아니하는 범위 안에서 보험자에게 보험금액의 지급을 청구할 수 있다.
ㄷ. 보험계약자는 보험자에 대하여 보험료를 지급할 의무가 있다.
ㄹ. 보험계약자가 파산선고를 받은 경우에 그 타인은 자신의 보험상 권리의 포기 여부에 관계없이 보험료를 지급할 의무가 있다.

① ㄱ, ㄴ
② ㄱ, ㄹ
③ ㄴ, ㄷ
④ ㄷ, ㄹ

03

상법상 보험증권에 관한 설명으로 옳은 것은?

① 보험계약자가 최초의 보험료를 지급하지 아니한 때에도 보험자는 보험계약이 성립한 때에는 지체없이 보험증권을 작성하여 보험계약자에게 교부하여야 한다.

② 기존의 보험계약을 변경한 경우 보험자는 그 보험증권에 그 사실을 기재함으로써 보험증권의 교부에 갈음할 수 있다.

③ 보험계약의 당사자는 보험증권의 교부가 있은 날부터 14일 기간 내에 한하여 그 증권 내용의 정부에 관한 이의를 할 수 있음을 약정할 수 있다.

④ 보험계약자가 보험증권을 현저하게 훼손하여 증권의 재교부를 청구한 경우 그 비용은 보험자가 부담하여야 한다.

04

상법상 보험사고에 관한 설명으로 옳은 것은?

① 보험사고의 발생으로 보험자가 보험금액을 지급한 때에도 보험금액이 감액되지 아니하는 보험의 경우에는 보험계약자가 그 사고발생 후에 보험계약을 해지할 수 없다.

② 보험계약 당시에 보험사고가 이미 발생하였음을 보험계약자가 알고 있었다면 그 계약은 무효로 한다.

③ 보험계약 당시에 보험사고가 객관적으로 발생할 수 없음을 보험계약자와 보험자가 몰랐다면, 피보험자가 이를 알았더라도 그 계약은 무효로 볼 수 없다.

④ 계약 전의 어느 시기를 보험 간의 시기(始期)로 한 보험계약은 무효이다.

05

상법상 보험대리상 등에 관한 설명으로 옳지 않은 것은?

① 보험대리상은 보험계약자로부터 청약 등의 보험계약에 관한 의사표시를 수령할 수 있는 권한이 있다.

② 보험자는 상법에 정해진 보험대리상의 권한을 제한할 수 없다.

③ 보험대리상이 아니면서 특정한 보험자를 위하여 계속적으로 보험계약의 체결을 중개하는 자는 보험자가 작성한 영수증을 보험계약자에게 교부하는 경우만 보험계약자로부터 보험료를 수령할 수 있는 권한이 있다.

④ 보험대리상은 피보험자가 보험계약에 관한 의사표시를 할 의무가 있는 경우 피보험자의 의사표시를 수령할 권한이 있다.

06

상법상 보험료에 관한 설명으로 옳은 것은?

① 보험계약의 일부가 무효인 경우에 보험계약자와 피보험자가 선의이며 중대한 과실이 없는 때에도 보험자에 대하여 보험료의 일부의 반환을 청구할 수 없다.

② 보험계약의 전부가 무효인 경우에 보험계약자와 보험수익자가 선의이며 중대한 과실이 없는 때에도 보험자에 대하여 보험료의 반환을 청구할 수 없다.

③ 보험계약의 당사자가 특별한 위험을 예기하여 보험료의 액을 정한 경우에 보험기간 중 그 예기한 위험이 소멸한 때에는 보험계약자는 그 후의 보험료의 감액을 청구할 수 있다.

④ 보험사고가 발생하기 전에 보험계약자가 보험계약의 전부를 해지한 경우에도 보험계약자는 당사자 간에 다른 약정이 없으면 미경과보험료의 반환을 청구할 수 없다.

07

상법상 보험료의 지급에 관한 설명으로 옳은 것은?

① 보험계약자가 계약 체결 후 지체없이 제1회 보험료를 지급하지 아니하는 경우에는 다른 약정이 없는 한 계약 성립 후 2월이 경과하면 그 계약은 해제된 것으로 본다.

② 계속보험료가 약정한 시기에 지급되지 아니한 때에는 보험자는 바로 그 계약을 해지할 수 있다.

③ 타인을 위한 보험의 경우에 보험계약자가 보험료의 지급을 지체한 때에 보험자가 계약을 해지하기 위해서 그 타인에게 보험료 지급을 최고할 필요는 없다.

④ 보험자의 책임은 당사자 간에 다른 약정이 없으면 보험계약자의 보험료 지급 여부에 관계없이 계약이 성립한 때부터 개시한다.

08

상법상 보험계약 부활에 관한 설명으로 옳은 것은?

① 보험계약의 해지 사유에 관계없이 보험계약자는 보험계약의 부활을 청구할 수 있다.

② 보험계약이 해지된 후 보험계약자가 해지환급금을 지급받은 뒤에도 해지환급금을 반환한다면 부활을 청구할 수 있다.

③ 보험계약자가 계약의 부활을 청구하는 경우 보험자는 이를 승낙하여야 한다.

④ 계속보험료의 연체로 인하여 보험계약이 해지되고 해지환급금이 지급되지 아니한 경우에 보험계약자는 일정한 기간 내에 연체보험료에 약정이자를 붙여 보험자에게 지급하고 그 계약의 부활을 청구할 수 있다.

09

상법상 고지의무 위반으로 인한 계약해지에 관한 설명으로 옳지 않은 것은?

① 보험자는 보험계약 당시에 보험계약자의 고지의무 위반 사실을 중대한 과실로 알지 못했던 때에는 계약을 해지할 수 없다.

② 보험계약 당시에 피보험자가 경과실로 인하여 중요한 사항에 대하여 부실의 고지를 한 경우 보험자는 계약을 해지할 수 있다.

③ 보험자는 보험계약 당시에 피보험자의 고지의무 위반사실을 알았던 경우에는 계약을 해지할 수 없다.

④ 보험계약 당시에 보험계약자가 고의로 중요한 사항을 고지하지 아니한 경우 보험자는 계약을 해지할 수 있다.

10

상법상 위험변경·증가에 관한 설명으로 옳지 않은 것은?

① 보험계약자가 사고발생의 위험이 현저하게 변경·증가된 사실을 안 때에는 지체없이 보험자에게 통지하여야 한다.

② 보험자가 위험변경·증가의 통지를 받은 때에는 1월 내에 보험료의 증액을 청구할 수 있다.

③ 보험계약자의 고의로 인하여 사고발생의 위험이 현저하게 변경된 때에는 보험자는 그 사실을 안 날부터 1월 내에 보험료의 증액을 청구할 수 있다.

④ 피보험자의 중대한 과실로 인하여 사고발생의 위험이 현저하게 증가된 때에는 보험자는 그 사실을 안 날부터 3월 내에 계약을 해지할 수 있다.

11

상법상 보험사고발생의 통지의무에 관한 설명으로 옳지 않은 것은?

① 보험계약자가 통지의무를 위반할 경우 보험자는 보험금 전액의 지급책임을 면한다.

② 피보험자는 보험사고의 발생을 안 때에는 지체없이 보험자에게 그 통지를 발송하여야 한다.

③ 보험수익자는 보험사고의 발생을 안 때에는 지체없이 보험자에게 그 통지를 발송하여야 한다.

④ 보험계약자가 통지의무를 해태함으로 인하여 손해가 증가된 때에는 보험자는 그 증가된 손해를 보상할 책임이 없다.

12

상법상 보험금액의 지급 및 면책사유에 관한 설명으로 옳은 것은?

① 보험자가 지급할 보험금액을 정하면 그 정하여진 날부터 1개월 내에 보험금액을 지급하여야 한다.

② 손해보험계약에서 보험사고가 보험계약자의 경과실로 인하여 생긴 때에는 보험자는 보험금액을 지급할 책임이 없다.

③ 손해보험계약에서 보험사고가 피보험자의 중과실로 인하여 생긴 때에는 보험자는 보험금액을 지급할 책임이 없다.

④ 손해보험계약에서 보험사고가 보험수익자의 경과실로 인하여 생긴 때에는 보험자는 보험금액을 지급할 책임이 없다.

13

상법상 보험계약 관련 소멸시효에 관한 설명이다. (　　)에 들어갈 숫자를 모두 합한 것으로 옳은 것은?

> 보험금청구권은 (　　)년간, 보험료 또는 적립금의 반환청구권은 (　　)년간, 보험료청구권은 (　　)년간 행사하지 아니하면 시효의 완성으로 소멸한다.

① 6　　② 7

③ 8　　④ 9

14

상법상 손해보험증권에 기재하여야 할 사항으로 옳은 것은?

① 청약철회 사유　　② 보험료의 계산방법

③ 보험자의 면책에 관한 사항　　④ 보험사고의 성질

15

상법상 초과보험에 관한 설명으로 옳지 않은 것은?

① 보험가액이 보험금액을 현저하게 초과한 때에는 보험자 또는 보험계약자는 보험료와 보험금액의 감액을 청구할 수 있다.

② 보험가액이 보험기간 중에 현저하게 감소한 때에는 보험자 또는 보험계약자는 보험료와 보험금액의 감액을 청구할 수 있다.

③ 보험계약자의 사기로 인하여 초과보험계약이 체결된 때에는 그 계약은 무효가 된다.

④ 사기로 인한 초과보험계약이 체결되어 무효가 된 경우 보험자는 그 사실을 안 때까지의 보험료를 청구할 수 있다.

16

상법상 기평가보험과 미평가보험에 관한 설명으로 옳은 것은?

① 당사자 간에 보험가액을 정한 때에는 그 가액은 사고발생 시의 가액으로 정한 것으로 간주한다.

② 협정보험가액이 사고발생 시의 가액을 현저하게 초과할 때에는 협정보험가액을 보험가액으로 한다.

③ 당사자 간에 보험가액을 정하지 아니한 때에는 사고발생 시의 가액을 보험가액으로 한다.

④ 보험가액을 정하지 않은 경우 그 보험계약은 무효로 한다.

17

甲은 자신이 소유한 건물(보험가액 20억 원)에 대하여 A보험자와 15억 원의 화재보험계약을 체결하고, B보험자와 10억 원의 화재보험계약을 체결하였다. 해당 건물이 화재로 전부 멸실하였을 경우의 법률관계에 관한 설명으로 옳은 것은? (단, 보험기간은 동일하고, 보험자의 면책사유는 없으며, 甲의 사기도 없었다고 가정함)

① A보험자는 甲에게 보험금으로 8억 원을 지급할 책임이 있다.

② B보험자는 甲에게 보험금으로 6억 원을 지급할 책임이 있다.

③ B보험자가 보험금을 지급하지 않은 경우 A보험자는 甲에게 보험금으로 12억 원을 지급하여야 한다.

④ B보험자가 보험금을 지급하지 않을 경우 자신이 지급해야 할 몫의 보험금을 지급한 A보험자는 B보험자를 상대로 3억 원의 구상권을 행사할 수 있다.

18

상법상 일부보험에 관한 설명으로 옳지 않은 것은?

① 보험금액이 보험가액에 미달하는 보험을 말한다.

② 보험가액의 일부를 보험에 붙인 경우에 발생한다.

③ 보험금액의 보험가액에 대한 비율에 관하여 당사자 사이에 다르게 약정하면 보험자는 보험금액의 한도 내에서 책임을 지게 된다.

④ 일부보험의 보험가액 산정기준은 언제나 계약 체결 시로 한다.

19

상법상 보험목적의 양도에 관한 설명으로 옳은 것은?

① 보험의 목적의 양도인 또는 양수인은 보험자에 대하여 지체없이 그 사실을 통지하여야 한다.
② 피보험자가 보험의 목적을 양도한 때에는 양수인은 보험계약상의 권리만을 승계한다.
③ 피보험자가 보험의 목적을 양도한 때에는 양도인과 양수인이 공동으로 보험자에게 통지하여야 한다.
④ 피보험자가 보험의 목적을 양도한 때에는 양수인은 보험계약상의 의무를 승계한 것으로 간주한다.

20

상법상 손해방지의무에 관한 설명으로 옳지 않은 것은?

① 보험계약자는 손해방지를 위해 노력해야 한다.
② 피보험자는 보험사고가 발생한 경우 손해의 경감을 위해 노력해야 한다.
③ 보험계약자가 손해방지의무의 이행에 필요했던 비용과 보상액이 보험금액을 초과한 경우 그 초과 부분은 보험계약자가 부담한다.
④ 손해방지의무의 주체는 보험계약자와 피보험자이다.

21

상법상 보험목적에 관한 보험대위(잔존물대위)의 설명으로 옳은 것은?

① 보험목적의 전부가 멸실한 경우에 보험금액 전부를 지급한 보험자는 그 목적에 대한 피보험자의 권리를 취득한다.
② 보험자가 전체 보험금의 일부를 지급한 경우에도 그 지급에 비례하여 보험대위가 성립한다.
③ 잔존하는 보험목적에 관한 피보험자의 권리가 보험자에게 이전하는 시점은 보험자가 보험금을 청구받은 때이다.
④ 일부보험에서는 잔존물대위가 성립할 여지가 없다.

22

상법상 손해보험에서 제3자에 대한 보험대위에 관한 설명으로 옳지 않은 것은?

① 손해가 제3자의 행위로 인하여 발생한 경우에 보험금을 지급한 보험자는 그 지급한 금액의 한도에서 그 제3자에 대한 보험계약자 또는 피보험자의 권리를 취득하는 것으로 추정한다.
② 보험자가 보상할 보험금의 일부를 지급한 경우에 보험자는 피보험자의 권리를 침해하지 아니하는 범위에서 그 권리를 행사할 수 있다.
③ 손해가 보험계약자와 생계를 같이 하는 가족의 고의로 인하여 발생한 경우 보험금을 지급한 보험자는 그 지급한 금액의 한도에서 그 권리를 취득한다.
④ 제3자에 대한 보험대위의 취지는 이득금지 원칙의 실현과 부당한 면책의 방지에 있다.

23

상법상 집합보험에 관한 설명으로 옳지 않은 것은?

① 집합보험은 경제적으로 보아 독립된 수개의 물건을 마치 하나의 물건(집합물)처럼 취급하여 보험목적으로 한 것이다.

② 집합된 물건을 일괄하여 보험의 목적으로 한 때에는 피보험자의 가족의 물건도 보험목적에 포함되는 것으로 한다.

③ 집합된 물건을 일괄하여 보험의 목적으로 한 때에는 피보험자에게 고용된 사용자의 물건은 보험목적에 포함되지 않는다.

④ 집합된 물건을 일괄하여 보험의 목적으로 한 때에는 그 목적에 속한 물건이 보험기간 중에 수시로 교체된 경우에도 보험사고의 발생 시에 현존한 물건은 보험의 목적에 포함된 것으로 한다.

24

상법상 손해보험에 관한 설명으로 옳은 것은?

① 보험계약은 금전으로 산정할 수 없는 이익에 대해서도 보험계약의 목적으로 할 수 있다.

② 보험자는 보험사고로 인하여 부담할 책임에 대하여 다른 보험자와 재보험계약을 체결할 수 있다.

③ 화재보험에서 동산을 보험의 목적으로 한 때에는 보험증권에 그 위치한 장소를 기재하면 되고 그 상태나 용도까지 기재할 필요는 없다.

④ 보험자가 보상할 손해액의 산정에 관한 비용은 보험계약자의 부담으로 한다.

25

상법상 화재보험증권에 기재해야 할 사항으로 옳은 것을 모두 고른 것은?

ㄱ. 보험계약자의 주소와 성명 및 주민등록번호
ㄴ. 보험기간을 정한 때에는 그 시기와 종기
ㄷ. 건물을 보험의 목적으로 한 때에는 그 소재지, 구조와 용도
ㄹ. 보험가액을 정한 때에는 그 가액
ㅁ. 보험금액과 그 지급방법 및 시기

① ㄱ, ㄴ, ㅁ
② ㄱ, ㄷ, ㅁ
③ ㄴ, ㄷ, ㄹ
④ ㄱ, ㄴ, ㄷ, ㄹ, ㅁ

제2과목 농어업재해보험법령

26

농어업재해보험법령상 재해보험 발전 기본계획 및 시행계획의 수립 · 시행에 관한 설명으로 옳은 것은?

① 농림축산식품부장관과 해양수산부장관은 기본계획을 3년마다 수립 · 시행하여야 한다.

② 재해보험의 대상 품목에 관한 사항은 기본계획에 포함되지 않는다.

③ 농림축산식품부장관과 해양수산부장관은 기본계획에 따라 2년마다 시행계획을 수립 · 시행하여야 한다.

④ 농림축산식품부장관은 시행계획의 수립 · 시행을 위하여 필요한 경우에는 지방자치단체의 장에게 관련 정보의 제공을 요청할 수 있다.

27

농어업재해보험법령상 농업재해보험심의회(이하 "심의회"라 한다) 및 분과위원회에 관한 설명으로 옳은 것은?

① 심의회의 위원장은 농림축산식품부장관으로 하고, 부위원장은 위원 중에서 호선(互選)한다.

② 심의회의 회의는 재적위원 3분의 1의 출석으로 개의(開議)하고, 출석위원 과반수의 찬성으로 의결한다.

③ 심의회는 그 심의사항을 검토 · 조정하고, 심의회의 심의를 보조하게 하기 위하여 심의회에 분과위원회를 둔다.

④ 분과위원회는 분과위원장 1명을 포함한 5명 이내의 분과위원으로 성별을 고려하여 구성한다.

28

농어업재해보험법령상 농작물재해보험 손해평가인의 자격요건에 관한 규정의 일부이다. (　　)에 들어갈 숫자는?

- 교원으로 고등학교에서 농작물재배 분야 관련 과목을 (ㄱ)년 이상 교육한 경력이 있는 사람
- 조교수 이상으로 「고등교육법」 제2조에 따른 학교에서 농작물재배 관련학을 (ㄴ)년 이상 교육한 경력이 있는 사람

① ㄱ: 3, ㄴ: 2　　② ㄱ: 3, ㄴ: 3

③ ㄱ: 5, ㄴ: 3　　④ ㄱ: 5, ㄴ: 5

29

농어업재해보험법령상 보험금의 수급 및 보험목적물의 양도에 관한 설명으로 옳지 않은 것은?

① 재해보험사업자는 정보통신장애로 보험금을 보험금수급계좌로 이체할 수 없을 때에는 현금으로 보험금을 지급할 수 있다.

② 농작물의 재생산에 직접적으로 소요되는 비용의 보장을 목적으로 보험금수급전용계좌로 입금된 보험금의 경우 입금된 보험금 전액에 관한 채권을 압류할 수 있다.

③ 보험금수급전용계좌의 해당 금융기관은 「농어업재해보험법」에 따른 보험금만이 보험금수급전용계좌에 입금되도록 관리하여야 한다.

④ 재해보험가입자가 재해보험에 가입된 보험목적물을 양도하는 경우 그 양수인은 재해보험계약에 관한 양도인의 권리 및 의무를 승계한 것으로 추정한다.

30

농어업재해보험법령상 농림축산식품부장관이 재해보험사업을 하려는 자와 재해보험사업의 약정을 체결할 때에 약정서에 포함되어야 하는 사항이 아닌 것은?

① 국가에 대한 재정지원

② 약정기간

③ 약정의 변경 · 해지 등

④ 재해보험사업의 약정을 체결한 자가 준수하여야 할 사항

31

농어업재해보험법령상 손해평가사의 시험에 관한 설명으로 옳은 것은?

① 손해평가인으로 위촉된 기간이 2년이 된 사람은 손해평가사 제1차 시험의 일부과목을 면제한다.

② 농림축산식품부장관은 거짓으로 손해평가를 한 사람에 대하여 손해평가사 자격을 취소하여야 한다.

③ 농림축산식품부장관은 손해평가사의 자격을 부정한 방법으로 취득한 사람에 대하여 손해평가사 자격을 취소하여야 한다.

④ 손해평가사 자격이 취소된 사람은 그 취소 처분이 있은 날부터 3년이 지나지 아니한 경우 손해평가사 자격시험에 응시하지 못한다.

32

농어업재해보험법령상 용어의 정의로 옳지 않은 것은?

① "어업재해"란 양식수산물 및 어업용 시설물에 발생하는 자연재해 · 병충해 · 조수해(鳥獸害)를 말한다.

② "농어업재해보험"이란 농어업재해로 발생하는 재산 피해에 따른 손해를 보상하기 위한 보험을 말한다.

③ "보험가입금액"이란 보험가입자의 재산 피해에 따른 손해가 발생한 경우 보험에서 최대로 보상할 수 있는 한도액으로서 보험가입자와 보험사업자 간에 약정한 금액을 말한다.

④ "보험료"란 보험가입자와 보험사업자 간의 약정에 따라 보험가입자가 보험사업자에게 내야 하는 금액을 말한다.

33

농어업재해보험법령상 재정지원에 관한 설명으로 옳지 않은 것은?

① 정부는 예산의 범위에서 재해보험사업자의 재해보험의 운영 및 관리에 필요한 비용의 전부 또는 일부를 지원할 수 있다.

② 지방자치단체는 재해보험가입자가 부담하는 보험료를 지원할 수 없다.

③ 정부는 예산의 범위에서 재해보험가입자가 부담하는 보험료의 일부를 지원할 수 있다.

④ 「풍수해 · 지진재해보험법」에 따른 풍수해 · 지진재해보험에 가입한 자가 동일한 보험목적물을 대상으로 재해보험에 가입할 경우에는 정부가 재정지원을 하지 아니한다.

34

농어업재해보험법령상 농림축산식품부장관 또는 해양수산부장관이 농업정책보험금융원에 위탁할 수 있는 업무가 아닌 것은?

① 손해평가인력의 육성

② 재해보험사업의 관리 · 감독

③ 손해평가사 자격시험의 실시 및 관리

④ 재해 관련 통계 생산 및 데이터베이스 구축 · 분석

35

농어업재해보험법령상 벌칙에 관한 규정이다. (   )에 들어갈 내용은?

> 재해보험사업자가 「농어업재해보험법」 제10조 제2항에서 준용하는 「보험업법」 제95조를 위반하여 보험안내를 한 경우에는 (ㄱ) 이하의 (ㄴ)을(를) 부과한다.

① ㄱ: 500만 원, ㄴ: 과태료
② ㄱ: 1,000만 원, ㄴ: 과태료
③ ㄱ: 1,000만 원, ㄴ: 벌금
④ ㄱ: 2,000만 원, ㄴ: 벌금

36

농어업재해보험법령상 농어업재해재보험기금(이하 "기금"이라 한다)에 관한 설명으로 옳지 않은 것은?

① 기금은 농림축산식품부장관이 해양수산부장관과 협의하여 관리 · 운용한다.
② 기금의 관리 · 운용에 필요한 경비(위탁경비 포함)의 지출은 기금의 용도에 해당한다.
③ 농림축산식품부장관은 농업정책보험금융원과 협의를 거쳐 기금의 관리 · 운용에 관한 사무의 일부를 해양수산부장관에 위탁할 수 있다.
④ 농림축산식품부장관은 해양수산부장관과 협의하여 기금의 수입과 지출에 관한 사무를 수행하게 하기 위하여 소속 공무원 중에서 기금수입징수관을 임명한다.

37

농어업재해보험법령상 농어업재해재보험기금을 조성하는 재원이 아닌 것은?

① 재보험금의 회수 자금
② 정부 외의 자로부터 받은 출연금
③ 농어업재해재보험기금의 운용수익금
④ 재해보험가입자가 재해보험사업자에게 내야 할 보험료의 회수 자금

38

농업재해보험 손해평가요령상 손해평가 업무 및 손해평가인 위촉에 관한 설명으로 옳지 않은 것은?

① 재해보험사업자는 손해평가보조인을 운용할 수 없다.

② 피해사실 확인은 손해평가 업무에 포함된다.

③ 손해평가인은 손해평가 임무를 수행하기 전에 보험가입자(피보험자 포함)에게 손해평가인증 등 신분을 확인할 수 있는 서류를 제시하여야 한다.

④ 재해보험사업자는 피해 발생 시 원활한 손해평가가 이루어지도록 농업재해보험이 실시되는 시·군·자치구별 보험가입자(피보험자 포함)의 수 등을 고려하여 적정 규모의 손해평가인을 위촉할 수 있다.

39

농업재해보험 손해평가요령상 농업재해보험에 해당하는 것을 모두 고른 것은?

ㄱ. 가축재해보험	ㄴ. 임산물재해보험
ㄷ. 농업인안전보험	ㄹ. 양식수산물재해보험

① ㄱ, ㄴ

② ㄴ, ㄷ

③ ㄱ, ㄷ, ㄹ

④ ㄱ, ㄴ, ㄷ, ㄹ

40

농업재해보험 손해평가요령상 손해평가인 정기교육의 세부내용에 해당하지 않는 것은?

① 농업재해보험상품의 개선·개발계획

② 농업재해보험상품 주요내용 및 약관 일반사항

③ 보험목적물별 손해평가기준 및 피해유형별 보상사례

④ 농어업재해보험법 제정 배경·구성 및 조문별 주요내용

41

농업재해보험 손해평가요령상 재해보험사업자의 손해평가반 구성에 관한 설명으로 옳은 것은?

① 손해평가반은 10인 이내로 한다.

② 손해평가반별로 평가일정계획을 수립해야 하는 것은 아니다.

③ 자기와 생계를 같이 하지 않는 친족이 가입한 보험계약에 관한 손해평가에 대하여는 해당자를 손해평가반 구성에서 배제하여야 한다.

④ 직전 손해평가일로부터 30일 이내의 보험가입자 간 상호 손해평가에 대하여는 해당자를 손해평가반 구성에서 배제하여야 한다.

42

농업재해보험 손해평가요령상 손해평가결과 검증에 관한 설명으로 옳은 것은?

① 농림축산식품부장관은 손해평가결과를 확인하기 위하여 손해평가를 실시한 보험목적물 전부에 대하여 검증조사를 할 수 있다.

② 농림축산식품부장관은 재해보험사업자로 하여금 손해평가결과 검증조사를 하게 할 수 있다.

③ 손해평가결과 검증조사 이후 재조사를 위한 절차를 두지 않고 있다.

④ 농림축산식품부장관이 검증조사를 실시한 경우 그 결과를 손해평가인에게 통보해야 한다.

43

농업재해보험 손해평가요령상 교차손해평가에 관한 설명이다. (　　)에 들어갈 내용으로 옳은 것은?

> 재해보험사업자가 교차손해평가를 위해 손해평가반을 구성할 경우에는 교차손해평가 대상 시·군·자치구 내에서 손해평가 경력, 타지역 조사 가능 여부 등을 고려하여 교차손해평가를 담당하기 위해 선발된 (ㄱ)(ㄴ)인 이상이 포함되어야 한다. 다만, 거대재해 발생, 평가인력 부족 등으로 신속한 손해평가가 불가피하다고 판단되는 경우 그러하지 아니할 수 있다.

① ㄱ: 손해평가사, ㄴ: 1　　② ㄱ: 손해평가사, ㄴ: 2

③ ㄱ: 지역손해평가인, ㄴ: 1　　④ ㄱ: 지역손해평가인, ㄴ: 2

44

농업재해보험 손해평가요령상 보험목적물별 손해평가 단위에 관한 설명으로 옳지 않은 것은?

① 농작물은 농지별로 한다.

② 벌은 벌통 단위로 한다.

③ 농업시설물은 보험가입 목적물별로 한다.

④ 농지는 하나의 보험가입금액에 해당하는 토지로서, 개별 필지(지번)가 하나의 농지가 된다.

45

농업재해보험 손해평가요령상 종합위험방식 이앙·직파불능보장에서 "벼"이고 보험가입금액이 100만 원인 경우, 산정한 보험금은? (단, 다른 사정은 고려하지 않음)

① 10만 원 ② 15만 원
③ 20만 원 ④ 25만 원

46

농업재해보험 손해평가요령상 종합위험방식 나무손해보장의 경우, 다음의 조건으로 산정한 보험금은? (단, 다른 사정은 고려하지 않음)

- 보험가입금액: 100만 원
- 자기부담비율: 20%
- 피해주수(고사된 나무): 50그루
- 실제결과주수: 100그루

① 10만 원 ② 15만 원
③ 20만 원 ④ 30만 원

47

농업재해보험 손해평가요령 "[별표 1] 농작물의 보험금 산정"의 일부이다. ( )에 들어갈 내용으로 옳은 것은?

구분	보장 범위	산정내용	비고
종합위험 방식	과실손해 추가보장	보험가입금액×( )×10% 단, 손해액이 자기부담금을 초과하는 경우에 한함 ※ 피해율={(등급 내 피해과실수+등급 외 피해과실수×50%)÷기준과실수}×(1−미보상비율)	감귤 (온주 밀감류)

① 결과지피해율 ② 자기부담비율
③ 면적피해율 ④ 주계약피해율

48

농업재해보험 손해평가요령 "[별표 2] 농작물의 품목별·재해별·시기별 손해수량 조사방법"의 일부이다. (　　)에 들어갈 내용으로 옳은 것은?

2. 적과전 종합위험방식 상품(사과, 배, 단감, 떫은감)

생육시기	재해	조사내용	조사시기	조사방법	비고
적과후	–	적과후 착과수조사	(　　)	보험가입금액의 결정 등을 위하여 해당 농지의 적과종료 후 총 착과수를 조사 • 조사방법: 표본조사	피해와 관계없이 전 과수원 조사

① 적과 종료 후
② 수확 직전
③ 사고접수 후 지체없이
④ 피해 확인이 가능한 시기

49

농업재해보험 손해평가요령의 재검토기한에 관한 규정이다. (　　)에 공통으로 들어갈 숫자는?

농림축산식품부장관은 이 고시에 대하여 2024년 1월 1일 기준으로 매 (　　)년이 되는 시점[매 (　　)년째의 12월 31일까지를 말한다]마다 그 타당성을 검토하여 개선 등의 조치를 하여야 한다.

① 2
② 3
③ 4
④ 5

50

농업재해보험 손해평가요령상 가축의 보험가액 및 손해액 산정에 관한 설명으로 옳은 것을 모두 고른 것은?

ㄱ. 가축에 대한 보험가액은 보험사고가 발생한 때와 곳에서 평가한 보험목적물의 수량에 적용가격을 곱하여 산정한다.
ㄴ. 가축에 대한 손해액은 보험사고가 발생한 때와 곳에서 폐사 등 피해를 입은 보험목적물의 수량에 적용가격을 곱하여 산정한다.
ㄷ. 보험가입 당시 보험가액 및 손해액 산정방식에 대해서는 보험가입자와 재해보험사업자가 별도로 정할 수 없다.

① ㄱ
② ㄱ, ㄴ
③ ㄴ, ㄷ
④ ㄱ, ㄴ, ㄷ

제3과목 농학개론 중 재배학 및 원예작물학

51

식물분류학에서 과명(Family Name)과 과수작물이 올바르게 연결되지 않은 것은?

① 녹나뭇과 – 아보카도
② 장미과 – 서양배
③ 참나뭇과 – 밤
④ 진달랫과 – 망고

52

상토로 사용되는 유기질 재료를 모두 고른 것은?

ㄱ. 수태	ㄴ. 펄라이트
ㄷ. 피트모스	ㄹ. 버미큘라이트

① ㄱ, ㄷ
② ㄱ, ㄹ
③ ㄴ, ㄷ
④ ㄴ, ㄹ

53

시설 내 염류집적에 관한 대책을 올바르게 나열한 것은?

① 심경, 객토
② 양분흡수 억제, 다비재배
③ 흡비작물 재배, 표면 관수
④ 담수 처리, 강우 차단

54

미세한 종자를 파종한 파종상이나 화분의 배수공을 통하여 물이 스며올라가도록 하는 관수방법은?

① 고랑관수
② 분수관수
③ 점적관수
④ 저면관수

55

식물의 고온장해에 관한 설명으로 옳지 않은 것은?

① 온도가 높으면 상대습도가 높아져서 증산과 증발이 모두 많아 토양수분 부족으로 작물이 한발의 피해를 받기 쉽다.

② 고온에서 물질이 분해될 때 암모니아에 의해 장해를 받을 수 있다.

③ 고온에서 당이 축적되지 않아 과실과 채소는 단맛이 없어지고 생육이 억제된다.

④ 고온에서 세포막 지방의 유동성이 커진다.

56

온도 적응성에 따라 원예작물을 구분할 때 호온성 작물과 호냉성 작물로 올바르게 연결된 것은?

① 가지 – 장미
② 고추 – 국화
③ 복숭아 – 백합
④ 상추 – 사과

57

다음이 설명하는 식물호르몬은?

- 수분스트레스에 대한 방어기능을 조절한다.
- 기공폐쇄에 중요한 역할을 한다.
- 휴면유도와 탈리를 촉진한다.

① 옥신(Auxin)
② 시토키닌(Cytokinin)
③ 아브시스산(Abscisic acid)
④ 에틸렌(Ethylene)

58

식물 생육과 광질에 관한 설명으로 옳지 않은 것은?

① 청색광은 카르티노이드계의 색소 생성을 촉진한다.

② 자외선은 신장을 억제하고 엽육을 두껍게 한다.

③ 청색광은 광합성 · 광주기성을 주도한다.

④ 자외선은 안토시아닌계 색소의 발현을 촉진한다.

59

풍해에 관한 설명으로 옳지 않은 것은?

① 작물의 도장을 유발한다.
② 작물의 낙과를 발생시킨다.
③ 작물의 도복 피해가 일어난다.
④ 벼의 청미, 변색미 발생을 증가시킨다.

60

A지역의 사과농가는 국지적으로 피해를 받아 과실에 상처가 나고 멍들어 정상적인 판매를 하지 못하였다. 이러한 피해 증상의 원인은?

① 저온
② 염분
③ 우박
④ 황사

61

종자의 수명을 연장하는 방법으로 옳지 않은 것은?

① 저온에서 저장한다.
② 산소를 공급한다.
③ 흡습을 방지한다.
④ 종자를 건조시킨다.

62

자라고 있는 곳에서 다른 곳으로 옮겨 심는 방법은?

① 경화
② 왜화
③ 배토
④ 이식

63

인경으로 번식하는 작물을 모두 고른 것은?

ㄱ. 백합	ㄴ. 마늘
ㄷ. 칸나	ㄹ. 감자

① ㄱ, ㄴ
② ㄱ, ㄹ
③ ㄴ, ㄷ
④ ㄷ, ㄹ

64

무균상태에서 인공배지에 배양하여 다량의 식물을 생산하는 번식방법은?

① 취목
② 숙지삽
③ 엽병삽
④ 조직배양

65

식물의 필수원소에 관한 설명으로 옳지 않은 것은?

① 다량원소는 결핍현상이 쉽게 나타나므로 추가적으로 공급해야 한다.
② 토양 중에서는 N, P, K를 비료의 3요소라 한다.
③ 질소는 질산태질소와 암모니아태질소로 식물에 흡수된다.
④ 다량원소에는 C, H, O, N, S, P, K, Ca, Mg, Fe가 있다.

66

과수 화상병의 병원균은?

① 진균
② 세균
③ 바이러스
④ 바이로이드

67

저온춘화형 채소작물 중 녹식물춘화형에 속하는 것을 올바르게 나열한 것은?

① 양배추, 양파
② 상추, 배추
③ 브로콜리, 부추
④ 무, 순무

68

생리적 성숙 시 수확하는 채소류가 아닌 것은?

① 토마토
② 브로콜리
③ 수박
④ 딸기

69

다음이 설명하는 과수의 가지 관리방법은?

- 신초의 생장을 일시적으로 억제하여 착과율을 높인다.
- 그해에 새 가지를 분지시켜 원가지나 곁가지를 구성시킨다.
- 웃자람을 방지하기 위해서 실시한다.

① 환상박피
② 순지르기
③ 가지 유인
④ 가지 비틀기

70

호광성 식물을 저광도에서 재배할 경우 나타나는 현상으로 옳지 않은 것은?

① 줄기의 마디 사이가 길어진다.
② 잎이 넓어지고 얇아진다.
③ 단위면적당 잎의 수가 증가한다.
④ 줄기가 가늘어진다.

71

작물의 수확 후 주요 생리에 관한 설명으로 옳은 것은?

① 에틸렌은 고체 상태로 원예작물의 성숙과 숙성과정을 촉진하는 호르몬이다.
② 증산작용을 억제하려면 원예산물과 대기와의 수증기압 포차를 증가시켜야 한다.
③ 성숙과정 양상 중 호흡비급등형 과실에는 포도와 가지가 있다.
④ 호흡에 의한 호흡열은 주위의 온도를 높여 대사작용을 가속화시키고 저장 중 냉각 부하를 저하시킨다.

72

절화수명이 저온에서 연장되는 원리에 관한 설명으로 옳지 않은 것은?

① 곰팡이병 발생 억제로 관상가치 유지

② 증산 억제로 수분 균형 유지

③ 호르몬 생합성 촉진으로 노화 억제

④ 호흡 억제로 저장양분 소모 감소

73

다음 두 가지 온실 냉방법의 냉각 원리는?

ㄱ. 팬앤드패드(Fan & Pad) 방법	ㄴ. 팬앤드포그(Fan & Fog) 방법

① ㄱ: 응축냉각, ㄴ: 기화냉각

② ㄱ: 기화냉각, ㄴ: 응축냉각

③ ㄱ: 응축냉각, ㄴ: 응축냉각

④ ㄱ: 기화냉각, ㄴ: 기화냉각

74

벤로형(Venlo) 온실에 관한 설명이다. (　　)에 들어갈 내용으로 옳은 것은?

> 벤로형 온실은 서까래의 간격이 넓어지기 때문에 골조가 적게 들어 (　ㄱ　)이 감소한다. 이에 따라 온실의 (　ㄴ　)이 증가한다.

① ㄱ: 골조율, ㄴ: 산란율

② ㄱ: 골조율, ㄴ: 투광률

③ ㄱ: 투광률, ㄴ: 골조율

④ ㄱ: 투광률, ㄴ: 산란율

75

시설원예용 인공조명 중 고압나트륨 등에 관한 설명이다. (　　)에 들어갈 내용으로 옳은 것은?

> 식물재배에 고압나트륨등을 단독 사용하면 500nm 이하의 (　ㄱ　)이 적기 때문에 (　ㄴ　)될 가능성이 있다. 하지만 일반 온실의 보광용으로는 단독 사용해도 문제가 없다.

① ㄱ: 청색광, ㄴ: 왜화

② ㄱ: 원적색광, ㄴ: 도장

③ ㄱ: 청색광, ㄴ: 도장

④ ㄱ: 원적색광, ㄴ: 왜화

최신 기출문제

정답과 해설

제1과목 상법(보험편)

문제 p. 42

01	④	02	②	03	②	04	②	05	②
06	③	07	①	08	④	09	②	10	④
11	①	12	③	13	③	14	④	15	①
16	③	17	④	18	④	19	①	20	③
21	①	22	①	23	③	24	②	25	③

01 ④

보험계약 통칙 ▶ 보험계약의 개요 난이도 ■□□

'편무계약성'이란 계약 당사자 중 한쪽만이 의무를 부담하는 성질을 말한다. 보험계약은 보험자와 보험계약자(피보험자) 쌍방이 대가적 채무를 부담하는 '쌍무계약성'을 지닌다.

관련 개념 짚어보기

보험계약의 법적 성질

낙성계약, 유상계약, 쌍무계약, 불요식계약, 사행계약, 최대선의계약, 부합계약

02 ②

보험계약 통칙 ▶ 보험계약의 개요 난이도 ■■□

ㄱ. 타인을 위한 보험에서 보험계약자는 위임을 받거나 위임을 받지 아니하고 특정 또는 불특정의 타인을 위하여 보험계약을 체결할 수 있다(상법 제639조 제1항 전단).

ㄹ. 보험계약자가 파산선고를 받거나 보험료의 지급을 지체한 때에는 그 타인이 그 권리를 포기하지 아니하는 한 그 타인도 보험료를 지급할 의무가 있다(상법 제639조 제3항 후단).

| 오답해설 | ㄴ. 상법 제639조 제2항 후단

ㄷ. 상법 제639조 제3항 전단

03 ②

보험계약 통칙 ▶ 보험계약의 요소 난이도 ■□□

기존의 보험계약을 연장하거나 변경한 경우에는 보험자는 그 보험증권에 그 사실을 기재함으로써 보험증권의 교부에 갈음할 수 있다(상법 제640조 제2항).

| 오답해설 | ① 보험자는 보험계약이 성립한 때에는 지체없이 보험증권을 작성하여 보험계약자에게 교부하여야 한다. 그러나 보험계약자가 보험료의 전부 또는 최초의 보험료를 지급하지 아니한 때에는 그러하지 아니하다(상법 제640조 제1항).

③ 보험계약의 당사자는 보험증권의 교부가 있은 날로부터 일정한 기간 내에 한하여 그 증권내용의 정부에 관한 이의를 할 수 있음을 약정할 수 있다. 이 기간은 1월을 내리지 못한다(상법 제641조).

④ 보험증권을 멸실 또는 현저하게 훼손한 때에는 보험계약자는 보험자에 대하여 증권의 재교부를 청구할 수 있다. 그 증권 작성의 비용은 보험계약자의 부담으로 한다(상법 제642조).

04 ②

보험계약 통칙 ▶ 보험계약의 기타 규정 난이도 ■■■

보험계약 당시에 보험사고가 이미 발생하였거나 또는 발생할 수 없는 것인 때에는 그 계약은 무효로 한다. 그러나 당사자 쌍방과 피보험자가 이를 알지 못한 때에는 그러하지 아니하다(상법 제644조).

| 오답해설 | ① 보험사고의 발생으로 보험자가 보험금액을 지급한 때에도 보험금액이 감액되지 아니하는 보험의 경우에는 보험계약자는 그 사고발생 후에도 보험계약을 해지할 수 있다(상법 제649조 제2항).

③ 보험계약 당시에 보험사고가 객관적으로 발생할 수 없음을 보험계약자와 보험자가 몰랐더라도, 피보험자가 이를 알았다면 그 계약은 무효이다. 즉, 보험계약 당시에 보험사고가 객관적으로 발생할 수 없음을 보험자, 보험계약자, 피보험자 전부가 몰랐다면 무효가 되지 않으며 이 중 한 사람이라도 알면 무효가 된다.

④ 보험계약은 그 전의 어느 시기를 보험기간의 시기(始期)로 할 수 있다(상법 제643조). 이는 소급보험에 관한 규정으로 유효한 계약이다.

05 ②

보험계약 통칙 ▶ 보험계약의 요소 난이도 ■□□

상법상 보험대리상 등은 보험료수령권, 보험증권교부권, 의사표시수령권, 의사표시권 등 보험계약에 관한 대부분의 권한이 있다. 그럼에도 불구하고 보험자는 보험대리상의 권한 중 일부를 제한할 수 있다. 다만, 보험자는 그러한 권한 제한을 이유로 보험자에게 대항하지 못한다(상법 제646조의2 제1항, 제2항 참조).

| 오답해설 | ① 상법 제646조의2 제1항 제3호

③ 보험대리상이 아니면서 특정한 보험자를 위하여 계속적으로 보험계약의 체결을 중개하는 자는 보험료수령권(보험자가 작성한 영수증을 보험계약자에게 교부하는 경우만 해당) 및 보험증권교부권의 권한이 있다(상법 제646조의2 제3항).

④ 피보험자나 보험수익자가 보험계약에 관한 의사표시를 할 의무가 있는 경우, 보험계약자에 대한 보험대리상 및 보험중개인의 권한에 관한 규정은 그 피보험자나 보험수익자에게도 적용된다(상법 제646조의2 제4항 참조).

06 ③

보험계약 통칙 ▶ 보험금, 보험료 난이도 ■■□

상법 제647조

| 오답해설 | ①, ② 보험계약의 전부 또는 일부가 무효인 경우에 보험계약자와 피보험자가 선의이며 중대한 과실이 없는 때에는 보험자에 대하여 보험료의 전부 또는 일부의 반환을 청구할 수 있다. 보험계약자와 보험수익자가 선의이며 중대한 과실이 없는 때에도 같다(상법 제648조).

④ 보험사고가 발생하기 전에 보험계약자가 보험계약의 전부 또는 일부를 해지한 경우에도 보험계약자는 당사자 간에 다른 약정이 없으면 미경과보험료의 반환을 청구할 수 있다(상법 제649조 제3항).

07 ①

보험계약 통칙 ▶ 보험금, 보험료 난이도 ■□□

보험계약자는 계약 체결 후 지체없이 보험료의 전부 또는 제1회 보험료를 지급하여야 하며, 보험계약자가 이를 지급하지 아니하는 경우에는 다른 약정이 없는 한 계약 성립 후 2월이 경과하면 그 계약은 해제된 것으로 본다(상법 제650조 제1항).

| 오답해설 | ② 계속보험료가 약정한 시기에 지급되지 아니한 때에는 보험자는 상당한 기간을 정하여 보험계약자에게 최고하고 그 기간 내에 지급되지 아니한 때에는 그 계약을 해지할 수 있다(상법 제650조 제2항).

③ 특정한 타인을 위한 보험의 경우에 보험계약자가 보험료의 지급을 지체한 때에는 보험자는 그 타인에게도 상당한 기간을 정하여 보험료의 지급을 최고한 후가 아니면 그 계약을 해제 또는 해지하지 못한다(상법 제650조 제3항).

④ 보험자의 책임은 당사자 간에 다른 약정이 없으면 최초의 보험료의 지급을 받은 때로부터 개시한다(상법 제656조).

08 ④

보험계약 통칙 ▶ 보험계약의 기타 규정 난이도 ■□□

상법 제650조의2

| 오답해설 | ①, ② 계속보험료의 미납에 따른 보험계약의 해지에 대해서만 보험계약자는 보험계약의 부활을 청구할 수 있다(상법 제650조의2 참조). 해지환급금을 반환할 경우 부활을 청구할 수 있다는 규정은 없다.

③ 보험계약자가 계약의 부활을 청구하는 경우 보험자는 이를 바로 승낙하여야 하는 것은 아니며, 30일 이내에 낙부의 통지를 해태한 때에 승낙한 것으로 본다(상법 제650조의2 및 제638조의2 참조).

09 ②

보험계약 통칙 ▶ 보험계약의 고지·통지의무 난이도 ■■□

보험계약 당시에 보험계약자 또는 피보험자가 '고의 또는 중대한 과실'로 인하여 중요한 사항을 고지하지 아니하거나 부실의 고지를 한 때에는 보험자는 그 사실을 안 날로부터 1월 내에, 계약을 체결한 날로부터 3년 내에 한하여 계약을 해지할 수 있다. 그러나 보험자가 계약 당시에 그 사실을 알았거나 중대한 과실로 인하여 알지 못한 때에는 그러하지 아니하다(상법 제651조).

10 ④

보험계약 통칙 ▶ 보험계약의 고지·통지의무 난이도 ■□□

보험기간 중에 보험계약자, 피보험자 또는 보험수익자의 고의 또는 중대한 과실로 인하여 사고발생의 위험이 현저하게 변경 또는 증가된 때에는 보험자는 그 사실을 안 날부터 '1월 내'에 보험료의 증액을 청구하거나 계약을 해지할 수 있다(상법 제653조).

| 오답해설 | ① 상법 제652조 제1항 참조

11 ①

보험계약 통칙 ▶ 보험계약의 고지·통지의무 난이도 ■□□

①, ④ 보험계약자 또는 피보험자나 보험수익자가 보험사고발생의 통지의무를 해태함으로 인하여 손해가 증가된 때에는 보험자는 그 증가된 손해를 보상할 책임이 없다(상법 제657조 제2항).

| 오답해설 | ②, ③ 보험계약자 또는 피보험자나 보험수익자는 보험사고의 발생을 안 때에는 지체없이 보험자에게 그 통지를 발송하여야 한다(상법 제657조 제1항).

12 ③

보험계약 통칙 ▶ 보험금, 보험료 난이도 ■■□

손해보험계약에서 보험사고가 보험계약자 또는 피보험자나 보험수익자의 고의 또는 중대한 과실로 인하여 생긴 때에는 보험자는 보험금액을 지급할 책임이 없다(상법 제659조).

| 오답해설 | ① 보험자가 지급할 보험금액을 정하면 그 정하여진 날부터 10일 내에 보험금액을 지급하여야 한다(상법 제658조 참조).

13 ③

보험계약 통칙 ▶ 보험계약의 기타 규정 난이도 ■□□

보험금청구권은 3년간, 보험료 또는 적립금의 반환청구권은 3년간, 보험료청구권은 2년간 행사하지 아니하면 시효의 완성으로 소멸한다(상법 제662조). 즉, '3년+3년+2년'을 모두 합한 숫자는 '8'이다.

14 ④

보험계약 통칙 ▶ 보험계약의 요소 난이도 ■■□

손해보험증권의 기재사항(상법 제666조)

- 보험의 목적
- 보험사고의 성질(④)
- 보험금액
- 보험료와 그 지급방법
- 보험기간을 정한 때에는 그 시기와 종기
- 무효와 실권의 사유
- 보험계약자(피보험자)의 주소와 성명 또는 상호
- 보험계약의 연월일
- 보험증권의 작성지와 그 작성년월일

15 ①

손해보험 ▶ 보험가액 난이도 ■□□

초과보험이란 보험금액이 보험가액을 현저하게 초과하는 보험을 말한다. 이때 보험자 또는 보험계약자는 보험료와 보험금액의 감액을 청구할 수 있다(상법 제669조 제1항 참조).

| 오답해설 | ② 상법 제669조 제3항 참조

③, ④ 상법 제669조 제4항 참조

16 ③

손해보험 ▶ 보험가액 난이도 ■■□

①, ④ 당사자 간에 보험가액을 정하지 아니한 때(미평가보험)에는 사고발생 시의 가액을 보험가액으로 한다(상법 제671조). 즉, 미평가보험이라고 해서 보험계약이 무효가 되는 것은 아니다.

| 오답해설 | ①, ② 당사자 간에 보험가액을 정한 때(기평가보험)에는 그 가액(협정보험가액)은 사고발생 시의 가액으로 정한 것으로 '추정'한다. 그러나 그 가액이 사고발생 시의 가액을 현저하게 초과할 때에는 사고발생 시의 가액을 보험가액으로 한다(상법 제670조).

17 ④

손해보험 ▶ 보험가액 난이도 ■■■

| 오답해설 | 甲은 자신이 소유한 건물에 대하여 A보험자와 15억 원, B보험자와 10억 원의 화재보험계약을 하였다. 이는 보험가액 20억 원을 초과한 경우로, 보험자는 각자의 보험금액의 한도에서 연대책임을 진다. 화재로 인해 전부 멸실된 전손 사고이므로 다음과 같은 산식에 따라 연대·비례보상을 한다.

- A보험사: 20억 원×15억 원/25억 원=12억 원(①)
- B보험사: 20억 원×10억 원/25억 원=8억 원(②)

각 보험사는 연대책임을 지므로 A보험사 또는 B보험사 중 어느 한 곳이 보험금을 지급하지 않은 경우라도 나머지 한 보험사는 甲(피보험자)에게 20억 원을 지급하여야 한다(③). 또한, 보험금을 지급한 보험자는 보험금을 지급하지 않은 보험자에게 책임금액에 대한 구상권을 행사할 수 있다(④).

관련 개념 짚어보기

중복보험(상법 제672조 제1항)

- 개념: 동일한 보험계약의 목적과 동일한 사고에 관하여 수개의 보험계약이 동시에 또는 순차로 체결된 경우를 말함
- 보험자의 연대·비례보상: 보험금액의 총액이 보험가액을 초과한 때에는 보험자는 각자의 보험금액의 한도에서 연대책임을 짐

18 ④

손해보험 ▶ 보험가액 난이도 ■■□

일부보험이란 보험가액의 일부를 보험에 붙인 경우를 말한다. 보험가액의 산정은 계약 당사자 간의 협정에 따라 계약 시에 할 수도 있는데, 그 협정이 없으면 원칙적으로 보험사고발생 시의 가액으로 판단하게 된다.

19 ①

손해보험 ▶ 보험대위와 기타 규정 난이도 ■□□

피보험자가 보험의 목적을 양도한 때에는 양수인은 보험계약상의 권리와 의무를 승계한 것으로 추정한다. 이 경우에 보험의 목적의 양도인 또는 양수인은 보험자에 대하여 지체없이 그 사실을 통지하여야 한다(상법 제679조).

20 ③

손해보험 ▶ 보험대위와 기타 규정 난이도 ■□□

보험계약자와 피보험자는 손해의 방지와 경감을 위하여 노력하여야 한다. 그러나 이를 위하여 필요 또는 유익하였던 비용과 보상액이 보험금액을 초과한 경우라도 보험자가 이를 부담한다(상법 제680조).

21 ①

손해보험 ▶ 보험대위와 기타 규정 난이도 ■■□

상법 제681조 전단

| 오답해설 | ② 잔존물대위에서 보험의 목적의 전부가 멸실하고 보험금액을 전부 지급한 경우에 대위권이 성립한다.

③ 잔존하는 보험목적에 관한 피보험자의 권리가 보험자에게 이전하는 시점은 보험자가 보험금을 청구받은 때가 아니라, 보험의 목적의 전부가 멸실하고 보험금액을 전부 지급한 때이다. 이는 특별한 청구 절차를 요하지 않는 형성권이다.

④ 일부보험에서도 잔존물대위가 성립할 수 있다.

22 ①

손해보험 ▶ 보험대위와 기타 규정 난이도 ■□□

손해가 제3자의 행위로 인하여 발생한 경우에 보험금을 지급한 보험자는 그 지급한 금액의 한도에서 그 제3자에 대한 보험계약자 또는 피보험자의 권리를 취득한다. 다만, 보험자가 보상할 보험금의 일부를 지급한 경우에는 피보험자의 권리를 침해하지 아니하는 범위에서 그 권리를 행사할 수 있다(상법 제682조 제1항).

| 오답해설 | ③ 보험계약자나 피보험자의 권리가 그와 생계를 같이 하는 가족에 대한 것인 경우 보험자는 그 권리를 취득하지 못한다. 다만, 손해가 그 가족의 고의로 인하여 발생한 경우에는 그러하지 아니하다(상법 제682조 제2항).

23 ③

손해보험 ▶ 화재보험 난이도 ■□□

집합된 물건을 일괄하여 보험의 목적으로 한 때에는 피보험자의 가족과 사용인의 물건도 보험의 목적에 포함된 것으로 한다. 이 경우에는 그 보험은 그 가족 또는 사용인을 위하여서도 체결한 것으로 본다(상법 제686조).

| 오답해설 | ④ 상법 제687조

24 ②

손해보험 ▶ 손해보험의 특성 난이도 ■□□

상법 제661조

| 오답해설 | ① 보험계약의 목적, 즉 피보험이익은 금전으로 산정할 수 있는 경제적 가치를 지니는 것이어야 한다(상법 제668조).

③ 화재보험에서 동산을 보험의 목적으로 한 때에는 보험증권에 그 존치한 장소의 상태와 용도를 기재하여야 한다(상법 제685조 제2호).

④ 보험자가 보상할 손해액의 산정에 관한 비용은 보험자의 부담으로 한다(상법 제676조 제2항).

25 ③

손해보험 ▶ 화재보험 난이도 ■□□

화재보험증권에는 손해보험증권의 기재사항 외에 다음의 사항을 기재하여야 한다(상법 제685조).

- 건물을 보험의 목적으로 한 때에는 그 소재지, 구조와 용도(ㄷ)
- 동산을 보험의 목적으로 한 때에는 그 존치한 장소의 상태와 용도
- 보험가액을 정한 때에는 그 가액(ㄹ)

손해보험증권의 기재사항(상법 제666조)

- 보험의 목적
- 보험사고의 성질
- 보험금액
- 보험료와 그 지급방법(ㅁ)
- 보험기간을 정한 때에는 그 시기와 종기(ㄴ)
- 무효와 실권의 사유
- 보험계약자의 주소와 성명 또는 상호(ㄱ)
- 피보험자의 주소, 성명 또는 상호
- 보험계약의 연월일
- 보험증권의 작성지와 그 작성년월일

제2과목 농어업재해보험법령

문제 p. 50

26	④	27	③	28	③	29	②	30	①
31	③	32	①	33	②	34	③	35	②
36	③	37	④	38	①	39	①	40	①
41	④	42	②	43	③	44	④	45	②
46	④	47	④	48	①	49	②	50	②

26 ④

재해보험사업 ▶ 농어업재해보험의 특성과 심의회 난이도 ■■□

농림축산식품부장관 또는 해양수산부장관은 기본계획 및 시행계획의 수립·시행을 위하여 필요한 경우에는 관계 중앙행정기관의 장, 지방자치단체의 장, 관련 기관·단체의 장에게 관련 자료 및 정보의 제공을 요청할 수 있다(농어업재해보험법 제2조의2 제5항)

| 오답해설 | ① 농림축산식품부장관과 해양수산부장관은 기본계획을 5년마다 수립·시행하여야 한다(동법 제2조의2 제1항).

② 재해보험의 대상 품목에 관한 사항은 기본계획에 포함된다(동법 제2조의2 제2항).

③ 농림축산식품부장관과 해양수산부장관은 기본계획에 따라 매년 시행계획을 수립·시행하여야 한다(동법 제2조의2 제3항).

관련 개념 짚어보기

재해보험 발전 기본계획에 포함되어야 하는 사항(농어업재해보험법 제2조의2 제2항)

- 재해보험사업의 발전 방향 및 목표
- 재해보험의 종류별 가입률 제고 방안에 관한 사항
- 재해보험의 대상 품목 및 대상 지역에 관한 사항
- 재해보험사업에 대한 지원 및 평가에 관한 사항
- 그 밖에 재해보험 활성화를 위하여 농림축산식품부장관 또는 해양수산부장관이 필요하다고 인정하는 사항

27 ③

재해보험사업 ▶ 농어업재해보험의 특성과 심의회 난이도 ■■□

농어업재해보험법 제3조 제6항

| 오답해설 | ① 심의회의 위원장은 농림축산식품부차관으로 하고, 부위원장은 위원 중에서 호선(互選)한다(동법 제3조 제3항).

② 심의회의 회의는 재적위원 과반수의 출석으로 개의(開議)하고, 출석위원 과반수의 찬성으로 의결한다(동법 시행령 제3조 제3항).

④ 분과위원회는 분과위원장 1명을 포함한 9명 이내의 분과위원으로 성별을 고려하여 구성한다(동법 시행령 제4조 제3항).

28 ③

재해보험사업 ▶ 손해평가사, 손해평가인 난이도 ■□□

손해평가인의 자격요건 중 연수와 관련된 사항(농어업재해보험법 시행령 별표2 참조)

- 재해보험 대상 농작물을 5년 이상 경작한 경력이 있는 농업인
- 공무원으로 농림축산식품부, 농촌진흥청, 통계청 또는 지방자치단체나 그 소속기관에서 농작물재배 분야에 관한 연구·지도, 농산물 품질관리 또는 농업 통계조사 업무를 3년 이상 담당한 경력이 있는 사람
- 교원으로 고등학교에서 농작물재배 분야 관련 과목을 5년 이상 교육한 경력이 있는 사람(ㄱ)
- 조교수 이상으로 「고등교육법」 제2조에 따른 학교에서 농작물재배 관련학을 3년 이상 교육한 경력이 있는 사람(ㄴ)
- 「보험업법」에 따른 보험회사의 임직원이나 「농업협동조합법」에 따른 중앙회와 조합의 임직원으로 영농 지원 또는 보험·공제 관련 업무를 3년 이상 담당하였거나 손해평가 업무를 2년 이상 담당한 경력이 있는 사람
- 「고등교육법」 제2조에 따른 학교에서 농작물재배 관련학을 전공하고 농업전문 연구기관 또는 연구소에서 5년 이상 근무한 학사학위 이상 소지자

29 ②

재해보험사업 ▶ 기타 농어업재해보험 규정 난이도 ■■■

농작물의 재생산에 직접적으로 소요되는 비용의 보장을 목적으로 보험금수급전용계좌로 입금된 보험금의 경우 입금된 보험금 전액에 관한 채권은 압류할 수 없다(농어업재해보험법 제12조 제2항).

관련 개념 짚어보기

보험금의 압류 금지(농어업재해보험법 제12조 제2항 및 시행령 제12조의12)

보험금수급전용계좌의 예금 중 다음의 구분에 따른 보험금 액수 이하의 금액에 관한 채권은 압류할 수 없다.

- 농작물·임산물·가축 및 양식수산물의 재생산에 직접적으로 소요되는 비용의 보장을 목적으로 법에 따라 보험금수급전용계좌로 입금된 보험금: 입금된 보험금 전액(제1호)
- 제1호 외의 목적으로 법에 따라 보험금수급전용계좌로 입금된 보험금: 입금된 보험금의 2분의 1에 해당하는 액수(제2호)

30 ①

재해보험사업 ▶ 재해보험가입자·사업자·모집자 난이도 

재해보험사업 약정서 포함사항(농어업재해보험법 시행령 제10조 제2항)

- 약정기간에 관한 사항(②)
- 재해보험사업의 약정을 체결한 자(재해보험사업자)가 준수하여야 할 사항(④)
- 재해보험사업자에 대한 재정지원에 관한 사항
- 약정의 변경·해지 등에 관한 사항(③)
- 그 밖에 재해보험사업의 운영에 관한 사항

31 ③

재해보험사업 ▶ 손해평가사, 손해평가인 난이도 

농어업재해보험법 제11조의5 제1항 참조

| 오답해설 | ① 손해평가인으로 위촉된 기간이 3년 이상인 사람으로서 손해평가 업무를 수행한 경력이 있는 사람은 손해평가사 제1차 시험의 일부과목을 면제한다(동 시행령 제12조의5).

② 농림축산식품부장관은 거짓으로 손해평가를 한 사람에 대하여 손해평가사 자격을 취소할 수 있다(동법 제11조의5 제1항 제2호).

④ 손해평가사 자격이 취소된 사람은 그 취소 처분이 있은 날부터 2년이 지나지 아니한 경우 손해평가사 자격시험에 응시하지 못한다(동법 제11조의4 제4항).

32 ①

재해보험사업 ▶ 농어업재해보험의 특성과 심의회 난이도

농어업재해의 정의(농어업재해보험법 제2조 제1항)

- 농업재해: 농작물·임산물·가축 및 농업용 시설물에 발생하는 자연재해·병충해·조수해(鳥獸害)·질병 또는 화재
- 어업재해: 양식수산물 및 어업용 시설물에 발생하는 자연재해·질병 또는 화재

33 ②

재해보험사업 ▶ 기타 농어업재해보험 규정 난이도 

정부는 예산의 범위에서 재해보험가입자가 부담하는 보험료의 일부와 재해보험사업자의 재해보험의 운영 및 관리에 필요한 비용의 전부 또는 일부를 지원할 수 있다. 이 경우 지방자치단체는 예산의 범위에서 재해보험가입자가 부담하는 보험료의 일부를 추가로 지원할 수 있다(농어업재해보험법 제19조 제1항).

| 오답해설 | ④ 동법 제19조 제3항

34 ③

재해보험사업의 관리 ▶ 재해보험사업의 관리, 벌칙 규정 난이도

손해평가사 자격시험의 실시 및 관리의 업무는 '한국산업인력공단'에 위탁할 수 있다(농어업재해보험법 제25조의2 제3항).

관련 개념 짚어보기

농업정책보험금융원에 위탁할 수 있는 업무(농어업재해보험법 제25조의2)

- 재해보험사업의 관리·감독
- 재해보험 상품의 연구 및 보급
- 재해 관련 통계 생산 및 데이터베이스 구축·분석
- 손해평가인력의 육성
- 손해평가기법의 연구·개발 및 보급
- 재해보험사업의 약정 체결 관련 업무
- 손해평가사 제도 운용 관련 업무
- 그 밖에 재해보험사업과 관련하여 농림축산식품부장관 또는 해양수산부장관이 위탁하는 업무

35 ②

재해보험사업의 관리 ▶ 재해보험사업의 관리, 벌칙 규정 난이도

재해보험사업자가 「농어업재해보험법」 제10조 제2항에서 준용하는 「보험업법」 제95조(보험 모집을 위하여 사용하는 보험안내자료에 관한 규정)를 위반하여 보험안내를 한 경우에는 1,000만 원 이하의 과태료를 부과한다(농어업재해보험법 제32조 제1항).

36 ③

재해보험사업의 관리 ▶ 재보험사업 및 농어업재해재보험기금 난이도

농림축산식품부장관은 해양수산부장관과 협의를 거쳐 재보험사업에 관한 업무의 일부를 농업정책보험금융원에 위탁할 수 있다(농어업재해보험법 제20조 제3항).

| 오답해설 | ① 동법 제24조 제1항

② 동법 제23조 제3호

④ 동법 제25조 제1항

37 ④

재해보험사업의 관리 ▶ 재보험사업 및 농어업재해재보험기금
난이도 ■■□

농어업재해재보험기금을 조성하는 재원(농어업재해보험법 제22조 제1항)

- 재보험료
- 정부, 정부 외의 자 및 다른 기금으로부터 받은 출연금(②)
- 재보험금의 회수 자금(①)
- 기금의 운용수익금과 그 밖의 수입금(③)
- 차입금
- 농어촌구조개선 특별회계의 농어촌특별세사업계정으로부터 받은 전입금

38 ①

농업재해보험 손해평가요령 ▶ 손해평가요령의 개요
난이도 ■■■

손해평가보조인이란 손해평가 업무를 보조하는 자를 말한다. 재해보험사업자 및 손해평가 업무를 위탁 받은 자는 손해평가 업무를 원활히 수행하기 위하여 손해평가보조인을 운용할 수 있다(손해평가요령 제4조 제3항).

| 오답해설 | ② 동 요령 제3조 제1항

③ 동 요령 제3조 제2항

④ 동 요령 제4조 제2항

39 ①

농업재해보험 손해평가요령 ▶ 손해평가요령의 개요
난이도 ■□□

"농업재해보험"이란 농어업재해보험법에 따른 농작물재해보험, 임산물재해보험 및 가축재해보험을 말한다(농업재해보험 손해평가요령 제2조 제5호).

| 오답해설 | ㄷ. 농업인안전보험은 농어업재해보험에 해당하지 않는다.

ㄹ. 양식수산물재해보험은 농어업재해보험에 포함된다.

40 ①

농업재해보험 손해평가요령 ▶ 손해평가요령의 개요
난이도 ■■□

'농업재해보험상품의 개선·개발계획'은 재해보험사업자가 수립하는 보험가입촉진계획에 포함되어야 하는 사항 중 하나이다(농어업재해보험법 시행령 제22조의2 제1항 제4호).

| 오답해설 | 손해평가인 정기교육의 세부내용(농업재해보험 손해평가요령 제5조의2)

- 농업재해보험에 관한 기초지식: 농어업재해보험법 제정 배경·구성 및 조문별 주요내용(④), 농업재해보험 사업현황
- 농업재해보험의 종류별 약관: 농업재해보험상품 주요내용 및 약관 일반사항(②)
- 손해평가의 절차 및 방법: 농업재해보험 손해평가 개요, 보험목적물별 손해평가기준 및 피해유형별 보상사례(③)
- 피해유형별 현지조사표 작성 실습

41 ④

농업재해보험 손해평가요령 ▶ 손해평가 절차
난이도 ■■□

손해평가반 구성에서 배제해야 하는 해당자는 다음과 같다(농업재해보험 손해평가요령 제8조 제3항).

- 자기 또는 자기와 생계를 같이 하는 친족(이해관계자)이 가입한 보험계약에 관한 손해평가(③)
- 자기 또는 이해관계자가 모집한 보험계약에 관한 손해평가
- 직전 손해평가일로부터 30일 이내의 보험가입자 간 상호 손해평가(④)
- 자기가 실시한 손해평가에 대한 검증조사 및 재조사

| 오답해설 | ① 손해평가반은 손해평가인, 손해평가사, 손해사정사 중 어느 하나에 해당하는 자로 구성하며, 5인 이내로 한다(농업재해보험 손해평가요령 제8조 제2항).

② 재해보험사업자는 손해평가를 하는 경우에는 손해평가반을 구성하고 손해평가반별로 평가일정계획을 수립하여야 한다(동 요령 제8조 제1항).

42 ②

농업재해보험 손해평가요령 ▶ 손해평가 절차
난이도 ■■■

농업재해보험 손해평가요령 제11조 제2항

| 오답해설 | ① 검증조사를 실시하는 주체는 재해보험사업자와 농어업재해보험사업의 관리를 위탁받은 기관이며, 이들은 손해평가반이 실시한 손해평가결과를 확인하기 위하여 손해평가를 실시한 보험목적물 중에서 일정수를 임의 추출하여 검증조사를 할 수 있다(동 요령 제11조 제1항).

③ 검증조사 결과 현저한 차이가 발생되어 재조사가 불가피하다고 판단될 경우에는 해당 손해평가반이 조사한 전체 보험목적물에 대하여 재조사를 할 수 있다(동 요령 제11조 제3항).

④ 검증조사를 실시하는 주체는 재해보험사업자와 농어업재해보험사업의 관리를 위탁받은 기관으로, 사업관리 위탁기관이 검증조사를 실시한 경우 그 결과를 재해보험사업자에게 통보하고 필요에 따라 결과에 대한 조치를 요구할 수 있으며, 재해보험사업자는 특별한 사유가 없는 한 그에 따른 조

치를 실시해야 한다(동 요령 제11조 제5항).

43 ③

농업재해보험 손해평가요령 ▶ 손해평가 절차 난이도 ■■□

교차손해평가란 재해보험사업자가 공정하고 객관적인 손해평가를 위하여 교차손해평가가 필요한 경우 재해보험 가입규모, 가입분포 등을 고려하여 교차손해평가 대상 시·군·구(자치구)를 선정하고, 교차손해평가를 담당할 지역손해평가인을 선발하여 평가하는 것을 말한다(농업재해보험 손해평가요령 제8조의2 참조).

44 ④

농업재해보험 손해평가요령 ▶ 손해평가 절차 난이도 ■□□

농지의 개념(농업재해보험 손해평가요령 제12조 제2항)

- 농지는 하나의 보험가입금액에 해당하는 토지로서, 필지(지번) 등과 관계없이 농작물을 재배하는 하나의 경작지를 말한다.
- 방풍림, 돌담, 도로(농로 제외) 등에 의해 구획된 것 또는 동일한 울타리, 시설 등에 의해 구획된 것을 하나의 농지로 한다.
- 다만, 경사지에서 보이는 돌담 등으로 구획되어 있는 면적이 극히 작은 것은 동일 작업 단위 등으로 정리하여 하나의 농지에 포함할 수 있다(농업재해보험 손해평가요령 제12조 제2항).

45 ②

농업재해보험 손해평가요령 ▶ 보험금 산정 및 손해수량 조사방법 난이도 ■■□

종합위험방식 "벼" 상품의 이앙·직파불능보장 보험금 산정(농업재해보험 손해평가요령 별표1 참조)

보험가입금액 × 15% = 100만 원 × 15% = 15만 원

46 ④

농업재해보험 손해평가요령 ▶ 보험금 산정 및 손해수량 조사방법 난이도 ■■■

종합위험방식 나무손해보장 보험금 산정(농업재해보험 손해평가요령 별표1 참조)

- 보험가입금액 × (피해율 − 자기부담비율)
  ※ 피해율 = 피해주수(고사된 나무) ÷ 실제결과주수
- 100만 원 × (50% − 20%) = 30만 원
  ※ 피해율 = 50그루 ÷ 100그루 = 50%

47 ④

농업재해보험 손해평가요령 ▶ 보험금 산정 및 손해수량 조사방법 난이도 ■■□

종합위험방식 감귤 상품의 경우, 주계약으로 수확량감소보장, 과실손해보장 가입 후 특약으로 수확량감소 추가보장 및 과실손해 추가보장에 가입할 수 있다. 과실손해 추가보장 보험금은 주계약에서의 피해율에 10%를 곱하여 산정한다(농업재해보험 손해평가요령 별표1 참조).

48 ①

농업재해보험 손해평가요령 ▶ 보험금 산정 및 손해수량 조사방법 난이도 ■□□

적과전 종합위험방식 상품에서 적과후 착과수조사는 보험가액을 판단하는 기준수확량이 되며, 피해와 관계없이 전 과수원을 적과 종료 후에 실시하게 된다.

49 ②

농업재해보험 손해평가요령 ▶ 손해평가 절차 난이도 ■■□

농림축산식품부장관은 이 고시에 대하여 2024년 1월 1일 기준으로 매 3년이 되는 시점(매 3년째의 12월 31일까지를 말한다)마다 그 타당성을 검토하여 개선 등의 조치를 하여야 한다(농업재해보험 손해평가요령 제17조).

50 ②

농업재해보험 손해평가요령 ▶ 손해평가 절차 난이도 ■■□

ㄱ, ㄴ의 적용가격은 보험사고가 발생한 때와 곳에서의 시장가격 등을 감안하여 보험약관에서 정한 방법에 따라 산정한다. 다만, 보험가입 당시 보험가입자와 재해보험사업자가 보험가액 및 손해액 산정방식을 별도로 정한 경우에는 그 방법에 따른다(농업재해보험 손해평가요령 제14조).

제3과목 농학개론 중 재배학 및 원예작물학

문제 p. 58

51	④	52	①	53	①	54	④	55	①
56	②	57	③	58	③	59	①	60	③
61	②	62	④	63	①	64	④	65	④
66	②	67	①	68	②	69	②	70	③
71	③	72	③	73	④	74	②	75	③

51 ④

재배학 ▶ 작물의 재배현황 및 분류 난이도 ■■□

망고는 옻나뭇과에 속하며, 옻나뭇과에 속하는 작물에는 캐슈넛, 피스타치오 등이 있다. 진달랫과에 속하는 식물에는 진달래, 철쭉, 영산홍, 블루베리 등이 있다.

52 ①

재배학 ▶ 식물의 번식 난이도 ■■■

육묘용 상토로서 수태, 펄라이트, 피트모스, 버미큘라이트가 모두 사용된다. 수태와 피트모스는 이끼로부터 만들어진 유기질 재료에 해당한다.

| 오답해설 | ㄴ, ㄹ. 펄라이트와 버미큘라이트는 무기질 재료에 해당한다.

53 ①

재배학 ▶ 토양환경 및 재해 난이도 ■□□

시설 내 염류집적에 관한 대책으로 '심경과 객토, 양분흡수 억제, 흡비작물 재배, 담수 처리 등'이 있다.

| 오답해설 | 표면에 물을 뿌리는 표면관수방식 정도로는 염류집적을 방지할 수 없으며, 다비재배와 강우 차단의 경우 염류집적을 더욱 가속화할 수 있다.

54 ④

재배학 ▶ 수분·대기환경 및 재해 난이도 ■■■

| 오답해설 | ① 고랑관수: 작물 사이 고랑에 물을 흘려 관수하는 방법이다.

② 분수관수: 물을 공중으로 뿌려 작물과 토양에 물을 공급하는 방법이다.

③ 점적관수: 물을 작물 뿌리 근처에 점적으로 공급하는 방법이다.

55 ①

재배학 ▶ 광·온도환경 및 재해 난이도 ■■■

온도가 상승하면 공기의 포화수증기량이 증가하므로 상대습도는 오히려 낮아지며, 증산이 촉진되어 작물이 한발 피해를 받기 쉽다.

56 ②

재배학 ▶ 작물의 재배현황 및 분류 난이도 ■■□

| 오답해설 | ① 가지는 25℃ 이상에서 잘 자라는 호온성 작물로 분류될 수 있다. 장미는 온대지역에서 잘 자라는 화목류로, 야간에는 15~18℃에서 잘 자란다.

③ 복숭아는 호온성·호냉성으로 구분되지 않는 온대성 과수이다. 백합은 서늘한 기후를 좋아하고 저온에 잘 견디는 호냉성 작물로 구분될 수 있다.

④ 상추는 전형적인 호냉성 작물이다. 사과는 호냉성·호온성으로 구분되지 않는 온대성 과수이다.

57 ③

재배학 ▶ 상적발육과 환경 난이도 ■■□

| 오답해설 | ① 옥신(Auxin): 식물의 세포 신장, 주광성, 정아우성, 뿌리 발달, 낙엽 억제 등 다양한 생리작용을 조절하는 생장 촉진 호르몬이다.

② 시토키닌(Cytokinin): 세포분열의 촉진, 신선도 유지, 내동성 증대의 효과가 있다.

④ 에틸렌(Ethylene): 과실성숙의 촉진 등에 관여하는 호르몬이다.

58 ③

재배학 ▶ 광·온도환경 및 재해 난이도 ■■■

청색광은 광합성, 잎의 성장, 줄기의 신장 억제, 굴광성 등을 주도하고, 적색광은 광합성·광주기성, 광발아성을 주도한다.

59 ①

재배학 ▶ 수분·대기환경 및 재해 난이도 ■□□

작물의 도장은 줄기나 잎이 지나치게 길게 자라는 현상으로, 질소비료의 과다, 밀식, 광선 부족 고온 등에 의해 발생한다.

60 ③

재배학 ▶ 광·온도환경 및 재해 난이도 ■□□

우박은 돌발적·국지적으로 발생하며 과실에 타박상, 열상 등을 일으킨다.

61 ②

재배학 ▶ 식물의 번식 난이도 ■■□

종자의 수명을 연장하기 위해서는 저온·저습의 상태가 좋으며, 빛과 산소를 차단하는 것도 도움이 된다.

62 ④

재배학 ▶ 상적발육과 환경 난이도 ■□□

| 오답해설 | ① 경화: 작물 또는 종자를 저온·고온·건조한 환경하에서 내동성·내염성·내건성을 증대시키기 위한 처리이다.

② 왜화: 식물의 줄기 생장을 억제하여 식물을 작고 낮게 만드는 기술 또는 현상을 말한다.

③ 배토: 작물 생육 중 이랑 사이 또는 포기 사이의 흙을 작물 밑(그루 주변)으로 긁어 모아주는 작업을 말한다.

63 ①

재배학 ▶ 작물의 재배현황 및 분류 난이도 ■□□

인경(비늘줄기)이란 줄기가 비대해져 겹겹이 쌓인 알뿌리 작물 형태로, 백합, 마늘, 양파, 튤립, 수선화 등이 있다.

| 오답해설 | ㄷ. 칸나는 근경(뿌리줄기)에 해당한다.

ㄹ. 감자는 괴경(덩이줄기)에 해당한다.

64 ④

재배학 ▶ 식물의 번식 난이도 ■□□

| 오답해설 | ① 취목: 식물의 가지를 모체에서 분리하지 않은 상태로 발근시킨 후 절단해서 독립적으로 번식시키는 방법이다.

② 숙지삽: 전년도에 자라서 완전히 굳은 가지를 잘라서 삽목(꺾꽂이)하는 영양번식방법이다.

③ 엽병삽: 식물의 잎과 그 잎자루(엽병)를 잘라서 적당한 배지에 꽂아 뿌리를 내리게 하여 새로운 개체로 번식시키는 방식이다.

65 ④

재배학 ▶ 파종 전 재배관리 난이도 ■■□

다량원소에는 탄소(C), 수소(H), 산소(O), 질소(N), 황(S), 인(P), 칼륨(K), 칼슘(Ca), 마그네슘(Mg)이 있으며, 철(Fe), 몰리브덴(Mo), 구리(Cu), 아연(Zn), 망간(Mn), 붕소(B), 염소(Cl)는 미량원소이다.

66 ②

재배학 ▶ 파종 후 재배관리 난이도 ■□□

세균이 원인이 되는 병해로는 '화상병, 청고병, 흰빛잎마름병, 입고병, 근두암종병, 무름병' 등이 있다.

67 ①

재배학 ▶ 상적발육과 환경 난이도 ■■□

생육기간 중 일정한 시기에 식물이 온도 자극에 의해 화아분화가 촉진되는 현상을 '춘화'라고 하며, 처리시기에 따라 종자춘화형과 녹식물춘화형(녹체기에 저온처리하는 식물)으로 나뉜다.

- 종자춘화형 식물: 무, 배추, 추파맥류, 완두 등
- 녹식물춘화형 식물: 양배추, 양파, 당근, 국화 등

68 ②

재배학 ▶ 작물의 재배현황 및 분류 난이도 ■□□

생리적으로 성숙하지 않은 상태(원예적 성숙단계) 시 수확하는 채소류에는 브로콜리, 아스파라거스, 애호박, 오이, 풋고추, 배추, 상추 등이 있다.

69 ②

재배학 ▶ 식물의 번식 난이도 ■■■

| 오답해설 | ① 환상박피: 과수의 가지나 줄기에서 수피(사부)를 고리 모양으로 벗겨 양분이 과실에 집중되게 하여 크기와 착색을 개선하고, 결실을 촉진하거나 수세를 조절하는 원예적 관리기법이다.

③ 가지 유인: 과수의 가지를 인위적으로 눕혀 고정함으로써 햇빛 투과, 꽃눈 분화, 결실, 수세 조절 등 과수의 생육과 생산성을 높이고 나무의 형태를 관리하는 중요한 재배기술이다.

④ 가지 비틀기: 과수의 어린 가지를 비틀어 생장세를 조절하고, 꽃눈 분화와 결실을 촉진하는 원예적 관리기법으로 가지를 자르지 않고도 도장지 억제와 수형관리를 할 수 있는 효과적인 방법이다.

70 ③

재배학 ▶ 광·온도환경 및 재해 난이도 ■□□

호광성 식물을 저광도에서 재배할 경우, 단위면적당 잎의 수는 증가하지 않고 잎이 노랗게 변하다가 떨어지는 현상이 발생한다.

71 ③

재배학 ▶ 광·온도환경 및 재해 난이도 ■■□

| 오답해설 | ① 에틸렌은 무색·무취의 가스 상태이다.

② 증산작용을 억제하려면 원예산물과 대기와의 수증기압 포차를 감소시켜야 한다.

④ 호흡에 의한 호흡열은 주위의 온도를 높여 대사작용을 가속화시키지만, 저장 중 냉각 부하는 증가시킨다.

관련 개념 짚어보기

수증기압 포차

공기가 수증기를 최대로 머금을 수 있는 상태(포화 상태)와 현재 실제로 머금고 있는 수증기량 사이의 압력 차이를 말하며, 크면 클수록 공기가 건조하여 증산작용이 활발하게 일어남

72 ③

원예작물학 ▶ 원예작물 재배관리 난이도 ■□□

저온은 절화의 호흡과 증산을 억제하여 대사 속도를 늦추고, 세균이나 곰팡이의 성장을 억제하여 절화수명을 연장시킨다. 특히 저온에서는 호르몬 생합성이 촉진되는 것이 아니라 억제되며, 대사활동이 전반적으로 저하되어 노화 진행이 늦춰진다.

73 ④

원예작물학 ▶ 시설재배 난이도 ■□□

팬앤드패드(Fan & Pad), 팬앤드포그(Fan & Fog), 팬 앤드 미스트(Fan and Mist)는 시설재배에 사용되는 기화냉방법이다.

74 ②

원예작물학 ▶ 시설재배 난이도 ■■■

벤로형(Venlo) 온실은 박공형 지붕이 연속적으로 연결되어 지붕의 하중이 기둥에 잘 전달되며, 서까래가 지붕형 온실보다 적게 사용된다.

75 ③

원예작물학 ▶ 시설재배 난이도 ■■■

고압나트륨등은 높은 출력과 광합성에 적합한 파장(580~630nm)을 많이 방출하여 대형 온실 보광용으로 널리 사용된다. 그러나 광질이 한쪽 파장에 치우쳐져 있어 다른 조명과 병행 사용이 권장된다. 특히 500nm 이하의 청색광이 부족하여 줄기와 잎이 과도하게 신장하는 도장현상이 발생할 수 있다.

memo

memo

✂ 절취선

(　　　)년도 (　　　　　) 제(　)차 국가전문자격시험 답안카드

성 명

교시 기재란	
(　)교시	① ② ③
문제지 형별 기재란	
(　　)형	Ⓐ Ⓑ
선 택 과 목 1	
선 택 과 목 2	

수 험 번 호							
⓪	⓪	⓪	⓪	⓪	⓪	⓪	⓪
①	①	①	①	①	①	①	①
②	②	②	②	②	②	②	②
③	③	③	③	③	③	③	③
④	④	④	④	④	④	④	④
⑤	⑤	⑤	⑤	⑤	⑤	⑤	⑤
⑥	⑥	⑥	⑥	⑥	⑥	⑥	⑥
⑦	⑦	⑦	⑦	⑦	⑦	⑦	⑦
⑧	⑧	⑧	⑧	⑧	⑧	⑧	⑧
⑨	⑨	⑨	⑨	⑨	⑨	⑨	⑨

감독위원 확인
(인)

1	① ② ③ ④ ⑤	21	① ② ③ ④ ⑤	41	① ② ③ ④ ⑤	61	① ② ③ ④ ⑤	81	① ② ③ ④ ⑤	101	① ② ③ ④ ⑤	121	① ② ③ ④ ⑤
2	① ② ③ ④ ⑤	22	① ② ③ ④ ⑤	42	① ② ③ ④ ⑤	62	① ② ③ ④ ⑤	82	① ② ③ ④ ⑤	102	① ② ③ ④ ⑤	122	① ② ③ ④ ⑤
3	① ② ③ ④ ⑤	23	① ② ③ ④ ⑤	43	① ② ③ ④ ⑤	63	① ② ③ ④ ⑤	83	① ② ③ ④ ⑤	103	① ② ③ ④ ⑤	123	① ② ③ ④ ⑤
4	① ② ③ ④ ⑤	24	① ② ③ ④ ⑤	44	① ② ③ ④ ⑤	64	① ② ③ ④ ⑤	84	① ② ③ ④ ⑤	104	① ② ③ ④ ⑤	124	① ② ③ ④ ⑤
5	① ② ③ ④ ⑤	25	① ② ③ ④ ⑤	45	① ② ③ ④ ⑤	65	① ② ③ ④ ⑤	85	① ② ③ ④ ⑤	105	① ② ③ ④ ⑤	125	① ② ③ ④ ⑤
6	① ② ③ ④ ⑤	26	① ② ③ ④ ⑤	46	① ② ③ ④ ⑤	66	① ② ③ ④ ⑤	86	① ② ③ ④ ⑤	106	① ② ③ ④ ⑤		
7	① ② ③ ④ ⑤	27	① ② ③ ④ ⑤	47	① ② ③ ④ ⑤	67	① ② ③ ④ ⑤	87	① ② ③ ④ ⑤	107	① ② ③ ④ ⑤		
8	① ② ③ ④ ⑤	28	① ② ③ ④ ⑤	48	① ② ③ ④ ⑤	68	① ② ③ ④ ⑤	88	① ② ③ ④ ⑤	108	① ② ③ ④ ⑤		
9	① ② ③ ④ ⑤	29	① ② ③ ④ ⑤	49	① ② ③ ④ ⑤	69	① ② ③ ④ ⑤	89	① ② ③ ④ ⑤	109	① ② ③ ④ ⑤		
10	① ② ③ ④ ⑤	30	① ② ③ ④ ⑤	50	① ② ③ ④ ⑤	70	① ② ③ ④ ⑤	90	① ② ③ ④ ⑤	110	① ② ③ ④ ⑤		
11	① ② ③ ④ ⑤	31	① ② ③ ④ ⑤	51	① ② ③ ④ ⑤	71	① ② ③ ④ ⑤	91	① ② ③ ④ ⑤	111	① ② ③ ④ ⑤	수험자	
12	① ② ③ ④ ⑤	32	① ② ③ ④ ⑤	52	① ② ③ ④ ⑤	72	① ② ③ ④ ⑤	92	① ② ③ ④ ⑤	112	① ② ③ ④ ⑤	여러분의	
13	① ② ③ ④ ⑤	33	① ② ③ ④ ⑤	53	① ② ③ ④ ⑤	73	① ② ③ ④ ⑤	93	① ② ③ ④ ⑤	113	① ② ③ ④ ⑤	합격을	
14	① ② ③ ④ ⑤	34	① ② ③ ④ ⑤	54	① ② ③ ④ ⑤	74	① ② ③ ④ ⑤	94	① ② ③ ④ ⑤	114	① ② ③ ④ ⑤	기원합니다.	
15	① ② ③ ④ ⑤	35	① ② ③ ④ ⑤	55	① ② ③ ④ ⑤	75	① ② ③ ④ ⑤	95	① ② ③ ④ ⑤	115	① ② ③ ④ ⑤		
16	① ② ③ ④ ⑤	36	① ② ③ ④ ⑤	56	① ② ③ ④ ⑤	76	① ② ③ ④ ⑤	96	① ② ③ ④ ⑤	116	① ② ③ ④ ⑤		
17	① ② ③ ④ ⑤	37	① ② ③ ④ ⑤	57	① ② ③ ④ ⑤	77	① ② ③ ④ ⑤	97	① ② ③ ④ ⑤	117	① ② ③ ④ ⑤		
18	① ② ③ ④ ⑤	38	① ② ③ ④ ⑤	58	① ② ③ ④ ⑤	78	① ② ③ ④ ⑤	98	① ② ③ ④ ⑤	118	① ② ③ ④ ⑤		
19	① ② ③ ④ ⑤	39	① ② ③ ④ ⑤	59	① ② ③ ④ ⑤	79	① ② ③ ④ ⑤	99	① ② ③ ④ ⑤	119	① ② ③ ④ ⑤		
20	① ② ③ ④ ⑤	40	① ② ③ ④ ⑤	60	① ② ③ ④ ⑤	80	① ② ③ ④ ⑤	100	① ② ③ ④ ⑤	120	① ② ③ ④ ⑤		

✂ 절취선

(　　　)년도 (　　　　　　) 제(　　)차 국가전문자격시험 답안카드

성　명

교시 기재란	
(　)교시	① ② ③

문제지 형별 기재란	
(　　　)형	Ⓐ Ⓑ

선 택 과 목 1

선 택 과 목 2

수 험 번 호							
⓪	⓪	⓪	⓪	⓪	⓪	⓪	⓪
①	①	①	①	①	①	①	①
②	②	②	②	②	②	②	②
③	③	③	③	③	③	③	③
④	④	④	④	④	④	④	④
⑤	⑤	⑤	⑤	⑤	⑤	⑤	⑤
⑥	⑥	⑥	⑥	⑥	⑥	⑥	⑥
⑦	⑦	⑦	⑦	⑦	⑦	⑦	⑦
⑧	⑧	⑧	⑧	⑧	⑧	⑧	⑧
⑨	⑨	⑨	⑨	⑨	⑨	⑨	⑨

감독위원 확인
㊞

1	① ② ③ ④ ⑤	21	① ② ③ ④ ⑤	41	① ② ③ ④ ⑤	61	① ② ③ ④ ⑤	81	① ② ③ ④ ⑤	101	① ② ③ ④ ⑤	121	① ② ③ ④ ⑤
2	① ② ③ ④ ⑤	22	① ② ③ ④ ⑤	42	① ② ③ ④ ⑤	62	① ② ③ ④ ⑤	82	① ② ③ ④ ⑤	102	① ② ③ ④ ⑤	122	① ② ③ ④ ⑤
3	① ② ③ ④ ⑤	23	① ② ③ ④ ⑤	43	① ② ③ ④ ⑤	63	① ② ③ ④ ⑤	83	① ② ③ ④ ⑤	103	① ② ③ ④ ⑤	123	① ② ③ ④ ⑤
4	① ② ③ ④ ⑤	24	① ② ③ ④ ⑤	44	① ② ③ ④ ⑤	64	① ② ③ ④ ⑤	84	① ② ③ ④ ⑤	104	① ② ③ ④ ⑤	124	① ② ③ ④ ⑤
5	① ② ③ ④ ⑤	25	① ② ③ ④ ⑤	45	① ② ③ ④ ⑤	65	① ② ③ ④ ⑤	85	① ② ③ ④ ⑤	105	① ② ③ ④ ⑤	125	① ② ③ ④ ⑤
6	① ② ③ ④ ⑤	26	① ② ③ ④ ⑤	46	① ② ③ ④ ⑤	66	① ② ③ ④ ⑤	86	① ② ③ ④ ⑤	106	① ② ③ ④ ⑤		
7	① ② ③ ④ ⑤	27	① ② ③ ④ ⑤	47	① ② ③ ④ ⑤	67	① ② ③ ④ ⑤	87	① ② ③ ④ ⑤	107	① ② ③ ④ ⑤		
8	① ② ③ ④ ⑤	28	① ② ③ ④ ⑤	48	① ② ③ ④ ⑤	68	① ② ③ ④ ⑤	88	① ② ③ ④ ⑤	108	① ② ③ ④ ⑤		
9	① ② ③ ④ ⑤	29	① ② ③ ④ ⑤	49	① ② ③ ④ ⑤	69	① ② ③ ④ ⑤	89	① ② ③ ④ ⑤	109	① ② ③ ④ ⑤		
10	① ② ③ ④ ⑤	30	① ② ③ ④ ⑤	50	① ② ③ ④ ⑤	70	① ② ③ ④ ⑤	90	① ② ③ ④ ⑤	110	① ② ③ ④ ⑤		
11	① ② ③ ④ ⑤	31	① ② ③ ④ ⑤	51	① ② ③ ④ ⑤	71	① ② ③ ④ ⑤	91	① ② ③ ④ ⑤	111	① ② ③ ④ ⑤		
12	① ② ③ ④ ⑤	32	① ② ③ ④ ⑤	52	① ② ③ ④ ⑤	72	① ② ③ ④ ⑤	92	① ② ③ ④ ⑤	112	① ② ③ ④ ⑤		
13	① ② ③ ④ ⑤	33	① ② ③ ④ ⑤	53	① ② ③ ④ ⑤	73	① ② ③ ④ ⑤	93	① ② ③ ④ ⑤	113	① ② ③ ④ ⑤		
14	① ② ③ ④ ⑤	34	① ② ③ ④ ⑤	54	① ② ③ ④ ⑤	74	① ② ③ ④ ⑤	94	① ② ③ ④ ⑤	114	① ② ③ ④ ⑤		
15	① ② ③ ④ ⑤	35	① ② ③ ④ ⑤	55	① ② ③ ④ ⑤	75	① ② ③ ④ ⑤	95	① ② ③ ④ ⑤	115	① ② ③ ④ ⑤		
16	① ② ③ ④ ⑤	36	① ② ③ ④ ⑤	56	① ② ③ ④ ⑤	76	① ② ③ ④ ⑤	96	① ② ③ ④ ⑤	116	① ② ③ ④ ⑤		
17	① ② ③ ④ ⑤	37	① ② ③ ④ ⑤	57	① ② ③ ④ ⑤	77	① ② ③ ④ ⑤	97	① ② ③ ④ ⑤	117	① ② ③ ④ ⑤		
18	① ② ③ ④ ⑤	38	① ② ③ ④ ⑤	58	① ② ③ ④ ⑤	78	① ② ③ ④ ⑤	98	① ② ③ ④ ⑤	118	① ② ③ ④ ⑤		
19	① ② ③ ④ ⑤	39	① ② ③ ④ ⑤	59	① ② ③ ④ ⑤	79	① ② ③ ④ ⑤	99	① ② ③ ④ ⑤	119	① ② ③ ④ ⑤		
20	① ② ③ ④ ⑤	40	① ② ③ ④ ⑤	60	① ② ③ ④ ⑤	80	① ② ③ ④ ⑤	100	① ② ③ ④ ⑤	120	① ② ③ ④ ⑤		

수험자
여러분의
합격을
기원합니다.

✂ 절취선

(　　　)년도 (　　　　　) 제(　)차 국가전문자격시험 답안카드

성　명

교시 기재란	
(　)교시	① ② ③
문제지 형별 기재란	
(　　　)형	Ⓐ Ⓑ
선 택 과 목 1	
선 택 과 목 2	

수 험 번 호							
⓪	⓪	⓪	⓪	⓪	⓪	⓪	⓪
①	①	①	①	①	①	①	①
②	②	②	②	②	②	②	②
③	③	③	③	③	③	③	③
④	④	④	④	④	④	④	④
⑤	⑤	⑤	⑤	⑤	⑤	⑤	⑤
⑥	⑥	⑥	⑥	⑥	⑥	⑥	⑥
⑦	⑦	⑦	⑦	⑦	⑦	⑦	⑦
⑧	⑧	⑧	⑧	⑧	⑧	⑧	⑧
⑨	⑨	⑨	⑨	⑨	⑨	⑨	⑨

감독위원 확인
㊞

1	① ② ③ ④ ⑤	21	① ② ③ ④ ⑤	41	① ② ③ ④ ⑤	61	① ② ③ ④ ⑤	81	① ② ③ ④ ⑤	101	① ② ③ ④ ⑤	121	① ② ③ ④ ⑤
2	① ② ③ ④ ⑤	22	① ② ③ ④ ⑤	42	① ② ③ ④ ⑤	62	① ② ③ ④ ⑤	82	① ② ③ ④ ⑤	102	① ② ③ ④ ⑤	122	① ② ③ ④ ⑤
3	① ② ③ ④ ⑤	23	① ② ③ ④ ⑤	43	① ② ③ ④ ⑤	63	① ② ③ ④ ⑤	83	① ② ③ ④ ⑤	103	① ② ③ ④ ⑤	123	① ② ③ ④ ⑤
4	① ② ③ ④ ⑤	24	① ② ③ ④ ⑤	44	① ② ③ ④ ⑤	64	① ② ③ ④ ⑤	84	① ② ③ ④ ⑤	104	① ② ③ ④ ⑤	124	① ② ③ ④ ⑤
5	① ② ③ ④ ⑤	25	① ② ③ ④ ⑤	45	① ② ③ ④ ⑤	65	① ② ③ ④ ⑤	85	① ② ③ ④ ⑤	105	① ② ③ ④ ⑤	125	① ② ③ ④ ⑤
6	① ② ③ ④ ⑤	26	① ② ③ ④ ⑤	46	① ② ③ ④ ⑤	66	① ② ③ ④ ⑤	86	① ② ③ ④ ⑤	106	① ② ③ ④ ⑤		
7	① ② ③ ④ ⑤	27	① ② ③ ④ ⑤	47	① ② ③ ④ ⑤	67	① ② ③ ④ ⑤	87	① ② ③ ④ ⑤	107	① ② ③ ④ ⑤		
8	① ② ③ ④ ⑤	28	① ② ③ ④ ⑤	48	① ② ③ ④ ⑤	68	① ② ③ ④ ⑤	88	① ② ③ ④ ⑤	108	① ② ③ ④ ⑤		
9	① ② ③ ④ ⑤	29	① ② ③ ④ ⑤	49	① ② ③ ④ ⑤	69	① ② ③ ④ ⑤	89	① ② ③ ④ ⑤	109	① ② ③ ④ ⑤		
10	① ② ③ ④ ⑤	30	① ② ③ ④ ⑤	50	① ② ③ ④ ⑤	70	① ② ③ ④ ⑤	90	① ② ③ ④ ⑤	110	① ② ③ ④ ⑤		
11	① ② ③ ④ ⑤	31	① ② ③ ④ ⑤	51	① ② ③ ④ ⑤	71	① ② ③ ④ ⑤	91	① ② ③ ④ ⑤	111	① ② ③ ④ ⑤		수험자
12	① ② ③ ④ ⑤	32	① ② ③ ④ ⑤	52	① ② ③ ④ ⑤	72	① ② ③ ④ ⑤	92	① ② ③ ④ ⑤	112	① ② ③ ④ ⑤		여러분의
13	① ② ③ ④ ⑤	33	① ② ③ ④ ⑤	53	① ② ③ ④ ⑤	73	① ② ③ ④ ⑤	93	① ② ③ ④ ⑤	113	① ② ③ ④ ⑤		합격을
14	① ② ③ ④ ⑤	34	① ② ③ ④ ⑤	54	① ② ③ ④ ⑤	74	① ② ③ ④ ⑤	94	① ② ③ ④ ⑤	114	① ② ③ ④ ⑤		기원합니다.
15	① ② ③ ④ ⑤	35	① ② ③ ④ ⑤	55	① ② ③ ④ ⑤	75	① ② ③ ④ ⑤	95	① ② ③ ④ ⑤	115	① ② ③ ④ ⑤		
16	① ② ③ ④ ⑤	36	① ② ③ ④ ⑤	56	① ② ③ ④ ⑤	76	① ② ③ ④ ⑤	96	① ② ③ ④ ⑤	116	① ② ③ ④ ⑤		
17	① ② ③ ④ ⑤	37	① ② ③ ④ ⑤	57	① ② ③ ④ ⑤	77	① ② ③ ④ ⑤	97	① ② ③ ④ ⑤	117	① ② ③ ④ ⑤		
18	① ② ③ ④ ⑤	38	① ② ③ ④ ⑤	58	① ② ③ ④ ⑤	78	① ② ③ ④ ⑤	98	① ② ③ ④ ⑤	118	① ② ③ ④ ⑤		
19	① ② ③ ④ ⑤	39	① ② ③ ④ ⑤	59	① ② ③ ④ ⑤	79	① ② ③ ④ ⑤	99	① ② ③ ④ ⑤	119	① ② ③ ④ ⑤		
20	① ② ③ ④ ⑤	40	① ② ③ ④ ⑤	60	① ② ③ ④ ⑤	80	① ② ③ ④ ⑤	100	① ② ③ ④ ⑤	120	① ② ③ ④ ⑤		

(　　　)년도 (　　　　　) 제(　　)차 국가전문자격시험 답안카드

✂ 절취선

성 명

교시 기재란	
(　)교시	① ② ③

문제지 형별 기재란	
(　　　)형	Ⓐ Ⓑ

선 택 과 목 1

선 택 과 목 2

수 험 번 호							
⓪	⓪	⓪	⓪	⓪	⓪	⓪	⓪
①	①	①	①	①	①	①	①
②	②	②	②	②	②	②	②
③	③	③	③	③	③	③	③
④	④	④	④	④	④	④	④
⑤	⑤	⑤	⑤	⑤	⑤	⑤	⑤
⑥	⑥	⑥	⑥	⑥	⑥	⑥	⑥
⑦	⑦	⑦	⑦	⑦	⑦	⑦	⑦
⑧	⑧	⑧	⑧	⑧	⑧	⑧	⑧
⑨	⑨	⑨	⑨	⑨	⑨	⑨	⑨

감독위원 확인
㊞

1	① ② ③ ④ ⑤	21	① ② ③ ④ ⑤	41	① ② ③ ④ ⑤	61	① ② ③ ④ ⑤	81	① ② ③ ④ ⑤	101	① ② ③ ④ ⑤	121	① ② ③ ④ ⑤
2	① ② ③ ④ ⑤	22	① ② ③ ④ ⑤	42	① ② ③ ④ ⑤	62	① ② ③ ④ ⑤	82	① ② ③ ④ ⑤	102	① ② ③ ④ ⑤	122	① ② ③ ④ ⑤
3	① ② ③ ④ ⑤	23	① ② ③ ④ ⑤	43	① ② ③ ④ ⑤	63	① ② ③ ④ ⑤	83	① ② ③ ④ ⑤	103	① ② ③ ④ ⑤	123	① ② ③ ④ ⑤
4	① ② ③ ④ ⑤	24	① ② ③ ④ ⑤	44	① ② ③ ④ ⑤	64	① ② ③ ④ ⑤	84	① ② ③ ④ ⑤	104	① ② ③ ④ ⑤	124	① ② ③ ④ ⑤
5	① ② ③ ④ ⑤	25	① ② ③ ④ ⑤	45	① ② ③ ④ ⑤	65	① ② ③ ④ ⑤	85	① ② ③ ④ ⑤	105	① ② ③ ④ ⑤	125	① ② ③ ④ ⑤
6	① ② ③ ④ ⑤	26	① ② ③ ④ ⑤	46	① ② ③ ④ ⑤	66	① ② ③ ④ ⑤	86	① ② ③ ④ ⑤	106	① ② ③ ④ ⑤		
7	① ② ③ ④ ⑤	27	① ② ③ ④ ⑤	47	① ② ③ ④ ⑤	67	① ② ③ ④ ⑤	87	① ② ③ ④ ⑤	107	① ② ③ ④ ⑤		
8	① ② ③ ④ ⑤	28	① ② ③ ④ ⑤	48	① ② ③ ④ ⑤	68	① ② ③ ④ ⑤	88	① ② ③ ④ ⑤	108	① ② ③ ④ ⑤		
9	① ② ③ ④ ⑤	29	① ② ③ ④ ⑤	49	① ② ③ ④ ⑤	69	① ② ③ ④ ⑤	89	① ② ③ ④ ⑤	109	① ② ③ ④ ⑤		
10	① ② ③ ④ ⑤	30	① ② ③ ④ ⑤	50	① ② ③ ④ ⑤	70	① ② ③ ④ ⑤	90	① ② ③ ④ ⑤	110	① ② ③ ④ ⑤		
11	① ② ③ ④ ⑤	31	① ② ③ ④ ⑤	51	① ② ③ ④ ⑤	71	① ② ③ ④ ⑤	91	① ② ③ ④ ⑤	111	① ② ③ ④ ⑤		
12	① ② ③ ④ ⑤	32	① ② ③ ④ ⑤	52	① ② ③ ④ ⑤	72	① ② ③ ④ ⑤	92	① ② ③ ④ ⑤	112	① ② ③ ④ ⑤		
13	① ② ③ ④ ⑤	33	① ② ③ ④ ⑤	53	① ② ③ ④ ⑤	73	① ② ③ ④ ⑤	93	① ② ③ ④ ⑤	113	① ② ③ ④ ⑤		
14	① ② ③ ④ ⑤	34	① ② ③ ④ ⑤	54	① ② ③ ④ ⑤	74	① ② ③ ④ ⑤	94	① ② ③ ④ ⑤	114	① ② ③ ④ ⑤		
15	① ② ③ ④ ⑤	35	① ② ③ ④ ⑤	55	① ② ③ ④ ⑤	75	① ② ③ ④ ⑤	95	① ② ③ ④ ⑤	115	① ② ③ ④ ⑤		
16	① ② ③ ④ ⑤	36	① ② ③ ④ ⑤	56	① ② ③ ④ ⑤	76	① ② ③ ④ ⑤	96	① ② ③ ④ ⑤	116	① ② ③ ④ ⑤		
17	① ② ③ ④ ⑤	37	① ② ③ ④ ⑤	57	① ② ③ ④ ⑤	77	① ② ③ ④ ⑤	97	① ② ③ ④ ⑤	117	① ② ③ ④ ⑤		
18	① ② ③ ④ ⑤	38	① ② ③ ④ ⑤	58	① ② ③ ④ ⑤	78	① ② ③ ④ ⑤	98	① ② ③ ④ ⑤	118	① ② ③ ④ ⑤		
19	① ② ③ ④ ⑤	39	① ② ③ ④ ⑤	59	① ② ③ ④ ⑤	79	① ② ③ ④ ⑤	99	① ② ③ ④ ⑤	119	① ② ③ ④ ⑤		
20	① ② ③ ④ ⑤	40	① ② ③ ④ ⑤	60	① ② ③ ④ ⑤	80	① ② ③ ④ ⑤	100	① ② ③ ④ ⑤	120	① ② ③ ④ ⑤		

수험자
여러분의
합격을
기원합니다.

시험장에 들고 가는 단 한 권!

D-7 압축노트

2026 최신판

에듀윌 손해평가사 1차 한권끝장

2025년 최신 기출문제 포함

+무료특강

고객의 꿈, 직원의 꿈, 지역사회의 꿈을 실현한다

에듀윌 도서몰
book.eduwill.net

• 부가학습자료 및 정오표: 에듀윌 도서몰 > 도서자료실
• 교재 문의: 에듀윌 도서몰 > 문의하기 > 교재(내용, 출간) / 주문 및 배송

나에게 맞는 최적 학습법

2주/4주 합격 플래너

2주 합격 플랜

▶ 하루 6시간 이상 학습
▶ 관련 분야 종사자, 전공자 추천

WEEK	DAY	학습내용	완료
WEEK 1	DAY 01	제1과목 PART 01 THEME 01~03	☐
	DAY 02	제1과목 PART 01 THEME 04~05	☐
	DAY 03	제1과목 PART 02	☐
	DAY 04	제1과목 복습	☐
	DAY 05	제2과목 PART 01	☐
	DAY 06	제2과목 PART 02	☐
	DAY 07	제2과목 PART 03	☐
WEEK 2	DAY 08	제2과목 복습	☐
	DAY 09	제3과목 PART 01 THEME 01~04	☐
	DAY 10	제3과목 PART 01 THEME 05~08	☐
	DAY 11	제3과목 PART 02	☐
	DAY 12	제3과목 복습	☐
	DAY 13	최신 기출문제 & 복습	☐
	DAY 14	최종 복습	☐

4주 합격 플랜

▶ 하루 3시간 이상 학습
▶ 초시생, 비전공자 추천

WEEK	DAY	학습내용	완료
WEEK 1	DAY 01	제1과목 PART 01 THEME 01~03	☐
	DAY 02	복습	☐
	DAY 03	제1과목 PART 01 THEME 04~05	☐
	DAY 04	복습	☐
	DAY 05	제1과목 PART 02 THEME 01~02	☐
	DAY 06	복습	☐
	DAY 07	제1과목 PART 02 THEME 03~04	☐
WEEK 2	DAY 08	복습	☐
	DAY 09	제1과목 총 복습	☐
	DAY 10	제2과목 PART 01 THEME 01~02	☐
	DAY 11	복습	☐
	DAY 12	제2과목 PART 01 THEME 03~04	☐
	DAY 13	복습	☐
	DAY 14	제2과목 PART 02	☐
WEEK 3	DAY 15	복습	☐
	DAY 16	제2과목 PART 03	☐
	DAY 17	복습	☐
	DAY 18	제2과목 총 복습	☐
	DAY 19	제3과목 PART 01 THEME 01~04	☐
	DAY 20	복습	☐
	DAY 21	제3과목 PART 01 THEME 05~08	☐
WEEK 4	DAY 22	복습	☐
	DAY 23	제3과목 PART 02	☐
	DAY 24	복습	☐
	DAY 25	제3과목 총 복습	☐
	DAY 26	최신 기출문제	☐
	DAY 27	복습	☐
	DAY 28	최종 복습	☐

에듀윌
손해평가사
1차 한권끝장

eduwill

Agriculture Insurance Claim Adjuster

1

누구나 쉽게 학습할 수 있는 구성입니다.

시험에 자주 출제되거나
앞으로 출제될 가능성이 높은
주요 테마를 추리고,
핵심이론을 정리하여
손해평가사 1차 시험 범위를
효율적 · 효과적으로 살펴볼 수 있습니다.

2

기출분석을 통해 우선순위를 정했습니다.

앞으로의 시험에 대한 실마리는
이전 기출에서 찾을 수 있습니다.
최근 6개년 기출분석을 통해
각 단원의 출제비중을 확인하고,
다음 시험에는 어떤 문제들이 출제될지
가늠하여 집중적으로 대비할 수 있습니다.

에듀윌 손해평가사 1차 한권끝장

이것이 다릅니다

3

핵심이론과 필수문제를 모두 수록했습니다.

이론 지식 없이 문제만 푼다면
문제가 조금만 변형되어도 풀기 어렵습니다.
테마별 대표예제로 출제유형을 파악하고,
이론을 학습한 후
이론과 연결되는 필수문제를 풀며
문제해결능력을 기릅니다.

4

최신 기출문제의 활용도를 높였습니다.

최신 기출문제 1회분은 별도로 수록하여
마무리할 수 있도록 하였습니다.
핵심이론 찾아가기 카테고리를 표기하였고,
모바일 성적분석 서비스를 통하여
더 확실한 실력점검이 가능합니다.

시험안내

| 손해평가사란

손해평가사 국가전문자격시험에 합격한 자로서, 자연재해 · 병충해 · 화재 등 농업재해로 인한 보험금 지급사유 발생 시, 신속하고 공정하게 그 피해사실을 확인하고 손해액을 평가하는 일을 수행하는 전문인력을 말함

| 관련기관

소관부처(농림축산식품부), 시행기관(한국산업인력공단), 운용기관(농업정책보험금융원)

| 응시자격

제한 없음

※ 단, 부정한 방법으로 시험에 응시하거나 시험에서 부정한 행위를 해 시험의 정지/무효 처분이 있은 날부터 2년이 지나지 아니하거나, 손해평가사의 자격이 취소된 날부터 2년이 지나지 아니한 자는 응시할 수 없습니다(농어업재해보험법 제11조의4 제4항).

| 응시 수수료

1차	2차	납부방법
20,000원	33,000원	전자결제(신용카드, 계좌이체, 가상계좌 중 택일)

| 시험 접수처

큐넷 홈페이지(q-net.or.kr)

| 자격증 발급기관

농업정책보험금융원(02-3771-6853)

*시험정보는 변경될 수 있으니 반드시 시행처 큐넷 홈페이지(q-net.or.kr)를 확인하시기 바랍니다.

시험일정

연 1회(1차 5월, 2차 8월) 예정

※ 2026년 시험일정은 2025년 11월 말~12월 중 사전공고됩니다. 큐넷 홈페이지(q-net.or.kr)를 통해 확인하시기 바랍니다.

시험과목 및 방법

구분	시험과목	문항수	시험시간	시험방법
1차	1. 상법(보험편) 2. 농어업재해보험법령(농어업재해보험법, 농어업재해보험법 시행령, 농림축산식품부장관이 고시하는 손해평가요령) 3. 농학개론 중 재배학 및 원예작물학	과목별 25문항 (총 75문항)	90분	객관식 (4지 택일형)
2차	1. 농작물재해보험 및 가축재해보험의 이론과 실무 2. 농작물재해보험 및 가축재해보험 손해평가의 이론과 실무	과목별 10문항 (총 20문항)	120분	주관식

※ 전 회차 1차 시험 합격자는 다음 회차에 한정하여 1차 시험을 면제합니다.

답안 작성 기준

1차	시험 시행일에 시행되고 있는 관련 법령 등
2차	농업정책보험금융원에서 등재하는 「농업재해보험 · 손해평가의 이론과 실무」

합격기준

1차	매 과목을 100점 만점으로 하여 매 과목 40점 이상, 전 과목 60점 이상 득점한 자
2차	매 과목을 100점 만점으로 하여 매 과목 40점 이상, 전 과목 60점 이상 득점한 자

STRUCTURE

이 책의 구성

STEP 1 기출 테마 분석

본격적인 학습 전 테마별 포인트,
출제경향과 대표 예제 확인!!

STEP 2 핵심 이론 공략

기출 분석으로 추출해 낸 테마를 중심으로
꼭 필요한 이론만 효율적으로 공부!

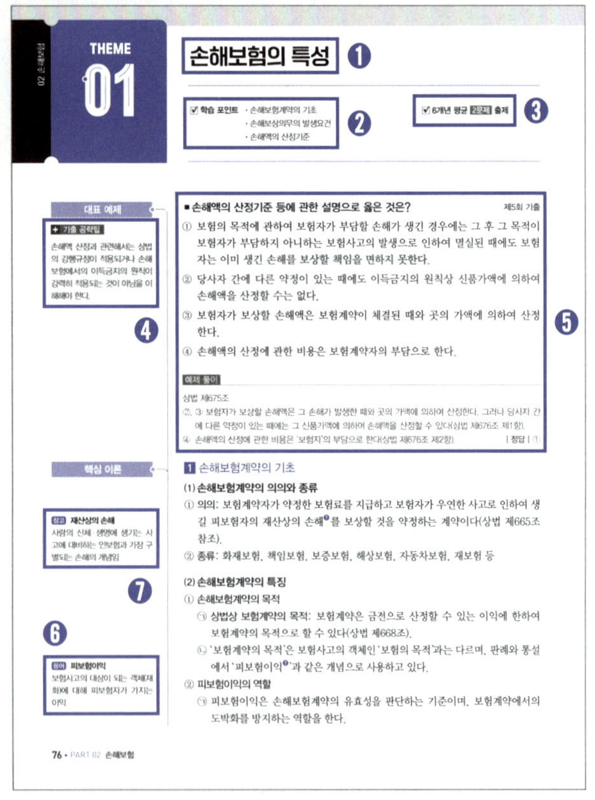

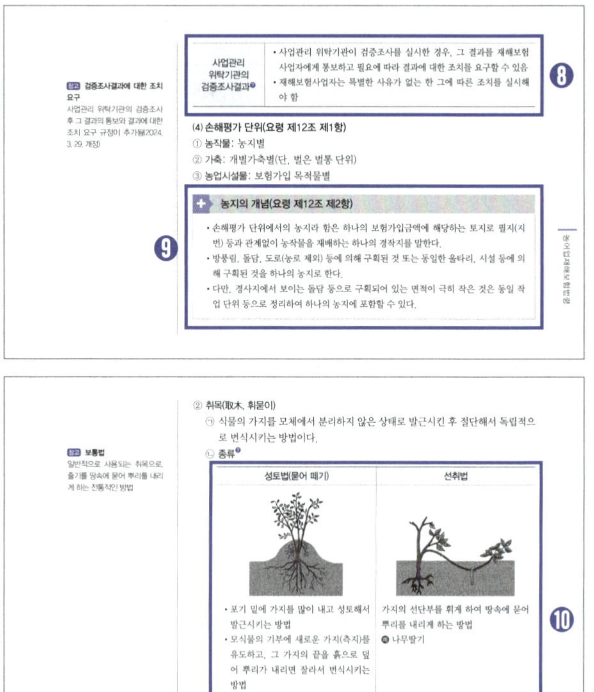

❶ 기출 기반 단원별로 선정한 핵심 테마

❷ 학습 포인트 제시

❸ 최근 6개년 평균 출제 문제수

❹ 기출 공략팁으로 출제경향 및 학습방향 파악

❺ 대표 예제 & 주요 키워드 음영 표시

❻ 생소하거나 어려운 용어의 뜻 수록

❼ 이론 관련 참고하면 좋을 내용

❽ 표로 정리되어 보기 편한 구성

❾ 보충 · 심화 이론 추가 학습

❿ 내용 이해를 돕는 삽화

STEP 3 **필수 문제 점검**

10년간 빈출 & 예상문제 풀이를 통해
이론 점검까지 완벽 공략!

최종 점검

최빈출 개념+문제, 최신 기출문제를 통해
실전 대비와 취약 단원 점검까지!

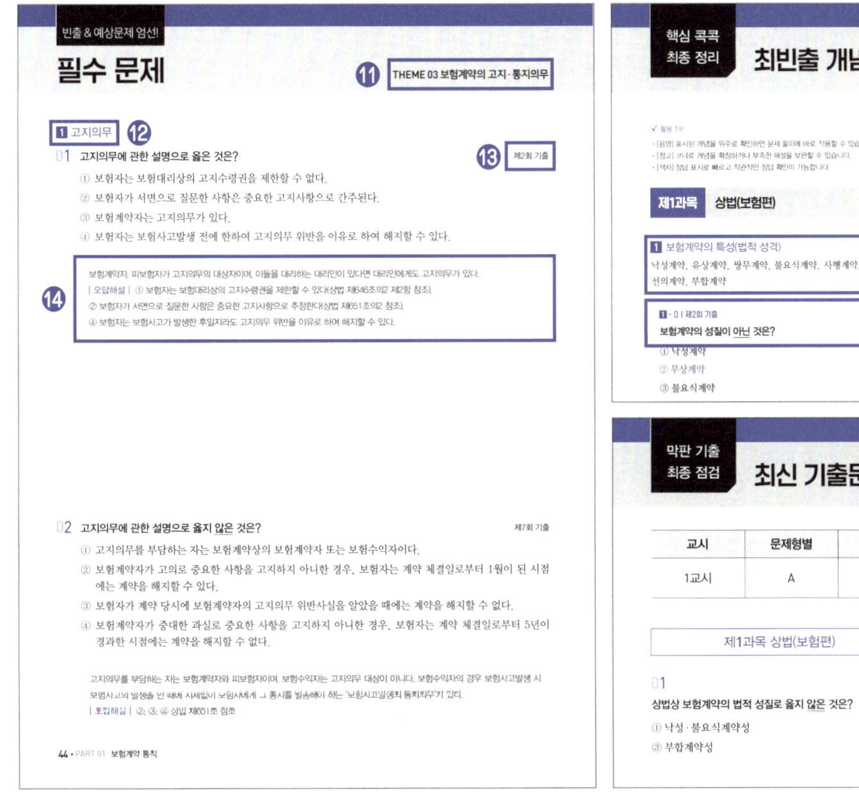

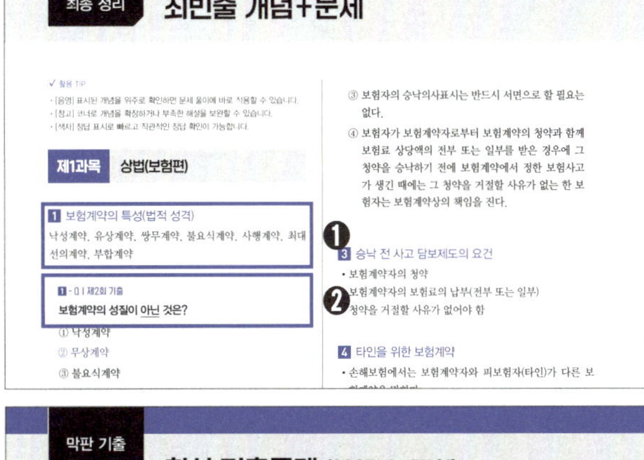

⑪ 테마별로 바로 풀어보는 필수 문제

⑫ 핵심 이론 절 분류로 이론 완벽 점검

⑬ 기출문제 회차 표기

⑭ 정답해설 & 오답해설

❶ 과목별 최빈출 개념

❷ 최빈출 개념 관련 문제

❸ 모바일 성적분석 서비스

CONTENTS

차례

제1과목 상법(보험편)

6개년 출제비중 58%

PART 01 보험계약 통칙

6개년 출제비중 42%

PART 02 손해보험

제2과목 농어업재해보험법령

6개년 출제비중 35%

PART 01 재해보험사업

6개년 출제비중 19%

PART 02 재해보험사업의 관리

46%

PART 03 농업재해보험 손해평가요령

제3과목 농학개론 중 재배학 및 원예작물학

83%

PART 01 재배학

17%

PART 02 원예작물학

특별부록 D-7 압축노트

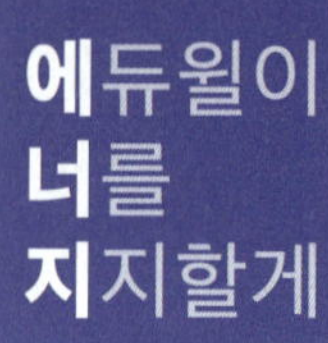

당신이 상상할 수 있다면 그것을 이룰 수 있고,
당신이 꿈꿀 수 있다면 그 꿈대로 될 수 있다.

– 윌리엄 아서 워드(William Arthur Ward)

SUBJECT

1

상법(보험편)

PART 01

보험계약 통칙

6 개 년 출 제 비 중

58%

이 단원의 **핵심 테마**

✔ 6개년 평균 출제 문제수

THEME 01	보험계약의 개요	2문제
THEME 02	보험계약의 요소	4문제
THEME 03	보험계약의 고지 · 통지의무	3문제
THEME 04	보험금, 보험료	3문제
THEME 05	보험계약의 기타 규정	3문제

THEME 01

보험계약의 개요

☑ 학습 포인트
- 일반 상업계약과 보험계약의 차이점
- 보험계약의 성립 절차
- 보험 승낙 전 사고 담보제도

☑ 6개년 평균 2문제 출제

대표 예제

+ 기출 공략팁

- 보험계약의 특성과 관련한 용어 중 특히 반대어가 등장하는 경우가 많으므로 유의해야 한다.
  예 유상계약 ↔ 무상계약, 요식계약성↔불요식계약성 등
- 타인을 위한 보험에서 '타인'의 의미를 명확히 알고, 타인의 권리와 의무에 대해 숙지해 두어야 한다.

■ 보험계약에 관한 설명으로 옳지 않은 것은? (다툼이 있으면 판례에 따름)

제5회 기출

① 보험계약은 당사자 일방이 약정한 보험료를 지급하고, 상대방은 일정한 보험금이나 그 밖의 급여를 지급할 것을 약정함으로써 효력이 발생한다.

② 보험계약은 당사자 사이의 청약과 승낙의 의사합치에 의하여 성립한다.

③ 보험계약은 요물계약이다.

④ 보험계약은 부합계약의 일종이다.

예제 풀이

요물계약이란 합의 이외에 물건의 인도나 기타 급부를 해야 성립할 수 있는 계약이다. 보험계약은 보험계약자의 청약과 보험자의 승낙만으로 이루어지는 낙성계약으로, 요물계약이 아니다. | 정답 | ③

■ 타인을 위한 보험에 관한 설명으로 옳은 것은? 제7회 기출

① 보험계약자는 위임을 받지 아니하면 특정의 타인을 위하여 보험계약을 체결할 수 없다.

② 타인을 위한 보험계약의 경우에 그 타인은 수익의 의사표시를 하여야 그 계약의 이익을 받을 수 있다.

③ 보험계약자가 불특정의 타인을 위한 보험을 그 타인의 위임 없이 체결할 경우에는 이를 보험자에게 고지할 필요가 없다.

④ 타인을 위한 보험계약의 경우 보험계약자가 보험료의 지급을 지체한 때에는 그 타인이 그 권리를 포기하지 아니하는 한 그 타인도 보험료를 지급할 의무가 있다.

예제 풀이

상법 제639조 제3항

① 보험계약자는 위임을 받거나 위임을 받지 아니하고 특정 또는 불특정의 타인을 위하여 보험계약을 체결할 수 있다(상법 제639조 제1항).

② 타인을 위한 보험계약의 경우에 그 타인은 피보험자의 지위에 있으므로 수익의 의사표시를 하지 않아도 그 계약의 이익을 받을 수 있다.

③ 보험계약자가 불특정의 타인을 위한 보험을 그 타인의 위임 없이 체결할 경우에는 이를 보험자에게 고지하여야 하고, 그 고지가 없는 때에는 타인이 그 보험계약이 체결된 사실을 알지 못하였다는 사유로 보험자에게 대항하지 못한다(상법 제639조 제1항). | 정답 | ④

핵심 이론

1 보험계약의 개요

(1) 보험계약의 의의(상법 제638조)

보험계약은 당사자 일방(보험계약자)이 약정한 보험료를 지급하고 재산 또는 생명이나 신체에 불확정한 사고가 발생할 경우에 상대방이 일정한 보험금이나 그 밖의 급여를 지급할 것을 약정함으로써 효력이 생긴다.

(2) 보험의 기능

① **순기능**: 불확정적인 위험을 보험자에게 전가함으로써 개인이나 기업에게 보험사고로 인한 경제적인 문제를 해결하는 데 기여한다.

② **역기능**: 보험의 특성상 사행계약적 성격으로 보험금 취득을 목적으로 고의적인 보험사고를 일으키는 역선택의 문제가 발생한다.

2 보험계약의 특성

(1) 기본 체계

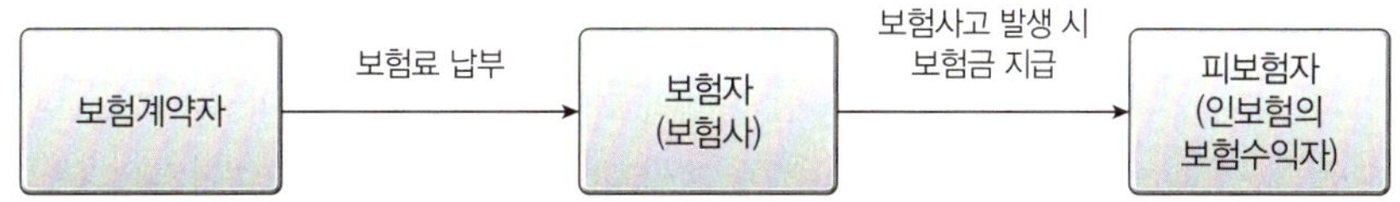

① **보험자**: 보험사업의 주체로, 보험사고가 발생한 경우 보험금 지급의무를 부담하는 보험계약의 당사자

② **보험계약자**: 보험자의 계약상 상대방(보험계약의 당사자)으로, 자신의 이름으로 보험계약을 체결하고 보험료 납부의 의무를 지는 자

③ **보험료**: 보험계약자가 보험금 지급책임을 부담하는 보험자에게 그 대가로서 지급하는 금액

④ **보험금**: 보험사고발생 시 보험자가 피보험자(손해보험)나 보험수익자(인보험)에게 실제로 지급되는 금액

(2) 특성(법적 성격)

구분	내용
낙성계약	계약 당사자의 의사의 합치, 즉 보험계약자의 청약과 보험자의 승낙으로만 성립함
유상계약	보험계약자가 보험자에게 지급하는 보험료, 보험사고발생 시 보험자가 보험계약자 측에 지급하는 보험금은 서로 대가관계로 인한 상행위에 해당함
쌍무계약❷	계약 당사자가 서로 대가적인 의미를 가지는 채무를 부담하는 계약으로, 서로 일정한 의무를 청구함
불요식❷계약	계약의 성립요건으로 별도의 특별한 요식행위를 요구하지 않음
사행계약	보험사고라는 우연한 사실에 의해 한쪽 당사자의 보험 지급의무가 발생함
최대선의계약	보험계약은 사행계약의 성질을 가지고 있으므로 보험계약자의 최대선의가 요구됨❷
부합계약	보험자 일방이 작성한 약관에 의해 계약이 이루어짐

참고 편무계약
쌍무계약과 상반되는 개념으로, 계약 당사자 중 한쪽만 의무를 부담하는 것을 말함

용어 불요식(不要式)
일정한 방식을 필요로 하지 않음

참고 최대선의
보험자의 선의성을 유지하기 위한 상법의 규정은 없음

보험계약의 선의성

보험계약의 선의성은 보험계약자(피보험자 포함) 측에 요구되는 것으로, 이를 유지하기 위한 상법상 규정은 다음과 같다.

- 보험계약자의 중요사항 고지의무(제651조)
- 위험변경증가의 통지와 계약해지(제652조)
- 보험계약자 등의 고의나 중과실로 인한 위험증가와 계약해지(제653조)
- 인위적 보험사고에 대한 보험자 면책사유(제659조)
- 초과보험의 무효(제669조)
- 중복보험의 무효(제672조)
- 보험계약자의 손해방지의무(제680조)

3 보험계약의 성립

(1) 보험계약의 청약과 승낙

① 보험계약의 성립요건

㉠ 보험계약자의 청약과 보험자의 승낙만으로 성립된다.

㉡ 보험계약자의 보험료 납부는 보험자의 책임개시를 정하는 것일 뿐 보험계약의 성립요건은 아니다.

② 보험자의 낙부[?] 통지의무: 보험자가 보험계약자로부터 보험계약의 청약과 함께 보험료 상당액의 전부 또는 일부의 지급을 받은 때에는 다른 약정이 없으면 30일 내에 그 상대방에 대하여 낙부의 통지를 발송하여야 한다(상법 제638조의2 제1항).

③ 보험자의 낙부 통지의무 해태[?]: 보험자가 상법에서 정한 낙부통지기간 내에 통지를 해태한 때에는 청약을 승낙한 것으로 본다(상법 제638조의2 제2항).

(2) 보험자의 승낙 전 사고 담보

① 의의

㉠ 보험계약은 보험계약자의 청약과 보험자의 승낙에 의해 성립되지만 보험자의 보험계약책임(보험금 지급책임)은 보험자의 승낙 전에도 보험계약자의 청약을 거절할 사유[?]가 없다면 발생한다.

㉡ 보험자가 보험계약자로부터 보험계약의 청약과 함께 보험료 상당액의 전부 또는 일부를 받은 경우에 그 청약을 승낙하기 전에 보험계약에서 정한 보험사고가 생긴 때에는 그 청약을 거절할 사유가 없는 한 보험자는 보험계약상의 책임을 진다(상법 제638조의2 제3항).[?]

② 승낙 전 사고 담보제도의 요건

㉠ 보험계약자의 청약

㉡ 보험계약자의 보험료의 납부(전부 또는 일부)

㉢ 청약을 거절할 사유가 없어야 함

용어 낙부(諾否)
승낙하거나 승낙하지 않음

용어 해태(懈怠)
법률상 해야 할 일을 특별한 이유 없이 기한 내에 하지 않아 책임을 다하지 못한 경우

참고 청약을 거절할 사유의 예시
- 이미 보험사고가 발생한 후 청약을 한 경우
- 고지의무 대상임에도 불구하고 고지하지 않은 경우 등

참고 입증책임
청약을 거절할 사유에 해당한다는 입증책임은 보험자가 부담함

4 타인을 위한 보험계약

(1) 특징

① 개념: 보험계약자가 본인이 아닌 타인에게 보험계약상의 이익(피보험이익)을 주기 위하여 자기명의로 체결한 보험을 말한다.

② 보험계약과 보험이익의 주체: 인보험에서는 보험계약자와 보험수익자가 다르며, 손해보험에서는 보험계약자와 피보험자가 다른 보험계약을 말한다.

③ 타인의 의미(대법원 1999.6.11. 선고 99다489 판결)

㉠ 보험계약자가 제3자를 주체로 하는 피보험이익에 관하여 보험계약을 체결한 경우 그 제3자, 즉 손해보험에서는 피보험이익의 주체인 피보험자를 말한다.

㉡ 단지 보험계약자에게 귀속되는 피보험이익에 관하여 체결된 손해보험계약에서 보험금을 수취할 권리가 있는 자로 지정되었을 뿐인 자는 여기에서 말하는 타인이라 할 수 없다.

용어 타인
단순히 보험청구권자를 대신하여 보험금을 수령할 수 있는 권한을 가진 자가 아니라 보험계약상의 이익, 즉 피보험이익을 갖는다는 의미임

(2) 보험계약의 성립

① 성립요건: 타인을 위한 보험에서 보험계약자는 위임을 받거나 위임을 받지 아니하고 특정 또는 불특정의 타인을 위하여 보험계약을 체결할 수 있다(상법 제639조 제1항 참조).

② 위임 여부에 따른 성립

㉠ 위임이 있는 경우: 보험계약은 당연히 가능하며, 타인의 위임은 타인을 위한 보험계약의 성립요건이 아니다.

㉡ 위임이 없는 경우: 손해보험계약의 경우 타인의 위임이 없더라도 보험계약은 가능하다. 다만, 그 타인의 위임이 없는 때에는 보험계약자는 이를 보험자에게 고지하여야 하고, 그 고지가 없는 때에는 타인이 그 보험계약이 체결된 사실을 알지 못하였다는 사유로 보험자에게 대항하지 못한다(상법 제639조 제1항 참조).

③ 타인의 불특정: 타인을 위한 보험에서 그 타인은 보험계약 시 특정되지 않아도 성립될 수 있다.

참고 대항의 예시
- 피보험자의 위험 변경 증가 시 보험계약의 해지
- 피보험자의 고의사고 면책에 대한 항변 등

용어 특성
보험계약에서 보험금을 받을 사람이 계약 체결 시점에 명확히 지정되거나 식별 가능함

참고 불특정 계약의 예시
- 대중교통에서 탑승객 전원을 대상으로 하는 단체보험
- 대형 백화점에서 방문객을 대상으로 하는 상해보험

(3) 보험계약의 효과

① 보험계약자의 권리와 의무

㉠ 보험사고가 발생하기 전 계약 해지를 하는 경우 보험계약자는 그 타인의 동의를 얻지 아니하거나 보험증권을 소지하지 아니하면 그 계약을 해지하지 못한다(상법 제649조 제1항 참조).

㉡ 손해보험계약의 경우 보험계약자가 피보험자에게 보험사고의 발생으로 인한 손해의 배상을 한 때에는 피보험자의 권리를 해하지 않는 범위 안에서 보험자에게 보험금액의 지급을 청구할 수 있다(상법 제639조 제2항 참조).

참고 상법 제639조 제2항
피보험자(타인)의 이중 이득을 금지하기 위한 조항임

② 타인의 권리와 의무

㉠ 타인은 당연히 보험계약의 이익을 받기 때문에 보험계약자의 동의, 타인의 위임 여부와 관계없이 보험자에 대하여 보험금의 지급을 청구할 수 있다.

㉡ 타인은 보험계약의 당사자가 아니므로 보험료의 지급의무는 없는 것이 원칙이다. 그러나 보험계약자가 파산선고를 받거나 보험료의 지급을 지체한 때에는 그 타인이 그 권리를 포기하지 아니하는 한 그 타인도 보험료를 지급할 의무가 있다(상법 제639조 제3항 참조).

필수 문제

1 보험계약의 개요

01 보험계약에 관한 설명으로 옳지 않은 것은? 제7회 기출

① 보험계약은 유상 · 쌍무계약이다.
② 보험계약은 보험자의 청약에 대하여 보험계약자가 승낙함으로써 성립한다.
③ 보험계약은 보험자의 보험금 지급책임이 우연한 사고의 발생에 달려 있으므로 사행계약의 성질을 갖는다.
④ 보험계약은 부합계약이다.

보험계약은 보험계약자의 청약에 대하여 보험자가 승낙함으로써 성립한다.

02 상법상 보험계약 관계자에 관한 설명으로 옳지 않은 것은? 제10회 기출

① 손해보험의 보험자는 보험사고가 발생한 경우 보험금 지급의무를 지는 자이다.
② 손해보험의 보험계약자는 자기명의로 보험계약을 체결하고 보험료 지급의무를 지는 자이다.
③ 손해보험의 피보험자는 피보험이익의 주체로서 보험사고가 발생한 때에 보험금을 받을 자이다.
④ 손해보험의 보험수익자는 보험사고가 발생한 때에 보험금을 지급받을 자로 지정된 자이다.

손해보험에서 보험사고가 발생한 때에 보험금을 지급받을 자로 지정된 자는 '피보험자'이다. 보험수익자는 인보험에서만 존재한다.

2 보험계약의 특성

03 보험계약의 성질이 아닌 것은? 제2회 기출

① 낙성계약
② 무상계약
③ 불요식계약
④ 선의계약

보험계약은 보험계약자의 보험료 지급에 대하여 보험사고발생 시 보험자가 일정한 보험금액 또는 기타의 급여를 지급할 것을 약정하는 계약으로, 서로 대가관계가 형성되는 유상계약이다.

| 정답 | 01 ② 02 ④ 03 ②

04 보험계약의 법적 성격으로 옳은 것은 몇 개인가?

제3회 기출

선의계약성, 유상계약성, 요식계약성, 사행계약성

① 1개
② 2개
③ 3개
④ 4개

보험계약의 법적 성격으로는 '(최대)선의계약성, 유상계약성, 불요식계약성, 사행계약성, 낙성계약성, 쌍무계약성, 부합계약성'이 있다.

3 보험계약의 성립

05 보험계약의 선의성을 유지하기 위한 제도로 옳지 않은 것은?

제1회 기출

① 보험자의 보험약관 설명의무
② 보험계약자의 손해방지의무
③ 보험계약자의 중요사항 고지의무
④ 인위적 보험사고에 대한 보험자 면책

상법(보험편)에는 보험계약의 사행계약성으로 인한 도덕적 위험 발생을 방지하기 위한 규정이 마련되어 있으며, 이는 대부분 보험자가 아닌 보험계약자의 선의성과 관련된다.

| 오답해설 | ② 보험계약자의 손해방지의무(상법 제680조)

③ 보험계약자의 중요사항 고지의무(상법 제651조)

④ 인위적 보험사고에 대한 보험자 면책사유(상법 제659조)

06 보험계약에 관한 설명으로 옳지 않은 것은?

제3회 기출

① 손해보험계약의 경우 보험자가 보험계약자로부터 보험계약의 청약과 함께 보험료 상당액의 전부를 지급받은 때에는 다른 약정이 없으면 30일 내에 그 상대방에 대하여 낙부의 통지를 발송하여야 한다.

② 보험계약은 청약과 승낙뿐만 아니라 보험료 지급이 이루어진 때에 성립한다.

③ 손해보험계약의 경우 보험자가 보험계약자로부터 보험계약의 청약과 함께 보험료 상당액의 전부를 지급받은 경우에 그 청약을 승낙하기 전에 보험계약에서 정한 보험사고가 생긴 때에는 그 청약을 거절할 사유가 없는 한 보험자는 보험계약상의 책임을 진다.

④ 보험자가 낙부의 통지기간 내에 낙부의 통지를 해태한 때에는 승낙한 것으로 본다.

보험계약은 보험계약자의 청약과 보험자의 승낙만이 있으면 성립되는 낙성계약이다.

| 오답해설 | ① 상법 제638조의2 제1항

③ 상법 제638조의2 제3항

④ 상법 제638조의2 제2항

07 보험계약에 대한 설명으로 옳지 않은 것은? 제4회 기출

① 보험계약은 보험자의 청약에 대하여 보험계약자가 승낙함으로써 이루어진다.
② 보험계약은 보험자의 보험금 지급책임이 우연한 사고의 발생에 달려 있으므로 사행계약의 성질을 갖는다.
③ 보험계약의 효력발생에 특별한 요식행위를 요하지 않는다.
④ 상법 보험편의 보험계약에 관한 규정은 그 성질에 반하지 아니하는 범위에서 상호보험에 준용한다.

보험계약은 보험계약자의 청약에 대하여 보험자가 승낙함으로써 이루어진다.

08 보험계약의 의의와 성립에 관한 설명으로 옳지 않은 것은? 제6회 기출

① 보험계약의 성립은 특별한 요식행위를 요하지 않는다.
② 보험계약의 사행계약성으로 인하여 상법은 도덕적 위험을 방지하고자 하는 다수의 규정을 두고 있다.
③ 보험자가 상법에서 정한 낙부통지기간 내에 통지를 해태한 때에는 청약을 거절한 것으로 본다.
④ 보험계약은 쌍무/유상계약이다.

보험자가 상법에서 정한 낙부통지기간 내에 통지를 해태한 때에는 청약을 승낙한 것으로 본다(상법 제638조의2 제2항).

09 보험계약의 성립에 관한 설명으로 옳지 않은 것은? 제6회 기출

① 보험계약은 보험계약자의 청약과 이에 대한 보험자의 승낙으로 성립한다.
② 보험계약자로부터 청약을 받은 보험자는 보험료 지급 여부와 상관없이 청약일로부터 30일 이내에 승낙 의사표시를 발송하여야 한다.
③ 보험자의 승낙의사표시는 반드시 서면으로 할 필요는 없다.
④ 보험자가 보험계약자로부터 보험계약의 청약과 함께 보험료 상당액의 전부 또는 일부를 받은 경우에 그 청약을 승낙하기 전에 보험계약에서 정한 보험사고가 생긴 때에는 그 청약을 거절할 사유가 없는 한 보험자는 보험계약상의 책임을 진다.

보험자가 보험계약자로부터 보험계약의 청약과 함께 보험료 상당액의 전부 또는 일부의 지급을 받은 때에는 다른 약정이 없으면 30일 내에 그 상대방에 대하여 낙부의 통지를 발송하여야 한다(상법 제638조의2 제1항).

| 정답 | 04 ③ 05 ① 06 ② 07 ① 08 ③ 09 ②

10 상법상 손해보험계약에 관한 설명으로 옳은 것은?

제8회 기출

① 피보험자는 보험계약에서 정한 불확정한 사고가 발생한 경우 보험금의 지급을 보험자에게 청구할 수 없다.
② 보험자가 보험계약자로부터 보험계약의 청약과 함께 보험료 상당액의 전부 또는 일부의 지급을 받은 때는 다른 약정이 없으면 30일 이내에 낙부통지를 발송해야 한다.
③ 보험자는 보험사고가 발생한 경우 보험금이 아닌 형태의 보험급여를 지급할 것을 약정할 수 없다.
④ 보험기간의 시기(始期)는 보험계약 체결시점과 같아야 한다.

상법 제638조의2 제1항

| 오답해설 | ① 보험계약은 당사자 일방이 약정한 보험료를 지급하고 재산 또는 생명이나 신체에 불확정한 사고가 발생할 경우 보험금의 지급을 보험자에게 청구할 수 있다(상법 제638조 참조).

③ 보험자는 보험사고가 발생한 경우 보험금이나 그 밖의 급여를 지급할 것을 약정함으로써 효력이 생긴다(상법 제638조 참조).

④ 보험계약은 그 계약 전의 어느 시기(始期)를 보험기간의 시기로 할 수 있으며(상법 제643조), 그 시기는 보험계약 체결시점과 반드시 일치하지는 않는다.

11 다음 설명 중 옳은 것은?

제5회 기출

① 손해보험계약의 보험자가 보험계약의 청약과 함께 보험료 상당액의 전부를 지급받은 때에는 다른 약정이 없으면 2주 이내에 낙부의 통지를 발송하여야 한다.
② 손해보험계약의 보험자가 보험계약의 청약과 함께 보험료 상당액의 일부를 지급받은 때에 상법이 정한 기간 내에 낙부의 통지를 해태한 때에는 승낙한 것으로 추정한다.
③ 손해보험계약의 보험자가 보험계약의 청약과 함께 보험료 상당액의 전부를 지급받은 때에 다른 약정이 없으면 상법이 정한 기간 내에 낙부의 통지를 해태한 때에는 승낙한 것으로 본다.
④ 손해보험계약의 보험자가 청약과 함께 보험료 상당액의 전부를 받은 경우에 언제나 보험계약상의 책임을 진다.

상법 제638조의2 제1항, 제2항

| 오답해설 | ① 보험자가 보험계약자로부터 보험계약의 청약과 함께 보험료 상당액의 전부 또는 일부의 지급을 받은 때에는 다른 약정이 없으면 30일 내에 그 상대방에 대하여 낙부의 통지를 발송하여야 한다(상법 제638조의2 제1항).

② 손해보험계약의 보험자가 보험계약의 청약과 함께 보험료 상당액의 일부를 지급받은 때에 상법이 정한 기간 내에 낙부의 통지를 해태한 때에는 승낙한 것으로 본다(상법 제638조의2 제2항). '본다'의 의미는 법률상 확정된 사항으로, 반대 증거를 제출한다고 하더라도 전복되지 않는 것을 말한다. 즉, 반대 증거를 제시하면 전복될 수 있는 '추정한다'와는 다른 의미이다.

④ 보험자가 보험계약자로부터 보험계약의 청약과 함께 보험료 상당액의 전부 또는 일부를 받은 경우에 그 청약을 승낙하기 전에 보험계약에서 정한 보험사고가 생긴 때에는 그 청약을 거절할 사유가 없는 한 보험자는 보험계약상의 책임을 진다(상법 제638조의2 제3항).

12 **상법상 보험자가 보험계약자로부터 손해보험계약의 청약과 함께 보험료 상당액의 전부 또는 일부를 받은 경우 이 보험계약에 관한 설명으로 옳지 않은 것은?** 제9회 기출

① 보험계약은 낙성계약이므로 보험자가 승낙하면 성립한다.

② 다른 약정이 없으면 보험자는 30일 내에 보험계약자에 대하여 낙부의 통지를 발송하여야 한다.

③ 보험자가 상법이 정하는 낙부의 통지기간 내에 그 통지를 해태한 때에는 승낙한 것으로 본다.

④ 승낙하기 전에 발생한 보험사고에 대해서 청약을 거절할 사유가 있더라도 보험자는 보험계약상의 책임을 진다.

보험계약자가 청약 후 보험자가 승낙하기 전에 발생한 보험사고에 대해 청약을 거절할 사유가 없는 한 보험자는 보험계약상의 책임을 진다. 이를 '승낙 전 사고 담보제도'라고 한다(상법 제638조의2 제3항 참조).

상법(보험편)

4 타인을 위한 보험계약

13 **타인을 위한 보험에 관한 설명으로 옳은 것은?** 제6회 기출

① 보험계약자는 위임을 받아야만 특정한 타인을 위하여 보험계약을 체결할 수 있다.

② 타인을 위한 손해보험계약의 경우에 보험계약자는 그 타인의 서면위임을 받아야만 보험자와 계약을 체결할 수 있다.

③ 타인을 위한 손해보험계약의 경우에 보험계약자가 그 타인에게 보험사고의 발생으로 생긴 손해의 배상을 한 때에는 타인의 권리를 해하지 않는 범위 내에서 보험자에게 보험금액의 지급을 청구할 수 있다.

④ 타인을 위해서 보험계약을 체결한 보험계약자는 보험자에게 보험료를 지급할 의무가 없다.

상법 제639조 제2항

| 오답해설 | ① 보험계약자는 위임을 받지 않아도 특정한 타인을 위하여 보험계약을 체결할 수 있다.

② 손해보험의 경우에도 타인의 서면위임을 받지 않고도 타인을 위한 보험계약을 체결할 수 있다. 하지만 그 타인의 위임이 없는 때에는 보험계약자는 이를 보험자에게 고지하여야 하고, 그 고지가 없는 때에는 타인이 그 보험계약이 체결된 사실을 알지 못하였다는 사유로 보험자에게 대항하지 못한다.

④ 모든 보험에서 보험료 납부의 의무를 지는 자는 보험계약자이므로 타인을 위한 보험이라 할지라도 보험계약자는 보험료 납부의 의무가 있다.

| 정답 | **10** ② **11** ③ **12** ④ **13** ③

14 타인을 위한 보험계약에 관한 설명으로 옳은 것은?

제3회 기출

① 타인을 위한 보험계약의 타인은 따로 수익의 의사표시를 하지 않은 경우에도 그 이익을 받는다.
② 타인을 위한 보험계약에서 그 타인은 불특정 다수이어야 한다.
③ 손해보험계약의 경우에 그 타인의 위임이 없는 때에는 보험계약자는 이를 보험자에게 고지하여야 하나, 그 고지가 없는 때에도 타인이 그 보험계약이 체결된 사실을 알지 못하였다는 사유로 보험자에게 대항할 수 있다.
④ 타인은 어떠한 경우에도 보험료를 지급하고 보험계약을 유지할 수 없다.

상법 제639조 제2항

| 오답해설 | ②, ③ 보험계약자는 위임을 받거나 위임을 받지 아니하고 특정 또는 불특정의 타인을 위하여 보험계약을 체결할 수 있다. 그러나 손해보험계약의 경우에 그 타인의 위임이 없는 때에는 보험계약자는 이를 보험자에게 고지하여야 하고, 그 고지가 없는 때에는 타인이 그 보험계약이 체결된 사실을 알지 못하였다는 사유로 보험자에게 대항하지 못한다(상법 제639조 제1항 참조).

④ 타인을 위한 보험에서도 보험계약자는 보험자에 대하여 보험료를 지급할 의무가 있다. 그러나 보험계약자가 파산선고를 받거나 보험료의 지급을 지체한 때에는 그 타인(피보험자)이 그 권리를 포기하지 아니하는 한 그 타인도 보험료를 지급할 의무가 있다.

15 타인을 위한 보험에 관한 설명으로 옳지 않은 것은?

제5회 기출

① 보험계약자는 위임을 받아 특정의 타인을 위하여 보험계약을 체결할 수 있다.
② 보험계약자는 위임을 받지 아니하고 불특정의 타인을 위하여 보험계약을 체결할 수 있다.
③ 타인을 위한 손해보험계약의 경우에 그 타인의 위임이 없는 때에는 이를 보험자에게 고지하여야 한다.
④ 타인을 위한 보험계약의 경우에 그 타인은 수익의 의사표시를 하여야 그 계약의 이익을 받게 된다.

손해보험계약의 경우 타인을 위한 보험에서 그 타인은 피보험이익을 가지고 있는 피보험자로서 그 보험계약에 있어서 수익의 의사표시와 상관없이 당연히 이익을 받는다.

16 상법상 보험증권에 관한 설명으로 옳지 않은 것은?

제10회 기출

① 타인을 위한 보험계약이 성립된 경우에는 보험자는 그 타인에게 보험증권을 교부해야 한다.
② 보험계약의 당사자는 보험증권의 교부가 있은 날로부터 일정한 기간 내에 한하여 그 증권내용의 정부(正否)에 관한 이의를 할 수 있음을 약정할 수 있다. 이 기간은 1월을 내리지 못한다.
③ 보험증권을 멸실 또는 현저하게 훼손한 때에는 보험계약자는 보험자에 대하여 증권의 재교부를 청구할 수 있고, 그 증권작성의 비용은 보험계약자의 부담으로 한다.
④ 보험자는 보험계약이 성립한 때에는 지체없이 보험증권을 작성하여 보험계약자에게 교부하여야 한다.

타인을 위한 보험계약이 성립된 경우에도 보험자는 보험계약자에게 보험증권을 교부해야 한다.

| 오답해설 | ② 상법 제641조

③ 상법 제642조

④ 상법 제640조 제1항

17 **甲이 乙 소유의 농장에 대해 乙의 허락 없이 乙을 피보험자로 하여 A보험회사와 화재보험계약을 체결한 경우, 그 법률관계에 관한 설명으로 옳지 않은 것은?** 제10회 기출

① 보험계약 체결 시 A보험회사가 서면으로 질문한 사항은 중요한 사항으로 추정한다.

② 보험사고가 발생하기 전에는 甲은 언제든지 계약의 전부 또는 일부를 해지할 수 있다.

③ 甲이 乙의 위임이 없음을 A보험회사에게 고지하지 않은 때에는 乙이 그 보험계약이 체결된 사실을 알지 못하였다는 사유로 A보험회사에게 대항하지 못한다.

④ 보험계약 당시에 甲 또는 乙이 고의 또는 중대한 과실로 인하여 중요한 사항을 고지하지 아니하거나 부실의 고지를 한 때에는 A보험회사는 그 사실을 안 날로부터 1월 내에, 계약을 체결한 날로부터 3년 내에 한하여 계약을 해지할 수 있다.

甲이 보험계약자, 乙이 피보험자인 타인을 위한 보험으로 위임을 받지 않고 보험계약을 한 경우이다. 타인을 위한 보험에서 임의해지 시 보험계약자는 그 타인의 동의를 얻지 아니하거나 보험증권을 소지하지 아니하면 그 계약을 해지하지 못한다(상법 제649조 제1항).

| 오답해설 | ① 상법 제651조의2

③ 상법 제639조 제1항 단서

④ 상법 제651조

18 **타인을 위한 보험계약의 보험계약자가 피보험자의 동의를 얻어야 할 수 있는 것은?** 제1회 기출

① 보험증권교부청구권

② 보험사고발생 전 보험계약해지권

③ 특별위험 소멸에 따른 보험료감액청구권

④ 보험계약 무효에 따른 보험료반환청구권

타인을 위한 보험계약의 경우 보험계약자는 그 타인의 동의를 얻지 아니하거나 보험증권을 소지하지 아니하면 그 계약을 해지하지 못한다(상법 제649조 제1항). 즉, 보험사고발생 전 보험계약은 피보험자의 동의를 얻어야 해지할 수 있다.

19 **상법상 특정한 타인(이하 'A'라고 함)을 위한 손해보험계약에 관한 설명으로 옳은 것은?** 제8회 기출

① 보험계약자는 A의 동의를 얻지 아니하거나 보험증권을 소지하지 아니하면 그 계약을 해지하지 못한다.

② A가 보험계약에 따른 이익을 받기 위해서는 이익을 받겠다는 의사표시를 하여야 한다.

③ 보험계약자가 계속보험료의 지급을 지체한 때에는 보험자는 A에게 보험료 지급을 최고하지 않아도 보험계약을 해지할 수 있다.

④ 보험계약자가 A를 위해 보험계약을 체결하려면 A의 위임을 받아야 한다.

상법 제649조 제1항

| 오답해설 | ② A는 보험계약에 따른 이익을 받겠다는 의사표시를 하지 않고도 피보험자로서 이익을 받는다.

③ 보험계약자가 계속보험료의 지급을 지체한 때에는 보험자는 A에게 보험료 지급을 최고해야 보험계약을 해지할 수 있다.

④ 타인을 위한 보험에서 그 타인에 대한 위임 여부는 상관이 없다.

| 정답 | 14 ① 15 ④ 16 ① 17 ② 18 ② 19 ①

THEME 02

보험계약의 요소

✓ 학습 포인트
- 보험계약과 관련된 여러 관계자의 권한
- 보험약관, 보험증권의 의미

✓ 6개년 평균 **4문제** 출제

대표 예제

+ 기출 공략팁

- '보험대리상'과 '특정한 보험자를 위하여 계속적으로 보험계약을 중개하는 자'의 권한 차이를 묻는 문제가 자주 출제되고 있다.
- 보험계약에서 보험자의 의무에는 '보험약관의 교부·설명의무, 보험증권 교부의무'가 있다. 이 의무들의 이행시기, 위반 시 효과에 대해 반드시 구분하여 알아두도록 한다.

■ 상법상 보험대리상 등에 관한 설명으로 옳은 것은 모두 몇 개인가? 제8회 기출

ㄱ. 보험대리상은 보험계약자로부터 보험료를 수령할 수 있는 권한을 갖는다.
ㄴ. 보험대리상이 아니면서 특정한 보험자를 위하여 계속적으로 보험계약의 체결을 중개하는 자는 보험자가 작성한 보험증권을 보험계약자에게 교부할 수 있는 권한을 갖는다.
ㄷ. 대리인에 의하여 보험계약을 체결한 경우 대리인이 안 사유는 그 본인이 안 것과 동일한 것으로 한다.
ㄹ. 보험자는 보험대리상이 보험계약자로부터 청약, 고지, 통지 등 보험계약에 관한 의사표시를 수령할 수 있는 권한을 제한할 수 없다.

① 1개 ② 2개
③ 3개 ④ 4개

예제 풀이

ㄱ. 상법 제646조의2 제1항 제1호
ㄴ. 상법 제646조의2 제3항
ㄷ. 상법 제646조
ㄹ. 보험자는 보험대리상이 보험계약자로부터 청약, 고지, 통지 등 보험계약에 관한 의사표시를 수령할 수 있는 권한을 제한할 수 있다(상법 제646조의2 제2항).

| 정답 | ③

■ 상법상 보험약관의 교부·설명의무에 관한 내용으로 옳은 것은? (다툼이 있으면 판례에 따름) 제5회 기출

① 보험약관이 계약 당사자에 대하여 구속력을 갖는 것은 계약 당사자 사이에서 계약내용에 포함시키기로 합의하였기 때문이다.
② 보험계약이 성립한 후 3월 이내에 보험계약자는 보험자의 보험약관 교부·설명의무 위반을 이유로 그 계약을 철회할 수 있다.
③ 보험자의 보험약관 교부·설명의무 위반 시 보험계약자는 해당 계약을 소급해서 무효로 할 수 있는데, 그 권리의 행사시점은 보험사고발생 시부터이다.
④ 보험자는 보험계약을 체결한 후에 보험계약자에게 중요한 사항을 설명하여야 한다.

예제 풀이

보통보험약관이 계약 당사자에 대하여 구속력을 갖는 것은 그 자체가 법규범 또는 법규범적 성질을 가진 약관이기 때문이 아니라 당사자가 계약 내용에 포함시키기로 합의하였기 때문이다(대법원 1989.3.28. 선고 88다4645 판결).

② 보험자의 보험약관 교부 · 설명의무 위반 시 보험계약자는 보험계약이 성립한 날부터 3개월 이내에 그 계약을 취소할 수 있다(상법 제638조의3 제2항).

③ 보험자의 보험약관 교부 · 설명의무 위반 시 보험계약자가 그 보험계약을 취소하면 계약은 그 즉시 무효가 된다.

④ 보험자는 보험계약을 체결할 때에 보험계약자에게 보험약관을 교부하고 그 약관의 중요한 내용을 설명하여야 한다(상법 제638조의3 제1항).

| 정답 | ①

핵심 이론

1 보험계약 관계자의 권한

(1) 보험계약 관계자

① 보험계약 당사자: 보험계약의 당사자❶는 보험계약자와 보험자이며, 보험계약자 또는 보험자의 대리인에 의하여 보험계약을 체결한 경우에 대리인이 안 사유는 그 본인이 안 것과 동일한 것으로 한다(상법 제646조).

② 보험자의 보조자

㉠ 보험대리상

㉡ 보험대리상이 아니면서 특정한 보험자를 위하여 계속적으로 보험계약의 체결을 중개하는 자(보험중개인, 보험설계사)

③ 보조자의 권한 여부

권한	보험대리상	보험중개인, 보험설계사
보험계약 체결권	○	×
보험료수령권	○	○ (단, 보험자가 작성한 영수증을 보험계약자에게 교부하는 경우)
보험증권교부권	○	○
의사표시수령권	○	×
의사표시권	○	×

㉠ 보험대리상의 권한(상법 제646조의2 제1항)

- 보험계약자로부터 보험료를 수령할 수 있는 권한
- 보험자가 작성한 보험증권을 보험계약자에게 교부할 수 있는 권한
- 보험계약자로부터 청약, 고지, 통지, 해지, 취소 등 보험계약에 관한 의사표시를 수령할 수 있는 권한
- 보험계약자에게 보험계약의 체결, 변경, 해지 등 보험계약에 관한 의사표시를 할 수 있는 권한

㉡ ㉠에도 불구하고 보험자는 보험대리상의 권한 중 일부를 제한할 수 있다. 다만, 보험자는 그러한 권한 제한을 이유로 선의의 보험계약자에게 대항하지 못한다❷(상법 제646조의2 제2항).

참고 보험계약의 당사자
'피보험자'는 보험계약 당사자에 포함되지 않음

참고 선의의 계약자에게 대항하지 못한다
보험자가 보험대리상의 권한 제한을 이유로 보험계약을 해지하거나 보험금 지급을 거절하지 못한다는 의미임

㉢ 보험대리상이 아니면서 특정한 보험자를 위하여 계속적으로 보험계약의 체결을 중개하는 자는 보험계약자로부터 보험료를 수령할 수 있는 권한(보험자가 작성한 영수증을 보험계약자에게 교부하는 경우만 해당) 및 보험자가 작성한 보험증권을 보험계약자에게 교부할 수 있는 권한이 있다(상법 제646조의2 제3항).

+ 의사표시수령권에 대한 대법원 판례

보험설계사는 특정 보험자를 위하여 보험계약의 체결을 중개하는 자일 뿐 보험자를 대리하여 보험계약을 체결할 권한이 없고 보험계약자 또는 피보험자가 보험자에 대하여 하는 고지나 통지를 수령할 권한도 없으므로, 보험설계사가 통지의무의 대상인 '보험사고발생의 위험이 현저하게 변경 또는 증가된 사실'을 알았다고 하더라도 이로써 곧 보험자가 위와 같은 사실을 알았다고 볼 수는 없다(대법원 2007.6.28. 선고 2006다69837, 2006다69844 판결).

2 보험약관과 보험증권

(1) 보험약관

① **보험약관의 의의**: 보험약관은 보험자 일방이 작성하고 사용되는 것으로 보험계약 시 계약의 내용이 되고 당사자들이 합의함으로써 당사자들을 구속한다. 그러나 보험계약자는 보험약관의 구체적 내용을 잘 모르고 계약 체결하는 경우가 많기 때문에 보험약관에 대한 교부·설명의무와 보험계약자 등의 불이익변경금지 원칙을 상법에서 규정하고 있다.

② **보험약관의 교부·설명의무(상법 제638조의3)**

㉠ **의무자**: 보험자

㉡ **내용**[❷]: 보험자는 보험계약을 체결할 때에 보험계약자에게 보험약관을 교부하고 그 약관의 중요한 내용을 설명하여야 한다(상법 제638조의3 제1항).

㉢ **의무 이행 시기**: 보험계약 체결 시

㉣ **위반의 효과**: 보험자가 보험약관의 교부·설명의무를 위반한 경우 보험계약자는 보험계약이 성립한 날로부터 3개월 이내에 그 계약을 취소할 수 있다.

③ **보험계약자 등의 불이익변경금지**: 보험약관에 상법(보험편)의 규정보다 보험계약자 등(보험계약자, 피보험자, 보험수익자)에게 불리한 규정을 두지 못하게 하고 있으며, 우리나라 법원에서는 이 규정에 반하는 약관은 무효하고 판시하고 있다. 그러나 불이익변경금지의 규정은 가계보험에만 해당되고, 재보험, 해상보험 등 기업보험에는 해당되지 않는다(상법 제663조 참조).

④ **보험자의 설명이 필요 없는 경우**

㉠ 보험약관에 정하여진 사항이라고 하더라도 거래상 일반적이고 공통된 것이어서 보험계약자가 별도의 설명 없이도 충분히 예상할 수 있었던 사항이거나 이미 법령에 의하여 정하여진 것을 되풀이하거나 부연하는 정도에 불과한 사항이라면 그러한 사항에 대하여서까지 보험자에게 명시·설명의무가 인정된다고 할 수 없다(대법원 1998.11.27. 선고 98다32564 판결).

㉡ 보험약관의 중요한 내용에 해당하는 사항이라 하더라도 보험계약자나 그 대리

참고 보험약관의 중요한 내용
- 보험금액
- 보험기간
- 보험료와 그 지급방법
- 보험사고의 내용
- 보험계약의 해지 사유
- 보험금 부지급 사유
- 보험계약자 등의 이해관계에 중대한 영향을 미치는 사항

인이 그 내용을 충분히 잘 알고 있는 경우에는 당해 약관이 바로 계약 내용이 되어 당사자에 대하여 구속력을 가지므로 보험자로서는 보험계약자 또는 그 대리인에게 약관의 내용을 따로 설명할 필요가 없으며, 이 경우 보험계약자나 그 대리인이 그 약관의 내용을 충분히 잘 알고 있다는 점은 이를 주장하는 보험자 측에서 입증하여야 한다(대법원 2003.8.22. 선고 2003다27054 판결).

참고 보험약관의 해석원칙
「약관의 규제에 관한 법률」과 법원 판례에 근거함

⑤ 보험약관의 해석원칙❷

개별약정 우선원칙	보험계약 당사자가 보험약관의 내용과 다른 내용으로 서면 또는 구두로 개별적인 약정을 하였다면 그 개별 약정이 약관에 우선하게 됨
신의성실의 원칙	약관은 선의성실의 원칙에 따라 공정하게 해석되어야 하며, 고객에 따라 다르게 해석되어서는 안 됨
객관적 해석의 원칙	약관은 평균적 고객의 이해가능성을 기준으로 하여 그 문언에 따라 객관적이고 획일적으로 해석하여야 함
작성자불이익의 원칙	약관의 뜻이 불명확한 경우 고객에게 유리하게(보험자에게 불리하게) 해석되어야 함
제한적 엄격해석의 원칙 (축소해석의 원칙)	보험자의 면책약관은 확대해석하지 않고, 엄격하고 제한적으로 해석하여야 함

(2) 보험증권

① 보험증권의 개념: 보험계약이 성립한 이후 보험계약의 성립과 그 내용을 증명하기 위해 계약의 내용을 기재하고 보험자가 기명날인하여 보험계약자에게 교부하는 증거증권을 말한다.

② 보험증권의 법적 성질

㉠ 요식증권성: 보험증권에는 법정사항(상법 제666조)을 기재하여야 하고 보험자가 기명날인 또는 서명하도록 정하고 있으므로 요식증권의 일종이다. 하지만 법적 기재사항이 누락되었다고 해서 보험증권의 효력이 없어지는 것은 아니다.

참고 기재사항
손해보험증권 기재사항 중 보험자 관련 정보는 없음을 유의해야 함

> 제666조(손해보험증권) 손해보험증권에는 다음의 사항을 기재❷하고 보험자가 기명날인 또는 서명하여야 한다.
> 1. 보험의 목적
> 2. 보험사고의 성질
> 3. 보험금액
> 4. 보험료와 그 지급방법
> 5. 보험기간을 정한 때에는 그 시기와 종기
> 6. 무효와 실권의 사유
> 7. 보험계약자의 주소와 성명 또는 상호
> 7의2. 피보험자의 주소, 성명 또는 상호
> 8. 보험계약의 연월일
> 9. 보험증권의 작성지와 그 작성년월일

ⓛ **증거증권성**: 보험증권은 보험계약의 성립을 증명하기 위한 증거증권에 불구하고 보험계약상의 권리나 의무가 발생하기 위한 필수요건이 아니다.

③ **보험증권의 교부**

㉠ 보험자는 보험계약이 성립한 때에는 지체없이 보험증권을 작성하여 보험계약자에게 교부하여야 한다. 그러나 보험계약자가 보험료의 전부 또는 최초의 보험료를 지급하지 아니한 때에는 그러하지 아니하다(상법 제640조 제1항).

ⓛ 기존의 보험계약을 연장하거나 변경한 경우에는 보험자는 그 보험증권에 그 사실을 기재함으로써 보험증권의 교부에 갈음할 수 있다(상법 제640조 제2항).

④ **보험증권 교부 위반 시 효과**: 상법에서는 보험자가 보험증권 교부에 대한 의무를 위반하더라도 위반 효과에 대한 규정을 두고 있지 않다.

⑤ **보험계약 변경**: 기존의 보험계약을 변경한 경우 보험자는 새로 보험증권을 작성하여 교부할 필요 없이 보험증권에 변경 내용을 기재함으로써 보험증권의 교부에 갈음할 수 있다.

⑥ **보험증권 재교부**: 보험증권을 멸실 또는 현저하게 훼손한 때에는 보험계약자는 보험자에 대하여 증권의 재교부를 청구할 수 있다. 그 증권작성의 비용은 보험계약자의 부담으로 한다(상법 제642조).

⑦ **증권내용의 정부에 관한 이의제기**

㉠ 보험계약의 당사자는 보험증권의 교부가 있은 날부터 일정한 기간 내에 한하여 그 증권내용의 정부에 관한 이의를 할 수 있음을 약정할 수 있다. 이 기간은 1월을 내리지 못한다(상법 제641조).

ⓛ 보험자가 보험계약자에게 교부한 보험증권의 기재내용에 이의가 있는 경우 보험계약 당사자는 일정 기간 내에 그 증권내용의 정부에 관한 이의를 할 수 있는 약정이 가능하다. 단, 그 일정 기간에 대해서는 1개월 미만으로 할 수 없도록 상법에서 규정하고 있다(계약 당사자 불이익 금지).

참고 보험증권 교부자
보험자, 보험대리상, 보험대리상이 아니면서 특정한 보험자를 위하여 계속적으로 보험계약의 체결을 중개하는 자(보험중개인, 보험설계사)

용어 지체없이
보험증권 교부에 대해서는 특정 기간을 규정하지 않고 있음

용어 갈음하다
특정 행위가 법적으로 다른 행위와 동일한 효력을 갖도록 인정하는 경우

참고 보험증권 재교부 청구권자
- 보험계약자 (○)
- 피보험자 (×)

필수 문제

1 보험계약 관계자의 권한

01 보험대리상이 갖는 권한이 아닌 것은? 제2회 기출

① 보험계약자로부터 보험료를 수령할 수 있는 권한
② 보험계약자로부터 보험계약의 취소에 관한 의사표시를 수령할 수 있는 권한
③ 보험자로부터 보험금을 수령할 수 있는 권한
④ 보험계약자에게 보험계약의 변경에 관한 의사표시를 할 수 있는 권한

보험대리상은 보험자가 아닌 보험계약자로부터 보험료를 수령할 수 있는 권한을 갖는다(상법 제646조의2 제1항 제1호).

02 상법상 보험대리상의 권한을 모두 고른 것은? 제10회 기출

ㄱ. 보험료수령권한	ㄴ. 고지수령권한
ㄷ. 보험계약의 해지권한	ㄹ. 보험금수령권한

① ㄱ, ㄴ, ㄷ
② ㄱ, ㄴ, ㄹ
③ ㄱ, ㄷ, ㄹ
④ ㄴ, ㄷ, ㄹ

| 오답해설 | ㄹ. 보험금수령권한은 손해보험에서 피보험자, 인보험에서 보험수익자에게 있다.

03 보험설계사가 가진 상법상 권한으로 옳은 것은? 제10회 기출

① 보험계약자로부터 고지에 관한 의사표시를 수령할 수 있는 권한
② 보험계약자에게 영수증을 교부하지 않고 보험료를 수령할 수 있는 권한
③ 보험자가 작성한 보험증권을 보험계약자에게 교부할 수 있는 권한
④ 보험계약자로부터 통지에 관한 의사표시를 수령할 수 있는 권한

상법상 보험설계사, 보험중개인의 권한(상법 제646조의2 제3항)

- 보험료수령권(보험자가 작성한 영수증을 보험계약자에게 교부하는 경우)
- 보험증권교부권

| 오답해설 | ①, ②, ④ 보험대리상의 권한에 해당한다(상법 제646조의2 제1항).

| 정답 | 01 ③ 02 ① 03 ③

2 보험약관과 보험증권

04 보험약관의 조항 중 그 효력이 인정되지 않는 것은? 제1회 기출

① 보험계약 체결일 기준 1월 전부터 보험기간이 시작되기로 하는 조항
② 보험증권교부일로부터 2월 이내에 증권내용에 이의를 할 수 있도록 하는 조항
③ 약관설명의무 위반 시 보험계약자가 1월 이내에 계약을 취소할 수 있도록 하는 조항
④ 보험계약자의 보험료 반환청구권의 소멸시효기간을 3년으로 하는 조항

- 상법 제663조에는 보험계약자 등의 불이익변경금지의 원칙이라는 강행규정이 있는데, 보험약관의 내용에 상법의 규정보다 보험계약자 등에게 불이익한 조항을 둘 경우 그 효력은 인정되지 않는다.
- 상법 제638조의3 제2항에서는 보험자의 약관설명의무 위반 시 보험계약자는 보험계약이 성립한 날로부터 3개월 이내에 그 계약을 취소할 수 있다고 하였으므로 1월 이내에 계약을 취소할 수 있다는 조항은 보험계약자에게 불리한 조항으로 그 효력은 인정되지 않는다.

05 보험약관의 교부 · 설명의무에 관한 설명으로 옳은 것을 모두 고른 것은? (다툼이 있으면 판례에 따름) 제4회 기출

ㄱ. 고객이 약관의 내용을 충분히 잘 알고 있는 경우에는 보험자가 고객에게 그 약관의 내용을 따로 설명하지 않아도 되나, 그러한 따로 설명할 필요가 없는 특별한 사정은 이를 주장하는 보험자가 입증하여야 한다.
ㄴ. 약관에 정하여진 중요한 사항이라면 설사 거래상 일반적이고 공통된 것이어서 보험계약자가 별도의 설명 없이도 충분히 예상할 수 있었던 사항이라 할지라도 보험자는 설명의무를 부담한다.
ㄷ. 약관의 내용이 이미 법령에 의하여 정하여진 것을 되풀이하는 것에 불과한 경우에는 고객에게 이를 따로 설명하지 않아도 된다.

① ㄱ　② ㄱ, ㄴ　③ ㄱ, ㄷ　④ ㄱ, ㄴ, ㄷ

- 보험자는 보험계약을 체결할 때에 보험계약자에게 보험약관에 기재되어 있는 보험상품의 내용, 보험료율의 체계, 보험청약서상 기재사항의 변동 및 보험자의 면책사유 등 보험계약의 중요한 내용에 대하여 구체적이고 상세한 명시 · 설명의무를 지고 있으므로, 만일 보험자가 이러한 보험약관의 명시 · 설명의무에 위반하여 보험계약을 체결한 때에는 그 약관의 내용을 보험계약의 내용으로 주장할 수 없지만, 보험약관의 중요한 내용에 해당하는 사항이라 하더라도 보험계약자나 그 대리인이 그 내용을 충분히 잘 알고 있는 경우에는 당해 약관이 바로 계약 내용이 되어 당사자에 대하여 구속력을 가지므로 보험자로서는 보험계약자 또는 그 대리인에게 약관의 내용을 따로 설명할 필요가 없으며, 이 경우 보험계약자나 그 대리인이 그 약관의 내용을 충분히 잘 알고 있다는 점은 이를 주장하는 보험자 측에서 입증하여야 한다(대법원 2003.8.22. 선고 2003다27054 판결).
- 보험약관에 정하여진 사항이라고 하더라도 거래상 일반적이고 공통된 것이어서 보험계약자가 별도의 설명 없이도 충분히 예상할 수 있었던 사항이거나 이미 법령에 의하여 정하여진 것을 되풀이하거나 부연하는 정도에 불과한 사항이라면 그러한 사항에 대하여서까지 보험자에게 명시 · 설명의무가 인정된다고 할 수 없다(대법원 1998.11.27. 선고 98다32564 판결).

| 오답해설 | ㄴ. 약관에 정하여진 사항이라고 하더라도 거래상 일반적으로 공통된 것이어서 보험계약자가 별도의 설명 없이도 충분히 예상할 수 있었던 사항이라면 보험자는 설명의무를 부담하지 않는다(대법원 2007.4.27. 선고 2006다87453 판결).

06 보험약관의 교부·설명의무에 관한 설명으로 옳은 것을 모두 고른 것은? 제2회 기출

ㄱ. 보험약관에 기재되어 있는 보험료와 그 지급방법, 보험자의 면책사유는 보험자가 보험계약을 체결할 때 보험계약자에게 설명하여야 하는 중요한 내용에 해당한다.

ㄴ. 보험자는 보험계약이 성립하면 지체없이 보험약관을 보험계약자에게 교부하여야 하나, 그 보험계약자가 보험료의 전부나 최초 보험료를 지급하지 아니한 때에는 보험약관을 교부하지 않아도 된다.

ㄷ. 보험계약이 성립한 날로부터 2개월이 경과한 시점이라면 보험자가 상법상 보험약관의 교부·설명의무를 위반한 경우에도 그 계약을 취소할 수 없다.

① ㄱ ② ㄷ ③ ㄱ, ㄴ ④ ㄴ, ㄷ

상법(보험편)

상법 제638조의3 참조

| 오답해설 | ㄴ. '보험약관'이 아닌 '보험증권'에 관한 설명이다(상법 제640조 제1항 참조).

ㄷ. 보험자가 보험약관의 교부·설명의무를 위반한 경우 보험계약자는 보험계약이 성립한 날로부터 3개월 이내에 그 계약을 취소할 수 있다(상법 제638조의3 제2항).

07 甲보험회사의 화재보험 약관에는 보험계약자에게 설명해야 하는 중요한 내용을 포함하고 있으나 甲회사가 이를 설명하지 않고 보험계약을 체결하였다. 이에 관한 설명으로 옳지 않은 것은? (다툼이 있으면 판례에 따름) 제8회 기출

① 보험계약이 성립한 날로부터 1개월이 된 시점이라면 보험계약자는 보험계약을 취소할 수 있다.

② 甲보험회사는 화재보험약관을 보험계약자에게 교부해야 한다.

③ 보험계약이 성립한 날로부터 4개월이 된 시점이라면 보험계약자는 보험계약을 취소할 수 없다.

④ 보험계약자가 보험계약을 취소하지 않았다면 甲보험회사는 중요한 약관조항을 계약의 내용으로 주장할 수 있다.

다수의 대법원 판례에서 보험자가 보험계약자에게 약관의 중요한 내용을 설명하지 않은 경우 그 약관의 내용을 계약의 내용으로 주장할 수 없다고 판시하였으며, 그 근간이 되는 법은 다음과 같다.

- 보험자는 보험계약을 체결할 때에 보험계약자에게 보험약관을 교부하고 그 약관의 중요한 내용을 설명하여야 한다(상법 제638조의3 제1항).
- 사업자가 약관의 설명의무를 위반하여 계약을 체결한 경우에는 해당 약관을 계약의 내용으로 주장할 수 없다(약관의 규제에 관한 법률 제3조 제4항).

| 정답 | 04 ③ 05 ③ 06 ① 07 ④

08 상법상 보험약관의 교부·설명의무에 관한 설명으로 옳지 않은 것은? 제3회 기출

① 상법에 따르면 약관에 없는 사항은 비록 보험계약상 중요한 내용일지라도 설명할 의무가 없다.
② 보험자가 해당 보험계약 약관의 중요사항을 충분히 설명한 경우에도 해당 보험계약의 약관을 교부하여야 한다.
③ 보험자가 보험증권을 교부한 경우에는 따로 보험약관을 교부하지 않아도 된다.
④ 보험자가 보험약관의 교부·설명의무를 위반한 경우 보험계약자는 보험계약이 성립한 날부터 3개월 이내에 그 계약을 취소할 수 있다.

상법에는 보험계약 성립 시 보험증권, 보험계약 체결 시 보험약관을 교부하여야 한다고 규정하고 있다. 즉, 보험자가 보험증권을 교부한 경우에도 따로 보험약관을 교부하여야 한다(상법 제638조의3 제1항, 제640조 참조).

09 보험계약자 등의 불이익변경금지에 관한 설명으로 옳지 않은 것은? 제3회 기출

① 불이익변경금지는 보험자와 보험계약자의 관계에서 계약의 교섭력이 부족한 보험계약자 등을 보호하기 위한 것이다.
② 상법 보험편의 규정은 가계보험에서 당사자 간의 특약으로 보험계약자의 불이익으로 변경하지 못한다.
③ 상법 보험편의 규정은 가계보험에서 당사자 간의 특약으로 피보험자의 불이익으로 변경하지 못한다.
④ 재보험은 당사자의 특약으로 보험계약자의 불이익으로 변경할 수 없다.

상법 보험편의 규정은 재보험 및 해상보험 기타 이와 유사한 보험의 경우에 당사자 간의 특약으로 불이익으로 변경할 수 있다(상법 제663조 참조).

10 상법 제663조(보험계약자 등의 불이익변경금지) 규정이다. (   )에 들어갈 내용은? 제9회 기출

> 이 편의 규정은 당사자 간의 특약으로 보험계약자 또는 피보험자나 보험수익자의 불이익으로 변경하지 못한다. 그러나 (ㄱ) 및 (ㄴ) 기타 이와 유사한 보험의 경우에는 그러하지 아니하다.

① ㄱ: 책임보험, ㄴ: 해상보험
② ㄱ: 책임보험, ㄴ: 화재보험
③ ㄱ: 재보험, ㄴ: 해상보험
④ ㄱ: 재보험, ㄴ: 화재보험

해당 조항은 보험에 관한 법률적 지식이 없는 보험계약자를 보호하기 위한 규정으로, 일반 가계보험에는 해당하지만, 재보험 및 해상보험과 같은 기업보험에는 해당하지 않는다.

11 상법 제663조(보험계약자 등의 불이익변경금지)에 관한 설명으로 옳지 않은 것은? 제4회 기출

① 상법 보험편의 규정은 가계보험에서 당사자 간의 특약으로 피보험자의 불이익으로 변경하지 못한다.
② 상법 보험편의 규정은 재보험에서 당사자 간의 특약으로 피보험자의 불이익으로 변경하지 못한다.
③ 상법 보험편의 규정은 가계보험에서 당사자 간의 특약으로 보험계약자의 불이익으로 변경하지 못한다.
④ 상법 보험편의 규정은 해상보험에서 당사자 간의 특약으로 피보험자의 불이익으로 변경할 수 있다.

상법 보험편의 규정은 당사자 간의 특약으로 보험계약자 또는 피보험자나 보험수익자의 불이익으로 변경하지 못한다. 그러나 재보험 및 해상보험 기타 이와 유사한 보험의 경우에는 그러하지 아니하다(상법 제663조).

12 가계보험의 약관조항 중 상법상 불이익변경금지원칙에 위반되지 않는 것은? 제10회 기출

① 보험계약자가 계약 체결 시 과실 없이 중요한 사항을 불고지한 경우에도 보험자의 해지권을 인정한 약관조항
② 보험료청구권의 소멸시효기간을 단축하는 약관조항
③ 보험수익자가 보험계약 체결 시 고지의무를 부담하도록 하는 약관조항
④ 보험사고발생 전이지만 일정한 기간 동안 보험계약자의 계약 해지를 금지하는 약관조항

불이익변경금지원칙(상법 제663조)은 당사자 간의 특약으로 보험계약자 또는 피보험자나 보험수익자의 불이익으로 변경하지 못한다고 규정한 것이다. 보험에 대한 이해도가 낮은 보험가입자 측의 보호를 위해 상법에서 규정한 것으로 기업보험에는 적용되지 않는다. 보험료청구권은 보험자에게 있으며, 그 소멸시효기간은 2년인데 그 기간을 단축하는 것은 보험가입자 측에 불리하게 적용되는 것이 아니므로 불이익변경금지원칙에 위반되지 않는다.

| 오답해설 | ①, ③, ④ 보험계약자 등에게 불리한 조항으로 불이익변경금지원칙에 위반된다.

13 상법상 손해보험증권에 기재되어야 하는 사항으로 옳은 것은 모두 몇 개인가? 제8회 기출

- 보험수익자의 주소, 성명 또는 상호
- 무효의 사유
- 보험사고의 성질
- 보험금액

① 1개 ② 2개 ③ 3개 ④ 4개

'보험수익자의 주소, 성명 또는 상호'는 손해보험증권의 기재사항에 해당하지 않는다.

손해보험증권의 기재사항(상법 제666조)

- 보험의 목적
- 보험사고의 성질
- 보험금액
- 보험료와 그 지급방법
- 보험기간을 정한 때에는 그 시기와 종기
- 무효와 실권의 사유
- 보험계약자의 주소와 성명 또는 상호
- 피보험자의 주소, 성명 또는 상호
- 보험계약의 연월일

| 정답 | 08 ③ 09 ④ 10 ③ 11 ② 12 ② 13 ③

14 상법상 손해보험증권에 기재해야 할 사항으로 옳지 않은 것은?

제10회 기출

① 피보험자의 주민등록번호
② 보험기간을 정한 경우 그 시기와 종기
③ 보험료와 그 지급방법
④ 무효와 실권의 사유

'피보험자의 주소, 성명 또는 상호'가 손해보험증권에 기재해야 할 사항에 해당한다(상법 제666조 참조).

15 손해보험증권의 법정기재사항이 아닌 것은?

제6회 기출

① 보험의 목적
② 보험금액
③ 보험료의 산출방법
④ 무효와 실권의 사유

손해보험증권의 기재사항 중 보험료 관련 기재사항은 '보험료의 산출방법'이 아닌 '보험료와 그 지급방법'이다(상법 제666조 참조).

16 (　　)에 들어갈 내용이 순서대로 올바르게 연결된 것은?

제2회 기출

ㄱ. 보험자가 보험계약자로부터 보험계약의 청약과 함께 보험료 상당액의 전부 또는 일부의 지급을 받은 때에는 다른 약정이 없으면 (　　) 그 상대방에 대하여 낙부의 통지를 발송하여야 한다.
ㄴ. 보험자가 보험약관의 교부·설명의무를 위반한 경우 보험계약자는 보험계약이 성립한 날부터 (　　) 그 계약을 취소할 수 있다.
ㄷ. 보험자는 보험계약이 성립한 때에는 (　　) 보험증권을 작성하여 보험계약자에게 교부하여야 한다.

① 30일 내에 – 3개월 이내에 – 지체없이
② 30일 내에 – 30일 내에 – 지체없이
③ 지체없이 – 3개월 이내에 – 30일 내에
④ 지체없이 – 30일 내에 – 30일 내에

- 보험자가 보험계약자로부터 보험계약의 청약과 함께 보험료 상당액의 전부 또는 일부의 지급을 받은 때에는 다른 약정이 없으면 '30일 내에' 그 상대방에 대하여 낙부의 통지를 발송하여야 한다(상법 제638조의2 제1항).
- 보험자가 보험약관의 교부·설명의무를 위반한 경우 보험계약자는 보험계약이 성립한 날부터 '3개월 이내에' 그 계약을 취소할 수 있다(상법 제638조의3 제2항).
- 보험자는 보험계약이 성립한 때에는 '지체없이' 보험증권을 작성하여 보험계약자에게 교부하여야 한다. 그러나 보험계약자가 보험료의 전부 또는 최초의 보험료를 지급하지 아니한 때에는 그러하지 아니하다(상법 제640조 제1항).

17 보험증권에 관한 설명으로 옳은 것은?

제4회 기출

① 보험기간을 정한 때에는 그 시기와 종기는 상법상 손해보험증권의 기재사항에 해당하지 않는다.

② 기존의 보험계약을 연장하는 경우에 보험자는 그 보험증권에 그 사실을 기재함으로써 보험증권의 교부에 갈음할 수 있다.

③ 보험계약의 당사자는 보험증권의 교부가 있은 날로부터 2주간 내에 한하여 그 증권내용의 정부에 관한 이의를 할 수 있음을 약정할 수 있다.

④ 보험증권을 현저하게 훼손한 때에는 보험계약자는 보험자에 대하여 증권의 재교부를 청구할 수 있는데 그 증권작성의 비용은 보험자의 부담으로 한다.

기존의 보험계약을 연장하거나 변경한 경우에는 보험자는 그 보험증권에 그 사실을 기재함으로써 보험증권의 교부에 갈음할 수 있다(상법 제640조 제2항).

| 오답해설 | ① 보험기간을 정한 때에는 그 시기와 종기는 손해보험증권의 기재사항에 해당한다(상법 제666조 제5호 참조).

③ 보험계약의 당사자는 보험증권의 교부가 있은 날로부터 일정한 기간 내에 한하여 그 증권내용의 정부에 관한 이의를 할 수 있음을 약정할 수 있다. 이 기간은 1월을 내리지 못한다(상법 제641조).

④ 보험증권을 멸실 또는 현저하게 훼손한 때에는 보험계약자는 보험자에 대하여 증권의 재교부를 청구할 수 있다. 그 증권작성의 비용은 보험계약자의 부담으로 한다(상법 제642조).

18 보험증권에 관한 설명으로 옳지 않은 것은?

제5회 기출

① 보험자는 보험계약이 성립한 때에는 지체없이 보험증권을 작성하여 보험계약자에게 교부하여야 한다. 그러나 보험계약자가 보험료의 전부 또는 최초의 보험료를 지급하지 아니한 때에는 그러하지 아니하다.

② 기존의 보험계약을 연장하거나 변경한 경우에 보험자는 그 보험증권에 그 사실을 기재함으로써 보험증권의 교부에 갈음할 수 없다.

③ 보험계약의 당사자는 보험증권의 교부가 있은 날로부터 일정한 기간 내에 한하여 그 증권내용의 정부에 관한 이의를 할 수 있음을 약정할 수 있다. 이 기간은 1월을 내리지 못한다.

④ 보험증권을 멸실 또는 현저하게 훼손한 때에는 보험계약자는 보험자에 대하여 증권의 재교부를 청구할 수 있다. 그 증권작성의 비용은 보험계약자의 부담으로 한다.

기존의 보험계약을 연장하거나 변경한 경우에 보험자는 그 보험증권에 그 사실을 기재함으로써 보험증권의 교부에 갈음할 수 있다(상법 제640조 제2항).

| 오답해설 | ① 상법 제640조 제1항

③ 상법 제641조

④ 상법 제642조

| 정답 | **14** ① **15** ③ **16** ① **17** ② **18** ②

19 상법상 보험증권에 관한 설명으로 옳은 것은?

제8회 기출

① 보험계약자가 보험증권을 멸실한 경우에는 보험자에 대하여 증권의 재교부를 청구할 수 있으며, 그 증권 작성의 비용은 보험계약자가 부담한다.

② 기존의 보험계약을 변경한 경우 보험자는 그 보험증권에 그 사실을 기재함으로써 보험증권의 교부에 갈음할 수 없다.

③ 타인을 위한 보험계약이 성립된 경우에는 보험자는 그 타인에게 보험증권을 교부해야 한다.

④ 보험계약자가 최초의 보험료를 지급하지 아니한 경우에도 보험계약이 성립한 때에는 보험자는 지체없이 보험증권을 작성하여 보험계약자에게 교부하여야 한다.

보험증권을 멸실 또는 현저하게 훼손한 때에는 보험계약자는 보험자에 대하여 증권의 재교부를 청구할 수 있다. 그 증권작성의 비용은 보험계약자의 부담으로 한다(상법 제642조).

| 오답해설 | ② 기존의 보험계약을 연장하거나 변경한 경우에는 보험자는 그 보험증권에 그 사실을 기재함으로써 보험증권의 교부에 갈음할 수 있다(제640조 제2항).

③ 타인을 위한 보험계약이 성립된 경우에도 보험자는 그 타인이 아닌 보험계약자에게 보험증권을 교부하여야 한다(상법 제640조 제1항 참조).

④ 보험계약자가 보험료의 전부 또는 최초의 보험료를 지급하지 아니한 경우에는 보험증권을 보험계약자에게 교부하지 않아도 된다(상법 제640조 제1항 참조).

20 보험증권의 교부에 관한 내용으로 옳은 것을 모두 고른 것은?

제6회 기출

ㄱ. 보험계약이 성립하고 보험계약자가 최초의 보험료를 지급했다면 보험자는 지체없이 보험증권을 작성하여 보험계약자에게 교부하여야 한다.

ㄴ. 보험증권을 현저하게 훼손한 때에는 보험계약자는 보험증권의 재교부를 청구할 수 있다. 이 경우에 증권작성 비용은 보험자의 부담으로 한다.

ㄷ. 기존의 보험계약을 연장한 경우에는 보험자는 그 사실을 보험증권에 기재하여 보험증권의 교부에 갈음할 수 있다.

① ㄱ, ㄴ　② ㄱ, ㄷ　③ ㄴ, ㄷ　④ ㄱ, ㄴ, ㄷ

- 보험자는 보험계약이 성립한 때에는 지체없이 보험증권을 작성하여 보험계약자에게 교부하여야 한다. 그러나 보험계약자가 보험료의 전부 또는 최초의 보험료를 지급하지 아니한 때에는 그러하지 아니하다(상법 제640조 제1항).
- 기존의 보험계약을 연장하거나 변경한 경우에는 보험자는 그 보험증권에 그 사실을 기재함으로써 보험증권의 교부에 갈음할 수 있다(상법 제640조 제2항).

| 오답해설 | ㄴ. 보험증권을 멸실 또는 현저하게 훼손한 때에는 보험계약자는 보험자에 대하여 증권의 재교부를 청구할 수 있다. 그 증권작성의 비용은 보험계약자의 부담으로 한다(상법 제642조).

21 보험증권에 관한 설명으로 옳지 않은 것은?

제2회 기출

① 보험계약자가 보험료의 전부 또는 최초의 보험료를 지급하지 아니한 때에는 보험자의 보험증권교부의무가 발생하지 않는다.

② 기존의 보험계약을 변경한 경우에는 보험자는 그 보험증권에 그 사실을 기재함으로써 보험증권의 교부에 갈음할 수 있다.

③ 보험계약의 당사자는 보험증권의 교부가 있은 날로부터 10일 내에 한하여 그 증권내용의 정부에 관한 이의를 할 수 있음을 약정할 수 있다.

④ 보험계약자의 청구에 의하여 보험증권을 재교부하는 경우 그 증권작성의 비용은 보험계약자가 부담한다.

보험계약의 당사자는 보험증권의 교부가 있은 날로부터 일정한 기간 내에 한하여 그 증권내용의 정부에 관한 이의를 할 수 있음을 약정할 수 있다. 이 기간은 1월을 내리지 못한다(상법 제641조).

| 오답해설 | ① 상법 제640조 제1항

② 상법 제640조 제2항

④ 상법 제642조

22 다음 설명 중 옳지 않은 것은?

제3회 기출

① 보험계약은 그 계약 전의 어느 시기를 보험기간의 시기로 할 수 있다.

② 건물에 대한 화재보험계약 체결 시에 이미 건물이 화재로 전소하는 사고가 발생한 경우 당사자 쌍방과 피보험자가 이를 알지 못한 때에는 그 계약은 무효가 아니다.

③ 보험증권을 멸실 또는 현저하게 훼손한 때에는 보험계약자는 보험자에 대하여 증권의 재교부를 청구할 수 있다.

④ 보험증권내용의 정부에 관한 이의기간은 약관에서 15일 이내로 정해야 한다.

보험계약의 당사자는 보험증권의 교부가 있은 날로부터 일정한 기간 내에 한하여 그 증권내용의 정부에 관한 이의를 할 수 있음을 약정할 수 있다. 이 기간은 1월을 내리지 못한다(상법 제641조). 즉, 15일 이내로 정해야 한다는 조항은 옳지 않다.

| 정답 | 19 ① 20 ② 21 ③ 22 ④

THEME 03

보험계약의 고지·통지의무

✔ 학습 포인트
- 고지의무의 법적 성질과 위반 시 효과
- 통지의무의 법적 성질과 위반 시 효과
- 위험유지의무의 법적 성질과 위반 시 효과

✔ 6개년 평균 3문제 출제

대표 예제

+ 기출 공략팁

보험계약에 있어 보험계약자 측의 의무 3가지인 '고지의무, 통지의무, 위험유지의무'의 위반 시 효과와 관련하여 다수 출제되고 있다.

■ 고지의무 위반으로 인한 계약해지에 관한 내용으로 옳지 않은 것은? 제5회 기출

① 보험자가 보험계약 당시에 보험계약자나 피보험자의 고지의무 위반 사실을 경미한 과실로 알지 못했던 때라도 계약을 해지할 수 없다.

② 보험계약 당시에 피보험자가 중대한 과실로 부실의 고지를 한 경우에 보험자는 해지권을 행사할 수 있다.

③ 보험자가 보험계약 당시에 보험계약자나 피보험자의 고지의무 위반 사실을 알았던 경우에는 계약을 해지할 수 없다.

④ 보험계약 당시에 보험계약자가 고의로 중요한 사항을 고지하지 아니한 경우 보험자는 해지권을 행사할 수 있다.

예제 풀이

보험계약 당시에 보험계약자 또는 피보험자가 고의 또는 중대한 과실로 인하여 중요한 사항을 고지하지 아니하거나 부실의 고지를 한 때에는 보험자는 그 사실을 안 날로부터 1월 내에, 계약을 체결한 날로부터 3년 내에 한하여 계약을 해지할 수 있다. 그러나 보험자가 계약 당시에 그 사실을 알았거나 중대한 과실로 인하여 알지 못한 때에는 그러하지 아니하다(상법 제651조).

| 정답 | ①

■ 위험변경증가의 통지의무에 관한 설명으로 옳지 않은 것은? 제2회 기출

① 보험자는 보험계약자 또는 피보험자가 위험변경증가의 통지의무를 고의 또는 중과실로 해태한 경우에만 그 통지의무 위반을 이유로 계약을 해지할 수 있다.

② 보험기간 중에 보험계약자는 사고발생의 위험의 현저한 증가 사실을 안 때에는 지체없이 보험자에게 통지하여야 한다.

③ 보험기간 중에 피보험자는 사고발생의 위험의 현저한 변경 사실을 안 때에는 지체없이 보험자에게 통지하여야 한다.

④ 보험자가 피보험자로부터 위험변경증가의 통지를 받은 때에는 1월 내에 보험료의 증액을 청구하거나 계약을 해지할 수 있다.

예제 풀이

보험기간 중에 보험계약자, 피보험자 또는 보험수익자의 고의 또는 중대한 과실로 인하여 사고발생의 위험이 현저하게 변경 또는 증가된 때에는 보험자는 그 사실을 안 날부터 1월 내에 보험료의 증액을 청구하거나 계약을 해지할 수 있다(상법 제653조).

②, ③, ④ 보험기간 중에 보험계약자 또는 피보험자가 사고발생의 위험이 현저하게 변경 또는 증가된 사실을 안 때에는 지체없이 보험자에게 통지하여야 한다. 이를 해태한 때에는 보험자는 그 사실을 안 날로부터 1월 내에 한하여 계약을 해지할 수 있다(상법 제652조 제1항).

| 정답 | ①

핵심 이론

1 고지의무

(1) 의의

보험계약자 또는 피보험자가 보험계약 체결 시 보험자에게 중요한 사항을 고지하고 고의[용어] 또는 중대한 과실[용어]로 부실 고지를 하지 않을 의무를 말한다.

(2) 고지의무자[참고]

보험계약자, 피보험자가 고지의무의 대상자이며, 이들을 대리하는 대리인이 있다면 대리인에게도 고지의무가 있다.

(3) 고지의 상대방

보험자가 고지의 상대방이며 보험대리상은 고지의 수령권이 있고 보험대리상이 아니면서 특정한 보험자를 위하여 계속적으로 보험계약의 체결을 중개하는 자(보험중개인, 보험설계사)는 고지의 수령권이 없다.

(4) 고지의 방법

고지 시 서면, 구두 등 방법에 관한 특정한 제한이 없다.

(5) 법적 효과

① 보험계약 당시에 보험계약자 또는 피보험자가 고의 또는 중대한 과실로 인하여 중요한 사항[참고]을 고지하지 아니하거나 부실의 고지를 한 때에는 보험자는 그 사실을 안 날로부터 1월 내에, 계약을 체결한 날로부터 3년 내에 한하여 계약을 해지할 수 있다. 그러나 보험자가 계약 당시에 그 사실을 알았거나 중대한 과실로 인하여 알지 못한 때에는 그러하지 아니하다(상법 제651조).

② 보험사고가 발생한 후라도 고지의무 위반에 따라 계약을 해지하였을 때에는 보험금을 지급할 책임이 없고 이미 지급한 보험금의 반환을 청구할 수 있다. 다만, 고지의무를 위반한 사실이 보험사고발생에 영향을 미치지 아니하였음이 증명된 경우에는 보험금을 지급할 책임이 있다(상법 제655조).

(6) 고지의무에서의 중요한 사항

① 보험사가 서면으로 실문한 사항은 중요한 사항으로 추정한다[용어](상법 제651조의2).

② **중요한 사항에 대한 판결의 내용:** 객관적으로 보험자가 그 사실을 안다면 그 계약을 체결하지 아니하든가 또는 적어도 동일한 조건으로는 계약을 체결하지 아니하리라고 평가되는 사항을 말한다(대법원 2003.11.13. 선고 2001다49623 판결).

(7) 입증책임

① 고지의무 위반에 대한 입증책임은 보험자에게 있다.

② 보험자가 계약 당시에 고지의무 위반사실을 알았거나 중대한 과실로 인하여 알지 못했을 때의 그 입증책임은 보험계약자 측이 부담한다.

③ 보험사고와 고지의무 위반사항과의 인과관계 부존재의 입증책임은 보험계약자 측에게 있다.

(8) 법적 성질

상법에서 규정하는 강행규정으로 당사자 간의 특약으로 변경될 수 없다.

용어 고의
- 일정한 결과의 발생을 인식하면서 감히 그것을 행하는 심리상태
- 미필적 고의(결과의 발생을 인용하는 경우)도 포함됨

용어 중대한 과실
조금만 주의를 기울였다면 그 사실의 중요성과 고지의 당위성을 알았을 것을 부주의로 불고지, 부실고지를 한 것

참고 고지의무자
인보험에서의 보험수익자는 고지의무자가 아님

참고 중요한 사항의 예시
- 화재보험에서 보험목적의 구조
- 보험목적의 사용목적
- 공사금액과 공사기간
- 피보험자의 신분, 직업

용어 추정한다
추정의 내용을 뒤집을 만한 강력한 증거가 없다면 그 내용을 인정해 줌

2 객관적 위험의 증가 시 통지의무

(1) 의의

① 보험기간 중 보험계약자 또는 피보험자가 사고발생의 위험이 현저하게 변경 또는 증가된 사실을 안 때에 지체없이 보험자에게 통지하여야 하는 의무이다.

② 보험의 목적을 잘 알고 있는 보험계약자 또는 피보험자가 주위 환경의 변화 등을 잘 알기 때문에 지는 의무로, 보험계약에 있어 최대선의계약성과 관련된다.

(2) 발생요건

① 위험의 변경 또는 증가는 보험기간 중이어야 한다.

② 위험의 변경 또는 증가가 현저하여야 한다.

③ 보험계약자 또는 피보험자의 행위로 인한 것이 아니어야 한다.

④ 보험계약자 또는 피보험자가 그 위험의 현저한 변경이나 증가의 사실을 알았어야 한다.

(3) 통지의무 위반의 효과

① **통지의무 해태 시 계약 해지**: 보험기간 중에 보험계약자 또는 피보험자가 사고발생의 위험이 현저하게❓ 변경 또는 증가된 사실을 안 때에는 지체없이 보험자에게 통지하여야 한다. 이를 해태한 때에는 보험자는 그 사실을 안 날로부터 1월 내에 한하여 계약을 해지할 수 있다(상법 제652조 제1항).

② 보험자가 보험계약자 또는 피보험자로부터 위험변경증가의 통지를 받은 때에는 1월 내에 보험료의 증액을 청구하거나 계약을 해지할 수 있다(상법 제652조 제2항).

③ **보험계약 해지의 효과**: 통지의무 위반으로 보험계약 해지 시 보험자는 계약 해지 시까지의 보험료청구가 가능하며 보험사고가 발생한 후 보험계약을 해지한 때에도 보험자는 그 사고가 위험변경·증가의 사실과 인과관계가 없다는 증명❓이 없는 한 보험금지급책임을 지지 않는다(상법 제655조).

(4) 고지의무와의 차이점

구분	고지의무	통지의무
시기	보험계약 시	보험계약 후
보험사 측의 해지 가능 기간 (제척기간❓)	안 날로부터 1개월 이내 (보험계약 체결일로부터 3년 이내)	안 날로부터 1개월 이내

용어 현저하게
그러한 사항이 존재하고 있었다면 보험자가 보험계약을 체결하지 않았거나 적어도 그 보험료로는 보험을 인수하지 않았을 것으로 인정되는 사실

참고 인과관계가 없다는 증명
보험사고가 위험변경·증가의 사실과 인과관계가 없음을 보험계약자 또는 피보험자가 입증한다면 보험자는 보험금의 지급책임을 짐

참고 제척기간
통지의무 위반에 대해서는 고지의무 위반과 달리 보험계약 체결일로부터 제척기간을 두고 있지 않음

3 위험의 유지의무

(1) 의의

보험계약자 또는 피보험자(인보험에서 보험수익자 포함)는 스스로 보험자가 인수한 위험을 보험자의 동의 없이 증가시키거나 제3자에 의해 증가시키도록 해서는 안 될 의무를 지며 상법에서는 보험계약자 등의 고의 또는 중대한 과실로 사고발생의 위험이 현저하게 변경 또는 증가한 경우 보험자의 계약 해지권을 인정하고 있다.

(2) 발생요건

① 위험의 변경 또는 증가는 보험기간 중이어야 한다.
② 위험의 변경 또는 증가가 현저하여야 한다.
③ 위험의 변경 또는 증가가 보험계약자, 피보험자 또는 보험수익자의 고의 또는 중대한 과실로 인한 것이어야 한다.

(3) 위험변경 · 증가 시 보험자의 조치

보험기간 중에 보험계약자, 피보험자 또는 보험수익자의 고의 또는 중대한 과실로 인하여 사고발생의 위험이 현저하게 변경 또는 증가된 때에는 보험자는 그 사실을 안 날부터 1월 내에 보험료의 증액을 청구하거나 계약을 해지할 수 있다(상법 제653조).

참고 보험계약 해지의 효과
고지의무 위반, 통지의무 위반, 위험유지의무 위반에 대한 보험금 지급 효과는 동일함

(4) 보험계약 해지의 효과[?]

위험유지의무 위반으로 보험계약 해지 시 보험자는 계약 해지 시까지의 보험료청구가 가능하며 보험사고가 발생한 후 보험계약을 해지한 때에도 보험자는 그 사고가 위험변경 · 증가의 사실과 인과관계가 없다는 증명이 없는 한 보험금지급책임을 지지 않는다.

(5) 위험의 현저한 증가의 예시

① 건물의 구조와 용도에 변경을 초래하는 증개축 공사
② 자동차보험에서 피보험자동차의 구조가 현저히 변경된 때
③ 화재보험 건물에서 근로자들의 장기간 점거 · 농성이 있는 경우

4 보험사고발생의 통지의무

(1) 통지의무자

보험계약자 또는 피보험자나 보험수익자는 보험사고의 발생을 안 때에는 지체없이 보험자에게 그 통지를 발송하여야 한다(상법 제657조 제1항).

(2) 통지의무 해태 시 효과

① 보험계약자 또는 피보험자나 보험수익자가 보험사고발생의 통지의무를 해태함으로 인하여 손해가 증가된 때에는 보험자는 그 증가된 손해를 보상할 책임이 없다(상법 제657조 제2항).
② 보험사고발생 통지의무를 해태하였다고 해서 보험자가 보험계약을 해지하는 등의 상법상 조항은 없다.

필수 문제

1 고지의무

01 고지의무에 관한 설명으로 옳은 것은? 제2회 기출

① 보험자는 보험대리상의 고지수령권을 제한할 수 없다.

② 보험자가 서면으로 질문한 사항은 중요한 고지사항으로 간주된다.

③ 보험계약자는 고지의무가 있다.

④ 보험자는 보험사고발생 전에 한하여 고지의무 위반을 이유로 하여 해지할 수 있다.

보험계약자, 피보험자가 고지의무의 대상자이며, 이들을 대리하는 대리인이 있다면 대리인에게도 고지의무가 있다.

| 오답해설 | ① 보험자는 보험대리상의 고지수령권을 제한할 수 있다(상법 제646조의2 제2항 참조).

② 보험자가 서면으로 질문한 사항은 중요한 고지사항으로 추정한다(상법 제651조의2 참조).

④ 보험자는 보험사고가 발생한 후일지라도 고지의무 위반을 이유로 하여 해지할 수 있다.

02 고지의무에 관한 설명으로 옳지 않은 것은? 제7회 기출

① 고지의무를 부담하는 자는 보험계약상의 보험계약자 또는 보험수익자이다.

② 보험계약자가 고의로 중요한 사항을 고지하지 아니한 경우, 보험자는 계약 체결일로부터 1월이 된 시점에는 계약을 해지할 수 있다.

③ 보험자가 계약 당시에 보험계약자의 고지의무 위반사실을 알았을 때에는 계약을 해지할 수 없다.

④ 보험계약자가 중대한 과실로 중요한 사항을 고지하지 아니한 경우, 보험자는 계약 체결일로부터 5년이 경과한 시점에는 계약을 해지할 수 없다.

고지의무를 부담하는 자는 보험계약자와 피보험자이며, 보험수익자는 고지의무 대상이 아니다. 보험수익자의 경우 보험사고발생 시 보험사고의 발생을 안 때에 지체없이 보험자에게 그 통지를 발송해야 하는 '보험사고발생의 통지의무'가 있다.

| 오답해설 | ②, ③, ④ 상법 제651조 참조

03 상법상 고지의무에 관한 설명으로 옳은 것은?

제8회 기출

① 타인을 위한 손해보험계약에서 그 타인은 고지의무를 부담하지 않는다.

② 보험자가 서면으로 질문한 사항은 중요한 사항으로 본다.

③ 고지의무자가 고의 또는 중과실로 중요한 사항을 불고지 또는 부실고지한 사실을 보험자가 보험계약 체결 직후 알게 된 경우, 보험자가 그 사실을 안 날로부터 1월이 경과하면 보험계약을 해지할 수 없다.

④ 고지의무자가 고의 또는 중과실로 중요한 사항을 불고지 또는 부실고지한 경우 보험자가 계약 당시에 그 사실을 알았을지라도 보험자는 보험계약을 해지할 수 있다.

보험계약 당시에 보험계약자 또는 피보험자가 고의 또는 중대한 과실로 인하여 중요한 사항을 고지하지 아니하거나 부실의 고지를 한 때에는 보험자는 그 사실을 안 날로부터 1월 내에, 계약을 체결한 날로부터 3년 내에 한하여 계약을 해지할 수 있다(상법 제651조).

| 오답해설 | ① 타인을 위한 손해보험계약에서 그 타인(피보험자)는 고지의무를 부담한다.

② 보험자가 서면으로 질문한 사항은 중요한 사항으로 추정한다(상법 제651조의2).

④ 보험계약자나 피보험자의 고지의무 위반 시 보험자는 그 사실을 안 날로부터 1월 이내, 계약을 체결한 날로부터 3년 내에 한하여 계약을 해지할 수 있으나 보험자가 그 사실을 알았거나 중대한 과실로 알지 못한 때에는 고지의무 위반에도 불구하고 그 계약을 해지할 수 없다(상법 제651조 참조).

04 고지의무에 관한 설명으로 옳지 않은 것은?

제4회 기출

① 보험계약 당시에 보험계약자 또는 피보험자가 고의 또는 중대한 과실로 인하여 중요한 사항을 부실의 고지를 한 때에는 보험자는 그 사실을 안 날로부터 3년 내에 계약을 해지할 수 있다.

② 보험자가 서면으로 질문한 사항은 중요한 사항으로 추정한다.

③ 손해보험의 피보험자는 고지의무자에 해당한다.

④ 보험자가 계약 당시에 고지의무 위반의 사실을 알았거나 중대한 과실로 인하여 알지 못한 때에는 보험자는 그 계약을 해지할 수 없다.

보험계약 당시에 보험계약자 또는 피보험자가 고의 또는 중대한 과실로 인하여 중요한 사항을 고지하지 아니하거나 부실의 고지를 한 때에는 보험자는 그 사실을 안 날로부터 1월 내에, 계약을 체결한 날로부터 3년 내에 한하여 계약을 해지할 수 있다(상법 제651조).

| 오답해설 | ② 상법 제651조의2

③ 고지의무자는 보험계약자와 피보험자이다.

④ 상법 제651조 단서

| 정답 | 01 ③ 02 ① 03 ③ 04 ①

05 상법상 고지의무에 관한 설명으로 옳은 것은?

제9회 기출

① 보험수익자는 고지의무를 부담한다.

② 보험계약 당시에 고지의무와 관련 보험자가 서면으로 질문한 사항은 중요한 사항으로 의제한다.

③ 고지의무자의 고지의무 위반을 이유로 보험자가 계약을 해지한 경우 보험자는 이미 받은 보험료의 전부를 반환하여야 한다.

④ 고지의무자가 고지의무를 위반한 사실이 보험사고발생에 영향을 미치지 아니하였음이 증명된 경우 보험자는 보험금을 지급할 책임이 있다.

상법 제655조 단서

| 오답해설 | ① 고지의무를 부담하는 자는 보험계약자와 피보험자이다.

② 보험자가 서면으로 질문한 사항은 중요한 사항으로 추정한다(상법 제651조의2).

③ 고지의무자의 고지의무 위반을 이유로 보험자가 계약을 해지한 경우 보험자는 보험금을 지급할 책임이 없고 이미 지급한 보험금의 반환을 청구할 수 있다(상법 제655조 참조).

06 다음 설명 중 옳은 것을 모두 고른 것은?

제3회 기출

ㄱ. 보험자가 서면으로 질문한 사항은 중요한 사항으로 간주하므로 보험계약자는 그 중요성을 다툴 수 없다.

ㄴ. 보험계약자뿐만 아니라 피보험자도 고지의무를 진다.

ㄷ. 고지의무 위반의 요건으로 보험계약자 또는 피보험자의 고의 또는 중대한 과실은 필요 없다.

ㄹ. 보험자가 계약 당시에 고지의무 위반사실을 알았거나 중대한 과실로 인하여 알지 못한 때에는 고지의무 위반을 이유로 계약을 해지할 수 없다.

① ㄱ, ㄴ
② ㄴ, ㄷ
③ ㄴ, ㄹ
④ ㄷ, ㄹ

보험계약 당시에 보험계약자 또는 피보험자가 고의 또는 중대한 과실로 인하여 중요한 사항을 고지하지 아니하거나 부실의 고지를 한 때에는 보험자는 그 사실을 안 날로부터 1월 내에, 계약을 체결한 날로부터 3년 내에 한하여 계약을 해지할 수 있다. 그러나 보험자가 계약 당시에 그 사실을 알았거나 중대한 과실로 인하여 알지 못한 때에는 그러하지 아니하다(상법 제651조).

| 오답해설 | ㄱ. 보험자가 서면으로 질문한 사항은 중요한 사항으로 추정한다(상법 제651조의2). 따라서 반대사실에 대한 제시로 인하여 그 중요성을 다툴 수 있다.

ㄷ. 고지의무 위반의 요건으로 보험계약자 또는 피보험자의 고의 또는 중대한 과실은 필요하다.

2 객관적 위험의 증가 시 통지의무

07 보험기간 중에 보험사고의 발생 위험이 현저하게 변경 또는 증가된 경우의 법률관계에 관한 설명으로 옳은 것은? 제10회 기출

① 보험수익자의 고의로 인하여 사고발생의 위험이 현저하게 증가된 때에는 보험자는 그 사실을 안 날로부터 1월 내에 보험계약을 해지할 수 있을 뿐이고, 보험료의 증액을 청구할 수는 없다.

② 보험계약자가 지체없이 위험변경증가의 통지를 한 때에는 보험자는 1월 내에 보험료 증액을 청구할 수 있을 뿐이고 보험계약을 해지할 수는 없다.

③ 보험계약자가 위험변경증가의 통지를 해태한 때에는 보험자는 그 사실을 안 날로부터 1월 내에 한하여 계약을 해지할 수 있다.

④ 타인을 위한 손해보험의 타인이 사고발생 위험이 현저하게 변경 또는 증가된 사실을 알게 된 경우 이를 보험자에게 통지할 의무는 없다.

보험기간 중에 보험계약자 또는 피보험자가 사고발생의 위험이 현저하게 변경 또는 증가된 사실을 안 때에는 지체없이 보험자에게 통지하여야 한다. 이를 해태한 때에는 보험자는 그 사실을 안 날로부터 1월 내에 한하여 계약을 해지할 수 있다(상법 제652조 제1항).

| 오답해설 | ① 보험수익자의 고의로 인하여 사고발생의 위험이 현저하게 증가된 때에는 보험자는 그 사실을 안 날로부터 1월 내에 보험계약을 해지하거나, 보험료의 증액을 청구할 수 있다(상법 제653조 참조).

② 보험계약자가 지체없이 위험변경증가의 통지를 한 때에는 보험자는 1월 내에 보험료 증액을 청구하거나 보험계약을 해지할 수 있다(상법 제652조 제2항 참조).

④ 위험변경증가에 대한 통지의무는 보험계약자와 피보험자에게 있으므로 타인을 위한 손해보험의 타인이 사고발생 위험이 현저하게 변경 또는 증가된 사실을 알게 된 경우 이를 보험자에게 통지할 의무가 있다(상법 제652조 제1항).

08 위험변경증가의 통지와 계약해지에 관한 설명으로 옳은 것은? 제7회 기출

① 보험기간 중에 피보험자가 사고발생의 위험이 현저하게 변경 또는 증가된 사실을 안 때에는 지체없이 보험자에게 통지하여야 한다.

② 보험계약 체결 직전에 보험계약자가 사고발생의 위험이 변경 또는 증가된 사실을 안 때에는 지체없이 보험자에게 통지하여야 한다.

③ 보험기간 중에 위험변경증가의 통지를 받은 때에는 보험자는 3개월 내에 보험료의 증액을 청구할 수 있다.

④ 보험기간 중에 위험변경증가의 통지를 받은 때에는 보험자는 3개월 내에 계약을 해지할 수 있다.

상법 제652조 제1항

| 오답해설 | ② 보험기간 중에 보험계약자가 사고발생의 위험이 변경 또는 증가된 사실을 안 때에는 지체없이 보험자에게 통지하여야 한다(상법 제652조 제1항 참조).

③ 보험기간 중에 위험변경증가의 통지를 받은 때에는 보험자는 1개월 내에 보험료의 증액을 청구할 수 있다(상법 제652조 제2항 참조).

④ 보험기간 중에 위험변경증가의 통지를 받은 때에는 보험자는 1개월 내에 계약을 해지할 수 있다(상법 제652조 제2항 참조).

| 정답 | 05 ④ 06 ③ 07 ③ 08 ①

09 위험변경증가의 통지와 보험계약해지에 관한 설명으로 옳지 않은 것은? 제4회 기출

① 보험기간 중에 보험계약자 또는 피보험자가 사고발생의 위험이 현저하게 변경 또는 증가된 사실을 안 때에는 지체없이 보험자에게 통지하여야 한다.

② 보험자가 위험변경증가의 통지를 받은 때에는 1월 내에 보험료의 증액을 청구하거나 계약을 해지할 수 있다.

③ 위험변경증가의 통지를 해태한 때에는 보험자는 그 사실을 안 날로부터 1월 내에 한하여 계약을 해지할 수 있다.

④ 보험사고가 발생한 후라도 보험자가 위험변경통지의 해태로 계약을 해지하였을 때에는 보험금을 지급할 책임이 없고, 이미 지급한 보험금의 반환도 청구할 수 없다.

보험사고가 발생한 후라도 보험자가 위험변경통지의 해태(상법 제652조)에 따라 계약을 해지하였을 때에는 보험금을 지급할 책임이 없고 이미 지급한 보험금의 반환을 청구할 수 있다(상법 제655조).

| 오답해설 | ① 상법 제652조 제1항

② 상법 제652조 제2항

③ 상법 제652조 제1항 단서

10 위험변경증가 시의 통지와 보험계약해지에 관한 설명으로 옳지 않은 것은? 제3회 기출

① 보험기간 중에 피보험자가 사고발생의 위험이 현저하게 변경 또는 증가된 사실을 안 때에는 지체없이 보험자에게 통지하여야 한다.

② 보험기간 중에 보험계약자의 고의로 사고발생의 위험이 현저하게 변경 또는 증가된 때에는 보험자는 그 사실을 안 날로부터 1월 내에 계약을 해지할 수 있다.

③ 보험기간 중에 피보험자의 중대한 과실로 인하여 사고발생의 위험이 현저하게 변경 또는 증가된 때에는 보험자는 그 사실을 안 날부터 1월 내에 계약을 해지할 수 있다.

④ 보험기간 중에 피보험자의 고의로 인하여 사고발생의 위험이 현저하게 변경 또는 증가된 경우에는 보험자는 계약을 해지할 수 없다.

보험기간 중에 보험계약자, 피보험자 또는 보험수익자의 고의 또는 중대한 과실로 인하여 사고발생의 위험이 현저하게 변경 또는 증가된 때에는 보험자는 그 사실을 안 날부터 1월 내에 보험료의 증액을 청구하거나 계약을 해지할 수 있다(상법 제653조).

| 오답해설 | ① 상법 제652조 제1항

3 위험의 유지의무

11 **보험기간 중 사고발생의 위험이 현저하게 변경된 경우에 관한 설명으로 옳은 것을 모두 고른 것은?** 제8회 기출

ㄱ. 보험수익자가 이 사실을 안 때에는 지체없이 보험자에게 통지하여야 한다.
ㄴ. 보험자가 보험계약자로부터 위험변경의 통지를 받은 때로부터 2월이 경과하면 계약을 해지할 수 없다.
ㄷ. 보험수익자의 고의로 인하여 위험이 현저하게 변경된 때에는 보험자는 보험료의 증액을 청구할 수 있다.
ㄹ. 피보험자의 중대한 과실로 인하여 위험이 현저하게 변경된 때에는 보험자는 계약을 해지할 수 없다.

① ㄱ, ㄴ
② ㄴ, ㄷ
③ ㄷ, ㄹ
④ ㄱ, ㄴ, ㄷ, ㄹ

• 보험자가 위험변경증가의 통지를 받은 때에는 1월 내에 보험료의 증액을 청구하거나 계약을 해지할 수 있다(상법 제652조 제2항). 즉, 2월이 경과하면 계약을 해지할 수 없다.
• 보험수익자의 고의로 인하여 사고발생의 위험이 현저하게 변경된 때에는 보험자는 그 사실을 안 날부터 1월 내에 보험료의 증액을 청구할 수 있다(상법 제653조 참조).

| 오답해설 | ㄱ. 보험계약자 또는 피보험자가 이 사실을 안 때에는 지체없이 보험자에게 통지하여야 한다(상법 제652조 제1항). 즉, 해당 통지의무 부담자에 보험수익자는 해당하지 않는다.
ㄹ. 보험기간 중에 피보험자의 중대한 과실로 인하여 사고발생의 위험이 현저하게 변경된 때에는 보험자는 그 사실을 안 날부터 1월 내에 보험료의 증액을 청구하거나 계약을 해지할 수 있다(상법 제653조 참조).

12 **상법상 보험기간 중에 사고발생의 위험이 현저하게 변경 또는 증가된 경우에 관한 설명으로 옳은 것은?** 제9회 기출

① 보험수익자가 사고발생의 위험이 현저하게 변경된 사실을 안 때에는 지체없이 보험자에게 통지하여야 한다.
② 통지의무자가 사고발생의 위험이 현저하게 증가된 사실의 통지를 해태한 때에는 보험자는 그 사실을 안 날부터 3월 내에 한하여 계약을 해지할 수 있다.
③ 보험수익자의 중대한 과실로 인하여 사고발생의 위험이 현저하게 증가된 때에는 보험자는 그 사실을 안 날부터 2월 내에 계약을 해지할 수 있다.
④ 보험자가 사고발생의 위험변경증가의 통지를 받은 때에는 1월 내에 보험료의 증액을 청구할 수 있다.

상법 제652조 제2항 참조

| 오답해설 | ①, ② 보험기간 중 사고발생의 위험이 현저하게 변경 또는 증가된 사실을 안 때 지체없이 보험자에게 통지하여야 하는 대상은 보험계약자 또는 피보험자이다. 통지의무자가 사고발생의 위험이 현저하게 증가된 사실의 통지를 해태한 때에는 보험자는 그 사실을 안 날로부터 1월 내에 한하여 계약을 해지할 수 있다(상법 제652조 제1항).
③ 보험수익자의 중대한 과실로 인하여 사고발생의 위험이 현저하게 증가된 때에는 보험자는 그 사실을 안 날부터 1월 내에 보험료의 증액을 청구하거나 계약을 해지할 수 있다(상법 제653조 참조).

| 정답 | 09 ④ 10 ④ 11 ② 12 ④

13 **보험계약자 등의 고의나 중과실로 인한 위험증가와 계약해지에 관한 설명으로 옳지 않은 것은? (다툼이 있으면 판례에 따름)** 제7회 기출

① 보험기간 중에 보험계약자의 중대한 과실로 인하여 사고발생의 위험이 현저하게 증가된 때에는 보험자는 그 사실을 안 날부터 1월 내에 보험료의 증액을 청구할 수 있다.

② 위험의 현저한 변경이나 증가된 사실과 보험사고발생과의 사이에 인과관계가 부존재한다는 점에 관한 주장 · 입증책임은 보험자 측에 있다.

③ 보험기간 중에 피보험자의 고의로 인하여 사고발생의 위험이 현저하게 증가된 때에는 보험자는 그 사실을 안 날부터 1월 내에 계약을 해지할 수 있다.

④ 사고발생의 위험이 현저하게 변경 또는 증가된 사실이라 함은 그 변경 또는 증가된 위험이 보험계약의 체결 당시에 존재하고 있었다면 보험자가 보험계약을 체결하지 않았거나 적어도 그 보험료로는 보험을 인수하지 않았을 것으로 인정되는 정도의 것을 말한다.

고지의무에 위반한 사실 또는 위험의 현저한 변경이나 증가된 사실과 보험사고발생과의 사이에 인과관계가 부존재한다는 점에 관한 주장 · 입증책임은 보험계약자 측에 있다(대법원 1997.9.5. 선고 95다25268 판결).

4 보험사고발생의 통지의무

14 **보험사고가 발생한 경우 그 법률관계에 관한 설명으로 옳지 않은 것은?** 제10회 기출

① 보험수익자가 보험사고의 발생을 안 때에는 지체없이 보험자에게 그 통지를 발송하여야 한다.

② 보험계약자가 보험사고의 발생을 알았음에도 지체없이 보험자에게 그 통지를 발송하지 않은 경우 보험자는 계약을 해지할 수 있다.

③ 보험계약 당사자 간에 다른 약정이 없으면 최초보험료를 보험자가 지급받은 때로부터 보험자의 책임이 개시된다.

④ 위험이 현저하게 변경 또는 증가된 사실이 보험사고발생에 영향을 미친 경우, 보험자가 위험변경증가의 통지를 못 받았음을 이유로 유효하게 계약을 해지하면 보험금을 지급할 책임이 없다.

보험계약자 또는 피보험자나 보험수익자가 보험사고발생의 통지의무를 해태함으로 인하여 손해가 증가된 때에 보험자는 계약을 해지할 수 있는 것이 아니라 그 증가된 손해를 보상할 책임이 없다(상법 제657조 제2항).

| 오답해설 | ① 상법 제657조 제1항

③ 상법 제656조

④ 상법 제652조 및 제655조

15 보험사고발생의 통지의무에 관한 설명으로 옳지 않은 것은? 제4회 기출

① 보험사고발생의 통지의무자가 보험사고의 발생을 안 때에는 지체없이 보험자에게 그 통지를 발송하여야 한다.

② 보험사고발생의 통지의무자는 보험계약자 또는 피보험자나 보험수익자이다.

③ 통지의 방법으로는 구두, 서면 등이 가능하다.

④ 보험자는 보험계약자가 보험사고발생의 통지의무를 해태하여 증가된 손해라도 이를 포함하여 보상할 책임이 있다.

보험계약자 또는 피보험자나 보험수익자가 보험사고발생의 통지의무를 해태함으로 인하여 손해가 증가된 때에는 보험자는 그 증가된 손해를 보상할 책임이 없다(상법 제657조 제2항).

16 보험사고발생의 통지의무에 관한 설명으로 옳은 것은? 제7회 기출

① 상법은 보험사고발생의 통지의무 위반 시 보험자의 계약해지권을 규정하고 있다.

② 보험계약자는 보험사고의 발생을 안 때에는 상당한 기간 내에 보험자에게 그 통지를 발송하여야 한다.

③ 피보험자가 보험사고발생의 통지의무를 해태함으로 인하여 손해가 증가된 때에는 보험자는 그 증가된 손해를 보상할 책임이 없다.

④ 보험수익자는 보험사고발생의 통지의무자에 포함되지 않는다.

상법 제657조 제2항 참조

| 오답해설 | ① 상법은 보험사고발생의 통지의무 위반 시 보험자의 계약해지권 규정을 두고 있지 않다.

② 보험계약자는 보험사고의 발생을 안 때에는 지체없이 보험자에게 그 통지를 발송하여야 한다(상법 제657조 제1항).

④ 보험수익자도 보험사고발생의 통지의무자에 포함된다(상법 제657조 제1항 참조).

| 정답 | 13 ② 14 ② 15 ④ 16 ③

THEME 04

보험금, 보험료

☑ 학습 포인트 • 보험자의 보험금 지급책임
• 보험료의 지급과 지체의 효과

☑ 6개년 평균 3문제 출제

대표 예제

✚ 기출 공략팁

보험료, 보험금의 지급은 보험계약에서 보험계약자, 보험자의 가장 기본이 되는 의무이다. 그 시기와 의무 위반 시 효과에 대해 혼동하지 않고 이해해 두어야 한다.

■ 보험계약의 당사자 간에 다른 약정이 없는 경우 보험자의 책임개시시기는?

제3회 기출

① 최초의 보험료의 지급을 받은 때로부터 개시한다.

② 보험계약자의 청약에 대하여 보험자가 승낙하여 계약이 성립한 때로부터 개시한다.

③ 보험사고발생 사실이 통지된 때로부터 개시한다.

④ 보험자가 재보험에 가입하여 보험자의 보험금지급위험에 대한 보장이 확보된 때로부터 개시한다.

예제 풀이

보험자의 책임은 당사자 간에 다른 약정이 없으면 최초의 보험료의 지급을 받은 때로부터 개시한다(상법 제656조).

| 정답 | ①

■ 보험계약자 甲은 보험자 乙과 보험계약을 체결하면서 일정한 보험료를 매월 균등하게 10년간 지급하기로 약정하였다. 이에 관한 설명으로 옳지 않은 것은?

제6회 기출

① 甲은 약정한 최초의 보험료를 계약 체결 후 지체없이 납부하여야 한다.

② 甲이 계약이 성립한 후에 2월이 경과하도록 최초의 보험료를 지급하지 아니하면, 그 계약은 법률에 의거해 효력을 상실한다. 이에 관한 당사자 간의 특약은 계약의 효력에 영향을 미치지 않는다.

③ 甲이 계속보험료를 약정한 시기에 지급하지 아니하여 乙이 보험계약을 해지하려면 상당한 기간을 정하여 甲에게 최고하여야 한다.

④ 甲이 계속보험료를 지급하지 않아서 乙이 계약해지권을 적법하게 행사하였더라도 해지환급금이 지급되지 않았다면 甲은 일정한 기간 내에 연체보험료에 약정이자를 붙여 乙에게 지급하고 그 계약의 부활을 청구할 수 있다.

예제 풀이

甲이 계약이 성립한 후에 2월이 경과하도록 최초의 보험료를 지급하지 아니하면, 그 계약은 해제된 것으로 본다. 이에 관한 당사자 간의 특약은 계약의 효력에 영향을 미친다(상법 제650조 참조).

| 정답 | ②

핵심 이론

1 보험자의 보험금 지급책임

(1) 보험금 지급의무

① 보험자의 보험금 지급책임

㉠ 보험금 지급의무는 보험계약상 보험자의 가장 중요한 의무로 보험사고를 대비하기 위해 보험계약자가 지급한 보험료의 대가이다(쌍무계약성).

㉡ 보험자의 책임은 당사자 간에 다른 약정이 없으면 최초의 보험료의 지급을 받은 때로부터 개시한다(상법 제656조).

㉢ 소급보험: 보험자가 위험을 부담하는 기간, 즉 보험기간을 말하며 소급보험은 그 계약 전의 어느 시기를 보험기간의 시기로 할 수 있다(상법 제643조).

② 보험금의 지급 절차: 보험자는 보험금액의 지급에 관하여 약정기간이 있는 경우에는 그 기간 내에, 약정기간이 없는 경우에는 보험사고발생의 통지를 받은 후 지체없이 지급할 보험금액을 정하고 그 정하여진 날부터 10일 내에 피보험자 또는 보험수익자에게 보험금액을 지급하여야 한다(상법 제658조).

③ 보험금 지급책임의 요건

㉠ 보험기간 내의 사고일 것

㉡ 손해보험에서는 손해와 보험사고 간에 상당인과관계가 인정되어야 할 것

㉢ 법률상, 약관상 보험자의 면책사유에 해당되지 않을 것

㉣ 보험금청구권이 시효로 소멸되지 않았을 것

④ 보험금 수령권자

㉠ 손해보험: 피보험자

㉡ 인보험: 보험수익자

용어 소급보험
- 당사자 간의 약정으로 보험자의 책임개시 시점을 최초 보험료를 받은 때가 아닌 그 전에 개시하는 보험
- 해상보험이 대표적인 사례임

참고 보험금청구권의 소멸시효
3년

(2) 보험사의 면책 사유

① 고의 또는 중대한 과실로 인한 면책

㉠ 보험사고가 보험계약자 또는 피보험자나 보험수익자의 고의 또는 중대한 과실로 인하여 생긴 때에는 보험자는 보험금액을 지급할 책임이 없다(상법 제659조 제1항).

㉡ 보험계약자 측의 고의, 중과실에 대한 입증책임은 보험자에게 있다.

㉢ 고의, 중과실 면책조항은 보험의 신의성실의 원칙을 대표하는 규정이며 계약 당사자 간의 약정으로 변경할 수 없는 강행규정이다.

② 전쟁위험 등으로 인한 면책

㉠ 보험사고가 전쟁 기타의 변란으로 인하여 생긴 때에는 당사자 간에 다른 약정이 없으면 보험자는 보험금액을 지급할 책임이 없다(상법 제660조).

㉡ 전쟁위험 면책은 강행규정이 아니므로 계약 당사자 간의 약정으로 변경할 수 있으며 실무적으로 해상보험에서는 전쟁위험담보특약이 판매되고 있다.

③ 손해보험계약에서의 면책사유: 보험의 목적의 성질, 하자 또는 자연소모로 인한 손해는 보험자가 이를 보상할 책임이 없다(상법 제678조).

용어 면책 사유
보험사고의 원인과 관련하여 보험자의 책임을 면제하는 사유

용어 변란
이란 전쟁에 준하는 국가 간의 분쟁 상태, 또는 내란폭력혁명 폭동 등 대중의 조직적 폭력에 의해 국권에 항쟁하는 것

2 보험료의 지급

(1) 보험료의 의의와 종류

① 의의: 보험료 납부는 보험계약상 보험계약자의 대표적 의무로 보험자의 위험보장에 대응하여 보험료를 지급하는 의무이다.

② 종류

최초보험료	보험자의 책임을 개시시키기 위한 보험료로 분납보험료에서 최초로 지급되는 보험료
계속보험료	처음 납입하는 보험료 이후 두 번째부터 보험 만기까지 계속적으로 납입하는 보험료

(2) 보험료 납부절차(상법 제650조 제1항)

① 납부시기: 보험계약자는 계약 체결 후 지체없이 보험료의 전부 또는 제1회 보험료를 지급하여야 한다.

② 최초보험료 납부의무 해태 시: 보험계약 체결 후 보험계약자가 보험료의 전부 또는 제1회 보험료를 지급하지 아니하는 경우에는 다른 약정이 없는 한 계약 성립 후 2월이 경과하면 그 계약은 해제[용어] 된 것으로 본다.

용어 **해제**
일단 유효하게 성립한 계약을 소급하여 소멸시키는 일방적인 의사표시

(3) 보험료 지급 의무자

① 보험료 지급의무를 부담하는 자는 보험계약자이다.

② 타인을 위한 보험에서는 그 타인이 그 권리를 포기하지 않는 한 2차적인 보험료 지급의무를 부담한다(상법 제639조 제3항).

(4) 보험료의 감액청구

① 감액청구 내용: 보험계약의 당사자가 특별한 위험을 예기하여 보험료의 액을 정한 경우에 보험기간 중 그 예기한 위험이 소멸한 때에는 보험계약자는 그 후의 보험료의 감액을 청구할 수 있다(상법 제647조).

② 감액청구 당사자: 보험계약자는 보험자에 대하여 감액청구를 할 수 있다.

③ 감액청구의 효력: 감액의 효력은 소급되는 것이 아니라 장래에 대해서만 그 효력이 있는 것이다.

(5) 계속보험료 지급해태의 효과

① 계약의 해지

㉠ 계속보험료가 약정한 시기에 지급되지 아니한 때에는 보험자는 상당한 기간을 정하여 보험계약자에게 최고[용어]하고 그 기간 내에 지급되지 아니한 때에는 그 계약을 해지할 수 있다(상법 제650조 제2항).

㉡ 특정한 타인을 위한 보험의 경우에 보험계약자가 보험료의 지급을 지체한 때에는 보험자는 그 타인에게도 상당한 기간을 정하여 보험료의 지급을 최고한 후가 아니면 그 계약을 해제 또는 해지하지 못한다(상법 제650조 제3항).

용어 **최고(催告)**
재촉하는 뜻을 알림

② 보험계약 해지의 요건
   ㉠ 일정한 시기의 보험료 미지급
   ㉡ 보험료 지급에 대한 최고
   ㉢ 최고기간 내의 보험료 미지급
   ㉣ 해지의 의사표시

(6) 보험료 반환청구

① **무효로 인한 반환청구**: 보험계약의 전부 또는 일부가 무효인 경우에 보험계약자와 피보험자가 선의이며 중대한 과실이 없는 때에는 보험자에 대하여 보험료의 전부 또는 일부의 반환을 청구할 수 있다. 보험계약자와 보험수익자가 선의이며 중대한 과실이 없는 때에도 같다(상법 제648조).

② **사고발생 전 임의해지 시 반환청구**: 보험계약의 임의해지 시 보험계약자는 당사자 간에 다른 약정이 없으면 미경과보험료[용어]의 반환을 청구할 수 있다(상법 제649조 제3항).

용어 미경과보험료
보험기간이 아직 경과되지 않은 부분에 해당하는 보험료

③ **의무 위반으로 인한 해지 시 반환청구**: 보험가입자 측의 고지의무, 통지의무, 위험유지의무 위반으로 보험계약 해지 시 보험계약자는 미경과보험료의 반환을 청구할 수 없다.

④ **보험료 반환청구권자**: 보험료 반환을 청구할 수 있는 자는 보험계약자이다.

⑤ **보험료 반환청구권의 소멸시효**: 보험료 반환청구권은 3년의 시효로 소멸한다(상법 제662조).

필수 문제

1 보험자의 보험금 지급책임

01 보험금액의 지급에 관한 설명으로 옳지 않은 것은? (다툼이 있으면 판례에 따름) 제7회 기출

① 보험금액의 지급에 관하여 약정기간이 있는 경우, 보험자는 그 기간 내에 보험금액을 지급하여야 한다.
② 보험금액의 지급에 관하여 약정기간이 없는 경우, 보험자는 보험사고발생의 통지를 받은 후 지체없이 지급할 보험금액을 정하여야 한다.
③ 보험금액의 지급에 관하여 약정기간이 없는 경우, 보험금액이 정하여진 날부터 1월 내에 보험수익자에게 보험금액을 지급하여야 한다.
④ 보험계약자의 동의 없이 보험자와 피보험자 사이에 한 보험금 지급기한 유예의 합의는 유효하다.

보험자는 보험금액의 지급에 관하여 약정기간이 있는 경우에는 그 기간 내에, 약정기간이 없는 경우에는 통지를 받은 후 지체없이 지급할 보험금액을 정하고 그 정하여진 날부터 10일 내에 피보험자 또는 보험수익자에게 보험금액을 지급하여야 한다(상법 제658조).

| 오답해설 | ④ 대법원 1981.10.6. 선고 80다2699 판결 참조

02 보험자의 보험금 지급과 면책사유에 관한 설명으로 옳은 것은? 제1회 기출

① 보험금은 당사자 간에 특약이 있는 경우라도 금전 이외의 현물로 지급할 수 없다.
② 보험자의 보험금 지급은 보험사고발생의 통지를 받은 후 10일 이내에 지급할 보험금액을 정하고 10일 이후에 이를 지급하여야 한다.
③ 보험의 목적인 과일의 자연 부패로 인하여 발생한 손해에 대해서 보험자는 보험금을 지급하여야 한다.
④ 건물을 특약 없는 화재보험에 가입한 보험계약에서 홍수로 건물이 멸실된 경우 보험자는 보험금을 지급하지 않아도 된다.

상법 제667조

| 오답해설 | ① 보험금은 현금으로 일시에 지급하는 것이 일반적이지만 현물, 기타의 급여로 지급할 수도 있다.
② 보험자는 보험금액의 지급에 관하여 약정기간이 있는 경우에는 그 기간 내에, 약정기간이 없는 경우에는 사고발생의 통지를 받은 후 지체없이 지급할 보험금액을 정하고 그 정하여진 날부터 10일 내에 피보험자 또는 보험수익자에게 보험금액을 지급하여야 한다(상법 제658조).
③ 보험의 목적의 성질, 하자 또는 자연소모로 인한 손해는 보험자가 이를 보상할 책임이 없다(상법 제678조).

03 손해보험에서 보험자의 보험금액 지급과 면책사유에 관한 설명으로 옳지 않은 것은? 제3회 기출

① 보험자는 보험금액의 지급에 관하여 약정기간이 있는 경우에는 그 기간 내에 피보험자에게 보험금액을 지급하여야 한다.

② 보험자는 보험금액의 지급에 관하여 약정기간이 없는 경우에는 보험사고발생의 통지를 받은 후 지체없이 지급할 보험금액을 정하고, 그 정하여진 날부터 10일 내에 피보험자에게 보험금액을 지급하여야 한다.

③ 보험사고가 보험계약자 또는 피보험자의 중대한 과실로 인하여 생긴 때에는 보험자는 언제나 보험금액을 지급할 책임이 있다.

④ 보험사고가 전쟁 기타의 변란으로 인하여 생긴 때에는 당사자 간에 다른 약정이 없으면 보험자는 보험금액을 지급할 책임이 없다.

보험사고가 보험계약자 또는 피보험자나 보험수익자의 고의 또는 중대한 과실로 인하여 생긴 때에는 보험자는 보험금액을 지급할 책임이 없다(상법 제659조 제1항).

| 오답해설 | ①, ② 상법 제658조

④ 상법 제660조

04 상법상 보험사고의 발생에 따른 보험자의 책임에 관한 설명으로 옳은 것은? 제8회 기출

① 보험수익자가 보험사고의 발생을 안 때에는 보험자에게 그 통지를 할 의무가 없다.

② 보험사고가 보험계약자의 고의로 인하여 생긴 때에는 보험자는 보험금액을 지급할 책임이 없다.

③ 보험자는 보험금액의 지급에 관하여 약정기간이 없는 경우 지급할 보험금액이 정하여진 날로부터 5일 내에 지급하여야 한다.

④ 보험자의 책임은 당사자 간에 다른 약정이 없으면 보험계약자가 보험계약의 체결을 청약한 때로부터 개시한다.

상법 제659조 제1항 참조

| 오답해설 | ① 보험계약자 또는 피보험자나 보험수익자는 보험사고의 발생을 안 때에는 지체없이 보험자에게 그 통지를 발송하여야 한다(상법 제657조 제1항).

③ 보험자는 보험금액의 지급에 관하여 약정기간이 없는 경우 지급할 보험금액이 정하여진 날로부터 10일 이내에 지급하여야 한다(상법 제658조 참조).

④ 보험자의 책임은 당사자 간에 다른 약정이 없으면 최초의 보험료의 지급을 받은 때로부터 개시한다(상법 제656조).

| 정답 | 01 ③ 02 ④ 03 ③ 04 ②

05 보험자의 보험금액 지급과 면책에 관한 설명으로 옳지 않은 것은? 제4회 기출

① 약정기간이 없는 경우에는 보험자는 보험사고발생의 통지를 받은 후 지체없이 지급할 보험금액을 정하여야 한다.

② 보험자가 보험금액을 정하면 정하여진 날부터 10일 내에 보험금액을 지급하여야 한다.

③ 보험사고가 전쟁 기타의 변란으로 인하여 생긴 때에는 보험자의 보험금액 지급책임에 대하여 당사자 간에 다른 약정을 할 수 없다.

④ 보험사고가 보험계약자의 고의 또는 중대한 과실로 인하여 생긴 때에는 보험자는 보험금액을 지급할 책임이 없다.

보험사고가 전쟁 기타의 변란으로 인하여 생긴 때에는 당사자 간에 다른 약정이 없으면 보험자는 보험금액을 지급할 책임이 없다(상법 제660조). 즉, 보험사고가 전쟁 기타의 변란으로 인하여 생긴 때라도 보험금을 지급한다는 약정이 있으면 보험자는 보험금액을 지급할 책임이 있다.

| 오답해설 | ①, ② 상법 제658조 참조

④ 상법 제659조

2 보험료의 지급

06 상법상 보험계약자가 보험자와 보험료를 분납하기로 약정한 경우에 관한 설명으로 옳지 않은 것은? 제8회 기출

① 보험계약 체결 후 보험계약자가 제1회 보험료를 지급하지 아니한 경우, 다른 약정이 없는 한 계약 성립 후 2월이 경과하면 보험계약은 해제된 것으로 본다.

② 계속보험료가 연체된 경우 보험자는 즉시 그 계약을 해지할 수는 없다.

③ 계속보험료가 연체된 경우 보험대리상이 아니면서 특정한 보험자를 위하여 계속적으로 보험계약의 체결을 중개하는 자는 보험계약자에 대해 해지의 의사표시를 할 수 있는 권한이 있다.

④ 보험대리상이 아니면서 특정한 보험자를 위하여 계속적으로 보험계약의 체결을 중개하는 자는 보험자가 작성한 영수증을 보험계약자에게 교부하는 경우에 한하여 보험료를 수령할 권한이 있다.

계속보험료가 연체된 경우 보험대리상이 아니면서 특정한 보험자를 위하여 계속적으로 보험계약의 체결을 중개하는 자는 보험계약자에 대해 해지의 의사표시를 할 수 있는 권한이 없다(상법 제646조의2 제3항 참조).

| 오답해설 | ① 상법 제650조 제1항 참조

② 상법 제650조 제2항 참조

④ 상법 제646조의2 제3항

07 보험료의 지급과 보험자의 책임개시에 관한 설명으로 옳지 않은 것은? 제1회 기출

① 보험설계사는 보험자가 작성한 영수증을 보험계약자에게 교부하는 경우에만 보험료수령권이 있다.

② 보험자의 책임은 당사자 간에 다른 약정이 없으면 최초 보험료를 지급받은 때로부터 개시한다.

③ 보험료불가분의 원칙에 의해 보험계약자는 다른 약정이 있더라도 일시에 보험료를 지급하여야 한다.

④ 보험자의 보험료청구권은 2년간 행사하지 아니하면 시효의 완성으로 소멸한다.

보험료의 지급은 보험료불가분의 원칙에 의해 일시 지급이 원칙이나, 당사자 간 다른 약정이 있으면 분할 지급할 수 있다(상법 제650조 제1항 참조).

08 보험료의 지급과 지체에 관한 설명으로 옳지 않은 것은? 제2회 기출

① 보험료는 보험계약자만이 지급의무를 부담하므로 특정한 타인을 위한 보험의 경우에 보험계약자가 보험료의 지급을 지체한 때에는 보험자는 그 타인에 대한 최고 없이도 그 계약을 해지할 수 있다.

② 보험자의 책임은 당사자 간에 다른 약정이 없으면 최초의 보험료의 지급을 받은 때로부터 개시한다.

③ 보험계약자가 보험료를 지급하지 아니하는 경우에는 다른 약정이 없는 한 계약 성립 후 2월이 경과하면 그 계약은 해제된 것으로 본다.

④ 계속보험료가 약정한 시기에 지급되지 아니한 때에는 보험자는 상당한 기간을 정하여 보험계약자에게 최고하고 그 기간 내에 지급되지 아니한 때에는 그 계약을 해지할 수 있다.

특정한 타인을 위한 보험의 경우에 보험계약자가 보험료의 지급을 지체한 때에는 보험자는 그 타인에게도 상당한 기간을 정하여 보험료의 지급을 최고한 후가 아니면 그 계약을 해제 또는 해지하지 못한다(상법 제650조 제3항).

| 오답해설 | ② 상법 제656조

③ 상법 제650조 제1항

④ 상법 제650조 제2항

| 정답 | 05 ③ 06 ③ 07 ③ 08 ①

09 보험료에 관한 설명으로 옳지 않은 것은?

제1회 기출

① 보험계약자는 계약 체결 후 지체없이 보험료의 전부 또는 최초보험료를 지급하여야 한다.

② 보험계약자의 최초보험료 미지급 시 다른 약정이 없는 한 계약 성립 후 2월의 경과로 그 계약은 해제된 것으로 본다.

③ 계속보험료 미지급으로 보험자가 계약을 해지하기 위해서는 보험계약자에게 상당 기간을 정하여 그 기간 내에 지급할 것을 최고하여야 한다.

④ 타인을 위한 보험의 경우 보험계약자의 보험료지급 지체 시 보험자는 그 타인에게 보험료지급을 최고하지 않아도 계약을 해지할 수 있다.

특정한 타인을 위한 보험의 경우에 보험계약자가 보험료의 지급을 지체한 때에는 보험자는 그 타인에게도 상당한 기간을 정하여 보험료의 지급을 최고한 후가 아니면 그 계약을 해제 또는 해지하지 못한다(상법 제650조 제3항).

| 오답해설 | ①, ②, ③ 상법 제650조 참조

10 보험료 불지급에 관한 설명으로 옳지 않은 것은?

제3회 기출

① 계약 성립 후 2월 이내에 제1회 보험료를 지급하지 아니하는 경우에는 다른 약정이 없는 한 그 계약은 해제된 것으로 본다.

② 보험계약자가 계속보험료의 지급을 지체한 경우에 보험자는 상당한 기간을 정하여 이행을 최고하여야 하고 그 최고기간 내에 지급되지 아니한 때에는 그 계약을 해지할 수 있다.

③ 특정한 타인을 위한 보험의 경우에 보험계약자가 계속보험료의 지급을 지체한 때에는 보험자는 그 타인에게도 상당한 기간을 정하여 보험료의 지급을 최고한 후가 아니면 그 계약을 해지하지 못한다.

④ 대법원 전원합의체 판결에 의하면 약관에서 제2회 분납보험료가 그 지급유예기간까지 납입되지 아니하였음을 이유로 상법 소정의 최고절차를 거치지 않고, 막바로 보험계약이 실효됨을 규정한 이른바 실효약관은 유효하다.

상법 제650조는 보험료가 적당한 시기에 지급되지 아니한 때에는 보험자는 상당한 기간을 정하여 보험계약자에게 최고하고 그 기간 내에 지급하지 아니한 때에는 계약을 해지할 수 있도록 규정하고, 같은 법 제663조는 위 규정을 보험당사자 간의 특약으로 보험계약자 또는 보험수익자의 불이익으로 변경하지 못한다고 규정하고 있으므로, 분납보험료가 소정의 시기에 납입되지 아니하였음을 이유로 그와 같은 절차를 거치지 아니하고 막바로 보험계약이 해지되거나 실효됨을 규정하고 보험자의 보험금지급책임을 면하도록 규정한 보험약관은 위 상법의 규정에 위배되어 무효이다(대법원 1995.11.16. 선고 94다56852 전원합의체 판결).

| 오답해설 | ①, ②, ③ 상법 제650조 참조

11 보험료의 지급과 지체의 효과에 관한 설명으로 옳은 것은?

제7회 기출

① 보험계약자는 계약 체결 후 지체없이 보험료의 전부 또는 제1회 보험료를 지급하여야 한다.

② 계속보험료가 약정한 시기에 지급되지 아니한 때에는 보험자는 상당한 기간을 정하여 보험계약자에게 최고하고 그 기간 내에 지급되지 아니한 때에는 그 계약은 해지된 것으로 본다.

③ 특정한 타인을 위한 보험의 경우에 보험계약자가 보험료의 지급을 지체한 때에는 보험자는 그 계약을 해제 또는 해지할 수 있다.

④ 보험계약자가 최초보험료를 지급하지 아니한 경우에는 다른 약정이 없는 한 계약 성립 후 1월이 경과하면 그 계약은 해제된 것으로 본다.

상법 제650조 제1항

| 오답해설 | ② 계속보험료가 약정한 시기에 지급되지 아니한 때에는 보험자는 상당한 기간을 정하여 보험계약자에게 최고하고 그 기간 내에 지급되지 아니한 때에는 그 계약을 해지할 수 있다(상법 제650조 제2항).

③ 특정한 타인을 위한 보험의 경우에 보험계약자가 보험료의 지급을 지체한 때에는 보험자는 그 타인에게도 상당한 기간을 정하여 보험료의 지급을 최고한 후가 아니면 그 계약을 해제 또는 해지하지 못한다(상법 제650조 제3항).

④ 보험계약자가 최초보험료를 지급하지 아니한 경우에는 다른 약정이 없는 한 계약 성립 후 2월이 경과하면 그 계약은 해제된 것으로 본다(상법 제650조 제1항 참조).

12 상법(보험편)에 관한 설명으로 옳은 것은?

제4회 기출

① 보험사고가 발생하기 전에 보험계약의 전부 또는 일부를 해지하는 경우에 보험계약자는 당사자 간에 다른 약정이 없으면 미경과보험료의 반환을 청구할 수 없다.

② 보험계약자는 계약 체결 후 지체없이 보험료의 전부 또는 제1회 보험료를 지급하여야 하며, 보험계약자가 이를 지급하지 아니하는 경우에는 다른 약정이 없는 한 계약 성립 후 2월이 경과하면 그 계약은 해제된 것으로 본다.

③ 고지의무 위반으로 인하여 보험계약이 해지되고 해지환급금이 지급되지 아니한 경우에 보험계약자는 일정한 기간 내에 연체보험료에 약정이자를 붙여 보험자에게 지급하고 그 계약의 부활을 청구할 수 있다.

④ 보험계약의 일부가 무효인 경우에는 보험계약자와 피보험자에게 중대한 과실이 있어도 보험자에 대하여 보험료 일부의 반환을 청구할 수 있다.

상법 제650조 제1항 참조

| 오답해설 | ① 보험사고가 발생하기 전에 보험계약의 전부 또는 일부를 해지하는 경우 보험계약자는 당사자 간에 다른 약정이 없으면 미경과보험료의 반환을 청구할 수 있다(상법 제649조 제3항).

③ 보험계약의 부활 청구는 계속보험료의 지급 지체로 인한 보험계약 해지 시 가능하다(상법 제650조 제2항 및 제650조의2 참조).

④ 보험계약의 전부 또는 일부가 무효인 경우에 보험계약자와 피보험자가 선의이며 중대한 과실이 없는 때에는 보험자에 대하여 보험료의 전부 또는 일부의 반환을 청구할 수 있다. 보험계약자와 보험수익자가 선의이며 중대한 과실이 없는 때에도 같다(상법 제648조).

| 정답 | 09 ④ 10 ④ 11 ① 12 ②

13 보험계약자가 보험료의 감액을 청구할 수 있는 경우에 해당하는 것은? 제1회 기출

① 보험계약 무효 시 보험계약자와 피보험자가 선의이며 중대한 과실이 없는 경우
② 보험계약 무효 시 보험계약자와 보험수익자가 선의이며 중대한 과실이 없는 경우
③ 특별한 위험의 예기로 보험료를 정한 때에 그 위험이 보험기간 중 소멸한 경우
④ 보험사고발생 전의 임의해지 시 미경과보험료에 대해 다른 약정이 없는 경우

보험계약의 당사자가 특별한 위험을 예기하여 보험료의 액을 정한 경우에 보험기간 중 그 예기한 위험이 소멸한 때에는 보험계약자는 그 후의 보험료의 감액을 청구할 수 있다(상법 제647조).

14 상법상 보험료의 지급 및 반환 등에 관한 설명으로 옳은 것은? 제9회 기출

① 보험사고가 발생하기 전에 보험계약자가 계약을 해지한 경우 당사자 간에 약정을 한 경우에 한해 보험계약자는 미경과보험료의 반환을 청구할 수 있다.
② 보험계약자가 계약 체결 후 제1회 보험료를 지급하지 아니하는 경우 다른 약정이 없는 한 보험자가 계약 성립 후 2월 이내에 그 계약을 해제하지 않으면 그 계약은 존속한다.
③ 계속보험료가 약정한 시기에 지급되지 아니한 때에는 보험자는 보험계약자에 대하여 최고 없이 그 계약을 해지할 수 있다.
④ 특정한 타인을 위한 보험의 경우에 보험계약자가 보험료의 지급을 지체한 때에는 보험자는 그 타인에게 상당한 기간을 정하여 보험료의 지급을 최고한 후가 아니면 그 계약을 해제 또는 해지하지 못한다.

상법 제650조 제3항

| 오답해설 | ① 보험사고가 발생하기 전에 보험계약자가 계약을 해지한 경우, 당사자 간에 다른 약정이 없으면 보험계약자는 미경과보험료의 반환을 청구할 수 있다(상법 제649조 제1항, 제3항 참조). 즉, 당사자 간의 약정이 있어야 미경과보험료의 반환을 청구할 수 있는 것은 아니다.

② 보험계약자가 계약 체결 후 제1회 보험료를 지급하지 아니하는 경우 다른 약정이 없는 한 계약 성립 후 2월이 경과하면 그 계약은 해제된 것으로 본다(상법 제650조 제1항).

③ 계속보험료가 약정한 시기에 지급되지 아니한 때에는 보험자는 상당한 기간을 정하여 보험계약자에게 최고하고 그 기간 내에 지급되지 아니한 때에는 그 계약을 해지할 수 있다(상법 제650조 제2항).

15 상법상 보험사고에 관한 설명으로 옳지 않은 것은? 제10회 기출

① 보험계약 당시에 보험사고가 이미 발생하였거나 또는 발생할 수 없는 것인 때에는 그 계약은 무효로 한다.

② 보험계약 당시에 보험사고가 발생할 수 없는 것이었지만 당사자 쌍방과 피보험자가 이를 알지 못한 때에는 그 계약은 유효하다.

③ 보험사고의 발생으로 보험자가 보험금액을 지급한 때에도 보험금액이 감액되지 아니하는 보험의 경우에는 보험계약자는 그 사고발생 후에도 보험계약을 해지할 수 있다.

④ 보험사고가 발생하기 전에 보험계약을 해지한 보험계약자는 미경과보험료의 반환을 청구할 수 없다.

미경과보험료란 수입보험료 중 아직 보험자의 책임기간이 남아 있는 부분의 보험료를 말한다. 보험사고가 발생하기 전에 보험계약을 해지한 보험계약자는 당사자 간에 다른 약정이 없으면 미경과보험료의 반환을 청구할 수 있다(상법 제649조 제3항).

| 오답해설 | ①, ② 보험계약 당시에 보험사고가 이미 발생하였거나 또는 발생할 수 없는 것인 때에는 그 계약은 무효로 한다. 그러나 당사자 쌍방과 피보험자가 이를 알지 못한 때에는 그러하지 아니하다(상법 제644조).

③ 상법 제649조 제2항

16 상법상 보험료에 관한 설명으로 옳은 것을 모두 고른 것은? 제10회 기출

ㄱ. 보험계약의 당사자가 특별한 위험을 예기하여 보험료의 액을 정한 경우에 보험기간 중 그 예기한 위험이 소멸한 때에는 보험계약자는 그 후의 보험료의 감액을 청구할 수 있다.

ㄴ. 보험계약의 전부 또는 일부가 무효인 경우에 보험계약자와 피보험자가 선의이며 중대한 과실이 없는 때에는 보험자에 대하여 보험료의 전부 또는 일부의 반환을 청구할 수 있다.

ㄷ. 보험계약자는 계약 체결 후 지체없이 보험료의 전부 또는 제1회 보험료를 지급하여야 하며, 이를 지급하지 아니하는 경우에는 보험자는 다른 약정이 없는 한 계약 성립 후 2월이 경과하면 그 계약을 해제할 수 있다.

ㄹ. 계속보험료가 약정한 시기에 지급되지 아니한 때에는 보험자는 상당한 기간을 정하여 보험계약자에게 최고하고 그 기간 내에 지급되지 아니한 때에는 그 계약은 해지된 것으로 본다.

① ㄱ, ㄴ　② ㄱ, ㄷ　③ ㄴ, ㄹ　④ ㄷ, ㄹ

• 상법 제647조
• 상법 제648조

| 오답해설 | ㄷ. 보험계약자는 계약 체결 후 지체없이 보험료의 전부 또는 제1회 보험료를 지급하여야 하며, 이를 지급하지 아니하는 경우에는 보험자는 다른 약정이 없는 한 계약 성립 후 2월이 경과하면 그 계약은 해제된 것으로 본다(상법 제650조 제1항).

ㄹ. 계속보험료가 약정한 시기에 지급되지 아니한 때에는 보험자는 상당한 기간을 정하여 보험계약자에게 최고하고 그 기간 내에 지급되지 아니한 때에는 그 계약을 해지할 수 있다(상법 제650조 제2항).

| 정답 | 13 ③　14 ④　15 ④　16 ①

THEME 05

보험계약의 기타 규정

✔ 학습 포인트
- 보험계약의 해지, 무효의 법적 성질
- 보험계약의 부활제도
- 보험계약 권리의 소멸시효기간

✔ 6개년 평균 3문제 출제

대표 예제

+ 기출 공략팁

보험계약에서의 해지와 무효는 법적 성질이 다르며, 이에 관한 차이를 묻는 문제가 출제되고 있다.

■ **보험계약의 해지에 관한 설명으로 옳지 않은 것은?** 제7회 기출

① 보험계약자가 보험계약을 전부 해지했을 때에는 언제든지 미경과보험료의 반환을 청구할 수 있다.

② 타인을 위한 보험의 경우를 제외하고, 보험사고가 발생하기 전에는 보험계약자는 언제든지 보험계약의 전부를 해지할 수 있다.

③ 타인을 위한 보험계약의 경우 보험사고가 발생하기 전에는 그 타인의 동의를 얻으면 그 계약을 해지할 수 있다.

④ 보험금액이 지급된 때에도 보험금액이 감액되지 아니하는 보험의 경우에는 보험계약자는 그 사고발생 후에도 보험계약을 해지할 수 있다.

예제 풀이

보험사고가 발생하기 전에는 보험계약자는 언제든지 계약의 전부 또는 일부를 해지할 수 있으며, 당사자 간에 다른 약정이 없으면 미경과보험료의 반환을 청구할 수 있다(상법 제649조 제1항, 제3항).

②, ③ 상법 제649조 제1항

④ 상법 제649조 제2항

| 정답 | ①

■ **타인을 위한 손해보험계약(보험회사 A, 보험계약자 B, 타인 C)에서 보험사고의 객관적 확정이 있는 경우 그 보험계약의 효력에 관한 설명으로 옳지 않은 것은?** 제8회 기출

① 보험계약 당시에 보험사고가 이미 발생하였음을 B가 알고서 보험계약을 체결하였다면 그 계약은 무효이다.

② 보험계약 당시에 보험사고가 이미 발생하였음을 A와 B가 알았을지라도 C가 알지 못했다면 그 계약은 유효하다.

③ 보험계약 당시에 보험사고가 발생할 수 없음을 A가 알면서도 보험계약을 체결하였다면 그 계약은 무효이다.

④ 보험계약 당시에 보험사고가 발생할 수 없음을 A, B, C가 알지 못한 때에는 그 계약은 유효하다.

예제 풀이

보험계약 당시에 보험사고가 이미 발생하였거나 또는 발생할 수 없는 것인 때에는 그 계약은 무효로 한다. 그러나 당사자 쌍방(보험회사 A, 보험계약자 B)과 피보험자(타인 C)가 이를 알지 못한 때에는 유효로 한다(상법 제644조). 즉, 보험계약 당시에 보험사고가 이미 발생하였음을 A와 B가 알았을지라도 C가 알지 못했다면 그 계약은 무효하다. | 정답 | ②

■ 재보험계약에 관한 설명으로 옳지 않은 것은? 제3회 기출

① 보험자는 보험사고로 인하여 부담할 책임에 대하여 다른 보험자와 재보험계약을 체결할 수 있다.

② 재보험은 원보험자가 인수한 위험의 전부 또는 일부를 분산시키는 기능을 한다.

③ 재보험계약의 전제가 되는 최초로 체결된 보험계약을 원보험계약 또는 원수보험계약이라 한다.

④ 재보험계약은 원보험계약의 효력에 영향을 미친다.

예제 풀이

보험자는 보험사고로 인하여 부담할 책임에 대하여 다른 보험자와 재보험계약을 체결할 수 있다. 이 재보험계약은 원보험계약의 효력에 영향을 미치지 아니한다(상법 제661조). | 정답 | ④

핵심 이론

용어 해지
계속적 채권관계에서 계약의 효력을 장래에 대하여 소멸하게 하는 일방적인 행위

참고 보험의 예
- 화재보험에서 화재로 인해 목적물이 전부 멸실되거나 사망보험에서 피보험자가 사망하는 경우 보험금 지급 후 계약은 종료(소멸)됨
- 상해보험, 책임보험과 같은 경우는 보험사고로 인한 손해로 보험금을 지급하더라도 보험계약관계는 계속 유지됨

1 보험계약 해지[용어]와 무효

(1) 보험계약자의 보험계약 해지

① 사고발생 전 임의해지(상법 제649조)

㉠ 보험자에게는 임의해지권이 인정되지 않으나 보험계약자에게는 보험사고가 발생하기 전에는 언제든지 계약의 전부 또는 일부를 해지할 수 있는 임의해지권이 인정된다.

㉡ **타인을 위한 보험의 임의해지**: 보험계약자는 그 타인의 동의를 얻지 아니하거나 보험증권을 소지하지 아니하면 그 계약을 해지하지 못한다.

㉢ 보험사고의 발생으로 보험자가 보험금액을 지급한 때에도 보험금액이 감액되지 아니하는 보험[참고]의 경우에는 보험계약자는 그 사고발생 후에도 보험계약을 해지할 수 있다.

㉣ **미경과보험료의 반환청구**: 사고발생 전 임의해지 시 보험계약자는 당사자 간에 다른 약정이 없으면 미경과보험료의 반환을 청구할 수 있다.

② 보험자의 파산선고와 계약 해지(상법 제654조)

㉠ **보험계약자의 해지권**: 보험자가 파산의 선고를 받은 때에는 보험계약자는 계약을 해지할 수 있다.

㉡ 보험자의 파산선고에도 불구하고 보험계약자가 보험계약을 해지하지 아니한 보험계약은 파산선고 후 3월을 경과한 때에는 그 효력을 잃는다.

(2) 보험계약의 무효

① **보험사고의 객관적 확정의 효과**: 보험계약 당시에 보험사고가 이미 발생하였거나 또는 발생할 수 없는 것인 때에는 그 계약은 무효로 한다. 그러나 당사자 쌍방과 피보험자가 이를 알지 못한 때에는 그러하지 아니하다(상법 제644조).

② **보험계약에서의 무효**: 보험계약 자체가 성립되지 않는 경우를 말하는 것으로, 보험사고는 계약 당시에 발생의 가능성이 있는 동시에 발생의 여부가 불확실한 것이라야 하는데 보험사고의 발생 또는 불발생이 계약 당시 객관적으로 확정되어 있으면 보험계약은 성립될 수 없다.

③ **보험사고의 주관적 확정의 효과**: 보험계약 체결 시 보험사고가 이미 발생했거나 발생하지 아니할 것이 확실한 경우에도 보험자, 보험계약자 및 피보험자가 주관적으로 이 사실을 알지 못한 때에는 그 계약의 효력은 인정된다.

참고 보험계약의 무효
보험계약자, 보험자, 피보험자 중 한 명이라도 보험사고가 이미 발생했거나 발생하지 아니할 것을 안 경우 보험계약은 무효가 됨

2 보험계약의 부활

(1) 보험계약 부활의 절차

계속보험료 미납으로 보험계약이 해지되고 해지환급금이 지급되지 아니한 경우에 보험계약자는 일정한 기간 내에 연체보험료에 약정이자를 붙여 보험자에게 지급하고 그 계약의 부활을 청구할 수 있다(상법 제650조의2).

용어 해지환급금
- 보험금적립금, 미경과보험료 등을 말함
- 보험계약의 해지 시 보험자가 보험계약자에게 지급함

(2) 부활계약의 요건

① **계속보험료 미납으로 인한 해지**: 보험계약자 측의 의무 위반으로 인한 보험자의 보험계약 해지 등이 아닌 계속보험료 미납으로 인한 보험계약의 해지가 있어야 한다.

② **해지환급금의 미반환**: 보험자가 보험계약자에게 보험계약 해지에 의한 해지환급금을 반환하지 않았어야 한다.

③ **보험계약자의 보험료와 이자의 지급**: 보험계약자는 일정한 기간 내에 연체보험료에 약정이자를 붙여 보험자에게 지급하여야 한다.

④ **부활의 청약**: 보험계약자는 해지일로부터 일정 기간 내에 부활청약을 하여야 한다. 부활청약에 대한 규정은 최초 청약과 같이 보험자의 낙부통지 30일 규정, 승낙 전 사고담보 규정을 동일하게 적용한다.

(3) 보험사고로 인한 보험자의 책임

부활청약 이후에 발생한 보험사고에 대해서는 보험자는 보험금 지급책임을 부담하고, 기존 계약의 해지일로부터 부활청약 이전까지 발생한 보험사고에 대해서는 그 책임을 부담하지 않는다.

참고 보험금 지급책임
부활청약도 청약이므로 청약 후 승낙 전 사고에 대해 거절할 사유가 없다면 보험자는 보험금 지급책임이 있음

3 소멸시효(상법 제662조)

(1) 보험계약자 측의 권리에 관한 소멸시효

보험금청구권은 3년간, 보험료 또는 적립금의 반환청구권은 3년간 행사하지 아니하면 시효의 완성으로 소멸한다.

참고 보험료 및 적립금 반환청구의 경우
- 보험계약 무효
- 임의해지
- 의무 위반으로 인한 계약 해지 시

용어 기산점
만료점에 대해 기간의 계산이 시작되는 시점

용어 재보험
가계보험이 아닌 기업보험으로, 보험계약자 등의 불이익변경금지의 원칙(상법 제663조)이 적용되지 않음

(2) 보험자의 권리에 관한 소멸시효

보험료청구권은 2년간 행사하지 아니하면 시효의 완성으로 소멸한다.

(3) 소멸시효의 기산점

대법원 판례에서는 보험사고발생시점과 보험가입자의 객관적 인식 가능성을 함께 고려하여 보험금청구권의 소멸시효 기산점으로 정하고 있다.

4 기타 규정

(1) 재보험 관련 규정

① **재보험의 정의**: 재보험계약은 보험자가 인수한 원보험계약상의 책임 전부나 일부를 다른 보험자(재보험자)에게 인수시키는 보험계약을 말하며, 책임보험의 성질을 갖는다.

② **원보험계약의 효력**: 재보험계약은 원보험계약의 효력에 영향을 미치지 아니한다(상법 제661조).

③ **재보험의 법적 성질**: 재보험은 원보험이 있어야 성립이 되는 계약이지만 원보험과는 별개의 독립된 계약으로 원보험와 재보험 사이에는 아무런 법률관계가 성립되지 않는다.

(2) 상호보험, 공제 등에의 준용 규정

상법 보험편의 규정은 그 성질에 반하지 아니하는 범위에서 상호보험(相互保險), 공제(共濟), 그 밖에 이에 준하는 계약에 준용한다.

상호보험	• 보험관계가 필요한 다수인이 직접 단체(상호회사)를 구성하여 상호적으로 보험을 행하는 보험 • 우리나라에서 주로 행하는 영리보험과는 다른 개념임
공제	• 미래에 발생할 수 있는 경제적 불안을 제거하기 위해 공동으로 재산을 준비하여 두는 제도 • 우리나라에서는 수협공제, 새마을금고공제, 택시공제 등 다양하게 설립·운영되고 있음

필수 문제

1 보험계약 해지와 무효

01 보험계약의 해지와 특별위험의 소멸에 관한 설명으로 옳은 것은? 제2회 기출

① 타인을 위한 보험계약의 경우 보험증권을 소지하지 않은 보험계약자는 그 타인의 동의를 얻지 않은 경우에도 보험사고가 발생하기 전에는 언제든지 계약의 전부 또는 일부를 해지할 수 있다.

② 보험사고의 발생으로 보험자가 보험금액을 지급한 때에도 보험금액이 감액되지 아니하는 보험의 경우에는 보험계약자는 그 사고발생 후에도 보험계약을 해지할 수 있다.

③ 보험사고가 발생하기 전에 보험계약의 전부 또는 일부를 해지하는 경우에 보험계약자는 당사자 간에 다른 약정이 없으면 미경과보험료의 반환을 청구할 수 없다.

④ 보험계약의 당사자가 특별한 위험을 예기하여 보험료의 액을 정한 경우에 보험기간 중 그 예기한 위험이 소멸한 때에도 보험계약자는 그 후의 보험료의 감액을 청구할 수 없다.

상법 제649조 제2항

| 오답해설 | ① 타인을 위한 보험계약의 경우, 보험계약자는 보험증권을 소지하지 않거나 타인의 동의를 얻지 아니하면 그 계약을 해지하지 못한다(상법 제649조 제1항 참조).

③ 보험사고가 발생하기 전에 보험계약의 전부 또는 일부를 해지하는 경우에 보험계약자는 당사자 간에 다른 약정이 없으면 미경과 보험료의 반환을 청구할 수 있다(상법 제649조 제1항, 제3항 참조).

④ 보험계약의 당사자가 특별한 위험을 예기하여 보험료의 액을 정한 경우에 보험기간 중 그 예기한 위험이 소멸한 때에는 보험계약자는 그 후의 보험료의 감액을 청구할 수 있다(상법 제647조).

02 다음 ( )에 들어갈 기간으로 옳은 것은? 제6회 기출

> 보험자가 파산의 선고를 받은 때에는 보험계약자는 계약을 해지할 수 있으며, 해지하지 아니한 보험계약은 파산선고 후 ( )을 경과한 때에는 그 효력을 잃는다.

① 10일　② 1월

③ 3월　④ 6월

보험자가 파산의 선고를 받은 때에는 보험계약자는 계약을 해지할 수 있으며, 해지하지 아니한 보험계약은 파산선고 후 3월을 경과한 때에는 그 효력을 잃는다(상법 제654조).

03 임의해지에 관한 설명으로 옳지 않은 것은?

제6회 기출

① 보험계약자는 원칙적으로 보험사고가 발생하기 전에는 언제든지 계약의 전부 또는 일부를 해지할 수 있다.

② 보험사고가 발생하기 전이라도 타인을 위한 보험의 경우에 보험계약자는 그 타인의 동의를 얻지 못하거나 보험증권을 소지하지 않은 경우에는 계약의 전부 또는 일부를 해지할 수 없다.

③ 보험사고의 발생으로 보험자가 보험금액을 지급한 때에도 보험금액이 감액되지 아니하는 보험의 경우에는 보험계약자는 그 사고발생 후에도 보험계약을 해지할 수 없다.

④ 보험사고발생 전에 보험계약자가 계약을 해지하는 경우, 당사자 사이의 특약으로 미경과보험료의 반환을 제한할 수 있다.

상법(보험편)

보험사고의 발생으로 보험자가 보험금액을 지급한 때에도 보험금액이 감액되지 아니하는 보험의 경우에는 보험계약자는 그 사고발생 후에도 보험계약을 해지할 수 있다(상법 제649조 제2항).

| 오답해설 | ①, ② 상법 제649조 제1항

④ 상법 제649조 제3항

04 보험계약의 해지에 관한 설명으로 옳지 않은 것은? (다툼이 있으면 판례에 따름)

제8회 기출

① 보험자가 파산의 선고를 받은 때에는 보험계약자는 계약을 해지할 수 있다.

② 보험자가 보험기간 중에 사고발생의 위험이 현저하게 증가하여 보험계약을 해지한 경우 이미 지급한 보험금의 반환을 청구할 수 없다.

③ 보험자가 파산의 선고를 받은 경우 해지하지 아니한 보험계약은 파산선고 후 3월을 경과한 때에는 그 효력을 잃는다.

④ 보험자가 보험기간 중 사고발생의 위험이 현저하게 변경되었음을 이유로 계약을 해지하려는 경우 그 사실을 입증하여야 한다.

보험자가 보험기간 중에 사고발생의 위험이 현저하게 증가하여 보험계약을 해지한 경우 이미 지급한 보험금의 반환을 청구할 수 있다(상법 제655조 참조).

| 오답해설 | ① 상법 제654조 제1항

③ 상법 제654조 제2항

④ 대법원 1996.7.26. 선고 95다52505 판결

| 정답 | 01 ② 02 ③ 03 ③ 04 ②

05 보험자의 보험금액의 지급에 관한 설명으로 옳지 않은 것은? 제10회 기출

① 보험수익자의 중과실로 인하여 보험사고가 생긴 때에는 보험자는 보험금액을 지급할 책임이 없다.

② 보험계약자의 고의로 보험사고가 생긴 때에는 보험자는 보험금액을 지급할 책임이 없다.

③ 보험금액의 지급에 관하여 약정기간이 없는 경우에는 보험자는 보험사고발생의 통지를 받은 후 지체없이 지급할 보험금액을 정해야 한다.

④ 보험자가 파산선고를 받았으나 보험계약자가 계약을 해지하지 않은 채 3월이 경과한 후에 보험사고가 발생하여도 보험자는 보험금액 지급책임이 있다.

보험자의 파산선고에도 불구하고 보험계약자가 보험계약을 해지하지 아니한 보험계약은 파산선고 후 3월을 경과한 때에는 그 효력을 잃는다(상법 제654조 제2항). 따라서 보험자는 보험금액 지급책임이 없다.

| 오답해설 | ①, ② 상법 제659조 제1항 참조

③ 상법 제658조 참조

2 보험계약의 부활

06 상법상 손해보험계약의 부활에 관한 설명으로 옳지 않은 것은? 제8회 기출

① 제1회 보험료의 지급이 이루어지지 않아 보험계약이 해제된 경우 보험계약자는 보험계약의 부활을 청구할 수 있다.

② 계속보험료의 연체로 인하여 보험계약이 해지되고 해지환급금이 지급되지 아니한 경우 보험계약자는 보험계약의 부활을 청구할 수 있다.

③ 계속보험료의 연체로 인하여 보험계약이 해지된 경우 보험계약자가 보험계약의 부활을 청구하려면 연체보험료에 약정이자를 붙여 보험자에게 지급해야 한다.

④ 보험계약자가 상법상의 요건을 갖추어 계약의 부활을 청구하는 경우 보험자는 30일 이내에 낙부통지를 발송해야 한다.

보험계약의 부활은 최초보험료(제1회 보험료)가 아닌 계속보험료의 미지급에 의한 해지여야 하며, 보험계약자는 해지환급금이 지급되지 아니한 경우에 일정한 기간 내에 연체보험료에 약정이자를 붙여 보험자에게 지급하고 그 계약의 부활을 청구할 수 있다(상법 제650조의2 참조).

07 보험계약의 부활에 관하여 ( )에 들어갈 내용으로 옳은 것은?

제2회 기출

> (   )되고 해지환급금이 지급되지 아니한 경우에 보험계약자는 일정한 기간 내에 연체보험료에 약정이자를 붙여 보험자에게 지급하고 그 계약의 부활을 청구할 수 있다.

① 위험변경증가의 통지의무 위반으로 인하여 보험계약이 해지
② 고지의무 위반으로 인하여 보험계약이 해지
③ 계속보험료의 불지급으로 인하여 보험계약이 해지
④ 보험계약의 전부가 무효로

- 계속보험료가 약정한 시기에 지급되지 아니한 때에는 보험자는 상당한 기간을 정하여 보험계약자에게 최고하고 그 기간 내에 지급되지 아니한 때에는 그 계약을 해지할 수 있다(상법 제650조 제2항).
- 상법 제650조 제2항에 따라 보험계약이 해지되고 해지환급금이 지급되지 아니한 경우에 보험계약자는 일정한 기간 내에 연체보험료에 약정이자를 붙여 보험자에게 지급하고 그 계약의 부활을 청구할 수 있다(상법 제650조의2).

08 상법상 보험계약자가 부활을 청구할 수 있는 경우는 모두 몇 개인가? (단, 어느 경우든 해지환급금은 지급되지 않음)

제9회 기출

> - 보험계약자가 계속보험료를 지급하지 않아 보험자가 계약을 해지한 경우
> - 피보험자의 고지의무 위반을 이유로 보험자가 계약을 해지한 경우
> - 위험이 현저하게 변경되어 보험자가 계약을 해지한 경우
> - 위험이 현저하게 증가하여 보험자가 계약을 해지한 경우

① 1개 ② 2개
③ 3개 ④ 4개

상법상 보험의 부활을 청구할 수 있는 경우(상법 제650조의2)

보험계약자가 계속보험료를 지급하지 않아 보험계약이 해지되고 해지환급금이 지급되지 아니한 경우에 보험계약자는 일정한 기간 내에 연체보험료에 약정이자를 붙여 보험자에게 지급하고 그 계약의 부활을 청구할 수 있다.

| 정답 | 05 ④ 06 ① 07 ③ 08 ①

3 소멸시효

09 상법상 소멸시효에 관하여 (　　)에 들어갈 내용으로 옳은 것은? 제8회 기출

> 보험금청구권은 (ㄱ)년간, 보험료청구권은 (ㄴ)년간, 적립금의 반환청구권은 (ㄷ)년간 행사하지 아니하면 시효의 완성으로 소멸한다.

① ㄱ: 2, ㄴ: 3, ㄷ: 2
② ㄱ: 2, ㄴ: 3, ㄷ: 3
③ ㄱ: 3, ㄴ: 2, ㄷ: 3
④ ㄱ: 3, ㄴ: 3, ㄷ: 2

보험금청구권은 3년간, 보험료 또는 적립금의 반환청구권은 3년간, 보험료청구권은 2년간 행사하지 아니하면 시효의 완성으로 소멸한다(상법 제662조).

10 상법 제662조(소멸시효)에 관한 설명으로 옳지 않은 것은? 제4회 기출

① 보험료의 반환청구권은 2년간 행사하지 아니하면 시효의 완성으로 소멸한다.
② 적립금의 반환청구권은 3년간 행사하지 아니하면 시효의 완성으로 소멸한다.
③ 보험금청구권은 3년간 행사하지 아니하면 시효의 완성으로 소멸한다.
④ 보험료청구권은 2년간 행사하지 아니하면 시효의 완성으로 소멸한다.

보험금청구권은 3년간, 보험료 또는 적립금의 반환청구권은 3년간, 보험료청구권은 2년간 행사하지 아니하면 시효의 완성으로 소멸한다(상법 제662조).

11 상법 제662조(소멸시효)에 관한 설명으로 옳은 것은? 제7회 기출

① 보험금청구권은 2년간 행사하지 아니하면 시효의 완성으로 소멸한다.
② 보험료의 반환청구권은 3년간 행사하지 아니하면 시효의 완성으로 소멸한다.
③ 보험료청구권은 1년간 행사하지 아니하면 시효의 완성으로 소멸한다.
④ 적립금의 반환청구권은 2년간 행사하지 아니하면 시효의 완성으로 소멸한다.

보험금청구권은 3년간, 보험료 또는 적립금의 반환청구권은 3년간, 보험료청구권은 2년간 행사하지 아니하면 시효의 완성으로 소멸한다(상법 제662조).

| 오답해설 | ① 보험금청구권은 3년간 행사하지 아니하면 시효의 완성으로 소멸한다.
③ 보험료청구권은 2년간 행사하지 아니하면 시효의 완성으로 소멸한다.
④ 적립금의 반환청구권은 3년간 행사하지 아니하면 시효의 완성으로 소멸한다.

12 소멸시효기간이 다른 하나는? 제2회 기출

① 보험금청구권
② 보험료청구권
③ 보험료의 반환청구권
④ 적립금의 반환청구권

소멸시효기간(상법 제662조 참조)

- 보험금청구권, 보험료 또는 적립금의 반환청구권: 3년(①, ③, ④)
- 보험료청구권: 2년(②)

상법(보험편)

4 기타 규정

13 재보험에 관한 설명으로 옳지 않은 것은? (다툼이 있으면 판례에 따름) 제4회 기출

① 재보험에 대하여도 제3자에 대한 보험자대위가 적용된다.
② 재보험은 원보험자가 인수한 위험의 전부 또는 일부를 분산시키는 기능을 한다.
③ 재보험계약은 원보험계약의 효력에 영향을 미친다.
④ 재보험자는 손해보험의 원보험자와 재보험계약을 체결할 수 있다.

보험자는 보험사고로 인하여 부담할 책임에 대하여 다른 보험자와 재보험계약을 체결할 수 있다. 재보험계약은 원보험계약의 효력에 영향을 미치지 아니한다(상법 제661조).

14 甲은 자기 소유의 건물에 대해 A보험회사와 화재보험계약을 체결하였고, A보험회사는 이 화재보험계약으로 인하여 부담할 책임에 대하여 B보험회사와 재보험계약을 체결한 경우 그 법률관계에 관한 설명으로 옳은 것은? 제10회 기출

① 화재보험계약의 보험기간 개시 전에 화재가 발생한 경우 B보험회사는 A보험회사에게 보험금 지급의무가 없다.
② 甲의 고의로 화재보험계약의 보험기간 중에 화재가 발생한 경우 B보험회사는 A보험회사에게 보험금 지급의무가 있다.
③ A보험회사의 B보험회사에 대한 보험금청구권은 1년간 행사하지 아니하면 시효의 완성으로 소멸한다.
④ B보험회사의 A보험회사에 대한 보험료청구권은 6개월간 행사하지 아니하면 시효의 완성으로 소멸한다.

보험금 지급의무는 화재보험계약의 보험기간 중에 발생한다. 따라서 보험기간 개시 전에 화재가 발생한 경우에는 보험금 지급의무가 없다.

| 오답해설 | ② 甲의 고의로 화재보험계약의 보험기간 중에 회재가 발생한 경우 A보험회사는 甲에게 보험금 지급의무가 없다.
③ A보험회사의 B보험회사에 대한 보험금청구권은 3년간 행사하지 아니하면 시효의 완성으로 소멸한다(상법 제662조 참조).
④ B보험회사의 A보험회사에 대한 보험료청구권은 2년간 행사하지 아니하면 시효의 완성으로 소멸한다(상법 제662조 참조).

| 정답 | 09 ③ 10 ① 11 ② 12 ② 13 ③ 14 ①

PART 02
손해보험

이 단원의 **핵심 테마**

✔ 6개년 평균 출제 문제수

THEME 01	손해보험의 특성	2문제
THEME 02	보험가액	3문제
THEME 03	보험대위와 기타 규정	2문제
THEME 04	화재보험	3문제

THEME 01

손해보험의 특성

✔ 학습 포인트
- 손해보험계약의 기초
- 손해보상의무의 발생요건
- 손해액의 산정기준

✔ 6개년 평균 **2문제** 출제

대표 예제

+ 기출 공략팁

손해액 산정과 관련해서는 상법의 강행규정이 적용되거나 손해보험에서의 이득금지의 원칙이 강력히 적용되는 것이 아님을 이해해야 한다.

■ 손해액의 산정기준 등에 관한 설명으로 옳은 것은? 제5회 기출

① 보험의 목적에 관하여 보험자가 부담할 손해가 생긴 경우에는 그 후 그 목적이 보험자가 부담하지 아니하는 보험사고의 발생으로 인하여 멸실된 때에도 보험자는 이미 생긴 손해를 보상할 책임을 면하지 못한다.

② 당사자 간에 다른 약정이 있는 때에도 이득금지의 원칙상 신품가액에 의하여 손해액을 산정할 수는 없다.

③ 보험자가 보상할 손해액은 보험계약이 체결된 때와 곳의 가액에 의하여 산정한다.

④ 손해액의 산정에 관한 비용은 보험계약자의 부담으로 한다.

예제 풀이

상법 제675조

②, ③ 보험자가 보상할 손해액은 그 손해가 발생한 때와 곳의 가액에 의하여 산정한다. 그러나 당사자 간에 다른 약정이 있는 때에는 그 신품가액에 의하여 손해액을 산정할 수 있다(상법 제676조 제1항).

④ 손해액의 산정에 관한 비용은 '보험자'의 부담으로 한다(상법 제676조 제2항). | 정답 | ①

핵심 이론

1 손해보험계약의 기초

(1) 손해보험계약의 의의와 종류

① 의의: 보험계약자가 약정한 보험료를 지급하고 보험자가 우연한 사고로 인하여 생길 피보험자의 재산상의 손해[❶]를 보상할 것을 약정하는 계약이다(상법 제665조 참조).

② 종류: 화재보험, 책임보험, 보증보험, 해상보험, 자동차보험, 재보험 등

> **참고** 재산상의 손해
> 사람의 신체·생명에 생기는 사고에 대비하는 인보험과 가장 구별되는 손해의 개념임

(2) 손해보험계약의 특징

① 손해보험계약의 목적

㉠ 상법상 보험계약의 목적: 보험계약은 금전으로 산정할 수 있는 이익에 한하여 보험계약의 목적으로 할 수 있다(상법 제668조).

㉡ '보험계약의 목적'은 보험사고의 객체인 '보험의 목적'과는 다르며, 판례와 통설에서 '피보험이익[❷]'과 같은 개념으로 사용하고 있다.

> **용어** 피보험이익
> 보험사고의 대상이 되는 객체(재화)에 대해 피보험자가 가지는 이익

② 피보험이익의 역할

㉠ 피보험이익은 손해보험계약의 유효성을 판단하는 기준이며, 보험계약에서의 도박화를 방지하는 역할을 한다.

㉡ 피보험이익의 흠결은 손해보험계약의 무효가 된다.

③ 피보험이익의 요건

경제성 (경제적 가치)	금전적으로 산정할 수 있는 경제적 가치를 지니는 것이어야 함
적법성	선량한 풍속 기타 사회질서에 위반하거나 법률에 반하는 것이 아닌 적법한 것이어야 함
확정성	보험계약 체결 당시에 존재 및 소속이 이미 확정되어 있거나 적어도 사고가 발생했을 때에는 확정할 수 있는 것이어야 함

④ 손해보험계약의 원칙

㉠ 손해보험은 실손보상의 원칙과 이득금지의 원칙이 바탕이 되는 보험계약이다. 다만, 이 원칙들은 강행규정이 아닌 계약 당사자 간의 약정에 따라 배제되기도 한다.

㉡ 실제 발생되는 손해를 기본으로 피보험자가 보험사고로 인해 이득을 얻는 것을 배제하는 원칙에 따라 운영되고 있다.

2 손해보상

(1) 손해보상의무의 발생요건

참고 보험사고의 발생시점
보험사고가 보험기간 내에 발생하면 되며, 손해까지 이 기간 안에 발생해야 하는 것은 아님

① 보험기간 내 보험사고의 발생

㉠ 보험기간 내에 보험계약에서 정한 보험사고가 발생한 경우에 보험사의 보상의무가 생긴다.

㉡ 소급보험의 경우에 보험계약 체결 당시 이미 보험사고가 발생했다는 사실을 보험자, 보험계약자, 피보험자가 몰랐다면 보험계약 체결 전 발생한 보험사고라 할지라도 보상의무가 생긴다.

참고 정신적 손해
손해보험에서는 금전적으로 산출이 가능한 손해에 대해 보험사의 보상의무가 발생하므로 비재산적 손해인 정신적 손해는 손해에 포함되지 않음

② 금전적 손해의 발생

㉠ 보험자의 보상의무가 발생되기 위해서는 약정된 보험사고로 인해 재산상의 손해가 피보험자에게 발생하여야 한다.

㉡ 재산상의 손해란 보험사고가 발생하지 않았을 때의 재산과 보험사고로 감소된 재산상의 차이를 말하며, 임대료, 영업이익 등 피보험자가 얻을 수 있었던 이익이 보험사고로 인해 상실된 경우는 해당하지 않는다.

㉢ 상실이익 등의 불산입: 보험사고로 인하여 상실된 피보험자가 얻을 이익이나 보수는 당사자 간에 다른 약정이 없으면 보험자가 보상할 손해액에 산입하지 아니한다(상법 제667조).

③ 보험사고와 손해의 인과관계 성립

㉠ 보험사의 보상책임이 발생하려면 보험사고와 피보험자가 직접 입은 재산상의 손해 사이에 상당인과관계가 있어야 한다.

㉡ 사고발생 후의 목적멸실과 보상책임: 보험의 목적에 관하여 보험자가 부담할 손해가 생긴 경우에는 그 후 그 목적이 보험자가 부담하지 아니하는 보험사고의 발생으로 인하여 멸실된 때에도 보험자는 이미 생긴 손해를 보상할 책임을 면하지 못한다.

참고 인과관계의 입증책임
보험사고와 손해의 인과관계 입증책임은 보험청구자(피보험자)에게 있음

ⓒ 보험사고와 손해의 인과관계❶ 예시

- 화재보험에 든 가구를 화재가 발생하여 집 밖으로 대피시켜 놓았는데, 지나가던 사람이 절취해 가버린 경우 화재에 의한 보상책임은 없다.
- 화재보험에 가입된 건물이 화재로 인하여 일부 훼손된 후 홍수로 인하여 전부 멸실되었다면 홍수 이전 화재로 인하여 생긴 재산상의 손해에 대해서는 보험사가 보상책임을 진다.

④ 면책사유가 아니어야 할 것: 손해보험계약은 보험 통칙에서의 고의·중과실 면책조항, 전쟁 등의 면책조항 외에 보험의 목적의 성질, 하자 또는 자연소모로 인한 손해는 보험자가 보상할 책임이 없는 면책사항이다(상법 제678조 참조).

(2) 손해액의 산정기준

용어 신품가액
보험의 목적과 동형, 동질의 신품을 재조달하는 데 소요되는 금액으로, '재조달가액'이라고도 함

보험자가 보상할 손해액은 그 손해가 발생한 때와 곳의 가액에 의하여 산정한다. 그러나 당사자 간에 다른 약정이 있는 때에는 그 신품가액❷에 의하여 손해액을 산정할 수 있다(상법 제676조).

① 예외적 손해액 산정방식

신가보험	보험당사자 간에 다른 약정이 있을 때에는 그동안의 감가상각을 고려하지 않고 신품가액에 의하여 손해액을 산정하는 방식
기평가보험	손해의 산정을 보험사고가 발생한 때와 곳의 가액에 의해 산정하는 것이 아닌 보험계약 시 당사자 간에 협정한 금액에 따라 보상하게 되는 방식

② 손해액 산정 비용: 손해액의 산정에 관한 비용은 보험자의 부담으로 한다(상법 제676조 제2항).

③ 손해 보상 시 보험료 체납과 보상액의 공제: 보험자가 손해를 보상할 경우에 보험료의 지급을 받지 아니한 잔액이 있으면 그 지급기일이 도래하지 아니한 때라도 보상할 금액에서 이를 공제할 수 있다(상법 제677조).

필수 문제

1 손해보험계약의 기초

01 손해보험에 관한 설명으로 옳지 않은 것은? 제6회 기출

① 보험자는 보험사고로 인하여 생길 보험계약자의 재산상의 손해를 보상할 책임이 있다.

② 금전으로 산정할 수 있는 이익에 한하여 보험계약의 목적으로 할 수 있다.

③ 보험계약의 목적은 상법 보험편 손해보험 장에서 규정하고 있으나 인보험 장에서는 그러하지 아니하다.

④ 중복보험의 경우에 보험자 1인에 대한 권리의 포기는 다른 보험자의 권리의무에 영향을 미치지 아니한다.

손해보험계약의 보험자는 보험사고로 인하여 생길 '피보험자'의 재산상의 손해를 보상할 책임이 있다(상법 제665조).

| 오답해설 | ② 상법 제668조

③ 보험계약의 목적은 상법 보험편 손해보험 장 제668조에서 규정하고 있으나, 인보험 장에서는 그러하지 아니하다.

④ 상법 제673조

02 손해보험계약에서의 피보험이익에 관한 설명으로 옳지 않은 것은? 제1회 기출

① 피보험이익은 보험의 도박화를 방지하는 기능이 있다.

② 피보험이익은 적법한 것이어야 한다.

③ 피보험이익은 보험자의 책임범위를 정하는 표준이 된다.

④ 동일한 건물에 대하여 소유권자와 저당권자는 각자 독립한 보험계약을 체결할 수 없다.

동일한 건물에 대하여 소유권자와 저당권자의 피보험이익은 서로 다르므로 각자 독립한 보험계약을 체결할 수 있다. 특정 목적물에 관한 보험계약일지라도 피보험이익이 다르면 별개의 보험계약에 해당한다.

03 피보험이익에 관한 설명으로 옳지 않은 것은? 제5회 기출

① 우리 상법은 손해보험뿐만 아니라 인보험에서도 피보험이익이 있을 것을 요구한다.

② 상법은 피보험이익을 보험계약의 목적이라고 표현하며 보험의 목적과는 다르다.

③ 밀수선이 압류되어 입을 경제적 손실은 피보험이익이 될 수 없다.

④ 보험계약의 동일성을 판단하는 표준이 된다.

상법에서 피보험이익은 '보험계약의 목적'에 해당한다(상법 제668조 참조). 반면, 인보험에서는 피보험이익을 요구하는 명문 규정이 없어 적용되지 않는다는 것이 다수설의 입장이다.

| 정답 | 01 ① 02 ④ 03 ①

04 손해보험에 관한 설명으로 옳지 않은 것은? (단, 다른 약정이 없음을 전제로 함) 제7회 기출

① 보험사고로 인하여 상실된 피보험자가 얻을 보수는 보험자가 보상할 손해액에 산입하여야 한다.
② 보험계약은 금전으로 산정할 수 있는 이익에 한하여 보험계약의 목적으로 할 수 있다.
③ 무효와 실권의 사유는 손해보험증권의 기재사항이다.
④ 당사자 간에 보험가액을 정하지 아니한 때에는 사고발생 시의 가액을 보험가액으로 한다.

보험사고로 인하여 상실된 피보험자가 얻을 이익이나 보수는 당사자 간에 다른 약정이 없으면 보험자가 보상할 손해액에 산입하지 아니한다(상법 제667조).

| 오답해설 | ② 상법 제668조
③ 상법 제666조 제6호
④ 상법 제671조

05 손해보험계약에 관한 설명으로 옳은 것은? 제2회 기출

① 피보험이익은 반드시 금전으로 산정할 수 있어야 하는 것은 아니다.
② 보험사고로 인하여 상실된 피보험자가 얻을 이익은 당사자 간에 다른 약정이 없으면 보험자가 보상할 손해액에 산입한다.
③ 피보험이익은 보험의 목적을 의미한다.
④ 보험자는 보험의 목적인 기계의 자연적 소모로 인한 손해에 대하여는 보상책임이 없다.

보험자는 보험의 목적인 기계의 자연소모로 인한 손해에 대하여는 보상할 책임이 없다(상법 제678조 참조).

| 오답해설 | ① 보험계약은 금전으로 산정할 수 있는 이익에 한하여 보험계약의 목적으로 할 수 있다(상법 제668조).
② 보험사고로 인하여 상실된 피보험자가 얻을 이익이나 보수는 당사자 간에 다른 약정이 없으면 보험자가 보상할 손해액에 산입하지 아니한다(상법 제667조).
③ 피보험이익은 '보험계약의 목적'을 의미한다(상법 제668조 참조). 보험의 목적은 보험사고의 대상이 되는 객체를 의미한다.

06 손해보험의 목적에 관한 설명으로 옳은 것은? 제10회 기출

① 피보험자가 보험의 목적을 양도한 때에는 양수인은 보험계약상의 권리와 의무를 승계한 것으로 본다.
② 금전으로 산정할 수 있는 이익에 한하여 보험의 목적으로 할 수 있다.
③ 보험의 목적에 관하여 보험자가 부담할 손해가 생긴 경우에는 그 후 그 목적이 보험자가 부담하지 아니하는 보험사고의 발생으로 인하여 멸실된 때에도 보험자는 이미 생긴 손해를 보상할 책임을 면하지 못한다.
④ 보험의 목적의 성질, 하자 또는 자연소모로 인한 손해는 보험자가 이를 보상할 책임이 있다.

상법 제675조

| 오답해설 | ① 피보험자가 보험의 목적을 양도한 때에는 양수인은 보험계약상의 권리와 의무를 승계한 것으로 추정한다(상법 제679조).
② 금전으로 산정할 수 있는 이익에 한하여 보험계약의 목적으로 할 수 있다(상법 제668조).
④ 보험의 목적의 성질, 하자 또는 자연소모로 인한 손해는 보험자가 이를 보상할 책임이 없다(상법 제678조).

2 손해보상

07 상법상 손해보험에 있어 보험자의 면책 사유로 옳은 것을 모두 고른 것은? 제8회 기출

ㄱ. 보험의 목적의 성질로 인한 손해
ㄴ. 보험의 목적의 하자로 인한 손해
ㄷ. 보험의 목적의 자연소모로 인한 손해
ㄹ. 보험사고가 보험계약자의 고의 또는 중대한 과실로 인하여 생긴 경우

① ㄱ, ㄴ　　② ㄴ, ㄷ　　③ ㄷ, ㄹ　　④ ㄱ, ㄴ, ㄷ, ㄹ

- 보험의 목적의 성질, 하자 또는 자연소모로 인한 손해는 보험자가 이를 보상할 책임이 없다(상법 제678조).
- 보험사고가 보험계약자 또는 피보험자나 보험수익자의 고의 또는 중대한 과실로 인하여 생긴 때에는 보험자는 보험금액을 지급할 책임이 없다(상법 제659조 제1항).

08 상법상 손해보험에서 손해액의 산정기준 등에 관한 설명으로 옳지 않은 것은? 제8회 기출

① 보험자가 보상할 손해액은 그 손해가 발생한 때와 곳의 가액에 의하여 산정하는 것이 원칙이다.
② 손해액의 산정에 관한 비용은 보험계약자의 부담으로 한다.
③ 보험자가 손해를 보상할 경우에 보험료의 지급을 받지 아니한 잔액이 있으면 그 지급기일이 도래하지 아니한 때라도 보상할 금액에서 이를 공제할 수 있다.
④ 보험자는 약정에 따라 신품가액에 의하여 손해액을 산정할 수 있다.

손해액의 산정에 관한 비용은 보험자의 부담으로 한다(상법 제676조 제2항 참조).
| 오답해설 | ①, ④ 상법 제676조 제1항
③ 상법 제677조

09 손해보험에서 손해액을 산정하는 기준으로 옳지 않은 것은? 제1회 기출

① 보험자가 보상할 손해액은 그 손해가 발생한 때와 곳의 가액에 의하여 산정한다.
② 다른 약정이 있으면 신품가액에 의하여 손해액을 산정할 수 있다.
③ 손해액 산정 비용은 보험계약자의 부담으로 한다.
④ 다른 약정이 없으면 보험자가 보상할 손해액에 피보험자가 얻을 이익을 산입하지 않는다.

상법 제676조 제2항
| 오답해설 | ①, ② 상법 제676조 제1항
④ 보험사고로 인하여 상실된 피보험자가 얻을 이익이나 보수는 당사자 간에 다른 약정이 없으면 보험자가 보상할 손해액에 산입하지 아니한다(상법 제667조).

| 정답 | 04 ①　05 ④　06 ③　07 ④　08 ②　09 ③

10 손해보험에서 손해액의 산정에 관한 설명으로 옳은 것은?

제10회 기출

① 보험자가 보상할 손해액은 보험계약을 체결한 때와 곳의 가액에 의하여 산정한다.

② 보험사고로 인하여 상실된 피보험자가 얻을 이익이나 보수는 보험자가 보상할 손해액에 산입하여야 한다.

③ 손해액의 산정에 관한 비용은 보험계약자의 부담으로 한다.

④ 당사자 간에 다른 약정이 있는 때에는 그 신품가액에 의하여 손해액을 산정할 수 있다.

상법 제676조 제1항 단서

| 오답해설 | ① 보험자가 보상할 손해액은 그 손해가 발생한 때와 곳의 가액에 의하여 산정한다. 그러나 당사자 간에 다른 약정이 있는 때에는 그 신품가액에 의하여 손해액을 산정할 수 있다(상법 제676조 제1항).

② 보험사고로 인하여 상실된 피보험자가 얻을 이익이나 보수는 당사자 간에 다른 약정이 없으면 보험자가 보상할 손해액에 산입하지 아니한다(상법 제667조).

③ 손해액의 산정에 관한 비용은 보험자의 부담으로 한다(상법 제676조 제2항).

11 손해액의 산정에 관한 설명으로 옳지 않은 것은?

제6회 기출

① 보험자가 보상할 손해액은 그 손해가 발생한 때와 곳의 가액에 의하여 산정하는 것이 원칙이다.

② 손해액 산정에 관하여 당사자 간에 다른 약정이 있는 때에는 신품가액에 의하여 산정할 수 있다.

③ 특약이 없는 한 보험자가 보상할 손해액에는 보험사고로 인하여 상실된 피보험자가 얻을 이익이나 보수를 산입하지 않는다.

④ 손해액 산정에 필요한 비용은 보험자와 보험계약자가 공동으로 부담한다.

손해액의 산정에 관한 비용은 보험자의 부담으로 한다(상법 제676조 제2항 참조).

| 오답해설 | ①, ② 상법 제676조 제1항

③ 보험사고로 인하여 상실된 피보험자가 얻을 이익이나 보수는 당사자 간에 다른 약정이 없으면 보험자가 보상할 손해액에 산입하지 아니한다(상법 제667조).

12 보험자가 손해를 보상할 경우에 보험료의 지급을 받지 아니한 잔액이 있는 경우, 상법 규정으로 옳은 것은?

제5회 기출

① 보상할 금액을 전액 지급한 후 그 지급기일이 도래한 때 보험자는 잔액의 상환을 청구할 수 있다.

② 그 지급기일이 도래하지 아니한 때라도 보상할 금액에서 이를 공제할 수 있다.

③ 그 지급기일이 도래하지 아니한 때라면 보상할 금액에서 이를 공제할 수 없다.

④ 상법은 보험소비자의 보호를 위하여 어떠한 경우에도 보상할 금액에서 이를 공제할 수 없다고 규정한다.

보험자가 손해를 보상할 경우에 보험료의 지급을 받지 아니한 잔액이 있으면 그 지급기일이 도래하지 아니한 때라도 보상할 금액에서 이를 공제할 수 있다(상법 제677조).

13 손해보험에서 손해액 산정에 관한 설명으로 옳지 않은 것은? 제4회 기출

① 보험자가 보상할 손해액은 그 손해가 발생한 때와 곳의 가액에 의하여 산정한다. 그러나 당사자 간에 다른 약정이 있는 때에는 그 신품가액에 의하여 손해액을 산정할 수 있다.

② 보험자가 손해를 보상할 경우에 보험료의 지급을 받지 아니한 잔액이 있어도 보상할 금액에서 이를 공제할 수 없다.

③ 손해보상은 원칙적으로 금전으로 하지만 당사자의 합의로 손해의 전부 또는 일부를 현물로 보상할 수 있다.

④ 손해액의 산정에 관한 비용은 보험자의 부담으로 한다.

보험자가 손해를 보상할 경우에 보험료의 지급을 받지 아니한 잔액이 있으면 그 지급기일이 도래하지 아니한 때라도 보상할 금액에서 이를 공제할 수 있다(상법 제677조).

| 오답해설 | ① 상법 제676조 제1항

③ 보험금은 현금으로 일시에 지급하는 것이 일반적이지만, 현물, 기타의 급여로 지급할 수도 있다.

④ 상법 제676조 제2항

상법(보험편)

14 보험자가 손해를 보상할 때에 보험료의 지급을 받지 아니한 잔액이 있는 경우에 관한 설명으로 옳은 것은? 제10회 기출

① 보험자는 보험료의 지급을 받지 아니한 잔액이 있으면 보험계약을 즉시 해지할 수 있다.

② 보험자는 지급기일이 도래하였으나 지급받지 않은 보험료 잔액을 보상할 금액에서 공제하여야 한다.

③ 보험자는 지급받지 않은 보험료 잔액이 있으면 그 지급기일이 도래하지 아니한 때라도 보상할 금액에서 이를 공제할 수 있다.

④ 보험자는 지급기일이 도래한 보험료 잔액의 지급이 있을 때까지 그 손해보상을 전부 거절할 수 있다.

보험자가 손해를 보상할 경우에 보험료의 지급을 받지 아니한 잔액이 있으면 그 지급기일이 도래하지 아니한 때라도 보상할 금액에서 이를 공제할 수 있다(상법 제677조).

| 오답해설 | ① 계속보험료가 약정한 시기에 지급되지 아니한 때에는 보험자는 상당한 기간을 정하여 보험계약자에게 최고하고 그 기간 내에 지급되지 아니한 때에 그 계약을 해지할 수 있다(상법 제650조 제2항).

| 정답 | 10 ④ 11 ④ 12 ② 13 ② 14 ③

THEME 02

보험가액

✓ 학습 포인트
- 보험가액의 의미
- 초과보험, 중복보험의 성립요건과 효과
- 미평가보험과 기평가보험

✓ 6개년 평균 3문제 출제

대표 예제

+ 기출 공략팁

보험금액, 보험가액의 차이에 따른 손해보험의 법적 성질에는 큰 차이가 있다. 이러한 차이점을 묻는 문제가 다수 출제되고 있다.

■ 손해보험에서 보험가액과 보험금액과의 관계에 관한 설명으로 옳지 않은 것은?

제2회 기출

① 보험금액이 보험계약의 목적의 가액을 현저하게 초과한 때에 보험자는 보험금액의 감액을 청구할 수 있지만, 보험계약자는 보험료의 감액을 청구할 수 없다.

② 일부보험의 경우에 보험계약의 당사자들은 보험자가 보험금액의 보험가액에 대한 비율과 상관없이 보험금액의 한도 내에서 그 손해를 보상할 책임이 있다는 약정을 할 수 있다.

③ 중복보험에서 수인의 보험자 중 1인에 대하여 피보험자가 권리를 포기하여도 다른 보험자의 권리의무에 영향을 미치지 않는다.

④ 중복보험에서 보험자가 각자의 보험금액의 한도에서 연대책임을 지는 경우 각 보험자의 보상책임은 각자의 보험금액의 비율에 따른다.

예제 풀이

보험금액이 보험계약의 목적의 가액을 현저하게 초과한 때에는 보험자 또는 보험계약자는 보험료와 보험금액의 감액을 청구할 수 있다. 그러나 보험료의 감액은 장래에 대해서만 그 효력이 있다(상법 제669조 제1항).

② 상법 제674조 참조, ③ 상법 제673조 참조, ④ 상법 제672조 제1항 참조 | 정답 | ①

■ 초과보험에 관한 설명으로 옳지 않은 것은? 제6회 기출

① 보험금액이 보험계약의 목적의 가액을 현저하게 초과한 경우에 성립한다.

② 보험가액이 보험기간 중 현저하게 감소된 때에도 초과보험에 관한 규정이 적용된다.

③ 보험계약자 또는 보험자는 보험료와 보험금액의 감액을 청구할 수 있으나 보험료의 감액은 장래에 대하여서만 그 효력이 있다.

④ 계약이 보험계약자의 사기로 인하여 체결된 때에는 보험자는 그 사실을 안 날로부터 1월 내에 계약을 해지할 수 있다.

예제 풀이

초과보험, 중복보험 등의 계약이 보험계약자의 사기로 인하여 체결된 때에는 그 계약은 무효로 하며, 보험자는 그 사실을 안 때까지의 보험료를 청구할 수 있다(상법 제669조 제4항). | 정답 | ④

핵심 이론

참고 보험가액과 보험금액의 차이
보험가액은 법률상 한도액이고, 보험금액은 계약상 한도액임

참고 기평가보험
보험사의 반증이 없는 한 협정가액으로 손해액을 보상할 책임을 지게 됨

참고 기평가보험에서 '현저하게 초과'의 의미
거래의 통념이나 사회의 통념에 따라 판단하여야 하고, 보험가액이 사고발생 시의 가액을 현저하게 초과한다는 점에 대한 입증책임은 이를 주장하는 보험사에게 있음(대법원 2002.3.26. 선고 2001다6312 판결)

1 보험가액

(1) 보험가액의 개념과 특성

① 개념: 보험에 붙일 수 있는 재산의 평가액이며, 피보험이익의 금전적 평가액을 말한다.

② 법률상 의미: 보험가액은 보험자가 보상하게 되는 법률상 최고한도액이다.

③ 보험가액의 특성

㉠ 보험가액은 손해액 산정의 기초가 된다.

㉡ 보험가액은 고정되지 않고 경제적 상황에 따라 변동될 수 있으며, 시기와 장소에 따라 달라질 수 있다.

㉢ 인보험에서는 보험가액이 인정되지 않는다.

㉣ 보험계약을 체결할 때 약정되는 보험금액은 원칙적으로 보험가액을 초과할 수 없다.

㉤ 손해보험의 이득 금지의 원칙과 관련하여 피보험자에게 이득이 발생했는지 판단하는 기준이 된다.

(2) 보험가액의 평가

미평가보험	• 보험계약을 체결할 때 보험가액을 평가하지 않은 보험계약을 말함 • 사고발생의 때와 장소에서의 객관적인 가액을 보험가액으로 함(상법 제671조 참조). • 피보험자의 실손해를 보상하는 실손보상의 원칙을 따르고 있음
기평가보험	• 보험계약을 체결할 때 보험가액을 미리 협정하는 보험을 말하며, 이러한 보험가액을 '협정보험가액'이라고 함 • 기평가보험은 보험목적물의 멸실로 인하여 보험가액을 산정하기 곤란한 경우, 대표적으로 해상보험, 운송보험 등에 사용됨 • 기평가보험의 경우 그 가액은 사고발생 시의 가액으로 정한 것으로 추정함. 그러나 그 가액이 사고발생 시의 가액을 현저하게 초과할 때에는 사고발생 시의 가액을 보험가액으로 함(상법 제670조 참조).

2 보험가액과 보험금액

(1) 보험금액

① 개념

㉠ 보험금액이란 보험자가 손해의 보상을 위하여 지급하기로 한 보험계약상의 최고한도액으로 계약 당사자 간에 약정에 의해 정한 금액이다.

㉡ 손해가 발생하게 되면 보험자는 보험가액의 범위 내에서 보험금액을 한도로 하여 실손해액을 보상하게 된다.

② 보험가액과 보험금액의 관계

전부보험	보험계약 당시 약정한 보험금액이 보험가액과 '같은' 보험
일부보험	보험계약 당시 약정한 보험금액이 보험가액보다 '적은' 보험
초과보험	보험계약 당시 약정한 보험금액이 보험가액을 '초과하는' 보험

참고 초과보험에서의 '현저하게 초과'의 의미
사회의 거래통념에 비추어 정상 가액을 월등히 초과함

참고 보험계약 무효 시 보험료 반환
- 소급효를 인정하여 보험료를 보험계약자에게 반환하여야 함
- 단, 사기에 의한 무효의 경우 소급효에 대한 예외 규정으로 보험자는 보험료를 반환할 필요가 없음

참고 비례보상 계산식
보험금=손해액×보험금액/보험가액

참고 중복보험 통지
중복보험에 대한 통지의무를 게을리했다고 해서 보험자는 사기에 의한 보험계약이나 보험계약 해지를 주장할 수 없음

용어 연대책임
- 책임 당사자뿐만 아니라 같은 집단 내에 다른 사람들까지도 함께 책임을 지는 것으로 보험에서는 부진정연대책임임
- 피보험자에게 손해액의 전부를 보상한 다른 보험사가 구상권을 행사해오는 경우 구상의 무가 없다는 주장을 하지 못함

(2) 초과보험(상법 제669조)

① 개념: 보험금액이 보험계약의 목적의 가액을 현저하게 초과한 경우를 말한다.

② 성립요건
- ㉠ 보험금액이 보험가액을 현저하게 초과되어야 한다.
- ㉡ 보험가액 산정시기는 계약 당시를 기준으로 한다.
- ㉢ 보험가액이 보험기간 중 현저하게 감소한 때에도 초과보험에 관한 규정이 적용되며, 보험가액 산정시기는 그 감소의 시점을 기준으로 한다.

③ 효과
- ㉠ 당사자가 선의인 경우: 보험자 또는 보험계약자는 보험료와 보험금액의 감액을 청구할 수 있다. 그러나 보험료의 감액은 장래에 대하여서만 그 효력이 있다.
- ㉡ 보험계약자의 사기로 인한 경우: 보험계약자의 사기로 인하여 체결된 때에는 그 계약은 무효이며, 보험자는 그 사실을 안 때까지의 보험료를 청구할 수 있다.

(3) 일부보험(상법 제674조)

① 개념: 보험계약 당시에 약정한 보험금액이 보험가액보다 적은 보험을 말한다.

② 보험자의 보상책임
- ㉠ 보험자는 보험금액의 보험가액에 대한 비율에 따라 보상할 책임을 진다(비례보상원칙).
- ㉡ 그러나 당사자 간에 다른 약정이 있는 때에는 보험자는 보험금액의 한도 내에서 그 손해를 보상할 책임을 진다.

(4) 중복보험(상법 제672조)

① 개념: 동일한 보험계약의 목적과 동일한 사고에 관하여 수개의 보험계약이 동시에 또는 순차로 체결된 경우를 말한다.

② 성립요건
- ㉠ 수개의 보험계약이 수인의 보험자와 체결되어야 하며, 이때 동시인지 순차인지에 대해 묻지 않는다.
- ㉡ 보험계약 요소의 중복: 보험의 목적, 피보험자, 피보험이익이 동일하여야 하고 보험기간도 동일하거나 중복되어야 하나 보험계약자가 동일인일 필요는 없다.
- ㉢ 보험금액 총액의 보험가액 초과: 보험금액의 총액이 보험가액을 초과하여야 하지만 초과보험처럼 현저한 초과를 요구하지는 않는다.

③ 효과
- ㉠ 보험계약자의 사기로 체결된 경우: 중복보험이 보험계약자의 사기로 인하여 체결된 경우 사기로 인한 초과보험 규정을 준용하여 그 수개의 보험 전부는 무효가 되며 보험자는 그 사실을 안 때까지의 보험료를 청구할 수 있다(상법 제669조 제4항, 제672조 제3항).
- ㉡ 보험계약자의 통지의무(선의의 중복보험계약 시): 보험계약자는 각 보험자에 대하여 각 보험계약의 내용을 통지하여야 한다.
- ㉢ 보험자의 연대·비례보상: 보험자는 각자의 보험금액의 한도에서 연대책임을 진다. 이 경우에는 각 보험자의 보상책임은 각자의 보험금액의 비율에 따른다.

연대·비례보상의 예시

• 보험가액: 1억 원 건물

• 보험사별 보험금액 및 보험금 산정

구분	A사	B사	C사
보험금액	1억 원	6천만 원	4천만 원
보험금 산정	1억 원×1억 원 /(1억 원+6천만 원 +4천만 원)=5천만 원	6천만 원×1억 원 /(1억 원+6천만 원 +4천만 원)=3천만 원	4천만 원×1억 원 /(1억 원+6천만 원 +4천만 원)=2천만 원

비례보상주의, 이득금지의 원칙으로 보험사별 보험금의 합계는 보험가액 1억 원을 넘지 않게 된다. 또한 피보험자의 보호를 위하여 피보험자가 1억 원의 보상을 받을 때까지 각 보험사는 1억 원, 6천만 원, 4천만 원의 한도 내에서 연대책임을 진다.

④ 중복보험과 보험자 1인에 대한 권리포기

㉠ 중복보험의 경우 보험자 1인에 대한 권리의 포기는 다른 보험자의 권리의무에 영향을 미치지 아니한다(상법 제673조).

㉡ 보험자는 피보험자가 다른 보험자에게 보상을 받았는지 받지 않았는지 여부(보험금청구권 포기 여부)와 관계없이 자기 부담할 부분만 보험금으로 지급하면 된다.

필수 문제

1 보험가액

01 상법상 손해보험에 관한 설명으로 옳지 않은 것은? 제8회 기출

① 당사자 간에 보험가액을 정한 때에는 그 가액은 사고발생 시의 가액으로 정한 것으로 본다.

② 당사자는 약정에 의하여 보험사고로 인하여 상실된 피보험자가 얻을 보수를 보험자가 보상할 손해액에 산입할 수 있다.

③ 화재보험의 보험자는 화재의 소방 또는 손해의 감소에 필요한 조치로 인하여 생긴 손해를 보상할 책임이 있다.

④ 보험계약은 금전으로 산정할 수 있는 이익에 한하여 보험계약의 목적으로 할 수 있다.

기평가보험으로서 당사자 간에 보험가액을 정한 때에는 그 가액은 사고발생 시의 가액으로 정한 것으로 '추정한다'. 그러나 그 가액이 사고발생 시의 가액을 현저하게 초과할 때에는 사고발생 시의 가액을 보험가액으로 한다(상법 제670조).

| 오답해설 | ② 상법 제667조 참조

③ 상법 제684조

④ 상법 제668조

02 보험가액에 관한 설명으로 옳은 것은? 제3회 기출

① 당사자 간에 보험가액을 정한 때에는 그 가액은 보험기간 개시 시의 가액으로 정한 것으로 추정한다.

② 미평가보험의 경우 사고발생 시의 가액을 보험가액으로 한다.

③ 보험가액은 변동되지 않는다.

④ 기평가보험에서 보험가액이 사고발생 시의 가액을 현저하게 초과할 때에는 보험기간 개시 시의 가액을 보험가액으로 한다.

당사자 간에 보험가액을 정하지 아니한 때에는 사고발생 시의 가액을 보험가액으로 한다(상법 제671조 참조).

| 오답해설 | ①, ④ 당사자 간에 보험가액을 정한 때에는 그 가액은 사고발생 시의 가액으로 정한 것으로 추정한다. 그러나 그 가액이 사고발생 시의 가액을 현저하게 초과할 때에는 사고발생 시의 가액을 보험가액으로 한다(상법 제670조).

③ 보험가액은 언제나 일정한 것이 아니고 물가의 등락, 보험목적물의 가치하락 등에 따라 변동될 수 있다.

03 보험가액에 관한 설명으로 옳지 않은 것은?

제6회 기출

① 당사자 간에 보험가액을 정한 때에는 그 가액은 사고발생 시의 가액으로 정한 것으로 추정한다.
② 당사자 간에 정한 보험가액이 사고발생 시의 가액을 현저하게 초과할 때에는 그 원인에 따라 당사자 간에 정한 보험가액과 사고발생 시의 가액 중 협의하여 보험가액을 정한다.
③ 상법상 초과보험을 판단하는 보험계약의 목적의 가액은 계약 당시의 가액에 의하여 정하는 것이 원칙이다.
④ 당사자 간에 보험가액을 정하지 아니한 때에는 사고발생 시의 가액을 보험가액으로 한다.

당사자 간에 보험가액을 정한 때에는 그 가액은 사고발생 시의 가액으로 정한 것으로 추정한다. 그러나 그 가액이 사고발생 시의 가액을 현저하게 초과할 때에는 사고발생 시의 가액을 보험가액으로 한다(상법 제670조).

| 오답해설 | ① 상법 제670조(기평가보험)
③ 상법 제669조 제2항
④ 상법 제671조(미평가보험)

04 손해보험에서의 보험가액에 관한 설명으로 옳은 것은?

제8회 기출

① 초과보험에 있어서 보험계약의 목적의 가액은 사고발생 시의 가액에 의하여 정한다.
② 보험금액이 보험계약의 목적의 가액을 현저하게 초과한 때에는 보험계약자는 소급하여 보험료의 감액을 청구할 수 있다.
③ 보험가액이 보험계약 당시가 아닌 보험기간 중에 현저하게 감소된 때에는 보험자는 보험료와 보험금액의 감액을 청구할 수 없다.
④ 초과보험이 보험계약자의 사기로 인하여 체결된 때에는 그 계약은 무효이며 보험자는 그 사실을 안 때까지의 보험료를 청구할 수 있다.

상법 제669조 제4항 참조

| 오답해설 | ① 초과보험에 있어서 보험계약의 목적의 가액은 계약 당시의 가액에 의하여 정한다(상법 제669조 제2항 참조).
② 초과보험에서 보험료의 감액은 소급이 되지 않으며, 장래에 대해서만 그 효력이 있다(상법 제669조 제1항 참조).
③ 보험가액이 보험계약 당시가 아닌 보험기간 중에 현저하게 감소된 때에도 보험자 또는 보험계약자는 보험료와 보험금액의 감액을 청구할 수 있다(상법 제669조 제3항).

| 정답 | 01 ① 02 ② 03 ② 04 ④

05 상법상 기평가보험과 미평가보험에 관한 설명으로 옳은 것은?

제5회 기출

① 당사자 간에 보험가액을 정하지 아니한 때에는 계약 체결 시의 가액을 보험가액으로 한다.

② 당자자 간에 보험가액을 정한 때 그 가액이 사고발생 시의 가액을 현저하게 초과할 때에는 사고발생 시의 가액을 보험가액으로 한다.

③ 당사자 간에 보험가액을 정한 때에는 그 가액은 계약 체결 시의 가액으로 정한 것으로 추정한다.

④ 당사자 간에 보험가액을 정한 때에는 그 가액은 사고발생 시의 가액을 정한 것으로 본다.

상법 제670조 단서

| 오답해설 | ① 당사자 간에 보험가액을 정하지 아니한 때(미평가보험)에는 사고발생 시의 가액을 보험가액으로 한다(상법 제671조).

③, ④ 당사자 간에 보험가액을 정한 때(기평가보험)에는 그 가액은 사고발생 시의 가액으로 정한 것으로 추정한다(상법 제670조).

06 상법상 물건보험의 보험가액에 관한 설명으로 옳지 않은 것은?

제10회 기출

① 보험가액과 보험금액은 일치하지 않을 수 있다.

② 보험계약 당사자 간에 보험가액을 정하지 아니한 때에는 사고발생 시의 가액을 보험가액으로 한다.

③ 보험계약의 당사자 간에 보험가액을 정한 경우 그 가액이 사고발생 시의 가액을 현저하게 초과할 경우 보험계약은 무효이다.

④ 보험계약의 당사자 간에 보험가액을 정한 경우 그 가액은 사고발생 시의 가액으로 정한 것으로 추정한다.

당사자 간에 보험가액을 정한 때에는 그 가액은 사고발생 시의 가액으로 정한 것으로 추정한다. 그러나 그 가액이 사고발생 시의 가액을 현저하게 초과할 때에는 사고발생 시의 가액을 보험가액으로 한다(상법 제670조).

2 보험가액과 보험금액

07 초과보험에 관한 설명으로 옳은 것은?

제4회 기출

① 초과보험은 보험계약 목적의 가액이 보험금액을 현저하게 초과한 보험이다.

② 보험계약자의 사기로 인하여 체결된 때의 초과보험은 무효로 한다.

③ 초과보험에서 보험료의 감액은 소급하여 그 효력이 있다.

④ 보험가액이 보험기간 중에 현저하게 감소된 때에는 초과보험에 관한 규정이 적용되지 않는다.

상법 제669조 제4항

| 오답해설 | ① 초과보험은 보험금액이 보험계약의 목적의 가액을 현저하게 초과한 보험이다(상법 제669조 제1항 참조).

③ 초과보험에서 보험료의 감액은 장래에 대하여서만 그 효력이 있다(상법 제669조 제1항 단서).

④ 보험가액이 보험기간 중에 현저하게 감소된 때에도 초과보험의 규정이 적용된다(상법 제669조 제3항).

08 초과보험에 관한 설명으로 옳지 않은 것은? 제3회 기출

① 초과보험이 성립하기 위해서는 보험금액이 보험계약의 목적의 가액을 현저하게 초과하여야 한다.

② 보험가액이 보험기간 중에 현저하게 감소한 경우에 보험자 또는 보험계약자는 보험료와 보험금액의 감액을 청구할 수 있다.

③ 보험계약자의 사기로 인하여 체결된 초과보험계약은 무효로 한다.

④ 초과보험의 효과로서 보험료 감액 청구에 따른 보험료의 감액은 소급효가 있다.

초과보험에서 보험계약자가 청구하는 보험료의 감액은 장래에 대해서만 그 효력이 있다(상법 제669조 제1항 단서).

09 상법상 초과보험에 관한 설명으로 옳은 것을 모두 고른 것은? 제10회 기출

ㄱ. 보험계약자의 사기에 의하여 보험금액이 보험가액을 현저하게 초과하는 보험계약이 체결된 경우 보험기간 중에 보험사고가 발생하면 보험자는 보험가액의 한도 내에서 보험금 지급의무가 있다.

ㄴ. 보험계약 체결 이후 보험기간 중에 보험가액이 보험금액에 비해 현저하게 감소된 때에는 보험자 또는 보험계약자는 보험료와 보험금액의 감액을 청구할 수 있다.

ㄷ. 보험계약 체결 이후 보험기간 중에 보험가액이 보험금액에 비해 현저하게 감소된 때에는 보험자 또는 보험계약자는 보험계약을 취소할 수 있다.

ㄹ. 보험계약자의 사기에 의하여 보험금액이 보험가액을 현저하게 초과하는 계약이 체결된 경우 보험자는 그 사실을 안 때까지의 보험료를 청구할 수 있다.

① ㄱ, ㄷ ② ㄱ, ㄹ ③ ㄴ, ㄷ ④ ㄴ, ㄹ

- 상법 제669조 제1항
- 상법 제669조 제4항

| 오답해설 | ㄱ. 보험계약자의 사기에 의하여 보험금액이 보험가액을 현저하게 초과하는 보험계약이 체결된 경우에는 보험계약은 무효가 되므로 보험자는 보험금 지급의무가 없다(상법 제669조 제4항 참조).

ㄷ. 보험계약 체결 이후 보험기간 중에 보험가액이 보험금액에 비해 현저하게 감소된 때에는 보험자 또는 보험계약자는 보험료와 보험금액의 감액을 청구할 수 있다(상법 제669조 제3항 참조).

| 정답 | 05 ② 06 ③ 07 ② 08 ④ 09 ④

10 초과보험에 관한 설명으로 옳지 않은 것은?

제5회 기출

① 보험금액이 보험계약 당시의 보험계약의 목적의 가액을 현저히 초과한 때를 말한다.

② 보험자 또는 보험계약자는 보험료와 보험금액의 감액을 청구할 수 있다.

③ 보험료의 감액은 보험계약 체결 시에 소급하여 그 효력이 있으나 보험금액의 감액은 장래에 대하여만 그 효력이 있다.

④ 보험계약자의 사기로 인하여 체결된 초과보험계약은 무효이며 보험자는 그 사실을 안 때까지의 보험료를 청구할 수 있다.

보험금액이 보험계약의 목적의 가액을 현저하게 초과한 때에는 보험자 또는 보험계약자는 보험료와 보험금액의 감액을 청구할 수 있다. 그러나 보험료의 감액은 장래에 대하여서만 그 효력이 있다(상법 제669조 제1항).

| 오답해설 | ④ 상법 제669조 제4항 참조

11 일부보험에 있어서 일부손해가 발생하여 비례보상원칙을 적용한 결과에 관한 설명으로 옳지 않은 것은?

제2회 기출

① 손해액은 보험가액보다 적다.

② 보험가액은 보상액보다 크다.

③ 보상액은 손해액보다 적다.

④ 보험금액은 보험가액보다 크다.

일부보험은 보험금액이 보험가액보다 적은 보험을 말한다.

12 일부보험에 관한 설명으로 옳지 않은 것은?

제4회 기출

① 일부보험이란 보험금액이 보험가액에 미달하는 보험을 말한다.

② 일부보험은 계약 체결 당시부터 의식적으로 약정하는 경우도 있고, 계약 성립 후 물가의 인상으로 인하여 자연적으로 발생하는 경우도 있다.

③ 일부보험에서는 보험자의 보상책임에 관하여 당사자 간에 다른 약정을 할 수 없다.

④ 의식적 일부보험의 여부는 계약 체결 시의 보험가액을 기준으로 판단한다.

보험가액의 일부를 보험에 붙인 경우에는 보험자는 보험금액의 보험가액에 대한 비율에 따라 보상할 책임을 진다. 그러나 당사자 간에 다른 약정이 있는 때에는 보험자는 보험금액의 한도 내에서 그 손해를 보상할 책임을 진다(상법 제674조).

13 일부보험에 관한 설명으로 옳은 것은? 제7회 기출

① 계약 체결의 시점에 의도적으로 보험가액보다 낮게 보험금액을 약정하는 것은 허용되지 않는다.

② 일부보험에 관한 상법의 규정은 강행규정이다.

③ 일부보험의 경우에는 잔존물대위가 인정되지 않는다.

④ 일부보험에 있어서 일부손해가 발생하여 비례보상원칙을 적용하면 손해액은 보상액보다 크다.

일부보험은 보험금액이 보험가액보다 적은 보험을 말하며, 보험자는 보험금액의 보험가액에 대한 비율에 따라 보상할 책임을 진다(상법 제674조 참조). 따라서 손해액은 보상액보다 크게 된다.

| 오답해설 | ① 보험료 절약을 위해 계약 체결의 시점에 의도적으로 보험가액보다 낮게 보험금액을 약정하는 것은 허용된다.

② 일부보험에 관한 상법의 규정은 강행규정이 아니며, 별도의 약정에 따라 일부보험이어도 비례보상을 하지 않을 수 있다.

③ 일부보험에서도 잔존물대위가 인정되며, 보험자가 취득할 권리는 보험금액의 보험가액에 대한 비율에 따라 이를 정한다.

14 일부보험에 관한 설명으로 옳지 않은 것은? 제3회 기출

① 일부보험에 관한 상법의 규정은 강행규정으로 당사자 간 다른 약정으로 손해보상액을 보험금액의 한도로 변경할 수 없다.

② 일부보험의 경우 당사자 간에 다른 약정이 없는 때에는 보험자는 보험금액의 보험가액에 대한 비율에 따라 보상할 책임을 진다.

③ 일부보험은 보험계약자가 보험료를 절약할 목적 등으로 활용된다.

④ 일부보험은 보험가액의 일부를 보험에 붙인 보험이다.

일부보험에 관한 상법의 규정은 강행규정이 아닌 임의규정으로, 당사자 간 다른 약정으로 손해보상액을 보험금액의 한도로 변경할 수 있다.

15 상법상 중복보험에 관한 설명으로 옳지 않은 것은? 제8회 기출

① 보험계약자가 중복보험의 체결사실을 보험자에게 통지하지 아니한 경우 보험자는 보험계약을 취소할 수 있다.

② 중복보험을 체결한 경우 보험계약자는 각 보험자에 대하여 각 보험계약의 내용을 통지하여야 한다.

③ 중복보험이라 함은 동일한 보험계약의 목적과 동일한 사고에 관하여 수개의 보험계약이 동시에 또는 순차로 체결된 경우를 말한다.

④ 중복보험은 하나의 보험계약을 수인의 보험자와 체결한 공동보험과 구별된다.

중복보험인 경우 보험계약자는 각 보험자에게 그 사실을 통지하여야 하나, 통지하지 않더라도 보험자는 계약을 취소하거나 해지할 수 없다.

| 정답 | 10 ③ 11 ④ 12 ③ 13 ④ 14 ① 15 ①

16 중복보험에 관한 설명으로 옳지 않은 것은?

제4회 기출

① 동일한 보험계약의 목적과 동일한 사고에 관하여 수개의 보험계약이 동시에 또는 순차로 체결된 경우에 그 보험가액의 총액이 보험금액을 초과한 때에는 보험자는 각자의 보험금액의 한도에서 연대책임을 진다.

② 중복보험의 경우 보험자 1인에 대한 피보험자의 권리의 포기는 다른 보험자의 권리의무에 영향을 미치지 않는다.

③ 중복보험의 경우에는 보험계약자는 각 보험자에 대하여 각 보험계약의 내용을 통지하여야 한다.

④ 사기에 의한 중복보험계약은 무효이나 보험자는 그 사실을 안 때까지의 보험료를 청구할 수 있다.

동일한 보험계약의 목적과 동일한 사고에 관하여 수개의 보험계약이 동시에 또는 순차로 체결된 경우에 그 '보험금액의 총액이 보험가액을 초과한 때'에는 보험자는 각자의 보험금액의 한도에서 연대책임을 진다(상법 제672조 제1항).

17 다음 사례에 관한 설명으로 옳은 것은? (단, 다른 약정이 없고, 보험사고 당시 보험가액은 보험계약 당시와 동일한 것으로 전제함)

제8회 기출

- 사례 1: 甲은 보험가액이 3억 원인 자신의 아파트를 보험목적으로 하여 A보험회사 및 B보험회사와 보험금액을 3억 원으로 하는 화재보험계약을 각각 체결하였다.
- 사례 2: 乙은 보험가액이 10억 원인 자신의 건물을 보험목적으로 하여 C보험회사와 보험금액을 5억 원으로 하는 화재보험계약을 체결하였다.

① 화재로 인하여 甲의 아파트가 전부 소실된 경우 甲은 A와 B로부터 각각 3억 원의 보험금을 수령할 수 있다.

② 화재로 인하여 甲의 아파트가 전부 소실된 경우 甲이 A에 대한 보험금 청구를 포기하였다면 甲에게 보험금 3억 원을 지급한 B는 A에 대해 구상금을 청구할 수 없다.

③ 화재로 인하여 乙의 건물에 5억 원의 손해가 발생한 경우 C는 乙에게 5억 원을 보험금으로 지급하여야 한다.

④ 화재로 인하여 甲의 아파트가 전부 소실된 경우 A는 甲에 대하여 3억 원의 한도에서 B와 연대책임을 부담한다.

동일한 보험계약의 목적과 동일한 사고에 관하여 수개의 보험계약이 동시에 또는 순차로 체결된 경우에 그 보험금액의 총액이 보험가액을 초과한 때에는 보험자는 각자의 보험금액의 한도에서 연대책임을 진다. 이 경우에는 각 보험자의 보상책임은 각자의 보험금액의 비율에 따른다(상법 제672조 제1항). 즉, 화재로 인하여 甲의 아파트가 전부 소실된 경우 A와 B는 각각 1.5억 원씩 부담한다.

| 오답해설 | ① 화재로 인하여 甲의 아파트가 전부 소실된 경우 甲은 A와 B로부터 '3억 원의 한도에서' 보험금을 수령할 수 있다.

② 보험자 1인에 대한 권리의 포기는 다른 보험자의 권리의무에 영향을 미치지 아니한다(상법 제673조). 즉, 甲이 A에 대한 보험금 청구를 포기하였다면 甲에게 보험금 3억 원을 지급한 B는 A에 대해 구상금을 청구할 수 있다.

③ 보험자는 보험금액의 보험가액에 대한 비율에 따라 보상할 책임을 진다(상법 제674조). 따라서 화재로 인하여 乙의 건물에 5억 원의 손해가 발생한 경우 C는 乙에게 2.5억 원(= 5억 원×5억 원/10억 원)을 보험금으로 지급하여야 한다.

18 **중복보험에 관한 설명으로 옳은 것을 모두 고른 것은?** 제7회 기출

ㄱ. 중복보험의 경우 보험자 1인에 대한 권리의 포기는 다른 보험자의 권리의무에 영향을 미치지 않는다.
ㄴ. 중복보험계약을 체결하는 경우에는 보험계약자는 각 보험자에 대하여 각 보험계약의 내용을 통지하여야 한다.
ㄷ. 중복보험에서 보험금액의 총액이 보험가액을 초과한 때에는 보험자는 각자의 보험금액의 한도에서 연대책임을 진다.

① ㄱ ② ㄱ, ㄴ ③ ㄴ, ㄷ ④ ㄱ, ㄴ, ㄷ

- 상법 제673조 참조
- 상법 제672조 제2항 참조
- 상법 제672조 제1항 참조

19 **甲이 가액이 10억 원인 자기 소유의 재산에 대해 A, B보험회사와 보험기간이 동일하고, 보험금액 10억 원인 화재보험계약을 순차적으로 각각 체결한 경우 그 법률관계에 관한 설명으로 옳지 않은 것은? (甲의 사기는 없었음)** 제10회 기출

① 만약 甲이 사기에 의하여 두 개의 화재보험계약을 체결하였다면 보험계약은 무효이다.
② 보험기간 중 화재가 발생하여 甲의 재산이 전소되어 10억 원의 손해를 입은 경우 甲은 A, B보험회사에게 각각 5억 원까지 보험금청구권을 행사할 수 있다.
③ 甲은 B보험회사와 화재보험계약을 체결할 때 A보험회사와의 화재보험계약의 내용을 통지할 의무가 있다.
④ 甲이 A보험회사에 대한 권리를 포기하더라도 B보험회사의 권리의무에 영향을 미치지 않는다.

동일한 보험계약의 목적과 동일한 사고에 관하여 수개의 보험계약이 동시에 또는 순차로 체결된 경우에 그 보험금액의 총액이 보험가액을 초과한 때에는 보험자는 각자의 보험금액의 한도에서 연대책임을 진다. 이 경우에는 각 보험자의 보상책임은 각자의 보험금액의 비율에 따른다(상법 제672조 제1항). 즉, 보험기간 중 화재가 발생하여 甲의 재산이 전소되어 10억 원의 손해를 입은 경우 甲은 A, B보험회사에게 10억 원의 한도에서 보험금청구권을 행사할 수 있다.

| 오답해설 | ① 상법 제672조 제3항 및 제669조 제4항
③ 상법 제672조 제2항
④ 상법 제673조

| 정답 | **16** ① **17** ④ **18** ④ **19** ②

THEME 03

보험대위와 기타 규정

✔ 학습 포인트
- 보험자대위
- 보험목적의 양도 시 효과
- 손해방지의무

✔ 6개년 평균 **2문제** 출제

대표 예제

+ 기출 공략팁

손해보험에서의 보험대위는 손해보험계약의 성질을 대변하는 규정으로 지속적으로 문제가 출제되고 있다.

■ **보험목적에 관한 보험대위에 관한 설명이다. (   )에 들어갈 내용으로 옳은 것은?**

제8회 기출

> 보험의 목적의 전부가 멸실한 경우에 (ㄱ)의 (ㄴ)를 지급한 보험자는 그 목적에 대한 (ㄷ)의 권리를 취득한다. 그러나 (ㄹ)의 일부를 보험에 붙인 경우에는 보험자가 취득할 권리는 보험금액의 보험가액에 대한 비율에 따라 이를 정한다.

① ㄱ: 보험금액, ㄴ: 전부, ㄷ: 피보험자, ㄹ: 보험가액

② ㄱ: 보험금액, ㄴ: 일부, ㄷ: 보험계약자, ㄹ: 보험금액

③ ㄱ: 보험가액, ㄴ: 일부, ㄷ: 피보험자, ㄹ: 보험가액

④ ㄱ: 보험가액, ㄴ: 전부, ㄷ: 피보험자, ㄹ: 보험가액

예제 풀이

보험대위는 실손보상의 원칙을 실현하기 위한 제도로 일부보험에서도 적용되는 원칙이며, 인보험에서는 적용되지 않고 의사표시가 필요 없이 법률상 당연히 취득되는 권리의 특성을 지니고 있다. 보험목적에 관한 대위(잔존물대위)는 보험목적의 전손, 보험금액의 전부지급을 요건으로 하며 일부보험에도 적용되어 비례보상으로 산정하고 있다(상법 제681조 참조).

| 정답 | ①

■ **손해방지의무 등에 관한 상법 규정의 설명으로 옳은 것은?**

제5회 기출

① 피보험자뿐만 아니라 보험계약자도 손해방지의무를 부담한다.

② 손해방지비용과 보상액의 합계액이 보험금액을 초과한 때에는 보험자의 지시에 의한 경우에만 보험자가 이를 부담한다.

③ 상법은 피보험자는 보험자에 대하여 손해방지비용의 선급을 청구할 수 있다고 규정한다.

④ 손해의 방지와 경감을 위하여 유익하였던 비용은 보험자가 이를 부담하지 않는다.

예제 풀이

보험계약자와 피보험자는 손해의 방지와 경감을 위하여 노력하여야 한다. 그러나 이를 위하여 필요 또는 유익하였던 비용과 보상액이 보험금액을 초과한 경우라도 보험자가 이를 부담한다(상법 제680조 제1항).

③ 손해방지비용은 사고가 발생한 이후 그 손해의 확대를 방지하고자 지출되는 비용으로, 손해를 예방하기 위해 선급으로 요청되는 금액이 아니다.

| 정답 | ①

핵심 이론

용어 대위
제3자가 다른 사람의 법률적 지위를 대신하여 그가 가진 권리를 얻거나 행사함

1 보험자대위

(1) 보험 목적에 관한 보험대위

① 의의

㉠ 보험의 목적(피보험 목적물)의 전손으로 보험금액의 전부를 지급한 보험자는 그 목적물에 대한 피보험자의 권리를 취득하는 것으로 실무상 '잔존물대위'라고 한다.

㉡ 보험자가 보험금을 지급했을 때 법률에 의해 피보험자가 가지는 권리를 보험자가 취득하는 것으로, 손해보험에서의 이득 금지의 원칙을 실현하는 규정이다.

② 요건

㉠ 보험목적물이 전부 멸실(전손)되어야 하며 일부 멸실의 경우 잔존물대위가 인정되지 않는다.

㉡ **보험금액의 전부 지급**: 보험자와 보험계약자 간에 약정한 보험금액을 전부 지급해야 한다.

참고 전부 멸실
물리적으로 멸실된 것, 경제적 효용이 없어진 것도 포함됨

③ 효과

㉠ **권리의 이전**: 잔존물대위의 요건을 만족하면 그 목적물에 대하여 가지는 권리를 취득하는 시기는 보험사고가 발생한 시기가 아니라 보험자가 보험금액을 전부 지급한 시기이며, 그 권리의 취득은 어떠한 절차에 의한 것이 아니라 당연 취득되는 것으로 형성권의 일종이다.

㉡ **대위권의 포기**: 목적물의 전손으로 보험금액의 전부를 지급한 보험자는 대위권을 취득하게 되는데, 대위권을 행사할 때 경제적 비용이 발생하는 경우 당사자 간의 약정으로 대위권을 포기하는 특약을 둘 수 있다.

참고 대위권 포기의 예
선박 사고로 인해 보험금을 지급한 보험사가 잔존물을 취득하고 제거할 경우 많은 비용이 발생함. 따라서 대위권 포기 특약을 두어 잔존물 제거의무를 회피함

④ **일부보험에서의 잔존물대위**: 일부보험에서도 잔존물대위는 가능하며, 보험자가 취득하는 대위권은 보험금액의 보험가액에 대한 비율에 따라 이를 정한다(상법 제681조).

참고 비례보상 계산
- 손해액×보험금액/보험가액
- 잔존물의 일부에 대한 권리만 취득하게 됨

(2) 제3자에 대한 보험자대위

① **의의**: 손해가 제3자의 행위로 인하여 발생한 경우에 보험금을 지급한 보험자는 그 지급한 금액의 한도에서 그 제3자에 대한 보험계약자 또는 피보험자의 권리를 취득하는 것을 말하며, 실무상으로 청구권대위라고 한다(상법 제682조 제1항 참조).

② 요건

㉠ 제3자의 행위로 인한 손해가 발생하여야 한다.

참고 청구권대위
잔존물대위와 달리 청구권 대위에서는 보험금액의 전부지급을 요하지 않음

참고 제3자
타인을 위한 보험계약에서 보험계약자는 제3자에 해당함

용어 면책손해
보험사의 지급책임이 없는 보험사고로 인해 발생된 손해

용어 형성권
권리자의 일방적 의사표시에 의하여 새로운 법률관계의 변동을 가져오는 권리

참고 제3자와 생계를 같이 하는 가족
제3자가 생계를 같이 하는 가족인 경우, 그 가족에게 청구권 대위를 한다면 피보험자는 보험금을 지급받지 못하는 결과가 됨. 즉, 생계를 같이 하는 가족은 제3자에서 배제됨

참고 양도의 통지 시기
특정한 기간이 있지 않으며 지체없이 통지하면 됨

ⓛ **보험금의 지급**: 보험자가 보험금 지급책임이 발생하여 보험금을 지급한 경우에 보험자에게 보험대위권이 생기며 면책손해[?]에도 불구하고 보험자가 보험금을 지급한 경우는 보험자대위를 할 수 없다.

ⓒ 보험자가 피보험자에게 보험금을 지급할 당시 피보험자가 제3자에 대한 권리를 가지고 있어야 한다.

③ 효과

㉠ **권리의 이전**: 청구권대위의 요건을 만족하면 피보험자가 제3자에 대해 가지는 권리는 보험자에게 즉시 이전되며 그 권리의 취득은 어떠한 절차에 의한 것이 아니라 당연 취득되는 것으로 형성권[?]의 일종이다.

ⓛ **보험자가 취득하는 제3자에 대한 권리**: 보험금을 지급한 보험자가 피보험자로부터 취할 수 있는 권리는 제3자에 대한 손해배상청구권, 피해자 직접청구권, 공동불법행위자에 대한 구상권 등이 있다.

ⓒ **청구권대위의 범위**: 목적물의 소유권 전부를 취득하는 잔존물대위와는 달리 청구권대위에서는 제3자에 대한 피보험자의 권리를 보험자가 지급한 보험금한도로 정하고 있다.

④ **일부보험에서의 청구권대위**: 일부보험에서의 청구권대위에 대한 상법상 규정은 없으며, 다만, 보상할 보험금의 일부를 지급한 경우에는 피보험자의 권리를 침해하지 아니하는 범위에서 그 권리를 행사할 수 있다(상법 제682조 제1항 참조).

⑤ **청구권대위의 제한**: 제3자에 대한 권리가 그와 생계를 같이 하는 가족에 대한 것인 경우[?] 보험자는 그 권리를 취득하지 못한다. 다만, 손해가 그 가족의 고의로 인하여 발생한 경우에는 그러하지 아니하다(상법 제682조 제2항).

2 기타 규정

(1) 보험목적의 양도

① 의의

㉠ 피보험자가 보험의 목적을 양도한 때에는 양수인은 보험계약상의 권리와 의무를 승계한 것으로 추정한다(상법 제679조).

ⓛ 보험목적의 양도로 인해 보험계약이 종료되어 피보험이익이 없어지는 것과 동일하므로 양수인이 즉시 보험계약을 하지 않는 이상 보험의 공백이 생길 수 있다. 이러한 점을 보완하고자 양도의 경우 양수인에게 보험계약상의 권리와 의무를 승계시키고자 하는 규정이다.

② 보험목적의 양도 효과

㉠ 권리와 의무의 승계

ⓛ 보험목적의 양도 시 양도인 또는 양수인은 보험자에 대하여 지체없이[?] 그 사실을 통지하여야 하며 이 통지의무를 위반한 경우에 대하여 상법에서는 아무런 규정을 두고 있지 않다.

(2) 손해방지의무

① **개념**: 손해보험계약에서 보험사고가 발생하였을 경우 보험계약자 측(보험계약자, 피보험자)에서 보험사고로 인한 손해의 발생을 방지하거나 손해의 확대를 방지하고 손해를 경감시키기 위해 노력해야 할 의무를 말한다.

② **손해방지의무 부담자**: 보험계약자와 피보험자가 그 부담자이며 이들의 대리인도 손해방지의무를 부담한다.

③ **의무의 발생시기**: 손해방지의무는 보험사고가 발생한 때부터 부담하게 된다.

④ **손해방지의무의 효과**: 손해방지의무를 위하여 필요 또는 유익하였던 비용과 보상액이 보험금액을 초과한 경우라도 보험자가 이를 부담하며, 이를 실무적으로 손해방지비용이라고 한다(상법 제680조 참조).

+ 손해방지의무를 위하여 필요 또는 유익하였던 비용의 예

- 화재 발생 시 불길이 다른 건물로 번지는 것을 막기 위해 소방관에게 협조하거나, 방화벽 설치 및 긴급한 진화작업에 들어간 비용
- 교통사고 후 2차 사고를 방지하기 위해 도로 한복판에 방치된 차량을 긴급 견인한 비용
- 폭우로 인해 건물이 붕괴될 위험이 있는 경우, 긴급히 지지대를 설치하거나 외벽을 강화하기 위해 지출한 비용

⑤ **의무 위반의 효과**: 손해방지의무는 상법상 규정된 법정의무이나, 이 의무를 게을리한 경우 효과에 대해서는 상법상 특별한 규정이 없다.

⑥ **손해방지비용**

㉠ **의의**: 손해방지비용은 보험자가 담보하고 있는 보험사고가 발생한 경우에 보험사고로 인한 손해의 발생을 방지하거나 손해의 확대를 방지함은 물론 손해를 경감할 목적으로 행하는 행위에 필요하거나 유익한 비용[?]을 말한다(대법원 2002.6.28. 선고 2002다22106 판결).

㉡ **손해방지비용의 부담**: 손해방지비용은 보험금액을 초과한 경우라도 보험자가 이를 부담한다.

참고 유익한 비용
손해방지비용은 경감할 목적이면 되지, 반드시 그 경감의 효과가 나타나야 되는 것은 아님

필수 문제

1 보험자대위

01 상법 제681조(보험목적에 관한 보험대위)의 내용이다. (　　)에 들어갈 내용을 순서대로 올바르게 연결된 것은?

제2회 기출

> 보험의 목적의 (　　)가 멸실한 경우에 보험금액의 (　　)를 지급한 보험자는 그 목적에 대한 피보험자의 권리를 취득한다. 그러나 보험가액의 (　　)를 보험에 붙인 경우에는 보험자가 취득할 권리는 보험금액의 보험가액에 대한 비율에 따라 이를 정한다.

① 전부 또는 일부 – 일부 – 전부
② 전부 – 일부 – 일부
③ 전부 또는 일부 – 일부 – 일부
④ 전부 – 전부 – 일부

보험의 목적의 '전부'가 멸실한 경우에 보험금액의 '전부'를 지급한 보험자는 그 목적에 대한 피보험자의 권리를 취득한다. 그러나 보험가액의 '일부'를 보험에 붙인 경우에는 보험자가 취득할 권리는 보험금액의 보험가액에 대한 비율에 따라 이를 정한다(상법 제681조).

02 잔존물대위에 관한 설명으로 옳은 것은?

제1회 기출

① 보험의 목적 일부가 멸실한 경우 발생한다.
② 보험금액의 전부를 지급하여야 보험자가 잔존물대위권을 취득할 수 있다.
③ 일부보험의 경우에는 잔존물대위가 인정되지 않는다.
④ 보험자는 잔존물에 대한 물권변동의 절차를 밟아야 대위권을 취득할 수 있다.

보험의 목적의 '전부가 멸실한 경우'에 보험금액의 '전부를 지급'한 보험자는 그 목적에 대한 피보험자의 권리를 취득한다. 그러나 보험가액의 일부를 보험에 붙인 경우에는 보험자가 취득할 권리는 보험금액의 보험가액에 대한 비율에 따라 이를 정한다(상법 제681조). 즉, 잔존물대위는 전부보험뿐만 아니라 일부보험에서도 인정된다.

| 오답해설 | ④ 보험자는 잔존물에 대한 물권변동의 절차 없이도 대위권을 획득할 수 있다.

03 **제3자에 대한 보험자대위에 관한 설명으로 옳지 않은 것은?** 제5회 기출

① 손해가 제3자의 행위로 인하여 발생한 경우에 보험금을 지급한 보험자는 그 지급한 금액의 한도에서 그 제3자에 대한 보험계약자 또는 피보험자의 권리를 취득한다.

② 보험자가 보상할 보험금의 일부를 지급한 경우에는 피보험자의 권리를 침해하지 아니하는 범위에서 그 권리를 행사할 수 있다.

③ 보험계약자나 피보험자의 제3자에 대한 권리가 그와 생계를 같이 하는 가족에 대한 것인 경우 보험자는 그 권리를 취득하지 못한다. 다만, 손해가 그 가족의 과실로 인하여 발생한 경우에는 그러하지 아니하다.

④ 보험계약에서 담보하지 아니하는 손해에 해당하여 보험금지급의무가 없음에도 보험자가 피보험자에게 보험금을 지급한 경우라면, 보험자대위가 인정되지 않는다.

상법(보험편)

보험계약자나 피보험자의 제3자에 대한 권리가 그와 생계를 같이 하는 가족에 대한 것인 경우 보험자는 그 권리를 취득하지 못한다. 다만, 손해가 그 '가족의 고의'로 인하여 발생한 경우에는 그러하지 아니하다(상법 제682조 제2항).

| 오답해설 | ①, ② 상법 제682조 제1항

④ 대법원 2014.10.15. 선고 2012다88716 판결

04 **제3자에 대한 보험대위에 관한 설명으로 옳지 않은 것은? (다툼이 있으면 판례에 따름)** 제8회 기출

① 제3자에 대한 보험대위의 취지는 이득금지 원칙의 실현과 부당한 면책의 방지에 있다.

② 보험자는 피보험자와 생계를 같이 하는 가족에 대한 피보험자의 권리는 취득하지 못하는 것이 원칙이다.

③ 보험금을 지급한 보험자는 그 지급한 금액의 한도에서 그 제3자에 대한 피보험자의 권리를 취득한다.

④ 보험약관상 보험자가 면책되는 사고임에도 불구하고 보험자가 보험금을 지급한 경우 피보험자의 제3자에 대한 권리를 대위 취득할 수 있다.

제3자에 대한 보험대위(청구권대위)는 피보험자의 손해가 제3자의 행위로 인하여 생긴 경우 피보험자에게 보험금을 지급한 보험자는 제3자의 귀책사유를 입증할 필요 없이 지급한 보험금액의 한도에서 그 제3자에 대한 보험계약자나 피보험자의 권리를 법률상 당연히 취득하는 것을 말한다. 여기서 제3자란 피보험자와 생계를 같이 하는 가족은 해당되지 않는다(가족의 고의는 제외). 청구권대위의 경우 면책되는 보험사고의 경우 제3자에 대한 권리가 취득되지 않는다.

| 정답 | 01 ④ 02 ② 03 ③ 04 ④

05 보험자대위에 관한 설명으로 옳지 않은 것은? 제3회 기출

① 실손보상의 원칙을 구현하기 위한 제도이다.

② 일부보험의 경우에도 잔존물대위가 인정된다.

③ 잔존물대위는 보험의 목적의 일부가 멸실한 경우에도 성립한다.

④ 보험금을 일부 지급한 경우 피보험자의 권리를 해하지 않는 범위 내에서 청구권대위가 인정된다.

보험의 목적의 전부가 멸실한 경우에 보험금액의 전부를 지급한 보험자는 그 목적에 대한 피보험자의 권리를 취득한다(상법 제681조 본서). 즉, 잔존물대위는 보험의 목적이 전부 멸실되어야 한다.

| 오답해설 | ④ 보험가액의 일부를 보험에 붙인 경우에는 보험자가 취득할 권리는 보험금액의 보험가액에 대한 비율에 따라 이를 정한다(상법 제681조 단서). 즉, 전부보험이 아닌 일부보험에서도 보험자대위는 성립한다.

06 보험대위에 관한 설명으로 옳은 것은? (다툼이 있으면 판례에 따름) 제7회 기출

① 손해가 제3자의 행위로 인하여 발생한 경우에 보험금을 지급하기 전이라도 보험자는 그 제3자에 대한 보험계약자의 권리를 취득한다.

② 잔존물대위가 성립하기 위해서는 보험목적의 전부가 멸실하여야 한다.

③ 잔존물에 대한 권리가 보험자에게 이전되는 시점은 보험자가 보험금액을 전부 지급하고, 물권변동 절차를 마무리한 때이다.

④ 재보험에 대하여는 제3자에 대한 보험자대위가 적용되지 않는다.

잔존물대위는 보험금 전부 지급과 보험목적의 전부 멸실(전손)을 요한다(상법 제681조 참조).

| 오답해설 | ① 제3자에 대한 보험대위는 보험자가 보험금을 지급한 후 보험계약자 또는 피보험자의 권리를 취득하는 것이다(상법 제682조 제1항 참조).

③ 잔존물에 대한 권리는 형성권으로 물권변동 절차를 요하지 않는다.

④ 재보험에 대해서도 제3자에 대한 보험자대위가 적용된다.

07 다음 사례와 관련하여 보험자대위에 관한 설명으로 옳은 것은?

제9회 기출

> 보리 농사를 대규모로 영위하는 甲은 금년에 수확하여 팔고남은 보리를 자신의 창고에 보관하면서, 해당 보리 재고를 보험목적으로 하고 자신을 피보험자로 하는 화재보험계약을 A보험회사와 체결하였다. 그런데 甲의 창고를 방문한 乙이 화재를 일으켰고 그 결과 위 보리 재고가 전소되었다. 이에 A보험회사는 甲에게 보험금을 전액 지급하였다.

① 중과실로 화재를 일으킨 乙이 甲의 이웃집 친구일 경우, A보험회사는 乙에게 보험금 지급사실의 통지를 발송하는 시점에 乙에 대한 甲의 권리를 취득한다.

② 경과실로 화재를 일으킨 乙이 甲의 거래처 지인일 경우, A보험회사는 그 지급한 금액의 한도에서 乙에 대한 甲의 권리를 취득한다.

③ 중과실로 화재를 일으킨 乙이 甲과 생계를 달리 하는 자녀일 경우, A보험회사는 乙에 대한 甲의 권리를 취득하지 못한다.

④ 고의로 방화한 乙이 甲과 생계를 같이 하는 배우자일 경우, A보험회사는 乙에 대한 甲의 권리를 취득하지 못한다.

손해가 제3자의 행위로 인하여 발생한 경우에 보험금을 지급한 보험자는 그 지급한 금액의 한도에서 그 제3자에 대한 보험계약자 또는 피보험자의 권리를 취득한다(상법 제682조 제1항).

| 오답해설 | ① 중과실로 화재를 일으킨 乙이 甲의 이웃집 친구일 경우, A보험회사는 乙에게 보험금 지급사실의 통지를 발송하는 시점이 아닌 보험금을 전부 지급한 시점에 乙에 대한 甲의 권리를 취득한다.

③ 중과실로 화재를 일으킨 乙이 甲과 생계를 달리 하는 자녀일 경우, A보험회사는 乙에 대한 甲의 권리를 취득한다.

④ 고의로 방화한 乙이 甲과 생계를 같이 하는 배우자일 경우, A보험회사는 乙에 대한 甲의 권리를 취득한다(상법 제682조 제2항 단서 참조).

상법(보험편)

2 기타 규정

08 보험목적에 관한 보험대위(잔존물대위)의 설명으로 옳지 않은 것은?

제6회 기출

① 일부보험에서도 보험금액의 보험가액에 대한 비율에 따라 잔존물대위권을 취득할 수 있다.

② 잔존물대위가 성립하기 위해서는 보험목적의 전부가 멸실하여야 한다.

③ 피보험자는 보험자로부터 보험금을 지급받기 전에는 잔존물을 임의로 처분할 수 있다.

④ 잔존물에 대한 권리가 보험자에게 이전되는 시점은 보험자가 보험금액을 전부 지급하고, 물권변동 절차를 마무리한 때이다.

잔존물대위에서 잔존물에 대한 권리가 보험자에게 이전되는 시점은 보험자가 보험금액을 전부 지급한 때이며(상법 제681조 참소), 물권변동의 절차를 요하지 않는다.

| 정답 | 05 ③ 06 ② 07 ② 08 ④

09 보험목적에 관한 보험대위(잔존물대위)의 설명으로 옳지 않은 것은? 제10회 기출

① 보험의 목적의 전부가 멸실한 경우에 보험대위가 인정된다.

② 피보험자가 보험자로부터 보험금액의 전부를 지급받은 후에는 잔존물을 임의로 처분할 수 없다.

③ 일부보험의 경우에는 잔존물대위가 인정되지 않는다.

④ 보험자가 보험금액의 전부를 지급한 때 잔존물에 대한 권리는 물권변동절차 없이 보험자에게 이전된다.

일부보험의 경우에도 보험의 목적의 전부가 멸실한 경우에 보험금액의 전부를 지급한 보험자는 그 목적에 대한 피보험자의 권리를 취득한다. 그러나 보험가액의 일부를 보험에 붙인 경우에는 보험자가 취득할 권리는 보험금액의 보험가액에 대한 비율에 따라 이를 정한다(상법 제681조).

10 손해보험계약에 관한 설명으로 옳지 않은 것은? 제2회 기출

① 피보험자도 손해방지의무를 부담한다.

② 보험자는 손해의 방지와 경감을 위하여 필요 또는 유익하였던 비용과 보상액이 보험금액을 초과하는 경우에도 이를 부담한다.

③ 보험목적의 양도 사실의 통지의무는 양도인만이 부담한다.

④ 보험자는 보험목적의 하자로 인한 손해를 보상할 책임이 없다.

보험목적의 양도 사실의 통지의무는 양도인뿐만 아니라 양수인에게도 있다. 또한, 양도인, 양수인 중 한쪽만 통지하면 된다(상법 제679조 참조).

| 오답해설 | ①, ② 상법 제680조 제1항 참조

④ 상법 제678조 참조

11 보험계약자 및 피보험자의 손해방지의무에 관한 설명으로 옳지 않은 것은? 제1회 기출

① 손해의 방지와 경감을 위하여 노력하여야 한다.

② 손해방지와 경감을 위하여 필요 또는 유익하였던 비용과 보상액이 보험금액을 초과한 경우 보험자가 이를 부담한다.

③ 보험사고발생을 전제로 하므로 보험사고가 발생하면 생기는 것이다.

④ 보험자가 책임을 지지 않는 손해에 대해서도 손해방지의무를 부담한다.

보험계약자 및 피보험자는 보험자가 책임을 지는 손해에 대해서만 손해방지의무를 부담한다. 손해방지의무는 보험사고의 발생을 전제로 손해확대의 방지를 위한 것이므로 보험사고가 발생한 때부터 그 의무를 지며 보험사고의 발생 자체를 방지하는 것은 이 의무의 내용에 포함되지 않는다.

12 상법상 손해방지의무에 관한 설명으로 옳은 것은? (다툼이 있으면 판례에 따름)

제10회 기출

① 손해방지의무는 보험계약자는 부담하지 않고 피보험자만 부담하는 의무이다.

② 손해방지의무의 이행을 위하여 필요 또는 유익하였던 비용과 보상액이 보험금액을 초과한 경우라도 보험자가 이를 부담한다.

③ 손해방지의무는 보험사고가 발생하기 이전에 부담하는 의무이다.

④ 손해방지의무의 이행을 위하여 필요 또는 유익하였던 비용은 실제로 손해의 방지와 경감에 유효하게 영향을 준 경우에만 보험자가 이를 부담한다.

상법 제680조 제1항

| 오답해설 | ① 손해방지의무는 보험계약자와 피보험자가 부담하는 의무이다(상법 제680조 제1항).

③ 손해방지의무는 보험사고가 발생한 후 손해의 방지와 경감을 위해 노력을 해야 하는 의무이다.

④ 손해방지의무의 이행을 위하여 필요 또는 유익하였던 비용은 실제로 손해의 방지와 경감에 유효하게 영향을 주지 않았더라도 보험자가 이를 부담하여야 한다(대법원 2003.6.27. 선고 2003다6958 판결 참조).

13 다음 사례와 관련하여 손해방지의무 등에 관한 설명으로 옳지 않은 것은?

제9회 기출

> 甲은 乙이 소유한 창고(시가 1억 원)에 대하여 A보험회사와 화재보험계약(보험금액 1억 원)을 체결하였다. 이후 보험기간 중 해당 창고에 화재가 발생하였는데 화재사고 당시 甲은 창고의 연소로 인한 손해방지를 위한 비용을 1천만 원 지출하였고, 乙은 창고의 연소로 인한 손해의 경감을 위하여 비용을 3천만 원 지출하였다.

① 甲과 乙 모두 손해의 방지와 경감을 위하여 노력하여야 한다.

② 甲이 지출한 1천만 원이 손해방지를 위하여 필요하였던 비용일 경우 A보험회사는 甲이 지출한 1천만 원의 비용을 부담한다.

③ 乙이 지출한 3천만 원이 손해경감을 위하여 유익하였던 비용일 경우 A보험회사는 乙이 지출한 3천만 원의 비용을 부담한다.

④ 위 사고로 인하여 乙에 대한 보상액이 8천만 원으로 책정될 경우 A보험회사는 甲 및 乙이 지출한 비용과 보상액을 합쳐서 1억 원의 한도에서 부담한다.

보험금액 1억 원인 보험계약에서 보상금액이 8천만 원, 손해방지비용이 4천만 원으로, 총 지급액이 보험금액 1억 원을 초과하는 1억 2천만 원이라도 손해방지와 경감을 위한 유익한 비용이라면 보험자는 부담하여야 한다(상법 제680조 제1항 참조).

| 정답 | **09** ③ **10** ③ **11** ④ **12** ② **13** ④

THEME 04

화재보험

✔ 학습 포인트 • 화재보험계약 관련 개념
• 집합보험의 특징

✔ 6개년 평균 3문제 출제

대표 예제

+ 기출 공략팁

화재보험과 관련하여 집합보험, 총괄보험의 개념에 대한 문제가 자주 출제되고 있다.

■ **화재보험에 관한 설명으로 옳지 않은 것은?** 제2회 기출

① 건물을 보험의 목적으로 한 때에는 그 소재지, 구조와 용도를 화재보험증권에 기재하여야 한다.

② 보험자는 화재의 소방에 따른 손해를 보상할 책임이 있다.

③ 보험자는 화재의 손해의 감소에 필요한 조치로 인한 손해를 보상할 책임이 있다.

④ 동산은 화재보험의 목적으로 할 수 없다.

예제 풀이

화재보험의 목적은 보험사고의 객체로서 동산뿐만 아니라 부동산도 그 대상에 포함될 수 있다(상법 제685조 참조).

① 상법 제685조 제1호

②, ③ 상법 제684조

| 정답 | ④

■ **집합보험에 관한 설명으로 옳지 않은 것은?** 제3회 기출

① 집합보험이란 경제적으로 독립한 여러 물건의 집합물을 보험의 목적으로 한 보험을 말한다.

② 집합된 물건을 일괄하여 보험의 목적으로 한 때에는 피보험자의 사용인의 물건도 보험의 목적에 포함된 것으로 본다.

③ 집합된 물건을 일괄하여 보험의 목적으로 한 때에는 그 목적에 속한 물건이 보험기간 중에 수시로 교체된 경우에도 보험계약 체결 시에 존재한 물건은 보험의 목적에 포함된 것으로 한다.

④ 집합된 물건을 일괄하여 보험의 목적으로 한 때에는 피보험자의 가족의 물건도 보험의 목적에 포함된 것으로 본다.

예제 풀이

집합된 물건을 일괄하여 보험의 목적으로 한 때에는 그 목적에 속한 물건이 보험기간 중에 수시로 교체된 경우에도 보험사고의 발생 시에 현존한 물건은 보험의 목적에 포함된 것으로 한다(상법 제687조).

| 정답 | ③

핵심 이론

1 화재보험계약

(1) 화재보험의 기초

① 개념: 보험의 목적물에 화재가 발생하고 이로 인해 생긴 피보험자의 경제적 손해를 보상하는 것을 목적으로 하는 손해보험계약을 말한다.

② 보험사고의 개념

㉠ 화재보험에서 기본적으로 보험사고는 화재를 말한다.

㉡ 화재란 '일반 사회통념에 의하여 화재로 인정할 수 있는 성질과 동일한 규모를 가진 화력의 연소작용에 의하여 생긴 재해'라고 정의한다. 단순한 열의 작용이나 난로불의 복사열에 의한 사고, 자연발화 등에 의한 손해는 화재가 아니다.

③ 화재보험증권(상법 제685조): 화재보험증권에는 상법 제666조에 게기한 사항 외에 다음의 사항을 기재하여야 한다.

㉠ 건물을 보험의 목적으로 한 때에는 그 소재지, 구조와 용도

㉡ 동산을 보험의 목적으로 한 때에는 그 존치한 장소의 상태와 용도

㉢ 보험가액을 정한 때에는 그 가액

(2) 화재보험의 보상책임

① 화재보험자의 책임: 보험자는 화재의 소방 또는 손해의 감소에 필요한 조치로 인하여 생긴 손해를 보상할 책임이 있다(상법 제684조).

② 보상의 범위

㉠ 위험보편의 원칙[?]: 화재보험에서는 화재로 인해 보험의 목적물에 손해가 생긴 경우, 보험자는 그 화재의 원인을 묻지 않고 피보험자의 화재로 인한 손해를 보상하는 원칙을 두고 있다.

㉡ 상당인과관계의 손해

- 보험자는 화재와 상당인과관계[?]가 있는 모든 손해를 보상하여야 한다.
- 상당인과관계가 있는 손해에는 화재로 인한 직접적인 손해는 물론, 화재의 소방 또는 손해의 감소 조치로 인한 손해 등도 포함된다.

용어 위험보편의 원칙
선행위험이 면책위험이 아닌 한 담보위험의 후행위험이 무엇이든 관계없이 보험자가 보상한다는 원칙

용어 상당인과관계
어떤 행위와 이로 인해 발생한 결과 사이에 법적으로 중요한 인과관계가 존재하는지를 판단하는 개념

2 집합보험

(1) 집합보험

① 개념: 집합보험은 집합된 물건을 일괄하여 보험의 목적으로 한 것이다(상법 제686조 참조).

② 보험의 목적: 집합보험의 경우 피보험자의 가족과 사용인[?]의 물건도 보험의 목적에 포함된 것으로 한다. 이 경우에는 그 보험은 그 가족 또는 사용인을 위하여서도 체결한 것으로 본다[?].

(2) 총괄보험

① 개념: 총괄보험[?]은 집합보험의 일종으로 집합된 물건을 일괄하여 보험가입을 하며, 보험기간 중 보험의 목적의 교체가 예정되어 있는 보험을 말한다.

용어 사용인
근로를 제공하고 임금을 받는 사람

참고 타인을 위한 계약
이 경우 가족, 사용인에 대해서는 '타인을 위한 계약'이 체결된 것으로 봄

참고 특정보험
보험의 목적이 특정되어 있는 보험으로, 집합보험의 일종이나 총괄보험과는 상반되는 개념임

② 보험의 목적

㉠ 집합보험에서 그 목적에 속한 물건이 보험기간 중에 수시로 교체된 경우에도 보험사고의 발생 시에 현존한 물건은 보험의 목적에 포함된 것으로 한다(상법 제687조).

㉡ 총괄보험에서 보험의 목적이 판매된 경우는 더 이상 보험의 목적이 아니고 보험의 양도도 아니다.

필수 문제

1 화재보험계약

01 화재보험에 관한 설명으로 옳지 않은 것은? 제1회 기출

① 보험자는 화재로 인한 손해의 감소에 필요한 조치로 인하여 생긴 손해를 보상할 책임이 있다.

② 연소작용에 의하지 아니한 열의 작용으로 인한 손해는 보험자의 보상 책임이 없다.

③ 화재로 인한 손해는 상당인과관계가 있어야 한다.

④ 화재 진화를 위해 살포한 물로 보험목적이 훼손된 손해는 보상하지 않는다.

보험자는 화재의 소방 또는 손해의 감소에 필요한 조치로 인하여 생긴 손해를 보상할 책임이 있다(상법 제684조).

02 화재보험에 관한 설명으로 옳은 것은? (다툼이 있으면 판례에 따름) 제7회 기출

① 화재가 발생한 건물을 수리하면서 지출한 철거비와 폐기물처리비는 화재와 상당인과관계가 있는 건물수리비에는 포함되지 않는다.

② 피보험자가 화재 진화를 위해 살포한 물로 보험목적이 훼손된 손해는 보상하지 않는다.

③ 불에 탈 수 있는 목조교량은 화재보험의 목적이 될 수 없다.

④ 보험자가 손해를 보상함에 있어서 화재와 손해 간에 상당인과관계가 필요하다.

보험자는 화재와 상당인과관계가 있는 모든 손해를 보상하여야 한다.

| 오답해설 | ① 화재가 발생한 건물을 수리하면서 지출한 철거비와 폐기물처리비는 화재와 상당인과관계가 있는 건물수리비에 포함된다(대법원 2003.4.25. 선고 2002다64520 판결).

② 피보험자가 화재 진화를 위해 살포한 물로 보험목적이 훼손된 손해는 화재의 소방 또는 손해의 감소에 필요한 조치로 인하여 생긴 손해이므로 보험자는 이에 대한 보상 책임이 있다(상법 제684조).

③ 화재로 인하여 생길 손해의 보상을 목적으로 하는 것이 손해보험계약이므로 불에 탈 수 있는 목적물은 화재보험의 목적이 될 수 있다.

| 정답 | 01 ④ 02 ④

03 화재보험에 관한 설명으로 옳지 않은 것은?

제10회 기출

① 건물을 보험의 목적으로 한 때에는 그 소재지, 구조와 용도를 화재보험증권에 기재하여야 한다.

② 동산을 보험의 목적으로 한 때에는 그 존치한 장소의 상태와 용도를 화재보험증권에 기재하여야 한다.

③ 동일한 건물에 대하여 소유권자와 저당권자는 각각 다른 피보험이익을 가지므로, 각자는 독립한 화재보험계약을 체결할 수 있다.

④ 건물을 보험의 목적으로 한 때 그 보험가액의 일부를 보험에 붙인 경우, 당사자 간에 다른 약정이 없다면 보험자는 보험금액의 한도 내에서 그 손해를 보상할 책임을 진다.

보험가액의 일부를 보험에 붙인 경우에는 보험자는 보험금액의 보험가액에 대한 비율에 따라 보상할 책임을 진다. 그러나 당사자 간에 다른 약정이 있는 때에는 보험자는 보험금액의 한도 내에서 그 손해를 보상할 책임을 진다(상법 제674조).

| 오답해설 | ① 상법 제685조 제1호

② 상법 제685조 제2호

04 건물을 화재보험의 목적으로 한 경우 화재보험증권의 법정기재사항이 아닌 것은?

제7회 기출

① 건물의 소재지, 구조와 용도

② 보험가액을 정한 때에는 그 가액

③ 보험기간을 정한 때에는 그 시기와 종기

④ 설계감리법인의 주소와 성명 또는 상호

화재보험증권의 기재사항(상법 제685조)

상법 제666조에 게기한 사항(③) 외에 다음의 사항을 기재하여야 한다.

- 건물을 보험의 목적으로 한 때에는 그 소재지, 구조와 용도(①)
- 동산을 보험의 목적으로 한 때에는 그 존치한 장소의 상태와 용도
- 보험가액을 정한 때에는 그 가액(②)

05 화재보험에 있어서 보험자의 보상의무에 관한 설명으로 옳지 않은 것은? (다툼이 있으면 판례에 따름)

제8회 기출

① 보험사고의 발생은 보험금 지급을 청구하는 보험계약자 등이 입증해야 한다.

② 보험자의 보험금지급의무는 보험기간 내에 보험사고가 발생하고 그 보험사고의 발생으로 인하여 피보험자의 피보험이익에 손해가 생기면 성립된다.

③ 손해란 피보험이익의 전부 또는 일부가 멸실됐거나 감손된 것을 말한다.

④ 보험의 목적에 관하여 보험자가 부담할 손해가 생긴 경우에는 그 후 그 목적이 보험자가 부담하지 아니하는 보험사고의 발생으로 인하여 멸실된 때에는 보험자는 이미 생긴 손해를 보상할 책임을 면한다.

보험의 목적에 관하여 보험자가 부담할 손해가 생긴 경우에는 그 후 그 목적이 보험자가 부담하지 아니하는 보험사고의 발생으로 인하여 멸실된 때에도 보험자는 이미 생긴 손해를 보상할 책임을 면하지 못한다(상법 제675조).

| 오답해설 | ① 대법원 1997.9.5. 선고 95다25268 판결

②, ③ 대법원 2005.12.8. 선고 2003 다40729 판결

06 **보험의 목적에 보험자의 담보 위험으로 인한 손해가 발생한 후 그 목적이 보험자의 비담보 위험으로 멸실된 경우 보험자의 보상책임은?** 제1회 기출

① 보험자는 모든 책임에서 면책된다.
② 보험자의 담보 위험으로 인한 손해만 보상한다.
③ 보험자의 비담보 위험으로 인한 손해만 보상한다.
④ 보험자는 멸실된 손해 전체를 보상한다.

특정 건물의 화재보험계약에서 화재로 인해 건물의 일부에 손해가 발생한 후 보험자가 보상하는 손해가 아닌 태풍에 의해 그 목적물이 전손된 경우 그 목적물의 전체를 보상하는 것이 아니라 화재에 의한 일부 손해에 대해서만 보험자는 보상하는 것이다.

07 **화재보험에 관한 설명으로 옳지 않은 것은? (다툼이 있으면 판례에 따름)** 제6회 기출

① 화재보험에서는 일반적으로 위험개별의 원칙이 적용된다.
② 화재가 발생한 건물의 철거비와 폐기물처리비는 화재와 상당인과관계가 있는 건물수리비에 포함된다.
③ 화재보험계약의 보험자는 화재로 인하여 생긴 손해를 보상할 책임이 있다.
④ 보험자는 화재의 소방 또는 손해의 감소에 필요한 조치로 인하여 생긴 손해에 대해서도 보상할 책임이 있다.

화재보험에서는 일반적으로 '위험보편의 원칙'이 적용된다. 즉, 화재의 원인을 묻지 않고 화재로 인한 손해를 보상한다(상법 제683조 참조).

| 오답해설 | ② 대법원 2003.4.25. 선고 2002다64520 판결
③ 상법 제683조
④ 상법 제684조

08 **화재보험증권에 관한 설명으로 옳은 것은?** 제6회 기출

① 화재보험증권의 교부는 화재보험계약의 성립요건이다.
② 화재보험증권은 불요식증권의 성질을 가진다.
③ 화재보험계약에서 보험가액을 정했다면 이를 화재보험증권에 기재하여야 한다.
④ 건물을 화재보험의 목적으로 한 경우에는 건물의 소재지, 구조와 용도는 화재보험증권의 법정기재사항이 아니다.

화재보험증권에는 보험가액을 정한 때에는 그 가액을 기재하여야 한다(상법 제685조 제3호).

| 오답해설 | ① 화재보험증권은 화재보험계약이 성립한 후에 발행되는 것이며, 모든 보험에서 보험계약은 보험계약자의 청약과 보험자의 승낙으로 성립한다.
② 화재보험증권은 요식증권의 성질을 지닌다. 즉, 당사자 사이에 발생할 분쟁을 막고자 보험의 목적을 증권에 명시하도록 한다.
④ 건물을 화재보험의 목적으로 한 경우에는 건물의 소재지, 구조와 용도는 화재보험증권의 법정 기재사항이다(상법 제685조 제1호 참조).

| 정답 | 03 ④ 04 ④ 05 ④ 06 ② 07 ① 08 ③

09 상법상 화재보험계약에 관한 설명으로 옳지 않은 것은?

제9회 기출

① 보험자는 화재와 상당인과관계에 있는 손해를 보상하여야 한다.

② 보험자는 화재의 소방 또는 손해의 감소에 필요한 조치로 인하여 생긴 손해를 보상할 책임이 있다.

③ 동일한 건물에 관한 화재보험계약일 경우 그 소유자와 담보권자가 갖는 피보험이익은 같다.

④ 연소작용이 아닌 열의 작용으로 발생한 손해는 보험자가 보상하지 아니한다.

동일한 건물에 관한 화재보험계약이라도 그 소유권자와 담보권자가 갖는 피보험이익은 다르다. 담보권자의 경우 해당 건물의 피보험채권의 범위 내에서 피보험이익을 갖는다.

| 오답해설 | ② 상법 제684조

10 화재보험자가 보상할 손해에 관한 설명으로 옳은 것을 모두 고른 것은?

제10회 기출

ㄱ. 화재가 발생한 건물의 철거비와 폐기물처리비
ㄴ. 화재의 소방 또는 손해의 감소에 필요한 조치로 인하여 생긴 손해
ㄷ. 화재로 인하여 다른 곳에 옮겨놓은 물건의 도난으로 인한 손해

① ㄱ, ㄴ ② ㄱ, ㄷ ③ ㄴ, ㄷ ④ ㄱ, ㄴ, ㄷ

- 화재가 발생한 건물을 수리하면서 지출한 철거비와 폐기물처리비는 화재와 상당인과관계가 있는 건물수리비에 포함되므로 보상한다(대법원 2003.4.25. 선고 2002다64520 판결 참조).
- 보험자는 화재의 소방 또는 손해의 감소에 필요한 조치로 인하여 생긴 손해를 보상할 책임이 있다(상법 제684조).

| 오답해설 | ㄷ. 화재로 인하여 다른 곳에 옮겨놓은 물건의 도난 또는 분실로 인한 손해는 보상되지 않는다(화재보험표준약관 제4조 제2호 참조).

2 집합보험 및 배상책임보험

11 집합보험에 관한 설명으로 옳은 것은?

제7회 기출

① 피보험자의 가족의 물건은 보험의 목적에 포함되지 않는 것으로 한다.

② 피보험자의 사용인의 물건은 보험의 목적에 포함되지 않는 것으로 한다.

③ 보험의 목적에 속한 물건이 보험기간 중에 수시로 교체된 경우에는 보험사고의 발생 시에 현존한 물건이라도 보험의 목적에 포함되지 않는 것으로 한다.

④ 집합보험이란 경제적으로 독립한 여러 물건의 집합물을 보험의 목적으로 한 보험을 말한다.

집합보험에서 피보험자의 가족과 사용인의 물건은 보험목적에 포함되며, 여기서 그 가족과 사용인은 타인을 위한 보험에서 타인이 된다.

| 오답해설 | ①, ② 피보험자의 가족과 사용인의 물건도 보험의 목적에 포함된 것으로 한다(상법 제686조).

③ 보험의 목적에 속한 물건이 보험기간 중에 수시로 교체된 경우에도 보험사고의 발생 시에 현존한 물건은 보험의 목적에 포함된 것으로 한다(상법 제687조).

12 상법상 집합된 물건을 일괄하여 화재보험의 목적으로 한 경우 해당 화재보험에 관한 설명으로 옳은 것을 모두 고른 것은?

제9회 기출

ㄱ. 집합된 물건에 피보험자의 가족의 물건이 있는 경우 해당 물건도 보험의 목적에 포함된 것으로 한다.
ㄴ. 집합된 물건에 피보험자의 사용인의 물건이 있는 경우 그 보험은 그 사용인을 위하여서도 체결한 것으로 본다.
ㄷ. 보험의 목적에 속한 물건이 보험기간 중에 수시로 교체된 경우 보험계약의 체결 시에 현존한 물건은 그 보험의 목적에 포함된 것으로 한다.

① ㄱ, ㄴ ② ㄱ, ㄷ ③ ㄴ, ㄷ ④ ㄱ, ㄴ, ㄷ

상법 제686조 참조

| 오답해설 | ㄷ. 집합보험에서 보험의 목적에 속한 물건이 보험기간 중에 수시로 교체된 경우 사고발생 시 현존한 물건은 그 보험의 목적에 포함된 것으로 한다(상법 제687조).

13 집합보험에 관한 설명으로 옳지 않은 것은?

제10회 기출

① 집합보험은 집합된 물건을 일괄하여 보험의 목적으로 한다.
② 보험의 목적에 속한 물건이 보험기간 중에 수시로 교체된 경우에도 보험계약의 체결 시에 현존한 물건은 보험의 목적에 포함된 것으로 한다.
③ 피보험자의 가족과 사용인의 물건도 보험의 목적에 포함된 것으로 한다.
④ 보험의 목적에 피보험자의 가족의 물건이 포함된 경우, 그 보험은 피보험자의 가족을 위하여서도 체결한 것으로 본다.

집합된 물건을 일괄하여 보험의 목적으로 한 때에는 그 목적에 속한 물건이 보험기간 중에 수시로 교체된 경우에도 보험사고의 발생 시에 현존한 물건은 보험의 목적에 포함된 것으로 한다(상법 제687조).

| 오답해설 | ①, ③, ④ 집합된 물건을 일괄하여 보험의 목적으로 한 때에는 피보험자의 가족과 사용인의 물건도 보험의 목적에 포함된 것으로 한다. 이 경우에는 그 보험은 그 가족 또는 사용인을 위하여서도 체결한 것으로 본다(상법 제686조).

| 정답 | 09 ③ 10 ① 11 ④ 12 ① 13 ②

내를 건너서 숲으로
고개를 넘어서 마을로

어제도 가고 오늘도 갈
나의 길 새로운 길

– 윤동주, '새로운 길'

SUBJECT

농어업재해 보험법령

PART 01 재해보험사업

PART 02 재해보험사업의 관리

PART 03 농업재해보험 손해평가요령

PART 01

재해보험사업

6 개 년 출 제 비 중

35%

이 단원의 **핵심 테마**

✔ 6개년 평균 출제 문제수

THEME 01	농어업재해보험의 특성과 심의회	2문제
THEME 02	재해보험가입자 · 사업자 · 모집자	2문제
THEME 03	손해평가사, 손해평가인	3문제
THEME 04	기타 농어업재해보험 규정	2문제

THEME 01

농어업재해보험의 특성과 심의회

✓ 학습 포인트
- 재해보험의 특성
- 재해보험의 목적물과 재해의 범위
- 심의회의 구성과 역할

✓ 6개년 평균 **2문제** 출제

대표 예제

+ 기출 공략팁

- 보험금/보험가입금액, 가축/축산물, 양식수산물/수산물 등 혼동될 수 있는 문제가 출제될 수 있다.
- 심의회는 농어업재해보험 운영에 매우 중요한 역할을 담당하고 있으며, 주로 심의사항과 구성현황에 대해 출제되고 있다.

■ **농어업재해보험법상 용어의 정의로 옳지 않은 것은?** 제9회 기출

① "농업재해"란 농작물·임산물·가축 및 농업용 시설물에 발생하는 자연재해·병충해·조수해(鳥獸害)·질병 또는 화재를 말한다.

② "농어업재해보험"이란 농어업재해로 발생하는 재산 피해에 따른 손해를 보상하기 위한 보험을 말한다.

③ "보험금"이란 보험가입자와 보험사업자 간의 약정에 따라 보험가입자가 보험사업자에게 내야 하는 금액을 말한다.

④ "보험가입금액"이란 보험가입자의 재산 피해에 따른 손해가 발생한 경우 보험에서 최대로 보상할 수 있는 한도액으로서 보험가입자와 보험사업자 간에 약정한 금액을 말한다.

예제 풀이

"보험금"이란 보험가입자에게 재해로 인한 재산 피해에 따른 손해가 발생한 경우 보험가입자와 보험사업자 간의 약정에 따라 보험사업자가 보험가입자에게 지급하는 금액을 말한다(농어업재해보험법 제2조 제5호).

① 동법 제2조 제1호
② 동법 제2조 제2호
④ 동법 제2조 제3호

| 정답 | ③

■ **농어업재해보험법상 농업재해보험심의회의 심의사항에 해당되는 것을 모두 고른 것은?** 제8회 기출

ㄱ. 재해보험에서 보상하는 재해의 범위에 관한 사항
ㄴ. 손해평가의 방법과 절차에 관한 사항
ㄷ. 농어업재해재보험사업에 대한 정부의 책임범위에 관한 사항
ㄹ. 농어업재해재보험사업 관련 자금의 수입과 지출의 적정성에 관한 사항

① ㄱ, ㄴ
② ㄴ, ㄷ
③ ㄱ, ㄷ, ㄹ
④ ㄱ, ㄴ, ㄷ, ㄹ

예제 풀이

ㄱ, ㄴ, ㄷ, ㄹ 외에도 '재해보험사업에 대한 재정지원에 관한 사항'이 있다(농어업재해보험법 제2조의3, 제3조 제1항 참조).

| 정답 | ④

핵심 이론

1 농어업재해보험의 이해

(1) 농어업재해보험의 목적(법 제1조)

① 농업재해보험법(이하 재해보험)은 농어업재해로 인하여 발생하는 농작물, 임산물, 양식수산물, 가축과 농어업용 시설물의 피해에 따른 손해를 보상하기 위한 농어업재해보험에 관한 사항을 규정함으로써 농어업 경영의 안정과 생산성 향상에 이바지하고 국민경제의 균형 있는 발전에 기여함을 목적으로 한다.

② 농어업재해보험법에서 규정하는 보험계약의 대상은 1차 산업의 생산물로, 농업 가공품, 축산물 가공품, 수산업 가공품등 2·3차 산업물은 제외된다.

(2) 농어업재해보험의 종류(법 제4조)

재해보험 관장	재해보험의 종류
농림축산식품부장관	농작물재해보험, 임산물재해보험, 가축재해보험
해양수산부장관	양식수산물재해보험
※ 재해보험의 종류에 '농기계보험, 농업인재해보험 등'은 포함되지 않음	

(3) 농어업재해보험의 활성화(법 제2조의2)

① 재해보험 발전 기본계획: 농림축산식품부장관과 해양수산부장관은 농어업재해보험의 활성화를 위하여 농업재해보험심의회 또는 중앙 수산업·어촌정책심의회의 심의를 거쳐 재해보험 발전 기본계획을 5년마다❼ 수립·시행하여야 한다.

참고 재해보험 발전 기본계획
5년마다 시행하도록 강행규정을 두고 있음

② 재해보험 발전 기본계획 포함사항

㉠ 재해보험사업의 발전 방향 및 목표

㉡ 재해보험의 종류별 가입률 제고 방안에 관한 사항

㉢ 재해보험의 대상 품목 및 대상 지역에 관한 사항

㉣ 재해보험사업에 대한 지원 및 평가에 관한 사항

㉤ 그 밖에 재해보험 활성화를 위하여 농림축산식품부장관 또는 해양수산부장관이 필요하다고 인정하는 사항

③ 재해보험 발전 시행계획: 농림축산식품부장관과 해양수산부장관은 기본계획에 따라 매년 재해보험 발전 시행계획을 수립·시행하여야 한다.❼

참고 법령 용어
법령 규정에서 많이 사용되는 '하여야 한다'와 '할 수 있다'의 차이를 구분해야 함

④ 통계자료의 반영: 농림축산식품부장관과 해양수산부장관은 기본계획 및 시행계획을 수립하고자 할 경우 제26조에 따른 통계자료를 반영하여야 한다.

⑤ 자료 및 정보의 제공 요청: 농림축산식품부장관 또는 해양수산부장관은 기본계획 및 시행계획의 수립·시행을 위하여 필요한 경우에는 관계 중앙행정기관의 장, 지방자치단체의 장, 관련 기관·단체의 장에게 관련 자료 및 정보의 제공을 요청할 수 있다. 이 경우 자료 및 정보의 제공을 요청받은 자는 특별한 사유가 없으면 그 요청에 따라야 한다.

2 농어업재해보험의 목적물

(1) 보험목적물의 선정 절차

보험목적물의 구체적인 범위는 보험의 효용성 및 보험 실시 가능성 등을 종합적으로 고려하여 농업재해보험심의회 또는 중앙 수산업·어촌정책심의회를 거쳐 농림축산식품부장관 또는 해양수산부장관이 고시한다.

참고 보험목적물의 구분
각각의 재해보험에서는 각 용도의 시설물이 포함됨을 숙지해야 하며, '농업가공용 시설물, 축산가공용 시설물 등'과 같이 틀린 예시가 문제에 나올 수 있음

(2) 보험목적물의 구분 및 범위(법 제5조)[?]

농작물재해보험	농작물 및 농업용 시설물
임산물재해보험	임산물 및 임업용 시설물
가축재해보험	가축 및 축산시설물
양식수산물재해보험	양식수산물 및 양식시설물

참고 보험목적물의 범위
구체적인 보험목적물을 묻는 문제가 나올 수 있으므로 특이한 목적물(멜론, 카네이션, 오소리, 관상조 등)은 반드시 숙지해야 함

+ 농업재해보험에서 보상하는 보험목적물의 범위[?]

재해보험사업자는 보험의 효용성 및 보험 실시 가능성 등을 종합적으로 고려하여 다음의 보험목적물의 범위에서 다양한 보험상품을 운용할 수 있다.

농작물 재해보험	• 사과, 배, 포도, 단감, 감귤, 복숭아, 참다래, 자두, 감자, 콩, 양파, 고추, 옥수수, 고구마, 마늘, 매실, 벼, 오디, 차, 느타리버섯, 양배추, 밀, 유자, 무화과, 메밀, 인삼, 브로콜리, 양송이버섯, 새송이버섯, 배추, 무, 파, 단호박, 당근, 팥, 살구, 시금치, 보리, 귀리, 시설 봄감자, 양상추, 블루베리, 수박, 생강, 참깨, 녹두, 시설(수박, 딸기, 토마토, 오이, 참외, 풋고추, 호박, 국화, 장미, 멜론, 파프리카, 부추, 시금치, 상추, 배추, 가지, 파, 무, 백합, 카네이션, 미나리, 쑥갓) • 위 농작물의 재배시설(부대시설 포함)
임산물 재해보험	• 떫은감, 밤, 대추, 복분자, 표고버섯, 오미자, 호두, 두릅 • 위 임산물의 재배시설(부대시설 포함)
가축 재해보험	• 소, 말, 돼지, 닭, 오리, 꿩, 메추리, 칠면조, 사슴, 거위, 타조, 양, 벌, 토끼, 오소리, 관상조 • 위 가축의 축사(부대시설 포함)

(3) 보험목적물의 범위 확대

정부는 보험목적물의 범위를 확대하기 위하여 노력하여야 한다.

(4) 보험목적물 고시에 대한 재검토 기한

농림축산식품부장관은 보험목적물 고시에 대하여 「훈령·예규 등의 발령 및 관리에 관한 규정」에 따라 2025년 7월 1일 기준으로 매 3년이 되는 시점(매 3년째의 6월 30일까지를 말함)마다 그 타당성을 검토하여 개선 등의 조치를 하여야 한다.

3 재해의 범위

(1) 재해의 범위 선정(법 제6조)

① 재해의 범위 선정 절차: 재해보험에서 보상하는 재해의 범위는 해당 재해의 발생 빈도, 피해 정도 및 객관적인 손해평가방법 등을 고려하여 재해보험의 종류별로 대통령령으로 정한다.

② 재해의 범위 확대: 정부는 재해보험에서 보상하는 재해의 범위를 확대하기 위하여 노력하여야 한다.

참고 재해의 범위
재해보험 종류별로 '병충해, 질병, 수산질병'의 범위가 혼동될 수 있으므로 주의해야 함

(2) 재해의 범위❶

재해보험의 종류	보상하는 재해의 범위
농작물 · 임산물 재해보험	자연재해, 조수해(鳥獸害), 화재 및 보험목적물별로 농림축산식품부장관이 정하여 고시하는 병충해
가축 재해보험	자연재해, 화재 및 보험목적물별로 농림축산식품부장관이 정하여 고시하는 질병
양식수산물 재해보험	자연재해, 화재 및 보험목적물별로 해양수산부장관이 정하여 고시하는 수산질병

4 용어의 정의(법 제2조)

(1) 농어업 재해 관련 용어

농어업재해	농작물 · 임산물 · 가축 및 농업용 시설물에 발생하는 자연재해 · 병충해 · 조수해(鳥獸害) · 질병 또는 화재와 양식수산물 및 어업용 시설물에 발생하는 자연재해 · 질병 또는 화재
농어업재해보험	농어업재해로 발생하는 재산 피해❷에 따른 손해를 보상하기 위한 보험
시범사업	농어업재해보험사업을 전국적으로 실시하기 전에 보험의 효용성 및 보험 실시 가능성 등을 검증하기 위하여 일정 기간 제한된 지역에서 실시하는 보험사업

참고 재산 피해
재해보험은 재산 피해만 보상하고 인명피해는 보상하지 않음

(2) 보험 관련 용어

보험가입금액	보험가입자의 재산 피해에 따른 손해가 발생한 경우 보험에서 최대로 보상할 수 있는 한도액으로서 보험가입자와 보험사업자 간에 약정한 금액
보험료	보험가입자와 보험사업자 간의 약정에 따라 보험가입자가 보험사업자에게 내야 하는 금액
보험금	보험가입자에게 재해로 인한 재산 피해에 따른 손해가 발생한 경우 보험가입자와 보험사업자 간의 약정에 따라 보험사업자가 보험가입자에게 지급하는 금액

용어 심의
조사한 어떤 사항에 대해 자세하게 살펴보고 의논하는 것

참고 중앙 수산업·어촌정책심의회
기존 '어업재해보험심의회'에서 「수산업·어촌 발전 기본법」에 따른 중앙 수산업·어촌정책심의회'로 변경됨(2023. 10. 31. 개정, 2024. 5. 1. 시행)

참고 심의회 심의사항
①~⑥은 심의회를 필수적으로 거쳐야 하는 심의사항으로 변경됨(2023. 10. 31. 개정, 2024. 5. 1. 시행)

5 심의회 소속 및 심의사항(법 제2조의3)

(1) 심의회 소속

① 농업재해보험심의회: 농림축산식품부
② 중앙 수산업·어촌정책심의회: 해양수산부

(2) 심의회 심의사항

① 재해보험에서 보상하는 재해의 범위에 관한 사항
② 재해보험사업에 대한 재정지원에 관한 사항
③ 손해평가의 방법과 절차에 관한 사항
④ 농어업재해재보험사업에 대한 정부의 책임범위에 관한 사항
⑤ 재보험사업 관련 자금의 수입과 지출의 적정성에 관한 사항
⑥ 그 밖에 농업재해보험심의회의 위원장 또는 중앙 수산업·어촌정책심의회의 위원장이 재해보험 및 재보험에 관하여 회의에 부치는 사항
⑦ 재해보험 목적물의 선정에 관한 사항
⑧ 기본계획의 수립·시행에 관한 사항
⑨ 다른 법령에서 심의회의 심의사항으로 정하고 있는 사항

6 농업재해보험심의회의 구성 및 운영(법 제3조)

(1) 농업재해보험심의회 위원 구성

위원장 및 부위원장 각 1명을 포함한 21명 이내의 위원으로 구성된다.

참고 심의회 위원장
심의회 위원장은 임명하는 것이 아니라 농림축산식품부차관이 자동으로 위원장이 됨

용어 호선(互選)
어떤 조직의 구성원들이 서로 투표하여 그 조직 구성원 가운데서 어떠한 사람을 뽑는 것

위원장	• 해당자: 농림축산식품부차관 • 직무: 심의회를 대표하며, 심의회의 업무를 총괄함
부위원장	• 해당자: 위원 중에서 호선(互選)함 • 직무: 위원장을 보좌하며, 위원장이 부득이한 사유로 직무를 수행할 수 없을 때에는 그 직무를 대행함
위원	• 해당자: 농림축산식품부장관이 임명하거나 위촉하는 사람 • 구성조건: 다음 조건의 사람이 각각 1명 이상 포함되어야 함 – 농림축산식품부장관이 재해보험이나 농업에 관한 학식과 경험이 풍부하다고 인정하는 사람 – 농림축산식품부의 재해보험을 담당하는 3급 공무원 또는 고위공무원단에 속하는 공무원 – 자연재해 또는 보험 관련 업무를 담당하는 기획재정부·행정안전부·해양수산부·금융위원회·산림청의 3급 공무원 또는 고위공무원단에 속하는 공무원 – 농림축산업인단체의 대표 • 임기: 3년

(2) 심의회 운영(시행령 제3조, 제3조의2)

① 소집: 위원장은 심의회를 소집하며, 재적위원 3분의 1 이상의 요구가 있을 때 또는 위원장이 필요하다고 인정할 때에 소집한다.

② 의장: 심의회 위원장
③ 개의 및 의결: 심의회의 회의는 재적위원 과반수의 출석으로 개의(開議)하고, 출석 위원 과반수의 찬성으로 의결한다.
④ 위원의 해촉: 농림축산식품부장관은 법 제3조 제4항 제1호에 따른 위원이 다음 각 호의 어느 하나에 해당하는 경우에는 해당 위원을 해촉(解囑)할 수 있다.
㉠ 심신장애로 인하여 직무를 수행할 수 없게 된 경우
㉡ 직무와 관련된 비위사실이 있는 경우
㉢ 직무태만, 품위손상이나 그 밖의 사유로 인하여 위원으로 적합하지 아니하다고 인정되는 경우
㉣ 위원 스스로 직무를 수행하는 것이 곤란하다고 의사를 밝히는 경우

용어 분과위원회
큰 회의 등에서 채택된 의제의 내용에 따라 각각 전문분야별로 나누어 이루어지는 회의

(3) 분과위원회❷(법 제3조 제6항, 시행령 제4조)

① 목적: 심의사항을 검토·조정하고, 심의회의 심의를 보조하게 하기 위하여 심의회에 각 분과위원회를 둔다.
② 분과위원회의 종류 및 보고사항

분과위원회의 종류	심의회 보고사항
농작물재해보험분과위원회	법에 따른 심의사항 중 농작물재해보험에 관한 사항
임산물재해보험분과위원회	법에 따른 심의사항 중 임산물재해보험에 관한 사항
가축재해보험분과위원회	법에 따른 심의사항 중 가축재해보험에 관한 사항
농업인안전보험분과위원회	법❷에 따른 심의사항 중 농업인안전보험에 관한 사항

참고 법
「농어업재해보험법」이 아닌 「농어업인의 안전보험 및 안전재해 예방에 관한 법률」이 기준 법률에 해당함

③ 분과위원회 구성
㉠ 분과위원회는 분과위원장 1명을 포함한 9명 이내의 분과위원으로 성별을 고려하여 구성한다.
㉡ 분과위원장 및 분과위원은 심의회의 위원 중에서 전문적인 지식과 경험 등을 고려하여 위원장이 지명한다.
④ 소집: 분과위원회의 회의는 위원장 또는 분과위원장이 필요하다고 인정할 때에 소집한다.

(4) 공통사항

① 수당 및 경비(시행령 제5조): 각 회의에 출석한 심의회 위원 또는 분과위원에게는 예산의 범위에서 수당, 여비 또는 그 밖에 필요한 경비를 지급할 수 있다. 다만, 공무원인 위원 또는 분과위원이 그 소관 업무와 직접 관련하여 심의회 또는 분과위원회에 출석한 경우에는 그러하지 아니하다.
② 운영세칙(시행령 제6조): 심의회 또는 분과위원회의 운영에 필요한 사항은 심의회의 의결을 거쳐 위원장이 정한다.

필수 문제

1 농어업재해보험의 이해

01 농어업재해보험법상 재해보험의 종류가 아닌 것은? 제1회 기출

① 농기계재해보험 ② 농작물재해보험
③ 양식수산물재해보험 ④ 가축재해보험

농어업재해보험법상 재해보험의 종류는 농작물재해보험, 임산물재해보험, 가축재해보험, 양식수산물재해보험이며, 농기계보험, 농업인안전보험 등은 해당하지 않는다(농어업재해보험법 제4조 참조).

02 농어업재해보험법령상 재해보험의 종류 등에 관한 설명으로 옳지 않은 것은? 제10회 기출

① 재해보험의 종류는 농작물재해보험, 임산물재해보험, 가축재해보험 및 양식수산물재해보험으로 한다.
② 가축재해보험의 보험목적물은 가축 및 축산시설물이다.
③ 양식수산물재해보험과 관련된 사항은 농림축산식품부장관이 관장한다.
④ 정부는 보험목적물의 범위를 확대하기 위하여 노력하여야 한다.

양식수산물재해보험과 관련된 사항은 해양수산부장관이 관장한다(농어업재해보험법 제4조).
| 오답해설 | ① 동법 제4조
② 동법 제5조 제1항 제2호
④ 동법 제5조 제2항

03 농어업재해보험법상 재해보험 발전 기본계획에 포함되어야 하는 사항으로 명시되지 않은 것은? 제8회 기출

① 재해보험의 종류별 가입률 제고 방안에 관한 사항
② 손해평가인의 정기교육에 관한 사항
③ 재해보험사업에 대한 지원 및 평가에 관한 사항
④ 재해보험의 대상 품목 및 대상 지역에 관한 사항

재해보험 발전 기본계획 포함사항(농어업재해보험법 제2조의2 제2항)
- 재해보험사업의 발전 방향 및 목표
- 재해보험의 종류별 가입률 제고 방안에 관한 사항(①)
- 재해보험의 대상 품목 및 대상 지역에 관한 사항(④)
- 재해보험사업에 대한 지원 및 평가에 관한 사항(③)
- 그 밖에 재해보험 활성화를 위하여 농림축산식품부장관 또는 해양수산부장관이 필요하다고 인정하는 사항

2 농어업재해보험의 목적물

04 농어업재해보험법상 재해보험의 종류와 보험목적물로 옳지 않은 것은? 제2회 기출

① 농작물재해보험: 농작물 및 농업용 시설물
② 임산물재해보험: 임산물 및 임업용 시설물
③ 축산물재해보험: 축산물 및 축산시설물
④ 양식수산물재해보험: 양식수산물 및 양식시설물

재해보험의 종류에는 농작물재해보험, 임산물재해보험, 가축재해보험 및 양식수산물재해보험이 있으며, 축산물재해보험이나 농산물재해보험 등과 혼동되지 않도록 유의해야 한다(농어업재해보험법 제5조 제1항 참조).

05 현행 농어업재해보험법상 재해보험의 보험목적물이 아닌 것은? 제1회 기출변형

① 옥수수 ② 고수
③ 국화 ④ 복분자

농어업재해보험법상 고수는 재해보험의 보험목적물이 아니다(농업재해보험에서 보상하는 보험목적물의 범위 제1조 참조).

06 농어업재해보험법상 가축재해보험의 보험목적물이 아닌 것은? 제3회 기출

① 소 ② 오리
③ 개 ④ 타조

가축재해보험에서의 보험목적물은 소, 말, 돼지, 닭, 오리, 꿩, 메추리, 칠면조, 사슴, 거위, 타조, 양, 벌, 토끼, 오소리, 관상조이며, 개는 보험목적물이 아니다(농업재해보험에서 보상하는 보험목적물의 범위 제1조 참조).

| 정답 | 01 ① 02 ③ 03 ② 04 ③ 05 ② 06 ③

3 재해의 범위

07 농어업재해보험법상 재해보험사업에 관한 내용으로 옳지 않은 것은? 제6회 기출

① 재해보험의 종류는 농작물재해보험, 임산물재해보험, 가축재해보험 및 양식수산물재해보험으로 한다.

② 재해보험에서 보상하는 재해의 범위는 해당 재해의 발생 범위, 피해 정도 및 주관적인 손해평가방법 등을 고려하여 재해보험의 종류별로 대통령령으로 정한다.

③ 정부는 재해보험에서 보상하는 재해의 범위를 확대하기 위하여 노력하여야 한다.

④ 가축재해보험에서 보상하는 재해의 범위는 자연재해, 화재 및 보험목적물별로 농림축산식품부장관이 정하여 고시하는 질병이다.

재해보험에서 보상하는 재해의 범위는 해당 재해의 발생 빈도, 피해 정도 및 '객관적인' 손해평가방법 등을 고려하여 재해보험의 종류별로 대통령령으로 정한다(농어업재해보험법 제6조 제1항).

| 오답해설 | ① 동법 제4조

③ 동법 제6조 제2항

④ 동법 시행령 별표1 참조

4 용어의 정의(법 제2조)

08 농어업재해보험법상 용어의 설명으로 옳지 않은 것은? 제7회 기출

① "농어업재해보험"은 농어업재해로 발생하는 인명 및 재산 피해에 따른 손해를 보상하기 위한 보험을 말한다.

② "어업재해"란 양식수산물 및 어업용 시설물에 발생하는 자연재해 · 질병 또는 화재를 말한다.

③ "농업재해"란 농작물 · 임산물 · 가축 및 농업용 시설물에 발생하는 자연재해 · 병충해 · 조수해(鳥獸害) · 질병 또는 화재를 말한다.

④ "보험료"란 보험가입자와 보험사업자 간의 약정에 따라 보험가입자가 보험사업자에게 내야 하는 금액을 말한다.

"농어업재해보험"은 농어업재해로 발생하는 재산 피해에 따른 손해를 보상하기 위한 보험으로(농어업재해보험법 제2조 제2호), 인명 피해에 따른 손해를 보상하지는 않는다.

| 오답해설 | ②, ③ 동법 제2조 제1호

④ 동법 제2조 제4호

09 농어업재해보험법상 농어업재해보험에 관한 설명이다. (　　)에 들어갈 내용을 순서대로 옳게 나열한 것은?

제6회 기출

> "농어업재해"란 농작물, 임산물, 가축 및 농업용 시설물에 발생하는 자연재해, 병충해, (ㄱ), 질병 또는 화재와 양식수산물 및 어업용 시설물에 발생하는 자연재해, 질병 또는 (ㄴ)를 말한다.

① ㄱ: 지진, ㄴ: 조수해(鳥獸害)
② ㄱ: 조수해(鳥獸害), ㄴ: 풍수해
③ ㄱ: 조수해(鳥獸害), ㄴ: 화재
④ ㄱ: 지진, ㄴ: 풍수해

"농어업재해"란 농작물 · 임산물 · 가축 및 농업용 시설물에 발생하는 자연재해 · 병충해 · 조수해(鳥獸害) · 질병 또는 화재와 양식수산물 및 어업용 시설물에 발생하는 자연재해 · 질병 또는 화재를 말한다(농어업재해보험법 제2조 제1호).

10 농어업재해보험법상 농어업재해에 해당하지 않는 것은?

제5회 기출

① 농작물에 발생하는 자연재해
② 임산물에 발생하는 병충해
③ 농업용 시설물에 발생하는 화재
④ 농어촌 주민의 주택에 발생하는 화재

"농어업재해"란 농작물 · 임산물 · 가축 및 농업용 시설물에 발생하는 자연재해 · 병충해 · 조수해(鳥獸害) · 질병 또는 화재와 양식수산물 및 어업용 시설물에 발생하는 자연재해 · 질병 또는 화재를 말한다(농어업재해보험법 제2조 제1항).

11 농어업재해보험법상 다음 설명에 해당되는 용어는?

제2회 기출

> 보험가입자에게 재해로 인한 재산 피해에 따른 손해가 발생한 경우 보험가입자와 보험사업자 간의 약정에 따라 보험사업자가 보험가입자에게 지급하는 금액

① 보험료
② 손해평가액
③ 보험가입금액
④ 보험금

보험금이란 보험가입자에게 재해로 인한 재산 피해에 따른 손해가 발생한 경우 보험가입자와 보험사업자 간의 약정에 따라 보험사업자가 보험가입자에게 지급하는 금액을 말한다(농어업재해보험법 제2조 제5호). 이는 보험가입자와 보험사업자 간의 약정에 따라 보험가입자가 보험사업자에게 내야 하는 금액인 보험료와는 다른 개념이다.

| 정답 | 07 ② 08 ① 09 ③ 10 ④ 11 ④

12 다음 설명에 해당되는 용어는?

제1회 기출

> 보험가입자의 재산 피해에 따른 손해가 발생한 경우 보험에서 최대로 보상할 수 있는 한도액으로서 보험가입자와 보험사업자 간에 약정한 금액

① 보험료
② 보험금
③ 보험가입금액
④ 손해액

보험가입금액은 보험계약상의 한도금액으로 보험계약자와 보험자 간 보험계약 시 보험자가 최대한 보상할 수 있도록 약정하는 금액을 말하며, 법률상의 한도액인 보험가액과는 다른 개념이다.

13 농어업재해보험법령상 용어의 정의에 따를 때 "보험가입자와 보험사업자 간의 약정에 따라 보험가입자가 보험사업자에게 내야 하는 금액"은?

제10회 기출

① 보험금
② 보험료
③ 보험가액
④ 보험가입금액

농어업재해보험법 제2조 제4호

| 오답해설 | ① 보험금: 보험가입자에게 재해로 인한 재산 피해에 따른 손해가 발생한 경우 보험가입자와 보험사업자 간의 약정에 따라 보험사업자가 보험가입자에게 지급하는 금액이다.

③ 보험가액: 보험에 붙일 수 있는 재산의 평가액이며, 피보험이익의 금전적 평가액이다.

④ 보험가입금액: 보험가입자의 재산 피해에 따른 손해가 발생한 경우 보험에서 최대로 보상할 수 있는 한도액으로서, 보험가입자와 보험사업자 간에 약정한 금액이다.

14 농어업재해보험법상 용어에 관한 설명이다. (   )에 들어갈 내용은?

제4회 기출

> "시범사업"이란 농어업재해보험사업을 전국적으로 실시하기 전에 보험의 효용성 및 보험 실시 가능성 등을 검증하기 위하여 일정 기간 (   )에서 실시하는 보험사업을 말한다.

① 보험 대상 지역
② 재해 지역
③ 담당 지역
④ 제한된 지역

"시범사업"이란 농어업재해보험사업을 전국적으로 실시하기 전에 보험의 효용성 및 보험 실시 가능성 등을 검증하기 위하여 일정 기간 제한된 지역에서 실시하는 보험사업을 말한다(농어업재해보험법 제2조 제6호).

15 농어업재해보험법상 재해보험에 관한 설명으로 옳지 않은 것은? 제9회 기출

① 재해보험에서 보상하는 재해의 범위는 해당 재해의 발생 빈도, 피해 정도 및 객관적인 손해평가방법 등을 고려하여 재해보험의 종류별로 대통령령으로 정한다.

② 양식수산업에 종사하는 법인은 재해보험에 가입할 수 없다.

③ 「수산업협동조합법」에 따른 수산업협동조합중앙회는 재해보험사업을 할 수 있다.

④ 정부는 재해보험에서 보상하는 재해의 범위를 확대하기 위하여 노력하여야 한다.

재해보험에 가입할 수 있는 자는 농림업, 축산업, 양식수산업에 종사하는 개인 또는 법인으로 한다(농어업재해보험법 제7조).

| 오답해설 | ① 동법 제6조 제1항

③ 동법 제8조 제1항 제2호 참조

④ 동법 제6조 제2항

5 심의회 소속 및 심의사항(법 제2조의3)

16 농어업재해보험법상 농업재해보험심의회의 심의사항이 아닌 것은? 제1회 기출

① 재해보험상품의 인가

② 재해보험 목적물의 선정

③ 재해보험에서 보상하는 재해의 범위

④ 농어업재해보험사업에 대한 정부의 책임범위

'재해보험상품의 인가'는 농업재해보험심의회의 심의사항에 해당하지 않는다(농어업재해보험법 제2조의3, 제3조 제1항 참조).

17 농어업재해보험법령상 농업재해보험심의회의 심의사항에 해당하는 것을 모두 고른 것은? 제5회 기출

ㄱ. 재해보험목적물의 선정에 관한 사항
ㄴ. 재해보험사업에 대한 재정지원에 관한 사항
ㄷ. 손해평가의 방법과 절차에 관한 사항

① ㄱ, ㄴ　　② ㄱ, ㄷ

③ ㄴ, ㄷ　　④ ㄱ, ㄴ, ㄷ

ㄱ, ㄴ, ㄷ의 사항은 모두 농업재해보험심의회에서 심의하는 사항이며, 이외에도 재해의 범위에 관한 사항, 재보험사업 관련 자금의 수입과 지출의 적정성에 관한 사항, 기본계획의 수립 · 시행에 관한 사항 등이 포함된다(농어업재해보험법 제2조의3, 제3조 제1항 참조).

| 정답 | 12 ③ 13 ② 14 ④ 15 ② 16 ① 17 ④

6 농업재해보험심의회의 구성 및 운영(법 제3조)

18 농어업재해보험법령상 농업재해보험심의회에 관한 설명으로 옳지 않은 것은? 제6회 기출변형

① 심의회는 위원장 및 부위원장 각 1명을 포함한 21명 이내의 위원으로 구성한다.

② 심의회의 위원장은 농림축산식품부장관으로 하고, 부위원장은 위원 중에서 호선(互選)한다.

③ 심의회의 회의는 재적위원 3분의 1 이상의 요구가 있을 때 또는 위원장이 필요하다고 인정할 때에 소집한다.

④ 심의회의 회의는 재적위원 과반수의 출석으로 개의(開議)하고, 출석위원 과반수의 찬성으로 의결한다.

심의회의 위원장은 농림축산식품부차관으로 하고, 부위원장은 위원 중에서 호선한다(농어업재해보험법 제3조 제3항).

| 오답해설 | ① 동법 제3조 제2항

③ 동법 시행령 제3조 제2항

④ 동법 시행령 제3조 제3항

19 농어업재해보험법령상 농업재해보험심의회 및 회의에 관한 설명으로 옳지 않은 것은? 제2회 기출

① 심의회는 위원장 및 부위원장 각 1명을 포함한 21명 이내의 위원으로 구성한다.

② 위원장은 심의회의 회의를 소집하며, 그 의장이 된다.

③ 심의회의 회의는 재적위원 5분의 1 이상의 요구가 있을 때 또는 위원장이 필요하다고 인정할 때에 소집한다.

④ 심의회의 회의는 재적위원 과반수의 출석으로 개의(開議)하고, 출석위원 과반수의 찬성으로 의결한다.

심의회의 회의는 재적위원 3분의 1 이상의 요구가 있을 때 또는 위원장이 필요하다고 인정할 때에 소집한다(농어업재해보험법 시행령 제3조 제2항).

20 농어업재해보험법령상 농업재해보험심의회에 관한 설명으로 옳지 않은 것은? 제9회 기출변형

① 심의회는 위원장 및 부위원장 각 1명을 포함한 21명 이내의 위원으로 구성한다.

② 심의회의 위원장은 농림축산식품부장관이 위촉한다.

③ 심의회는 그 심의사항을 검토 · 조정하고, 심의회의 심의를 보조하게 하기 위하여 심의회에 분과위원회를 둘 수 있다.

④ 심의회의 회의는 재적위원 과반수의 출석으로 개의(開議)하고, 출석위원 과반수의 찬성으로 의결한다.

심의회의 위원장은 농림축산식품부차관으로 하고, 부위원장은 위원 중에서 호선(互選)한다(농어업재해보험법 제3조 제3항). 농림축산식품부장관이 임명하거나 위촉하는 사람은 심의회 위원이다.

| 오답해설 | ① 동법 제3조 제2항

③ 동법 제3조 제6항 참조

④ 동법 시행령 제3조 제3항

21 농어업재해보험법령상 농업재해보험심의회 위원을 해촉할 수 있는 사유로 명시된 것이 아닌 것은? 제4회 기출

① 심신장애로 인하여 직무를 수행할 수 없게 된 경우
② 직무와 관련 없는 비위사실이 있는 경우
③ 품위손상으로 인하여 위원으로 적합하지 아니하다고 인정되는 경우
④ 위원 스스로 직무를 수행하는 것이 곤란하다고 의사를 밝히는 경우

심의회 위원을 해촉할 수 있는 사유로 '직무와 관련된 비위사실이 있는 경우'가 해당한다(농어업재해보험법 시행령 제3조의2 제2호 참조).

22 농어업재해보험법령상 농업재해보험심의회 및 분과위원회에 관한 설명으로 옳지 않은 것은? 제4회 기출

① 심의회는 위원장 및 부위원장 각 1명을 포함한 21명 이내의 위원으로 구성한다.
② 심의회의 회의는 재적위원 3분의 1 이상의 출석으로 개의(開議)하고, 출석위원 과반수의 찬성으로 의결한다.
③ 분과위원장 및 분과위원은 심의회의 위원 중에서 전문적인 지식과 경험 등을 고려하여 위원장이 지명한다.
④ 분과위원회의 회의는 위원장 또는 분과위원장이 필요하다고 인정할 때에 소집한다.

심의회의 회의는 재적위원 과반수의 출석으로 개의(開議)하고, 출석위원 과반수의 찬성으로 의결한다(농어업재해보험법 시행령 제3조 제3항).

| 오답해설 | ① 농어업재해보험법 제3조 제2항
③ 동법 시행령 제4조 제4항
④ 동법 시행령 제4조 제5항

23 농어업재해보험법령상 농업재해보험심의회(이하 '심의회')에 관한 설명으로 옳지 않은 것은? 제10회 기출

① 심의회의 위원장은 농림축산식품부차관으로 하고, 부위원장은 위원 중에서 농림축산식품부차관이 지명한다.
② 심의회의 회의는 재적위원 과반수의 출석으로 개의(開議)하고, 출석위원 과반수의 찬성으로 의결한다.
③ 심의회는 위원장 및 부위원장 각 1명을 포함한 21명 이내의 위원으로 구성한다.
④ 심의회의 회의는 재적위원 3분의 1 이상의 요구가 있을 때 또는 위원장이 필요하다고 인정할 때에 소집한다.

심의회의 위원장은 농림축산식품부차관으로 하고, 부위원장은 위원 중에서 호선(互選)한다(농어업재해보험법 제3조 제3항).

| 오답해설 | ② 동법 시행령 제3조 제3항
③ 동법 제3조 제2항
④ 동법 시행령 제3조 제2항

| 정답 | **18** ② **19** ③ **20** ② **21** ② **22** ② **23** ①

THEME 02

재해보험가입자 · 사업자 · 모집자

✓ 학습 포인트
- 재해보험가입자의 기준
- 재해보험사업을 할 수 있는 자의 기준
- 재해보험의 보험료율 산정

✓ 6개년 평균 2문제 출제

대표 예제

+ 기출 공략팁

- 재해보험사업자 · 가입자 · 모집자의 자격을 묻는 문제가 자주 출제되고 있다.
- 재해보험사업자와 관련된 문제에는 주로 '재해보험을 할 수 있는 자, 재해보험사업자와 정부 간의 약정 체결 시 필요한 내용'이 출제되고 있다.

■ 농어업재해보험법령상 재해보험의 종류에 따른 보험가입자의 기준에 해당하지 않는 것은? 제3회 기출변형

① 농작물재해보험: 농업재해보험심의회를 거쳐 농림축산식품부장관이 고시하는 농작물을 재배하는 개인

② 임산물재해보험: 농업재해보험심의회를 거쳐 농림축산식품부장관이 고시하는 임산물을 재배하는 법인

③ 가축재해보험: 농업재해보험심의회를 거쳐 농림축산식품부장관이 고시하는 가축을 사육하는 개인

④ 양식수산물재해보험: 중앙 수산업 · 어촌정책심의회를 거쳐 해양수산부장관이 고시하는 자연수산물을 채취하는 법인

예제 풀이

양식수산물재해보험에 가입할 수 있는 자는 '중앙 수산업 · 어촌정책심의회를 거쳐 해양수산부장관이 고시하는 양식수산물을 양식하는 자'이다(농어업재해보험법 시행령 제9조 참조). | 정답 | ④

■ 농어업재해보험법령상 농림축산식품부장관 또는 해양수산부장관이 재해보험사업을 하려는 자와 재해보험사업의 약정을 체결할 때에 포함되어야 하는 사항이 아닌 것은? 제6회 기출

① 약정기간에 관한 사항

② 재해보험사업의 약정을 체결한 자가 준수하여야 할 사항

③ 국가에 대한 재정지원에 관한 사항

④ 약정의 변경 · 해지 등에 관한 사항

예제 풀이

재해보험사업의 약정을 체결할 때 포함되어야 하는 사항 중 '재정지원에 관한 사항'이 있는데, 이는 국가에 대한 재정지원이 아닌 재해보험사업자에 대한 재정지원에 해당한다(농어업재해보험법 시행령 제10조 제2항 참조). | 정답 | ③

핵심 이론

1 재해보험가입자

(1) 재해보험에 가입할 수 있는 자(법 제7조)

농림업, 축산업, 양식수산업에 종사하는 개인 또는 법인

(2) 보험가입자의 기준(시행령 제9조)

농작물재해보험	농업재해보험심의회를 거쳐 농림축산식품부장관이 고시하는 농작물을 '재배'하는 자
임산물재해보험	농업재해보험심의회를 거쳐 농림축산식품부장관이 고시하는 임산물을 '재배'하는 자
가축재해보험	농업재해보험심의회를 거쳐 농림축산식품부장관이 고시하는 가축을 '사육'하는 자
양식수산물재해보험	중앙 수산업·어촌정책심의회를 거쳐 해양수산부장관이 고시하는 양식수산물을 '양식'하는 자

참고 보험가입자 기준의 주요 키워드
재배, 사육, 양식

(3) 보험가입자의 사고예방의무(법 제10조의2)

① 보험가입자는 재해로 인한 사고의 예방을 위하여 노력하여야 한다.
② 재해보험사업자는 사고예방을 위하여 보험가입자가 납입한 보험료의 일부를 되돌려줄 수 있다.

참고 보험가입자의 사고예방의무
보험가입자가 사고예방의무를 소홀히 한다고 해서 불이익이 주어지는 법 규정은 없음

2 재해보험사업자(법 제8조)

(1) 재해보험을 할 수 있는 자

① 「수산업협동조합법」에 따른 수산업협동조합중앙회
② 「산림조합법」에 따른 산림조합중앙회
③ 「보험업법」에 따른 보험회사

참고 보험회사의 예
현재 농업재해보험사업을 하고 있는 '농협손해보험'은 「보험업법」에 따른 보험회사임

(2) 보험사업자의 약정

재해보험사업을 하려는 자는 농림축산식품부장관 또는 해양수산부장관과 재해보험사업의 약정을 체결하여야 한다.

약정 체결 시 제출 서류	• 사업방법서 • 보험약관 • 보험료 및 책임준비금 산출방법서 • 정관
각 장관의 확인사항	재해보험사업을 하려는 자로부터 서류를 받은 농림축산식품부장관 또는 해양수산부장관은 「전자정부법」에 따른 행정정보의 공동이용을 통하여 법인 등기사항증명서를 확인하여야 함
약정서 내용	• 약정기간에 관한 사항 • 재해보험사업의 약정을 체결한 자가 준수하여야 할 사항 • 재해보험사업자에 대한 재정지원에 관한 사항 • 약정의 변경·해지 등에 관한 사항 • 그 밖에 재해보험사업의 운영에 관한 사항

용어 책임준비금
보험회사가 계약자에게 보험금을 지급하기 위해 보험료의 일정액을 적립시키는 금액

용어 보험료율
보험가입금액에 대한 보험료의 비율로 보험계약 체결 시 보험료를 결정하는 비율

참고 재해보험사업자
보험약관과 보험료율을 산정·변경하는 주체는 정부가 아니라 재해보험사업자임

3 보험료율 의 산정(법 제9조)

(1) 보험료율 산정 주체

재해보험사업자는 재해보험의 보험료율을 객관적이고 합리적인 통계자료를 기초로 하여 보험목적물별 또는 보상방식별로 산정하여야 한다.

(2) 보험료율 산정 단위

재해보험사업자는 다음의 구분에 따른 단위로 보험료율을 산정하여야 한다.

구분	내용
행정구역 단위	특별시·광역시·도·특별자치도 또는 시(특별자치시와 행정시를 포함)·군·자치구. 다만, 보험료율 산출의 원칙에 부합하는 경우에는 자치구가 아닌 구·읍·면·동 단위로도 보험료율을 산정할 수 있음
권역 단위	농림축산식품부장관 또는 해양수산부장관이 행정구역 단위와는 따로 구분하여 고시하는 지역 단위

(3) 보험약관안과 보험료율안의 변경사항 공고

① 보험약관안과 보험료율안 변경: 재해보험사업자 는 보험약관안과 보험료율안에 대통령령으로 정하는 변경이 예정된 경우 이를 공고하고 필요한 경우 이해관계자의 의견을 수렴하여야 한다.

② 대통령령에서 정하는 변경 예정의 경우
　㉠ 보험가입자의 권리가 축소되거나 의무가 확대되는 내용으로 보험약관안의 변경이 예정된 경우
　㉡ 보험상품을 폐지하는 내용으로 보험약관안의 변경이 예정된 경우
　㉢ 보험상품의 변경으로 기존 보험료율보다 높은 보험료율안으로의 변경이 예정된 경우

4 재해보험모집자(법 제10조)

(1) 재해보험을 모집할 수 있는 자

① 산림조합중앙회와 그 회원조합의 임직원
② 수협중앙회와 그 회원조합 및 「수산업협동조합법」에 따라 설립된 수협은행의 임직원
③ 「수산업협동조합법」 공제규약에 따른 공제모집인으로서 수협중앙회장 또는 그 회원조합장이 인정하는 자
④ 「산림조합법」 공제규정에 따른 공제모집인으로서 산림조합중앙회장이나 그 회원조합장이 인정하는 자
⑤ 「보험업법」에 따라 보험을 모집할 수 있는 자

(2) 재해보험모집자의 모집 업무

① 모집 업무 준용 조항: 재해보험의 모집 업무에 종사하는 자가 사용하는 재해보험 안내자료 및 금지행위에 관하여는 「보험업법」 제95조(보험안내자료)·제97조(보험계약 체결 또는 모집에 관한 금지행위), 제98조(특별이익의 제공 금지) 및 「금융소비자 보호에 관한 법률」 제21조(부당권유행위 금지)를 준용한다.

② 법률 준용의 예외

㉠ 재해보험사업자가 수협중앙회, 산림조합중앙회인 경우에는 「보험업법」 제95조 제1항 제5호(「예금자보호법」에 따른 예금자보호와 관련된 사항)를 준용하지 아니한다.

㉡ 「농업협동조합법」, 「수산업협동조합법」, 「산림조합법」에 따른 조합이 그 조합원에게 이 법에 따른 보험상품의 보험료 일부를 지원하는 경우에는 「보험업법」 제98조에도 불구하고 해당 보험계약의 체결 또는 모집과 관련한 특별이익[?]의 제공으로 보지 아니한다.

참고 특별이익

「보험업법」에서는 보험모집에 있어 보험가입자에게 특별한 이익을 주는 것을 막고 있으나, 농어업재해보험은 정책보험으로 농민에게 보험가입 시 보험료를 지원해주고 있으며 이는 「보험업법」상 특별이익에 포함되지 않음

필수 문제

1 재해보험사업자(법 제8조)

01 농어업재해보험법상 재해보험사업을 할 수 없는 자는? 제7회 기출

① 「농업협동조합법」에 따른 농업협동조합중앙회
② 「수산업협동조합법」에 따른 수산업협동조합중앙회
③ 「보험업법」에 따른 보험회사
④ 「산림조합법」에 따른 산림조합중앙회

재해보험사업을 할 수 있는 자는 '수산업협동조합중앙회, 산림조합중앙회, 보험회사'이며, 다른 유사한 중앙회는 해당하지 않는다(농어업재해보험법 제8조 제1항 참조).

02 농어업재해보험법령상 재해보험사업을 할 수 없는 자는? 제5회 기출

① 「수산업협동조합법」에 따른 수산업협동조합중앙회
② 「새마을금고법」에 따른 새마을금고중앙회
③ 「보험업법」에 따른 보험회사
④ 「산림조합법」에 따른 산림조합중앙회

재해보험사업을 할 수 있는 자는 '수산업협동조합중앙회, 산림조합중앙회, 보험회사'이며, 새마을금고중앙회, 농협중앙회 등은 해당하지 않는다(농어업재해보험법 제8조 제1항 참조).

03 농어업재해보험법령상 재해보험사업을 할 수 있는 자를 모두 고른 것은? 제10회 기출

ㄱ. 「수산업협동조합법」에 따른 수산업협동조합중앙회
ㄴ. 「산림조합법」에 따른 산림조합중앙회
ㄷ. 「보험업법」에 따른 보험회사
ㄹ. 「새마을금고법」에 따른 새마을금고중앙회

① ㄱ, ㄹ ② ㄱ, ㄴ, ㄷ ③ ㄴ, ㄷ, ㄹ ④ ㄱ, ㄴ, ㄷ, ㄹ

재해보험사업을 할 수 있는 자(농어업재해보험법 제8조 제1항)

- 「수산업협동조합법」에 따른 수산업협동조합중앙회(ㄱ)
- 「산림조합법」에 따른 산림조합중앙회(ㄴ)
- 「보험업법」에 따른 보험회사(ㄷ)

04 농어업재해보험법령상 재해보험사업에 관한 내용으로 옳지 않은 것은?

제5회 기출

① 재해보험사업을 하려는 자는 기획재정부장관과 재해보험사업의 약정을 체결하여야 한다.

② 재해보험의 종류는 농작물재해보험, 임산물재해보험, 가축재해보험 및 양식수산물재해보험으로 한다.

③ 재해보험에 가입할 수 있는 자는 농림업, 축산업, 양식수산업에 종사하는 개인 또는 법인으로 한다.

④ 재해보험에서 보상하는 재해의 범위는 해당 재해의 발생 빈도, 피해 정도 및 객관적인 손해평가방법 등을 고려하여 재해보험의 종류별로 대통령령으로 정한다.

재해보험사업을 하려는 자는 농림축산식품부장관 또는 해양수산부장관과 재해보험사업의 약정을 체결하여야 한다(농어업재해보험법 제8조 제2항).

| 오답해설 | ② 동법 제4조

③ 동법 제7조

④ 동법 제6조 제1항

05 농어업재해보험법령상 재해보험사업의 약정을 체결하려는 자가 농림축산식품부장관 또는 해양수산부장관에게 제출하여야 하는 서류에 해당하지 않는 것은?

제3회 기출

① 정관

② 사업방법서

③ 보험약관

④ 보험료율의 산정자료

재해보험사업의 약정을 체결하려는 자는 농림축산식품부장관 또는 해양수산부장관에게 사업방법서, 보험약관, 보험료 및 책임준비금산출방법서, 정관을 제출하여야 한다(농어업재해보험법 제8조 제3항 참조). 보험료율을 산정하는 주체는 재해보험사업자이며, 보험료율의 산정자료를 제출해야 할 법적 의무는 없다.

2 보험료율의 산정(법 제9조)

06 농어업재해보험법령상 재해보험료율 산정에 관한 설명으로 옳지 않은 것은?

제1회 기출변형

① 농림축산식품부장관이 산정한다.

② 보험목적물별 또는 보상방식별로 산정한다.

③ 객관적이고 합리적인 통계자료를 기초로 산정한다.

④ 시·군·자치구 또는 읍·면·동 행정구역 단위까지 산정한다.

보험료율산정 및 변경의 주체는 '재해보험사업자'이다(농어업재해보험법 제9조 제1항 참조).

| 정답 | 01 ① 02 ② 03 ② 04 ① 05 ④ 06 ①

07 **농어업재해보험법령상 재해보험사업 및 보험료율의 산정에 관한 설명으로 옳지 않은 것은?** 제5회 기출

① 재해보험사업의 약정을 체결하려는 자는 보험료 및 책임준비금 산출방법서 등을 농림축산식품부장관 또는 해양수산부장관에게 제출하여야 한다.

② 재해보험사업자는 보험료율을 객관적이고 합리적인 통계자료를 기초로 산정하여야 한다.

③ 보험료율은 보험목적물별 또는 보상방식별로 산정한다.

④ 보험료율은 대한민국 전체를 하나의 단위로 산정하여야 한다.

재해보험의 특성상 보험료율을 산정함에 있어 행정구역 단위, 권역 단위로 산정한다(농어업재해보험법 제9조 제1항 참조).

| 오답해설 | ① 동법 제8조 제3항 제1호 참조

②, ③ 동법 제9조 제1항 참조

08 **농어업재해보험법상 보험료율의 산정에 관한 내용이다. (　　)에 들어갈 용어는?** 제9회 기출

> 농림축산식품부장관 또는 해양수산부장관과 재해보험사업의 약정을 체결한 자는 재해보험의 보험료율을 객관적이고 합리적인 통계자료를 기초로 하여 (ㄱ) 또는 (ㄴ)로 산정하되, 행정구역과 권역의 구분에 따른 단위로 산정하여야 한다.

① ㄱ: 보험목적물별, ㄴ: 보상방식별

② ㄱ: 보상방식별, ㄴ: 보험종류별

③ ㄱ: 보험종류별, ㄴ: 보험가입금액별

④ ㄱ: 보험가입금액별, ㄴ: 보험료별

보험료율은 보험상품의 특성을 나타내는 가장 기초적인 것으로서, 재해보험에서 보험료율의 산정은 보험목적물별, 보상방식별로 산정하도록 되어 있다(농어업재해보험법 제9조 제1항 참조).

3 재해보험모집자(법 제10조)

09 **농어업재해보험법상 재해보험을 모집할 수 있는 자에 해당하지 않는 것은?** 제8회 기출

① 산림조합중앙회의 임직원

② 「수산업협동조합법」에 따라 설립된 수협은행의 임직원

③ 「산림조합법」 제48조의 공제규정에 따른 공제모집인으로서 농림축산식품부장관이 인정하는 자

④ 「보험업법」 제83조 제1항에 따라 보험을 모집할 수 있는 자

「산림조합법」 제48조의 공제규정에 따른 공제모집인으로서 산림조합중앙회장이나 그 회원조합장이 인정하는 자가 재해보험을 모집할 수 있다(농어업재해보험법 제10조 제1항 참조).

10 농어업재해보험법상 재해보험을 모집할 수 있는 자가 아닌 것은?

제2회 기출

① 수협중앙회 및 그 회원조합의 임직원
② 산림조합중앙회 및 그 회원조합의 임직원
③ 「산림조합법」 제48조의 공제규정에 따른 공제모집인으로서 농림축산식품부장관이 인정하는 자
④ 「보험업법」 제83조(모집할 수 있는 자) 제1항에 따라 보험을 모집할 수 있는 자

「산림조합법」 제48조의 공제규정에 따른 공제모집인으로서 산림조합중앙회장이나 그 회원조합장이 인정하는 자가 재해보험을 모집할 수 있다(농어업재해보험법 제10조 제1항 참조).

11 농어업재해보험법령상 재해보험을 모집할 수 있는 자가 아닌 것은?

제5회 기출

① 「수산업협동조합법」에 따라 설립된 수협은행의 임직원
② 「수산업협동조합법」의 공제규약에 따른 공제모집인으로서 해양수산부장관이 인정하는 자
③ 「산림조합법」에 따른 산림조합중앙회의 임직원
④ 「보험업법」 제83조 제1항에 따라 보험을 모집할 수 있는 자

「수산업협동조합법」의 공제규약에 따른 공제모집인으로서 수협중앙회장 또는 그 회원 조합장이 인정하는 자가 재해보험을 모집할 수 있다(농어업재해보험법 제10조 제1항 참조).

12 농어업재해보험법상 재해보험에 관한 설명으로 옳지 않은 것은?

제7회 기출

① 재해보험에 가입할 수 있는 자는 농림업, 축산업, 양식수산업에 종사하는 개인 또는 법인으로 하고, 구체적인 보험가입자의 기준은 대통령령으로 정한다.
② 「산림조합법」의 공제규정에 따른 공제모집인으로서 산림조합중앙회장이나 그 회원조합장이 인정하는 자는 재해보험을 모집할 수 있다.
③ 재해보험사업자는 사고예방을 위하여 보험가입자가 납입한 보험료의 일부를 되돌려 줄 수 있다.
④ 「수산업협동조합법」에 따른 조합이 그 조합원에게 재해보험의 보험료 일부를 지원하는 경우에는 「보험업법」상 해당 보험계약의 체결 또는 모집과 관련한 특별이익의 제공으로 본다.

일반적인 보험에서는 보험모집 시 보험료를 지원하는 경우를 특별이익의 제공으로 법에서 금지하고 있으나, 재해보험의 경우 특별이익의 제공으로 보지 않는다(농어업재해보험법 제10조 제2항 참조).

| 오답해설 | ① 동법 제7조
② 동법 제10조 제1항 제2호
③ 동법 제10조의2 제2항

| 정답 | 07 ④ 08 ① 09 ③ 10 ③ 11 ② 12 ④

THEME 03

손해평가사, 손해평가인

✔ 학습 포인트
- 손해평가 업무와 시험제도
- 손해평가사 자격취소 · 업무정지 처분
- 손해평가인의 자격요건

✔ 6개년 평균 3문제 출제

대표 예제

+ 기출 공략팁

손해평가사의 자격취소 · 업무정지 사유, 손해평가인의 자격요건에 대해서는 많은 문제가 출제되고 있다.

■ 농어업재해보험법상 손해평가사의 자격취소 사유에 해당하지 않는 것은?

제4회 기출

① 손해평가사의 자격을 거짓 또는 부정한 방법으로 취득한 사람
② 거짓으로 손해평가를 한 사람
③ 다른 사람에게 손해평가사 자격증을 빌려준 사람
④ 업무수행능력과 자질이 부족한 사람

예제 풀이

농어업재해보험법에는 업무수행능력과 자질이 부족한 사람에 대한 자격취소나 업무정지에 대한 규정이 없다.
①, ②, ③ 농어업재해보험법 제11조의5 제1항

| 정답 | ④

■ 농어업재해보험법령상 손해평가인으로 위촉될 수 없는 자는?

제2회 기출

① 재해보험 대상 농작물을 6년간 경작한 경력이 있는 농업인
② 공무원으로 농촌진흥청에서 농작물재배 분야에 관한 연구 · 지도 업무를 2년간 담당한 경력이 있는 사람
③ 교원으로 고등학교에서 농작물재배 분야 관련 과목을 6년간 교육한 경력이 있는 사람
④ 조교수 이상으로 「고등교육법」 제2조에 따른 학교에서 농작물재배 관련학을 5년간 교육한 경력이 있는 사람

예제 풀이

손해평가인으로 위촉될 수 있는 자는 공무원으로 농림축산식품부, 농촌진흥청, 통계청 또는 지방자치단체나 그 소속기관에서 농작물재배 분야에 관한 연구 · 지도, 농산물 품질관리 또는 농업 통계조사 업무를 3년 이상 담당한 경력이 있는 사람이다(농어업재해보험법 시행령 별표2).

| 정답 | ②

핵심 이론

1 손해평가 업무(법 제11조)

(1) 손해평가 업무 담당 주체

재해보험사업자는 다음의 사람에게 손해평가 업무를 담당하게 할 수 있다.

① 보험목적물에 관한 지식과 경험을 갖춘 사람 또는 그 밖의 관계 전문가를 손해평가인으로 위촉하여 손해평가를 담당하게 할 수 있다.

② 「농어업재해보험법」 제11조의2에 따른 손해평가사

③ 「보험업법」 제186조에 따른 손해사정사

참고 손해평가인 실무교육
재해보험사업자는 손해평가인으로 위촉된 사람에 대해 보험에 관한 기초지식, 보험약관 및 손해평가요령 등에 관한 실무교육을 해야 함

참고 손해사정사의 법적 구분
법에서는 신체손해사정사, 재물손해사정사, 차량손해사정사를 구분하고 있지 않음

(2) 손해평가 업무기준 등

① 손해평가 업무기준: 손해평가인, 손해평가사, 손해사정사는 농림축산식품부장관 또는 해양수산부장관이 정하여 고시하는 손해평가요령에 따라 손해평가를 하여야 한다.

참고 손해평가요령의 고시
각 장관은 손해평가요령을 고시하려면 미리 금융위원회와 협의해야 함

② 손해평가 업무의 객관성과 공정성

손해평가 업무 준수사항	손해평가 업무 시 공정하고 객관적으로 손해평가를 하여야 하며, 고의로 진실을 숨기거나 거짓으로 손해평가를 하여서는 아니 됨
교차손해평가	재해보험사업자는 공정하고 객관적인 손해평가를 위하여 동일 시·군·구내에서 교차손해평가를 수행할 수 있음. 이 경우 교차손해평가의 절차·방법 등에 필요한 사항은 농림축산식품부장관 또는 해양수산부장관이 정함
정기교육	농림축산식품부장관 또는 해양수산부장관은 손해평가인이 공정하고 객관적인 손해평가를 수행할 수 있도록 연 1회 이상 정기교육을 실시하여야 함

용어 교차손해평가
손해평가인 상호 간에 담당지역을 교차하여 평가하는 것

③ 손해평가 업무의 지원: 농림축산식품부장관 또는 해양수산부장관은 손해평가인 간의 손해평가에 관한 기술·정보의 교환을 지원할 수 있다.

2 손해평가사 제도 및 시험

(1) 손해평가사 제도(법 제11조의2, 제11조의3)

① 손해평가사 제도 운영: 농림축산식품부장관은 공정하고 객관적인 손해평가를 촉진하기 위하여 손해평가사 제도를 운영한다.

② 손해평가사 업무

㉠ 피해사실의 확인

㉡ 보험가액 및 손해액의 평가

㉢ 그 밖의 손해평가에 필요한 사항

참고 업무
손해평가사의 업무와 손해평가인의 업무는 동일함

(2) 손해평가사 시험 등(법 제11조의4, 시행령 제12조의2, 제12조의5)

손해평가사 자격시험 운영	• 손해평가사가 되려는 사람은 농림축산식품부장관이 실시하는 손해평가사 자격시험에 합격하여야 함 • 손해평가사 자격시험은 매년 1회 실시함. 다만, 농림축산식품부장관이 손해평가사의 수급상 필요하다고 인정하는 경우에는 2년마다 실시할 수 있음

농어업재해보험법령

손해평가사 자격시험 실시	• 시험의 공고: 농림축산식품부장관은 손해평가사 자격시험을 실시하려면 다음의 사항을 시험 실시 90일 전까지 인터넷 홈페이지 등에 공고해야 함 – 시험의 일시 및 장소 – 시험방법 및 시험과목 – 응시원서의 제출방법 및 응시수수료 – 합격자 발표의 일시 및 방법 – 선발예정인원(농림축산식품부장관이 수급상 필요하다고 인정하여 선발예정인원을 정한 경우만 해당) – 그 밖에 시험의 실시에 필요한 사항 • 응시 수수료: 손해평가사 자격시험에 응시하려는 사람은 농림축산식품부장관이 정하여 고시하는 응시수수료를 내야 하는데, 다음의 경우에는 받은 수수료를 반환하여야 함 – 수수료를 과오납한 경우: 과오납한 금액 전부 – 시험일 20일 전까지 접수를 취소하는 경우: 납부한 수수료 전부 – 시험관리기관의 귀책사유로 시험에 응시하지 못하는 경우: 납부한 수수료 전부 – 시험일 10일 전까지 접수를 취소하는 경우: 납부한 수수료의 100분의 60
손해평가사 시험방법	• 손해평가사 자격시험은 제1차 시험과 제2차 시험으로 구분하여 실시함. 이 경우 제2차 시험은 제1차 시험에 합격한 사람과 제1차 시험을 면제받은 사람을 대상으로 시행함 – 1차 시험: 선택형으로 출제하는 것을 원칙으로 하되, 단답형 또는 기입형을 병행할 수 있음 – 2차 시험: 서술형으로 출제하는 것을 원칙으로 하되, 단답형 또는 기입형을 병행할 수 있음 • 시험 과목 – 제1차 시험: 「상법」 보험편, 농어업재해보험법령(「농어업재해보험법」, 「농어업재해보험법 시행령」 및 농림축산식품부장관이 고시하는 손해평가요령을 말함), 농학개론 중 재배학 및 원예작물학 – 제2차 시험: 농작물재해보험 및 가축재해보험의 이론과 실무, 농작물재해보험 및 가축재해보험 손해평가의 이론과 실무
손해평가사 시험 면제	• 보험목적물 또는 관련 분야에 관한 전문 지식과 경험을 갖추었다고 인정되는 대통령령으로 정하는 기준에 해당하는 사람에게는 손해평가사 자격시험 과목의 일부를 면제할 수 있음 • 제1차 시험을 면제받으려는 사람은 농림축산식품부장관이 정하여 고시하는 면제신청서에 제1항 각 호의 어느 하나에 해당하는 사실을 증명하는 서류를 첨부하여 농림축산식품부장관에게 신청해야 함

	• 면제 신청을 받은 농림축산식품부장관은 「전자정부법」 제36조 제1항에 따른 행정정보의 공동이용을 통하여 신청인의 고용보험 피보험자격 이력내역서, 국민연금가입자가입증명 또는 건강보험 자격득실확인서를 확인해야 함. 다만, 신청인이 확인에 동의하지 않는 경우에는 그 서류를 첨부하도록 해야 함 • 제1차 시험에 합격한 사람에 대해서는 다음 회에 한정하여 제1차 시험을 면제함
손해평가사 시험 일부 면제❷ 대상자	다음의 대상자는 손해평가사 시험 중 제1차 시험을 면제함 • 손해평가인으로 위촉된 기간이 3년 이상인 사람으로서 손해평가 업무를 수행한 경력이 있는 사람 • 「보험업법」 제186조에 따른 손해사정사 • 다음의 기관 또는 법인에서 손해사정 관련 업무에 3년 이상 종사한 경력이 있는 사람 – 「금융위원회의 설치 등에 관한 법률」에 따라 설립된 금융감독원 – 「농업협동조합법」에 따른 농업협동조합중앙회 – 「보험업법」 제4조에 따른 허가를 받은 손해보험회사 – 「보험업법」 제175조에 따라 설립된 손해보험협회 – 「보험업법」 제187조 제2항에 따른 손해사정을 업(業)으로 하는 법인 – 「화재로 인한 재해보상과 보험가입에 관한 법률」에 따라 설립된 한국화재보험협회
손해평가사 자격시험의 정지 및 무효	농림축산식품부장관은 다음의 어느 하나에 해당하는 사람에 대하여는 그 시험을 정지시키거나 무효로 하고 그 처분 사실을 지체없이 알려야 함 • 부정한 방법으로 시험에 응시한 사람 • 시험에서 부정한 행위를 한 사람
손해평가사 자격시험 응시 정지	다음의 사람은 그 처분이 있은 날부터 2년이 지나지 아니한 경우 손해평가사 자격시험에 응시하지 못함 • 부정한 방법으로 시험에 응시하거나 시험에서 부정한 행위를 하여 정지·무효 처분을 받은 사람 • 손해평가사 자격이 취소된 사람
손해평가사 자격시험 합격기준	• 1차 시험: 매 과목 100점을 만점으로 하여 매 과목 40점 이상과 전 과목 평균 60점 이상을 득점한 사람 • 2차 시험: 매 과목 100점을 만점으로 하여 매 과목 40점 이상과 전 과목 평균 60점 이상을 득점한 사람
손해평가사 자격시험 합격기준 예외 사항	• 농림축산식품부장관이 손해평가사의 수급상 필요하다고 인정하여 선발예정인원을 공고한 경우에는 매 과목 40점 이상을 득점한 사람 중에서 전(全) 과목 총득점이 높은 사람부터 차례로 선발예정인원에 달할 때까지에 해당하는 사람을 합격자로 함 • 합격자를 결정할 때 동점자가 있어 선발예정인원을 초과하는 경우에는 해당 동점자 모두를 합격자로 함. 이 경우 동점자의 점수는 소수점 이하 둘째자리(셋째자리 이하 버림)까지 계산함

참고 ❷ 손해평가사 시험의 일부 면제
1차 시험의 면제를 의미함

손해평가사 자격증의 발급	농림축산식품부장관은 손해평가사 자격시험에 합격한 사람에게 농림축산식품부장관이 정하여 고시하는 바에 따라 손해평가사 자격증을 발급하여야 함
손해평가사 교육	농림축산식품부장관은 손해평가사의 손해평가능력 및 자질 향상을 위하여 교육을 실시할 수 있음❷

참고 손해평가사 교육
교육의 구체적인 횟수 등이 규정되어 있지 않음

(3) 손해평가사의 자격취소 및 감독(법 제11조의5, 제11조의6)

① 손해평가사 자격의 취소: 농림축산식품부장관은 다음 각 호의 어느 하나에 해당하는 사람에 대하여 손해평가사 자격을 취소할 수 있다.

㉠ 손해평가사의 자격을 거짓 또는 부정한 방법으로 취득한 사람❷

㉡ 거짓으로 손해평가를 한 사람

㉢ 다른 사람에게 손해평가사의 명의를 사용하게 하거나 그 자격증을 대여한 사람

㉣ 손해평가사 명의의 사용이나 자격증의 대여를 알선한 사람

㉤ 업무정지기간 중에 손해평가 업무를 수행한 사람❷

참고 자격증 발급 여부
손해평가사는 자격증이 발급되지만, 손해평가인은 발급되지 않음

참고 손해평가사 자격을 반드시 취소하여야 하는 경우
- 손해평가사의 자격을 거짓 또는 부정한 방법으로 취득한 사람
- 업무정지기간 중에 손해평가 업무를 수행한 사람

② 손해평가사 자격취소 처분의 세부기준

㉠ 일반기준

- 위반행위의 횟수에 따른 행정처분의 가중된 처분기준은 최근 3년간 같은 위반행위로 행정처분을 받은 경우에 적용한다. 이 경우 기간의 계산은 위반행위에 대해 행정처분을 받은 날과 그 처분 후에 다시 같은 위반행위를 하여 적발된 날을 기준으로 한다.
- 가중된 행정처분을 하는 경우 가중처분의 적용 차수는 그 위반행위 전 행정처분 차수의 다음 차수로 한다.
- 위반행위가 둘 이상인 경우로서 그에 해당하는 각각의 처분기준이 다른 경우에는 그중 무거운 처분기준에 따른다.

㉡ 개별기준(시행령 별표2의3)

위반행위	처분기준	
	1회 위반	2회 이상 위반
손해평가사의 자격을 거짓 또는 부정한 방법으로 취득한 경우	자격취소	–
거짓으로 손해평가를 한 경우	시정명령	자격취소
다른 사람에게 손해평가사의 명의를 사용하게 하거나 그 자격증을 대여한 경우	자격취소	–
손해평가사 명의의 사용이나 자격증의 대여를 알선한 경우	자격취소	–
업무정지기간 중에 손해평가 업무를 수행한 경우	자격취소	–

③ 손해평가사의 감독: 농림축산식품부장관은 손해평가사가 그 직무를 게을리하거나 직무를 수행하면서 부적절한 행위를 하였다고 인정하면 1년 이내❷의 기간을 정하여 업무의 정지를 명할 수 있다.

참고 1년 이내
손해평가사의 업무정지 규정에는 1년을 초과하는 기간이 없음

④ 손해평가사의 업무정지 처분의 세부기준

㉠ 일반기준

- 위반행위의 횟수에 따른 행정처분의 가중된 처분기준은 최근 3년간 같은 위반행위로 행정처분을 받은 경우에 적용한다. 이 경우 기간의 계산은 위반행위에 대해 행정처분을 받은 날과 그 처분 후에 다시 같은 위반행위를 하여 적발된 날을 기준으로 한다.
- 가중된 행정처분을 하는 경우 가중처분의 적용 차수는 그 위반행위 전 행정처분 차수의 다음 차수로 한다.
- 위반행위가 둘 이상인 경우로서 그에 해당하는 각각의 처분기준이 다른 경우에는 그중 가장 무거운 처분기준에 따르고, 가장 무거운 처분기준의 2분의 1까지 그 기간을 늘릴 수 있다. 다만, 기간을 늘리는 경우에도 업무정지기간의 상한을 넘을 수 없다.
- 농림축산식품부장관은 다음의 어느 하나에 해당하는 경우에는 처분기준의 2분의 1의 범위에서 그 기간을 줄일 수 있다.
  - 위반행위가 사소한 부주의나 오류로 인한 것으로 인정되는 경우
  - 위반의 내용·정도가 경미하다고 인정되는 경우
  - 위반행위자가 법 위반 상태를 바로 정정하거나 시정하여 해소한 경우
  - 그 밖에 위반행위의 내용, 정도, 동기 및 결과 등을 고려하여 업무정지 처분의 기간을 줄일 필요가 있다고 인정되는 경우

㉡ 개별기준(시행령 별표2의4)

위반행위	처분기준		
	1회 위반	2회 위반	3회 이상 위반
업무 수행과 관련하여 「개인정보 보호법」, 「신용정보의 이용 및 보호에 관한 법률」 등 정보 보호와 관련된 법령을 위반한 경우	업무정지 6개월	업무정지 1년	업무정지 1년
업무 수행과 관련하여 보험계약자 또는 보험사업자로부터 금품 또는 향응을 제공받은 경우	업무정지 6개월	업무정지 1년	업무정지 1년
자기 또는 자기와 생계를 같이 하는 4촌 이내의 친족이 가입한 보험계약에 관한 손해평가를 한 경우	업무정지 3개월	업무정지 6개월	업무정지 6개월
자기 또는 이해관계자가 모집한 보험계약에 대해 손해평가를 한 경우	업무정지 3개월	업무정지 6개월	업무정지 6개월
손해평가요령을 준수하지 않고 손해평가를 한 경우	경고	업무정지 1개월	업무정지 3개월
그 밖에 손해평가사가 그 직무를 게을리하거나 직무를 수행하면서 부적절한 행위를 했다고 인정되는 경우	경고	업무정지 1개월	업무정지 3개월

참고 손해평가인 자격요건 개요

- 실무 경력: 5년 이상
- 관련 공무원 경력: 3년 이상
- 교육 경력: 교원(5년 이상), 조교수 이상(3년 이상)
- 보험·공제 관련 업무: 3년 이상
- 손해평가 업무: 2년 이상
- 연구기관 또는 연구소 근무: 5년 이상(학사학위 이상 소지자)
- 보험학과 졸업 또는 졸업 예정자
- 80학점(보험 관련 과목 학점 45학점 이상) 이상 이수
- 관련 자격 소지자

3 손해평가인

(1) 손해평가인의 자격요건 (시행령 별표2)

구분	자격요건
농작물 재해보험	• 재해보험 대상 농작물을 5년 이상 경작한 경력이 있는 농업인 • 공무원으로 농림축산식품부, 농촌진흥청, 통계청 또는 지방자치단체나 그 소속기관에서 농작물재배 분야에 관한 연구·지도, 농산물 품질관리 또는 농업 통계조사 업무를 3년 이상 담당한 경력이 있는 사람 • 교원으로 고등학교에서 농작물재배 분야 관련 과목을 5년 이상 교육한 경력이 있는 사람 • 조교수 이상으로 「고등교육법」 제2조에 따른 학교에서 농작물재배 관련학을 3년 이상 교육한 경력이 있는 사람 • 「보험업법」에 따른 보험회사의 임직원이나 「농업협동조합법」에 따른 중앙회와 조합의 임직원으로 영농 지원 또는 보험·공제 관련 업무를 3년 이상 담당하였거나 손해평가 업무를 2년 이상 담당한 경력이 있는 사람 • 「고등교육법」 제2조에 따른 학교에서 농작물재배 관련학을 전공하고 농업전문 연구기관 또는 연구소에서 5년 이상 근무한 학사학위 이상 소지자 • 「고등교육법」 제2조에 따른 전문대학에서 보험 관련 학과를 졸업했거나 졸업 예정인 사람 • 「학점인정 등에 관한 법률」 제8조에 따라 전문대학의 보험 관련 학과 졸업자(졸업예정자 포함)와 같은 수준 이상의 학력이 있다고 인정받은 사람이나 「고등교육법」 제2조에 따른 학교에서 80학점(보험 관련 과목 학점이 45학점 이상이어야 함) 이상을 이수한 사람 등 제7호에 해당하는 사람과 같은 수준 이상의 학력이 있다고 인정되는 사람 • 「농수산물 품질관리법」에 따른 농산물품질관리사 • 재해보험 대상 농작물 분야에서 「국가기술자격법」에 따른 기사 이상의 자격을 소지한 사람
임산물 재해보험	• 재해보험 대상 임산물을 5년 이상 경작한 경력이 있는 임업인 • 공무원으로 농림축산식품부, 농촌진흥청, 산림청, 통계청 또는 지방자치단체나 그 소속기관에서 임산물재배 분야에 관한 연구·지도 또는 임업 통계조사 업무를 3년 이상 담당한 경력이 있는 사람 • 교원으로 고등학교에서 임산물재배 분야 관련 과목을 5년 이상 교육한 경력이 있는 사람 • 조교수 이상으로 「고등교육법」 제2조에 따른 학교에서 임산물재배 관련학을 3년 이상 교육한 경력이 있는 사람 • 「보험업법」에 따른 보험회사의 임직원이나 「산림조합법」에 따른 중앙회와 조합의 임직원으로 산림경영 지원 또는 보험·공제 관련 업무를 3년 이상 담당하였거나 손해평가 업무를 2년 이상 담당한 경력이 있는 사람 • 「고등교육법」 제2조에 따른 학교에서 임산물재배 관련학을 전공하고 임업전문 연구기관 또는 연구소에서 5년 이상 근무한 학사학위 이상 소지자 • 「고등교육법」 제2조에 따른 전문대학에서 보험 관련 학과를 졸업했거나 졸업 예정인 사람

	•「학점인정 등에 관한 법률」 제8조에 따라 전문대학의 보험 관련 학과 졸업자(졸업예정자 포함)와 같은 수준 이상의 학력이 있다고 인정받은 사람이나 「고등교육법」 제2조에 따른 학교에서 80학점(보험 관련 과목 학점이 45학점 이상이어야 함) 이상을 이수한 사람 등 제7호에 해당하는 사람과 같은 수준 이상의 학력이 있다고 인정되는 사람 • 재해보험 대상 임산물 분야에서 「국가기술자격법」에 따른 기사 이상의 자격을 소지한 사람
가축 재해보험	• 재해보험 대상 가축을 5년 이상 사육한 경력이 있는 농업인 • 공무원으로 농림축산식품부, 농촌진흥청, 통계청 또는 지방자치단체나 그 소속기관에서 가축사육 분야에 관한 연구·지도 또는 가축 통계조사 업무를 3년 이상 담당한 경력이 있는 사람 • 교원으로 고등학교에서 가축사육 분야 관련 과목을 5년 이상 교육한 경력이 있는 사람 • 조교수 이상으로 「고등교육법」 제2조에 따른 학교에서 가축사육 관련학을 3년 이상 교육한 경력이 있는 사람 •「보험업법」에 따른 보험회사의 임직원이나 「농업협동조합법」에 따른 중앙회와 조합의 임직원으로 영농 지원 또는 보험·공제 관련 업무를 3년 이상 담당하였거나 손해평가 업무를 2년 이상 담당한 경력이 있는 사람 •「고등교육법」 제2조에 따른 학교에서 가축사육 관련학을 전공하고 축산전문 연구기관 또는 연구소에서 5년 이상 근무한 학사학위 이상 소지자 •「고등교육법」 제2조에 따른 전문대학에서 보험 관련 학과를 졸업했거나 졸업 예정인 사람 •「학점인정 등에 관한 법률」 제8조에 따라 전문대학의 보험 관련 학과 졸업자(졸업예정자 포함)와 같은 수준 이상의 학력이 있다고 인정받은 사람이나 「고등교육법」 제2조에 따른 학교에서 80학점(보험 관련 과목 학점이 45학점 이상이어야 함) 이상을 이수한 사람 등 제7호에 해당하는 사람과 같은 수준 이상의 학력이 있다고 인정되는 사람 •「수의사법」에 따른 수의사 •「국가기술자격법」에 따른 축산기사 이상의 자격을 소지한 사람
양식 수산물 재해보험	• 재해보험 대상 양식수산물을 5년 이상 양식한 경력이 있는 어업인 • 공무원으로 해양수산부, 국립수산과학원, 국립수산물품질관리원 또는 지방자치단체에서 수산물양식 분야 또는 수산생명의학 분야에 관한 연구 또는 지도 업무를 3년 이상 담당한 경력이 있는 사람 • 교원으로 수산계 고등학교에서 수산물양식 분야 또는 수산생명의학 분야의 관련 과목을 5년 이상 교육한 경력이 있는 사람 • 조교수 이상으로 「고등교육법」 제2조에 따른 학교에서 수산물양식 관련학 또는 수산생명의학 관련학을 3년 이상 교육한 경력이 있는 사람 •「보험업법」에 따른 보험회사의 임직원이나 「수산업협동조합법」에 따른 수산업협동조합중앙회, 수협은행 및 조합의 임직원으로 수산업지원 또는 보험·공제 관련 업무를 3년 이상 담당하였거나 손해평가 업무를 2년 이상 담당한 경력이 있는 사람

	• 「고등교육법」 제2조에 따른 학교에서 수산물양식 관련학 또는 수산생명의학 관련학을 전공하고 수산전문 연구기관 또는 연구소에서 5년 이상 근무한 학사학위 소지자 • 「고등교육법」 제2조에 따른 전문대학에서 보험 관련 학과를 졸업했거나 졸업 예정인 사람 • 「학점인정 등에 관한 법률」 제8조에 따라 전문대학의 보험 관련 학과 졸업자(졸업예정자 포함)와 같은 수준 이상의 학력이 있다고 인정받은 사람이나 「고등교육법」 제2조에 따른 학교에서 80학점(보험 관련 과목 학점이 45학점 이상이어야 함) 이상을 이수한 사람 등 제7호에 해당하는 사람과 같은 수준 이상의 학력이 있다고 인정되는 사람 • 「수산생물질병 관리법」에 따른 수산질병관리사 • 재해보험 대상 양식수산물 분야에서 「국가기술자격법」에 따른 기사 이상의 자격을 소지한 사람 • 「농수산물 품질관리법」에 따른 수산물품질관리사

참고 정규교육 규정 여부
손해평가인은 정기교육에 대한 규정이 있으나, 손해평가사는 정기교육에 대한 규정이 없음

(2) 손해평가인의 정기교육(법 제11조, 시행령 제12조)

농림축산식품부장관 또는 해양수산부장관은 법에 따른 손해평가인이 공정하고 객관적인 손해평가를 수행할 수 있도록 정기교육을 실시하여야 한다.

교육주기	연 1회 이상
교육시간	4시간 이상
교육사항	• 농어업재해보험에 관한 기초지식 • 농어업재해보험의 종류별 약관 • 손해평가의 절차 및 방법 • 그 밖에 손해평가에 필요한 사항으로서 농림축산식품부장관 또는 해양수산부장관이 정하는 사항

필수 문제

1 손해평가 업무(법 제11조)

01 농어업재해보험법상 손해평가 등에 관한 설명으로 옳은 것은? 제8회 기출

① 재해보험사업자는 동일 시·군·구 내에서 교차손해평가를 수행할 수 없다.

② 농림축산식품부장관은 손해평가인이 공정하고 객관적인 손해평가를 수행할 수 있도록 연 1회 이상 정기교육을 실시하여야 한다.

③ 농림축산식품부장관이 손해평가요령을 정한 뒤 이를 고시하려면 미리 금융위원회의 인가를 거쳐야 한다.

④ 농림축산식품부장관은 손해평가인 간의 손해평가에 관한 기술·정보의 교환을 금지하여야 한다.

농어업재해보험법 제11조 제5항

| **오답해설** | ① 교차손해평가란 손해평가인 상호 간에 담당지역을 교차하여 평가하는 것을 말하며, 재해보험사업자는 동일 시·군·구 내에서 교차손해평가를 수행할 수 있다(동법 제11조 제3항 참조).

③ 농림축산식품부장관이 손해평가요령을 정한 뒤 이를 고시하려면 미리 금융위원회와 협의하여야 한다(동법 제11조 제4항).

④ 농림축산식품부장관은 손해평가인 간의 손해평가에 관한 기술·정보의 교환을 지원할 수 있다(동법 제11조 제6항).

2 손해평가사 제도 및 시험

02 농어업재해보험법상 손해평가사의 업무가 아닌 것은? 제1회 기출

① 피해발생의 통지
② 피해사실의 확인
③ 손해액의 평가
④ 보험가액의 평가

손해평가사의 업무는 피해사실의 확인, 손해액의 평가, 보험가액의 평가이다(농어업재해보험법 제11조의3). 피해발생의 통지는 보험가입자의 의무이다.

| **정답** | 01 ② 02 ①

03 농어업재해보험법상 손해평가사의 자격취소에 해당되는 자만을 모두 고른 것은? 제1회 기출변형

ㄱ. 손해평가사의 직무를 게을리하였다고 인정되는 사람
ㄴ. 손해평가사의 자격을 거짓 또는 부정한 방법으로 취득한 사람
ㄷ. 거짓으로 손해평가를 한 사람
ㄹ. 다른 사람에게 손해평가사의 명의를 사용하게 한 사람

① ㄱ, ㄴ
② ㄱ, ㄷ, ㄹ
③ ㄴ, ㄷ, ㄹ
④ ㄱ, ㄴ, ㄷ, ㄹ

농어업재해보험법 제11조의5

| 오답해설 | ㄱ. 농림축산식품부장관은 손해평가사의 직무를 게을리하였다고 인정되는 사람에게 1년 이내의 기간을 정하여 업무의 정지를 명할 수 있다(동법 제11조의6 제1항 참조).

04 농어업재해보험법상 손해평가사의 자격취소의 사유에 해당하지 않는 것은? 제3회 기출변형

① 손해평가사가 다른 사람에게 자격증을 빌려준 경우
② 손해평가사가 정당한 사유 없이 손해평가 업무를 거부한 경우
③ 손해평가사가 다른 사람에게 손해평가사의 명의를 사용하게 한 경우
④ 손해평가사가 그 자격을 부정한 방법으로 취득한 경우

농어업재해보험법에는 손해평가사가 손해평가 업무를 거부한 경우 자격취소나 업무정지에 대한 규정이 없다.

| 오답해설 | ①, ③, ④ 농어업재해보험법 제11조의5 제1항 참조

05 농어업재해보험법상 손해평가사의 자격취소 사유에 해당되는 자를 모두 고른 것은? 제2회 기출

ㄱ. 손해평가사의 자격을 부정한 방법으로 취득한 사람
ㄴ. 거짓으로 손해평가를 한 사람
ㄷ. 손해평가사의 직무를 수행하면서 부적절한 행위를 하였다고 인정되는 사람
ㄹ. 다른 사람에게 손해평가사의 자격증을 빌려준 사람

① ㄱ, ㄴ
② ㄷ, ㄹ
③ ㄱ, ㄴ, ㄹ
④ ㄴ, ㄷ, ㄹ

농어업재해보험법 제11조의5 제1항

| 오답해설 | ㄷ. 농림축산식품부장관은 손해평가사의 직무를 수행하면서 부적절한 행위를 하였다고 인정되는 사람에게 1년 이내의 기간을 정하여 업무의 정지를 명할 수 있다(동법 제11조의6 참조).

06 농어업재해보험법상 손해평가사의 자격취소 사유로 명시되지 않은 것은?

제6회 기출변형

① 손해평가사의 자격을 거짓 또는 부정한 방법으로 취득한 사람
② 업무수행과 관련하여 보험계약자 또는 보험사업자로부터 금품 또는 향응을 제공받은 경우
③ 거짓으로 손해평가를 한 사람
④ 다른 사람에게 손해평가사의 명의를 사용하게 하거나 자격증을 대여한 사람

업무수행과 관련하여 보험계약자 또는 보험사업자로부터 금품 또는 향응을 제공받은 경우 1회 위반 시(업무정지 6개월), 2회 위반 시(업무정지 1년), 3회 이상 위반 시(업무정지 1년)에 처한다(농어업재해보험법 시행령 별표2의4 참조).

| 오답해설 | ①, ③, ④ 동법 제11조의5 제1항 참조

07 농어업재해보험법령상 손해평가사의 자격취소 사유에 해당하지 않은 것은?

제9회 기출

① 심신장애로 인하여 직무를 수행할 수 없게 된 경우
② 거짓으로 손해평가를 한 경우
③ 업무정지기간 중에 손해평가 업무를 수행한 경우
④ 손해평가사의 자격을 거짓 또는 부정한 방법으로 취득한 경우

심신장애로 인하여 직무를 수행할 수 없게 된 경우는 손해평가사의 자격취소 사유가 아니라, 농업재해보험심의회 위원의 해촉 사유에 해당한다(농어업재해보험법 시행령 제3조의2 참조).

| 오답해설 | ②, ③, ④ 동법 제11조의5 제1항 참조

| 정답 | 03 ③ 04 ② 05 ③ 06 ② 07 ①

08 농어업재해보험법령상 손해평가사의 시험에 관한 설명으로 옳은 것은? 제3회 기출

① 손해평가사 자격이 취소된 사람은 그 취소 처분이 있은 날부터 2년이 지나지 아니한 경우 손해평가사 자격시험에 응시하지 못한다.

② 「보험업법」에 따른 손해사정사에 대하여는 손해평가사 제1차 시험을 면제할 수 없다.

③ 농림축산식품부장관은 손해평가사의 수급(需給)상 필요와 무관하게 손해평가사 자격시험을 매년 1회 실시하여야 한다.

④ 손해평가인으로 위촉된 기간이 3년 이상인 사람으로서 손해평가 업무를 수행한 경력이 있는 사람은 손해평가사 제2차 시험의 일부과목을 면제한다.

농어업재해보험법 제11조의4 제4항 제2호 참조

| 오답해설 | ② 「보험업법」에 따른 손해사정사에 대하여는 손해평가사 제1차 시험을 면제한다(동법 시행령 제12조의5 제1항 제2호).

③ 손해평가사 자격시험은 매년 1회 실시한다. 다만, 농림축산식품부장관이 손해평가사의 수급(需給)상 필요하다고 인정하는 경우에는 2년마다 실시할 수 있다(동법 시행령 제12조의2 제1항).

④ 손해평가인으로 위촉된 기간이 3년 이상인 사람으로서 손해평가 업무를 수행한 경력이 있는 사람은 손해평가사 제1차 시험을 면제한다(동법 시행령 제12조의5 제1항, 제2항 참조).

09 농어업재해보험법상 손해평가사가 그 직무를 게을리하거나 직무를 수행하면서 부적절한 행위를 하였다고 인정될 경우, 농림축산식품부장관이 손해평가사에게 명할 수 있는 업무정지의 최장 기간은? 제3회 기출

① 6개월 ② 1년 ③ 2년 ④ 3년

농림축산식품부장관은 손해평가사가 그 직무를 게을리하거나 직무를 수행하면서 부적절한 행위를 하였다고 인정하면 1년 이내의 기간을 정하여 업무의 정지를 명할 수 있다(농어업재해보험법 제11조의6 제1항).

10 농어업재해보험법상 손해평가사의 감독에 관한 내용이다. (　　)에 들어갈 숫자는? 제6회 기출

> 농림축산식품부장관은 손해평가사가 그 직무를 게을리하거나 직무를 수행하면서 부적절한 행위를 하였다고 인정하면 (　　)년 이내의 기간을 정하여 업무의 정지를 명할 수 있다.

① 1 ② 2 ③ 3 ④ 5

농림축산식품부장관은 손해평가사가 그 직무를 게을리하거나 직무를 수행하면서 부적절한 행위를 하였다고 인정하면 1년 이내의 기간을 정하여 업무의 정지를 명할 수 있다(농어업재해보험법 제11조의6 제1항).

11 농어업재해보험법령상 손해평가에 관한 설명으로 옳은 것은? 제7회 기출

① 재해보험사업자는 「보험업법」에 따른 손해평가인에게 손해평가를 담당하게 할 수 있다.
② 「고등교육법」에 따른 전문대학에서 임산물재배 관련 학과를 졸업한 사람은 손해평가인으로 위촉될 자격이 인정된다.
③ 농림축산식품부장관은 손해평가사가 공정하고 객관적인 손해평가를 수행할 수 있도록 연 1회 이상 정기교육을 실시하여야 한다.
④ 농림축산식품부장관 또는 해양수산부장관은 손해평가요령을 고시하려면 미리 금융위원회와 협의하여야 한다.

농어업재해보험법 제11조 제4항

| 오답해설 | ① 재해보험사업자는 보험목적물에 관한 지식과 경험을 갖춘 사람 또는 그 밖의 관계 전문가를 손해평가인으로 위촉하여 손해평가를 담당하게 하거나 손해평가사 또는 「보험업법」에 따른 손해사정사에게 손해평가를 담당하게 할 수 있다(동법 제11조 제1항).

② 「고등교육법」 제2조에 따른 학교에서 임산물재배 관련학을 전공하고 임업전문 연구기관 또는 연구소에서 5년 이상 근무한 학사 학위 이상 소지자, 전문대학에서 보험 관련 학과를 졸업했거나 졸업 예정인 사람이 손해평가인으로 위촉될 자격이 인정된다(동법 시행령 별표2 참조).

③ 손해평가인은 연 1회 이상 정기교육에 대한 규정이 있으나, 손해평가사는 정기교육에 대한 규정이 없다(동법 제11조 제5항 참조).

농어업재해보험법령

12 농어업재해보험법상 손해평가사에 관한 설명으로 옳은 것은? 제7회 기출

① 농림축산식품부장관과 해양수산부장관은 공정하고 객관적인 손해평가를 촉진하기 위하여 손해평가사 제도를 운영한다.
② 임산물재해보험에 관한 피해사실의 확인은 손해평가사가 수행하는 업무에 해당하지 않는다.
③ 손해평가사 자격이 취소된 사람은 그 처분이 있은 날부터 3년이 지나지 아니한 경우 손해평가사 자격시험에 응시하지 못한다.
④ 손해평가사는 다른 사람에게 그 자격증을 대여해서는 아니 되나, 손해평가사 자격증의 대여를 알선하는 것은 허용된다.

손해평가사는 농작물재해보험 및 가축재해보험에 관한 업무를 수행한다(농어업재해보험법 제11조의3).

| 오답해설 | ① 손해평가사 제도를 운영하는 자는 해양수산부장관이 아닌 농림축산식품부장관이다(동법 제11조의2 참조).

③ 손해평가사 자격이 취소된 사람은 그 처분이 있은 날부터 2년이 지나지 아니한 경우 손해평가사 자격시험에 응시하지 못한다(동법 제11조의4 제4항 제2호 참조).

④ 손해평가사는 다른 사람에게 그 자격증을 대여해서는 안 되며, 누구든지 명의의 사용이나 자격증의 대여를 알선해서도 안 된다(동법 제11조의4 제6항, 제7항 참조).

| 정답 | 08 ① 09 ② 10 ① 11 ④ 12 ②

13 **농어업재해보험법령상 손해평가사의 자격취소 사유로 명시되지 않은 것은?** 제8회 기출

① 손해평가사의 자격을 거짓 또는 부정한 방법으로 취득한 경우
② 거짓으로 손해평가를 한 경우
③ 업무 수행과 관련하여 보험계약자로부터 향응을 제공받은 경우
④ 법 제11조의4 제7항을 위반하여 손해평가사 명의의 사용이나 자격증의 대여를 알선한 경우

업무 수행과 관련하여 보험계약자 또는 보험사업자로부터 금품 또는 향응을 제공받은 경우는 자격의 취소 사유가 아닌 업무정지 사유에 해당한다(농어업재해보험법 시행령 별표2의4 참조).
| 오답해설 | ①, ②, ④ 동법 제11조의5 제1항 참조

14 **농어업재해보험법령상 손해평가사의 자격 취소 사유에 해당하는 위반행위를 한 경우, 1회 위반 시에는 자격 취소를 하지 않고 시정명령을 하는 경우는?** 제10회 기출

① 손해평가사의 자격을 거짓 또는 부정한 방법으로 취득한 경우
② 거짓으로 손해평가를 한 경우
③ 다른 사람에게 손해평가사의 명의를 사용하게 하거나 그 자격증을 대여한 경우
④ 업무정지기간 중에 손해평가 업무를 수행한 경우

거짓으로 손해평가를 한 경우 1회 위반 시 시정명령을, 2회 이상 위반 시 자격취소를 한다(농어업재해보험법 시행령 별표2의3 참조).
| 오답해설 | ①, ③, ④ 1회 위반 시 자격취소를 하는 경우에 해당한다.

15 **농어업재해보험법령상 손해평가사의 시험 등에 관한 설명으로 옳은 것은?** 제9회 기출

① 금융감독원에서 손해사정 관련 업무에 2년 종사한 경력이 있는 사람에게는 손해평가사 자격시험 과목의 일부를 면제할 수 있다.
② 농림축산식품부장관은 부정한 방법으로 시험에 응시한 사람에 대하여는 그 시험을 정지시키고 그 처분 사실을 14일 이내에 알려야 한다.
③ 농림축산식품부장관은 시험에서 부정한 행위를 한 사람에 대하여는 그 시험을 취소하고 그 처분 사실을 7일 이내에 알려야 한다.
④ 손해평가사는 다른 사람에게 그 명의를 사용하게 하거나 다른 사람에게 그 자격증을 대여해서는 아니 된다.

농어업재해보험법 제11조의4 제6항
| 오답해설 | ① 금융감독원에서 손해사정 관련 업무에 3년 종사한 경력이 있는 사람에게는 손해평가사 자격시험 과목의 일부를 면제할 수 있다(동법 시행령 제12조의5 제1항 제3호).
② 농림축산식품부장관은 부정한 방법으로 시험에 응시한 사람에 대하여는 그 시험을 정지시키거나 무효로 하고 그 처분 사실을 지체없이 알려야 한다(동법 제11조의4 제3항 제1호).
③ 농림축산식품부장관은 시험에서 부정한 행위를 한 사람에 대하여는 그 시험을 정지시키거나 무효로 하고 그 처분 사실을 지체없이 알려야 한다(동법 제11조의4 제3항 제2호).

16 농어업재해보험법령상 손해평가사에 관한 설명으로 옳지 않은 것은? 제5회 기출

① 농림축산식품부장관은 공정하고 객관적인 손해평가를 촉진하기 위하여 손해평가사 제도를 운영한다.

② 손해평가사 자격이 취소된 사람은 그 취소 처분이 있은 날부터 2년이 지나지 아니한 경우 손해평가사 자격시험에 응시하지 못한다.

③ 손해평가사 자격시험의 제1차 시험은 선택형으로 출제하는 것을 원칙으로 하되, 단답형 또는 기입형을 병행할 수 있다.

④ 보험목적물 또는 관련 분야에 관한 전문 지식과 경험을 갖추었다고 인정되는 대통령령으로 정하는 기준에 해당하는 사람에게는 손해평가사 자격시험 과목의 전부를 면제할 수 있다.

손해평가사 자격시험 과목의 전부를 면제하는 기준은 없으며, 대통령령으로 정하는 기준에 해당하는 사람은 과목의 일부를 면제할 수 있다.

| 오답해설 | ① 농어업재해보험법 제11조의2

② 동법 제11조의4 제4항 제2호 참조

③ 동법 시행령 제12조의3 제2항

3 손해평가인

17 농어업재해보험법령상 농작물재해보험 손해평가인의 자격요건에 관한 내용의 일부이다. (   )에 들어갈 숫자는? 제9회 기출

> 「보험업법」에 따른 보험회사의 임직원이나 「농업협동조합법」에 따른 중앙회와 조합의 임직원으로 영농 지원 또는 보험·공제 관련 업무를 (ㄱ)년 이상 담당하였거나 손해평가 업무를 (ㄴ)년 이상 담당한 경력이 있는 사람

① ㄱ: 2, ㄴ: 1　　② ㄱ: 1, ㄴ: 2

③ ㄱ: 3, ㄴ: 2　　④ ㄱ: 2, ㄴ: 3

「보험업법」에 따른 보험회사의 임직원이나 「농업협동조합법」에 따른 중앙회와 조합의 임직원으로 영농 지원 또는 보험·공제 관련 업무를 3년 이상 담당하였거나 손해평가 업무를 2년 이상 담당한 경력이 있는 사람은 손해평가인으로 위촉이 가능하다(농어업재해보험법 시행령 별표2 참조).

| 정답 | 13 ③　14 ②　15 ④　16 ④　17 ③

18 **농어업재해보험법령상 농작물재해보험 손해평가인으로 위촉될 수 있는 자의 자격요건이 아닌 것은?** 제1회 기출

① 「농수산물 품질관리법」에 따른 농산물품질관리사

② 재해보험 대상 농작물을 3년 이상 경작한 경력이 있는 농업인

③ 재해보험 대상 농작물 분야에서 「국가기술자격법」에 따른 기사 이상의 자격을 소지한 사람

④ 공무원으로 지방자치단체에서 농작물재배 분야에 관한 연구·지도 업무를 3년 이상 담당한 경력이 있는 사람

재해보험 대상 농작물을 '5년 이상' 경작한 경력이 있는 농업인이어야 한다(농어업재해보험법 시행령 별표2 참조).

19 **농어업재해보험법령상 가축재해보험의 손해평가인으로 위촉될 수 있는 자격요건을 갖춘 자는?** 제3회 기출

① 「수의사법」에 따른 수의사

② 농촌진흥청에서 가축사육 분야에 관한 연구·지도 업무를 1년간 담당한 공무원

③ 「수산업협동조합법」에 따른 중앙회와 조합의 임직원으로 수산업지원 관련 업무를 3년간 담당한 경력이 있는 사람

④ 재해보험 대상 가축을 3년간 사육한 경력이 있는 농업인

농어업재해보험법 시행령 별표2 참조

| 오답해설 | ② 농촌진흥청에서 가축사육 분야에 관한 연구·지도 업무를 3년 이상 담당한 공무원이 위촉될 수 있다.

③ 「농업협동조합법」에 따른 중앙회와 조합의 임직원으로 영농 지원 또는 보험·공제 관련 업무를 3년 이상 담당하였거나 손해평가 업무를 2년 이상 담당한 경력이 있는 사람이 위촉될 수 있다.

④ 재해보험 대상 가축을 5년 이상 사육한 경력이 있는 농업인이 위촉될 수 있다.

20 **농어업재해보험법령상 양식수산물재해보험의 손해평가인으로 위촉될 수 있는 자격요건을 갖추지 않은 자는?** 제6회 기출

① 재해보험 대상 양식수산물을 3년 동안 양식한 경력이 있는 어업인

② 「고등교육법」 제2조에 따른 전문대학에서 보험 관련 학과를 졸업한 사람

③ 「수산생물질병 관리법」에 따른 수산질병관리사

④ 「농수산물 품질관리법」에 따른 수산물품질관리사

재해보험 대상 양식수산물을 5년 이상 양식한 경력이 있는 자가 손해평가인으로 위촉될 수 있다(농어업재해보험법 시행령 별표2 참조).

21 **농어업재해보험법령상 손해평가에 관한 설명으로 옳지 않은 것은?** 제5회 기출

① 재해보험사업자는 손해평가인을 위촉하여 손해평가를 담당하게 할 수 있다.

② 농림축산식품부장관 또는 해양수산부장관은 손해평가인 간의 손해평가에 관한 기술·정보의 교환을 지원할 수 있다.

③ 농림축산식품부장관 또는 해양수산부장관은 손해평가인이 공정하고 객관적인 손해평가를 수행할 수 있도록 분기별 1회 이상 정기교육을 실시하여야 한다.

④ 농림축산식품부장관 또는 해양수산부장관은 손해평가요령을 고시하려면 미리 금융위원회와 협의하여야 한다.

손해평가인에 대한 정기교육은 연 1회 이상 실시하여야 한다(농어업재해보험법 제11조 제5항 참조).

| 오답해설 | ① 동법 제11조 제1항 참조

② 동법 제11조 제6항

④ 동법 제11조 제4항

22 **농어업재해보험법령상 손해평가인의 정기교육에 관한 설명이다. (　　)에 들어갈 숫자로 옳은 것은?** 제10회 기출

- 농림축산식품부장관 또는 해양수산부장관은 손해평가인이 공정하고 객관적인 손해평가를 수행할 수 있도록 연 (ㄱ)회 이상 정기교육을 실시하여야 한다.
- 정기교육의 교육시간은 (ㄴ)시간 이상으로 한다.

① ㄱ: 1, ㄴ: 4　　② ㄱ: 1, ㄴ: 5

③ ㄱ: 2, ㄴ: 4　　④ ㄱ: 2, ㄴ: 6

- 농림축산식품부장관 또는 해양수산부장관은 손해평가인이 공정하고 객관적인 손해평가를 수행할 수 있도록 연 1회 이상 정기교육을 실시하여야 한다(농어업재해보험법 제11조 제5항).
- 정기교육의 교육시간은 4시간 이상으로 한다(동법 시행령 제12조 제3항).

| 정답 | 18 ② 19 ① 20 ① 21 ③ 22 ①

THEME 04

기타 농어업재해보험 규정

✓ 학습 포인트
• 재해보험가입자의 권익보호를 위한 제도
• 재해보험에서 양도, 위탁, 회계 등 기타 규정
• 재해보험의 정부 재정지원

✓ 6개년 평균 2문제 출제

대표 예제

✚ 기출 공략팁

• 농어업재해보험은 정책보험으로 정부의 지원과 관련된 문제가 자주 출제되고 있다.
• 재해보험사업자가 재해보험 업무의 일부를 위탁할 수 있는 자의 종류는 반드시 암기해 두도록 한다.

■ **농어업재해보험법령상 재정지원에 관한 내용으로 옳지 않은 것은?** 제5회 기출변형

① 정부는 예산의 범위에서 재해보험사업자의 재해보험의 운영 및 관리에 필요한 비용의 전부 또는 일부를 지원할 수 있다.

② 「풍수해 · 지진재해보험법」에 따른 풍수해 · 지진재해보험에 가입한 자가 동일한 보험목적물을 대상으로 재해보험에 가입할 경우에는 정부가 재정지원을 하지 아니한다.

③ 보험료와 운영비의 지원방법 및 지원절차 등에 필요한 사항은 대통령령으로 정한다.

④ 지방자치단체는 예산의 범위에서 재해보험가입자가 부담하는 보험료의 일부를 추가로 지원할 수 있으며, 지방자치단체의 장은 지원 금액을 재해보험가입자에게 지급하여야 한다.

예제 풀이

지방자치단체는 예산의 범위에서 재해보험가입자가 부담하는 보험료의 일부를 추가로 지원할 수 있으며, 지방자치단체의 장은 지원 금액을 재해보험사업자에게 지급하여야 한다(농어업재해보험법 제19조 제1항, 제2항 참조).

① 동법 제19조 제1항
② 동법 제19조 제3항
③ 동법 제19조 제4항 참조

| 정답 | ④

■ **농어업재해보험법령상 재해보험사업자가 보험모집 및 손해평가 등 재해보험 업무의 일부를 위탁할 수 있는 자에 해당하지 않는 것은?** 제4회 기출

① 「보험업법」 제187조에 따라 손해사정을 업으로 하는 자

② 「농업협동조합법」에 따라 설립된 지역농업협동조합

③ 「수산업협동조합법」에 따라 설립된 지구별 수산업협동조합

④ 농어업재해보험 관련 업무를 수행할 목적으로 농림축산식품부장관의 허가를 받아 설립된 영리법인

예제 풀이

농어업재해보험 관련 업무를 수행할 목적으로 「민법」 제32조에 따라 농림축산식품부장관 또는 해양수산부장관의 허가를 받아 설립된 비영리법인이어야 한다(농어업재해보험법 시행령 제13조 제4호).

| 정답 | ④

핵심 이론

1 보험가입자의 권익보호

(1) 보험금수급전용계좌(법 제11조의7, 시행령 제12조의11)

① 보험금수급전용계좌 입금 및 예외사항

㉠ 재해보험사업자는 수급권자의 신청이 있는 경우에는 보험금을 수급권자 명의의 지정된 계좌로 입금하여야 한다.

㉡ 다만, 정보통신장애나 그 밖에 대통령령으로 정하는 불가피한 사유❷로 보험금을 보험금수급계좌로 이체할 수 없을 때에는 수급권자 본인의 주민등록증(모바일 주민등록증 포함) 등 신분증명서의 확인을 거쳐 보험금을 직접 현금으로 지급할 수 있다.

참고 불가피한 사유
보험금수급전용계좌가 개설된 금융기관의 폐업·업무정지 등으로 정상영업이 불가능한 경우

② 보험금수급전용계좌 입금 관리: 보험금수급전용계좌의 해당 금융기관은 이 법에 따른 보험금만이 보험금수급전용계좌에 입금되도록 관리하여야 한다.

③ 보험금수급전용계좌의 신청방법·절차: 보험금수급전용계좌로 받으려는 사람은 재해보험사업자가 정하는 보험금 지급청구서에 수급권자 명의의 보험금수급전용계좌를 기재하고, 통장의 사본을 첨부하여 재해보험사업자에게 제출해야 한다. 보험금수급전용계좌를 변경하는 경우 또한 같다.

(2) 수급권의 보호(법 제12조, 시행령 제12조의12)

① 수급권의 압류 금지: 재해보험의 보험금을 지급받을 권리는 압류할 수 없다. 다만, 보험목적물이 담보로 제공된 경우에는 그러하지 아니하다.

② 수급권 압류 금지 금액: 보험금수급전용계좌의 예금 중 다음의 액수 이하의 금액에 관한 채권은 압류할 수 없다.

㉠ 농작물·임산물·가축 및 양식수산물의 재생산에 직접적으로 소요되는 비용의 보장을 목적으로 보험금수급전용계좌로 입금된 보험금: 입금된 보험금 전액

㉡ ㉠ 외의 목적으로 보험금수급전용계좌로 입금된 보험금: 입금된 보험금의 2분의 1에 해당하는 액수

(3) 손해평가에 대한 이의신청(법 제11조의8)

손해평가 재요청	손해평가결과에 이의가 있는 보험가입자는 재해보험사업자에게 재평가를 요청할 수 있으며, 재해보험사업자는 특별한 사정이 없으면 재평가 요청에 따라야 함
손해평가 이의신청	재평가를 수행하였음에도 이의가 해결되지 아니하는 경우 보험가입자는 농림축산식품부장관 또는 해양수산부장관이 정하는 기관에 이의신청을 할 수 있음
이의신청에 관한 고시	이의신청에 관한 구체적 사항은 농림축산식품부장관 또는 해양수산부장관❷이 정하여 고시함

참고 해양수산부장관의 고시
손해평가 재평가 결과에 대한 이의신청 처리에 관한 지침

2 기타 규정

(1) 보험목적물의 양도(법 제13조)

재해보험가입자가 재해보험에 가입된 보험목적물을 양도하는 경우 그 양수인은 재해보험계약에 관한 양도인의 권리 및 의무를 승계한 것으로 추정한다.

(2) 업무의 위탁(법 제14조, 시행령 제13조)

재해보험사업자는 재해보험사업을 원활히 수행하기 위하여 필요한 경우에는 보험모집 및 손해평가 등 재해보험 업무의 일부를 다음의 자에게 위탁할 수 있다.

① 「농업협동조합법」에 따라 설립된 지역농업협동조합 · 지역축산업협동조합 및 품목별 · 업종별협동조합

② 「산림조합법」에 따라 설립된 지역산림조합 및 품목별 · 업종별산림조합

③ 「수산업협동조합법」에 따라 설립된 지구별 수산업협동조합, 업종별 수산업협동조합, 수산물가공 수산업협동조합 및 수협은행

④ 「보험업법」 제187조에 따라 손해사정을 업으로 하는 자❶

⑤ 농어업재해보험 관련 업무를 수행할 목적으로 「민법」 제32조에 따라 농림축산식품부장관 또는 해양수산부장관의 허가를 받아 설립된 비영리법인❷

참고 손해사정을 업으로 하는 자
손해사정법인을 말하며, 재해보험사업자는 손해평가 업무의 일부를 손해사정법인에 위탁하고 있음

참고 비영리법인
한국농어업재해보험협회 및 한국손해평가사협회를 말하며, 재해보험사업자는 이 두 협회에 손해평가 업무의 일부를 위탁하고 있음

(3) 회계 구분(법 제15조)

재해보험사업자는 재해보험사업의 회계를 다른 회계와 구분하여 회계처리함으로써 손익관계를 명확히 하여야 한다.

(4) 정부의 재정지원(법 제19조, 시행령 제15조)

구분		내용
지원내용		정부는 예산의 범위에서 재해보험가입자가 부담하는 보험료의 일부와 재해보험사업자의 재해보험의 운영 및 관리에 필요한 비용의 전부 또는 일부를 지원할 수 있음. 이 경우 지방자치단체는 예산의 범위에서 재해보험가입자가 부담하는 보험료의 일부를 추가로 지원할 수 있음
지원방법		농림축산식품부장관 · 해양수산부장관 및 지방자치단체의 장은 재해보험가입자가 부담하는 보험료의 일부와 재해보험 운영 및 관리에 필요한 비용의 전부 또는 일부의 금액을 재해보험사업자에게 지급하여야 함
지원 예외사항		「풍수해 · 지진재해보험법」에 따른 풍수해 · 지진재해보험❸에 가입한 자가 동일한 보험목적물을 대상으로 재해보험에 가입할 경우에는 정부가 재정지원을 하지 아니함
지원 절차	서류 제출	보험료 또는 운영비의 지원 금액을 지급받으려는 재해보험사업자는 농림축산식품부장관 또는 해양수산부장관이 정하는 바에 따라 재해보험 가입현황서나 운영비 사용계획서를 농림축산식품부장관 또는 해양수산부장관에게 제출하여야 함
	검토 및 지급	재해보험 가입현황서나 운영비 사용계획서를 제출받은 농림축산식품부장관 또는 해양수산부장관은 보험가입자의 기준 및 재해보험사업자에 대한 재정지원에 관한 사항 등을 확인하여 보험료 또는 운영비의 지원 금액을 결정 · 지급함
	추가 지원	지방자치단체의 장은 보험료의 일부를 추가 지원하려는 경우 재해보험 가입현황서와 보험가입자의 기준 등을 확인하여 보험료의 지원 금액을 결정 · 지급함

참고 명칭의 변경
'풍수해보험'에서 '풍수해 · 지진재해보험'으로 명칭이 변경됨(2024. 2. 13. 개정)

⑸ 분쟁조정(법 제17조)

재해보험과 관련된 분쟁의 조정(調停)은 「금융소비자 보호에 관한 법률」❷ 제33조부터 제43조까지의 규정에 따른다.

참고 금융 관련 분쟁조정
「금융소비자 보호에 관한 법률」상 금융 관련 분쟁조정은 금융감독원 산하 '금융분쟁조정위원회'에서 담당함

⑹ 타법의 적용(법 제18조)

「보험업법」의 적용	이 법에 따른 재해보험사업에 대하여는 아래의 「보험업법」을 적용함. 이 경우 "보험회사"는 "보험사업자"로 봄 • 제104조~제107조(자산운용) • 제118조 제1항(재무제표 제출) • 제119조(서류의 비치) • 제120조(책임준비금) • 제124조(공시) • 제127조·제128조(기초서류 작성 및 확인) • 제131조~제133조(금융위원회 명령) • 제134조 제1항(보험회사의 제재) • 제136조(준용) • 제162조(조사 대상) • 제176조(보험료율 산출기관) • 제181조 제1항(보험계리)
「금융소비자보호에 관한 법률」의 적용	재해보험가입자에게 손해를 발생시킨 재해보험사업자의 경우에 대해서는 「금융소비자 보호에 관한 법률」 제45조(금융상품직접판매업자의 손해배상책임)를 적용함. 이 경우 "금융상품직접판매업자"는 "보험사업자"로 봄

농어업재해보험법령

필수 문제

1 보험가입자의 권익보호

01 농어업재해보험법상 재해보험사업에 관한 설명으로 옳은 것은? 제9회 기출

① 농림축산식품부장관은 손해평가사가 그 직무를 수행하면서 부적절한 행위를 하였다고 인정하면 1년 이상의 기간을 정하여 업무의 정지를 명할 수 있다.

② 재해보험사업자는 정보통신장애나 그 밖에 대통령령으로 정하는 불가피한 사유로 보험금을 보험금수급계좌로 이체할 수 없을 때에는 현금으로 보험금을 지급할 수 있다.

③ 보험목적물이 담보로 제공된 경우에는 이를 압류할 수 없다.

④ 재해보험가입자가 재해보험에 가입된 보험목적물을 양도하는 경우 재해보험계약에 관한 양도인의 의무는 그 양수인에게 승계되지 않는다.

농어업재해보험법 제11조의7 제1항 단서

| 오답해설 | ① 농림축산식품부장관은 손해평가사가 그 직무를 게을리하거나 직무를 수행하면서 부적절한 행위를 하였다고 인정하면 1년 이내의 기간을 정하여 업무의 정지를 명할 수 있다(동법 제11조의6 제1항).

③ 보험가입자의 수급권 보호를 위해 보험금을 지급받을 권리는 압류할 수 없다. 다만, 보험목적물이 담보로 제공된 경우에는 이를 압류할 수 있다(동법 제12조 참조).

④ 재해보험가입자가 재해보험에 가입된 보험목적물을 양도하는 경우 재해보험계약에 관한 양도인의 의무는 그 양수인에게 승계된 것으로 추정한다(동법 제13조 참조).

02 농어업재해보험법령상 보험금의 압류 금지에 관한 조문의 일부이다. (　　)에 들어갈 내용은? 제8회 기출

> 법 제12조 제2항에서 "대통령령으로 정하는 액수"란 다음 각 호의 구분에 따른 보험금 액수를 말한다.
> 1. 농작물·임산물·가축 및 양식수산물의 재생산에 직접적으로 소요되는 비용의 보장을 목적으로 법 제11조의7 제1항 본문에 따라 보험금수급전용 계좌로 입금된 보험금: 입금된 (ㄱ)
> 2. 제1호 외의 목적으로 법 제11조의7 제1항 본문에 따라 보험금수급전용계좌로 입금된 보험금: 입금된 (ㄴ) 에 해당하는 액수

① ㄱ: 보험금의 2분의 1, ㄴ: 보험금의 3분의 1

② ㄱ: 보험금의 2분의 1, ㄴ: 보험금의 3분의 2

③ ㄱ: 보험금 전액, ㄴ: 보험금의 3분의 1

④ ㄱ: 보험금 전액, ㄴ: 보험금의 2분의 1

재해보험사업자는 수급권자의 신청이 있는 경우에는 보험금을 수급권자 명의의 지정된 보험금수급전용계좌로 입금하여야 한다(농어업재해보험법 제11조의7 제1항). 농작물·임산물·가축 및 양식수산물의 재생산에 직접적으로 소요되는 비용의 보장을 목적으로 입금된 '보험금 전액', 직접 소요비용 외의 목적으로 입금된 '보험금의 2분의 1'의 채권은 압류할 수 없다(농어업재해보험법 시행령 제12조의12 참조).

03 농어업재해보험법령상 보험금 수급권에 관한 설명으로 옳은 것은? 제7회 기출

① 재해보험사업자는 보험금을 현금으로 지급하여야 하나, 불가피한 사유가 있을 때에는 수급권자의 신청이 없더라도 수급권자 명의의 계좌로 입금할 수 있다.

② 재해보험가입자가 재해보험에 가입된 보험목적물을 양도하는 경우 그 양수인은 재해보험계약에 관한 양도인의 권리 및 의무를 승계한다.

③ 재해보험의 보험목적물이 담보로 제공된 경우에는 보험금을 지급받을 권리를 압류할 수 있다.

④ 농작물의 재생산에 직접적으로 소요되는 비용의 보장을 목적으로 보험금수급전용계좌로 입금된 보험금의 경우 그 2분의 1에 해당하는 액수 이하의 금액에 관하여는 채권을 압류할 수 있다.

재해보험가입자의 수급권 보호를 위해 재해보험의 보험금을 지급받을 권리는 압류할 수 없다. 다만 보험목적물이 담보로 제공된 경우에는 그러하지 아니하다(농어업재해보험법 제12조 제1항).

| 오답해설 | ① 재해보험사업자는 수급권자의 신청이 있는 경우에는 보험금을 수급권자 명의의 지정된 계좌로 입금하여야 한다(동법 제11조의7 제1항).

② 재해보험가입자가 재해보험에 가입된 보험목적물을 양도하는 경우 그 양수인은 재해보험계약에 관한 양도인의 권리 및 의무를 승계한 것으로 추정한다(동법 제13조).

④ 농작물의 재생산에 직접적으로 소요되는 비용의 보장을 목적으로 보험금 수급전용계좌로 입금된 보험금의 경우 그 2분의 1에 해당하는 액수 이하의 금액에 관하여는 채권을 압류할 수 없다(동법 제12조 제2항, 동법 시행령 제12조의12 제2호 참조).

04 농어업재해보험법령상 보험금 수급권 등에 관한 설명으로 옳지 않은 것은? 제10회 기출

① 재해보험의 보험목적물이 담보로 제공된 경우 보험금을 지급받을 권리는 압류할 수 없다.

② 재해보험사업자는 정보통신장애로 보험금을 보험금수급계좌로 이체할 수 없을 때에는 현금 지급 등 대통령령으로 정하는 바에 따라 보험금을 지급할 수 있다.

③ 보험금수급전용계좌의 해당 금융기관은 「농어업재해보험법」에 따른 보험금만이 보험금수급전용계좌에 입금되도록 관리하여야 한다.

④ 재해보험가입자가 재해보험에 가입된 보험목적물을 양도하는 경우 그 양수인은 재해보험계약에 관한 양도인의 권리 및 의무를 승계한 것으로 추정한다.

재해보험의 보험금을 지급받을 권리는 압류할 수 없다. 다만, 보험목적물이 담보로 제공된 경우에는 그러하지 아니하다(농어업재해보험법 제12조 제1항).

| 오답해설 | ② 동법 제11조의7 제1항 단서

③ 동법 제11조의7 제2항

④ 동법 제13조

| 정답 | 01 ② 02 ④ 03 ③ 04 ①

05 **농어업재해보험법령의 내용으로 옳지 않은 것은?** 제3회 기출

① 보험가입자는 재해로 인한 사고의 예방을 위하여 노력하여야 한다.

② 보험목적물이 담보로 제공된 경우에도 재해보험의 보험금을 지급받을 권리는 압류할 수 없다.

③ 재해보험가입자가 재해보험에 가입된 보험목적물을 양도하는 경우 그 양수인은 재해보험계약에 관한 양도인의 권리 및 의무를 승계한 것으로 추정한다.

④ 재해보험사업자는 손해평가인으로 위촉된 사람에 대하여 보험에 관한 기초지식, 보험약관 및 손해평가 요령 등에 관한 실무교육을 하여야 한다.

재해보험의 보험금을 지급받을 권리는 압류할 수 없다. 다만, 보험목적물이 담보로 제공된 경우에는 그러하지 아니하다(농어업재해보험법 제12조 제1항).

| 오답해설 | ① 동법 제10조의2 제1항

③ 동법 제13조

④ 동법 시행령 제12조 제2항

2 기타 규정

06 **농어업재해보험법령상 재해보험사업자가 재해보험사업을 원활히 수행하기 위하여 필요한 경우로서 보험모집 및 손해평가 등 재해보험 업무의 일부를 위탁할 수 있는 대상이 아닌 자는?** 제1회 기출

① 「산림조합법」에 따라 설립된 품목별 산림조합

② 「농업협동조합법」에 따라 설립된 농업협동조합중앙회

③ 「보험업법」 제187조에 따라 손해사정을 업으로 하는 자

④ 「농업협동조합법」에 따라 설립된 지역축산업협동조합

「농업협동조합법」에 따라 설립된 지역농업협동조합 · 지역축산업협동조합 및 품목별 · 업종별협동조합이 그 대상이다(농어업재해보험법 제14조, 농어업재해보험법 시행령 제13조 참조).

07 **농어업재해보험법령상 재해보험사업자가 보험모집 및 손해평가 등 재해보험 업무의 일부를 위탁할 수 있는 자에 해당하지 않는 것은?** 제8회 기출

① 「농업협동조합법」에 따라 설립된 지역농업협동조합

② 「수산업협동조합법」에 따라 설립된 지구별 수산업협동조합

③ 「보험업법」 제187조에 따라 손해사정을 업으로 하는 자

④ 농어업재해보험 관련 업무를 수행할 목적으로 「민법」에 따라 설립된 영리법인

농어업재해보험 관련 업무를 수행할 목적으로 「민법」 제32조에 따라 농림축산식품부장관 또는 해양수산부장관의 허가를 받아 설립된 비영리법인이어야 한다(농어업재해보험법 시행령 제13조 제4호).

08 농어업재해보험법령상 내용으로 옳지 않은 것은?

제2회 기출

① 재해보험가입자가 재해보험에 가입된 보험목적물을 양도하는 경우 그 양수인은 재해보험계약에 관한 양도인의 권리 및 의무를 승계한 것으로 추정하지 않는다.

② 재해보험의 보험금을 지급받을 권리는 압류할 수 없다. 다만, 보험목적물이 담보로 제공된 경우에는 그러하지 아니하다.

③ 재해보험사업자는 재해보험사업을 원활히 수행하기 위하여 필요한 경우에는 보험모집 및 손해평가 등 재해보험 업무의 일부를 대통령령으로 정하는 자에게 위탁할 수 있다.

④ 농림축산식품부장관은 손해평가사의 손해평가능력 및 자질 향상을 위하여 교육을 실시할 수 있다.

재해보험가입자가 재해보험에 가입된 보험목적물을 양도하는 경우 그 양수인은 재해보험계약에 관한 양도인의 권리 및 의무를 승계한 것으로 추정한다(농어업재해보험법 제13조).

| 오답해설 | ② 동법 제12조 제1항

③ 동법 제14조

④ 동법 시행령 제12조의8

농어업재해보험법령

09 농어업재해보험법령상 재해보험사업자가 재해보험 업무의 일부를 위탁할 수 있는 자에 해당하지 않는 자는?

제10회 기출

① 「수산업협동조합법」에 따라 설립된 수산물가공 수산업협동조합

② 「농업협동조합법」에 따라 설립된 품목별 · 업종별협동조합

③ 「산림조합법」에 따라 설립된 지역산림조합

④ 「보험업법」 제83조 제1항에 따라 보험을 모집할 수 있는 자

업무의 위탁(농어업재해보험법 제14조 및 시행령 제13조)

재해보험사업자는 재해보험사업을 원활히 수행하기 위하여 필요한 경우에는 보험모집 및 손해평가 등 재해보험 업무의 일부를 다음의 자에게 위탁할 수 있다.

- 「농업협동조합법」에 따라 설립된 지역농업협동조합 · 지역축산업협동조합 및 품목별 · 업종별협동조합(②)
- 「산림조합법」에 따라 설립된 지역산림조합 및 품목별 · 업종별산림조합(③)
- 「수산업협동조합법」에 따라 설립된 지구별 수산업협동조합, 업종별 수산업협동조합, 수산물가공 수산업협동조합 및 수협은행(①)
- 「보험업법」 제187조에 따라 손해사정을 업으로 하는 자
- 농어업재해보험 관련 업무를 수행할 목적으로 「민법」 제32조에 따라 농림축산식품부장관 또는 해양수산부장관의 허가를 받아 설립된 비영리법인

| 정답 | 05 ② 06 ② 07 ④ 08 ① 09 ④

10 **농어업재해보험법령상 재해보험사업자가 재해보험사업을 원활히 수행하기 위하여 재해보험 업무의 일부를 위탁할 수 있는 자에 해당하지 않는 것은?** 제6회 기출

① 「농업협동조합법」에 따라 설립된 지역농업협동조합 · 지역축산업협동조합 및 품목별 · 업종별협동조합
② 「산림조합법」에 따라 설립된 지역산림조합 및 품목별 · 업종별산림조합
③ 「보험업법」 제187조에 따라 손해사정을 업으로 하는 자
④ 농어업재해보험 관련 업무를 수행할 목적으로 「민법」 제32조에 따라 기획재정부장관의 허가를 받아 설립된 영리법인

농어업재해보험 관련 업무를 수행할 목적으로 「민법」 제32조에 따라 농림축산식품부장관 또는 해양수산부장관의 허가를 받아 설립된 비영리법인이어야 한다(농어업재해보험법 시행령 제13조 제4호).

11 **농어업재해보험법령상 재해보험사업자가 재해보험 업무의 일부를 위탁할 수 있는 자가 아닌 것은?** 제7회 기출

① 「농업협동조합법」에 따라 설립된 지역축산업협동조합
② 「농업 · 농촌 및 식품산업 기본법」에 따라 설립된 농업정책보험금융원
③ 「산림조합법」에 따라 설립된 품목별 · 업종별산림조합
④ 「보험업법」에 따라 손해사정을 업으로 하는 자

농업정책보험금융원은 정부의 재해보험사업 업무의 일부를 위탁받아 수행하는 기관이지, 재해보험사업자의 업무를 위탁받아 수행하는 기관이 아니다.
| 오답해설 | ①, ③, ④ 농어업재해보험법 시행령 제13조 참조

12 **농어업재해보험법상 재정지원에 관한 내용이다. (　　)에 들어갈 용어를 순서대로 나열한 것은?** 제2회 기출

> 정부는 예산의 범위에서 재해보험가입자가 부담하는 (　　)의 일부와 재해보험사업자의 (　　)의 운영 및 관리에 필요한 비용(이하 "운영비"라 한다)의 전부 또는 일부를 지원할 수 있다. 이 경우 지방자치단체는 예산의 범위에서 재해보험가입자가 부담하는 (　　)의 일부를 추가로 지원할 수 있다.

① 재해보험, 보험료, 재해보험
② 보험료, 재해보험, 보험료
③ 보험금, 재해보험, 보험금
④ 보험가입액, 보험료, 보험가입액

정부는 예산의 범위에서 재해보험가입자가 부담하는 보험료의 일부와 재해보험사업자의 재해보험의 운영 및 관리에 필요한 비용의 전부 또는 일부를 지원할 수 있다. 이 경우 지방자치단체는 예산의 범위에서 재해보험가입자가 부담하는 보험료의 일부를 추가로 지원할 수 있다(농어업재해보험법 제19조 제1항).

13 농어업재해보험법상 회계구분에 관한 내용이다. (　　)에 들어갈 용어는? 제3회 기출

> (　　)은(는) 재해보험사업의 회계를 다른 회계와 구분하여 회계처리함으로써 손익관계를 명확히 하여야 한다.

① 손해평가사
② 농림축산식품부장관
③ 재해보험사업자
④ 지방자치단체의 장

재해보험사업자는 재해보험사업의 회계를 다른 회계와 구분하여 회계처리함으로써 손익관계를 명확히 하여야 한다(농어업재해보험법 제15조).

14 농어업재해보험법상 재해보험가입자 또는 사업자에 대한 정부의 재정지원에 관한 설명으로 옳지 않은 것은? 제1회 기출변형

① 재해보험가입자가 부담하는 보험료의 일부를 지원할 수 있다.
② 재해보험사업자가 재해보험가입자에게 지급하는 보험금의 일부를 지원할 수 있다.
③ 재해보험사업자의 재해보험의 운영 및 관리에 필요한 비용의 전부 또는 일부를 지원할 수 있다.
④ 「풍수해·지진재해보험법」에 따른 풍수해보험에 가입한 자가 동일한 보험목적물을 대상으로 재해보험에 가입한 경우는 보험료를 지원하지 아니한다.

정부가 재해보험가입자에게 지원하는 것은 보험금이 아니라 보험료의 일부이다(농어업재해보험법 제19조).
| 오답해설 | ①, ③ 동법 제19조 제1항 참조
④ 동법 제19조 제3항 참조

15 농어업재해보험법령상 정부의 재성지원에 관한 설명이다. (　　)에 들어갈 내용으로 옳은 것은? 제5회 기출

> 보험료 또는 운영비의 지원 금액을 지급받으려는 재해보험사업자는 농림축산식품부장관 또는 해양수산부장관이 정하는 바에 따라 (　　)나 운영비 사용계획서를 농림축산식품부장관 또는 해양수산부장관에게 제출하여야 한다.

① 현지조사서
② 재해보험 가입현황서
③ 보험료 사용계획서
④ 기금결산보고서

보험료 또는 운영비의 지원 금액을 지급받으려는 재해보험사업자는 농림축산식품부장관 또는 해양수산부장관이 정하는 바에 따라 재해보험 가입현황서나 운영비 사용계획서를 농림축산식품부장관 또는 해양수산부장관에게 제출하여야 한다(농어업재해보험법 시행령 제15조 제1항).

| 정답 | 10 ④ 11 ② 12 ② 13 ③ 14 ② 15 ②

16 농어업재해보험법령상 재정지원에 관한 설명으로 옳은 것은? 제3회 기출변형

① 정부는 재해보험가입자가 부담하는 보험료와 재해보험사업자의 재해보험의 운영 및 관리에 필요한 비용을 지원하여야 한다.

② 지방자치단체는 재해보험사업자의 운영비를 추가로 지원하여야 한다.

③ 농림축산식품부장관 · 해양수산부장관 및 지방자치단체의 장은 보험료의 일부를 재해보험가입자에게 지급하여야 한다.

④ 「풍수해 · 지진재해보험법」에 따른 풍수해보험에 가입한 자가 동일한 보험목적물을 대상으로 재해보험에 가입할 경우에는 정부가 재정지원을 하지 아니한다.

농어업재해보험은 정책보험으로 보험가입자에 대한 정부의 지원 규정(보험료 지원)이 있으나, 「풍수해 · 지진재해보험법」에 가입한 자가 동일한 목적물을 대상으로 가입한 경우 재정지원을 하지 않는다(농어업재해보험법 제19조 제3항 참조).

| 오답해설 | ①, ② 정부는 예산의 범위에서 재해보험가입자가 부담하는 보험료의 일부와 재해보험사업자의 재해보험의 운영 및 관리에 필요한 비용의 '전부 또는 일부'를 지원할 수 있다. 이 경우 지방자치단체는 예산의 범위에서 재해보험가입자가 부담하는 보험료의 일부를 추가로 지원할 수 있다(동법 제19조 제1항).

③ 농림축산식품부장관 · 해양수산부장관 및 지방자치단체의 장은 지원 금액을 재해보험사업자에게 지급하여야 한다(동법 제19조 제2항).

17 농어업재해보험법령상 재정지원에 관한 설명으로 옳은 것은? 제6회 기출변형

① 정부는 예산의 범위에서 재해보험사업자가 지급하는 보험금의 일부를 지원할 수 있다.

② 「풍수해 · 지진재해보험법」에 따른 풍수해보험에 가입한 자가 동일한 보험목적물을 대상으로 재해보험에 가입할 경우에는 정부가 재정지원을 하여야 한다.

③ 재해보험의 운영에 필요한 지원 금액을 지급받으려는 재해보험사업자는 농림축산식품부장관 또는 해양수산부장관이 정하는 바에 따라 재해보험 가입현황서나 운영비 사용계획서를 농림축산식품부장관 또는 해양수산부장관에게 제출하여야 한다.

④ 농림축산식품부장관 · 해양수산부장관이 예산의 범위에서 지원하는 재정지원의 경우 그 지원 금액을 재해보험가입자에게 지급하여야 한다.

농어업재해보험법 시행령 제15조 제1항

| 오답해설 | ① 정부는 예산의 범위에서 재해보험가입자가 부담하는 보험료의 일부와 재해보험사업자의 재해보험의 운영 및 관리에 필요한 비용의 전부 또는 일부를 지원할 수 있다. 이 경우 지방자치단체는 예산의 범위에서 재해보험가입자가 부담하는 보험료의 일부를 추가로 지원할 수 있다(동법 제19조 제1항).

② 「풍수해 · 지진재해보험법」에 따른 풍수해 · 지진재해보험에 가입한 자가 동일한 보험목적물을 대상으로 재해보험에 가입할 경우에는 정부가 재정지원을 하지 아니한다(동법 제19조 제3항).

④ 농림축산식품부장관 · 해양수산부장관이 예산의 범위에서 보험가입자에게 지원하는 재정지원의 경우 그 지원 금액을 보험가입자가 아닌 재해보험사업자에게 지급하여야 한다(동법 제19조 제2항).

18 농어업재해보험법상 재정지원에 관한 설명으로 옳지 않은 것은?
제8회 기출변형

① 정부는 재해보험사업자의 재해보험의 운영 및 관리에 필요한 비용의 전부를 지원하여야 한다.
② 지방자치단체는 예산의 범위에서 재해보험가입자가 부담하는 보험료의 일부를 추가로 지원할 수 있다.
③ 「풍수해 · 지진재해보험법」에 따른 풍수해보험에 가입한 자가 동일한 보험목적물을 대상으로 재해보험에 가입할 경우에는 정부가 재정지원을 하지 아니한다.
④ 법 제19조 제1항에 따른 보험료와 운영비의 지원방법 및 지원절차 등에 필요한 사항은 대통령령으로 정한다.

정부는 예산의 범위에서 재해보험가입자가 부담하는 보험료의 일부와 재해보험사업자의 재해보험의 운영 및 관리에 필요한 비용의 '전부 또는 일부'를 지원할 수 있다. 이 경우 지방자치단체는 예산의 범위에서 재해보험가입자가 부담하는 보험료의 일부를 추가로 지원할 수 있다(농어업재해보험법 제19조 제1항).

19 농어업재해보험법령상 재정지원에 관한 설명으로 옳은 것은?
제10회 기출

① 정부는 예산의 범위에서 재해보험가입자가 부담하는 보험료의 전부를 지원할 수 있다.
② 지방자치단체는 정부의 재정지원 외에 예산의 범위에서 재해보험사업자의 재해보험의 운영 및 관리에 필요한 비용 일부를 추가로 지원할 수 있다.
③ 지방자치단체의 장은 정부의 재정지원 외에 보험료의 일부를 추가 지원하려는 경우 재해보험 가입현황서와 보험가입자의 기준 등을 확인하여 보험료의 지원금액을 결정 · 지급한다.
④ 「풍수해 · 지진재해보험법」에 따른 풍수해 · 지진재해보험에 가입한 자가 동일한 보험목적물을 대상으로 재해보험에 가입할 경우에는 정부가 재정지원을 할 수 있다.

농어업재해보험법 시행령 제15조 제3항

| 오답해설 | ① 재해보험가입자가 부담하는 보험료의 전부가 아닌 일부를 정부에서 지원할 수 있다(동법 제19조 제1항).
② 지방자치단체는 재해보험사업자의 재해보험의 운영 및 관리에 필요한 비용을 지원하는 것이 아니라 재해보험가입자가 부담하는 보험료의 일부를 추가로 지원할 수 있다(동법 제19조 제1항).
④ 정부는 풍수해 · 지진재해보험에 가입한 자가 동일한 보험목적물을 대상으로 재해보험에 가입할 경우에는 재정지원을 하지 않는다(동법 제19조 제3항).

20 농어업재해보험법상 분쟁조정에 관한 내용이다. (   )에 들어갈 법률로 옳은 것은?
제6회 기출변형

> 재해보험과 관련된 분쟁의 조정(調停)은 (   ) 제33조부터 제43조까지의 규정에 따른다.

① 「보험업법」
② 「풍수해 · 지진재해보험법」
③ 「금융소비자 보호에 관한 법률」
④ 「화재로 인한 재해보상과 보험가입에 관한 법률」

「금융소비자 보호에 관한 법률」 제33조에 따라 금융소비자 및 그 밖의 이해관계인 사이에 발생하는 금융 관련 분쟁의 조종에 관한 사항을 심의 · 의결하기 위해 금융감독원에 금융분쟁조정위원회를 두고 있다(농어업재해보험법 제17조 참조).

| 정답 | 16 ④ 17 ③ 18 ① 19 ③ 20 ③

PART 02

재해보험사업의 관리

이 단원의 **핵심 테마**

✔ 6개년 평균 출제 문제수

THEME 01	재보험사업 및 농어업재해재보험기금	2문제
THEME 02	재해보험사업의 관리, 벌칙 규정	2문제

THEME 01

재보험사업 및 농어업재해재보험기금

☑ 학습 포인트
- 재보험사업
- 농어업재해재보험기금의 설치 · 관리 · 운용

☑ 6개년 평균 2문제 출제

대표 예제

+ 기출 공략팁

농업재해재보험기금의 재원, 용도, 관리 · 운용과 관련된 문제가 자주 출제되고 있으므로 반드시 암기해 두도록 한다.

■ 농어업재해보험법령상 농림축산식품부장관이 재보험에 가입하려는 재해보험사업자와 재보험 약정 체결 시 포함되어야 할 사항으로 옳지 <u>않은</u> 것은?

제3회 기출

① 재보험 수수료

② 정부가 지급하여야 할 보험금

③ 농어업재해재보험기금의 운용수익금

④ 재해보험사업자가 정부에 내야 할 보험료

예제 풀이

재보험의 사업자는 정부이고, 가입자는 재해보험사업자가 된다. 재보험에 가입하려는 재해보험사업자는 정부(농림축산식품부장관)와 '재보험 보험료, 재보험 보험금, 재보험 수수료 등'이 포함된 재보험 약정을 체결하여야 한다(농어업재해보험법 제20조 제2항).

①, ②, ④ 동법 제12조 제2항 참조

| 정답 | ③

■ 농어업재해보험법령상 재보험사업 및 농어업재해재보험기금(이하 "기금"이라 함)에 관한 설명으로 옳지 <u>않은</u> 것은?

제7회 기출

① 기금은 기금의 관리 · 운용에 필요한 경비의 지출에 사용할 수 없다.

② 농림축산식품부장관은 해양수산부장관과 협의하여 기금의 수입과 지출을 명확히 하기 위하여 한국은행에 기금계정을 설치하여야 한다.

③ 재보험금의 회수 자금은 기금 조성의 재원에 포함된다.

④ 정부는 재해보험에 관한 재보험사업을 할 수 있다.

예제 풀이

기금은 기금의 관리 · 운용에 필요한 경비(위탁경비를 포함)의 지출에 사용할 수 있다(농어업재해보험법 제23조 제3호).

② 동법 시행령 제17조

③ 동법 제22조 제1항 제3호 참조

④ 동법 제20조 제1항

| 정답 | ①

핵심 이론

참고 용어 구분
- 재해보험의 재보험사업자 = 정부
- 재보험가입자 = 재해보험사업자

1 재보험사업(법 제20조)

(1) 재보험사업의 주체

정부는 재해보험에 관한 재보험사업을 할 수 있다.

(2) 재보험 약정

농림축산식품부장관 또는 해양수산부장관은 재보험에 가입하려는 재해보험사업자와 다음 사항이 포함된 재보험 약정을 체결하여야 한다.

① 재해보험사업자가 정부에 내야 할 보험료(재보험료)에 관한 사항
② 정부가 재해보험사업자에게 지급하여야 할 보험금(재보험금)에 관한 사항
③ 그 밖에 재보험수수료 등 재보험 약정에 관한 것으로서 다음에 정하는 사항
  ㉠ 재보험수수료에 관한 사항
  ㉡ 재보험 약정기간에 관한 사항
  ㉢ 재보험 책임범위에 관한 사항
  ㉣ 재보험 약정의 변경 · 해지 등에 관한 사항
  ㉤ 재보험금 지급 및 분쟁에 관한 사항
  ㉥ 그 밖에 재보험의 운영 · 관리에 관한 사항

(3) 재보험사업에 관한 업무의 위탁

농림축산식품부장관은 해양수산부장관과 협의를 거쳐 재보험사업에 관한 업무의 일부를 「농업 · 농촌 및 식품산업기본법」 제63조의2 제1항에 따라 설립된 농업정책보험금융원에 위탁할 수 있다.

참고 농어업재해재보험기금
이하 '기금'이라고 함

용어 기금
국가가 특정한 목적을 위해 특정한 자금을 신축적으로 운용할 필요가 있을 때 법률로써 설치되는 특정 자금

2 농어업재해재보험기금의 설치 및 운용

(1) 기금의 설치(법 제21조, 시행령 제17조)

설치 주체	농림축산식품부장관, 해양수산부장관
설치 목적	농림축산식품부장관은 해양수산부장관과 협의하여 공동으로 재보험사업에 필요한 재원에 충당하기 위하여 농어업재해재보험기금을 설치함
설치 장소	농림축산식품부장관은 해양수산부장관과 협의하여 농어업재해재보험기금의 수입과 지출을 명확히 하기 위하여 한국은행에 기금계정을 설치하여야 함

(2) 기금의 조성 및 차입(법 제22조)

① 기금의 재원
  ㉠ 재보험료
  ㉡ 정부, 정부 외의 자 및 다른 기금으로부터 받은 출연금
  ㉢ 재보험금의 회수 자금
  ㉣ 기금의 운용수익금과 그 밖의 수입금
  ㉤ 차입금
  ㉥ 「농어촌구조개선 특별회계법」에 따라 농어촌구조개선 특별회계의 농어촌특별세사업계정으로부터 받은 전입금

농어업재해보험법령

② 기금의 차입: 농림축산식품부장관은 기금의 운용에 필요하다고 인정되는 경우에는 해양수산부장관과 협의하여 기금의 부담으로 금융기관, 다른 기금 또는 다른 회계로부터 자금을 차입할 수 있다.

(3) 기금의 용도(법 제23조)

① 재보험금의 지급
② 차입금의 원리금 상환
③ 기금의 관리·운용에 필요한 경비(위탁경비를 포함)의 지출
④ 그 밖에 농림축산식품부장관이 해양수산부장관과 협의하여 재보험사업을 유지·개선하는 데에 필요하다고 인정하는 경비의 지출

참고 기금의 관리·운용
- 주체: 정부
- 위탁 업무 수행: 농업정책금융원

(4) 기금의 관리·운용[?](법 제24조, 시행령 제18조)

관리·운용의 주체	기금은 농림축산식품부장관이 해양수산부장관과 협의하여 관리·운용함
사무의 위탁	농림축산식품부장관은 해양수산부장관과 협의를 거쳐 기금의 관리·운용에 관한 사무의 일부를 농업정책보험금융원에 위탁할 수 있음
위탁 업무	• 기금의 관리·운용에 관한 회계 업무 • 재보험료를 납입받는 업무 • 재보험금을 지급하는 업무 • 여유자금의 운용 업무 • 그 밖에 기금의 관리·운용에 관하여 농림축산식품부장관이 해양수산부장관과 협의를 거쳐 지정하여 고시하는 업무
사무 처리 경비의 부담	기금의 관리·운용에 관한 사무 처리에 드는 경비는 기금의 부담으로 함
기금의 여유자금 운용 (시행령 제20조)	농림축산식품부장관은 해양수산부장관과 협의하여 기금의 여유자금을 다음의 방법으로 운용할 수 있음 • 「은행법」에 따른 은행에의 예치 • 국채, 공채 또는 그 밖에 「자본시장과 금융투자업에 관한 법률」에 따른 증권의 매입

(5) 기금의 회계처리(법 제25조)

① 회계 업무 공무원의 임명: 농림축산식품부장관은 해양수산부장관과 협의하여 기금의 수입과 지출에 관한 사무를 수행하게 하기 위하여 다음의 공무원을 임명한다.
㉠ 기금수입징수관
㉡ 기금재무관
㉢ 기금지출관
㉣ 기금출납공무원

② 기금관리 사무위탁 회계 담당 임직원의 임명과 업무: 농림축산식품부장관은 기금의 관리·운용에 관한 사무를 위탁한 경우에는 해양수산부장관과 협의하여 농업정책보험금융원의 임직원[?]을 임명한다.

참고 농업정책보험금융원의 임직원
농업정책보험금융원 기금 담당 임직원은 국가 공무원이 아님

임원	• 기금수입담당임원: 기금수입징수관의 업무 • 기금지출원인행위담당임원: 기금재무관의 업무
직원	• 기금지출원: 기금지출관의 업무 • 기금출납원: 기금출납공무원의 업무

③ 회계의 구분(법 제15조): 기금의 관리·운용을 위탁받은 농업정책보험금융원은 기금의 관리 및 운용을 명확히 하기 위하여 기금을 다른 회계와 구분하여 회계처리하여야 한다.

(6) 기금의 결산(법 제19조)

보고서 작성	기금수탁관리자는 회계연도마다 기금결산보고서를 작성하여 다음 회계연도 2월 15일까지 농림축산식품부장관 및 해양수산부장관에게 제출하여야 함
보고서 제출	농림축산식품부장관은 해양수산부장관과 협의하여 기금수탁관리자로부터 제출받은 기금결산보고서를 검토한 후 심의회의 심의를 거쳐 다음 회계연도 2월 말일까지 기획재정부장관❷에게 제출하여야 함
보고서 첨부서류	• 결산 개요 • 수입지출결산 • 재무제표 • 성과보고서 • 그 밖에 결산의 내용을 명확하게 하기 위하여 필요한 서류

참고 기획재정부장관의 역할
농어업재해보험법에서 기획재정부장관의 역할은 기금의 결산에서만 규정되어 있음

필수 문제

1 재보험사업

01 농어업재해보험법령상 재보험사업에 관한 설명으로 옳은 것은? 제5회 기출

① 정부는 재해보험에 관한 재보험사업을 할 수 없다.

② 재보험수수료 등 재보험 약정에 포함되어야 할 사항은 농림축산식품부령에서 정하고 있다.

③ 재보험약정서에는 재보험금의 지급에 관한 사항뿐 아니라 분쟁에 관한 사항도 포함되어야 한다.

④ 농림축산식품부장관이 재보험사업에 관한 업무의 일부를 농업정책보험금융원에 위탁하는 경우에는 해양수산부장관과의 협의를 요하지 않는다.

농어업재해보험법 시행령 제16조 제5호 참조

| 오답해설 | ① 정부는 재해보험에 관한 재보험사업을 할 수 있다(동법 제20조 제1항).

② 재보험수수료 등 재보험 약정에 포함되어야 할 사항은 대통령령에서 정하고 있다(동법 제20조 제2항 제3호).

④ 농림축산식품부장관이 재보험사업에 관한 업무의 일부를 농업정책보험금융원에 위탁하는 경우에는 해양수산부장관과의 협의를 요한다(동법 제20조 제3항 참조).

02 농어업재해보험법령상 농림축산식품부장관으로부터 재보험사업에 관한 업무의 위탁을 받을 수 있는 자는? 제2회 기출

①「보험업법」에 따른 보험회사

②「농업·농촌 및 식품산업기본법」 제63조의2 제1항에 따라 설립된 농업정책보험금융원

③「정부출연연구기관 등의 설립·운영 및 육성에 관한 법률」 제8조에 따라 설립된 연구기관

④「공익법인의 설립·운영에 관한 법률」 제4조에 따라 농림축산식품부장관 또는 해양수산부장관의 허가를 받아 설립된 공익법인

농림축산식품부장관은 해양수산부장관과 협의를 거쳐 재보험사업에 관한 업무의 일부를 「농업·농촌 및 식품산업 기본법」 제63조의 2 제1항에 따라 설립된 농업정책보험금융원에 위탁할 수 있다(농어업재해보험법 제20조 제3항).

03 농어업재해보험법령상 재보험 약정에 포함되는 사항을 모두 고른 것은?

제9회 기출

ㄱ. 재보험 약정의 변경·해지 등에 관한 사항
ㄴ. 재보험 책임범위에 관한 사항
ㄷ. 재보험금 지급 및 분쟁에 관한 사항

① ㄱ, ㄴ ② ㄱ, ㄷ ③ ㄴ, ㄷ ④ ㄱ, ㄴ, ㄷ

정부는 재해보험에 관한 재보험사업을 할 수 있으며, 농림축산식품부장관 또는 해양수산부장관은 재보험에 가입하려는 재해보험사업자와 ㄱ, ㄴ, ㄷ의 사항이 포함된 재보험 약정을 체결하여야 한다(농어업재해보험법 제20조 제2항 참조).

2 농어업재해재보험기금의 설치 및 운용

04 농어업재해보험법령상 재보험사업 및 농어업재해재보험기금(이하 '기금')에 관한 설명으로 옳지 않은 것은?

제10회 기출

① 정부는 재해보험에 관한 재보험사업을 할 수 있다.
② 농림축산식품부장관은 해양수산부장관과 협의를 거쳐 재보험사업에 관한 업무의 일부를 농업정책보험금융원에 위탁할 수 있다.
③ 농림축산식품부장관은 해양수산부장관과 협의하여 공동으로 재보험사업에 필요한 재원에 충당하기 위하여 기금을 설치한다.
④ 농림축산식품부장관은 해양수산부장관과 협의하여 기금의 수입과 지출을 명확하게 하기 위하여 대통령령으로 정하는 시중 은행에 기금계정을 설치하여야 한다.

농림축산식품부장관은 해양수산부장관과 협의하여 법에 따른 농어업재해재보험기금의 수입과 지출을 명확히 하기 위하여 한국은행에 기금계정을 설치하여야 한다(농어업재해보험법 시행령 제17조).

| 오답해설 | ① 동법 제20조 제1항, ② 동법 제20조 제3항, ③ 동법 제21조

05 농어업재해재보험법령상 농어업재해재보험기금을 조성하기 위한 재원으로 옳지 않은 것은?

제6회 기출변형

① 재해보험사업자가 정부에 내야 할 보험료
② 재해보험금의 회수 자금
③ 기금의 운용수익금과 그 밖의 수입금
④ 차입금

농어업재해보험기금의 재원에는 재해보험금의 회수 자금이 아닌 재보험금의 회수 자금이 포함된다(농어업재해보험법 제22조 제1항 참조).

| 오답해설 | ①, ③, ④ 동법 제22조 제1항 참조

| 정답 | 01 ③ 02 ② 03 ④ 04 ④ 05 ②

06 농어업재해보험법상 농어업재해재보험기금의 재원에 포함되는 것을 모두 고른 것은? 제8회 기출

ㄱ. 재해보험가입자가 재해보험사업자에게 내야 할 보험료의 회수 자금
ㄴ. 정부, 정부 외의 자 및 다른 기금으로부터 받은 출연금
ㄷ. 농어업재해재보험기금의 운용수익금
ㄹ. 「농어촌구조개선 특별회계법」 제5조 제2항 제7호에 따라 농어촌구조개선 특별회계의 농어촌특별세사업계정으로부터 받은 전입금

① ㄱ, ㄴ, ㄷ
② ㄱ, ㄴ, ㄹ
③ ㄱ, ㄷ, ㄹ
④ ㄴ, ㄷ, ㄹ

농어업재해재보험기금의 재원에는 ㄴ, ㄷ, ㄹ 외에 재보험금의 회수 자금이 있다(농어업재해보험법 제22조 제1항 참조).

07 농어업재해보험법상 농어업재해재보험기금의 용도에 해당하지 않는 것은? 제2회 기출

① 재해보험가입자가 부담하는 보험료의 일부 지원
② 제20조 제2항 제2호에 따른 재보험금의 지급
③ 제22조 제2항에 따른 차입금의 원리금 상환
④ 기금의 관리·운용에 필요한 경비(위탁경비를 포함한다)의 지출

재해보험가입자의 보험료 지원은 기금의 용도가 아니며(농어업재해보험법 제23조 참조), 정부의 재정지원 사항에 해당한다.

08 농어업재해보험법령상 농림축산식품부장관이 농어업재해재보험기금(이하 '기금')의 관리·운용에 관한 사무를 농업정책보험금융원에 위탁한 경우 기금의 관리·운용에 관한 설명으로 옳지 않은 것은? 제10회 기출

① 농림축산식품부장관은 해양수산부장관과 협의하여 농업정책보험금융원의 임원 중에서 기금수입담당임원과 기금지출원인행위담당임원을 임명하여야 한다.
② 기금수입담당임원은 기금수입징수관의 업무를, 기금지출원인행위담당임원은 기금지출관의 업무를 담당한다.
③ 농림축산식품부장관은 해양수산부장관과 협의하여 농업정책보험금융원의 직원 중에서 기금지출원과 기금출납원을 임명하여야 한다.
④ 기금출납원은 기금출납공무원의 업무를 수행한다.

기금수입담당임원은 기금수입징수관의 업무를, 기금지출원인행위담당임원은 기금재무관의 업무를, 기금지출원은 기금지출관의 업무를, 기금출납원은 기금출납공무원의 업무를 수행한다(농어업재해보험법 제25조 제2항).

| 오답해설 | ①, ③ 농림축산식품부장관은 기금의 관리·운용에 관한 사무를 위탁한 경우에는 해양수산부장관과 협의하여 농업정책보험금융원의 임원 중에서 기금수입담당임원과 기금지출원인행위담당임원을, 그 직원 중에서 기금지출원과 기금출납원을 각각 임명하여야 한다(동법 제25조 제2항).

09 농어업재해보험법상 농어업재해재보험기금(이하 "기금"이라 함)에 관한 설명으로 옳지 않은 것은? 제7회 기출

① 기금은 농림축산식품부장관이 해양수산부장관과 협의하여 관리·운용한다.

② 농림축산식품부장관은 해양수산부장관과 협의를 거쳐 기금의 관리·운용에 관한 사무의 일부를 농업정책보험금융원에 위탁할 수 있다.

③ 농림축산식품부장관은 해양수산부장관과 협의하여 기금의 수입과 지출에 관한 사무를 수행하게 하기 위하여 소속 공무원 중에서 기금수입징수관 등을 임명한다.

④ 농림축산식품부장관이 농업정책보험금융원의 임원 중에서 임명한 기금지출원인행위 담당임원은 기금지출관의 업무를 수행한다.

농림축산식품부장관은 기금의 관리·운용에 관한 사무를 위탁한 경우에는 해양수산부장관과 협의하여 농업정책보험금융원의 임원 중에서 기금수입담당임원과 기금지출원인행위담당임원을, 그 직원 중에서 기금지출원과 기금출납원을 각각 임명하여야 한다. 이 경우 기금수입담당임원은 기금수입징수관의 업무를, 기금지출원인행위담당임원은 기금재무관의 업무를, 기금지출원은 기금지출관의 업무를, 기금출납원은 기금출납공무원의 업무를 수행한다(농어업재해보험법 제25조 제2항).

| 오답해설 | ① 동법 제24조 제1항

② 동법 제24조 제2항

③ 동법 제25조 제1항

10 농어업재해보험법령상 농어업재해재보험기금에 관한 설명으로 옳지 않은 것은? 제4회 기출

① 기금 조성의 재원에는 재보험금의 회수 자금도 포함된다.

② 농림축산식품부장관은 해양수산부장관과 협의하여 기금의 수입과 지출을 명확히 하기 위하여 한국은행에 기금계정을 설치하여야 한다.

③ 농림축산식품부장관은 해양수산부장관과 협의를 거쳐 기금의 관리·운용에 관한 사무의 일부를 농업정책보험금융원에 위탁할 수 있다.

④ 농림축산식품부장관은 기금의 관리·운용에 관한 사무를 위탁한 경우에는 해양수산부장관과 협의하여 소속 공무원 중에서 기금지출원과 기금출납원을 임명한다.

농림축산식품부장관은 기금의 관리·운용에 관한 사무를 위탁한 경우에는 해양수산부장관과 협의하여 농업정책보험금융원의 임원 중에서 기금수입담당임원과 기금지출원인행위담당임원을, 그 직원 중에서 기금지출원과 기금출납원을 각각 임명하여야 한다(농어업재해보험법 제25조 제2항).

| 오답해설 | ① 동법 제22조 제1항 제3호

② 동법 시행령 제17조

③ 동법 제24조 제2항

| 정답 | 06 ④ 07 ① 08 ② 09 ④ 10 ④

11 **농어업재해보험법령상 농어업재해재보험기금의 관리 · 운용에 관한 설명으로 옳지 않은 것은?** 제3회 기출

① 기금은 농림축산식품부장관이 해양수산부장관과 협의하여 관리 · 운용한다.

② 농림축산식품부장관은 기획재정부장관과 협의를 거쳐 기금의 관리 · 운용에 관한 사무의 전부를 농업정책보험금융원에 위탁할 수 있다.

③ 기금수탁관리자는 회계연도마다 기금결산보고서를 작성하여 다음 회계연도 2월 15일까지 농림축산식품부장관 및 해양수산부장관에게 제출하여야 한다.

④ 농림축산식품부장관은 해양수산부장관과 협의하여 기금의 여유자금을 「은행법」에 따른 은행에의 예치의 방법으로 운용할 수 있다.

농림축산식품부장관은 해양수산부장관과 협의를 거쳐 기금의 관리 · 운용에 관한 사무의 일부를 농업정책보험금융원에 위탁할 수 있다(농어업재해보험법 제24조 제2항).

| 오답해설 | ① 동법 제24조 제1항, ③ 동법 시행령 제19조 제1항, ④ 동법 시행령 제20조 제1호

12 **농어업재해보험법령상 농어업재해재보험기금(이하 "기금"이라 한다)에 관한 설명으로 옳은 것은?** 제8회 기출

① 농림축산식품부장관은 행정안전부장관과 협의를 거쳐 기금의 관리 · 운용에 관한 사무의 일부를 농업정책보험금융원에 위탁할 수 있다.

② 농림축산식품부장관은 기금의 수입과 지출을 명확히 하기 위하여 농업정책보험금융원에 기금계정을 설치하여야 한다.

③ 기금의 관리 · 운용에 필요한 경비의 지출은 기금의 용도에 해당한다.

④ 기금은 농림축산식품부장관이 환경부장관과 협의하여 관리 · 운용한다.

농어업재해보험법 제23조 제3호

| 오답해설 | ① 농림축산식품부장관은 해양수산부장관과 협의를 거쳐 기금의 관리 · 운용에 관한 업무의 일부를 농업정책보험금융원에 위탁할 수 있다(동법 제24조 제2항).

② 농림축산식품부장관은 해양수산부장관과 협의하여 농어업재해재보험기금의 수입과 지출을 명확히 하기 위하여 한국은행에 기금계정을 설치하여야 한다(동법 시행령 제17조).

④ 기금은 농림축산식품부장관이 해양수산부장관과 협의하여 관리 · 운용한다(동법 제24조 제1항).

13 **농어업재해보험법령상 농림축산식품부장관이 해양수산부장관과 협의하여 농어업재해재보험기금의 수입과 지출에 관한 사무를 수행하게 하기 위하여 소속 공무원 중에서 임명하는 자에 해당하지 않는 것은?** 제6회 기출

① 기금수입징수관 ② 기금출납원 ③ 기금지출관 ④ 기금재무관

농림축산식품부장관은 해양수산부장관과 협의하여 기금의 수입과 지출에 관한 사무를 수행하게 하기 위하여 소속 공무원 중에서 기금수입징수관, 기금재무관, 기금지출관 및 기금출납공무원을 임명한다(농어업재해보험법 제25조 제1항). 기금출납원은 기금의 관리 · 운용에 관한 사무를 위탁한 농업정책금융원의 임원 중에서 임명하는 것이다(동법 제25조 제2항 참조).

14 농어업재해보험법령상 기금의 관리 · 운용 등에 관한 내용으로 옳은 것을 모두 고른 것은? 제2회 기출

> ㄱ. 기금수탁관리자는 기금의 관리 및 운용을 명확히 하기 위하여 기금을 다른 회계와 구분하여 회계처리하여야 한다.
> ㄴ. 기금수탁관리자는 회계연도마다 기금결산보고서를 작성하여 다음 회계연도 2월 말일까지 농림축산식품부장관 및 해양수산부장관에게 제출하여야 한다.
> ㄷ. 기금수탁관리자는 회계연도마다 기금결산보고서를 작성한 후 심의회의 심의를 거쳐 다음 회계연도 2월 말일까지 기획재정부장관에게 제출하여야 한다.

① ㄱ
② ㄱ, ㄴ
③ ㄱ, ㄷ
④ ㄴ, ㄷ

기금의 관리 · 운용을 위탁받은 농업정책보험금융원은 기금의 관리 및 운용을 명확히 하기 위하여 기금을 다른 회계와 구분하여 회계처리하여야 한다(농어업재해보험법 시행령 제18조 제2항).

| 오답해설 | ㄴ. 기금수탁관리자는 회계연도마다 기금결산보고서를 작성하여 다음 회계연도 '2월 15일까지' 농림축산식품부장관 및 해양수산부장관에게 제출하여야 한다(동 시행령 제19조 제1항).

ㄷ. '농림축산식품부장관'은 해양수산부장관과 협의하여 '기금수탁관리자로부터 제출받은 기금결산보고서를 검토한 후' 심의회의 심의를 거쳐 다음 회계연도 2월 말일까지 기획재정부장관에게 제출하여야 한다(동 시행령 제19조 제2항).

15 농어업재해보험법령상 농어업재해재보험기금의 기금수탁관리자가 농림축산식품부장관 및 해양수산부장관에게 제출해야 하는 기금결산보고서에 첨부해야 할 서류로 옳은 것을 모두 고른 것은? 제4회 기출

> ㄱ. 결산 개요
> ㄴ. 수입지출결산
> ㄷ. 재무제표
> ㄹ. 성과보고서

① ㄱ, ㄴ
② ㄴ, ㄷ
③ ㄱ, ㄷ, ㄹ
④ ㄱ, ㄴ, ㄷ, ㄹ

기금결산보고서의 첨부서류(농어업재해보험법 시행령 제19조 제3항)

- 결산 개요(ㄱ)
- 수입지출결산(ㄴ)
- 재무제표(ㄷ)
- 성과보고서(ㄹ)
- 그 밖에 결산의 내용을 명확하게 하기 위하여 필요한 서류

| 정답 | 11 ② 12 ③ 13 ② 14 ① 15 ④

THEME 02

재해보험사업의 관리, 벌칙 규정

✓ 학습 포인트
- 재해보험사업의 관리 및 업무
- 재해보험 관련 벌칙, 과태료 규정

✓ 6개년 평균 2문제 출제

대표 예제

+ 기출 공략팁
- 재해보험사업관리를 위한 다양한 업무의 종류와 위탁기관에 대해 혼동될 수 있는 문제가 출제되고 있다.
- 벌칙, 과태료 규정의 구체적인 금액을 묻는 문제가 출제되고 있다.

■ 농어업재해보험법상 보험사업의 관리에 관한 설명으로 옳지 않은 것은?

제8회 기출

① 농림축산식품부장관 또는 해양수산부장관은 재해보험사업을 효율적으로 추진하기 위하여 손해평가인력의 육성 업무를 수행한다.

② 농림축산식품부장관은 손해평가사의 업무정지 처분을 하는 경우 청문을 하지 않아도 된다.

③ 농림축산식품부장관은 손해평가사 자격시험의 실시 및 관리에 관한 업무를 「한국산업인력공단법」에 따른 한국산업인력공단에 위탁할 수 있다.

④ 정부는 농어업인의 재해대비의식을 고양하고 재해보험의 가입을 촉진하기 위하여 교육·홍보 및 보험가입자에 대한 정책자금 지원, 신용보증 지원 등을 할 수 있다.

예제 풀이

농림축산식품부장관은 손해평가사의 업무정지 처분을 하려면 청문을 하여야 한다(농어업재해보험법 제29조의2 제2호).

① 동법 제25조의2 제1항 제4호

③ 동법 제125조의2 제3항

④ 동법 제28조

| 정답 | ②

■ 농어업재해보험법상 벌칙에 관한 설명이다. ( )에 들어갈 내용은? 제7회 기출

「보험업법」 제98조에 따른 금품 등을 제공(같은 조 제3호의 경우에는 보험금 지급의 약속을 말한다)한 자 또는 이를 요구하여 받은 보험가입자는 (ㄱ)년 이하의 징역 또는 (ㄴ)천만 원 이하의 벌금에 처한다.

① ㄱ: 1, ㄴ: 1
② ㄱ: 1, ㄴ: 3
③ ㄱ: 3, ㄴ: 3
④ ㄱ: 3, ㄴ: 5

예제 풀이

「보험업법」 제98조에 따른 금품 등을 제공(같은 조 제3호의 경우에는 보험금 지급의 약속을 말한다)한 자 또는 이를 요구하여 받은 보험가입자는 3년 이하의 징역 또는 3천만 원 이하의 벌금에 처한다(농어업재해보험법 제30조 제1항). 농어업재해보험법상 3년 이하의 징역 또는 3천만 원 이하의 벌금은 가장 큰 벌칙 규정에 해당한다.

| 정답 | ③

핵심 이론

1 재해보험사업의 관리(법 제25조의2)

(1) 농어업재해보험 관련 업무

농림축산식품부장관 또는 해양수산부장관은 재해보험사업을 효율적으로 추진하기 위하여 다음의 업무를 수행한다.

① 재해보험사업의 관리·감독
② 재해보험 상품의 연구 및 보급
③ 재해 관련 통계 생산 및 데이터베이스 구축·분석
④ 손해평가인력의 육성
⑤ 손해평가기법의 연구·개발 및 보급

(2) 농어업재해보험 관련 위탁 업무

농업정책보험금융원❷	농림축산식품부장관 또는 해양수산부장관은 다음의 업무를 농업정책보험금융원에 위탁할 수 있음 • 농림축산식품부장관 또는 해양수산부장관이 재해보험사업을 효율적으로 추진하기 위하여 수행하는 상기 5가지 업무 • 재해보험사업의 약정 체결 관련 업무 • 손해평가사 제도 운용 관련 업무 • 그 밖에 재해보험사업과 관련하여 농림축산식품부장관 또는 해양수산부장관이 위탁하는 업무
한국산업인력공단❷	농림축산식품부장관은 손해평가사 자격시험의 실시 및 관리에 관한 업무를 「한국산업인력공단법」에 따라 한국산업인력공단에 위탁할 수 있음

참고 **농업정책보험금융원**
재해보험사업과 관련된 농림축산식품부장관의 주요한 업무의 대부분을 위탁받아 수행하고 있음

참고 **한국산업인력공단**
재해보험사업과 관련해서는 손해평가사 시험의 실시와 관리에 대한 업무만 위탁받아 수행 중임

2 통계의 수집 및 관리 업무(법 제26조)

(1) 지역별·재해별 통계자료 요청

농림축산식품부장관 또는 해양수산부장관은 보험상품의 운영 및 개발에 필요한 다음의 지역별, 재해별 통계자료를 수집·관리하여야 하며, 이를 위하여 관계 중앙행정기관 및 지방자치단체의 장에게 필요한 자료를 요청할 수 있다. 자료를 요청 받은 관계 중앙행정기관 및 지방단체의 장은 특별한 사유가 없는 한 요청에 따라야 한다.

① 보험 대상의 현황
② 보험확대 예비품목의 현황
③ 피해 원인 및 규모
④ 품목별 재배 또는 양식 면적과 생산량 및 가격
⑤ 그 밖에 농림축산식품부장관 또는 해양수산부장관이 필요하다고 인정하는 통계자료

(2) 기타 통계업무

① 농림축산식품부장관 또는 해양수산부장관은 재해보험사업의 건전한 운영을 위하여 재해보험제도 및 상품 개발 등을 위한 조사·연구, 관련 기술의 개발 및 전문 인력 양성 등의 진흥 시책을 마련하여야 한다.

참고 통계의 수집·관리(법 제26조)
- 업무의 주체: 농림축산식품부장관 또는 해양수산부장관
- 지역별·재해별 통계자료 요청: 관계 중앙행정기관 및 지방자치단체의 장
- 통계 업무의 위탁: 농업협동조합중앙회 등

② **통계업무의 위탁:** 농림축산식품부장관 및 해양수산부장관은 통계의 수집·관리, 조사·연구 등에 관한 업무를 다음의 자에게 위탁❷할 수 있으며 업무를 위탁한 때에는 위탁받은 자 및 위탁 업무의 내용을 고시하여야 한다(시행령 제21조).

㉠ 「농업협동조합법」에 따른 농업협동조합중앙회
㉡ 「산림조합법」에 따른 산림조합중앙회
㉢ 「수산업협동조합법」에 따른 수산업협동조합중앙회 및 수협은행
㉣ 「정부출연연구기관 등의 설립·운영 및 육성에 관한 법률」 제8조에 따라 설립된 연구기관
㉤ 「보험업법」에 따른 보험회사, 보험료율산출기관 또는 보험계리를 업으로 하는 자
㉥ 「민법」 제32조에 따라 농림축산식품부장관 또는 해양수산부장관의 허가를 받아 설립된 비영리법인
㉦ 「공익법인의 설립·운영에 관한 법률」 제4조에 따라 농림축산식품부장관 또는 해양수산부장관의 허가를 받아 설립된 공익법인
㉧ 농업정책보험금융원

3 시범사업

(1) 시범사업 개요(법 제27조)

① **시범사업의 주체와 목적:** 재해보험사업자는 신규 보험상품을 도입하려는 경우 등 필요한 경우에는 농림축산식품부장관 또는 해양수산부장관과 협의하여 시범사업을 할 수 있다.

② **시범사업의 지원:** 정부는 시범사업의 원활한 운영을 위하여 필요한 지원을 할 수 있다.

(2) 시범사업 사업계획서 및 사업결과보고서(시행령 제22조)

참고 시범사업의 협의
재해보험사업자의 시범사업은 농림축산식품부장관 또는 해양수산부장관의 '허가사항'이 아닌 '협의사항'임

사업 계획서	재해보험사업자는 시범사업을 하려면 다음의 사항이 포함된 사업계획서를 농림축산식품부장관 또는 해양수산부장관에게 제출하고 협의❷하여야 함 • 대상목적물, 사업지역 및 사업기간에 관한 사항 • 보험상품에 관한 사항 • 정부의 재정지원에 관한 사항 • 그 밖에 농림축산식품부장관 또는 해양수산부장관이 필요하다고 인정하는 사항
사업결과 보고서	재해보험사업자는 시범사업이 끝나면 지체없이 다음의 사항이 포함된 사업결과보고서를 작성하여 농림축산식품부장관 또는 해양수산부장관에게 제출하여야 하며, 각 장관은 사업결과보고서를 받으면 그 사업결과를 바탕으로 신규 보험상품의 도입 가능성 등을 검토·평가하여야 함 • 보험계약사항, 보험금 지급 등 전반적인 사업운영 실적에 관한 사항 • 사업 운영과정에서 나타난 문제점 및 제도 개선에 관한 사항 • 사업의 중단·연장 및 확대 등에 관한 사항

4 기타 재해보험 관리 업무

(1) 보험가입의 촉진

정부는 농어업인의 재해대비의식을 고양하고 재해보험의 가입을 촉진하기 위하여 교육·홍보 및 보험가입자에 대한 정책자금 지원, 신용보증 지원 등을 할 수 있다(법 제28조).

① **보험가입 촉진계획의 수립**: 재해보험사업자는 농어업재해보험 가입 촉진을 위하여 보험가입촉진계획을 매년 수립하여 농림축산식품부장관 또는 해양수산부장관에게 제출하여야 하며 촉진계획의 사항은 다음과 같다(법 제28조의2 및 시행령 제22조의2).

㉠ 전년도의 성과분석 및 해당 연도의 사업계획
㉡ 해당 연도의 보험상품 운영계획
㉢ 농어업재해보험 교육 및 홍보계획
㉣ 보험상품의 개선·개발계획
㉤ 그 밖에 농어업재해보험 가입 촉진을 위하여 필요한 사항

② **보험가입 촉진 계획서의 제출**: 재해보험사업자는 법에 따라 수립한 보험가입촉진계획을 해당 연도 1월 31일까지 농림축산식품부장관 또는 해양수산부장관에게 제출하여야 한다.

(2) 업무현황 보고(법 제29조)

농림축산식품부장관 또는 해양수산부장관은 재해보험의 건전한 운영과 재해보험 가입자의 보호를 위하여 필요하다고 인정되는 경우에는 재해보험사업자에게 재해보험사업에 관한 업무 처리 상황을 보고하게 하거나 관계 서류의 제출을 요구할 수 있다.

(3) 청문(법 제29조의2)

참고 청문의 주체
- 손해평가사의 자격취소, 업무정지 시: 농림축산식품부장관
- 손해평가인의 위촉취소, 업무정지 시: 재해보험사업자

농림축산식품부장관은 다음의 어느 하나에 해당하는 처분을 하려면 청문을 하여야 한다.

① 손해평가사의 자격취소
② 손해평가사의 업무정지

용어 고유식별정보
개인을 직접 식별하거나 유추하여 알 수 있는 모든 정보

(4) 고유식별정보 의 처리(시행령 제22조의3)

재해보험 사업자의 자료 처리	• 재해보험사업자는 재해보험가입자 자격 확인에 관한 사무를 수행하기 위하여 불가피한 경우 「개인정보 보호법 시행령」에 따른 주민등록번호가 포함된 자료를 처리할 수 있음 • 재해보험사업자(보험업법에 따른 보험회사는 제외함)는 「상법」에 따른 타인을 위한 보험계약의 체결, 유지·관리, 보험금의 지급 등에 관한 사무를 수행하기 위하여 불가피한 경우 「개인정보 보호법 시행령」에 따른 주민등록번호가 포함된 자료를 처리할 수 있음
농림축산 식품부장관 (위탁받은 자 포함)의 자료 처리	농림축산식품부장관(위탁받은 자 포함)은 다음의 사무를 수행하기 위하여 불가피한 경우 「개인정보 보호법 시행령」에 따른 주민등록번호가 포함된 자료를 처리할 수 있음 • 손해평가사 자격시험에 관한 사무 • 손해평가사의 자격취소에 관한 사무 • 손해평가사의 감독에 관한 사무 • 재해보험사업의 관리·감독에 관한 사무

(5) 규제의 재검토(시행령 제22조의4)

농림축산식품부장관 또는 해양수산부장관은 손해평가인의 자격요건에 대하여 2018년 1월 1일을 기준으로 3년마다(매 3년이 되는 해의 1월 1일 전까지를 말한다) 그 타당성을 검토하여 개선 등의 조치를 하여야 한다.

참고 벌칙과 과태료의 차이
- 벌칙: 국가 또는 지방자치단체의 법규에서 그 법규 위반행위에 대한 제재로서 형벌이나 행정벌을 과할 것을 정하는 규정
- 과태료: 국가 또는 공공단체가 국민에게 과하는 금전벌을 말하며, 형벌이 아니고 일종의 행정처분임

5 벌칙

(1) 징역 또는 벌금(법 제30조)

3년 이하의 징역 또는 3천만 원 이하의 벌금	「보험업법」 제98조에 따른 금품 등을 제공(같은 조 제3호의 경우에는 보험금 지급의 약속을 말함)한 자 또는 이를 요구하여 받은 보험가입자
1년 이하의 징역 또는 1천만 원 이하의 벌금	• 재해보험 모집 규정을 위반하여 모집을 한 자 • 고의로 진실을 숨기거나 거짓으로 손해평가를 한 자 • 다른 사람에게 손해평가사의 명의를 사용하게 하거나 그 자격증을 대여한 자 • 손해평가사의 명의를 사용하거나 그 자격증을 대여받은 자 또는 명의의 사용이나 자격증의 대여를 알선한 자
500만 원 이하의 벌금	재해보험의 회계를 다른 회계와 구분하여 처리하지 않은 자

(2) 양벌규정(법 제31조)

법인의 대표자나 법인 또는 개인의 대리인, 사용인, 그 밖의 종업원이 그 법인 또는 개인의 업무에 관하여 제30조(벌칙)의 위반행위를 하면 그 행위자를 벌하는 외에 그 법인 또는 개인에게도 해당 조문의 벌금형을 과(科)한다. 다만, 법인 또는 개인이 그 위반행위를 방지하기 위하여 해당 업무에 관하여 상당한 주의와 감독을 게을리하지 아니한 경우에는 그러하지 아니하다.

6 과태료

(1) 과태료(법 제32조)

1천만 원❶ 이하		재해보험사업자가 재해보험 안내자료 및 금지행위에 관한 규정을 위반하여 보험안내를 한 경우
500만 원 이하	재해보험 사업자 관계인❷	•「보험업법」에 따른 책임준비금과 비상위험준비금을 계상하지 아니하거나 이를 따로 작성한 장부에 각각 기재하지 아니한 경우: 과태료 500만 원 •「보험업법」에서 규정하는 금융위원회의 명령을 위반한 경우: 과태료 300만 원 •「보험업법」에서 규정하는 금융위원회의 검사를 거부·방해 또는 기피한 경우: 과태료 200만 원
	보험모집 및 보고	•「보험업법」 제95조(보험안내자료)를 위반하여 보험안내를 한 자로서 재해보험사업자가 아닌 자: 과태료 500만 원 •「보험업법」 제97조 제1항(보험계약 체결 또는 모집에 관한 금지행위) 또는 「금융소비자 보호에 관한 법률」 제21조를 위반하여 보험계약의 체결 또는 모집에 관한 금지행위를 한 자: 과태료 300만 원 • 제29조에 따른 보고 또는 관계 서류 제출을 하지 아니하거나 보고 또는 관계 서류 제출을 거짓으로 한 자: 과태료 300만 원

참고 1천만 원
농어업재해보험법령에서 규정하는 과태료 금액에서 가장 큰 금액은 1천만 원임

참고 재해보험사업자 관계인
- 재해보험사업자의 발기인
- 설립위원
- 임원
- 집행간부
- 일반간부직원
- 파산관재인 및 청산인

+ 보고 등(법 제29조)

농림축산식품부장관 또는 해양수산부장관은 재해보험의 건전한 운영과 재해보험가입자의 보호를 위하여 필요하다고 인정되는 경우에는 재해보험사업자에게 재해보험사업에 관한 업무 처리 상황을 보고하게 하거나 관계 서류의 제출을 요구할 수 있다.

(2) 과태료의 부과기준(시행령 제23조)

① 일반기준: 농림축산식품부장관, 해양수산부장관 또는 금융위원회는 위반행위의 정도, 위반횟수, 위반행위의 동기와 그 결과 등을 고려하여 개별기준에 따른 해당 과태료 금액을 2분의 1의 범위에서 줄이거나 늘릴 수 있다. 다만, 늘리는 경우에도 법 제32조 제1항부터 제3항까지의 규정에 따른 과태료 금액의 상한을 초과할 수 없다.

② 개별기준(시행령 별표3)

위반행위	해당 법조문	과태료
재해보험사업자가 법 제10조 제2항에서 준용하는 「보험업법」 제95조를 위반하여 보험안내를 한 경우	법 제32조 제1항	1,000만 원
법 제10조 제2항에서 준용하는 「보험업법」 제95조를 위반하여 보험안내를 한 자로서 재해보험사업자가 아닌 경우	법 제32조 제3항 제1호	500만 원
법 제10조 제2항에서 준용하는 「보험업법」 제97조❷ 제1항 또는 「금융소비자 보호에 관한 법률」 제21조를 위반하여 보험계약의 체결 또는 모집에 관한 금지행위를 한 경우	법 제32조 제3항 제2호	300만 원
재해보험사업자의 발기인, 설립위원, 임원, 집행간부, 일반간부직원, 파산관재인 및 청산인이 법 제18조 제1항에서 적용하는 「보험업법」 제120조❷에 따른 책임준비금 또는 비상위험준비금을 계상하지 아니하거나 이를 따로 작성한 장부에 각각 기재하지 아니한 경우	법 제32조 제2항 제1호	500만 원
재해보험사업자의 발기인, 설립위원, 임원, 집행간부, 일반간부직원, 파산관재인 및 청산인이 법 제18조 제1항에서 적용하는 「보험업법」 제131조❷ 제1항·제2항 및 제4항에 따른 명령을 위반한 경우	법 제32조 제2항 제2호	300만 원
재해보험사업자의 발기인, 설립위원, 임원, 집행간부, 일반간부직원, 파산관재인 및 청산인이 법 제18조 제1항에서 적용하는 「보험업법」 제133조❷에 따른 검사를 거부·방해 또는 기피한 경우	법 제32조 제2항 제3호	200만 원
법 제29조에 따른 보고 또는 관계 서류 제출을 하지 아니하거나 보고 또는 관계 서류 제출을 거짓으로 한 경우	법 제32조 제3항 제3호	300만 원

참고 「보험업법」 제97조
보험계약의 체결 또는 모집에 관한 금지행위

참고 「보험업법」 제120조
책임준비금 등의 적립

참고 「보험업법」 제131조
금융위원회의 명령권

참고 「보험업법」 제133조
자료 제출 및 검사 등

필수 문제

1 재해보험사업의 관리

01 농어업재해보험법상 농림축산식품부장관이 농작물 재해보험사업을 효율적으로 추진하기 위하여 수행하는 업무로 옳지 않은 것은? 제3회 기출

① 피해 관련 분쟁조정 ② 손해평가인력의 육성
③ 재해보험 상품의 연구 및 보급 ④ 손해평가기법의 연구·개발 및 보급

피해 관련 분쟁조정은 금융감독원의 업무에 해당한다. 농림축산식품부장관 또는 해양수산부장관이 재해보험사업을 효율적으로 추진하기 위하여 수행하는 업무는 다음과 같다(농어업재해보험법 제25조의2 제1항).
- 재해보험사업의 관리·감독
- 재해보험 상품의 연구 및 보급(③)
- 재해 관련 통계 생산 및 데이터베이스 구축·분석
- 손해평가인력의 육성(②)
- 손해평가기법의 연구·개발 및 보급(④)

02 농어업재해보험법상 재해보험사업을 효율적으로 추진하기 위한 농림축산식품부의 업무(업무를 위탁한 경우를 포함한다)로 볼 수 없는 것은? 제1회 기출

① 재해보험료율의 승인 ② 재해보험 상품의 연구 및 보급
③ 손해평가인력의 육성 ④ 손해평가기법의 연구·개발 및 보급

재해보험료율은 재해보험사업자가 산정하며, 정부(농림축산식품부)의 승인을 요하지 않는다.

| 오답해설 | 농림축산식품부장관 또는 해양수산부장관은 재해보험사업을 효율적으로 추진하기 위하여 다음의 업무를 수행한다(농어업재해보험법 제25조의2 제1항).
- 재해보험사업의 관리·감독
- 재해보험 상품의 연구 및 보급(②)
- 재해 관련 통계 생산 및 데이터베이스 구축·분석
- 손해평가인력의 육성(③)
- 손해평가기법의 연구·개발 및 보급(④)

| 정답 | 01 ① 02 ①

2 통계의 수집 및 관리 업무(법 제26조)

03 농어업재해보험법령상 농림축산식품부장관 또는 해양수산부장관으로부터 보험상품의 운영 및 개발에 필요한 통계자료의 수집·관리 업무를 위탁받아 수행할 수 있는 자를 모두 고른 것은? 제6회 기출

> ㄱ. 「수산업협동조합법」에 따른 수협은행
> ㄴ. 「보험업법」에 따른 보험회사
> ㄷ. 농업정책보험금융원
> ㄹ. 지방자치단체의 장

① ㄱ, ㄴ
② ㄴ, ㄷ
③ ㄷ, ㄹ
④ ㄱ, ㄴ, ㄷ

보험상품의 운영 및 개발에 필요한 통계자료의 수집·관리 업무를 위탁받아 수행할 수 있는 자(농어업재해보험법 시행령 제21조 제1항)

- 「농업협동조합법」에 따른 농업협동조합중앙회
- 「산림조합법」에 따른 산림조합중앙회
- 「수산업협동조합법」에 따른 수산업협동조합중앙회 및 수협은행(ㄱ)
- 「정부출연연구기관 등의 설립·운영 및 육성에 관한 법률」 제8조에 따라 설립된 연구기관
- 「보험업법」에 따른 보험회사(ㄴ), 보험료율산출기관 또는 보험계리를 업으로 하는 자
- 「민법」 제32조에 따라 농림축산식품부장관 또는 해양수산부장관의 허가를 받아 설립된 비영리법인
- 「공익법인의 설립·운영에 관한 법률」 제4조에 따라 농림축산식품부장관 또는 해양수산부장관의 허가를 받아 설립된 공익법인
- 농업정책보험금융원(ㄷ)

| 오답해설 | ㄹ. 관계 중앙행정기관 및 지방자치단체의 장에게 필요한 자료를 요청할 수 있는 것이지 업무를 위탁하는 것이 아니다.

3 시범사업

04 **농어업재해보험법령상 "시범사업"을 하기 위해 재해보험사업자가 농림축산식품부장관에게 제출하여야 하는 사업계획서 내용에 해당하는 것을 모두 고른 것은?** 제5회 기출

ㄱ. 사업지역 및 사업기간에 관한 사항
ㄴ. 보험상품에 관한 사항
ㄷ. 보험계약사항 등 전반적인 사업운영 실적에 관한 사항
ㄹ. 그 밖에 금융감독원장이 필요하다고 인정하는 사항

① ㄱ, ㄴ
② ㄱ, ㄷ
③ ㄴ, ㄷ
④ ㄴ, ㄹ

재해보험사업자는 시범사업을 하려면 다음의 사항이 포함된 사업계획서를 농림축산식품부장관 또는 해양수산부장관에게 제출하고 협의하여야 한다(농어업재해보험법 시행령 제22조 제1항).

- 대상목적물, 사업지역 및 사업기간에 관한 사항(ㄱ)
- 보험상품에 관한 사항(ㄴ)
- 정부의 재정지원에 관한 사항
- 그 밖에 농림축산식품부장관 또는 해양수산부장관이 필요하다고 인정하는 사항

05 **농어업재해보험법령상 시범사업의 실시에 관한 설명으로 옳은 것은?** 제6회 기출

① 기획재정부장관이 신규 보험상품을 도입하려는 경우 재해보험사업자와의 협의를 거치지 않고 시범사업을 할 수 있다.

② 재해보험사업자가 시범사업을 하려면 사업계획서를 농림축산식품부장관에게 제출하고 기획재정부장관과 협의하여야 한다.

③ 재해보험사업자는 시범사업이 끝나면 정부의 재정지원에 관한 사항이 포함된 사업결과보고서를 제출하여야 한다.

④ 농림축산식품부장관 또는 해양수산부장관은 시범사업의 사업결과보고서를 받으면 그 사업결과를 바탕으로 신규 보험상품의 도입 가능성 등을 검토 · 평가하여야 한다.

농어업재해보험법 시행령 제22조 제3항

| 오답해설 | ① 재해보험사업자는 신규 보험상품을 도입하려는 경우 등 필요한 경우에는 농림축산식품부장관 또는 해양수산부장관과 협의하여 시범사업을 할 수 있다(동법 제27조 제1항).

② 재해보험사업자가 시범사업을 하려면 사업계획서를 농림축산식품부장관 또는 해양수산부장관에게 제출하고 협의하여야 한다(동 시행령 제22조 제1항).

③ 정부의 재정지원에 관한 사항은 사업결과보고서가 아닌 '사업계획서'에 포함된 내용이다(동 시행령 제22조 제1항 제3호 참조).

| 정답 | 03 ④ 04 ① 05 ④

4 기타 재해보험 관리 업무

06 **농어업재해보험법령상 재해보험사업자가 수립하는 보험가입촉진계획에 포함되어야 할 사항에 해당하지 않는 것은?** 제3회 기출

① 농어업재해재보험기금 관리 · 운용계획

② 해당 연도의 보험상품 운영계획

③ 보험상품의 개선 · 개발계획

④ 전년도의 성과분석 및 해당 연도의 사업계획

농어업재해재보험기금은 재보험사업에 필요한 재원을 충당하기 위해 설치하는 것으로, 보험가입촉진계획과 관련이 없다.

| 오답해설 | ②, ③, ④ 농어업재해보험법 시행령 제22조의2 제1항 참조

07 **농어업재해보험법령상 농어업재해보험사업의 관리에 관한 설명으로 옳지 않은 것은?** 제10회 기출

① 농림축산식품부장관 또는 해양수산부장관은 보험상품의 운영 및 개발에 필요한 통계자료를 수집 · 관리하여야 한다.

② 농림축산식품부장관 및 해양수산부장관은 보험상품의 운영 및 개발에 필요한 통계의 수집 · 관리, 조사 · 연구 등에 관한 업무를 대통령령으로 정하는 자에게 위탁할 수 있다.

③ 재해보험사업자는 농어업재해보험 가입 촉진을 위하여 보험가입촉진계획을 3년 단위로 수립하여 농림축산식품부장관 또는 해양수산부장관에게 제출하여야 한다.

④ 농림축산식품부장관이 손해평가사의 자격 취소를 하려면 청문을 하여야 한다.

재해보험사업자는 농어업재해보험 가입 촉진을 위하여 보험가입촉진계획을 매년 수립하여 농림축산식품부장관 또는 해양수산부장관에게 제출하여야 한다(농어업재해보험법 제28조의2 제1항).

| 오답해설 | ① 동법 제26조 제1항

② 동법 제26조 제4항

④ 동법 제29조의2 제1호

08 농어업재해보험법령상 보험가입촉진계획에 포함되어야 하는 사항을 모두 고른 것은? 제7회 기출

ㄱ. 전년도의 성과분석 및 해당 연도의 사업계획
ㄴ. 해당 연도의 보험상품 운영계획
ㄷ. 농어업재해보험 교육 및 홍보계획

① ㄱ, ㄴ
② ㄱ, ㄷ
③ ㄴ, ㄷ
④ ㄱ, ㄴ, ㄷ

보험가입촉진계획에는 ㄱ, ㄴ, ㄷ 외에도 '보험상품의 개선 · 개발계획, 그 밖에 농어업재해보험 가입 촉진을 위하여 필요한 사항'이 포함되어야 한다(농어업재해보험법 시행령 제22조의2 제1항 참조).

5 벌칙

09 농어업재해보험법상 과태료의 부과 대상이 아닌 것은? 제1회 기출

① 재해보험사업자가 「보험업법」을 위반하여 보험안내를 한 경우
② 재해보험사업자가 아닌 자가 「보험업법」을 위반하여 보험안내를 한 경우
③ 손해평가사가 고의로 진실을 숨기거나 거짓으로 손해평가를 한 경우
④ 재해보험사업자가 농림축산식품부에 관계 서류 제출을 거짓으로 한 경우

손해평가사가 고의로 진실을 숨기거나 거짓으로 손해평가를 한 경우, 1년 이하의 징역 또는 1천만 원 이하의 벌금에 처한다(농어업재해보험법 제30조 제2항 제2호 참조).

| 오답해설 | ① 1천만 원 이하의 과태료 부과(동법 제32조 제1항)
②, ④ 500만 원 이하의 과태료 부과(동법 제32조 제3항)

10 농어업재해보험법령상 고의로 진실을 숨기거나 거짓으로 손해평가를 한 손해평가인과 손해평가사에게 부과될 수 있는 벌칙이 아닌 것은? 제6회 기출

① 징역 6월
② 과태료 2,000만 원
③ 벌금 500만 원
④ 벌금 1,000만 원

고의로 진실을 숨기거나 거짓으로 손해평가를 한 자는 1년 이하의 징역 또는 1천만 원 이하의 벌금에 처한다(농어업재해보험법 제30조 제2항 제2호 참조). 즉, 과태료 부과 대상이 아니다.

| 정답 | 06 ① 07 ③ 08 ④ 09 ③ 10 ②

11 **농어업재해보험법상 손해평가사의 자격을 취득하지 아니하고 그 명의를 사용하거나 자격증을 대여받은 자에게 부과될 수 있는 벌칙은?** 제8회 기출

① 과태료 5백만 원
② 벌금 2천만 원
③ 징역 6월
④ 징역 2년

손해평가사의 명의를 사용하거나 그 자격증을 대여받은 자 또는 명의의 사용이나 자격증의 대여를 알선한 자는 1년 이하의 징역 또는 1천만 원 이하의 벌금에 처한다(농어업재해보험법 제30조 제2항 제4호 참조). 즉, '③ 징역 6월'만이 해당한다.

12 **농어업재해보험법령상 "재해보험사업자는 재해보험사업의 회계를 다른 회계와 구분하여 회계처리함으로써 손익관계를 명확히 하여야 한다."라는 규정을 위반하여 회계를 처리한 자에 대한 벌칙은?** 제10회 기출

① 500만 원 이하의 과태료
② 500만 원 이하의 벌금
③ 1,000만 원 이하의 벌금
④ 1년 이하의 징역

재해보험사업자는 재해보험사업의 회계를 다른 회계와 구분하여 회계처리함으로써 손익관계를 명확히 하여야 한다(농어업재해보험법 제15조). 이를 위반하여 회계를 처리한 자는 500만 원 이하의 벌금에 처한다(동법 제30조 제3항).

13 **농어업재해보험법상 과태료 부과 대상인 것은?** 제9회 기출

① 거짓으로 손해평가를 한 손해평가사
② 재해보험을 모집할 수 없는 자로서 모집을 한 자
③ 다른 사람에게 손해평가사 자격증을 대여한 손해평가사
④ 농림축산식품부장관이 재해보험사업에 관한 업무처리 상황을 보고하게 하였으나 보고하지 아니한 재해보험사업자

농림축산식품부장관이 재해보험사업에 관한 업무처리 상황을 보고하게 하였으나 보고하지 아니한 재해보험사업자에게는 500만 원 이하의 과태료를 부과한다(농어업재해보험법 제32조 제3항 제3호 참조).

| 오답해설 | ① 1년 이하의 징역 또는 1천만 원 이하의 벌금(동법 제30조 제2항 제2호 참조)
② 1년 이하의 징역 또는 1천만 원 이하의 벌금(동법 제30조 제2항 제1호 참조)
③ 1년 이하의 징역 또는 1천만 원 이하의 벌금(동법 제30조 제2항 제3호 참조)

14 농어업재해보험법령상 과태료 부과의 개별기준에 관한 설명으로 옳은 것은? 제4회 기출

① 재해보험사업자의 발기인이 법 제18조에서 적용하는 「보험업법」 제133조에 따른 검사를 기피한 경우: 과태료 200만 원

② 법 제29조에 따른 보고 또는 관계 서류 제출을 거짓으로 한 경우: 200만 원

③ 법 제10조 제2항에서 준용하는 「보험업법」 제97조 제1항을 위반하여 보험계약의 모집에 관한 금지행위를 한 경우: 500만 원

④ 법 제10조 제2항에서 준용하는 「보험업법」 제95조를 위반하여 보험안내를 한 자로서 재해보험사업자가 아닌 경우: 1,000만 원

재해보험사업자의 발기인, 설립위원, 임원, 집행간부, 일반간부직원, 파산관재인 및 청산인이 법 제18조 제1항에서 적용하는 「보험업법」 제133조에 따른 검사를 거부·방해 또는 기피한 경우 과태료 200만 원에 처한다(농어업재해보험법 시행령 별표3 제2호 바목).

| 오답해설 | ② 법 제29조에 따른 보고 또는 관계 서류 제출을 거짓으로 한 경우: 300만 원

③ 법 제10조 제2항에서 준용하는 「보험업법」 제97조 제1항을 위반하여 보험계약의 모집에 관한 금지행위를 한 경우: 300만 원

④ 법 제10조 제2항에서 준용하는 「보험업법」 제95조를 위반하여 보험안내를 한 자로서 재해보험사업자가 아닌 경우: 500만 원

15 농어업재해보험법령상 과태료 부과권자가 금융위원회인 경우는? 제10회 기출

① 「보험업법」 제133조에 따른 검사를 거부·방해 또는 기피한 재해보험사업자의 임원에게 과태료를 부과하는 경우

② 「보험업법」 제95조를 위반하여 보험안내를 한 자로서 재해보험사업자가 아닌 자에게 과태료를 부과하는 경우

③ 「보험업법」 제97조 제1항을 위반하여 보험계약의 체결 또는 모집에 관한 금지행위를 한 자에게 과태료를 부과하는 경우

④ 재해보험사업에 관한 업무 처리 상황의 보고 또는 관계 서류 제출을 하지 아니하거나 보고 또는 관계 서류 제출을 거짓으로 한 자에게 과태료를 부과하는 경우

과태료 부과권자가 금융위원회인 경우(농어업재해보험법 제32조 제4항)

- 「보험업법」 제131조(금융위원회의 명령권) 제1항·제2항 및 제4항에 따른 명령을 위반한 경우
- 「보험업법」 제133조(자료 제출 및 검사 등)에 따른 검사를 거부·방해 또는 기피한 경우

| 오답해설 | ②, ③, ④ 농림축산식품부장관 또는 해양수산부장관이 과태료를 부과하는 경우이다.

| 정답 | 11 ③ 12 ② 13 ④ 14 ① 15 ①

PART 03

농업재해보험 손해평가요령

6 개 년 출 제 비 중

46%

이 단원의 핵심 테마

✔ 6개년 평균 출제 문제수

THEME 01	손해평가요령의 개요	3문제
THEME 02	손해평가 절차	6문제
THEME 03	보험금 산정 및 손해수량 조사방법	3문제

THEME 01

손해평가요령의 개요

✔ 학습 포인트
- 농업재해보험 손해평가요령의 목적
- 손해평가 관련 용어의 정의
- 손해평가인의 위촉과 교육제도

✔ 6개년 평균 3문제 출제

대표 예제

+ 기출 공략팁

- 손해평가에 필요한 세부사항으로서 '농업재해보험 손해평가요령'의 전반적인 내용을 숙지해 두도록 한다.
- 최근 손해평가요령 개정사항(2024. 3. 29. 개정 및 시행)은 시험에 출제될 가능성이 높으므로 반드시 숙지해 두도록 한다.

■ **농업재해보험 손해평가요령상 손해평가인의 업무에 해당하는 것은?** 제9회 기출

① 피해사실 확인

② 재해보험사업의 약정 체결

③ 보험료율의 산정

④ 재해보험상품의 연구와 보급

예제 풀이

손해평가인의 업무는 피해사실 확인, 보험가액 및 손해액 평가, 그 밖에 손해평가에 관하여 필요한 사항이다(농업재해보험 손해평가요령 제3조 제1항 참조).

②, ③ 재해보험사업자의 업무에 해당한다.

④ 농림축산식품부장관 또는 해양수산부장관의 업무에 해당한다. | 정답 | ①

■ **농업재해보험 손해평가요령상 손해평가인 위촉에 관한 규정이다. (　　)에 들어갈 내용은?** 제7회 기출

> 재해보험사업자는 피해발생 시 원활한 손해평가가 이루어지도록 농업재해보험이 실시되는 (　　)별 보험가입자의 수 등을 고려하여 적정규모의 손해평가인을 위촉할 수 있다.

① 시 · 도

② 읍 · 면 · 동

③ 시 · 군 · 자치구

④ 특별자치도 · 특별자치시

예제 풀이

재해보험사업자가 손해평가인을 위촉할 때에는 특정한 수를 위촉하는 것이 아니라 농어업재해보험이 실시되는 시 · 군 · 자치구별 보험가입자의 수 등을 고려하여 적정 규모의 손해평가인을 위촉할 수 있도록 규정되어 있다(농업재해보험 손해평가요령 제4조 제2항 참조). | 정답 | ③

■ 농업재해보험 손해평가요령상 손해평가인의 교육에 관한 설명으로 옳지 않은 것은?

제5회 기출

① 재해보험사업자는 위촉된 손해평가인을 대상으로 농업재해보험에 관한 손해평가의 방법 및 절차의 실무교육을 실시하여야 한다.

② 피해유형별 현지조사표 작성실습은 손해평가인 정기교육의 내용이다.

③ 손해평가인 정기교육 시 농업재해보험에 관한 기초지식의 교육내용에는 농어업재해보험법 제정 배경 및 조문별 주요내용 등이 포함된다.

④ 위촉된 손해평가인의 실무교육 시 재해보험사업자에 대하여 손해평가인은 교육비를 지급한다.

예제 풀이

재해보험사업자는 위촉된 손해평가인을 대상으로 농업재해보험에 관한 기초지식, 보험상품 및 약관, 손해평가의 방법 및 절차 등 손해평가에 필요한 실무교육을 실시하여야 한다. 이때 손해평가인에 대하여 재해보험사업자는 소정의 교육비를 지급할 수 있다(농업재해보험 손해평가요령 제5조 참조).

① 동 요령 제5조 제1항

② 동 요령 제5조의2 제1항 제4호 참조

③ 동 요령 제5조의2 제1항 제1호 참조

| 정답 | ④

농어업재해보험법령

핵심 이론

1 목적 및 용어의 정의

(1) 목적(요령 제1조)

농업재해보험 손해평가요령은 「농어업재해보험법」 제11조 제2항에 따른 손해평가에 필요한 세부사항을 규정함을 목적으로 한다.

(2) 용어의 정의(요령 제2조)

손해평가	농어업재해가 발생한 경우 법에 따라 손해평가인, 손해평가사 또는 손해사정사가 그 피해사실을 확인하고 평가하는 일련의 과정
손해평가인	법으로 정한 자 중에서 재해보험사업자가 위촉하여 손해평가 업무를 담당하는 자
손해평가사	손해평가사 자격시험에 합격한 자
손해평가보조인	손해평가 업무를 보조하는 자
농업재해보험	농작물재해보험, 임산물재해보험 및 가축재해보험

2 손해평가 업무의 개요

(1) 손해평가 업무(요령 제3조)

① 손해평가 시 손해평가인, 손해평가사, 손해사정사는 다음의 업무를 수행한다.

㉠ 피해사실 확인

㉡ 보험가액 및 손해액 평가

㉢ 그 밖에 손해평가에 관하여 필요한 사항

참고 신분 확인 서류 제시
기존에는 손해평가인증 제시만 규정되어 있었으나, 최근 손해평가사 자격증, 손해사정사 등록증 제시가 추가됨(2024. 3. 29. 개정)

참고 위촉할 수 있음
기존에는 '위촉하여야 한다.'는 규정이었으나, '위촉할 수 있다.'로 변경됨(2024. 3. 29. 개정)

참고 피성년후견인
기존 '피성년후견인 또는 피한정후견인'에서 '피한정후견인'은 삭제됨(2024. 3. 29. 개정)

② 손해평가 시 신분 확인: 손해평가인, 손해평가사, 손해사정사는 손해평가 임무를 수행하기 전에 보험가입자에게 '손해평가인증, 손해평가사 자격증, 손해사정사 등록증 등' 신분을 확인할 수 있는 서류를 제시하여야 한다.

(2) 손해평가인 위촉(요령 제4조)

손해평가인증 발급	재해보험사업자는 법령에 따라 손해평가인을 위촉한 경우에는 그 자격을 표시할 수 있는 손해평가인증을 발급하여야 함
위촉 규모	재해보험사업자는 피해발생 시 원활한 손해평가가 이루어지도록 농업재해보험이 실시되는 시·군·자치구별 보험가입자의 수 등을 고려하여 적정 규모의 손해평가인을 위촉할 수 있음
보조인의 운용	재해보험사업자 및 손해평가 업무를 위탁받은 자는 손해평가 업무를 원활히 수행하기 위하여 손해평가보조인을 운용할 수 있음

(3) 손해평가인 교육(요령 제5조, 제5조의2)

손해평가인 실무교육 실시의무	재해보험사업자는 위촉된 손해평가인을 대상으로 '농업재해보험에 관한 기초지식, 보험상품 및 약관, 손해평가의 방법 및 절차' 등 손해평가에 필요한 실무교육을 실시하여야 함
손해평가인 정기교육 실시의무	농림축산식품부장관 또는 해양수산부장관은 손해평가인에 대해 연 1회 이상의 정기교육을 실시하여야 하는데, 그 세부내용은 다음과 같음 • 농업재해보험에 관한 기초지식: 농어업재해보험법 제정 배경·구성 및 조문별 주요내용, 농업재해보험사업현황 • 농업재해보험의 종류별 약관: 농업재해보험 상품 주요내용 및 약관 일반사항 • 손해평가의 절차 및 방법: 농업재해보험 손해평가 개요, 보험목적물별 손해평가기준 및 피해유형별 보상사례 • 피해유형별 현지조사표 작성 실습
교육비 지급	손해평가인에 대하여 재해보험사업자는 소정의 교육비를 지급할 수 있음

(4) 손해평가인 위촉의 취소 및 해지 등(요령 제6조)

① 위촉의 취소(강행규정): 재해보험사업자는 손해평가인이 다음의 어느 하나에 해당하게 되거나 위촉당시에 해당하는 자였음이 판명된 때에는 그 위촉을 취소하여야 한다.

㉠ 피성년후견인
㉡ 파산선고를 받은 자로서 복권되지 아니한 자
㉢ 농어업재해보험법 제30조(벌칙)에 의하여 벌금 이상의 형을 선고받고 그 집행이 종료(집행이 종료된 것으로 보는 경우를 포함)되거나 집행이 면제된 날로부터 2년이 경과되지 아니한 자
㉣ 위촉이 취소된 후 2년이 경과하지 아니한 자
㉤ 거짓 그 밖의 부정한 방법으로 손해평가인으로 위촉된 자
㉥ 업무정지기간 중에 손해평가 업무를 수행한 자

참고 업무정지기간
- 손해평가인: 6개월 이내
- 손해평가사: 1년 이내

② **업무정지 및 위촉의 해지**: 재해보험사업자는 손해평가인이 다음의 어느 하나에 해당하는 때에는 6개월 이내의 기간[❷]을 정하여 그 업무의 정지를 명하거나 위촉 해지 등을 할 수 있다.

㉠ 법 제11조 제2항(객관적으로 손해평가를 해야 하며, 고의로 진실을 숨기거나 거짓으로 손해평가를 해서는 안 됨) 및 이 요령(손해평가요령)의 규정을 위반한 때

㉡ 법 및 이 요령에 의한 명령이나 처분을 위반한 때

㉢ 업무수행과 관련하여 「개인정보 보호법」, 「신용정보의 이용 및 보호에 관한 법률」 등 정보 보호와 관련된 법령을 위반한 때

③ **청문의 실시**: 재해보험사업자는 위촉을 취소하거나 업무의 정지를 명하고자 하는 때에는 손해평가인에게 청문을 실시하여야 한다. 다만, 손해평가인이 청문에 응하지 아니할 경우에는 서면으로 위촉을 취소하거나 업무의 정지를 통보할 수 있다.

④ 재해보험사업자는 손해평가인을 해촉하거나 손해평가인에게 업무의 정지를 명한 때에는 지체없이 이유를 기재한 문서로 그 뜻을 손해평가인에게 통지하여야 한다.

⑤ 업무정지·위촉해지 등 제재조치의 개별기준(요령 별표3 제2호)

위반행위	처분기준		
	1차	2차	3차
1. 법 제11조 제2항 및 이 요령의 규정을 위반한 때	–	–	–
1) 고의 또는 중대한 과실로 손해평가의 신뢰성을 크게 악화시킨 경우	위촉해지	–	–
2) 고의로 진실을 숨기거나 거짓으로 손해평가를 한 경우	위촉해지	–	–
3) 정당한 사유 없이 손해평가반 구성을 거부하는 경우	위촉해지	–	–
4) 현장조사 없이 보험금 산정을 위해 손해평가 행위를 한 경우	위촉해지	–	–
5) 현지조사서를 허위로 작성한 경우	위촉해지	–	–
6) 검증조사 결과 부당·부실 손해평가로 확인된 경우	경고	업무정지 3개월	위촉해지
7) 기타 업무수행상 과실로 손해평가의 신뢰성을 약화시킨 경우	주의	경고	업무정지 3개월
2. 법 및 이 요령에 의한 명령이나 처분을 위반한 때	업무정지 6개월	위촉해지	–
3. 업무수행과 관련하여 「개인정보 보호법」, 「신용정보의 이용 및 보호에 관한 법률」 등 정보보호와 관련된 법령을 위반한 때	위촉해지	–	–

⑥ **손해사정사의 제재**: 재해보험사업자는 「보험업법」 제186조에 따른 손해사정사가 「농어업재해보험법」 등 관련 규정을 위반한 경우 적정한 제재가 가능하도록 각 제재의 구체적 적용기준을 마련하여 시행하여야 한다.

필수 문제

1 목적 및 용어의 정의

01 농업재해보험 손해평가요령에 관한 내용이다. (　　)에 들어갈 용어는? 제2회 기출

> (　　　　)라 함은 「농어업재해보험법」 제2조 제1호에 따른 피해가 발생한 경우 법 제11조 및 제11조의3에 따라 손해평가인, 손해평가사 또는 손해사정사가 그 피해사실을 확인하고 평가하는 일련의 과정을 말한다.

① 피해조사　② 손해평가
③ 검증조사　④ 현지조사

"손해평가"라 함은 「농어업재해보험법」 제2조 제1호에 따른 피해가 발생한 경우 법 제11조 및 제11조의3에 따라 '손해평가인, 손해평가사 또는 손해사정사'가 그 피해사실을 확인하고 평가하는 일련의 과정을 말한다(농업재해보험 손해평가요령 제2조 제1호).

02 다음 (　　) 안에 해당되지 않는 자는? 제1회 기출

> 농업재해보험 손해평가요령에서 규정하고 있는 "손해평가"라 함은 「농어업재해보험법」 제2조 제1호에 따른 피해가 발생한 경우 법 제11조 및 제11조의3에 따라 (　　　　), (　　　　) 또는 (　　　　)이(가) 그 피해사실을 확인하고 평가하는 일련의 과정을 말한다.

① 손해평가사　② 손해사정사
③ 손해평가인　④ 손해평가보조인

"손해평가"라 함은 「농어업재해보험법」 제2조 제1호에 따른 피해가 발생한 경우 법 제11조 및 제11조의3에 따라 '손해평가인, 손해평가사 또는 손해사정사'가 그 피해사실을 확인하고 평가하는 일련의 과정을 말한다(농업재해보험 손해평가요령 제2조 제1호).

03 농업재해보험 손해평가요령상 용어의 정의에 관한 내용의 일부이다. (　　)에 들어갈 내용은? 제8회 기출

> "(　　　　)"(이)라 함은 「농어업재해보험법」 제11조 제1항과 「농어업재해보험법 시행령」 제12조 제1항에서 정한 자 중에서 재해보험사업자가 위촉하여 손해평가 업무를 담당하는 자를 말한다.

① 손해평가인　② 손해평가사
③ 손해사정사　④ 손해평가보조인

손해평가인과 손해평가사는 손해평가 업무를 하는 것은 동일하다. 하지만 손해평가인은 재해보험사업자가 위촉하는 자, 손해평가사는 자격시험에 합격한 자라는 점에서 차이가 있다(농업재해보험 손해평가요령 제2조 제2호 참조).

04 농업재해보험 손해평가요령상 용어의 정의로 옳지 않은 것은? 제6회 기출

① "농업재해보험"이란 「농어업재해보험법」 제4조에 따른 농작물재해보험, 임산물재해보험 및 양식수산물재해보험을 말한다.

② "손해평가인"이라 함은 「농어업재해보험법」 제11조 제1항과 「농어업재해보험법 시행령」 제12조 제1항에서 정한 자 중에서 재해보험사업자가 위촉하여 손해평가 업무를 담당하는 자를 말한다.

③ "손해평가보조인"이라 함은 「농어업재해보험법」에 따라 손해평가인, 손해평가사 또는 손해사정사가 그 피해사실을 확인하고 평가하는 업무를 보조하는 자를 말한다.

④ "손해평가사"라 함은 「농어업재해보험법」 제11조의4 제1항에 따른 자격시험에 합격한 자를 말한다.

"농업재해보험"이란 농작물재해보험, 임산물재해보험 및 가축재해보험을 말한다(농업재해보험 손해평가요령 제2조 제5호). 즉, 양식수산물재해보험은 포함되지 않는다.

05 농업재해보험 손해평가요령에 따른 농업재해보험의 종류에 해당하는 것을 모두 고른 것은? 제4회 기출

ㄱ. 농작물재해보험	ㄴ. 양식수산물재해보험
ㄷ. 임산물재해보험	ㄹ. 가축재해보험

① ㄱ, ㄴ　② ㄱ, ㄹ

③ ㄱ, ㄷ, ㄹ　④ ㄴ, ㄷ, ㄹ

농어업재해보험(재해보험)과 농업재해보험의 차이

- 농어업재해보험(재해보험): 농작물재해보험, 임산물재해보험, 가축재해보험, 양식수산물재해보험을 모두 포함함(농어업재해보험법 제2조 참조)
- 농업재해보험: 농작물재해보험, 임산물재해보험, 가축재해보험(양식수산물재해보험 제외)(농업재해보험 손해평가요령 제2조 제5호 참조)

06 농업재해보험 손해평가요령상 농업재해보험의 종류에 해당하지 않는 것은? 제9회 기출

① 농작물재해보험　② 양식수산물재해보험

③ 가축재해보험　④ 임산물재해보험

양식수산물재해보험은 농업재해보험의 종류에 해당하지 않는다(농업재해보험 손해평가요령 제2조 제5호 참조).

| 정답 | 01 ② 02 ④ 03 ① 04 ① 05 ③ 06 ②

2 손해평가 업무의 개요

07 농업재해보험 손해평가요령에 따른 손해평가인의 업무에 해당하는 것을 모두 고른 것은? 제2회 기출

ㄱ. 보험가액 평가
ㄴ. 손해액 평가
ㄷ. 보험금 산정

① ㄱ
② ㄱ, ㄴ
③ ㄱ, ㄷ
④ ㄴ, ㄷ

손해평가요령상 손해평가인의 업무는 피해사실의 확인, 보험가액 및 손해액의 평가, 그 밖에 손해평가에 관하여 필요한 사항이며(농업재해보험 손해평가요령 제3조 제1항 참조), 보험금 산정은 손해평가인의 업무가 아니다.

08 농업재해보험 손해평가요령상 손해평가인의 손해평가 업무에 관한 설명으로 옳지 않은 것은? 제10회 기출

① 손해평가인은 피해사실 확인, 보험료율의 산정 등의 업무를 수행한다.
② 재해보험사업자가 손해평가인을 위촉한 경우에는 그 자격을 표시할 수 있는 손해평가 인증을 발급하여야 한다.
③ 재해보험사업자는 손해평가인을 대상으로 농업재해보험에 관한 기초지식, 보험상품 및 약관 등 손해평가에 필요한 실무교육을 실시하여야 한다.
④ 재해보험사업자는 실무교육을 받는 손해평가인에 대하여 소정의 교육비를 지급할 수 있다.

손해평가 시 손해평가인은 피해사실 확인, 보험가액 및 손해액 평가, 그 밖에 손해평가에 관하여 필요한 사항 등의 업무를 수행한다(농업재해보험 손해평가요령 제3조 제1항). 보험료율 산정 등의 업무는 재해보험사업자가 수행한다.

| 오답해설 | ② 동 요령 제4조 제1항
③ 동 요령 제5조 제1항
④ 동 요령 제5조 제2항

09 농업재해보험 손해평가요령상 손해평가인에 관한 설명으로 옳지 않은 것은? 제9회 기출

① 손해평가인은 농업재해보험이 실시되는 시·군·자치구별 보험가입자의 수 등을 고려하여 적정 규모로 위촉하여야 한다.

② 손해평가인증은 농림축산식품부장관 또는 해양수산부장관이 발급한다.

③ 재해보험사업자는 손해평가 업무를 원활히 수행하기 위하여 손해평가보조인을 운용할 수 있다.

④ 재해보험사업자는 실무교육을 받는 손해평가인에 대하여 소정의 교육비를 지급할 수 있다.

손해평가인은 재해보험사업자가 위촉하며, 손해평가인증도 재해보험사업자가 발급하여야 한다(농업재해보험 손해평가요령 제4조 제1항 참조).

| 오답해설 | ① 동 요령 제4조 제2항

③ 동 요령 제4조 제3항

④ 동 요령 제5조 제3항

10 농업재해보험 손해평가요령에서 규정하고 있는 손해평가인 위촉에 관한 설명으로 옳지 않은 것은? 제1회 기출변형

① 재해보험사업자는 손해평가 업무를 원활히 수행하게 하기 위하여 손해평가보조인을 운용할 수 있다.

② 재해보험사업자의 업무를 위탁받은 자는 손해평가보조인을 운용할 수 있다.

③ 재해보험사업자가 손해평가인을 위촉한 경우에는 그 자격을 표시할 수 있는 손해평가인증을 발급하여야 한다.

④ 재해보험사업자는 보험가입자 수 등에도 불구하고 보험사업비용을 고려하여 손해평가인 위촉 규모를 최소화하여야 한다.

재해보험사업자는 피해발생 시 원활한 손해평가가 이루어지도록 농업재해보험이 실시되는 시·군·자치구별 보험가입자의 수 등을 고려하여 적정 규모의 손해평가인을 위촉할 수 있다(농업재해보험 손해평가요령 제4조 제2항). 따라서 '최소화하여야 한다'는 것은 옳지 않다.

| 정답 | 07 ② 08 ① 09 ② 10 ④

11 농업재해보험 손해평가요령상 손해평가인의 위촉과 교육에 관한 설명으로 옳은 것은?

제8회 기출

① 손해평가인 정기교육의 세부내용 중 농업재해보험 상품 주요내용은 농업재해보험에 관한 기초지식에 해당한다.

② 손해평가인 정기교육의 세부내용에 피해유형별 현지조사표 작성 실습은 포함되지 않는다.

③ 재해보험사업자 및 「농어업재해보험법」 제14조에 따라 손해평가 업무를 위탁받은 자는 손해평가 업무를 원활히 수행하기 위하여 손해평가보조인을 운용할 수 있다.

④ 실무교육에 참여하는 손해평가인은 재해보험사업자에게 교육비를 납부하여야 한다.

농업재해보험 손해평가요령 제4조 제3항

| 오답해설 | ① 손해평가인 정기교육의 세부내용 중 농업재해보험 상품 주요내용은 농업재해보험의 종류별 약관에 해당한다(동 요령 제5조의2 제1항 제2호 참조).

② 손해평가인 정기교육의 세부내용에 피해유형별 현지조사표 작성 실습은 포함된다(동 요령 제5조의2 제1항 제4호 참조).

④ 실무교육에 참여하는 손해평가인에 대하여 재해보험사업자는 소정의 교육비를 지급할 수 있다(동 요령 제5조 제3항 참조). 즉, 손해평가인이 교육비를 납부해야 한다는 규정은 없다.

12 농업재해보험 손해평가요령상 손해평가인 위촉 취소에 관한 설명이다. (   )에 들어갈 내용으로 옳은 것은?

제10회 기출

> 재해보험사업자는 손해평가인이 「농어업재해보험법」 제30조에 의하여 벌금 이상의 형을 선고받고 그 집행이 종료되거나 집행이 면제된 날로부터 (ㄱ)이 경과되지 아니한 자, 위촉이 취소된 후 (ㄴ)이 경과되지 아니한 자 또는 (ㄷ)기간 중에 손해평가업무를 수행한 자에 해당되거나 위촉 당시에 해당하는 자이었음이 판명된 때에는 그 위촉을 취소하여야 한다.

① ㄱ: 2년, ㄴ: 2년, ㄷ: 업무정지

② ㄱ: 2년, ㄴ: 3년, ㄷ: 업무정지

③ ㄱ: 3년, ㄴ: 2년, ㄷ: 자격정지

④ ㄱ: 3년, ㄴ: 3년, ㄷ: 자격정지

재해보험사업자는 손해평가인이 「농어업재해보험법」 제30조에 의하여 벌금 이상의 형을 선고받고 그 집행이 종료되거나 집행이 면제된 날로부터 2년이 경과되지 아니한 자, 위촉이 취소된 후 2년이 경과되지 아니한 자 또는 업무정지기간 중에 손해평가업무를 수행한 자에 해당되거나 위촉 당시에 해당하는 자이었음이 판명된 때에는 그 위촉을 취소하여야 한다(농업재해보험 손해평가요령 제6조 제1항 제3호, 제4호, 제6호).

13 **농업재해보험 손해평가요령에 따른 손해평가 업무를 원활히 수행하기 위하여 손해평가보조인을 운용할 수 있는 자를 모두 고른 것은?** 제3회 기출

> ㄱ. 재해보험사업자
> ㄴ. 재해보험사업자의 업무를 위탁받은 자
> ㄷ. 손해평가를 요청한 보험가입자
> ㄹ. 재해발생 지역의 지방자치단체

① ㄱ
② ㄷ
③ ㄱ, ㄴ
④ ㄱ, ㄷ, ㄹ

재해보험사업자 및 「농어업재해보험법」 제14조에 따라 손해평가 업무를 위탁받은 자는 손해평가 업무를 원활히 수행하기 위하여 손해평가보조인을 운용할 수 있다(농업재해보험 손해평가요령 제4조 제3항).

14 **농업재해보험 손해평가요령에 따른 손해평가인의 위촉 및 교육에 관한 설명으로 옳지 않은 것은?** 제2회 기출

① 재해보험사업자는 손해평가인으로 위촉된 자를 대상으로 2년마다 1회 이상의 보수교육을 실시하여야 한다.
② 재해보험사업자는 농어업재해보험이 실시되는 시·군·자치구별 보험가입자의 수 등을 고려하여 적정 규모의 손해평가인을 위촉할 수 있다.
③ 재해보험사업자는 손해평가인을 위촉한 경우에는 실무교육을 거쳐 그 자격을 표시할 수 있는 손해평가인증을 발급하여야 한다.
④ 재해보험사업자 및 재해보험사업자의 업무를 위탁받은 자는 손해평가보조인을 운용할 수 있다.

손해평가인의 보수교육은 3년마다 1회 이상 실시하는 것으로 규정되어 있었으나, 해당 조항은 2017년 12월 11일부로 삭제되었다(농업재해보험 손해평가요령 제5조 제2항 참조).

| 오답해설 | ② 동 요령 제4조 제2항 참조
③ 동 요령 제4조 제1항 참조
④ 동 요령 제4조 제3항 참조

| 정답 | **11** ③ **12** ① **13** ③ **14** ①

15 농업재해보험 손해평가요령상 손해평가인 정기교육의 세부내용에 명시적으로 포함되어 있지 않은 것은?

제7회 기출

① 농어업재해보험법 제정 배경
② 손해평가 관련 민원사례
③ 피해유형별 보상사례
④ 농업재해보험 상품 주요내용

손해평가인 정기교육 세부내용 중 손해평가 관련 민원사례는 포함되지 않으며, 민원과 관련된 사항은 「농어업재해보험법」 및 「농어업재해보험법 시행령」, 「농업재해보험 손해평가요령」 등 어디에도 규정되어 있지 않다.

| 오답해설 | 손해평가인 정기교육의 세부내용(농업재해보험 손해평가요령 제5조의2 제1항)

- 농업재해보험에 관한 기초지식: 농어업재해보험법 제정 배경(①) · 구성 및 조문별 주요내용, 농업재해보험사업현황
- 농업재해보험의 종류별 약관: 농업재해보험 상품 주요내용(④) 및 약관 일반사항
- 손해평가의 절차 및 방법: 농업재해보험 손해평가 개요, 보험목적물별 손해평가기준 및 피해유형별 보상사례(③)
- 피해유형별 현지조사표 작성 실습

16 손해평가인이 업무수행과 관련하여 「개인정보 보호법」, 「신용정보의 이용 및 보호에 관한 법률」 등 정보보호와 관련된 법령을 위반한 경우, 재해보험사업자가 손해평가인에게 명할 수 있는 최대 업무정지기간은?

제2회 기출

① 6개월
② 1년
③ 2년
④ 3년

재해보험사업자는 손해평가인이 업무수행과 관련하여 「개인정보 보호법」, 「신용정보의 이용 및 보호에 관한 법률」 등 정보 보호와 관련된 법령을 위반한 때에는 6개월 이내의 기간을 정하여 그 업무의 정지를 명하거나 위촉 해지 등을 할 수 있다(농업재해보험 손해평가요령 제6조 제2항 제3호 참조).

17 농업재해보험 손해평가요령에 따른 손해평가인 위촉의 취소 사유에 해당되지 않는 자는?

제2회 기출

① 파산선고를 받은 자로서 복권되지 아니한 자
② 손해평가인 위촉이 취소된 후 1년이 경과되지 아니한 자
③ 거짓 그 밖의 부정한 방법으로 손해평가인으로 위촉된 자
④ 「농어업재해보험법」 제30조에 의하여 벌금 이상의 형을 선고받고 그 집행이 종료되거나 집행이 면제된 날로부터 3년이 경과된 자

「농어업재해보험법」에 제30조에 의하여 벌금 이상의 형을 선고받고 그 집행이 종료(집행이 종료된 것으로 보는 경우를 포함)되거나 집행이 면제된 날로부터 2년이 경과되지 아니한 자에 해당하거나 위촉 당시에 해당하는 자였음이 판명된 때에는 그 위촉을 취소하여야 한다(농업재해보험 손해평가요령 제6조 제1항 제3호 참조). 즉, 3년이 경과되었다면 위촉취소 사유에 해당하지 않는다.

18 농업재해보험 손해평가요령에 따른 손해평가인 위촉의 취소 및 해지에 관한 설명으로 옳지 않은 것은?

제1회 기출

① 거짓 또는 그 밖의 부정한 방법으로 손해평가인으로 위촉된 자에 대해서는 그 위촉을 취소하여야 한다.

② 손해평가 업무를 수행하면서 「개인정보 보호법」을 위반하여 재해보험가입자의 개인정보를 누설한 자는 그 위촉을 해지할 수 있다.

③ 재해보험사업자는 위촉을 취소하는 때에는 해당 손해평가인에게 청문을 실시하여야 한다.

④ 재해보험사업자는 업무의 정지를 명하고자 하는 때에는 해당 손해평가인에 대한 청문을 생략할 수 있다.

재해보험사업자는 손해평가인의 위촉을 취소하거나 업무의 정지를 명하고자 하는 때에는 해당 손해평가인에 대한 청문을 실시하여야 하며, 손해평가인이 청문에 응하지 아니할 경우 서면으로 위촉을 취소하거나 업무의 정지를 통보할 수 있다(농업재해보험 손해평가요령 제6조 제3항 참조).

19 농업재헤보험 손해평가요령상 손해평가인의 위반행위 중 1차 위반행위에 대한 개별 처분기준의 종류가 다른 것은?

제6회 기출

① 고의로 진실을 숨기거나 거짓으로 손해평가를 한 경우

② 검증조사 결과 부당 · 부실 손해평가로 확인된 경우

③ 현장조사 없이 보험금 산정을 위해 손해평가행위를 한 경우

④ 정당한 사유 없이 손해평가반 구성을 거부하는 경우

검증조사 결과 부당 · 부실 손해평가로 확인된 경우, 1차 위반(경고), 2차 위반(업무정지 3개월), 3차 위반(위촉해지)에 해당한다(농업재해보험 손해평가요령 별표3 제2호 참조).

| 오답해설 | ①, ③, ④ 1차 위반 시 위촉해지에 처한다.

| 정답 | 15 ② 16 ① 17 ④ 18 ④ 19 ②

THEME 02

손해평가 절차

☑ 학습 포인트
- 손해평가반의 구성과 교차손해평가
- 손해평가의 절차 및 방법
- 손해평가 시 보험가액, 보험금 산정

☑ 6개년 평균 6문제 출제

대표 예제

+ 기출 공략팁

- 농업재해보험 손해평가요령의 규정은 손해평가사의 손해평가 실무 시 필요한 지침으로, 출제비율이 점차 높아지고 있다.
- 손해평가반의 구성, 손해평가의 절차 및 방법, 보험가액의 산정은 매회 출제되는 소재로 반드시 암기해야 한다.

■ 농업재해보험 손해평가요령상 손해평가반 구성에 관한 설명으로 옳은 것은?

제8회 기출

① 자기가 실시한 손해평가에 대한 검증조사 및 재조사에 해당하는 손해평가의 경우 해당자를 손해평가반 구성에서 배제하여야 한다.

② 자기가 가입하였어도 자기가 모집하지 않은 보험계약에 관한 손해평가의 경우 해당자는 손해평가반 구성에 참여할 수 있다.

③ 손해평가인은 손해평가를 하는 경우에는 손해평가반을 구성하고 손해평가반별로 평가일정계획을 수립하여야 한다.

④ 손해평가반은 손해평가인을 3인 이상 포함하여 7인 이내로 구성한다.

예제 풀이

농업재해보험 손해평가요령 제8조 제3항 제4호 참조

② 자기가 가입한 보험계약에 관한 손해평가에 대해서 그 당사자는 손해평가반 구성에 참여할 수 없다(동 요령 제8조 제3항 제1호 참조).

③ 재해보험사업자는 손해평가를 하는 경우에는 손해평가반을 구성하고 손해평가반별로 평가일정계획을 수립하여야 한다(동 요령 제8조 제1항).

④ 손해평가반은 손해평가인, 손해평가사, 손해사정사에 해당하는 자로 구성하며, 5인 이내로 한다(동 요령 제8조 제2항 참조).

| 정답 | ①

■ 농업재해보험 손해평가요령상 농작물의 보험가액 산정에 관한 설명이다. ( ) 에 들어갈 내용은?

제9회 기출변형

> 적과전 종합위험방식의 보험가액은 적과후 착과수(달린 열매 수)조사를 통해 산정한 (ㄱ)에 보험가입 당시의 단위당 (ㄴ)을 곱하여 산정한다.

① ㄱ: 기준수확량, ㄴ: 가입가격　　② ㄱ: 보장수확량, ㄴ: 가입가격

③ ㄱ: 기준수확량, ㄴ: 시장가격　　④ ㄱ: 보장수확량, ㄴ: 시장가격

예제 풀이

적과전 종합위험방식의 보험가액 산정(농업재해보험 손해평가요령 제13조 제1항 제2호)

적과전 종합위험방식의 보험가액은 적과후 착과수(달린 열매 수)조사를 통해 산정한 기준수확량에 보험가입 당시의 단위당 가입가격을 곱하여 산정한다.

| 정답 | ①

핵심 이론

참고 재해보험사업자
손해평가반을 구성하고 평가일정계획을 수립하는 주체

용어 이해관계자
손해평가요령상 자기와 생계를 같이 하는 친족

참고 교차손해평가의 목적
손해평가인은 재해가 발생된 지역에서 선발하여 손해평가를 하는 경우가 많은데, 이 경우 보험가입자와 손해평가인이 같은 지역으로 객관적인 손해평가가 이루어지지 않을 수 있음. 이러한 이유로 다른 지역의 손해평가인, 즉 지역손해평가인을 선발하여 손해평가를 함

1 손해평가 절차의 개요

(1) 손해평가반의 구성(요령 제8조)

① **평가일정계획 수립**: 재해보험사업자는 손해평가를 하는 경우에는 손해평가반을 구성하고 손해평가반별로 평가일정계획을 수립하여야 한다.

② **손해평가반의 구성**: 손해평가반은 다음의 어느 하나에 해당하는 자로 구성하며, 5인 이내로 한다.

㉠ 손해평가인

㉡ 손해평가사

㉢ 손해사정사

③ **손해평가반 구성에서 배제되는 자**: 다음의 어느 하나에 해당하는 손해평가에 대하여는 해당자를 손해평가반 구성에서 배제하여야 한다.

㉠ 자기 또는 자기와 생계를 같이 하는 친족이 가입한 보험계약에 관한 손해평가

㉡ 자기 또는 이해관계자가 모집한 보험계약에 관한 손해평가

㉢ 직전 손해평가일로부터 30일 이내의 보험가입자 간 상호 손해평가

㉣ 자기가 실시한 손해평가에 대한 검증조사 및 재조사

(2) 교차손해평가(요령 제8조의2)

시행	재해보험사업자는 공정하고 객관적인 손해평가를 위하여 교차손해평가가 필요한 경우 재해보험 가입규모, 가입분포 등을 고려하여 교차손해평가 대상 시·군·구를 선정하여야 함
지역 손해평가인 선발	재해보험사업자는 교차손해평가를 위해 선정된 시·군·구 내에서 손해평가 경력, 타지역 조사 가능 여부 등을 고려하여 교차손해평가를 담당할 지역손해평가인을 선발하여야 함
교차손해 평가반의 구성	• 교차손해평가를 위해 손해평가반을 구성할 경우 선발된 지역손해평가인 1인 이상이 포함되어야 함 • 다만, 거대재해 발생, 평가인력 부족 등으로 신속한 손해평가가 불가피하다고 판단되는 경우 그러하지 아니할 수 있음

2 손해평가 절차 및 방법

(1) 피해사실의 확인(요령 제9조)

① 보험가입자가 보험책임기간 중에 피해발생 통지를 한 때에는 재해보험사업자는 손해평가반으로 하여금 지체없이 보험목적물의 피해사실을 확인하고 손해평가를 실시하게 하여야 한다.

② 손해평가반이 손해평가를 실시할 때에는 재해보험사업자가 해당 보험가입자의 보험계약사항 중 손해평가와 관련된 사항을 손해평가반에게 통보하여야 한다.

용어 **현지조사서**
손해평가 시 손해평가결과 기록, 손해평가반 구성원 기록, 보험가입자서명 기록 등을 하는 서류

참고 **손해평가반 구성원**
현지조사서 기록사항에 '손해평가반 구성원'이 추가됨(2024. 3. 29. 개정)

참고 **현지조사서 제출기한**
7영업일 이내의 규정이 신설되었으며, 하우스 등 원예시설과 축사건물은 예외로 규정함(2024. 3. 29. 개정)

참고 **검증조사결과의 제출**
재해보험사업자가 검증조사를 한 후, 그 결과를 농림축산식품부장관에게 제출해야 하는 규정이 추가됨(2024. 3. 29. 개정)

(2) 손해평가 준비 및 평가결과 제출(요령 제10조)

구분	내용
현지조사서 마련	재해보험사업자는 손해평가반이 실시한 손해평가결과와 손해평가 업무를 수행한 손해평가반 구성원을 기록할 수 있도록 현지조사서를 마련하여야 함
현지조사서 배부	재해보험사업자는 손해평가를 실시하기 전에 현지조사서를 손해평가반에 배부하고 손해평가 시의 주의사항을 숙지시킨 후 손해평가에 임하도록 하여야 함
현지조사서 작성·제출	• 손해평가반은 현지조사서에 손해평가결과를 정확하게 작성하여 보험가입자에게 이를 설명한 후 서명을 받아 재해보험사업자에게 최종 조사일로부터 7영업일 이내에 제출하여야 함 • 다만, 하우스 등 원예시설과 축사 건물은 7영업일을 초과하여 제출할 수 있음
손해평가 후 보험가입자의 서명 거부	손해평가 후 보험가입자가 정당한 사유 없이 서명을 거부하는 경우 손해평가반은 보험가입자에게 손해평가결과를 통지한 후 서명 없이 현지조사서를 재해보험사업자에게 제출하여야 함
보험가입자의 정당한 사유 없는 손해평가 거부	손해평가반은 보험가입자가 정당한 사유 없이 손해평가를 거부하여 손해평가를 실시하지 못한 경우에는 그 피해를 인정할 수 없는 것으로 평가한다는 사실을 보험가입자에게 통지한 후 현지조사서를 재해보험사업자에게 제출하여야 함
재조사 실시	재해보험사업자는 보험가입자가 손해평가반의 손해평가결과에 대하여 설명 또는 통지를 받은 날로부터 7일 이내에 손해평가가 잘못되었음을 증빙하는 서류 또는 사진 등을 제출하는 경우 재해보험사업자는 다른 손해평가반으로 하여금 재조사를 실시하게 할 수 있음

(3) 손해평가결과 검증(요령 제11조)

구분	내용
재해보험 사업자의 검증조사	재해보험사업자 및 농어업재해보험사업의 관리를 위탁받은 기관은 손해평가반이 실시한 손해평가결과를 확인하기 위하여 손해평가를 실시한 보험목적물 중에서 일정수를 임의 추출하여 검증조사를 할 수 있음
농림축산 식품부장관의 검증조사	• 농림축산식품부장관은 재해보험사업자로 하여금 검증조사를 하게 할 수 있음 • 재해보험사업자는 특별한 사유가 없는 한 이에 응하여야 하고, 그 결과를 농림축산식품부장관에게 제출하여야 함
검증조사에 따른 재조사	검증조사 결과 현저한 차이가 발생되어 재조사가 불가피하다고 판단될 경우, 해당 손해평가반이 조사한 전체 보험목적물에 대하여 재조사를 할 수 있음
보험가입자의 정당한 사유 없는 검증조사 거부	보험가입자가 정당한 사유 없이 검증조사를 거부하는 경우 검증조사반은 검증조사가 불가능하여 손해평가결과를 확인할 수 없다는 사실을 보험가입자에게 통지한 후 검증조사결과를 작성하여 재해보험사업자에게 제출하여야 함

참고 **검증조사결과에 대한 조치 요구**
사업관리 위탁기관의 검증조사 후 그 결과의 통보와 결과에 대한 조치 요구 규정이 추가됨(2024. 3. 29. 개정)

사업관리 위탁기관의 검증조사결과	• 사업관리 위탁기관이 검증조사를 실시한 경우, 그 결과를 재해보험사업자에게 통보하고 필요에 따라 결과에 대한 조치를 요구할 수 있음 • 재해보험사업자는 특별한 사유가 없는 한 그에 따른 조치를 실시해야 함

(4) 손해평가 단위(요령 제12조 제1항)

① 농작물: 농지별

② 가축: 개별가축별(단, 벌은 벌통 단위)

③ 농업시설물: 보험가입 목적물별

+ 농지의 개념(요령 제12조 제2항)

- 손해평가 단위에서의 농지라 함은 하나의 보험가입금액에 해당하는 토지로 필지(지번) 등과 관계없이 농작물을 재배하는 하나의 경작지를 말한다.
- 방풍림, 돌담, 도로(농로 제외) 등에 의해 구획된 것 또는 동일한 울타리, 시설 등에 의해 구획된 것을 하나의 농지로 한다.
- 다만, 경사지에서 보이는 돌담 등으로 구획되어 있는 면적이 극히 작은 것은 동일 작업 단위 등으로 정리하여 하나의 농지에 포함할 수 있다.

참고 **특정위험방식의 상품**
인삼으로 한정함(2024. 3. 29. 개정)

(5) 농작물의 보험가액 및 보험금 산정(요령 제13조)

① 특정위험방식(인삼)의 보험가액: 가입면적에 보험가입 당시의 단위당 가입가격을 곱하여 산정하며, 보험가액에 영향을 미치는 가입면적, 연근 등이 가입 당시와 다를 경우 변경할 수 있다.

② 적과전 종합위험방식의 보험가액: 적과후 착과수(달린 열매 수)조사를 통해 산정한 기준수확량에 보험가입 당시의 단위당 가입가격을 곱하여 산정한다.

③ 종합위험방식의 보험가액

㉠ 보험증권에 기재된 보험목적물의 평년수확량에 보험가입 당시의 단위당 가입가격을 곱하여 산정한다.

㉡ 다만, 보험가액에 영향을 미치는 가입면적, 주수, 수령, 품종 등이 가입 당시와 다를 경우 변경할 수 있다.

④ 생산비 보장의 보험가액

㉠ 작물별로 보험가입 당시 정한 보험가액을 기준으로 산정한다.

㉡ 다만, 보험가액에 영향을 미치는 가입면적 등이 가입 당시와 다를 경우 변경할 수 있다.

⑤ 나무손해보장의 보험가액: 기재된 보험목적물이 나무인 경우로 최초 보험사고발생 시의 해당 농지 내에 심어져 있는 과실생산이 가능한 나무 수(피해 나무 수 포함)에 보험가입 당시의 나무당 가입가격을 곱하여 산정한다.

(6) 가축의 보험가액 및 손해액 산정(요령 제14조)

① 가축에 대한 보험가액: 보험사고가 발생한 때와 곳에서 평가한 보험목적물의 수량에 적용가격[?]을 곱하여 산정한다.

② 가축에 대한 손해액: 보험사고가 발생한 때와 곳에서 폐사 등 피해를 입은 보험목적물의 수량에 적용가격을 곱하여 산정한다.

③ ①과 ②의 적용가격은 보험사고가 발생한 때와 곳에서의 시장가격 등을 감안하여 보험약관에서 정한 방법에 따라 산정한다. 다만, 보험가입 당시 보험가입자와 재해보험사업자가 보험가액 및 손해액 산정방식을 별도로 정한 경우에는 그 방법에 따른다.

참고 적용가격

각 가축별로 약관상 규정된 가격

- 소: 전전월 전국산지 평균 가격
- 돼지: 전전월 전국 도매시장 비육돈 평균지육단가
- 닭: 축산물품질평가원에서 고시하는 가격

(7) 농업시설물의 보험가액 및 손해액 산정(요령 제15조)

① 농업시설물에 대한 보험가액: 보험사고가 발생한 때와 곳에서 평가한 피해목적물의 재조달가액[?]에서 내용연수에 따른 감가상각률을 적용하여 계산한 감가상각액을 차감하여 산정한다.

② 농업시설물에 대한 손해액: 보험사고가 발생한 때와 곳에서 산정한 피해목적물의 원상복구비용을 말한다.

③ ①과 ②의 규정에도 불구하고 보험가입 당시 보험가입자와 재해보험사업자가 보험가액 및 손해액 산정방식을 별도로 정한 경우에는 그 방법에 따른다.

용어 재조달가액

보험의 목적과 동형, 동질의 신품을 재조달하는 데 소요되는 금액

(8) 기타 손해평가요령의 규정

① 농작물 생육상황 조사(요령 제13조 제4항): 재해보험사업자는 손해평가반으로 하여금 재해발생 전부터 보험품목에 대한 평가를 위해 생육상황을 조사하게 할 수 있다. 이때 손해평가반은 조사결과 1부를 재해보험사업자에게 제출하여야 한다.

② 손해평가업무방법서의 작성(요령 제16조): 재해보험사업자는 이 요령의 효율적인 운용 및 시행을 위하여 필요한 세부적인 사항을 규정한 손해평가업무방법서를 작성하여야 한다.

③ 손해평가요령의 검토(요령 제17조): 농림축산식품부장관은 이 고시(손해평가요령)에 대하여 2024년 1월 1일 기준으로 매 3년이 되는 시점(매 3년째의 12월 31일까지를 말함)마다 그 타당성을 검토하여 개선 등의 조치를 하여야 한다.

필수 문제

1 손해평가 절차의 개요

01 농업재해보험 손해평가요령상 손해평가반에 관한 설명으로 옳지 않은 것은? 제10회 기출

① 재해보험사업자는 손해평가를 하는 경우 손해평가반을 구성하고 손해평가반별로 평가 일정계획을 수립하여야 한다.

② 손해평가반은 손해평가인, 손해평가사, 손해사정사, 손해평가보조인 중 어느 하나에 해당하는 자로 구성한다.

③ 손해평가반은 5인 이내로 구성한다.

④ 손해평가반이 손해평가를 실시할 때에는 재해보험사업자가 해당 보험가입자의 보험계약사항 중 손해평가와 관련된 사항을 손해평가반에게 통보하여야 한다.

손해평가반의 구성은 손해평가인, 손해평가사, 손해사정사 중 어느 하나에 해당하는 자로 구성하되 5인 이내로 한다(농업재해보험 손해평가요령 제8조 제2항). 손해평가보조인은 손해평가반의 필수 구성원이 아니다.

| 오답해설 | ① 동 요령 제8조 제1항

④ 동 요령 제9조 제2항

02 농업재해보험 손해평가요령상 손해평가반의 구성에 관한 설명으로 옳지 않은 것은? 제9회 기출

① 손해평가반은 재해보험사업자가 구성한다.

② 「보험업법」 제186조에 따른 손해사정사는 손해평가반에 포함될 수 있다.

③ 손해평가인 2인과 손해평가보조인 3인으로는 손해평가반을 구성할 수 있다.

④ 자기 또는 이해관계자가 모집한 보험계약에 관한 손해평가에 대하여는 해당자를 손해평가반 구성에서 배제하여야 한다.

손해평가반은 손해평가인, 손해평가사, 손해사정사에 해당하는 자로 구성하며, 5인 이내로 한다(농업재해보험 손해평가요령 제8조 제2항 참조). 따라서 손해평가보조인은 손해평가반 구성에 포함될 수 없다.

| 오답해설 | ① 동 요령 제8조 제1항 참조

② 동 요령 제8조 제2항 제3호 참조

④ 동 요령 제8조 제3항 제2호 참조

| 정답 | 01 ② 02 ③

03 농업재해보험 손해평가요령에 따른 손해평가반 구성에 포함될 수 있는 자를 모두 고른 것은?

제3회 기출

ㄱ. 손해평가인	ㄴ. 손해평가사
ㄷ. 재물손해사정사	ㄹ. 신체손해사정사

① ㄱ, ㄴ
② ㄴ, ㄷ
③ ㄱ, ㄴ, ㄷ
④ ㄱ, ㄴ, ㄷ, ㄹ

손해평가반은 '손해평가인, 손해평가사, 손해사정사' 중 어느 하나에 해당하는 자로 구성하며, 5인 이내로 한다. 손해사정사는 재물·신체·차량에 대해서는 구분을 하지 않는다(농업재해보험 손해평가요령 제8조 제2항 참조).

04 농업재해보험 손해평가요령에 따른 손해평가반 구성으로 잘못된 것은?

제2회 기출

① 손해평가인 1인을 포함하여 3인으로 구성
② 손해사정사 1인을 포함하여 4인으로 구성
③ 손해평가인 1인과 손해평가사 1인을 포함하여 5인으로 구성
④ 손해평가보조인 5인으로 구성

손해평가반은 손해평가인, 손해평가사, 손해사정사에 해당하는 자로 구성하며, 5인 이내로 한다(농업재해보험 손해평가요령 제8조 제2항 참조). 따라서 손해평가보조인 5인만으로 손해평가반을 구성할 수 없다.

05 농업재해보험 손해평가요령상 손해평가사 甲을 손해평가반 구성에서 배제하여야 하는 경우를 모두 고른 것은?

제7회 기출

ㄱ. 甲의 이해관계자가 가입한 보험계약에 관한 손해평가
ㄴ. 甲의 이해관계자가 모집한 보험계약에 관한 손해평가
ㄷ. 甲의 이해관계자가 실시한 손해평가에 대한 검증조사

① ㄱ, ㄴ
② ㄱ, ㄷ
③ ㄴ, ㄷ
④ ㄱ, ㄴ, ㄷ

손해평가반 구성 시 배제하여야 하는 경우(농업재해보험 손해평가요령 제8조 제3항)

다음의 어느 하나에 해당하는 손해평가에 대하여는 해당자를 손해평가반 구성에서 배제하여야 한다.

- 자기 또는 자기와 생계를 같이 하는 친족(이해관계자)이 가입한 보험계약에 관한 손해평가(ㄱ)
- 자기 또는 이해관계자가 모집한 보험계약에 관한 손해평가(ㄴ)
- 직전 손해평가일로부터 30일 이내의 보험가입자 간 상호 손해평가
- 자기가 실시한 손해평가에 대한 검증조사 및 재조사

06 농업재해보험 손해평가요령상 교차손해평가에 관한 설명으로 옳지 않은 것은? 제9회 기출

① 평가인력 부족 등으로 신속한 손해평가가 불가피하다고 판단되는 경우 손해평가반의 구성에 지역손해평가인을 포함시키지 않을 수 있다.

② 교차손해평가를 위해 손해평가반을 구성할 경우 농업재해보험 손해평가요령에 따라 선발된 지역손해평가인 2인 이상이 포함되어야 한다.

③ 재해보험사업자가 교차손해평가를 담당할 지역손해평가인을 선발할 때 타지역 조사 가능 여부는 고려사항이다.

④ 재해보험사업자는 교차손해평가가 필요한 경우 재해보험 가입규모, 가입분포 등을 고려하여 교차손해평가 대상 시·군·구를 선정하여야 한다.

교차손해평가를 위해 손해평가반을 구성할 경우 농업재해보험 손해평가요령에 따라 선발된 지역손해평가인 1인 이상이 포함되어야 한다(농업재해보험 손해평가요령 제8조의2 제3항).

| 오답해설 | ① 동 요령 제8조의2 제3항 단서

③ 동 요령 제8조의2 제2항

④ 동 요령 제8조의2 제1항

07 농어업재해보험법 및 농업재해보험 손해평가요령에 따른 교차손해평가에 관한 내용으로 옳지 않은 것은? 제4회 기출

① 교차손해평가를 위해 손해평가반을 구성할 경우 손해평가사 2인 이상이 포함되어야 한다.

② 교차손해평가의 절차·방법 등에 필요한 사항은 농림축산식품부장관 또는 해양수산부장관이 정한다.

③ 재해보험사업자는 교차손해평가가 필요한 경우 재해보험 가입규모, 가입분포 등을 고려하여 교차손해평가 대상 시·군·구(자치구를 말한다)를 선정하여야 한다.

④ 재해보험사업자는 교차손해평가 대상지로 선정한 시·군·구(자치구를 말한다) 내에서 손해평가 경력, 타 지역 조사 가능 여부 등을 고려하여 교차손해평가를 담당할 지역손해평가인을 선발하여야 한다.

교차손해평가를 위한 손해평가반을 구성할 경우 재해보험 가입규모, 가입분포 등을 고려하여 선발한 지역손해평가인 1인 이상이 포함되어야 한다(농업재해보험 손해평가요령 제8조의2 제3항 참조).

| 오답해설 | ② 동법 제11조 제3항 단서

③ 동 요령 제8조의2 제1항

④ 동 요령 제8조의2 제2항

| 정답 | 03 ④ 04 ④ 05 ① 06 ② 07 ①

08 **농어업재해보험법 및 농업재해보험 손해평가요령상 교차손해평가에 관한 설명으로 옳지 않은 것을 모두 고른 것은?** 제10회 기출

> ㄱ. 교차손해평가란 공정하고 객관적인 손해평가를 위하여 재해보험사업자 상호 간에 농어업재해로 인한 손해를 교차하여 평가하는 것을 말한다.
> ㄴ. 동일 시·군·구(자치구를 말한다) 내에서는 교차손해평가를 수행할 수 없다.
> ㄷ. 교차손해평가를 위해 손해평가반을 구성할 때, 거대재해 발생으로 신속한 손해평가가 불가피하다고 판단되는 경우에는 지역손해평가인을 포함하지 않을 수 있다.

① ㄱ, ㄴ
② ㄱ, ㄷ
③ ㄴ, ㄷ
④ ㄱ, ㄴ, ㄷ

- 교차손해평가란 공정하고 객관적인 손해평가를 위하여 손해평가인 상호 간에 담당지역을 교차하여 평가하는 것을 말한다(농어업재해보험법 제11조 제3항).
- 동일 시·군·구(자치구를 말한다) 내에서는 교차손해평가를 수행할 수 있다(동법 제11조 제3항).

| 오답해설 | ㄷ. 교차손해평가를 위해 손해평가반을 구성할 경우에는 제2항에 따라 선발된 지역손해평가인 1인 이상이 포함되어야 한다. 다만, 거대재해 발생, 평가인력 부족 등으로 신속한 손해평가가 불가피하다고 판단되는 경우 그러하지 아니할 수 있다(농업재해보험 손해평가요령 제8조의2 제3항).

2 손해평가 절차 및 방법

09 **농업재해보험 손해평가요령에 따른 피해사실 확인 내용으로 옳은 것은?** 제1회 기출변형

① 손해평가반은 보험책임기간에 관계없이 발생한 피해에 대해서는 재해보험사업자에게 피해발생을 통지하여야 한다.
② 재해보험사업자는 손해평가반으로 하여금 일정 기간을 정하여 보험목적물의 피해사실을 확인하게 하여야 한다.
③ 재해보험사업자는 손해평가반으로 하여금 일정 기간을 정하여 보험목적물의 손해평가를 실시하게 하여야 한다.
④ 손해평가반이 손해평가를 실시할 때에는 재해보험사업자가 해당 보험가입자의 보험계약사항 중 손해평가와 관련된 사항을 손해평가반에게 통보하여야 한다.

손해평가반이 손해평가를 실시할 때에는 재해보험사업자가 해당 보험가입자의 보험계약사항 중 손해평가와 관련된 사항을 손해평가반에게 통보하여야 한다(농업재해보험 손해평가요령 제9조 제2항).

| 오답해설 | ②, ③ 재해보험에 있어 피해발생의 통지의무는 보험가입자에게 있으며 보험가입자가 보험책임기간 중에 피해발생 통지를 한 때에는 재해보험사업자는 손해평가반으로 하여금 지체없이 보험목적물의 피해사실을 확인하고 손해평가를 실시하게 하여야 한다(동 요령 제9조 제1항 참조).

10 **농업재해보험 손해평가요령상 손해평가에 관한 설명으로 옳지 않은 것은?** 제6회 기출

① 교차손해평가에 있어서도 평가인력 부족 등으로 신속한 손해평가가 불가피하다고 판단되는 경우에는 손해평가반구성에 지역손해평가인을 배제할 수 있다.

② 손해평가 단위와 관련하여 농지란 하나의 보험가입금액에 해당하는 토지로 필지(지번) 등과 관계없이 농작물을 재배하는 하나의 경작지를 말한다.

③ 손해평가반이 손해평가를 실시할 때에는 재해보험사업자가 해당 보험가입자의 보험계약 사항 중 손해평가와 관련된 사항을 해당 지방자치단체에 통보하여야 한다.

④ 보험가입자가 정당한 사유 없이 검증조사를 거부하는 경우 검증조사반은 검증조사가 불가능하여 손해평가 결과를 확인할 수 없다는 사실을 보험가입자에게 통지한 후 검증조사결과를 작성하여 재해보험사업자에게 제출하여야 한다.

손해평가반이 손해평가를 실시할 때에는 재해보험사업자가 해당 보험가입자의 보험계약사항 중 손해평가와 관련된 사항을 손해평가반에게 통보하여야 한다(농업재해보험 손해평가요령 제9조 제2항).

| 오답해설 | ① 동 요령 제8조의2 제3항 참조

② 동 요령 제12조 제2항 참조

④ 동 요령 제11조 제4항

11 **농업재해보험 손해평가요령상 손해평가준비 및 평가결과 제출에 관한 설명으로 옳지 않은 것은?** 제5회 기출

① 재해보험사업자는 손해평가반이 실시한 손해평가결과를 기록할 수 있는 현지조사서를 마련해야 한다.

② 손해평가반은 보험가입자가 정당한 사유 없이 손해평가를 거부하여 손해평가를 실시하지 못한 경우에는 그 피해를 인정할 수 없는 것으로 평가한다는 사실을 보험가입자에게 통지한 후 현지조사서를 재해보험사업자에게 제출하여야 한다.

③ 보험가입자가 정당한 사유 없이 손해평가반이 작성한 현지조사서에 서명을 거부한 경우에는 손해평가반은 그 피해를 인정할 수 없는 것으로 평가한다는 현지조사서를 작성하여 재해보험사업자에게 제출하여야 한다.

④ 보험가입자가 손해평가반의 손해평가결과에 대하여 설명 또는 통지를 받은 날로부터 7일 이내에 손해평가가 잘못되었음을 증빙하는 서류 또는 사진 등을 제출하는 경우 재해보험사업자는 다른 손해평가반으로 하여금 재조사를 실시하게 할 수 있다.

보험가입자가 정당한 사유 없이 손해평가반이 작성한 현지조사서에 서명을 거부한 경우에는 손해평가반은 보험가입자에게 손해평가결과를 통지한 후 서명 없이 현지조사서를 재해보험사업자에게 제출하여야 한다(농업재해보험 손해평가요령 제10조 제3항).

| 오답해설 | ① 동 요령 제10조 제1항 참조

② 동 요령 제10조 제4항

④ 동 요령 제10조 제5항

| 정답 | 08 ① 09 ④ 10 ③ 11 ③

12 농업재해보험 손해평가요령상 손해평가준비 및 평가결과 제출에 관한 설명으로 옳은 것은? 제8회 기출

① 손해평가반은 재해보험사업자가 실시한 손해평가결과를 기록할 수 있도록 현지조사서를 마련하여야 한다.

② 손해평가반은 손해평가를 실시하기 전에 현지조사서를 재해보험사업자에게 배부하고 손해평가에 임하여야 한다.

③ 손해평가반은 보험가입자가 7일 이내에 손해평가가 잘못되었음을 증빙하는 서류 등을 제출하는 경우 다른 손해평가반으로 하여금 재조사를 실시하게 할 수 있다.

④ 손해평가반은 보험가입자가 정당한 사유 없이 손해평가를 거부하여 손해평가를 실시하지 못한 경우에는 그 피해를 인정할 수 없는 것으로 평가한다는 사실을 보험가입자에게 통지한 후 현지조사서를 재해보험사업자에게 제출하여야 한다.

농업재해보험 손해평가요령 제10조 제4항

| 오답해설 | ①, ② 현지조사서는 재해보험사업자가 마련하여 손해평가반에게 배부하는 것이다(동 요령 제10조 제1항, 제2항 참조)

③ 보험가입자가 손해평가반의 손해평가결과에 대하여 설명 또는 통지를 받은 날로부터 7일 이내에 손해평가가 잘못되었음을 증빙하는 서류 또는 사진 등을 제출하는 경우 재해보험사업자는 다른 손해평가반으로 하여금 재조사를 실시하게 할 수 있다(동 요령 제10조 제5항).

13 농업재해보험 손해평가요령 제10조(손해평가준비 및 평가결과 제출)의 일부이다. (　　)에 들어갈 내용을 순서대로 옳게 나열한 것은? 제6회 기출

> 재해보험사업자는 보험가입자가 손해평가반의 손해평가결과에 대하여 설명 또는 통지를 (ㄱ)로부터 (ㄴ) 이내에 손해평가가 잘못되었음을 증빙하는 서류 또는 사진 등을 제출하는 경우 재해보험사업자는 다른 손해평가반으로 하여금 재조사를 실시하게 할 수 있다.

① ㄱ: 받은 날, ㄴ: 7일

② ㄱ: 받은 다음 날, ㄴ: 7일

③ ㄱ: 받은 날, ㄴ: 10일

④ ㄱ: 받은 다음 날, ㄴ: 10일

보험가입자는 손해평가결과에 대해 재조사를 요청할 수 있는데, 그 방법으로 보험가입자는 손해평가반의 손해평가결과에 대하여 설명 또는 통지를 받은 날로부터 7일 이내에 손해평가가 잘못되었음을 증빙하는 서류 또는 사진 등을 제출하면 재해보험사업자는 다른 손해평가반으로 하여금 재조사를 실시하게 할 수 있다(농업재해보험 손해평가요령 제10조 제5항 참조).

14 농업재해보험 손해평가요령에 따른 손해평가준비 및 평가결과 제출에 관한 내용이다. ( )에 들어갈 숫자는?

제2회 기출

> 재해보험사업자는 보험가입자가 손해평가반의 손해평가결과에 대하여 설명 또는 통지를 받은 날로부터 ( )일 이내에 손해평가가 잘못되었음을 증빙하는 서류 또는 사진 등을 제출하는 경우 재해보험사업자는 다른 손해평가반으로 하여금 재조사를 실시하게 할 수 있다.

① 5
② 7
③ 10
④ 14

재해보험사업자는 보험가입자가 손해평가반의 손해평가결과에 대하여 설명 또는 통지를 받은 날로부터 7일 이내에 손해평가가 잘못되었음을 증빙하는 서류 또는 사진 등을 제출하는 경우 재해보험사업자는 다른 손해평가반으로 하여금 재조사를 실시하게 할 수 있다(농업재해보험 손해평가요령 제10조 제5항).

15 농업재해보험 손해평가요령에 따른 손해평가결과 검증에 관한 설명으로 옳은 것은?

제1회 기출변형

① 재해보험사업자 및 농어업재해보험사업의 재보험사업자는 손해평가반이 실시한 손해평가결과를 확인하고자 하는 경우에는 손해평가를 실시한 전체 보험목적물에 대하여 검증조사를 하여야 한다.

② 농림축산식품부장관은 재해보험사업자로 하여금 검증조사를 하게 할 수 있으며, 재해보험사업자는 특별한 사유가 없는 한 이에 응하여야 한다.

③ 재해보험사업자는 검증조사 결과 현저한 차이가 발생되어 재조사가 불가피하다고 판단될 경우라도 해당 손해평가반이 조사한 전체 보험목적물에 대하여 재조사를 할 수 없다.

④ 보험가입자가 정당한 사유 없이 검증조사를 거부하는 경우 검증조사반은 검증조사결과 작성을 생략하고 재해보험사업자에게 제출하지 않아도 된다.

농업재해보험 손해평가요령 제11조 제2항 참조

| 오답해설 | ① 재해보험사업자 및 농어업재해보험사업의 관리를 위탁받은 기관(사업관리 위탁기관)은 손해평가반이 실시한 손해평가결과를 확인하기 위하여 손해평가를 실시한 보험목적물 중에서 일정수를 임의 추출하여 검증조사를 할 수 있다(동 요령 제11조 제1항).

③ 재해보험사업자는 검증조사 결과 현저한 차이가 발생되어 재조사가 불가피하다고 판단될 경우에는 해당 손해평가반이 조사한 전체 보험목적물에 대하여 재조사를 할 수 있다(동 요령 제11조 제3항).

④ 보험가입자가 정당한 사유 없이 검증조사를 거부하는 경우 검증조사반은 검증조사가 불가능하여 손해평가결과를 확인할 수 없다는 사실을 보험가입자에게 통지한 후 검증조사결과를 작성하여 재해보험사업자에게 제출하여야 한다(동 요령 제11조 제4항).

| 정답 | 12 ④ 13 ① 14 ② 15 ②

16 농업재해보험 손해평가요령상 손해평가결과 검증에 관한 설명으로 옳지 않은 것은? 제7회 기출변형

① 검증조사 결과 현저한 차이가 발생된 경우 해당 손해평가반이 조사한 전체 보험목적물에 대하여 검증조사를 하여야 한다.

② 보험가입자가 정당한 사유 없이 검증조사를 거부하는 경우 검증조사반은 검증조사가 불가능하여 손해평가결과를 확인할 수 없다는 사실을 보험가입자에게 통지한 후 검증조사결과를 작성하여 재해보험사업자에게 제출하여야 한다.

③ 재해보험사업자 및 농어업재해보험사업의 관리를 위탁받은 기관은 손해평가반이 실시한 손해평가결과를 확인하기 위하여 손해평가를 실시한 보험목적물 중에서 일정수를 임의 추출하여 검증조사를 할 수 있다.

④ 농림축산식품부장관은 재해보험사업자로 하여금 검증조사를 하게 할 수 있다.

재해보험사업자는 검증조사 결과 현저한 차이가 발생되어 재조사가 불가피하다고 판단될 경우에는 해당 손해평가반이 조사한 전체 보험목적물에 대하여 재조사를 할 수 있다(농업재해보험 손해평가요령 제11조 제3항).

| 오답해설 | ② 동 요령 제11조 제4항

③ 동 요령 제11조 제1항

④ 동 요령 제11조 제2항 참조

17 농업재해보험 손해평가요령상 손해평가결과 검증에 관한 설명으로 옳은 것은? 제8회 기출변형

① 재해보험사업자 및 농어업재해보험사업의 관리를 위탁받은 기관은 손해평가반이 실시한 손해평가결과를 확인하기 위하여 손해평가를 실시한 보험목적물 중에서 일정수를 임의 추출하여 검증조사를 할 수 있다.

② 손해평가반은 농림축산식품부장관으로 하여금 검증조사를 하게 할 수 있다.

③ 손해평가결과와 임의 추출조사의 결과에 차이가 발생하면 해당 손해평가반이 조사한 전체 보험목적물에 대하여 재조사를 하여야 한다.

④ 보험가입자가 검증조사를 거부하는 경우 검증조사반은 손해평가 검증을 강제할 수 있다는 사실을 보험가입자에게 통지하여야 한다.

농업재해보험 손해평가요령 제11조 제1항

| 오답해설 | ② 농림축산식품부장관은 재해보험사업자로 하여금 검증조사를 하게 할 수 있다(동 요령 제11조 제2항).

③ 손해평가결과와 임의 추출조사의 결과에 차이가 발생하면 해당 손해평가반이 조사한 전체 보험목적물에 대하여 재조사를 할 수 있다(동 요령 제11조 제3항).

④ 보험가입자가 검증조사를 거부하는 경우 검증조사반은 손해평가 검증을 강제할 수 없으며, 검증조사가 불가능하여 손해평가 결과를 확인할 수 없다는 사실을 보험가입자에게 통지한 후 검증조사결과를 작성하여 재해보험사업자에게 제출하여야 한다(동 요령 제11조 제4항 참조).

18 **농업재해보험 손해평가요령상 손해평가결과 검증에 관한 설명으로 옳지 않은 것은?** 제9회 기출변형

① 농림축산식품부장관은 재해보험사업자로 하여금 검증조사를 하게 할 수 있으며, 재해보험사업자는 특별한 사유가 없는 한 이에 응하여야 한다.

② 보험가입자가 정당한 사유 없이 검증조사를 거부하는 경우 검증조사반은 검증조사가 불가능하여 손해평가 결과를 확인할 수 없다는 사실을 지체없이 농림축산식품부장관에게 보고하여야 한다.

③ 검증조사 결과 현저한 차이가 발생되어 재조사가 불가피하다고 판단될 경우에는 해당 손해평가반이 조사한 전체 보험목적물에 대하여 재조사를 할 수 있다.

④ 재해보험사업자 및 농어업재해보험사업의 관리를 위탁받은 기관은 손해평가반이 실시한 손해평가결과를 확인하기 위하여 손해평가를 실시한 보험목적물 중에서 일정수를 임의 추출하여 검증조사를 할 수 있다.

보험가입자가 정당한 사유 없이 검증조사를 거부하는 경우 검증조사반은 검증조사가 불가능하여 손해평가결과를 확인할 수 없다는 사실을 보험가입자에게 통지한 후 검증조사결과를 작성하여 재해보험사업자에게 제출하여야 한다(농업재해보험 손해평가요령 제11조 제4항).

| 오답해설 | ① 동 요령 제11조 제2항

③ 동 요령 제11조 제3항

④ 동 요령 제11조 제1항

19 **농업재해보험 손해평가요령상 손해평가결과 검증에 관한 설명으로 옳은 것은?** 제10회 기출

① 재해보험사업자 이외의 자는 검증조사를 할 수 없다.

② 손해평가반이 실시한 손해평가결과를 확인하기 위하여 검증조사를 할 때 손해평가를 실시한 보험목적물 중에서 일정수를 임의 추출하여 검증조사를 하여서는 아니 된다.

③ 검증조사 결과 현저한 차이가 발생되어 재조사가 불가피하다고 판단될 경우에는 해당 손해평가반이 조사한 전체 보험목적물에 대하여 재조사를 할 수 있다.

④ 보험가입자가 정당한 사유 없이 검증조사를 거부하는 경우 검증조사반은 검증조사가 불가능하여 손해평가결과를 확인할 수 없다는 사실을 재해보험사업자에게 통지한 후 검증조사결과를 작성하여 농림축산식품부장관에게 제출하여야 한다.

농업재해보험 손해평가요령 제11조 제3항

| 오답해설 | ① 검증조사는 재해보험사업자와 농어업재해보험사업의 관리를 위탁받은 기관이 할 수 있다(동 요령 제11조 제1항 참조).

② 손해평가반이 실시한 손해평가결과를 확인하기 위하여 검증조사를 할 때 손해평가를 실시한 보험목적물 중에서 일정수를 임의의 추출하여 검증조사를 할 수 있다(동 요령 제11조 제1항 참조).

④ 보험가입자가 정당한 사유 없이 검증조사를 거부하는 경우 검증조사반은 검증조사가 불가능하여 손해평가결과를 확인할 수 없다는 사실을 재해보험사업자에게 통지한 후 검증조사결과를 작성하여 농림축산식품부장관이 아닌 재해보험사업자에게 제출하여야 한다(동 요령 제11조 제4항 참조).

| 정답 | **16** ① **17** ① **18** ② **19** ③

20 농업재해보험 손해평가요령에 따른 보험목적물별 손해평가 단위로 옳지 않은 것은?

제1회 기출

① 벼 – 농가별 ② 사과 – 농지별
③ 돼지 – 개별가축별 ④ 비닐하우스 – 보험가입 목적물별

보험목적물별 손해평가 단위(농업재해보험 손해평가요령 제12조 제1항)

- 농작물: 농지별(①, ②)
- 가축: 개별가축별(단, 벌은 벌통 단위)(③)
- 농업시설물: 보험가입 목적물별(④)

21 농업재해보험 손해평가요령에 따른 보험목적물별 손해평가 단위로 옳은 것은?

제2회 기출

① 사과: 농지별 ② 벼: 필지별
③ 가축: 개별축사별 ④ 농업시설물: 지번별

보험목적물별 손해평가 단위(농업재해보험 손해평가요령 제12조 제1항)

- 농작물: 농지별(①, ②)
- 가축: 개별가축별(단, 벌은 벌통 단위)(③)
- 농업시설물: 보험가입 목적물별(④)

22 농업재해보험 손해평가요령상 보험목적물별 손해평가 단위가 농지인 경우에 관한 설명으로 옳은 것은? (단, 농지는 하나의 보험가입금액에 해당하는 토지임)

제10회 기출

① 농작물을 재배하는 하나의 경작지의 필지가 2개 이상인 경우에는 하나의 농지가 될 수 없다.
② 농작물을 재배하는 하나의 경작지가 농로에 의해 구획된 경우 구획된 토지는 각각 하나의 농지로 한다.
③ 농작물을 재배하는 하나의 경작지의 지번이 2개 이상인 경우에는 하나의 농지가 될 수 없다.
④ 경사지에서 보이는 돌담 등으로 구획되어 있는 면적이 극히 작은 것은 동일 작업 단위 등으로 정리하여 하나의 농지에 포함할 수 있다.

손해평가 단위가 농지인 경우(농업재해보험 손해평가요령 제12조 제2항)

농지라 함은 하나의 보험가입금액에 해당하는 토지로 필지(지번) 등과 관계없이 농작물을 재배하는 하나의 경작지를 말한다(①, ③). 방풍림, 돌담, 도로(농로 제외) 등에 의해 구획된 것 또는 동일한 울타리, 시설 등에 의해 구획된 것을 하나의 농지로 한다(②). 다만, 경사지에서 보이는 돌담 등으로 구획되어 있는 면적이 극히 작은 것은 동일 작업 단위 등으로 정리하여 하나의 농지에 포함할 수 있다(④).

23 농업재해보험 손해평가요령에 따른 농작물의 보험가액 산정에 관한 설명으로 옳은 것은? 제1회 기출변형

① 특정위험방식 보험가액은 적과후 착과수조사를 통해 산정한 가입수확량에 보험가입 당시의 단위당 가입가격을 곱하여 산정한다.

② 종합위험방식 보험가액은 보험증권에 기재된 보험목적물의 가입수확량에 보험가입 당시의 단위당 가입가격을 곱하여 산정한다.

③ 적과전 종합위험방식의 보험가액은 적과후 착과수(달린 열매 수)조사를 통해 산정한 기준수확량에 보험가입 당시의 단위당 가입가격을 곱하여 산정한다.

④ 나무손해보장의 보험가액은 기재된 보험목적물이 나무인 경우로 최종 보험사고발생 시의 해당 농지 내에 심어져 있는 전체 나무 수(피해 나무 수 포함)에 보험가입 당시의 나무당 가입가격을 곱하여 산정한다.

농업재해보험 손해평가요령 제13조 제1항 제2호

| 오답해설 | ① 특정위험방식인 인삼은 가입면적에 보험가입 당시의 단위당 가입가격을 곱하여 산정하며, 보험가액에 영향을 미치는 가입면적, 연근 등이 가입 당시와 다를 경우 변경할 수 있다(동 요령 제13조 제1항 제1호).

② 종합위험방식 보험가액은 보험증권에 기재된 보험목적물의 평년수확량에 보험가입 당시의 단위당 가입가격을 곱하여 산정한다. 다만, 보험가액에 영향을 미치는 가입면적, 주수, 수령, 품종 등이 가입 당시와 다를 경우 변경할 수 있다(동 요령 제13조 제1항 제3호).

④ 나무손해보장의 보험가액은 기재된 보험목적물이 나무인 경우로 최초 보험사고발생 시의 해당 농지 내에 심어져 있는 과실생산이 가능한 나무 수(피해 나무 수 포함)에 보험가입 당시의 나무당 가입가격을 곱하여 산정한다(동 요령 제13조 제1항 제5호).

24 농업재해보험 손해평가요령상 가축의 보험가액 및 손해액 산정에 관한 설명이다. (   )에 들어갈 내용으로 옳은 것은? 제10회 기출

- 가축에 대한 보험가액은 보험사고가 발생한 때와 곳에서 평가한 보험목적물의 수량에 (ㄱ)을 곱하여 산정한다.
- 가축에 대한 손해액은 보험사고가 발생한 때와 곳에서 폐사 등 피해를 입은 보험목적물의 수량에 (ㄴ)을 곱하여 산정한다.

① ㄱ: 시장가격, ㄴ: 시장가격
② ㄱ: 시장가격, ㄴ: 적용가격
③ ㄱ: 적용가격, ㄴ: 시장가격
④ ㄱ: 적용가격, ㄴ: 적용가격

가축의 보험가액 및 손해액 산정(농업재해보험 손해평가요령 제14조 제1항, 제2항)

- 가축에 대한 보험가액은 보험사고가 발생한 때와 곳에서 평가한 보험목적물의 수량에 적용가격(ㄱ)을 곱하여 산정한다.
- 가축에 대한 손해액은 보험사고가 발생한 때와 곳에서 폐사 등 피해를 입은 보험목적물의 수량에 적용가격(ㄴ)을 곱하여 산정한다.

| 정답 | 20 ① 21 ① 22 ④ 23 ③ 24 ④

25 농업재해보험 손해평가요령상 농작물의 보험가액 산정에 관한 조문의 일부이다. (   )에 들어갈 내용으로 옳은 것은?

제10회 기출

> 적과전 종합위험방식의 보험가액은 적과후 착과수(달린 열매 수)조사를 통해 산정한 (   )수확량에 보험가입 당시의 단위당 가입가격을 곱하여 산정한다.

① 평년 ② 기준 ③ 피해 ④ 적용

적과전 종합위험방식의 보험가액 산정(농업재해보험 손해평가요령 제13조 제1항 제2호)

적과전 종합위험방식의 보험가액은 적과후 착과수(달린 열매수)조사를 통해 산정한 기준수확량에 보험가입 당시의 단위당 가입가격을 곱하여 산정한다.

26 농업재해보험 손해평가요령상 농업시설물의 손해액 산정에 관한 설명이다. (   )에 들어갈 내용으로 옳은 것은?

제10회 기출

> 보험가입 당시 보험가입자와 재해보험사업자가 손해액 산정방식을 별도로 정한 경우를 제외하고는, 농업시설물에 대한 손해액은 보험사고가 발생한 때와 곳에서 산정한 피해목적물의 (   )을 말한다.

① 감가상각액 ② 재조달가액
③ 보험가입금액 ④ 원상복구비용

보험가입 당시 보험가입자와 재해보험사업자가 손해액 산정방식을 별도로 정한 경우를 제외하고는, 농업시설물에 대한 손해액은 보험사고가 발생한 때와 곳에서 산정한 피해목적물의 원상복구비용을 말한다(농업재해보험 손해평가요령 제15조 참조).

27 농업재해보험 손해평가요령상 농업시설물의 보험가액 및 손해액 산정에 관한 설명이다. (   )에 들어갈 내용은?

제8회 기출

> • 농업시설물에 대한 보험가액은 보험사고가 발생한 때와 곳에서 평가한 피해목적물의 (ㄱ)에서 내용연수에 따른 감가상각률을 적용하여 계산한 감가상각액을 (ㄴ)하여 산정한다.
> • 농업시설물에 대한 손해액은 보험사고가 발생한 때와 곳에서 산정한 피해목적물의 (ㄷ)을 말한다.

① ㄱ: 시장가격, ㄴ: 곱, ㄷ: 시장가격 ② ㄱ: 시장가격, ㄴ: 차감, ㄷ: 원상복구비용
③ ㄱ: 재조달가액, ㄴ: 곱, ㄷ: 시장가격 ④ ㄱ: 재조달가액, ㄴ: 차감, ㄷ: 원상복구비용

• 농업시설물에 대한 보험가액은 보험사고가 발생한 때와 곳에서 평가한 피해목적물의 재조달가액에서 내용연수에 따른 감가상각률을 적용하여 계산한 감가상각액을 차감하여 산정한다(농업재해보험 손해평가요령 제15조 제1항).
• 농업시설물에 대한 손해액은 보험사고가 발생한 때와 곳에서 산정한 피해목적물의 원상복구비용을 말한다(동 요령 제15조 제2항).

28 **농업재해보험 손해평가요령에 따른 농작물 및 농업시설물의 보험가액 산정방법으로 옳은 것은?** 제2회 기출

① 특정위험방식은 적과전 착과수조사를 통해 산정한 기준수확량에 보험가입 당시의 단위당 가입가격을 곱하여 산정한다.

② 적과전 종합위험방식은 보험증권에 기재된 보험목적물의 평년수확량에 보험가입 당시의 단위당 가입가격을 곱하여 산정한다.

③ 종합위험방식은 적과후 착과수조사를 통해 산정한 기준수확량에 보험가입 당시의 단위당 가입가격을 곱하여 산정한다.

④ 농업시설물에 대한 보험가액은 보험사고가 발생한 때와 곳에서 평가한 피해목적물의 재조달가액에서 내용연수에 따른 감가상각률을 적용하여 계산한 감가상각액을 차감하여 산정한다.

농업재해보험 손해평가요령 제15조 제1항

| 오답해설 | ① 특정위험방식인 인삼은 가입면적에 보험가입 당시의 단위당 가입가격을 곱하여 산정하며, 보험가액에 영향을 미치는 가입면적, 연근 등이 가입 당시와 다를 경우 변경할 수 있다(동 요령 제13조 제1항 제1호).

② 적과전 종합위험방식의 보험가액은 적과후 착과수(달린 열매 수)조사를 통해 산정한 기준수확량에 보험가입 당시의 단위당 가입가격을 곱하여 산정한다(동 요령 제13조 제1항 제2호).

③ 종합위험방식 보험가액은 보험증권에 기재된 보험목적물의 평년수확량에 보험가입 당시의 단위당 가입가격을 곱하여 산정한다. 다만, 보험가액에 영향을 미치는 가입면적, 주수, 수령, 품종 등이 가입 당시와 다를 경우 변경할 수 있다(동 요령 제13조 제1항 제3호).

29 **농업재해보험 손해평가요령상 "손해평가업무방법서" 및 "농업재해보험 손해평가요령의 재검토기한"에 관한 설명이다. ( )에 들어갈 내용을 순서대로 옳게 나열한 것은?** 제6회 기출변형

- (ㄱ)은(는) 이 요령의 효율적인 운용 및 시행을 위하여 필요한 세부적인 사항을 규정한 손해평가업무방법서를 작성하여야 한다.
- 농림축산식품부장관은 이 고시에 대하여 2024년 1월 1일 기준으로 매 (ㄴ)이 되는 시점마다 그 타당성을 검토하여 개선 등의 조치를 하여야 한다.

① ㄱ: 손해평가반, ㄴ: 2년
② ㄱ: 재해보험사업자, ㄴ: 2년
③ ㄱ: 손해평가반, ㄴ: 3년
④ ㄱ: 재해보험사업자, ㄴ: 3년

손해평가요령의 효율적인 운용 및 시행을 위해 재해보험사업자는 손해평가업무방법서를 작성하도록 규정하고 있으며 손해평가요령에 대한 고시는 2024년 1월 1일을 기준으로 매 3년이 되는 시점(매 3년째 12월 31일까지를 말함)마다 그 타당성을 검토하도록 규정되어 있다(농업재해보험 손해평가요령 제16조, 제17조 참조).

| 정답 | 25 ② 26 ④ 27 ④ 28 ④ 29 ④

THEME 03

보험금 산정 및 손해수량 조사방법

✓ 학습 포인트
- 농작물에 대한 보험금 산정
- 농작물의 품목별 · 재해별 · 시기별 손해수량 조사방법

✓ 6개년 평균 **3문제** 출제

대표 예제

+ 기출 공략팁

- 손해평가요령에 따른 보험금 산정과 조사방법에 대한 문제는 매년 3문제 이상 출제되고 있다.
- 최근 보험금 산정과 관련된 손해평가요령 개정사항(2024. 3. 29. 개정 및 시행)은 시험에 출제될 가능성이 높으므로 반드시 숙지해 두도록 한다.

■ **농업재해보험 손해평가요령상 종합위험방식 수확감소보장에서 “벼”의 경우, 다음의 조건으로 산정한 보험금은?** 제7회 기출

• 보험가입금액: 100만 원	• 자기부담비율: 20%
• 평년수확량: 1,000kg	• 수확량: 500kg
• 미보상감수량: 50kg	

① 10만 원 ② 20만 원
③ 25만 원 ④ 45만 원

예제 풀이

종합위험방식 중 벼 상품의 수확감소보장 보험금 산정(농업재해보험 손해평가요령 별표1)

- 피해율 = (평년수확량 − 수확량 − 미보상감수량) ÷ 평년수확량
  = (1,000kg − 500kg − 50kg) ÷ 1,000kg = 45%
- 보험금 = 보험가입금액 × (피해율 − 자기부담율)
  = 100만 원 × (45% − 20%) = 25만 원

| 정답 | ③

■ **농업재해보험 손해평가요령에 따른 적과전 종합위험방식 상품 “사과”의 「6월 1일∼적과전」 생육시기에 해당되는 재해로 옳지 않은 것은?** 제1회 기출변형

① 태풍(강풍) ② 우박
③ 집중호우 ④ 가을동상해

예제 풀이

적과전 종합위험방식 상품에서 「6월 1일∼적과전」 생육시기의 재해는 태풍(강풍), 우박, 집중호우, 화재, 지진이 해당하며, 가을동상해는 「적과후∼수확기 종료」 생육시기에 해당한다(농업재해보험 손해평가요령 별표2 제2호 참조).

| 정답 | ④

■ 농업재해보험 손해평가요령상 농작물의 품목별·재해별·시기별 손해수량 조사방법 중 종합위험방식 상품에 관한 표의 일부이다. (   )에 들어갈 내용은?

제8회 기출

생육시기	재해	조사내용	조사시기	조사방법	비고
수확 시작 후 ~ 수확 종료	태풍(강풍), 우박	(ㄱ)	사고접수 후 지체없이	• 전체 열매수(전체 개화수) 및 수확 가능 열매수 조사 – 6월 1일~6월 20일 사고건에 한함 • 조사방법: 표본조사	(ㄴ)만 해당

① ㄱ: 과실손해조사, ㄴ: 복분자
② ㄱ: 과실손해조사, ㄴ: 무화과
③ ㄱ: 수확량조사, ㄴ: 복분자
④ ㄱ: 수확량조사, ㄴ: 무화과

예제 풀이

농작물의 손해수량에 대한 품목별 · 재해별 · 시기별 조사방법(농업재해보험 손해평가요령 별표2)

생육시기	재해	조사내용	조사시기	조사방법	비고
수확 시작 후 ~ 수확 종료	태풍(강풍), 우박	과실손해 조사	사고접수 후 지체없이	• 전체 열매수(전체 개화수) 및 수확 가능 열매수 조사 • 6월 1일~6월 20일 사고건에 한함 • 조사방법: 표본조사	복분자만 해당
				• 표본주의 고사 및 정상 결과지수 조사 • 조사방법: 표본조사	무화과만 해당

| 정답 | ①

핵심 이론

1 보험금 산정

농작물에 대한 보험금 산정은 다음과 같다(요령 별표1).

구분	보장범위	산정내용	비고
특정위험방식	작물특정위험보장❶	보험가입금액 × (피해율 – 자기부담비율) ※ 피해율 = $(1 - \frac{\text{수확량}}{\text{연근별 기준수확량}}) \times \frac{\text{피해면적}}{\text{재배면적}}$	인삼
적과전 종합위험방식	착과감소	(착과감소량 – 미보상감수량 – 자기부담감수량) × 가입가격 × 보장수준(50%, 70%)❷	–
	과실손해	(적과종료 이후 누적감수량 – 자기부담감수량) × 가입가격	
	나무손해보장	보험가입금액 × (피해율 – 자기부담비율) ※ 피해율 = 피해주수(고사된 나무) ÷ 실제결과주수	

참고 특정위험방식의 보장범위
• 개정 전: 인삼 상품
• 개정 후: 작물특정위험보장 (2024. 3. 29. 개정)

참고 적과전 종합위험방식의 착과감소 보장수준 비율
• 개정 전: 80%
• 개정 후: 50%, 70% (2024. 3. 29. 개정)

	해가림시설	• 보험가입금액이 보험가액과 같거나 클 때: 보험가입금액을 한도로 손해액에서 자기부담금을 차감한 금액 • 보험가입금액이 보험가액보다 작을 때: (손해액 – 자기부담금) × (보험가입금액 ÷ 보험가액)	인삼
	비가림시설	MIN(손해액 – 자기부담금, 보험가입금액)	–
	수확감소	보험가입금액 × (피해율 – 자기부담비율) * 피해율(감자 · 복숭아 제외) = (평년수확량 – 수확량 – 미보상감수량) ÷ 평년수확량❶ * 피해율(감자 · 복숭아) = {(평년수확량 – 수확량 – 미보상감수량) + 병충해감수량} ÷ 평년수확량	옥수수 외
		MIN(보험가입금액, 손해액) – 자기부담금 * 손해액 = 피해수확량 × 가입가격 * 자기부담금 = 보험가입금액 × 자기부담비율	옥수수
종합위험 방식	수확량 감소 추가보장	보험가입금액 × (피해율 × 10%) (단, 피해율이 자기부담비율을 초과하는 경우에 한함) * 피해율 = (평년수확량 – 수확량 – 미보상감수량) ÷ 평년수확량	–
	나무 손해	보험가입금액 × (피해율 – 자기부담비율) * 피해율 = 피해주수(고사된 나무) ÷ 실제결과주수	–
	이앙❷ · 직파불능	보험가입금액 × 15%❸	벼
	재이앙 · 재직파	보험가입금액 × 25% × 면적피해율 [단, 면적피해율이 10%를 초과하고 재이앙(재직파)한 경우] * 면적피해율 = 피해면적 ÷ 보험가입면적	벼
	재정식 · 재파종❹	보험가입금액 × 20% × 면적피해율 (단, 면적피해율이 자기부담비율을 초과하고, 재정식 · 재파종한 경우에 한함) * 면적피해율 = 피해면적 ÷ 보험가입면적	마늘 외
	조기파종❺	보험가입금액 × 35% × 표준출현피해율 (단, 10a당 출현주수가 30,000주보다 작고, 10a당 30,000주 이상으로 재파종한 경우에 한함) * 표준출현피해율(10a 기준) = (30,000 – 출현주수) ÷ 30,000	마늘

참고 종합위험방식의 수확감소 보험금 산정 시 '벼' 상품의 피해율 계산
- 개정 전: (보장수확량 – 수확량 – 미보상감수량) ÷ 보장수확량
- 개정 후: (평년수확량 – 수확량 – 미보상감수량) ÷ 평년수확량 (2024. 3. 29. 개정)

참고 농작 관련 용어
- 이앙: 못자리에서 기른 모를 본논에 옮겨 심는 일
- 파종: 작물의 종자를 밭이나 묘상에 뿌리는 일
- 정식: 온상, 묘상, 모밭 등에서 기른 식물체를 농업용 시설물 내에 옮겨 심는 일

참고 이앙 · 직파불능 보험금 산정 시 지급비율
- 개정 전: 10%
- 개정 후: 15% (2024. 3. 29. 개정)

참고 '마늘' 외 상품의 보장범위
재정식 · 재파종이 추가됨(2024. 3. 29. 개정)

참고 '마늘' 상품의 보장범위
- 개정 전: 재정식
- 개정 후: 조기파종 (2024. 3. 29. 개정)

<table>
<tr>
<td rowspan="5">종합위험
방식</td>
<td rowspan="2">경작불능?</td>
<td>보험가입금액 × 일정비율
[단, 식물체 피해율이 65%(가루쌀 60%) 이상이고, 계약자가 경작불능보험금을 신청한 경우에 한함]
* 적용비율은 자기부담비율별로 다름
<table>
<tr><th>자기부담
비율</th><th>10%</th><th>15%</th><th>20%</th><th>30%</th><th>40%</th></tr>
<tr><td>보험가입
금액
대비 비율</td><td>45%</td><td>42%</td><td>40%</td><td>35%</td><td>30%</td></tr>
</table>
</td>
<td>사료용
옥수수,
조사료용
벼 외</td>
</tr>
<tr>
<td>보험가입금액 × 보장비율 × 경과비율
(단, 식물체 피해율이 65% 이상이고, 계약자가 경작불능보험금을 신청한 경우에 한함)
* 경과비율은 사고발생일이 속한 월별로 다름
<table>
<tr><th>구분</th><th>5월</th><th>6월</th><th>7월</th><th>8월</th></tr>
<tr><td>벼</td><td>80%</td><td>85%</td><td>90%</td><td>100%</td></tr>
<tr><td>옥수수</td><td>80%</td><td>80%</td><td>90%</td><td>100%</td></tr>
</table>
</td>
<td>사료용
옥수수,
조사료용
벼</td>
</tr>
<tr>
<td>수확불능</td>
<td>보험가입금액 × 일정비율
[단, 제현율이 65%(가루쌀 70%) 미만으로 떨어져 정상 벼로서 출하가 불가능하게 되고, 계약자가 수확불능보험금을 신청한 경우에 한함]
* 적용비율은 자기부담비율별로 다름?
<table>
<tr><th>자기부담
비율</th><th>10%</th><th>15%</th><th>20%</th><th>30%</th><th>40%</th></tr>
<tr><td>보험가입
금액
대비 비율</td><td>60%</td><td>57%</td><td>55%</td><td>50%</td><td>45%</td></tr>
</table>
</td>
<td>벼</td>
</tr>
<tr>
<td rowspan="2">생산비
보장</td>
<td>(잔존보험가입금액 × 경과비율 × 피해율) - 자기부담금
* 잔존보험가입금액 = 보험가입금액 - 보상액(기 발생 생산비보장보험금 합계액)
* 자기부담금 = 잔존보험가입금액 × 계약 시 선택한 비율</td>
<td>브로콜리</td>
</tr>
<tr>
<td>• 병충해가 없는 경우
(잔존보험가입금액 × 경과비율 × 피해율) - 자기부담금</td>
<td>고추
(시설 고추
제외)</td>
</tr>
</table>

참고 경작불능
- 개정 전: 상품 구분 없음
- 개정 후: '사료용 옥수수, 조사료용 벼', '그 이외의 상품'으로 구분(2024. 3. 29. 개정)

참고 '벼' 상품 수확불능 보장에서 자기부담비율 적용방식
(2024. 3. 29. 개정)

참고 단호박, 당근, 메밀의 생산비보장 피해율 산정방식
(2024. 3. 29. 개정)

참고 농업시설물 · 버섯재배사 보험금 산정
보상비율 삭제
(2024. 3. 29. 개정)

방식	구분	산정식	대상
		• 병충해가 있는 경우 (잔존보험가입금액 × 경과비율 × 피해율 × 병충해 등급별 인정비율) − 자기부담금 * 피해율 = 피해비율 × 손해정도비율 × (1 − 미보상비율) * 자기부담금 = 잔존보험가입금액 × 계약 시 선택한 비율	
종합위험 방식	생산비 보장	보험가입금액 × (피해율 − 사기부담비율) * 피해율(단호박, 당근, 양상추) = 피해비율 × 손해정도비율 × (1 − 미보상비율) * 피해율(배추, 무, 파, 시금치) = 면적피해율 × 평균손해정도비율 × (1 − 미보상비율) * 피해율(메밀) = 면적피해율 × (1 − 미보상비율) • 면적피해율 = 피해면적(m²) ÷ 재배면적(m²) • 피해면적 = [도복(쓰러짐)으로 인한 피해면적 × 70%] + [도복(쓰러짐) 이외 피해면적 × 평균 손해정도비율]	배추, 파, 무, 단호박, 당근 (시설 무 제외), 메밀
		피해작물재배면적 × 단위면적당 보장생산비 × 경과비율 × 피해율 * 피해율 = 피해비율 × 손해정도비율 × (1 − 미보상비율) (단, 장미, 부추, 시금치, 파, 무, 쑥갓, 버섯은 별도로 구분하여 산출)	시설작물
	농업시설물 · 버섯재배사 · 부대시설	한 사고마다 재조달가액(재조달가액보장 특약 미가입시 시가) 기준으로 계산한 손해액에서 자기부담금을 차감한 금액을 보험가입금액 내에서 보상 (단, 수리, 복구를 하지 않은 경우 시가로 손해액 계산)	−
	과실손해 보장	보험가입금액 × (피해율 − 자기부담비율) * 피해율(7월 31일 이전에 사고가 발생한 경우) = (평년수확량 − 수확량 − 미보상감수량) ÷ 평년수확량 * 피해율(8월 1일 이후에 사고가 발생한 경우) = (1 − 수확전 사고피해율) × 경과비율 × 결과지 피해율	무화과
		보험가입금액 × (피해율 − 자기부담비율) * 피해율 = 고사결과모지수 ÷ 평년결과모지수	복분자

		보험가입금액×(피해율－자기부담비율) ※ 피해율＝(평년결실수－조사결실수－미보상감수결실수)÷평년결실수	오디
종합위험방식	과실손해보장	과실손해보험금＝손해액－자기부담금 ※ 손해액＝보험가입금액×피해율 ※ 자기부담금＝보험가입금액×자기부담비율 ※ 피해율＝(등급 내 피해과실수＋등급 외 피해과실수×50%)÷기준과실수×(1－미보상비율)	감귤(온주밀감류)
		동상해손해보험금＝손해액－자기부담금 ※ 손해액＝{보험가입금액－(보험가입금액×기사고 피해율)}×수확기 잔존비율×동상해피해율수×(1－미보상비율) ※ 자기부담금＝|보험가입금액×MIN(주계약피해율－자기부담비율, 0)| ※ 동상해 피해율❷＝{(동상해 80%형 피해과실수 합계×80%)＋(동상해 100%형 피해과실수 합계×100%)}÷기준과실수	
	과실손해추가보장	보험가입금액×주계약피해율×10% (단, 손해액이 자기부담금을 초과하는 경우에 한함) ※ 피해율❷＝{(등급 내 피해과실수＋등급 외 피해과실수×50%)÷기준과실수}×(1－미보상비율)	감귤(온주밀감류)
	농업수입감소	보험가입금액×(피해율－자기부담비율) ※ 피해율＝(기준수입－실제수입)÷기준수입	－

참고 **'감귤' 상품 과실손해보장 중 동상해 피해율 산정방식**
- 개정 전: 수확기 동상해 피해과실수÷기준과실수
- 개정 후: {(동상해 80%형 피해과실수 합계×80%)+(동상해 100%형 피해과실수 합계×100%)}÷기준과실수

(2024. 3. 29. 개정)

참고 **'감귤' 상품 과실손해추가보장 시 피해율 산정방식**
- 개정 전: 70%
- 개정 후: 50%

(2024. 3. 29. 개정)

2 농작물의 손해수량 조사방법

농작물의 손해수량에 대한 품목별·재해별·시기별 조사방법은 다음과 같다(요령 별표2).

(1) 특정위험방식 상품(인삼)

생육시기	재해	조사내용	조사시기	조사방법
보험기간	태풍(강풍) 폭설, 폭염 집중호우 침수, 화재 우박, 냉해	수확량 조사	피해 확인이 가능한 시기	• 보상하는 재해로 인하여 감소된 수확량 조사 • 조사방법: 전수조사❷ 또는 표본조사❷

용어 **전수조사**
대상이 되는 통계집단의 단위를 하나하나 전부 조사하는 방식

용어 **표본조사**
조사하고자 하는 집단의 일부를 추출하여 조사하는 방식

참고 적과전 종합위험방식
적과전에는 모든 재해를 다 보장하는 종합위험방식을 택하며, 적과후에는 특정위험[태풍(강풍), 우박, 집중호우, 화재, 지진, 우박, 일소, 가을동상해]에 해당하는 재해가 있는 경우 보상하는 방식

(2) 적과전 종합위험방식❷ 상품(사과, 배, 단감, 떫은감)

생육시기	재해	조사내용	조사시기	조사방법	비고
보험계약 체결일 ~ 적과전	보상하는 재해 전부	피해 사실 확인 조사	사고 접수 후 지체없이	보상하는 재해로 인한 피해발생 여부 조사	피해사실이 명백한 경우 생략 가능
	우박		사고 접수 후 지체없이	• 우박으로 인한 유과(어린과실) 및 꽃(눈) 등의 타박비율 조사 • 조사방법: 표본조사	적과종료 이전 특정위험 5종 한정 보장 특약 가입건에 한함
6월 1일 ~ 적과전	태풍(강풍), 우박, 집중호우, 화재, 지진		사고 접수 후 지체없이	• 보상하는 재해로 발생한 낙엽피해 정도 조사 • 단감·떫은감에 대해서만 실시 • 조사방법: 표본조사	
적과후	–	적과후 착과수 조사	적과 종료 후	• 보험가입금액의 결정 등을 위하여 해당 농지의 적과종료 후 총 착과수를 조사 • 조사방법: 표본조사	피해와 관계없이 전 과수원 조사
적과후 ~ 수확기 종료	보상하는 재해	낙과 피해 조사	사고 접수 후 지체없이	• 재해로 인하여 떨어진 피해과실수 조사 • 낙과피해조사는 보험약관에서 정한 과실 피해분류기준에 따라 구분하여 조사 • 조사방법: 전수조사 또는 표본조사	–
				• 낙엽률 조사(우박 및 일소❷ 제외) • 낙엽피해정도 조사 • 조사방법: 표본조사	단감·떫은감
	우박, 일소, 가을동상해	착과 피해 조사	수확 직전	• 달려 있는 과실 중 재해로 인한 피해과실수 조사 • 착과피해조사는 보험약관에서 정한 과실 피해분류기준에 따라 구분하여 조사 • 조사방법: 표본조사	–

용어 일소
강한 햇빛을 오래 받아서 식물의 잎, 과실, 줄기 따위의 조직에 이상이 생기는 현상

수확 완료 후 ~ 보험종기	보상하는 재해 전부	고사 나무 조사	수확 완료 후 보험 종기 전	• 보상하는 재해로 고사되거나 또는 회생이 불가능한 나무 수를 조사 • 특약 가입 농지만 해당 • 조사방법: 전수조사	수확 완료 후 추가 고사나무가 없는 경우 생략 가능

(3) 종합위험방식 상품(농업수입보장 포함)

① 해가림시설·비가림시설 및 원예시설

생육시기	재해	조사내용	조사시기	조사방법	비고
보험 기간 내	보상하는 재해 전부	해가림 시설조사	사고 접수 후 지체없이	• 보상하는 재해로 인하여 손해를 입은 시설 조사 • 조사방법: 전수조사	인삼
		비가림 시설조사			–
		시설조사			원예시설, 버섯재배사

② 수확감소보장·과실손해보장 및 농업수입보장

생육시기	재해	조사내용	조사시기	조사방법	비고
수확 전	보상하는 재해 전부	피해사실 확인 조사	사고 접수 후 지체없이	보상하는 재해로 인한 피해발생 여부 조사(피해사실이 명백한 경우 생략 가능)	–
		이앙(직파) 불능피해 조사	이앙 한계일 (7. 31.) 이후	이앙(직파)불능 상태 및 통상적인 영농활동 실시 여부 조사	벼만 해당
		재이앙(재직파) 조사	사고 접수 후 지체없이	해당 농지에 보상하는 손해로 인하여 재이앙(재직파)이 필요한 면적 또는 면적비율 조사	벼만 해당
		재파종 조사	사고 접수 후 지체없이	해당 농지에 보상하는 손해로 인하여 재파종이 필요한 면적 또는 면적비율 조사	마늘만 해당
		재정식 조사	사고 접수 후 지체없이	해당 농지에 보상하는 손해로 인하여 재정식이 필요한 면적 또는 면적비율 조사	양배추만 해당

용어 결과모지수
과일이 맺혀 있는 가지의 모가지를 파악한 갯수

용어 최초품종
과수품목의 경우 한 경작지에 여러 가지 품종을 같이 기르는 경우가 많고 품종에 따라 수확기가 다름. 여기서 제일 먼저 수확하는 품종을 '최초품종'이라고 함

수확 전	보상하는 재해 전부	경작불능 조사	사고 접수 후 지체없이	해당 농지의 피해면적 비율 또는 보험목적인 식물체 피해율 조사	벼·밀, 밭작물 [차(茶) 제외], 복분자만 해당
		과실손해 조사	수정 완료 후	• 살아있는 결과모지수❶ 조사 및 수정불량(송이)피해율 조사 • 조사방법: 표본조사	복분자만 해당
			결실 완료 후	• 결실수 조사 • 조사방법: 표본조사	오디만 해당
		수확 전 사고조사	사고 접수 후 지체없이	• 표본주의 과실 구분 • 조사방법: 표본조사	감귤(온주밀감류)만 해당
수확 직전	–	착과수 조사	수확 직전	• 해당 농지의 최초품종❷ 수확 직전 총 착과수를 조사 • 피해와 관계없이 전 과수원 조사 • 조사방법: 표본조사	포도, 복숭아, 자두, 감귤(만감류)만 해당
	보상하는 재해 전부	수확량 조사	수확 직전	• 사고발생 농지의 수확량 조사 • 조사방법: 전수조사 또는 표본조사	–
		과실손해 조사	수확 직전	• 사고발생 농지의 과실피해조사 • 조사방법: 표본조사	무화과, 감귤(온주밀감류)만 해당
수확 시작 후 ~ 수확종료	보상하는 재해 전부	수확량 조사	조사 가능일	• 사고발생 농지의 수확량조사 • 조사방법: 표본조사	차(茶)만 해당
			사고 접수 후 지체없이	• 사고발생 농지의 수확 중의 수확량 및 감수량의 확인을 통한 수확량조사 • 조사방법: 전수조사 또는 표본조사	–

용어 제현율
벼에서 현미 생산량의 백분율

수확 시작 후 ~ 수확종료	보상하는 재해 전부	동상해 과실손해 조사	사고 접수 후 지체없이	• 표본주의 착과피해 조사 • 12월 21일~익년 2월 말일 사고 건에 한함 • 조사방법: 표본조사	감귤 (온주 밀감류)만 해당
		수확불능 확인조사	조사 가능일	• 사고발생 농지의 제현율❷ 및 정상 출하 불가 확인 조사 • 조사방법: 전수조사 또는 표본조사	벼만 해당
	태풍 (강풍), 우박	과실손해 조사	사고 접수 후 지체없이	• 전체 열매수(전체 개화수) 및 수확 가능 열매수 조사 • 6월 1일~6월 20일 사고건에 한함 • 조사방법: 표본조사	복분자만 해당
				• 표본주의 고사 및 정상 결과지수 조사 • 조사방법: 표본조사	무화과만 해당
수확 완료 후 ~ 보험종기	보상하는 재해 전부	고사나무 조사	수확 완료 후 보험 종기 전	• 보상하는 재해로 고사되거나 또는 회생이 불가능한 나무 수를 조사 • 특약 가입 농지만 해당 • 조사방법: 전수조사	수확 완료 후 추가 고사나무가 없는 경우 생략 가능

③ 생산비 보장

참고 생산비 보장방식의 특징
재배기간 동안의 생산비를 보장하는 것으로, 재배기간의 경과 즉 경과비율은 보험금 산정에 있어 중요한 요소임

생육시기	재해	조사내용	조사시기	조사방법	비고
정식 (파종) ~ 수확 종료	보상하는 재해 전부	생산비 피해조사	사고발생 시마다	• 재배일정 확인 • 경과비율❷ 산출 • 피해율 산정 • 병충해 등급별 인정비율 확인(노지 고추만 해당)	-

수확 전	보상하는 재해 전부	피해사실 확인 조사	사고 접수 후 지체없이	보상하는 재해로 인한 피해발생 여부 조사 (피해사실이 명백한 경우 생략 가능)	메밀, 단호박, 시금치, 양상추, 노지배추, 노지당근, 노지파, 노지무만 해당
		재파종 조사	사고 접수 후 지체없이	• 해당 농지에 보상하는 손해로 인하여 재파종이 필요한 면적 또는 면적비율 조사 • 월동무, 쪽파, 시금치, 메밀만 해당	
		재정식 조사	사고 접수 후 지체없이	• 해당 농지에 보상하는 손해로 인하여 재정식이 필요한 면적 또는 면적비율 조사 • 가을배추, 월동배추, 브로콜리, 양상추만 해당	
		경작불능 조사	사고 접수 후 지체없이	해당 농지의 피해면적비율 또는 보험목적인 식물체 피해율 조사	
수확 직전		생산비 피해조사	수확 직전	• 사고발생 농지의 피해비율 및 손해정도 비율 확인을 통한 피해율 조사 • 조사방법: 표본조사	

필수 문제

1 보험금 산정

01 농업재해보험 손해평가요령에 따른 농작물의 보험금 산정에서 종합위험방식 "벼"의 보장범위가 아닌 것은?

제4회 기출

① 생산비보장　② 수확불능보장
③ 이앙 · 직파불능보장　④ 경작불능보장

종합위험방식 "벼" 상품은 수확감소, 이앙 · 직파불능, 재이앙 · 재직파, 경작불능, 수확불능의 보장범위에 해당한다(농업재해보험 손해평가요령 별표1 참조).

02 농업재해보험 손해평가요령상 특정위험방식 중 "인삼"의 경우, 다음의 조건으로 산정한 보험금은? 제8회 기출

- 보험가입금액: 1,000만 원
- 보험가액: 1,000만 원
- 피해율: 50%
- 자기부담비율: 20%

① 200만 원　② 300만 원　③ 500만 원　④ 700만 원

특정위험방식 중 "인삼"의 보험금 산정(농업재해보험 손해평가요령 별표1)

- 피해율 = (1 − 수확량 / 연근별 기준수확량) × (피해면적/재배면적)
- 보험금 = 보험가입금액 × (피해율 − 자기부담비율)
  = 1,000만 원 × (50% − 20%) = 300만 원

03 종합위험방식 중 "인삼 해가림시설"의 경우 다음 조건에 해당되는 보험금은? 제2회 기출

- 보험가입금액: 800만 원
- 보험가액: 1,000만 원
- 손해액: 500만 원
- 자기부담금: 100만 원

① 300만 원　② 320만 원　③ 350만 원　④ 400만 원

인삼 해가림시설의 보험가입금액이 보험가액보다 작을 때 보험금 산정(농업재해보험 손해평가요령 별표2)

(손해액 − 자기부담금) × (보험가입금액 ÷ 보험가액)
= (500만 원 − 100만 원) × (800만 원 ÷ 1,000만 원) = 320만 원

| 정답 | 01 ① 02 ② 03 ②

04 농업재해보험 손해평가요령상 농작물의 보험금 산정기준에 따른 종합위험방식 수확감소보장 "양파"의 경우, 다음의 조건으로 산정한 보험금은?

제3회 기출

- 보험가입금액: 1,000만 원
- 자기부담비율: 20%
- 가입수확량: 10,000kg
- 평년수확량: 20,000kg
- 수확량: 5,000kg
- 미보상감수량: 1,000kg

① 300만 원 ② 400만 원 ③ 500만 원 ④ 600만 원

종합위험방식 수확감소보장 중 옥수수 외(양파)의 보험금 산정(농업재해보험 손해평가요령 별표2)

- 피해율 = (평년수확량 − 수확량 − 미보상감수량) ÷ 평년수확량
  = (20,000kg − 5,000kg − 1,000kg) ÷ 20,000kg = 70%
- 보험금 = 보험가입금액 × (피해율 − 자기부담비율)
  = 1,000만 원 × (70% − 20%) = 500만 원

05 농업재해보험 손해평가요령상 종합위험방식 「이앙 · 직파불능보장」에서 "벼"의 경우, 보험가입금액이 1,000만 원이고 보험가액이 1,500만 원이라면 산정한 보험금은? (단, 다른 사정은 고려하지 않음)

제8회 기출

① 100만 원 ② 150만 원 ③ 250만 원 ④ 375만 원

종합위험방식 "벼" 상품의 이앙 · 직파불능보장 보험금 산정(농업재해보험 손해평가요령 별표1)

보험금 = 보험가입금액 × 15%
= 1,000만 원 × 15% = 150만 원

06 농업재해보험 손해평가요령상 종합위험방식 "마늘"의 조기파종 보험금 산정에 관한 내용이다. (   )에 들어갈 내용은?

제7회 기출변형

- 보험가입금액 × (   )% × 표준출현피해율
- 단, 10a당 출현주수가 30,000주보다 작고, 10a당 30,000주 이상으로 재파종한 경우에 한함

① 10 ② 20 ③ 25 ④ 35

종합위험방식 중 마늘의 조기파종 보험금 산정(농업재해보험 손해평가요령 별표1)

- 보험금 = 보험가입금액 × 35% × 표준출현피해율
- 단, 10a당 출현주수가 30,000주보다 작고, 10a당 30,000주 이상으로 재파종한 경우에 한함

07 **농업재해보험 손해평가요령상 농작물의 품목별·재해별·시기별 손해수량 조사방법 중 종합위험방식 상품인 "벼"에만 해당하는 조사내용으로 옳은 것은?** 제3회 기출

① 피해사실확인조사
② 재이앙(재직파) 피해조사
③ 경작불능피해조사
④ 수확량 조사

재이앙(재직파) 피해조사는 종합위험방식 중 "벼" 상품에만 있는 조사로, 해당 농지에 보상하는 손해로 인하여 재이앙(재직파)이 필요한 면적 또는 면적비율을 조사한다(농업재해보험 손해평가요령 별표1 참조).

08 **농업재해보험 손해평가요령상 종합위험방식의 과실손해보장 보험금 산정 시 피해율로 옳지 않은 것은?** 제9회 기출변형

① 감귤(온주밀감류): (등급 내 피해과실수+등급 외 피해과실수×50%)÷기준과실수×(1−미보상비율)
② 복분자: 고사결과모지수÷평년결과모지수
③ 오디: (평년결실수−조사결실수−미보상감수결실수)÷평년결실수
④ 7월 31일 이전에 사고가 발생한 무화과: (1−수확전 사고피해율)×경과비율×결과지피해율

무화과 상품의 과실손해보장 피해율 산정(농업재해보험 손해평가요령 별표1)

7월 31일 이전과 8월 1일 이후에 사고가 발생한 경우를 분리하여 산정한다.

- 피해율(7월 31일 이전에 사고가 발생한 경우)
  =(평년수확량−수확량−미보상감수량)÷평년수확량
- 피해율(8월 1일 이후에 사고가 발생한 경우)
  =(1−수확전 사고피해율)×경과비율×결과지피해율

09 **농업재해보험 손해평가요령상 종합위험방식의 과실손해보장 보험금 산정을 위한 피해율 계산식이 "고사결과모지수÷평년결과모지수"인 농작물은?** 제10회 기출

① 오디 ② 감귤 ③ 무화과 ④ 복분자

과실손해보장 복분자 품목의 보험금 산정(농업재해보험 손해평가요령 별표1)

- 보험금=보험가입금액×(피해율−자기부담비율)
- 피해율=고사결과모지수÷평년결과모지수

| 오답해설 | ① 오디: 피해율=(평년결실수−조사결실수−미보상감수결실수)÷평년결실수
② 감귤(온주밀감류) 피해율=(등급 내 피해과실수+등급 외 피해과실수×50%)÷기준과실수×(1−미보상비율)
③ 무화과 피해율
- 7월 31일 이전에 사고가 발생한 경우=(평년수확량−수확량−미보상감수량)÷평년수확량
- 8월 1일 이후에 사고가 발생한 경우=(1−수확전사고피해율)×경과비율×결과지피해율

| 정답 | 04 ③ 05 ② 06 ④ 07 ② 08 ④ 09 ④

2 농작물의 손해수량 조사방법

10 **농업재해보험 손해평가요령상 '농작물의 품목별 · 재해별 · 시기별 손해수량 조사방법' 중 '특정위험방식 상품(인삼)'에 관한 것으로 (　　)에 들어갈 내용은?** 제9회 기출

생육시기	재해	조사내용	조사시기
보험기간	태풍(강풍)	수확량 조사	(　　　　)

① 수확직전　　② 사고접수 후 지체없이

③ 수확완료 후 보험 종기 전　　④ 피해확인이 가능한 시기

특정위험방식 상품(인삼)은 특정 재해[태풍(강풍) · 폭설 · 집중호우 · 침수 · 화재 · 우박 · 냉해 · 폭염]에 의한 피해를 보장하며, '피해 확인이 가능한 시기'에 수확량 조사를 실시하여 보험금을 산정한다(농업재해보험 손해평가요령 별표2 참조).

11 **농업재해보험 손해평가요령상 농작물의 품목별 · 재해별 · 시기별 손해수량 조사방법 중 종합위험방식 상품에 관한 표의 일부이다. (　　)에 들어갈 농작물에 해당하지 않는 것은?** 제10회 기출

② 수확감소보장 · 과실손해보장 및 농업수입보장

생육시기	재해	조사내용	조사시기	조사방법	비고
수확 전	보상하는 재해 전부	경작불능조사	사고접수 후 지체없이	해당 농지의 피해면적 비율 또는 보험목적인 식물체 피해율조사	(　　)만 해당

① 벼　　② 밀　　③ 차(茶)　　④ 복분자

경작불능조사를 하는 품목은 벼 · 밀, 밭작물, 복분자만 해당하며, 밭작물 중 차(茶)는 제외된다(농업재해보험 손해평가요령 별표2 참조).

12 **농업재해보험 손해평가요령에 따른 손해수량 조사방법 중 「적과후~수확기 종료」 생육시기에 태풍으로 인하여 발생한 낙엽 피해에 대하여 낙엽률 조사를 하는 과수 품목은?** 제2회 기출변형

① 사과　　② 배　　③ 감귤　　④ 단감

「적과후~수확기 종료」 시기의 낙엽률 조사(농업재해보험 손해평가요령 별표2)

- 단감 · 떫은감에 대해서만 낙엽률 조사(우박 및 일소 제외)
- 낙엽피해정도 조사(조사방법 : 표본조사)

13 농업재해보험 손해평가요령상 농작물의 품목별·재해별·시기별 손해수량 조사방법 중 적과전 종합위험방식 상품 "사과"에 관한 기술이다. (   )에 들어갈 내용으로 옳은 것은? 제3회 기출변형

생육시기	재해	조사시기	조사내용
적과후～수확기 종료	우박, 일소, 가을동상해	수확 직전	( )

① 유과타박율 조사
② 적과후 착과수조사
③ 낙과수조사
④ 착과피해조사

적과전 종합위험방식 상품 중 "사과"의 손해수량 조사방법(농업재해보험 손해평가요령 별표2)

생육시기	재해	조사내용	조사시기	조사방법
적과후 ～ 수확기 종료	우박, 일소, 가을동상해	착과피해 조사	수확 직전	• 달려 있는 과실 중 재해로 인한 피해과실수 조사 • 착과피해조사는 보험약관에서 정한 과실피해분류기준에 따라 구분하여 조사 • 조사방법: 표본조사

농업재해보험법령

14 농업재해보험 손해평가요령에 따른 종합위험방식 상품의 조사내용 중 "재파종 피해 조사"에 해당되는 품목은? 제1회 기출

① 양파
② 감자
③ 마늘
④ 콩

종합위험방식 상품의 조사내용 중 재파종 피해조사(농업재해보험 손해평가요령 별표2)

- 조사시기: 사고접수 후 지체없이
- 조사방법: 해당 농지에 보상하는 손해로 인하여 재파종이 필요한 면적 또는 면적비율 조사
- 조사품목: 마늘만 해당

15 농업재해보험 손해평가요령에 따른 종합위험방식 상품의 조사내용 중 "재정식조사"에 해당되는 품목은? 제7회 기출

① 벼
② 콩
③ 양배추
④ 양파

종합위험방식 상품 중 양배추는 해당 농지에 보상하는 손해로 인하여 재정식이 필요한 면적 또는 면적비율을 조사하는 재정식조사를 사고접수 후 지체없이 실시한다(농업재해보험 손해평가요령 별표2 참조).

| 정답 | 10 ④ 11 ③ 12 ④ 13 ④ 14 ③ 15 ③

16 농업재해보험 손해평가요령에 따른 종합위험방식 상품 「수확 전」 "복분자"에 해당하는 조사내용은?

제4회 기출변형

① 과실손해조사　　② 결실수조사
③ 피해과실수조사　　④ 재파종피해조사

종합위험방식 상품 「수확 전」 복분자만 해당하는 조사(농업재해보험 손해평가요령 별표2 참조)
- 조사내용: 과실손해조사
- 조사시기: 수정 완료 후
- 조사방법: 살아있는 결과모지수 조사 및 수정불량(송이)피해율 조사(표본조사)

17 농업재해보험 손해평가요령상 종합위험방식 상품(농업수입보장 포함)의 「수확 전」 생육시기에 "오디"의 과실손해조사 시기로 옳은 것은?

제6회 기출

① 결실완료 후　　② 수정완료 후
③ 조사가능일　　④ 사고접수 후 지체없이

종합위험방식 중 오디는 과실손해를 보장하는 상품으로 결실완료 후 과실손해조사를 통해 보험금을 산정한다(농업재해보험 손해평가요령 별표2 참조).

18 농업재해보험 손해평가요령상 종합위험방식 상품의 조사내용 중 "착과수조사"에 해당되는 품목은?

제8회 기출

① 사과　　② 배
③ 자두　　④ 단감

착과수조사는 '포도, 복숭아, 자두, 감귤(만감류)' 품목에만 실시한다(농업재해보험 손해평가요령 별표2 참조).
| 오답해설 | ①, ②, ④ 사과, 배, 단감, 떫은감 품목에는 적과후 착과수조사를 실시한다.

| 정답 | 16 ① 17 ① 18 ③

SUBJECT

농학개론 중 재배학 및 원예작물학

PART 01
재배학

6 개 년 출 제 비 중

83%

01 난원의 **핵심 테마**

✔ **6개년 평균 출제 문제수**

THEME 01	작물의 재배현황 및 분류	3문제
THEME 02	토양환경 및 재해	4문제
THEME 03	수분 · 대기환경 및 재해	2문제
THEME 04	광 · 온도환경 및 재해	3문제
THEME 05	상적발육과 환경	3문제
THEME 06	식물의 번식	3문제
THEME 07	파종 전 재배관리	2문제
THEME 08	파종 후 재배관리	3문제

THEME 01

작물의 재배현황 및 분류

✔ 학습 포인트
- 작물의 재배현황
- 여러 가지 기준에 따른 작물의 분류방법

✔ 6개년 평균 3문제 출제

대표 예제

+ 기출 공략팁

작물을 분류하는 기준은 매우 다양하다. 특히, 농작물재해보험 품목에 해당하는 작물에 대한 분류는 숙지해 두도록 한다.

■ **농업상 용도에 의한 작물의 분류로 옳지 않은 것은?** 제1회 기출

① 공예작물 ② 사료작물
③ 주형작물 ④ 녹비작물

예제 풀이

주형작물이란 생육 형태에 따른 분류로, 벼와 같은 식물체가 각각 포기를 형성하여 수직으로 자라는 작물을 말한다.

| 정답 | ③

■ **작물분류학적으로 과명(Family Name)별 작물의 연결이 옳은 것은?** 제8회 기출

① 백합과 – 수선화 ② 가짓과 – 감자
③ 국화과 – 들깨 ④ 장미과 – 블루베리

예제 풀이

가지, 고추, 토마토, 감자 등은 가짓과에 해당한다.
① 수선화(수선화과)에 해당한다.
③ 들깨(꿀풀과)에 해당한다.
④ 블루베리(진달랫과)에 해당한다.

| 정답 | ②

■ **재배 시 산성토양에 가장 약한 작물은?** 제3회 기출

① 벼 ② 콩
③ 감자 ④ 수박

예제 풀이

산성토양에 강한 작물에는 블루베리, 벼, 감자, 수박, 귀리, 호밀 등이 있으며, 이를 내산성 작물이라고 한다.

| 정답 | ②

핵심 이론

참고 낮은 토지 비옥도
우리나라의 토양 모암은 화강암이며, 강우가 여름에 집중되므로 무기양분이 요탈되어 토지의 비옥도가 낮음

참고 우리나라의 식량자급률
약 23%(사료용 곡물 포함)

1 작물의 재배현황

(1) 우리나라의 농업현황

① 토지의 비옥도가 낮다.
② 경영규모가 영세하다.
③ 농산물의 국제경쟁력이 약하다.
④ 기상재해가 큰 편이다.
⑤ 식량자급률이 낮다.
⑥ 작부체계가 발달하지 못하였다.
⑦ 초지농업이 발달하지 못하였다.
⑧ 쌀 위주의 집약농업이다.

+ 농업현황 관련 용어의 의미

용어	의미
작부(作付) 체계	• 어떤 작물을 어떻게 배치하고, 언제 재배할지를 계획하는 농업방식 • 작물의 종류, 배치, 재배 순서, 시기 등을 조정하여 토양의 생산성을 극대화하고 환경적 자원을 효율적으로 사용하는 농업체계
초지(草地) 농업	• 가축을 위한 사료를 재배하는 농업 형태 • 목초지(초지)를 관리하고, 여러 종류의 풀과 사료용 작물을 재배하여 소, 양, 말 등의 가축에게 먹이를 제공하는 농업방식

(2) 주요 작물의 원산지

① 벼 – 인도
② 콩 – 중국 북부
③ 감자 – 중동
④ 옥수수 – 남미인데스
⑤ 고추 – 페루
⑥ 파 – 중국 서부
⑦ 시금치 – 이란
⑧ 수박 – 열대아프리카
⑨ 양파 – 중앙아시아
⑩ 마늘 – 서부아시아
⑪ 밀 – 중동

참고 작물생산량의 3요소

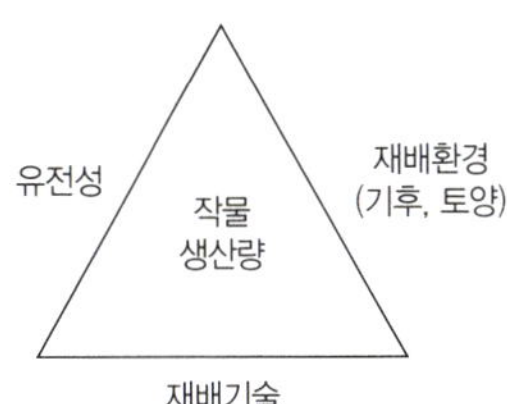

(3) 작물생산량의 3요소

구분		내용
유전성		작물의 유전자에 따라 병충해 저항성, 가뭄 저항성, 수확 시기, 수확량, 영양 성분 등이 결정됨
재배환경	기후	온도, 강수량, 일조량 등의 기후 요소는 작물 성장에 직접적인 영향을 미침
	토양	토양의 질과 비옥도는 작물 생산량의 중요한 요소임
재배기술		시비관리, 병충해관리, 각종 농업기술을 통해 작물의 생산성을 극대화할 수 있음

(4) 재배형식의 발전

소경	가장 원시적인 농경방법으로, 농경기술을 이용하지 않고 지력이 약해지면 새로운 토지를 찾아 옮기는 약탈농업
식경	식민지 또는 미개지의 넓은 토지와 토착민을 이용하여 한 가지 작물을 경작하여 농산물을 생산하는 기업적 농업
곡경	넓은 면적에서 기계화를 통해 대규모로 곡물을 재배하는 형태
포경	사료작물과 식량작물을 균형 있게 재배하는 방식
원경	가장 집약적인 재배방식으로, 원예적 농경을 뜻함

2 작물의 분류방법

(1) 용도에 따른 분류

참고 식용작물

- 전 세계에서 가장 높은 비율로 재배되고 있음
- 곡류, 두류, 근채류, 과채류로 분류함

식용작물❶ (식량작물)	식용(식량)을 얻기 위해 재배하는 작물 예 쌀, 보리, 옥수수, 콩, 땅콩 등
공예작물 (특용작물)	공업의 원료나 약으로 사용되는 원료를 얻기 위하여 재배하는 작물 예 목화, 담배, 사탕수수, 해바라기, 수세미, 아마, 모시풀, 면화, 인삼, 라벤더 등
사료작물	가축의 먹이로 사용하기 위하여 재배하는 작물 예 알팔파, 레드클로버, 옥수수, 오처드그라스, 수단그라스 등
녹비작물 (비료작물)	비료로 사용하기 위하여 재배되는 작물 예 클로버, 자운영, 호밀, 귀리 등
기호작물	기호품을 얻기 위하여 재배되는 작물 예 커피, 담배, 카카오, 차 등
약용작물	약효를 내는 작물 예 박하, 호프 등
원예작물	채소·과수·화훼를 통틀어 일컫는 작물 예 사과, 배, 오이, 고추, 장미, 백합, 호박 등

참고 전 세계 과별 재배량의 순서

볏과 > 콩과 > 장미과 > 가짓과

(2) 식물학적 분류❷

볏과	• 볏과 식물의 줄기는 대개 속이 비어 있음 • 마디(결절)가 있는 원통형 구조이며 수염뿌리를 가짐 예 벼, 밀, 보리, 호밀, 대나무, 옥수수, 조 등
콩과	콩과 식물은 뿌리에 있는 뿌리혹박테리아(Rhizobium)와 공생하여 질소 고정을 할 수 있음 예 콩, 완두콩, 팥, 녹두, 땅콩, 렌틸콩 등

장미과	• 잎은 톱니 모양의 잎 가장자리를 가지고 있는 경우가 많고, 꽃은 5개의 꽃잎과 5개의 꽃받침으로 이루어져 있음 • 전 세계에 널리 분포하고 있음 예 사과, 배, 매실, 자두, 복숭아, 복분자, 딸기, 아몬드, 체리 등
가짓과	예 감자, 가지, 토마토, 고추, 담배 등
진달랫과	예 블루베리,? 철쭉, 영산홍, 진달래 등
배추과	예 브로콜리, 배추, 양배추, 케일, 고추냉이, 유채, 갓 등
백합과	예 마늘, 백합, 양파, 파, 부추, 아스파라거스 등
박과	예 오이, 수박, 참외, 멜론, 수세미, 여주 등
옻나뭇과	예 망고, 캐슈넛, 피스타치오 등
참나뭇과	예 밤나무, 떡갈나무, 상수리나무 등

참고 블루베리
중심줄기에서 분지되어 꽃이 배열되는 복합화서에 해당됨

(3) 생태적 분류

① 생존연한에 따른 분류

1년생 작물	봄에 파종하여 당해 연도에 성숙·고사함 예 벼, 옥수수, 대두 등
월년생 작물	가을에 파종하여 그다음 해에 성숙·고사함 예 가을보리, 가을밀 등
2년생 작물	봄에 파종하여 그다음 해에 성숙·고사함 예 당근, 사탕무, 무 등
다년생 작물	여러 해 생존하는 작물 예 아스파라거스, 호프, 목초류 등

② 생육계절에 따른 분류

여름작물	봄에 파종하고 여름에 생육하는 1년생 작물 예 가지, 호박, 오이, 토마토, 고추 등
겨울작물	가을에 파종하여 가을, 겨울, 봄을 위주로 생육하는 월년생 작물 예 상추, 당근, 시금치, 무 등

③ 생육적온?에 따른 분류

호냉성 작물 (저온성 작물)	비교적 저온에서 생육하는 작물 예 맥류, 상추, 배추, 양배추, 딸기, 감자, 무, 시금치, 양파, 마늘 등
호온성 작물 (고온성 작물)	비교적 고온에서 생육하는 작물 예 벼, 옥수수, 수박, 수수, 고추, 오이, 가지, 호박, 토마토 등
한지형 목초? (북방형 목초)	비교적 서늘한 기온에서 생육하는 목초 예 알팔파, 티머시, 켄터키블루그라스 등
난지형 목초 (남방형 목초)	비교적 따뜻한 기온에서 생육하는 목초 예 화이트클로버(토끼풀), 오처드그라스, 버뮤다그라스 등

용어 생육적온
• 작물이 가장 잘 자라는 데 필요한 적절한 온도
• 대사작용, 생육단계, 품종에 따라 차이가 존재함

용어 목초(牧草)
줄기나 잎을 가축의 사료로 이용할 목적으로 재배하는 식물

④ 생육 형태에 따른 분류

주형작물 (직립형 작물)	식물체가 각각 포기를 형성하여 수직으로 자라는 작물
포복형 작물	줄기가 땅을 기어 덮어서 지표를 덮으며 성장하는 작물

⑤ 저항성에 따른 분류

내산성 작물	산성토양에 강한 작물 예 블루베리, 감자, 귀리, 호밀, 땅콩, 수박 등
내건성 작물❷	가뭄에 강한 작물 예 수수, 조, 기장, 호밀 등
내습성 작물	습기에 강한 작물 예 벼, 미나리, 연근 등
내염성 작물	염분에 강한 작물 예 목화, 유채, 사탕무, 옥수수, 수수 등
내한성 작물❷	추위에 잘 견디는 작물 예 보리, 밀, 호밀, 감자, 무, 시금치, 사과 등

참고 **내건성 작물의 특성**
- 건조할 때 호흡이 낮아지는 정도가 크고, 광합성이 감퇴하는 정도가 낮음
- 저수능력이 크고 다육화의 경향이 있음
- 삼투압이 높아 수분 보유력이 강함
- 세포가 작아 수분이 감소해도 원형질의 변형이 적음
- 기공이 작거나 적음
- 뿌리가 깊고 지상부보다 근군의 발달이 좋음

참고 **과수의 내한성 순서**
사과 > 서양배 > 복숭아 > 유럽계 포도

(4) 원예작물의 분류

① 과수(과실의 구조적 특징에 따른 분류)

인과류	과육이 꽃받침에서 발달한 과실 예 사과, 배, 모과, 비파 등
준인과류	씨방이 발달하여 과육으로 발달한 과실 예 감, 감귤 등
핵과류	과실 속에 단단한 핵이 있고 그 속에 종자가 있는 과실 예 복숭아, 자두, 매실, 살구, 체리, 앵두, 대추 등
장과류	• 겉껍질이 얇고 과육은 외과피가 비대한 과실 • 성숙하면서 씨방벽 전체가 다육질로 되는 과즙이 많은 과실 예 포도, 참다래, 무화과, 나무딸기, 블루베리 등
각과류	과피가 밀착·건조되어 딱딱해진 껍질에 쌓여 있는 열매 예 밤, 호두, 아몬드, 개암 등

② 채소(식용 부위에 따른 분류)

엽경채류 (잎채소)	잎이나 줄기 부위를 먹는 채소 예 배추, 양배추, 상추, 시금치, 미나리, 마늘, 양파, 부추, 샐러리 등
근채류 (뿌리채소)	뿌리 부위를 먹는 채소 예 무, 당근, 우엉, 고구마, 겨자무, 토란, 마, 죽순, 아스파라거스 등
과채류 (열매채소)	열매 부위를 먹는 채소 예 오이, 호박, 참외, 수박, 토마토, 가지, 딸기, 완두콩, 파프리카 등

화채류(꽃채소)	꽃 부위를 먹는 채소 예 브로콜리, 콜리플라워, 아티초크 등

용어 화훼(花卉)
꽃을 관상하는 초본과 화목류 또는 관상 가치가 있는 식물

③ 화훼

초본류	줄기에 목재를 형성하지 않는 식물 예 팬지, 맨드라미, 해바라기, 국화, 코스모스, 장미 등
목본류	나무를 말하며 줄기는 단단한 껍질로 덮여 있음 예 산수유, 무궁화, 동백, 고무나무, 철쭉 등

④ 기타 분류

㉠ 알뿌리 작물의 분류 및 예시

인경(비늘줄기)	예 마늘, 양파, 백합, 튤립, 알리움, 수선화 등
구경(알줄기)	예 글라디올러스, 프리지아, 토란, 사프란 등
괴경(덩이줄기)	예 감자, 시클라멘 등
괴근(덩이뿌리)	예 고구마, 마, 달리아, 라넌큘러스 등
근경(뿌리줄기)	예 칸나, 대나무, 둥글레 등

용어 화목(花木)
꽃을 감상하는 수목

㉡ 화목류의 분류 및 예시

교목성	키가 큰 나무 예 목련, 매화나무, 벚나무, 배롱나무, 이팝나무, 동백나무, 노각나무 등
관목성	키가 작은 나무 예 장미, 라일락, 철쭉, 수국, 진달래, 무궁화, 개나리 등

㉢ 생육기간에 따른 화훼류 분류 및 예시

춘파일년초	봄에 씨를 뿌려 가을에 개화하는 화훼 예 해바라기, 맨드라미, 코스모스, 채송화, 천일홍, 샐비어 등
추파일년초	가을에 씨를 뿌려 봄에 개화하는 화훼 예 과꽃, 금잔화, 데이지, 안개꽃, 팬지 등
2년초	가을에 파종하여 다음 해 봄에서 여름에 개화함 예 파랭이꽃, 접시꽃, 안젤리카 등
다년초	2년 이상 생존하면서 개화함 예 수련, 옥잠화, 카네이션, 민트, 로즈마리, 칸나 등

+ 수확 시 성숙단계에 따른 작물 분류

- 생리적 성숙 단계: 토마토, 수박, 딸기 등
- 생리적 미성숙 단계(원예적 성숙 단계): 브로콜리, 아스파라거스, 애호박, 오이, 풋고추, 배추, 상추 등

필수 문제

1 작물의 재배현황

01 작물별 원산지의 연결이 옳지 않은 것은?

① 고추 – 페루
② 콩 – 중국 북부
③ 양파 – 인도
④ 시금치 – 이란

양파의 원산지는 중앙아시아이다.

2 작물의 분류

02 작물의 분류에서 공예작물에 해당하는 것을 모두 고른 것은? 제10회 기출

ㄱ. 목화	ㄴ. 아마
ㄷ. 모시풀	ㄹ. 수세미

① ㄱ, ㄹ
② ㄱ, ㄴ, ㄷ
③ ㄴ, ㄷ, ㄹ
④ ㄱ, ㄴ, ㄷ, ㄹ

공예작물이란 산업원료로 사용되는 작물을 의미하며, 목화, 아마, 모시풀, 수세미, 면화, 인삼, 라벤더 등이 있다.

03 식물 분류학적으로 같은 과(科)에 속하지 않는 것은? 제7회 기출

① 배
② 블루베리
③ 복숭아
④ 복분자

블루베리는 진달랫과에 속한다.
| 오답해설 | ①, ③, ④ 배, 복숭아, 복분자는 장미과에 속한다.

04 작물 분류학적으로 가짓과에 해당하는 것을 모두 고른 것은?

제9회 기출

ㄱ. 고추	ㄴ. 토마토
ㄷ. 감자	ㄹ. 딸기

① ㄱ, ㄹ
② ㄱ, ㄴ, ㄷ
③ ㄴ, ㄷ, ㄹ
④ ㄱ, ㄴ, ㄷ, ㄹ

고추, 토마토, 감자는 가짓과에 해당한다.
| 오답해설 | ㄹ. 딸기는 장미과에 해당한다.

05 블루베리 작물에 관한 설명으로 옳지 않은 것은?

제10회 기출변형

① 과실은 포도와 유사하게 일정 기간의 비대정체기를 가진다.
② pH 5 정도의 산성토양에서 생육이 적합하다.
③ 묘목을 키우는 방법에는 삽목, 취목, 조직배양 등이 있다.
④ 한줄기 신장지에 작은 꽃자루가 있고 여기에 꽃이 붙는 단일화서이다.

화서란 식물에서 꽃이 배열된 방식이나 형태를 의미하는 것으로, 꽃이 배열된 중심 줄기에 직접 배열되는 단일화서가 있고, 중심 줄기에서 분지되어 꽃이 배열되는 복합화서가 있다. 블루베리는 복합화서이다.

06 채소 작물의 온도 적응성에 따른 분류가 같은 것끼리 짝지어진 것은?

제7회 기출

① 가지, 무
② 고추, 마늘
③ 딸기, 상추
④ 오이, 양파

딸기, 상추는 호냉성 작물에 해당한다.
| 오답해설 | ① 가지(호온성), 무(호냉성)
② 고추(호온성), 마늘(호냉성)
④ 오이(호온성), 양파(호냉성)

| 정답 | 01 ③ 02 ④ 03 ② 04 ② 05 ④ 06 ③

07 생육적온이 달라 동일 재배사에서 함께 재배할 경우 재배효율이 떨어지는 조합은?

제9회 기출

① 상추, 고추
② 당근, 시금치
③ 가지, 호박
④ 오이, 토마토

상추는 호냉성 작물이고, 고추는 호온성 작물로, 동일 재배사에서 함께 재배할 경우 재배효율이 떨어진다.

| 오답해설 | ② 당근, 시금치: 호냉성 작물

③ 가지, 호박: 호온성 작물

④ 오이, 토마토: 호온성 작물

08 호냉성 채소작물은?

제3회 기출

① 상추, 가지
② 시금치, 고추
③ 오이, 토마토
④ 양배추, 딸기

양배추, 딸기, 상추, 시금치는 호냉성 채소작물이다.

| 오답해설 | ①, ②, ③ 가지, 고추, 오이, 토마토는 호온성 채소작물이다.

09 식용부위에 따른 분류에서 화채류끼리 짝지어진 것은?

제10회 기출

① 양배추, 시금치
② 죽순, 아스파라거스
③ 토마토, 파프리카
④ 브로콜리, 콜리플라워

채소는 식용부위에 따라 엽경채류, 근채류, 과채류, 화채류로 분류한다. 브로콜리, 콜리플라워는 화채류이다.

| 오답해설 | ① 양배추, 시금치: 엽경채류

② 죽순, 아스파라거스: 근채류

③ 토마토, 파프리카: 과채류

10 다음 중 생육에 적합한 토양 pH가 가장 낮은 것은?

제1회 기출

① 블루베리나무
② 무화과나무
③ 감나무
④ 포도나무

토양 pH가 낮은 곳에서 잘 자라는 작물은 내산성이 강한 작물을 말하며, 블루베리, 감자, 귀리, 호밀, 땅콩, 수박 등이 있다. 블루베리나무 재배에 적합한 토양은 pH 4.5 정도이다.

| 오답해설 | ② 무화과나무는 pH 6.2～7.3이다.

③ 감나무는 pH 5.5～6.5이다.

④ 포도나무는 pH 5.5～7.5이다.

11 과실의 구조적 특징에 따른 분류로 옳은 것은?

제4회 기출

① 인과류 – 사과, 배
② 핵과류 – 밤, 호두
③ 장과류 – 복숭아, 자두
④ 각과류 – 포도, 참다래

사과와 배는 인과류에 해당한다.

| 오답해설 | ② 밤, 호두: 각과류

③ 복숭아, 자두: 핵과류

④ 포도, 참다래: 장과류

12 과실의 구조적 특징에 따른 분류로 옳은 것은?

제5회 기출

① 인과류 – 사과, 자두
② 핵과류 – 복숭아, 매실
③ 장과류 – 포도, 체리
④ 각과류 – 밤, 키위

복숭아와 매실은 핵과류에 해당한다.

| 오답해설 | ① 사과(인과류), 자두(핵과류)

③ 포도(장과류), 체리(핵과류)

④ 밤(각과류), 키위(장과류)

13 과수 분류 시 인과류에 속하는 것은?

제3회 기출

① 자두
② 포도
③ 감귤
④ 사과

인과류는 과육이 꽃받침에서 발달한 작물로, 사과, 배, 모과, 비파 등이 있다.

| 오답해설 | ① 자두는 핵과류에 해당한다.

② 포도는 장과류에 해당한다.

③ 감귤은 준인과류에 해당한다.

| 정답 | 07 ① 08 ④ 09 ④ 10 ① 11 ① 12 ② 13 ④

14 인과류에 해당하는 것은? 제6회 기출

① 과피가 밀착 · 건조하여 껍질이 딱딱해진 과실

② 성숙하면서 씨방벽 전체가 다육질로 되는 과즙이 많은 과실

③ 과육의 내부에 단단한 핵을 형성하여 이 속에 종자가 있는 과실

④ 꽃받기의 피층이 발달하여 과육 부위가 되고 씨방은 과실 안쪽에 위치하여 과심 부위가 되는 과실

인과류는 과육이 꽃받침에서 발달한 과실로, 사과, 배, 모과, 비파 등이 있다.

| 오답해설 | ① 각과류에 해당한다.

② 장과류에 해당한다.

③ 핵과류에 해당한다.

15 식용 부위에 따른 분류에서 엽경채류가 아닌 것은? 제5회 기출

① 시금치 ② 미나리

③ 마늘 ④ 오이

엽경채류는 잎이나 줄기를 먹는 채소로, 시금치, 미나리, 마늘, 배추, 상추, 양파, 부추, 샐러리 등이 있다. 오이는 열매 부위를 먹는 과채류에 해당한다.

16 채소의 식용 부위에 따른 분류 중 화채류에 속하는 것은? 제7회 기출

① 양배추 ② 브로콜리

③ 우엉 ④ 고추

화채류는 꽃을 이용(식용)하는 채소로, 브로콜리, 콜리플라워, 아티초크 등이 있다.

| 오답해설 | ① 양배추: 엽경채류(잎이나 줄기를 이용)

③ 우엉: 근채류(뿌리를 이용)

④ 고추: 과채류(과실을 이용)

17 형태에 따른 영양번식기관과 작물이 바르게 짝지어진 것은?

제6회 기출

① 괴경 – 감자
② 인경 – 글라디올러스
③ 근경 – 고구마
④ 구경 – 양파

감자는 괴경(덩이줄기)에 해당한다.

| 오답해설 | ② 글라디올러스: 구경

③ 고구마: 괴근

④ 양파: 인경

18 관목성 화목류끼리 짝지어진 것은?

제10회 기출

① 철쭉, 목련, 산수유
② 라일락, 배롱나무, 이팝나무
③ 장미, 동백나무, 노각나무
④ 진달래, 무궁화, 개나리

관목성 화목류는 키가 큰 교목성 화목류에 비해 키가 작고 밀집된 형태로 자라며, 풍성한 잎과 꽃을 가진 경우가 많다. 진달래, 무궁화, 개나리, 라일락, 산수유, 장미, 철쭉 등이 있다.

| 오답해설 | ①, ②, ③ 목련, 배롱나무, 이팝나무, 동백나무, 노각나무는 교목성 화목류에 해당한다.

19 추파일년초에 속하는 화훼작물은?

제2회 기출

① 팬지
② 맨드라미
③ 샐비어
④ 칸나

추파일년초는 가을에 파종하여 봄에 개화하는 화훼로, 과꽃, 금잔화, 데이지, 안개꽃, 팬지 등이 있다.

| 오답해설 | ② 맨드라미는 춘파일년초에 해당한다.

③ 샐비어는 춘파일년초에 해당한다.

④ 칸나는 다년초에 해당한다.

| 정답 | **14** ④ **15** ④ **16** ② **17** ① **18** ④ **19** ①

THEME 02

토양환경 및 재해

☑ 학습 포인트
- 작물이 자랄 수 있는 토양의 환경
- 토양에서 발생할 수 있는 재해와 대책

☑ 6개년 평균 4문제 출제

대표 예제

+ 기출 공략팁

토양환경은 작물의 재배환경 중 가장 많이 출제되고 있는 테마이다.

■ 토양의 입단 파괴 요인은? 제1회 기출

① 경운 및 쇄토
② 유기물 사용
③ 토양 피복
④ 두과작물 재배

예제 풀이

경운 및 쇄토는 토양의 입단을 파괴한다.
②, ③, ④ 유기물 사용, 토양 피복, 두과작물 재배는 토양의 입단을 촉진할 수 있는 방법이다. | 정답 | ①

■ 토양에 석회를 시용하는 주요 목적은? 제4회 기출

① 토양 피복
② 토양수분 증가
③ 산성토양 개량
④ 토양생물 활성 증진

예제 풀이

석회를 시용할 경우 토양의 산성을 중화시켜 작물의 영양 흡수를 돕고, 토양미생물의 유기물 분해를 촉진시키며 입단구조의 발달을 촉진하는 등 토양의 물리성을 개선시킬 수 있다. | 정답 | ③

핵심 이론

1 토양의 성질

(1) 토양의 3상과 기능

토양의 3상	• 고체: 무기물 45%, 유기물 5% • 액체: 25% • 기체: 25%
기능	• 생물의 생존 공간 • 여러 유전물질의 저장 • 환경 변화에 대한 완충성❷

용어 **완충성**
토양이 외부로부터 들어오는 물질(주로 산, 알칼리, 양분 등)의 변화에 대해 저항하거나, 화학적 성질의 급격한 변화를 막아주는 성질

(2) 토성

① 토성의 분류

구분	점토 함량(%)	보수력	통기성·배수성
사토	12.5 이하	+	+++++
사양토	12.5~25	++	++++
양토	25~37.5	+++	+++
식양토	37.5~50	++++	++
식토	50 이상	+++++	+

② 작물별 적합한 토성

사토~식토	예 감자, 팥, 콩 등
사토~양토	예 오이, 양파, 땅콩 등
양토~식토	예 밀, 알팔파, 티머시 등

(3) 토양의 구조

① 단립구조와 입단구조

단립구조	• 토양입자가 서로 결합되지 않은 구조 • 대공극, 소공극이 많아 통기, 투수는 좋으나 수분, 비료분 보유력이 낮음
입단구조	• 단일입자가 결합되어 2차 입자가 되고, 다시 3차, 4차로 입단을 구성하는 구조 • 대공극, 소공극이 많아 통기, 투수가 좋으며, 보수력, 보비력도 좋아 작물재배에 적당함

용어 공극
토양입자들 사이의 빈 공간을 말하며, 물과 공기가 이동하고 저장되는 공간

② 입단 형성방법과 파괴의 원인

입단 형성방법	• 유기물, 석회의 사용 • 공과작물(두과작물)의 재배 • 토양개량제의 사용 • 토양의 피복
입단 파괴 원인	• 경운으로 입단을 결합시키고 있는 부식의 분해(쇄토) • 나트륨이온의 작용으로 알갱이의 엉킴 방해 • 습윤·건조, 수축·융해, 고온·저온의 반복 • 비와 바람

참고 콩과작물의 예
클로버, 알팔파 등

참고 토양개량제의 예
크릴륨, 아크릴소일 등

용어 **토양수분장력**
임의의 수분량의 토양에서 수분을 제거하는 데 소요되는 힘으로, pF로 표시함

(4) 토양수분의 형태

구분	특징	토양수분장력❓
결합수 (화합수, 결정수)	• 점토광물에 결합되어 있어 분리될 수 없는 수분 • 작물이 흡수·이용할 수 없음	pF 7 이상
흡착수 (흡습수)	• 토양입자 표면에 피막상으로 흡착된 수분 • 작물이 이용할 수 없음	pF 4.5~7.0
모관수 (응집수)	• 표면장력에 의해 토양 공극 내에서 중력에 저항하여 유지되는 수분 • 작물이 주로 이용하는 유효수분	pF 2.7~4.5
중력수 (자유수)	• 중력에 의해 토양층 아래로 내려가는 수분 • 모관수의 근원이 됨	pF 2.7 이하

(5) 토양수분의 항수

구분	특징	토양수분장력
포화용수량	모관수가 최대로 포함된 상태	pF 0
포장용수량	중력수를 배제하고 남은 상태의 수분	pF 1.8
유효수분	식물이 이용할 수 있는 수분	pF 2.5~4.2
초기위조점	식물의 생육이 정지하고 하엽❓이 위조❓하기 시작하는 토양의 수분 상태	pF 3.9
영구위조점	식물이 수분을 공급받아도 회복하지 못하는 상태로, 위조한 식물을 포화습도의 공기 중에 24시간 방치해도 회복하지 못하는 상태	pF 4.2

용어 **하엽**
위로 자라는 식물에서 앞줄기의 제일 아랫부분의 착생위치에서 자란 잎

용어 **위조**
쇠약하여 마름

(6) 토양의 공기

① 토양공기: 전 공극 용적 – 토양수분의 용적
② 구성: 토양의 공기는 유기물의 분해나 미생물의 호흡작용으로 대기보다 이산화탄소의 농도가 몇 배(약 8배)나 높으며, 산소는 농도가 낮다.
③ 토양 용기량: 토양 중에서 공기가 차지하는 공극량에 해당한다.

최소 용기량	토양수분 함량이 최대 용수량(pF 0)에 달했을 때의 용기량
최대 용기량	풍건 상태의 토양 용기량
최적 용기량	작물 생육에 가장 알맞은 토양의 용기량

④ 토양공기가 부족할 때 나타나는 현상과 촉진책

부족 시 현상	촉진책
• 토양의 산성화 • 산소 부족으로 뿌리 호흡 저하 • 환원성 유해물질의 생성 • 유용한 호기성 미생물 활동 저하	• 배수 처리❓ • 토양입단 형성 • 심경 및 객토❓ 실시 • 습지의 지반을 높임

참고 **배수의 방법**
• 명거배수(기울기 배수)
• 암거배수(파이프 설치 배수)

참고 **객토**
식질 토성을 사질 토성으로 개량함

2 토양의 기능과 재해

(1) 토양수분의 역할

① 각종 화학반응의 원료가 된다.
② 각종 효소의 활성을 증가시키는 촉매작용을 한다.
③ 용매와 물질의 운반매체가 된다.
④ 수분흡수로 인한 팽압 증대를 통해 식물의 체형을 유지한다.
⑤ 증산작용으로 식물의 체온을 조절한다.

용어 팽압
식물 세포 내부의 액포에 저장된 물이 세포벽에 가하는 압력

(2) 토양이 갖추어야 할 조건

① 보수력, 보비력이 좋아야 한다.
② 배수성, 통기성이 좋아야 한다.
③ 병충해가 없어야 한다.
④ 토양반응은 중성~약산성에 가까워야 한다.
⑤ 표토는 깊고 부드러워야 한다.

용어 보수력
토양이 수분을 보존하는 성질

용어 보비력
거름의 효과를 오래 지속할 수 있는 토양의 성질

용어 표토
표면에서 약 7~25cm 깊이에 있는 양분이 많은 흙

(3) 토양의 산성화

① 토양 산성의 종류

활산성 (Active Acidity)	토양 용액에 들어 있는 수소이온(H^+)에 의한 산성
치환산성 (Exchange Acidity, 잠산성)	토양 교질물에 흡착된 수소이온(H^+)과 Al이온에 의해 나타나는 산성으로, 토양의 잠재적인 산성을 나타냄

② 토양 산성화의 원인과 증상

원인	• 빗물에 의한 염기 용탈 • 치환성 염기의 용탈로 미포화 교질의 증가 • 유기물 분해에 의한 유기산 증가 • 화학공장에서 배출되는 산성물질
증상	• 과다한 수소이온으로 작물의 뿌리 성장이 저해됨 • 질소고정균 등의 유용 미생물의 활동이 감소함 • 칼슘(Ca), 마그네슘(Mg), 칼륨(K) 등의 영양소 흡수가 저해됨 • 알루미늄, 아연, 망간 등 금속의 용해도가 증가하여 작물 뿌리에 독성을 일으킴 • 석회가 부족하고 미생물 활동이 저해되어 유기물 분해가 나빠져 토양의 입단 형성이 저해됨

용어 용탈
토양의 구성요소가 물에 의해 이동하는 것

참고 치환성 염기
칼슘이온(Ca^{2+}), 마그네슘이온(Mg^{2+}), 칼륨이온(K^+)

③ 산성토양의 개선책
㉠ 석회와 유기물을 충분히 시비한다.
㉡ 산성에 강한 식물을 심는다. 예 벼, 귀리, 아마, 감자, 땅콩, 호밀 등
㉢ 산성비료의 사용을 피한다. 예 황산암모늄, 염화칼륨, 황산칼륨, 인분뇨 등
㉣ 용성인비를 시비한다.

ⓜ 붕소를 시비한다.

(4) 토양 미생물의 작용

① 유기물 분해로 유리되는 양분을 식물이 흡수한다.
② 유리질소가 고정된다.
③ 토양미생물에서 분비되는 점질물질에 의해 입단이 조성된다.
④ 질산화 작용이 이루어진다.
⑤ 가용성 무기성분을 동화하여 유실을 적게 한다.
⑥ 균근을 형성하여 식물을 이롭게 한다.

용어 유리질소
자연 상태에서 다른 물질과 결합하지 않고 독립적으로 존재하는 질소

용어 균근
뿌리와 균류가 결합하여 공생관계가 맺어진 뿌리

용어 지력
토양의 화학적, 물리적, 생물학적인 여러 성질이 종합된 것으로, 작물의 생산력을 지배함

용어 작토
작물의 뿌리가 자라고 영양분을 흡수하는 토양의 표층

(5) 지력 향상의 조건

토성	양토를 중심으로 사양토~식양토의 범위
토양구조	입단구조
토층	작토는 깊고 영양분 함량이 양호하며 심토는 통기성과 투수성이 양호해야 함
토양반응	중성~약산성
유기물 및 무기성분	함유
토양수분과 공기	충분한 수분과 공기
토양미생물	유용 미생물이 번식하기 좋은 상태
유해물질	토양오염, 중금속 오염 등을 피해야 함

(6) 논토양과 밭토양의 특징

구분	논토양	밭토양
색깔	청회색, 회색	황갈색, 적갈색
산화물·환원물	환원물 존재	산화물 존재
pH	낮밤의 온도 차이, 담수·낙수 차이가 있음	대체로 산성
양분유실·천연공급	관개수에 의한 양분의 천연공급량이 많음	강우에 의한 양분유실이 많음

(7) 토양의 재해 및 오염에 대한 대책

① 수해(수식) 및 풍해(풍식)의 대책
㉠ 즉시 배수
㉡ 산림조성(방풍림)
㉢ 과수원에서 나무 밑에 목초 등을 가꾸는 초생재배 실시
㉣ 경사가 있는 곳은 계단식(단구식)으로 조성
㉤ 토양 피복재배
㉥ 이랑의 방향을 비탈의 방향과 직각이 되도록 경작

용어 이랑과 고랑
- 이랑: 흙이 올라온 부분
- 고랑: 흙이 파여진 부분

ⓢ 경사지에서 작물을 등고선으로 일정한 간격 및 폭의 목초대를 두어 재배(대상 재배)
ⓞ 토양 진압
ⓩ 휴립(이랑)의 방향을 바람이 부는 방향과 직각으로 만듦
ⓒ 안정성 있는 토양구조를 통한 토양 개량
ⓚ 목초로 전면 초지화를 통한 토양침식 방지

② 중금속 오염의 대책
㉠ 담수재배 및 환원물질 사용
㉡ 석회질 비료, 유기물 사용
㉢ 인산질 사용을 통한 인산화물 불용화
㉣ 점토광물[?]을 사용하여 중금속을 흡착하고 불용화함
㉤ 중금속 흡수식물 재배
㉥ 경운, 객토 및 쇄토[?]

③ 토양의 염류장해(염류집적)
㉠ **염류집적**: 주로 시설재배 시 연속적인 시비로 작물이 이용하지 못하고 집적되어 장해가 나타나는 과정을 말한다.
㉡ 대책
- 담수 처리
- 심경(깊이갈이)과 객토
- 유기물을 시용한 염기치환능력 증대
- 흡비작물(녹비작물)의 재배 예 옥수수, 수수, 호밀, 수단그라스 등

④ 염해(Salt Stress)
㉠ 토양수분의 증발량이 강수량보다 많을 때 주로 발생한다.
㉡ 시설재배 시 비료의 과다 사용으로 발생한다.
㉢ 토양의 수분포텐셜이 낮아진다.
㉣ 토양수분 흡수가 어려워지고, 작물의 영양소 불균형을 초래한다.

참고 점토광물의 예
제올라이트, 벤토나이트 등

용어 쇄토
파종 및 이식작업을 용이하게 하기 위해 큰 흙덩어리를 알맞게 분쇄하는 작업

필수 문제

1 토양의 성질

01 작물 생육에 영향을 미치는 토양환경에 관한 설명으로 옳지 않은 것은? 제6회 기출

① 유기물을 투입하면 지력이 증진된다.
② 사양토는 점토에 비해 통기성이 낮다.
③ 토양이 입단화되면 보수성과 통기성이 개선된다.
④ 깊이갈이를 하면 토양의 물리성이 개선된다.

사양토는 점토에 비해 통기성이 높다.

02 토양환경에 관한 설명으로 옳은 것은? 제10회 기출

① 사양토는 점토에 비해 통기성이 낮다.
② 토양이 입단화되면 보수성이 감소된다.
③ 퇴비를 투입하면 지력이 감소된다.
④ 깊이갈이를 하면 토양의 물리성이 개선된다.

깊이갈이를 하면 토양의 물리성이 개선된다.
| 오답해설 | ① 사양토는 모래에 가까운 토양으로 점토에 비해 통기성이 높다.
② 토양이 입단화되면 보수성, 통기성이 개선된다.
③ 퇴비를 투입하면 지력이 증진된다.

03 토양침식이 우려될 때 재배법으로 옳지 않은 것은? 제8회 기출

① 점토함량이 높은 식토 경지에서 재배한다.
② 토양의 입단화를 유지한다.
③ 경사지에서는 계단식 재배를 한다.
④ 녹비작물로 초생재배를 한다.

식토는 점토함량이 높고, 빗물의 흡수량이 적으므로 토양침식이 되기 쉽다.

04 토양입단 파괴요인을 모두 고른 것은?

제4회 기출

ㄱ. 유기물 시용	ㄴ. 피복작물 재배
ㄷ. 비와 바람	ㄹ. 경운

① ㄱ, ㄴ　　② ㄱ, ㄹ
③ ㄴ, ㄷ　　④ ㄷ, ㄹ

비와 바람, 경운은 토양입단의 파괴요인에 해당한다.
| 오답해설 | ㄱ, ㄴ. 토양의 입단을 형성하는 방법에 해당한다.

05 토양수분에 관한 설명으로 옳지 않은 것은?

제1회 기출

① 결합수는 식물이 흡수·이용할 수 없다.
② 물은 수분포텐셜(Water Potential)이 높은 곳에서 낮은 곳으로 이동한다.
③ 중력수는 pF 7.0 정도로 중력에 의해 지하로 흡수되는 수분이다.
④ 토양수분장력은 토양입자가 수분을 흡착하여 유지하려는 힘이다.

중력수는 중력에 의해 토양층 아래로 내려가는 수분을 의미하며, pF 2.7 이하이다.

06 토양수분을 pF값이 낮은 것부터 옳게 나열한 것은?

제4회 기출

ㄱ. 결합수	ㄴ. 모관수	ㄷ. 흡착수

① ㄱ - ㄴ - ㄷ　　② ㄴ - ㄱ - ㄷ
③ ㄴ - ㄷ - ㄱ　　④ ㄷ - ㄴ - ㄱ

pF값이란 토양의 수분보유력을 수치화한 것이다.

- 결합수(화합수, 결정수): 점토광물에 결합되어 분리될 수 없는 수분(pF 7.0 이상)
- 모관수(응집수): 표면장력에 의해 토양 공극 내에서 중력에 저항하여 유지되는 수분(pF 2.7～4.5)
- 흡착수(흡습수): 토양입자 표면에 피막상으로 흡착된 수분(pF 4.5～7.0)

| 정답 | 01 ②　02 ④　03 ①　04 ④　05 ③　06 ③

2 토양의 기능과 재해

07 토양의 물리적 특성이 아닌 것은? 제1회 기출

① 보수성 ② 환원성
③ 통기성 ④ 배수성

환원성은 여러 가지 광석들이 일정한 온도에서 일산화탄소나 수소의 화학적 작용에 의해 환원되는 성질을 말한다. 이는 물리적 특성보다 화학적 특성에 가깝다.

08 산성토양에 관한 설명으로 옳은 것은? 제6회 기출

① 토양 용액에 녹아 있는 수소이온은 치환 산성 이온이다.
② 석회를 시용하면 산성토양을 교정할 수 있다.
③ 토양입자로부터 치환성 염기의 용탈이 억제되면 토양이 산성화된다.
④ 콩은 벼에 비해 산성토양에 강한 편이다.

석회질비료 등의 알칼리성 물질을 공급하면 산성토양을 교정할 수 있다.
| 오답해설 | ① 토양 용액에 녹아 있는 수소이온은 활산성(Active Acidity) 이온이다.
③ 토양입자로부터 치환성 염기가 용탈되면 토양이 산성화된다.
④ 콩은 산성토양에 매우 약하다. 이 외에도 시금치, 샐러리, 부추, 양파 등이 산성토양에 약하다.

09 토양의 생화학적 환경에 관한 내용이다. ( )에 들어갈 내용으로 옳은 것은? 제8회 기출

> 높은 강우 또는 관수량의 토양에서는 용탈작용으로 토양의 (ㄱ)가 촉진되고, 이 토양에서는 아연과 망간의 흡수율이 (ㄴ)진다. 반면, 탄질비가 높은 유기물 토양에서는 미생물 밀도가 높아져 부숙 시 토양 질소함량이 (ㄷ)하게 된다.

① ㄱ: 산성화, ㄴ: 높아, ㄷ: 감소
② ㄱ: 염기화, ㄴ: 낮아, ㄷ: 증가
③ ㄱ: 염기화, ㄴ: 높아, ㄷ: 감소
④ ㄱ: 산성화, ㄴ: 낮아, ㄷ: 증가

- 빗물은 pH 5.6 내외인 탄산수로 토양입자의 염기를 용탈시켜 수소이온이 많아짐으로써 산성화가 증가된다.
- 산성토양에서는 알루미늄, 아연, 망간 등의 함량이 높아진다.
- 탄질비가 높은 토양에서는 탄소를 에너지원으로 사용하는 미생물의 밀도가 높아지며, 미생물은 토양으로부터 질소를 흡수하기 때문에 토양 질소함량이 감소하게 된다.

10 콩과작물의 작황부족으로 어려움을 겪고 있는 농가를 찾은 A손해평가사의 재배지에 대한 판단으로 옳은 것은?

제9회 기출

- 작물의 칼슘 부족증상이 발생했다.
- 근류균 활력이 떨어졌다.
- 작물의 망간 장해가 발생했다.

① 재배지의 온도가 높다

② 재배지에 질소가 부족하다.

③ 재배지의 일조량이 부족하다.

④ 재배지가 산성화되고 있다.

토양의 산성화 증상

- 과다한 수소이온으로 작물의 뿌리 성장이 저해됨
- 질소고정균 등의 유용 미생물의 활동이 감소함
- 칼슘(Ca), 마그네슘(Mg), 칼륨(K) 등의 영양소 흡수가 저해됨
- 알루미늄, 아연, 망간 등 금속의 용해도가 증가하여 작물 뿌리에 독성을 일으킴
- 석회가 부족하고 미생물 활동이 저해되어 유기물 분해가 나빠져 토양의 입단 형성이 저해됨

농학개론 중 재배학 및 원예작물학

11 염류 집적에 대한 대책이 아닌 것은?

제7회 기출

① 흡비작물 재배

② 무기물 시용

③ 심경과 객토

④ 담수 처리

염류집적이 발생할 때에는 유기물을 시용해야 한다.

| 정답 | 07 ② 08 ② 09 ① 10 ④ 11 ②

12 염해(Salt Stress)에 관한 설명으로 옳지 않은 것은?

제2회 기출

① 토양수분의 증발량이 강수량보다 많을 때 발생할 수 있다.

② 시설재배 시 비료의 과용으로 생기게 된다.

③ 토양의 수분포텐셜이 높아진다.

④ 토양수분 흡수가 어려워지고 작물의 영양소 불균형을 초래한다.

염해가 발생할 때 물 체내의 수분포텐셜보다 토양의 수분포텐셜이 낮아져 토양수분의 흡수가 어려워지고, 작물의 영양소 불균형을 초래한다.

13 다음이 설명하는 재해는?

제5회 기출

> 시설재배 시 토양수분의 증발량이 관수량보다 많을 때 주로 발생하며, 비료성분의 집적으로 작물의 토양수분 흡수가 어려워지고 영양소 불균형을 초래한다.

① 한해

② 습해

③ 염해

④ 냉해

시설재배의 경우 토양수분 증발량이 관수량보다 많을 때 염해가 많이 발생된다. 염해가 발생할 때 토양에 비료성분이 집적되고 토양의 수분포텐셜이 낮아지므로 작물은 수분 흡수가 어려워지고 이로 인해 영양소의 불균형을 초래한다.

| 정답 | 12 ③ 13 ③

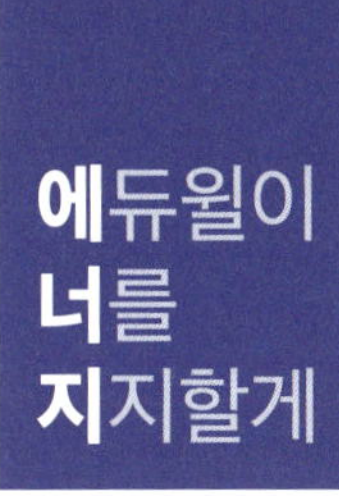

ENERGY

패배한 것이 아니라 포기한 것이고
승리한 것이 아니라 견뎌낸 것입니다.

승패는 내게 달렸습니다.

– 조정민, 『고난이 선물이다』, 두란노

THEME 03

수분·대기환경 및 재해

☑ 학습 포인트
- 작물재배 시 수분과 대기환경의 기능
- 습해, 수해 등의 자연재해

☑ 6개년 평균 2문제 출제

대표 예제

+ 기출 공략팁
- 식물체 내 수분(물)의 기능, 요수량 등 수분의 성질을 이해해 두도록 한다.
- 수분·대기환경과 관련한 재해별 특성과 대책은 꼭 숙지해 두도록 한다.

■ 작물의 건물량을 생산하는 데 필요한 수분량을 말하는 요수량이 가장 작은 것은?

제7회 기출

① 호박 ② 기장
③ 완두 ④ 오이

예제 풀이

요수량이 작은 작물은 내건성이 큰 작물을 의미하며, 요수량에 따른 작물은 다음과 같다.
- 요수량이 작은 작물: 옥수수, 수수, 기장
- 요수량이 큰 작물: 명아주, 호박, 알팔파, 클로버, 완두, 오이 등

| 정답 | ②

■ 토양 습해 예방대책으로 옳은 것은?

제2회 기출

① 내습성 품종 선택 ② 고랑 파종
③ 미숙 유기물 사용 ④ 밀식재배

예제 풀이

습해 예방대책
- 배수(습해의 가장 기본적인 대책)
- 휴립재배(이랑에 파종)
- 토지 개량(토양의 입단구조 조성)
- 내습성 작물 재배
- 시비관리(미숙유기물과 황산근 비료 사용을 피함)

| 정답 | ①

핵심 이론

1 수분의 성질

(1) 식물체 내 수분(물)의 기능

① 식물체의 구성 성분이 된다.
② 식물 세포 원형질[?] 의 생활 상태(팽압)를 유지한다.
③ 작물이 필요한 물질의 흡수·이동을 위한 용매가 된다.
④ 필요 물질의 합성과 분해의 매개체가 된다.
⑤ 작물의 체온을 조절한다.
⑥ 작물의 체형을 유지시킨다.
⑦ 식물체 내의 물질 분포를 고르게 하는 매개체가 된다.

용어 원형질
- 세포 내부에서 살아있는 모든 물질을 일컫는 용어
- 세포가 생명활동을 할 수 있게 하는 핵심적인 요소
- 세포막 내부의 물질로 구성되어 있으며, 주로 세포질과 핵을 포함함

(2) 수분의 흡수

삼투압	• 반투과성 막을 통해 물이 농도가 낮은 쪽에서 높은 쪽으로 이동하려는 힘을 의미하며, 이 힘은 농도 차이에 의해 발생함 • 세포 안팎의 물 농도가 다르면 삼투압이 발생하여 물이 이동함
팽압	• 식물 세포 내에서 세포막이 세포벽을 밀어내는 압력을 말함 • 세포 내부의 수분이 세포벽을 향해 미는 힘으로, 식물세포가 물을 흡수할 때 발생함
막압	팽압 때문에 늘어난 세포막이 탄력에 의해 다시 수축하면서 수분을 세포 밖으로 배출하려는 압력을 말함
흡수압	• 식물이나 세포가 외부에서 물을 흡수하는 데 필요한 압력을 말함 • 식물체로 수분이 흡수되는 것은 삼투압❷이 막압❷보다 클 때 발생하며, 이를 '흡수압'이라고 함

용어 삼투압
물이 식물체로 들어가려는 압력

용어 막압
세포 밖으로 수분을 배출하려는 압력

(3) 수분포텐셜(Water Potential, 수분 잠재력)

① 물의 이동에 사용 가능한 에너지 양을 나타내며, 어떤 종류의 물이 증류수에 비해 단위 부피당 가지고 있는 잠재에너지에 해당한다.

② 물이 이동하는 경향을 나타내는 개념으로, 물의 이동 방향을 결정하며 물은 수분포텐셜이 높은 곳에서 낮은 곳으로 이동한다.

③ 토양에서 대기로 갈수록 수분포텐셜은 낮아지고, 이러한 차이로 인해 토양에 있던 수분이 식물체를 거쳐 대기로 이동하게 된다.

(4) 작물의 요수량

① 요수량의 개념
  ㉠ 작물의 건물 1g을 생산하는 데 소비되는 수분량을 말한다.
  ㉡ 요수량이 작은 작물일수록 가뭄에 대한 저항성이 크다.

② 요수량의 차이에 따른 작물
  ㉠ 요수량이 큰 작물: 명아주, 호박, 알팔파, 클로버, 완두, 오이 등
  ㉡ 요수량이 작은 작물: 옥수수, 수수, 기장, 밀 등

+ 작물별 요수량의 크기

명아주 > 호박 > 알팔파 > 클로버 > 완두 > 오이 > 감자 > 귀리 > 보리 > 밀 > 옥수수 > 수수 > 기장

(5) 작물의 수분 부족 시 반응

① 기공을 닫아 수분 손실을 줄인다.

② 증산 작용이 억제된다.

③ 잎의 표면적을 줄여 증산을 억제한다. 예 잎 말림, 황변, 낙엽

④ 뿌리를 더 깊고 넓게 뻗는다.

⑤ 아브시스산(ABA)❷ 호르몬의 농도가 급격히 증가한다.

용어 아브시스산(ABA)
식물이 스트레스를 관리하는 데 도움을 주는 호르몬으로, 기공을 닫고 증산을 억제하는 데 중요한 역할을 함

2 수분 관련 재해

(1) 습해

① 개념: 토양 내 과도한 수분, 즉 과습 상태로 인해 작물이나 식물이 생리적 손상을 입는 현상을 말한다.

② 습해의 발생

㉠ 일반적으로 토양에 물이 너무 많아 뿌리가 제대로 숨을 쉬지 못할 때 발생한다.

㉡ 뿌리의 호흡장해는 양분 흡수를 저하시킨다.

③ 습해의 영향

㉠ 토양미생물의 과도한 증식으로 메탄가스, 질소가스, 이산화탄소 등의 유해물질이 증가한다.

㉡ 식물의 필수 영양소가 부족해 잎의 황변, 성장저하, 면역력 감소 등이 발생한다.

㉢ 토양전염병의 발생·전파가 쉬워진다.

④ 습해의 대책

배수	배수로를 설치하여 물을 빼내는 작업으로, 습해의 기본 대책에 해당함
정지	이랑과 고랑을 만들어 뿌리가 과도하게 물에 잠기지 않도록 재배방식을 변경함 예 휴립휴파,❓ 휴립재배, 등고선재배 등
시비	미숙 무기물과 황산근 비료의 사용을 피하고 표층시비와 엽면시비❓를 함
토지 개량	토양을 객토하고 부식·석회·토양개량제 등을 사용하여 공극량을 증대시킴
품종 선택	내습성 작물❓을 재배함
과산화석회의 공급	과산화석회를 공급하면 산소가 방출되어 습지에서 발아 및 생육이 조장됨

용어 휴립휴파
줄을 만들어 높게 쌓은 두둑(Ridge, 이랑)을 세우고 그 위에 씨를 뿌리는 방식

용어 엽면시비
비료를 식물의 잎에 직접 분무하여 영양소를 공급하는 방법

참고 작물의 내습성
옥수수 > 고구마 > 보리 > 감자 > 토마토

+ 배수의 방법

객토법❓	흙을 바꾸는 방식으로 지반을 높여서 배수하는 자연적 배수방법
기계배수	기계를 이용하여 배수하는 방법
명거배수	경사지게 하여 지하수를 흘려보내는 방법
암거배수	지하에 배수시설인 파이프관 등을 설치하여 배수하는 방법

용어 객토법
- 토양의 비옥도를 개선하거나 물리적·화학적 성질을 향상시키기 위해 외부에서 토양을 가져와 기존의 농경지에 덮는 방법
- 배수가 불량한 점토질 토양에 모래를 추가하여 배수성을 개선함으로써 배수 효과를 냄

(2) 수해

① 개념: 과도한 강우나 홍수로 인해 농작물과 농경지에 피해를 입히는 현상을 말한다.

② 수해의 관여 요인

㉠ 수온이 높을수록 피해가 크다.

㉡ 고여 있는 물이 흐르는 물보다 피해가 크다.

㉢ 흙탕물이 맑은 물보다 작물과 토양에 더 큰 피해를 유발한다.

③ 수해 사전 대책

㉠ 산림녹화

㉡ 피복작물의 재배(초생재배)

㉢ 경사지 정리

㉣ 단구식 재배, 등고선 경작

④ 수해 시 대책

㉠ 배수를 실시한다.

㉡ 배수가 되면 흙 앙금을 씻어준다.

㉢ 병충해 발생이 많아지므로 방제를 철저히 한다.

㉣ 키 큰 작물은 결속하여 도복을 방지한다.

(3) 한해(가뭄해, 건조해)

① 개념: 자연강우나 관수가 부족하여 토양이 건조되어 작물이 수분부족에 의해 장애가 발생되는 것을 말한다.

② 한해의 대책

㉠ 충분한 관수는 한해의 근본적인 대책이다.

㉡ 건조한 토양에 강한 작물, 즉 내건성이 강한 품종을 선택한다. 예 수수, 보리, 밀, 조, 피, 기장 등

㉢ 토양입단을 조성한다.

㉣ 증발억제제를 살포한다.

㉤ 피복과 중경제초를 실시한다.

㉥ 드라이파밍(Dry Farming)을 실시한다.

③ 내건성이 강한 작물의 특징

㉠ 수분의 흡수가 필요한 뿌리 부분(근권부)이 잘 발달되어 있다.

㉡ 표면적 대비 체적의 비율이 작고, 잎이 왜소하다.

㉢ 잎조직이 치밀하다.

㉣ 기공 크기가 작거나 수가 적어 낮은 호흡으로 수분의 증발을 막아 건조한 환경에서도 살 성상할 수 있다.

㉤ 세포의 크기가 작아 수분이 적어도 원형질 변형이 적다.

3 대기환경 및 재해

(1) 대기의 조성

대기는 다음의 주요 성분들로 구성된다.

산소 (약 21%)	• 작물의 호흡작용에 이용됨 • 대기 중 산소 농도가 5~10%에 이르면 작물의 호흡은 크게 감소함
질소 (약 79%)	식물은 토양세균을 통해 대기의 질소를 암모니아로 고정하여 이용함 (유리질소의 고정)

참고 관수방법

표면 관수	물을 작물이 심어진 토양 표면에 흘려주는 방법
점적 관수	물을 작물 뿌리 근처에 점적으로 공급하는 방법
저면 관수	작물이 놓인 배지 아래에서 물을 공급하여 뿌리가 물을 흡수하도록 유도하는 방법
분수 관수	물을 공중으로 뿌려 작물과 토양에 물을 공급하는 방법
고랑 관수	작물 사이 고랑에 물을 흘려 관수하는 방법

용어 드라이파밍

건조한 지역에서 인위적인 관개 없이 자연 강우에 의존하여 작물을 재배하는 농업방식

- 휴작기: 비가 올 때마다 심경을 하여 지하에 빗물을 저장함
- 재배기간: 토양을 잘 진압하여 토양의 모관 상승을 좋게 하며 표면의 증발을 억제시킴

용어 호흡작용

식물이 생성된 포도당을 산화시키면서 에너지를 방출하는 과정

용어 **이산화탄소의 포화점과 보상점**

포화점	이산화탄소 농도가 어느 한계까지 높아지면 그 이상 높아져도 광합성 속도는 그 이상 증대하지 않는 상태
보상점	광합성에 의한 유기물의 생성 속도와 호흡에 의한 유기물의 소모 속도가 같아지는 이산화탄소 농도

이산화탄소❷ (약 0.03%)	• 대기 중 이산화탄소의 농도가 높아지면 호흡속도는 감소함 • 이산화탄소의 농도가 높아지면 어느 한계까지는 광합성의 속도가 증대됨 • 광의 강도와 이산화탄소 보상점 · 포화점의 관계 – 광이 약할 때에는 이산화탄소 보상점이 높아지고, 이산화탄소 포화점이 낮아짐 – 광이 강할 때에는 이산화탄소 보상점이 낮아지고, 이산화탄소 포화점이 높아짐 • 탄산시비: 수확량 증대, 작물의 생육 촉진을 위해 시설 내 이산화탄소의 농도를 인위적으로 늘려주는 탄산시비를 시행함

+ 이산화탄소 농도에 영향을 주는 요소

• 여름철에는 왕성한 광합성으로 이산화탄소의 농도가 낮아진다.
• 식생이 무성하면 지표면에 가까운 층은 농도가 높다.

(2) 대기의 유해가스

아황산가스	• 산성비를 유발하는 대표적 유해가스 • 작물에는 광합성 속도가 저하하고, 줄기와 잎이 갈변(퇴색)함
불화수소가스	• 독성이 매우 강하여 낮은 농도에도 피해를 끼침 • 잎의 끝이나 가장자리가 백변하고 누에에도 피해가 발생함
오존가스	• 잎이 황백화 · 적색화되고 암갈색의 점상 반점, 대형괴사가 발생함 • 어린 잎보다 자란 잎의 피해가 큼
기타	일산화탄소, 암모니아가스, 이산화질소, 미세먼지 등

(3) 풍해

① 개념: 연풍❷과는 다른 4~6km/h 이상의 강풍에 의한 피해를 말한다.

② 풍해에 의한 장애
- ㉠ 작물의 결손, 열상, 낙과, 도복, 탈립, 건조 등이 발생한다.
- ㉡ 작물의 상처에 의한 호흡률이 증가한다.
- ㉢ 기공이 닫혀 이산화탄소의 흡수, 즉 광합성률이 감퇴한다.
- ㉣ 상처가 건조되면 광산화 반응을 일으켜 고사한다.
- ㉤ 매개곤충의 활동 저하로 인해 수정률이 감소한다.
- ㉥ 강풍(태풍) 직후 작물의 저항성이 떨어져 병해충 피해가 심해질 수 있다.
- ㉦ 벼에서는 청미, 변색미 발생을 증가시켜 품질 저하를 일으킨다.

③ 풍해의 대책
- ㉠ 방풍림, 방풍울타리를 조성한다.
- ㉡ 내도복성(내풍성) 작물 및 품종을 선택한다.
- ㉢ 풍향과 직각이 되도록 이랑을 조성한다.
- ㉣ 과다한 질소비료 시비와 밀식재배를 피한다.
- ㉤ 태풍이 지나간 후에는 병충해 방지를 위해 살균제를 살포한다.

용어 **연풍**
풍속 4~6km/h 이하의 바람으로, 지온의 저하, 광합성 증대, 이산화탄소 농도 저하 등 작물의 생육에 좋은 영향을 줌

필수 문제

1 수분의 성질

01 식물체 내 물의 기능으로 옳지 않은 것은? 제2회 기출

① 세포의 팽압 형성
② 감수분열 촉진
③ 양분 흡수와 이동의 용매
④ 물질의 합성과 분해과정 매개

식물체 내 물의 기능으로는 ①, ③, ④ 외에 식물의 구성 성분, 식물체의 항상성 유지, 효소의 촉매작용 등이 있다.

02 건물 1g을 생산하는 데 필요한 수분량인 요수량(要水量)이 가장 높은 작물은? 제2회 기출

① 기장
② 옥수수
③ 밀
④ 호박

기장, 옥수수, 밀 등은 요수량이 작은 작물이다.

작물별 요수량의 크기

명아주 > 호박 > 알팔파 > 클로버 > 완두 > 오이 > 감자 > 귀리 > 보리 > 밀 > 옥수수 > 수수 > 기장

03 작물의 요수량에 관한 설명으로 옳은 것은? 제10회 기출

① 작물의 건물 1kg을 생산하는 데 소비되는 수분량(g)을 말한다.
② 내건성이 강한 작물이 약한 작물보다 요수량이 더 많다.
③ 호박은 기장에 비해 요수량이 높다.
④ 요수량이 작은 작물은 생육 중 많은 양의 수분을 요구한다.

작물별 요수량의 크기

명아주 > 호박 > 알팔파 > 클로버 > 완두 > 오이 > 감자 > 귀리 > 보리 > 밀 > 옥수수 > 수수 > 기장

| 오답해설 | ① 요수량이란 작물의 건물 1g을 생산하는 데 소비되는 수분량(g)을 말한다.
② 내건성이 강한 작물이 약한 작물보다 요수량이 더 적다.
④ 요수량이 작은 작물은 생육 중 적은 양의 수분을 요구한다.

| 정답 | 01 ② 02 ④ 03 ③

2 수분 관련 재해

04 수분과잉 장해에 관한 설명으로 옳지 않은 것은? 제7회 기출

① 생장이 쇠퇴하며 수량도 감소한다.
② 건조 후에 수분이 많이 공급되면 열과 등이 나타난다.
③ 뿌리의 활력이 높아진다.
④ 식물이 웃자라게 된다.

수분과잉 상태가 되면 토양의 산소가 부족해지므로 뿌리의 호흡장해가 발생하고, 이로 인해 양분의 흡수가 저하된다. 식물이 웃자라게 되는 현상은 질소가 과다할 때 발생한다.

05 작물재배 시 습해 방지대책으로 옳지 않은 것은? 제4회 기출

① 배수 ② 토양 개량
③ 증발억제제 살포 ④ 내습성 작물 선택

증발억제제 살포는 가뭄의 방지 대책으로, 토지의 수분 증발을 막을 수 있다.

06 토양 습해 대책으로 옳지 않은 것은? 제5회 기출

① 밭의 고랑 재배 ② 땅속 배수시설 설치
③ 습답의 이랑 재배 ④ 토양개량제 사용

밭의 고랑 재배는 가뭄의 대책에 해당한다.

07 작물재배 시 습해의 대책이 아닌 것은? 제3회 기출

① 배수 ② 토양 개량
③ 황산근 비료 시용 ④ 내습성 작물과 품종 선택

황산근 비료는 질소비료의 일종으로 식물의 생장에 중요한 비료로 사용되지만, 과다하게 사용하면 작물의 비대성장과 토양의 산성화를 초래할 수 있다.

08 작물재배 시 건조해의 대책으로 옳지 않은 것은? 제3회 기출

① 중경제초 ② 질소비료 과용

③ 내건성 작물 및 품종 선택 ④ 증발억제제 살포

질소비료의 과용은 작물의 성장비대를 가져와 외부 자극(병충해, 습해, 한해 등)에 약해지는 결과를 초래한다.

작물재배 시 건조해(한해, 가뭄해)의 대책

- 충분한 관수
- 토양입단의 조성
- 피복과 중경제초 실시(①)
- 내건성 작물 및 품종 선택(③)
- 증발억제제 살포(④)
- 드라이파밍 실시 등

09 작물재배 시 한해(旱害) 대책을 모두 고른 것은? 제5회 기출

ㄱ. 중경제초
ㄴ. 밀식재배
ㄷ. 토양입단 조성

① ㄱ, ㄴ ② ㄱ, ㄷ

③ ㄴ, ㄷ ④ ㄱ, ㄴ, ㄷ

- 중경제초: 작물이 생육 중에 있는 포장의 표토를 갈거나 쪼아서 부드럽게 하는 것을 중경이라고 하고, 포장의 잡초를 없애는 것을 제초라고 하며, 이것을 동시에 하는 것을 중경제초라고 하는데, 이는 한해의 대책으로 사용된다.
- 토양입단 조성: 토양의 입단이 조성되면 토양의 수분 보유력이 좋아지므로 한해에 대한 대책으로 볼 수 있다.

| 오답해설 | ㄴ. 밀식재배: 작물을 밀도 있게 재배하는 방식으로, 한해에 대한 대책이라기보다 재배비용의 절약, 수익성 향상을 위한 대책으로 사용되며, 토양유실을 막는 효과도 기대할 수 있다.

10 플라스틱 파이프나 튜브에 미세한 구멍을 뚫어 물이 소량씩 흘러나와 근권부의 토양에 집중적으로 관수하는 방법은? 제10회 기출

① 점적관수 ② 분수관수

③ 고랑관수 ④ 저면급수

점적관수란 작물의 뿌리 부분에 직접적으로 물을 공급하는 효율적인 관수방법으로, 토양 표면에 작은 관이나 호스를 설치하여 물을 점적(물방울 형태)으로 공급하는 시스템이다. 이는 물의 낭비를 최소화하고 작물의 수분 흡수를 극대화할 수 있다.

| 오답해설 | ② 분수관수: 스프링클러 시스템을 이용하여 물을 비나 분수 형태로 작물에 뿌려주는 관수방법이다.

③ 고랑관수: 작물 사이의 고랑(밭고랑)에 물을 흘려서 작물에 물을 공급하는 관수방법이다.

④ 저면급수(저면관수): 작물 아래쪽에서 물을 공급하는 관수방법이다.

| 정답 | 04 ③ 05 ③ 06 ① 07 ③ 08 ② 09 ② 10 ①

11 가뭄이 지속될 때 작물의 잎에 나타날 수 있는 특징으로 옳지 않은 것은? 제6회 기출

① 엽면적이 감소한다.
② 증산이 억제된다.
③ 광합성이 촉진된다.
④ 조직이 치밀해진다.

수분의 공급이 적을 때에는 식물에서 수분의 이탈을 막기 위해 증산작용이 억제되며, 잎의 엽면적이 감소하고 조직이 치밀해지면서 광합성은 감소한다.

12 내건성 작물의 생육특성을 모두 고른 것은? 제8회 기출

ㄱ. 기공 크기의 증가
ㄴ. 지상부보다 근권부 발달
ㄷ. 낮은 호흡에 따른 저장물질의 소실 감소

① ㄱ, ㄴ
② ㄱ, ㄷ
③ ㄴ, ㄷ
④ ㄱ, ㄴ, ㄷ

내건성 작물은 수분의 흡수가 필요한 뿌리 부분(근권부)이 잘 발달되어 있으며, 낮은 호흡으로 수분의 증발을 막아 건조한 환경에서도 잘 성장할 수 있다.
| 오답해설 | ㄱ. 내건성작물은 기공 크기가 작거나 수가 적다.

3 대기환경 및 재해

13 작물 피해를 발생시키는 대기오염 물질이 아닌 것은? 제2회 기출

① 아황산가스
② 이산화탄소
③ 오존
④ 불화수소

이산화탄소는 작물에 피해를 주는 물질이 아니라 광합성을 하는 데 필요한 물질로, 작물의 생장을 촉진하는 역할을 한다.
| 오답해설 | ① 아황산가스: 광합성 속도를 저하시키고 줄기와 잎이 갈변한다.
③ 오존(가스): 잎이 황백화 · 적색화되고 암갈색의 점상 반점, 대형괴사가 발생한다.
④ 불화수소(가스): 독성이 매우 강하며, 잎의 끝이나 가장자리가 백변한다.

14 **강풍이 작물에 미치는 영향으로 옳지 않은 것은?** 제2회 기출

① 상처로 인한 호흡률 증가
② 매개곤충의 활동 저하로 인한 수정률 감소
③ 기공폐쇄로 인한 광합성률 감소
④ 병원균 감소로 인한 병해충 피해 약화

강풍(태풍) 직후 작물의 저항성이 떨어져 병해충 피해가 심해질 수 있다.

15 **강풍으로 인해 작물에 나타나는 생리적 반응을 모두 고른 것은?** 제6회 기출

ㄱ. 세포 팽압 증대	ㄴ. 기공 폐쇄	ㄷ. 작물 체온 저하

① ㄱ, ㄴ
② ㄱ, ㄷ
③ ㄴ, ㄷ
④ ㄱ, ㄴ, ㄷ

강풍으로 기공이 닫히고, 작물 체온이 저하된다.
| 오답해설 | ㄱ. 강풍으로 세포 팽압은 감소한다.

16 **벼 재배 시 풍수해의 예방 및 경감대책으로 옳지 않은 것은?** 제1회 기출

① 내도복성 품종으로 재배한다.
② 밀식재배를 한다.
③ 태풍이 지나간 후 살균제를 살포한다.
④ 침·관수된 논은 신속히 배수시킨다.

벼 재배 시 밀식재배를 하면 심겨진 벼끼리 물, 영양소, 빛을 두고 경쟁하게 되어 생육이 불균형해지고 수확량이 감소될 수 있다.

17 **과수원의 태풍 피해 대책으로 옳지 않은 것은?** 제3회 기출

① 방풍림으로 교목과 관목의 혼합 식재가 효과적이다.
② 방풍림은 바람의 방향과 직각 방향으로 심는다.
③ 과수원 내의 빈 공간 확보는 태풍 피해를 경감시켜 준다.
④ 왜화도가 높은 대목은 지주 결속으로 피해를 줄여준다.

과수원에서의 빈 공간은 바람의 통로가 되기 때문에 태풍 피해가 증가할 수 있다.

| 정답 | **11** ③ **12** ③ **13** ② **14** ④ **15** ③ **16** ② **17** ③

THEME 04

광·온도환경 및 재해

✓ 학습 포인트
- 광환경 관련 개념
- 온도환경과 재해

✓ 6개년 평균 3문제 출제

대표 예제

+ 기출 공략팁

온도의 변화에 다른 작물의 피해에 대한 문제가 다수 출제되고 있다.

■ 광도가 증가함에 따라 작물의 광합성이 증가하는데 일정 수준 이상에 도달하게 되면 더 이상 증가하지 않는 지점은? 제8회 기출

① 광순화점 ② 광보상점
③ 광반응점 ④ 광포화점

예제 풀이

광포화점은 식물이 빛을 이용한 광합성 속도가 더 이상 증가하지 않고 최대에 도달하는 빛의 세기를 의미한다.

| 정답 | ④

■ 고온장해에 관한 증상으로 옳지 않은 것은? 제7회 기출

① 발아불량 ② 품질저하
③ 착과불량 ④ 추대지연

예제 풀이

고온장해로 추대가 지연되는 것이 아니라 조기추대현상이 발생할 수 있다. | 정답 | ④

핵심 이론

1 광환경

(1) 광

① 광에서 식물 생육에 영향을 주는 것은 '광도, 일장, 광질'이다.

② 광의 영향

㉠ 자외선: 색소 형성에 관여한다.

㉡ 적외선: 화아분화와 개화유도에 관여한다.

㉢ 식물의 색소에는 엽록소, 카로티노이드, 안토시아닌,[?] 에티올린,[?] 플라보노이드, 베타시아닌 등이 있다.

용어 안토시아닌
과일과 꽃의 색깔을 형성하는 색소로, 비교적 저온에서 형성됨

용어 에티올린
광이 없을 때 생성되는 색소로, 황백화 현상을 일으킴

(2) 광합성

① 개념: 녹색식물이 광에너지를 받아 이산화탄소(CO_2)와 물(H_2O)을 이용하여 탄수화물을 합성하는 물질대사과정으로, '탄소동화작용'이라고도 한다.

용어 ATP(Adenosine Triphosphate, 아데노신 삼인산)
광합성에서 생성된 식물의 에너지원

용어 NADPH
광합성에서 생성된 환원력을 제공하는 분자

용어 캘빈회로(Calvin Cycle)
광합성의 암반응과정에서 이산화탄소(CO_2)를 이용하여 포도당과 같은 유기물을 합성하는 과정

② 광합성의 단계

명반응	• 빛을 이용하여 물을 분해하는 과정 • H_2O + 빛 에너지 → O_2 + ATP + NADPH
암반응	명반응에서 생성된 ATP❶와 NADPH❷를 이용하여 이산화탄소를 포도당과 같은 유기물로 전환하는 과정

③ 광합성 경로에 따른 식물(작물)의 분류

㉠ 식물은 각각의 광합성 경로에 따라 'C3, C4, CAM 식물'로 구분된다.

구분	C3 식물	C4 식물	CAM 식물
개념	이산화탄소를 기공을 통해 공기에서 직접 얻어 캘빈회로❸에 이용하는 식물	수분을 보존하고 광호흡을 억제하는 적응기구를 갖고 있는 식물	밤 동안 기공을 열어 광합성에 필요한 이산화탄소를 흡수하여 수분을 보존하고 이산화탄소를 C4 식물과 같이 4탄소 화합물로 조정하는 식물
최초 생성 화합물	3탄소 화합물	4탄소 화합물	4탄소 화합물
주요 환경	온화하고 습한 환경	고온·건조한 환경	극도로 건조한 환경
광호흡	빈번함	거의 없음	없음
작물의 예	벼, 밀, 콩, 귀리, 보리, 감자 등의 온대 식물	옥수수, 수수, 사탕수수 등 고온·건조한 지역의 식물	선인장, 파인애플, 다육식물 등

㉡ C4 식물은 C3 식물보다 내건성이 강하고 광포화점이 높다.

④ 광합성에 영향을 주는 환경

㉠ 빛의 세기(광도), 이산화탄소 농도, 온도는 광합성에 영향을 준다.

㉡ 강한 빛, 0.1% 이상의 이산화탄소 농도, 30℃ 정도의 온도일 때 광합성은 최대가 된다.

+ 작물의 생장에 영향을 주는 광질

- 적색광: 광합성, 광주기성(일장반응), 광발아성 종자의 발아를 주도하는 광선이다.
- 청색광: 광합성, 잎의 성장, 줄기의 신장 억제, 굴광성, 카르노이드계 색소 생성을 주도한다.
- 자외선: 신장을 억제하고 잎을 두껍게 하며, 안토시아닌계 색소 생성을 주도한다.
- 근적외선: 피토크롬을 불활성화시켜 종자발아, 줄기의 분지 및 신장에 영향을 미친다.
- 적색광과 적외선의 비율(R/FR Ratio)에 따라 식물의 성장이 크게 좌우된다.
  - 비율이 높아지면 식물은 보다 짧고 굵게 자라며 성장이 빨라진다.
  - 비율이 작아지면 절간신장❹이 촉진되어 초장❺이 커진다.

용어 절간신장
식물의 마디가 자라는 것

용어 초장
식물의 높이

(3) 기타 광에 의한 식물의 생리작용

굴광현상	• 식물이 빛의 방향에 따라 성장하는 현상 • 줄기나 초엽은 빛의 방향으로, 뿌리는 그 반대 방향으로 나타남 • 굴광현상에 가장 효과적인 광은 청색광임
착색	광이 부족하면 에티올린이 형성되어 황백화 현상이 나타남
증산작용	• 식물이 빛을 받으면 온도가 상승하고 기공이 열려 증산이 촉진됨 • 증산작용을 억제하려면 원예산물과 대기 간 수증기압 포차❶를 감소시켜야 함
호흡작용	• 빛의 작용으로 광합성에 의해 호흡기질을 생성하여 호흡을 증대시키는 작용 • C3 식물에게는 광호흡❷이 있지만, C4 식물에게는 이 호흡과정이 거의 없음
도장현상	• 광(빛) 부족, 밀식, 과다한 질소 비료 사용 등으로 인해 발생함 • 작물의 줄기가 길게 자라고 잎이 엷어지거나 약해지는 현상
광중단현상	• 국화를 포함한 여러 식물에서 발생하는 빛의 주기와 관련된 생리적 현상 • 국화가 꽃을 피우기 위해서는 일정 기간 낮의 길이가 짧아지는 단일조건이 필요한데, 국화가 자라는 도중 갑작스럽게 인공적인 빛이나 자연광에 노출되면 꽃눈 형성에 방해가 되어 개화가 지연되거나 불량하게 이루어짐
신초 웃자람 현상	빛 부족으로 인해 식물은 광합성을 충분히 하지 못하고, 빛을 더 많이 받기 위해 위로만 자라려는 성향을 보이면서 줄기나 가지가 길어지는 현상

참고 수증기압 포차
공기가 수증기를 최대로 머금을 수 있는 상태(포화 상태)와 현재 실제로 머금고 있는 수증기량 사이의 압력 차이를 말하며, 크면 클수록 공기가 건조하여 증산작용이 활발하게 일어남

참고 광호흡
식물의 광호흡은 이산화탄소와 에너지가 손실되는 비효율적인 과정임

(4) 광보상점과 광포화점

광보상점	• 식물이 광합성을 통해 이산화탄소를 흡수하는 속도와 호흡을 통해 이산화탄소를 방출하는 속도가 같아지는 최소한의 빛의 세기를 의미함 • 광보상점에서 식물은 광합성으로 생성되는 에너지가 호흡으로 소모되는 에너지와 같아 에너지를 축적하지 않고 유지하는 상태에 있게 됨 • 내음성❸이 약한 작물은 강한 작물보다 광보상점이 높음 • 식물은 광보상점 이상의 광을 받아야 지속적인 생육이 가능함
광포화점	• 식물이 빛을 이용한 광합성 속도가 더 이상 증가하지 않고 최대에 도달하는 빛의 세기를 의미함 • 광포화점 이상의 빛이 공급되더라도 식물의 광합성 속도는 더 이상 증가하지 않으며, 일정하게 유지됨 • 군락의 형성도가 높을수록 군락의 광포화점이 증가함

용어 내음성
광도가 낮은 음지에서 식물이 자랄 수 있는 성질

(5) 광 부족 시 나타나는 현상

① 줄기의 마디 사이가 길어진다.
② 잎이 넓어지고 얇아진다.
③ 잎이 노랗게 변한다.
④ 줄기가 가늘어진다.
⑤ 꽃눈 형성이 저하된다.

2 온도환경과 재해

(1) 식물 생육에서의 온도

유효온도	• 작물의 생육이 효과적으로 이루어지는 온도 • 작물의 발달 속도를 예측할 수 있어 적절한 재배시기를 선택할 수 있음
적산온도❷	• 작물이 자라는 동안 일정 기간 동안 축적된 기온을 수치화한 값 • 작물의 발아, 개화, 수확시기를 예측하여 농작업의 타이밍을 계획할 수 있음
온도계수	온도 10℃ 상승에 따른 이화학적 반응 또는 생리작용의 증가배수❷
생육적온	작물이 가장 잘 자라는 데 필요한 적절한 온도 • 최소 생육온도: 작물이 자라기 시작할 수 있는 최저 온도 • 최적 생육온도: 작물이 가장 활발하게 성장할 수 있는 온도범위 • 최대 생육온도: 작물이 더 이상 자라지 않는 최고 온도

참고 작물의 적산온도
- 벼: 3,500~4,500℃
- 추파맥류: 1,700~2,300℃
- 메밀: 1,000~1,200℃

용어 증가배수
특정 재배기간 동안 한 작물이 얼마나 증식했는지를 나타내는 비율

(2) 열해(고온해)

① 개념: 작물이 지나친 고온에 노출되어 피해를 입는 현상을 말한다.

② 열해의 생리기전(열해의 증상)

유기물의 과잉소모	고온환경에서는 작물의 호흡작용이 증가하며 호흡작용은 광합성으로 생산된 유기물을 분해하여 에너지를 생성하는 과정으로, 고온에서는 이 과정이 가속화되어 유기물의 소모량이 늘어남
질소대사의 이상	고온에서는 토양이 건조해지면 질소의 흡수는 더 어려워져 질소대사의 이상이 발생함
철분의 침전	고온에 의해 수분이 적어지면 철분의 이동이 방해받아 침전되게 되는데 철분이 침전되면 황백화 현상이 일어남
증산 과다	고온에서는 수분흡수보다 증산이 과다하여 위조를 유발함

③ 작물의 내열성
㉠ 내건성이 큰 작물이 내열성도 크다.❷
㉡ 작물의 연령이 많아지면 내열성은 커진다.
㉢ 세포내의 결합수가 많고 유리수가 적으면 내열성이 커진다.

④ 열해의 대책
㉠ 내열성이 강한 작물을 선택한다.
㉡ 재배시기를 조절하여 혹서기를 회피한다.
㉢ 피복을 하여 지온 상승을 억제한다.
㉣ 밀식 및 질소과용을 피한다.
㉤ 관개를 통해 지온을 낮춘다.

⑤ 하고현상: 북방형 목초가 고온·건조한 상황에서 말라죽는 현상을 말한다.
예 알팔파, 블루그라스, 스위트클로버, 레드클로버 등

⑥ 작물의 고온장해
㉠ 일소현상 ㉡ 결구장해❷ ㉢ 발아 불량 ㉣ 품질 저하
㉤ 착과 불량 ㉥ 조기추대현상 ㉦ 벌마늘현상❷ 등

참고 내열성이 큰 작물
깊은 뿌리를 가지거나 물 사용 효율(WUE; Water Use Efficiency)이 높은 식물
예 수수, 기장, 옥수수, 밀, 콩, 알팔파 등

용어 결구장해
고온으로 인해 양배추, 양상추 등의 속이 차지 않는 현상

용어 벌마늘현상
- 마늘 재배 시 정상적으로 한 개의 큰 비늘줄기(쪽)으로 이루어진 구(Bulb)가 형성되지 않고, 여러 개의 작은 쪽이 형성되는 현상
- 겨울철의 이상고온, 2~3월경의 잦은 강우, 일조량 감소 등의 이유로 발생함

용어 냉온 상태
식물체 내 결빙이 생기지 않는 범위의 저온 상태

용어 절화류
꽃대와 함께 잘라낸 꽃을 이용할 목적으로 재배하는 화훼류

용어 동해
온도가 지나치게 내려가 작물의 조직 내에 결빙이 생겨서 받는 피해

용어 상해
서리로 인해 0～-2℃ 정도에서 작물이 동사하는 피해

(3) 냉해

① 개념: 생육적온 이하의 낮은 냉온 상태를 지속적으로 받아 피해를 받는 것을 말한다.

② 냉해의 구분

구분	내용
지연형 냉해	생육 초기부터 출수기에 걸쳐 지속적인 저온에 노출되었을 때 출수가 지연되고 이에 따라 등숙이 지연되어 등숙불량이 초래되는 냉해
장해형 냉해	유수형성기부터 개화기까지, 특히 생식세포의 감수분열기에 냉온으로 불임현상이 초래되는 냉해
병해형 냉해	저온으로 작물의 저항력이 약해져 병원균에 감염되기 쉬운 상태가 되거나, 병의 발생을 조장하는 냉온장해
혼합형 냉해	지연형 · 장해형 · 병해형 냉해가 복합적으로 발생하는 냉해

③ 냉해의 대책
㉠ 보리, 밀, 호밀, 감자, 무 등의 내한성 품종을 선택한다.
㉡ 방풍림 설치, 객토, 암거배수 등으로 입지조건을 개선한다.
㉢ 관수를 적절히 관리한다.
㉣ 조기재배, 조식재배 등으로 등숙기 냉해를 피하는 등 재배법을 개선한다.
㉤ 질소의 과잉을 피한다.

④ 작물의 저온장해
㉠ 배추는 서늘한 기후에서 잘 자라는 작물이지만, 지나치게 낮은 온도에 오랫동안 노출되면 생리적 반응으로 꽃대를 올리는 조기추대현상이 발생한다.
㉡ 4℃ 이하에서 저온장해가 발생될 수 있는 절화류로, 극락조화, 안스리움, 글라디올러스 등이 있다.
㉢ 세포막을 구성하는 주요 성분인 인지질은 저온 상태가 되면 액체 상태의 지질이 고체 상태로 변화하는 상(相)전환이 일어나는데, 지질성분에 포함된 포화지방산의 비율이 상대적으로 낮을수록 저온에 강한 경향이 있다.

(4) 동상해

① 개념: 동해와 상해를 합친 용어로, 0℃ 이하의 세포 내 결빙에 의한 저온 피해를 말한다.

② 내동성에 관여하는 생리적 요인
㉠ 식물체의 함수량이 높으면 내동성이 저하된다.
㉡ 지방함량이 높은 것이 내동성이 크다.
㉢ 당분의 함량이 많으면 내동성이 크다.
㉣ 원형질의 수분투과성이 높으면 내동성을 증대시킨다.
㉤ 세포 내 결빙이 생기면 원형질 구성에 필요한 수분이 동결한다. 이로 인해 원형질단백이 응고하여 변화가 생기며, 원형질의 구조가 파괴되므로 세포는 즉시 동사한다.

③ 동상해의 대책
㉠ 내동성 작물을 선택한다.

㉡ 입지조건을 개선한다. 예 방품시설, 토지개선 등
㉢ 이랑을 세워 뿌림골을 깊게 한다.
㉣ 적기에 파종하고 파종량을 늘린다.

참고 기온 저하 시 사후대책
- 인공수분을 함
- 과수재배 시 적과를 늦춤
- 영양 상태를 회복하기 위한 대책을 마련함
- 병충해 방제

④ 기온 저하 시 응급대책[용어]

관개법	작물 주변의 토양에 물을 공급하여 지표 온도를 상승시키는 방법(잠열 이용)
송풍법	방상팬을 이용한 송풍으로 대류현상을 이용하여 찬 공기와 따뜻한 공기를 섞어 작물의 온도를 상승시키는 방식
발연법	연기를 발생시켜 작물 주변의 열 손실을 막고 서리 형성을 방지하는 방법
피복법	작물이나 지면을 덮어 저온으로부터 보호하는 방법으로, 눈이 내려 깊게 쌓이면 눈 밑에 있는 작물의 온도 저하를 줄이고 동해 피해를 경감하는 데 도움이 됨
살수결빙법	물을 작물 위에 뿌려 물이 얼 때 방출되는 열(잠열)을 이용하여 작물의 온도를 유지하는 방식
연소법	열을 발생시키는 연소 장치를 사용하여 작물 주변의 기온을 상승시키는 방법

⑤ 서리 발생의 조건
㉠ 가을과 봄은 서리가 잘 발생할 수 있는 계절이다.
㉡ 맑고 구름 없는 날, 바람이 거의 없는 상태, 낮은 습도와 이슬점, 그리고 큰 일교차 등의 조건일 때 서리가 잘 발생한다.
㉢ 특히, 강이나 저수지는 안개가 자주 발생하므로 그 옆에 과수원이 있을 경우 서리가 많이 발생한다.

⑥ 과수작물의 동상해
㉠ 배, 사과, 복숭아의 경우 늦서리[용어]의 피해가 많이 발생한다.
㉡ 잎눈이 꽃눈보다 내한성이 강하다.
㉢ 개화기에는 꽃이 저온에 의해 검게 변하거나 시들어버릴 수 있으며, 이는 과실이 맺히지 않거나 결실이 불량해지는 원인이 된다.

용어 늦서리
작물이 자라기 시작한 후 예상보다 늦은 시기에 갑자기 발생하는 서리를 의미하며, 4월부터 5월 사이에 발생함

(5) 우박 피해

① 개념: 적란운과 봉우리적운 속에서 성장하는 얼음알갱이 또는 얼음덩어리가 내리는 현상을 말한다.
② 우박 피해의 특징
㉠ 우리나라의 우박 피해는 돌발적·국지적이며, 비교적 단시간에 큰 피해가 발생한다.
㉡ 주로 사과, 배의 착과기와 성숙기에 해당하는 초여름(5~6월)과 초가을(9~10월)에 발생한다.
㉢ 과실이나 가지에 타박상, 열상 등을 일으킨다.
㉣ 피해 후 2차적으로 병해를 발생시키는 간접적인 피해를 유발하기도 한다.
㉤ 그물(방포망)을 나무에 씌워 피해를 경감시킬 수 있다.

필수 문제

1 광환경

01 C4 작물이 아닌 것은? 제7회 기출

① 보리 ② 사탕수수
③ 수수 ④ 옥수수

보리는 C3 작물에 해당한다.

광합성 경로에 따른 식물(작물)의 분류

- C3 식물: 벼, 밀, 콩, 귀리, 보리, 감자 등의 온대식물
- C4 식물: 옥수수, 수수, 사탕수수 등 고온·건조한 지역의 식물
- CAM 식물: 선인장, 파인애플, 다육식물 등

02 벼와 옥수수의 광합성을 비교한 내용으로 옳지 않은 것은? 제6회 기출

① 옥수수는 벼에 비해 광 포화점이 높은 광합성 특성을 보인다.
② 옥수수는 벼에 비해 온도가 높을수록 광합성이 유리하다.
③ 옥수수는 벼에 비해 이산화탄소 보상점이 높은 광합성 특성을 보인다.
④ 옥수수는 벼에 비해 수분 공급이 제한된 조건에서 광합성이 유리하다.

이산화탄소 보상점이란 광합성에 의한 유기물의 생성 속도, 호흡에 의한 유기물의 소모 속도가 같아지는 이산화탄소 농도를 말한다. C4 식물인 옥수수는 C3 식물인 벼에 비해 이산화탄소 농도가 낮은 환경에서도 광합성을 할 수 있다.

03 공기의 조성성분 중 광합성의 주원료이며 호흡에 의해 발생되는 것은? 제10회 기출

① 이산화탄소 ② 질소
③ 산소 ④ 오존

- 식물의 광합성은 햇빛, 이산화탄소, 물을 이용하여 포도당과 산소를 생성하는 과정이다.
- 식물의 호흡은 식물이 에너지를 생성하기 위해 포도당을 분해하여 이산화탄소와 물을 생성하는 과정이다(식물의 이화작용).

04 작물의 생장에 영향을 주는 광질에 관한 내용이다. ( ) 안에 들어갈 내용을 순서대로 옳게 나열한 것은?

제9회 기출

> 가시광선 중에서 ( )은 광합성 · 광주기성 · 광발아성 종자의 발아를 주도하는 중요한 광선이다. 근적외선은 식물의 신장을 촉진하여 적색광과 근적외선의 비가 ( ) 절간신장이 촉진되어 초장이 커진다.

① 청색광, 작으면
② 적색광, 크면
③ 적색광, 작으면
④ 청색광, 크면

- 가시광선 중에서 적색광은 광합성 · 광주기성 · 광발아성 종자의 발아를 주도하는 중요한 광선이다.
- 근적외선은 식물의 신장을 촉진하여 적색광과 근적외선의 비가 작으면 절간신장(식물의 마디가 자라는 것)이 촉진되어 초장(식물의 신장)이 커진다.

05 시설 내에서 광 부족이 지속될 때 나타날 수 있는 박과 채소 작물의 생육 반응은?

제6회 기출

① 낙화 또는 낙과의 발생이 많아진다.
② 잎이 짙은 녹색을 띤다.
③ 잎이 작고 두꺼워진다.
④ 줄기의 마디 사이가 짧고 굵어진다.

시설 내에서 광 부족이 지속될 경우 광합성작용이 저하되고 동화작용으로 영양공급이 저하되어 낙화 또는 낙과가 발생할 수 있다. 또한, 엽록소 형성이 저하되어 잎이 황백색으로 변하는 황백화 현상이 일어나고 잎이 작고 얇아진다.

06 작물 외관의 착색에 관한 설명으로 옳지 않은 것은?

제3회 기출

① 작물재배 시 광이 없을 때에는 에티올린(Etiolin)이라는 담황색 색소가 형성되어 황백화 현상을 일으킨다.
② 엽채류에서는 적색광과 청색광에서 엽록소의 형성이 가장 효과적이다.
③ 작물재배 시 광이 부족하면 엽록소의 형성이 저해된다.
④ 과일의 안토시안은 비교적 고온에서 생성이 조장되며 볕이 잘 쬘 때에 착색이 좋아진다.

과일의 안토시안은 비교적 저온에서 생성이 조장되며, 볕이 잘 쬘 때 착색이 좋아진다. 사과, 포도, 딸기 등을 예로 들 수 있다.

| 정답 | 01 ① 02 ③ 03 ① 04 ③ 05 ① 06 ④

07 다음과 관련되는 현상은?

제4회 기출

> A농가는 지난해 노지에 국화를 심고 가을에 절화를 수확하여 출하하였다. 재배지 주변의 가로등이 밤에 켜져 있어 주변 국화의 꽃눈분화가 억제되어 개화가 되지 않아 경제적 손실을 입었다.

① 도장현상
② 광중단현상
③ 순멎이현상
④ 블라스팅현상

국화가 꽃을 피우기 위해서는 일정 기간 낮의 길이가 짧아지는 단일조건이 필요하다. 국화가 자라는 도중 갑작스럽게 인공적인 빛이나 자연광에 노출되면 꽃눈 형성에 방해가 되어 개화가 지연되거나 불량하게 이루어지는데 이러한 현상을 광중단현상이라고 한다.

| 오답해설 | ① 도장현상: 광(빛) 부족 등으로 인해 작물의 줄기가 길게 자라고 잎이 엷어지거나 약해지는 현상을 말한다.

③ 순멎이현상: 줄기의 신장이 억제되고 짧은 마디에 암꽃이 밀생하는 현상을 말한다.

④ 블라스팅현상: 충분히 발달한 꽃봉오리가 꽃이 피기 전에 고사하는 현상을 말한다.

08 과수재배 시 일조(日照) 부족현상은?

제4회 기출

① 신초 웃자람
② 꽃눈 형성 촉진
③ 과실 비대 촉진
④ 사과 착색 촉진

일조량이 부족하거나 질소나 수분이 과다할 경우, 작물의 줄기나 가지가 보통보다 길고 연하게 자라는 웃자람현상이 나타날 수 있다.

09 식물 생육에서 광에 관한 설명으로 옳지 않은 것은?

제10회 기출

① 광포화점은 상추보다 토마토가 더 높다.
② 광보상점은 글록시니아보다 초롱꽃이 더 낮다.
③ 광포화점이 낮은 작물은 고온기에 차광을 해주어야 한다.
④ 광도가 증가할수록 작물의 광합성량이 비례적으로 계속 증가한다.

광포화점이란 식물이 빛을 이용한 광합성 속도가 더 이상 증가하지 않고 최대에 도달하는 빛의 세기를 의미한다. 광도가 증가할수록 작물의 광합성량이 비례적으로 증가하지는 않는다.

| 오답해설 | ① 광포화점은 상추(25,000lx)보다 토마토(70,000lx)가 더 높다.

② 광보상점은 양지식물(글록시니아)보다 음지식물(초롱꽃)이 더 낮다.

③ 광포화점이 낮은 작물은 고온기의 일사량 조절을 위해 차광을 해주어야 한다.

10 (　　)에 들어갈 내용은?

제2회 기출

> 작물의 광합성에 의한 이산화탄소의 흡수량과 호흡에 의한 이산화탄소의 방출량이 같은 지점의 광도를 (　　　)이라 한다.

① 광반응점　　② 광보상점

③ 광순화점　　④ 광포화점

식물에 의한 이산화탄소의 흡수량과 방출량이 같아져서 식물체가 외부 공기 중에서 실질적으로 흡수하는 이산화탄소의 양이 0이 되는 빛의 강도를 광보상점이라고 하며, 이 이상으로 빛이 공급되어야 식물의 생장이 가능하다.

| 오답해설 | ④ 광포화점은 식물이 빛을 이용한 광합성 속도가 더 이상 증가하지 않고 최대에 도달하는 빛의 세기를 의미한다.

2 온도환경과 재해

11 다음 (　　) 안에 들어갈 내용을 순서대로 옳게 나열한 것은?

제1회 기출

> 식물의 생육이 가능한 온도를 (　　)(이)라고 한다. 배추, 양배추, 상추는 (　　)채소로 분류되고, (　　)는 종자 때부터 저온에 감응하여 화아분화가 되며, (　　)는 고온에 의해 화아분화가 이루어진다.

① 생육적온, 호온성, 배추, 상추　　② 유효온도, 호냉성, 배추, 상추

③ 생육적온, 호냉성, 상추, 양배추　　④ 유효온도, 호온성, 상추, 배추

- 식물의 생육이 가능한 온도를 유효온도라고 하며, 식물이 잘 자랄 수 있는 생육적온과는 다른 개념이다.
- 배추, 양배추, 상추 등은 추운 곳에서 잘 자라는 호냉성 채소로 분류된다.
- 생육적온은 품종, 생육시기에 따라 다르므로 배추는 종자 때부터 저온에 감응하여 화아분화가 되며, 상추는 고온에 의해 화아분화가 이루어진다.

12 작물재배 시 하고(夏枯)현상으로 옳지 않은 것은?

제3회 기출

① 화이트클로버는 피해가 크고, 레드클로버는 피해가 경미하다.

② 다년생인 북방형 목초에서 여름철에 생장이 현저히 쇠퇴하는 현상이다.

③ 고온, 건조, 장일, 병충해, 잡초무성의 원인으로 발생한다.

④ 대책으로는 관개, 혼파, 방목이 있다.

하고현상이란 북방형 목초가 고온·건조한 상황에서 말라죽는 현상을 말하며, 레드클로버는 피해가 크고, 화이트클로버는 피해가 경미하다.

| 정답 | 07 ② 08 ① 09 ④ 10 ② 11 ② 12 ①

농학개론 중 재배학 및 원예작물학

13 A지역에서 2차 생장에 의한 벌마늘 피해가 일어났다. 이와 같은 현상이 일어나는 원인이 아닌 것은? 제10회 기출

① 겨울철 이상고온
② 2~3월경의 잦은 강우
③ 흐린 날씨에 의한 일조량 감소
④ 흰가루병 조기출현

- 벌마늘은 마늘이 정상적으로 자라지 못하고, 여러 개의 작은 마늘 쪽으로 나뉘어 자라는 현상을 말한다. 이는 겨울철 이상고온, 2~3월경의 잦은 강우, 흐린 날씨에 의한 일조량 감소 등의 원인으로 나타난다.
- 마늘 흰가루병은 곰팡이에 의해 발생하는 병으로, 마늘의 잎과 줄기에 흰가루 같은 곰팡이 포자가 생기면서 작물의 생육을 저해하는 병해이다. 이는 식물의 수분과 영양분 흡수능력을 떨어뜨려 마늘의 성장을 방해하고, 심할 경우 마늘이 시들거나 죽을 수 있다.

14 다음 설명이 틀린 것은? 제4회 기출

① 동해는 물의 빙점보다 낮은 온도에서 발생한다.
② 일소현상, 결구장해, 조기추대는 저온장해 증상이다.
③ 온대과수는 내동성이 강한 편이나, 열대과수는 내동성이 약하다.
④ 서리 피해 방지로 톱밥 및 왕겨 태우기가 있다.

일소현상, 결구장해는 고온장해 증상이다. 조기추대는 고온 · 저온장해 증상 모두에 해당할 수 있다.
- 일소현상: 강한 햇빛을 오래 받아 식물의 잎, 과실, 줄기 따위의 조직에 이상이 생기는 현상이다.
- 결구장해: 고온으로 인해 양배추, 양상추 등의 속이 차지 않는 현상이다.

15 다음이 설명하는 냉해는? 제3회 기출

ㄱ. 냉온에 대한 저항성이 약한 시기인 감수분열기에 저온에 노출되어 수분수정이 안 되어 불임현상이 초래되는 냉해를 말한다.
ㄴ. 냉온에 의한 생육부진으로 외부 병균의 침입에 대한 저항성이 저하되어 병이 발생하는 냉해를 말한다.

① ㄱ: 지연형 냉해, ㄴ: 병해형 냉해
② ㄱ: 병해형 냉해, ㄴ: 혼합형 냉해
③ ㄱ: 장해형 냉해, ㄴ: 병해형 냉해
④ ㄱ: 혼합형 냉해, ㄴ: 장해형 냉해

장해형 냉해는 유수형성기부터 개화기까지, 특히 생식세포의 감수분열기에 냉온으로 불임현상이 초래되는 냉해를 말하고, 병해형 냉해는 저온으로 작물의 저항력이 약해져 병원균에 감염되기 쉬운 상태가 되거나, 병의 발생을 조장하는 냉온장해를 말한다.

| 오답해설 | • 지연형 냉해: 생육 초기부터 출수기에 걸쳐 지속적인 저온에 노출되었을 때 출수가 지연되고 이에 따라 등숙이 지연되어 등숙불량이 초래되는 냉해를 말한다.
- 혼합형 냉해: 지연형 · 장해형 · 병해형 냉해가 복합적으로 발생하는 냉해를 말한다.

16 4℃에 저장 시 저온장해가 발생하는 절화류로 짝지어진 것은? 제7회 기출

① 장미, 카네이션
② 백합, 금어초
③ 극락조화, 안스리움
④ 국화, 글라디올러스

4℃에 저장 시 저온장해가 발생하는 절화류는 열대 또는 아열대 원산지인 작물로, 극락조화, 안스리움, 글라디올러스 등이 있다.

17 다음 (   )에 들어갈 내용을 순서대로 옳게 나열한 것은? 제10회 기출

> 작물에서 저온장해의 초기 증상은 지질성분의 이중층으로 구성된 (   )에서 상전환이 일어나며 지질성분에 포함된 포화지방산의 비율이 상대적으로 (   )수록 저온에 강한 경향이 있다.

① 세포막, 높을
② 세포벽, 높을
③ 세포막, 낮을
④ 세포벽, 낮을

세포막을 구성하는 주요 성분인 인지질은 저온 상태가 되면 액체 상태의 지질이 고체 상태로 변화하는 상(相)전환이 일어나는데, 이때 세포막이 경직되거나 파열될 수 있는 상태가 된다. 세포막의 지질성분에 포함된 포화지방산의 비율이 상대적으로 낮을수록 저온에 강한 경향이 있다.

18 A농가가 과수작물 재배 시 동해를 예방하기 위해 실시할 수 있는 조치가 아닌 것은? 제6회 기출

① 과실 수확 전 토양에 질소를 시비한다.
② 과다하게 결실이 되지 않도록 적과를 실시한다.
③ 배수관리를 통해 토양의 과습을 방지한다.
④ 강전정을 피하고 분지 각도를 넓게 한다.

과실 수확 전 토양에 질소를 시비하면 동해가 발생할 위험이 더 커진다. 작물은 더 늦게까지 자라게 되고, 저장양분은 적어져 동해에 대한 저항력이 떨어지게 되기 때문이다.

| 정답 | 13 ④ 14 ② 15 ③ 16 ③ 17 ③ 18 ①

19 과수작물의 서리 피해에 관한 내용이다. 밑줄 친 부분이 옳은 것을 모두 고른 것은? 제9회 기출

> 최근 지구온난화에 따른 기상이변으로 개화기가 빠른 ㄱ. 핵과류에서 피해가 빈번하게 발생한다. 특히, 과수원이 ㄴ. 강이나 저수지 옆에 있을 때 발생률이 높다. 따라서 일부 농가에서는 상층의 더운 공기를 아래로 불어내려 과수원의 기온저하를 막아주는 ㄷ. 송풍법을 사용하고 있다.

① ㄱ
② ㄱ, ㄴ
③ ㄴ, ㄷ
④ ㄱ, ㄴ, ㄷ

- 핵과류: 과실 속에 단단한 핵이 있고 그 속에 종자가 있는 과실을 말한다. 예 복숭아, 자두, 매실, 살구, 체리, 앵두, 대추 등
- 강이나 저수지 옆: 안개가 자주 발생하므로 그 옆에 과수원이 있을 경우 서리가 많이 발생한다.
- 송풍법: 방상팬을 사용한 송풍으로 대류현상을 이용하여 찬 공기와 따뜻한 공기를 섞어 작물의 온도를 상승시키는 방식이다.

20 다음 (　　)에 들어갈 내용을 순서대로 옳게 나열한 것은? 제5회 기출

> 과수작물의 동해 및 서리 피해에서 (　　)의 경우 꽃이 일찍 피는 따뜻한 지역에서 늦서리 피해가 많이 일어난다. 최근에는 온난화의 영향으로 개화기가 빨라져 (　　)에서 서리 피해가 빈번하게 발생한다. (　　)은 상층의 더운 공기를 아래로 불어내려 과수원의 기온 저하를 막아주는 방법이다.

① 사과나무, 장과류, 살수법
② 배나무, 핵과류, 송풍법
③ 배나무, 인과류, 살수법
④ 사과나무, 각과류, 송풍법

- 배나무의 경우 꽃이 일찍 피는 따뜻한 지역에서 늦서리 피해가 많이 일어난다.
- 최근에는 온난화의 영향으로 개화기가 빨라져 핵과류에서 서리 피해가 빈번하게 발생한다.
- 송풍법은 상층의 더운 공기를 아래로 불어내려 과수원의 기온 저하를 막아주는 방법이다.

21 우리나라 우박 피해에 관한 설명으로 옳지 않은 것은? 제1회 기출

① 전국적으로 7~8월에 집중적으로 발생한다.
② 과실 또는 새 가지에 타박상이나 열상 등을 일으킨다.
③ 비교적 단시간에 많은 피해를 일으키고, 피해지역이 국지적인 경우가 많다.
④ 그물(방포망)을 나무에 씌워 피해를 경감시킬 수 있다.

우박은 초여름(5~6월)이나 초가을(9~10월)에 잘 발생하며, 피해지역은 광범위하지 않고 국지적이다.

22 우리나라의 과수 우박 피해에 관한 설명으로 옳은 것은? 제3회 기출

ㄱ. 피해시기는 주로 착과기와 성숙기에 해당된다.
ㄴ. 다음해의 안정적인 결실을 위해 피해 과원의 모든 과실을 제거한다.
ㄷ. 피해 후 2차적으로 병해를 발생시키는 간접적인 피해를 유발하기도 한다.

① ㄱ, ㄴ
② ㄱ, ㄷ
③ ㄴ, ㄷ
④ ㄱ, ㄴ, ㄷ

우리나라의 우박 피해는 주로 착과기와 성숙기에 해당하는 초여름과 초가을에 발생하고, 피해 후 2차적으로 병해를 발생시키는 간접적인 피해를 유발하기도 한다.

| 오답해설 | ㄴ. 우박 피해가 있다고 해서 피해 과실 모두를 제거하는 것은 수세에 좋지 않은 영향을 미치게 된다.

23 최종 적과후 우박 피해를 입은 사과농가의 대처로 옳은 것을 모두 고른 것은? 제9회 기출

• A농가 – 피해 정도가 심한 가지에는 도포제를 발라준다.
• B농가 – 수세가 강한 피해 나무에 질소 엽면시비를 한다.
• C농가 – 90% 이상의 과실이 피해를 입은 나무의 과실은 모두 제거한다.
• D농가 – 병해충 방제를 위해 살균제를 살포한다.

① A, C
② A, D
③ B, C
④ B, D

최종 적과후 우박 피해가 심한 가지에는 절단면에 도포제를 발라주거나 병해충 방제를 위해 살균제를 살포하여 2차 감염이 발생하지 않도록 한다.

| 오답해설 | • B농가: 엽면시비를 하는 목적은 양분을 신속히 흡수시켜 일시적인 효과를 보고자 하는 데 있다. 과일에 우박 피해가 있는 수세가 좋은 나무에는 영양분을 신속히 흡수시키는 것으로 효과를 볼 수는 없다.
• C농가: 달려 있는 과일의 90%가 피해를 입었다고 해서 나무에 달려 있는 모든 과일을 제거한다면 나무의 수세가 좋지 않게 된다.

| 정답 | 19 ④ 20 ② 21 ① 22 ② 23 ②

THEME 05

상적발육과 환경

✔ 학습 포인트
- 춘화, 일장 효과의 개념과 분류
- 식물생장조절제의 종류 및 작물별 효과

✔ 6개년 평균 3문제 출제

대표 예제

+ 기출 공략팁

- 작물의 상적발육에 있어 작물의 일장 효과와 식물생장조절제가 많이 출제되고 있다.
- 특히, 식물생장조절제는 종류별 특성에 대해 이해하고, 각 작물에 대한 효과도 암기해 두도록 한다.

■ 작물의 일장형에 관한 설명으로 옳지 않은 것은? 제7회 기출

① 보통 16~18시간의 장일조건에서 개화가 유도, 촉진되는 식물을 장일식물이라고 하며, 시금치, 완두, 상추, 양파, 감자 등이 있다.

② 보통 8~10시간의 단일조건에서 개화가 유도, 촉진되는 식물을 단일식물이라고 하며, 가지, 콩, 오이, 호박 등이 있다.

③ 일장의 영향을 받지 않는 식물을 중성식물이라고 하며, 토마토, 당근, 강낭콩 등이 있다.

④ 좁은 범위에서만 화성이 유도, 촉진되는 식물을 정일식물 또는 중간식물이라고 한다.

예제 풀이

보통 8~10시간의 단일조건에서 개화가 유도, 촉진되는 식물을 단일식물이라고 하며, 국화, 옥수수, 담배, 콩, 오이, 호박 등이 있다. 가지는 중성식물에 해당한다.

| 정답 | ②

■ 식물의 종자 또는 눈이 휴면에 들어가면서 증가하는 것은? 제9회 기출

① 호흡량 ② 옥신

③ 지베렐린 ④ 아브시스산

예제 풀이

아브시스산(ABA)은 눈과 종자의 휴면을 유도하는 대표적인 식물호르몬으로, 온대지방 식물의 경우 겨울이 오면 이 호르몬이 작용하여 휴면에 들어가면서 온도가 낮은 겨울시기를 이겨낸다.

| 정답 | ④

핵심 이론

1 상적발육

(1) 상적발육의 개념

① 상적발육은 작물이 순차적으로 여러 발육상을 거쳐 발육이 완성되는 현황을 말한다.

② 하나하나의 발육상은 서로 연결되어 있으며, 앞의 발육상을 경과하지 않으면 다음 발육상으로 이행될 수 없다.

신장	작물 생육에서 키가 크는 것
생장	양적으로 증대하는 것

발육	작물 체내에서 일어나는 질적인 재조정작용으로 생식생장을 의미함
화성	상적발육에서 가장 중요한 발육상의 경과로, 영양생장을 거쳐 생식생장으로 이행하는 것

(2) **화성유도**

① 개념: 식물이 꽃(화아)을 형성하기 위한 준비과정으로, 생장점(정단분열조직)이 잎이나 줄기 같은 영양기관을 생산하는 상태에서 생식기관인 꽃을 형성하는 상태로 전환되는 생리적 신호를 의미한다.

② 요인

내적 요인	• 영양 상태, 특히 C/N율❷로 대표되는 동화생산물의 양적관계 • 특히 옥신과 지베렐린과 같은 식물호르몬의 수준
외적 요인	• 온도조건: 버널리제이션과 감온성의 관계 • 광조건: 특히 일장 효과의 관계

참고 C/N율(탄질비)
- 식물체 내에 포함된 탄소(C) 양과 질소(N) 양의 비율을 말함
- C/N율이 높으면 생식생장이 강화되고, C/N율이 낮으면 영양생장이 강화됨

2 춘화(Vernalization, 버널리제이션)❷

참고 춘화처리를 농업적으로 이용한 사례
- 월동채소의 봄 파종
- 딸기의 촉성 재배
- 맥류작물의 세대 단축

(1) **개념**

① 생육기간 중 일정한 시기에 식물이 온도 자극에 의해 화아분화가 촉진되는 현상을 말한다.

② 보통은 저온춘화를 일컬으며, 꽃눈의 분화, 발육이 유도·촉진되거나 생육의 일정 시기에 일정 기간 인위적인 저온을 주어 화성을 유도·촉진시킨다.

③ 감응 부위: 생장점, 종자의 배

(2) **춘화현상의 구분**

① 온도에 따른 구분

저온춘화	• 월동하는 작물의 경우로 약 1~10℃의 저온에서 춘화가 됨 • 고온춘화에 비해 효과적이며, 보통 춘화처리라고 하면 저온춘화를 의미함 • 추파성 밀 종자를 저온에 일정 기간 둔 후 파종하면 정상적으로 출수할 수 있음
고온춘화	단일식물의 경우로 10~30℃의 온도처리가 유효함

② 처리시기에 따른 구분

종자춘화형 식물	• 식물체가 어릴 때에도 저온에 감응하여 추대되는 식물 • 최아종자❷의 저온처리가 효과적임 예 무, 배추, 추파맥류, 완두 등
녹식물춘화형 식물	녹체기❷에 저온처리하는 식물 예 양배추, 양파, 당근, 국화 등
비춘화처리형 식물	춘화처리가 뚜렷하지 않는 식물

용어 최아종자
식물에서 최상위에 있는 싹이나 눈에서 나오는 씨앗 또는 묘목

용어 녹체기
식물이 일정한 크기에 달하는 시기

③ 이춘화와 재춘화

이춘화	춘화처리 이후 일정 기간 고온처리를 하여 춘화 효과를 상실하게 함
재춘화	이춘화 후 다시 저온처리를 하여 다시 완전한 춘화처리가 되도록 함

④ **화학적 춘화**: 옥신, 지베렐린 등의 화학물질이 저온처리와 동일한 춘화 효과가 있는 것을 말한다.

(3) 춘화처리 시 효과 증대 조건

① 산소의 공급
② 고온처리 춘화의 경우 암조건 유지
③ 건조 상태에서는 효과가 감소함
④ 탄수화물의 충분한 공급

3 일장 효과(광주기 효과)

(1) 개념

① 식물이 하루 중 빛을 받는 시간의 길이(일장)에 따라 꽃눈분화에 영향을 미치는 현상으로, 빛의 청색광과 적색광의 영향을 받는다.
② 일장 효과에서 개화는 낮의 길이보다 밤의 길이에 더 크게 영향을 받는다.
③ 장일과 단일
㉠ **장일**: 명기의 길이가 12~14시간 이상인 때
㉡ **단일**: 명기의 길이가 12~14시간 이하인 때

(2) 일장 효과에 따른 분류

장일식물	• 장일 상태(16~18시간)에서 화성이 유도·촉진됨 • 최적일장 및 유도일장 주체는 장일 측에 있고 한계일장은 단일 측에 있음 예 시금치, 양파, 상추, 완두, 감자, 맥류, 티머시, 카네이션, 데이지, 팬지, 페튜니아, 금잔화, 금어초 등
단일식물	• 단일 상태(8~10시간)에서 화성이 유도·촉진됨 • 최적일장 및 유도일장 주체는 단일 측에 있고 한계일장❶은 장일 측에 있음 예 국화, 옥수수, 담배, 벼, 콩, 오이, 호박, 들깨, 조, 기장, 베고니아, 달리아, 말랑코에, 칼랑코에, 딸기 등
중성식물	화성이 일장에 영향을 받지 않는 식물 예 가지, 강낭콩, 고추, 당근, 샐러리, 토마토, 장미, 시클라멘 등

용어 **한계일장**
• 식물이 개화를 할 때 필요한 최소 또는 최대 일장의 길이
• 한계일장에 도달했을 때 개화 호르몬이 활성화됨

4 식물생장조절제

(1) 옥신류(Auxins, 옥신계 물질)

생리작용 및 형태	• 줄기의 선단부에서 기부를 향하여 수송하는 극성수송물질임 • 세포신장에 관여하는 생장촉진물질로서 측근 및 부정근의 형성을 촉진함 • 천연물질인 IAA(Indoleacetic Acid, 인돌초산), 합성물질인 4-CPA(토마토톤), 2,4-D 등이 있음

작물별 효과	• 카네이션: 발근 촉진[루톤(Rootone)] • 앵두나무, 매화나무: 접목 시 활착 촉진 • 사과, 감: 꽃 만개 후 살포 시 적과, 적화 효과 • 사과: 자연낙화 직전 살포 시 낙과 방지 • 토마토, 사과, 참다래: 개화기에 살포 시 비대 촉진 • 토마토, 무화과, 오이, 호박: 단위결과❷ 유도

용어 단위결과
- 꽃이 수정되지 않고 종자가 형성되지 않아도 정상적으로 과실이 비대하는 것
- 오이, 감, 감귤, 바나나, 파인애플, 무화과 등에서 나타남

(2) 지베렐린(Gibberellin)

생리작용	식물의 어느 곳에 처리해도 이동하여 줄기 신장,❷ 과실 생장, 발아 촉진, 개화 촉진 등을 유도함
작물별 효과	• 감자, 딸기: 휴면타파,❷ 발아 촉진 • 배추, 양배추, 무, 당근, 상추: 추대,❷ 개화 유도 • 토마토, 오이, 포도: 단위결과 유도 • 뽕나무: 단백질 증가 • 쑥갓, 미나리, 샐러리, 복숭아, 귤: 경엽의 신장 촉진

용어 로제트(Rosette)현상과 줄기 신장
- 로제트현상: 저온 스트레스로 인해 마디 사이가 매우 짧아지고 생장점 부근에 잎이 밀생하는 현상
- 줄기신장: 로제트현상 발생 시 지베렐린 처리로 줄기의 생장이 촉진되는 효과

용어 휴면타파
휴면은 식물이 일정 단계에서 생장활동을 거의 멈추는 생리현상을 말하는데, 휴면 상태에서 성장 또는 활동을 개시하는 것을 휴면타파라고 함

용어 추대(抽薹)
화아분화가 진행되어 이삭이나 꽃대가 올라오는 현상

(3) 시토키닌(Cytokinins)

생리작용	세포분열 촉진, 신선도 유지, 내동성 증대의 효과가 있음	
작물별 효과	• 상추: 발아 촉진 • 해바라기: 잎의 노화 방지 • 사과: 모양과 크기의 향상	• 무: 잎의 생장 촉진 • 포도: 착과 증대 • 아스파라거스: 신선도 증진

(4) 아브시스산(ABA; Abscisic Acid)

생리작용	• 눈과 종자의 휴면을 유도하는 대표적인 식물호르몬 • 잎의 노화·낙엽을 촉진하고 휴면을 유도하는 생장억제물질 • 식물의 종자나 눈이 휴면에 들어가면서 증가함 • 온대지방 식물의 경우 겨울이 오면 이 호르몬이 작용하여 휴면에 들어가면서 온도가 낮은 겨울시기를 이겨냄
작물별 효과	• 감자, 장미, 양상추: 휴면 유도, 발아 억제 • 나팔꽃, 딸기: 화성 유도 • 토마토: 위조 저항성 증대 • 목본식물: 내한성 증대

(5) 에틸렌(Ethylene)

생리작용 및 형태	• 과실성숙의 촉진 등에 관여하는 생장조절물질임 • 원예작물의 숙성호르몬으로, '성숙호르몬, 노화호르몬, 스트레스호르몬'이라고도 함 • 무색무취의 가스 형태로 에테폰이 분해될 때 발생하며, 아바타시노산(AVG; Aminoethoxy Vinyl Glycine)❷ 처리에 의해 발생이 저하됨

용어 AVG
식물의 생장을 억제하여 낙과를 방지하는 생장조절제

작물별 효과	• 양상추, 땅콩: 발아 촉진 • 완두, 뽕, 진달래, 국화: 곁눈의 발달 조장(에테폰) • 옥수수, 당근, 토마토: 생장 억제 • 사과, 배, 앵두: 낙엽 촉진 • 오이: 암꽃의 착생 수 증대 • 토마토, 자두, 감, 벼: 과실의 성숙, 착색 촉진 • 토마토: 엽매의 엽록소 분해 촉진 • 아스파라거스: 육질의 경화 촉진 • 가지: 꼭지에서 이층형성 촉진 • 상추: 갈색 반점 유발

5 벼의 생장

(1) 생장 주기

발아기	벼 종자가 싹을 틔우는 단계
유묘기	싹이 튼 어린 묘가 자라는 단계
분얼기	본 잎이 나오면서 여러 개의 새싹을 내기 시작하는 단계
유수형성기	줄기 속에서 어린 이삭이 분화되기 시작하는 단계
출수기	벼의 이삭이 형성되고 꽃이 피는 단계
등숙기	출수 후 벼가 익어가는 단계로 이삭에 쌀알이 형성되고 서서히 익어가는 단계

(2) 이앙 및 수확시기에 따른 재배방법

조기재배	조생종을 가능한 일찍 파종하여 육묘하고 조기에 이앙하여 조기에 벼를 수확하는 방법
만기재배	이앙시기는 일반적이되 수확시기를 늦추는 방법
만식재배	작부체계 조정을 위해 모내기가 현저히 늦은 방법
조생재배	조생종을 이용한 방법

(3) 이앙재배와 산파의 비교

구분	이앙	산파
재배방식	모판에서 기른 묘를 논에 이식하는 방법	벼종자를 논에 직접 파종하는 방법
노동력	많이 소요됨	적게 소요됨
수확량	높음	낮음
잡초문제	상대적으로 적음	발생 가능성 있음
도복문제	상대적으로 적음	발생 가능성 있음
물관리	용이함	어려움
재배지역	한국, 일본, 중국	동남아시아, 남미 등

참고 조생종 벼와 만생종 벼
조생종 벼는 감광성이 약하고 감온성이 크므로 일장보다 고온에 의해 출수가 촉진되며, 만생종 벼는 단일에 의해 유수분화가 촉진되지만 온도의 영향이 적음

용어 추청
한국에서 대표적으로 재배되는 벼 품종 중의 하나

(4) 벼의 재배관리

① 도복 방지
- ㉠ 질소의 과다 시비는 도복의 가능성을 높이므로 재배 후기에는 질소시비를 피하는 것이 좋다.
- ㉡ 도복에 강한 품종을 선택한다.
- ㉢ 도복경감제를 살포한다.
- ㉣ 밀식재배를 피한다.

② 수발아
- ㉠ 벼가 수확기에 이르렀을 때 비가 자주 내리거나 높은 습도로 인해 이삭에서 싹이 트는 현상이다.
- ㉡ 결실기에 종실이 이삭에 달린 상태로 싹이 트는 것을 말하며, 결실기의 벼가 우기에 도복이 되었을 때 자주 발생한다.
- ㉢ 수발아를 방지하기 위해 내수발아성 품종 선택, 적기 수확, 배수관리 등이 중요하다.
- ㉣ 조생종이 만생종보다 더 자주 발생하며, 휴면성이 약한 품종이 강한 품종보다 잘 발생한다.

③ 벼의 품종: 추청, 고시히카리, 신동진, 삼광, 동진찰 등

④ 벼의 병충해

구분		원인 및 특징	발생시기	증상
병해	도열병	곰팡이	고온다습한 여름철	잎, 줄기, 목 부분에 갈색 반점이 생기며 점차 확대
	흰잎마름병	세균	고온다습한 여름철	잎 끝에서 물에 젖은 듯한 증상이 나타나며 점차 갈색으로 변색
	줄무늬잎마름병	바이러스 (애멸구 매개로 전파)	초기 생육기	잎에 황백색 줄무늬 발생
	벼키다리병	곰팡이	고온다습한 파종기	벼가 길게 웃자라며 연약해지며, 빌병한 벼는 쭉징이가 많음
충해	애멸구	흡즙성 해충으로 줄무늬잎마름병 등의 바이러스	고온다습한 여름철	잎이 황백색으로 변하고 시들며, 밀도가 높으면 고사
	노린재	노린재 유충의 뿌리 가해	5~7월 (유충시기)	생육 지연, 줄기 발육 부진
	혹명나방	잎을 말아 안쪽에서 갉아 먹음	고온다습한 여름철	잎의 광합성 능력 저하로 생육 감소
	이화명나방	유충이 벼 줄기 속을 갉아 먹음	고온다습한 여름철	벼 줄기가 갈색으로 변하고 고사

1 상적발육

01 상적발육에 관한 설명으로 옳지 않은 것은?

① 신장이란 작물 생육에서 키가 크는 것을 의미한다.
② 생장은 양적으로 증대하는 것이다.
③ 온도조건은 화성 유도의 외적 요인에 해당한다.
④ 발육이란 영양생장을 거쳐 생식생장으로 이행하는 것이다.

발육이란 작물 체내에서 일어나는 질적인 재조정작용으로 생식생장을 의미한다. 영양생장을 거쳐 생식생장으로 이행하는 것은 '화성'이다.

02 다음은 탄질비(C/N율)에 관한 내용이다. (　　)에 들어갈 내용을 순서대로 옳게 나열한 것은? 제10회 기출

> 작물체 내의 탄수화물과 질소의 비율을 C/N율이라 하며, 과수재배에서 환상박피를 함으로써 환상박피 윗부분의 C/N율이 (　　), (　　)이/가 (　　)된다.

① 높아지면, 영양생장, 촉진
② 낮아지면, 영양생장, 억제
③ 높아지면, 꽃눈분화, 촉진
④ 낮아지면, 꽃눈분화, 억제

탄질비(C/N율)

작물체내의 탄수화물과 질소의 비율을 C/N율이라고 한다. 과수재배에서 환상박피를 하면 체관이 절단되어 더 이상 아래로 이동하지 못하여 박피된 부위의 윗부분에 탄수화물이 축적된다. 따라서 윗부분의 C/N율이 높아지면 꽃눈분화가 촉진되고 과일의 생장 및 당도를 증가시킬 수 있다.

2 춘화(Vernalization, 버널리제이션)

03 식물의 종자가 발아한 후 또는 줄기의 생장점이 발육하고 있을 때 일정 기간의 저온을 거침으로써 화아가 형성되는 현상은? 제1회 기출

① 휴지　② 춘화　③ 경화　④ 좌지

춘화는 생육기간 중 일정한 시기에 식물이 온도 자극에 의해 화아분화가 촉진되는 현상을 말한다.

| 오답해설 | ① 휴지: 배양세포가 증식능력을 가진 상태로 증식 정지 상태에 들어가는 현상이다.

③ 경화: 작물 또는 종자를 저온 · 고온 · 건조한 환경하에서 내동성 · 내염성 · 내건성을 증대시키기 위한 처리이다.

④ 좌지: 보통 가을에 파종하는 맥류는 가을에 뿌리면 이듬해에 정상으로 출수하지만, 이듬해 봄 늦게 파종하면 잎만 자라다가 출수하지 못하고 주저앉고 마는 현상이다.

04 다음이 설명하는 현상은? 제4회 기출

- 온도자극에 의해 화아분화가 촉진되는 것을 말한다.
- 추파성 밀 종자를 저온에 일정 기간 둔 후 파종하면 정상적으로 출수할 수 있다.

① 춘화현상　② 경화현상

③ 추대현상　④ 하고현상

춘화현상은 생육기간 중 일정한 시기에 식물이 온도 자극에 의해 화아분화가 촉진되는 현상을 말한다.

| 오답해설 | ② 경화현상: 작물 또는 종자를 저온 · 고온 · 건조한 환경하에서 내동성 · 내염성 · 내건성을 증대시키기 위해 흡수 건조의 과정을 반복적으로 거치면 출아율이 높아지는 현상이다.

③ 추대현상: 화아분화가 진행되어 이삭이나 꽃대가 올라오는 현상이다.

④ 하고현상: 북방형 목초가 고온 · 건조한 상황에서 말라죽는 현상이다.

05 다음 (　　)에 들어갈 내용으로 옳은 것은? 제8회 기출

저온에서 일정 기간 이상 경과하게 되면 식물체 내 화아분화가 유기되는 것을 (ㄱ)라 말하며, 이후 25~30℃에 3~4주 정도 노출시켜 이미 받은 저온감응을 다시 상쇄시키는 것을 (ㄴ)라 한다.

① ㄱ: 춘화, ㄴ: 일비　② ㄱ: 이춘화, ㄴ: 춘화

③ ㄱ: 춘화, ㄴ: 이춘화　④ ㄱ: 이춘화, ㄴ: 일비

- 춘화: 생육기간 중 일정한 시기에 식물이 온도 자극에 의해 화아분화가 촉진되는 현상으로, 보통은 저온춘화를 일컫는다.
- 이춘화: 춘화처리 이후 일정 기간 고온처리를 하여 춘화 효과를 상실하게 하는 것이다.

| 오답해설 | 일비: 식물의 줄기를 절단하거나 도관부에 상처를 주면 그 부위에서 수액이 흘러나오는 현상이다.

| 정답 | 01 ④　02 ③　03 ②　04 ①　05 ③

06 종자춘화형에 속하는 작물은?

제8회 기출

① 양파, 당근
② 당근, 배추
③ 양파, 무
④ 배추, 무

종자춘화형 식물은 식물체가 어릴 때에도 저온에 감응하여 추대되는 식물을 말한다. 이에 속하는 작물에는 배추, 무, 추파맥류, 완두 등이 있다.

3 일장 효과(광주기 효과)

07 장일일장조건에서 개화가 유도·촉진되는 작물을 모두 고른 것은?

제3회 기출

ㄱ. 상추	ㄴ. 고추	ㄷ. 딸기	ㄹ. 시금치

① ㄱ, ㄴ
② ㄱ, ㄹ
③ ㄴ, ㄷ
④ ㄷ, ㄹ

장일일장조건에서 개화가 유도·촉진되는 작물은 장일식물을 말하며, 상추와 시금치가 대표적이다.

| 오답해설 | ㄴ. 고추는 중성식물이다.

ㄷ. 딸기는 단일식물이다.

08 '잎들깨'를 생산하는 농가에서 생산량 증대를 위해 야간 인공조명을 설치하였다. 이 야간 조명으로 인하여 옆 농가에서 피해가 있을 법한 작물은?

제8회 기출

① 장미
② 칼랑코에
③ 페튜니아
④ 금잔화

야간 인공조명을 설치할 경우 광중단(암기중단)현상이 발생하여 칼랑코에 등의 단일식물은 피해를 입을 수 있다.

| 오답해설 | ① 장미는 중성식물이다.

③, ④ 페튜니아와 금잔화는 장일식물이다.

09 단일일장(Short Day Length)조건에서 개화 억제를 위해 야간에 보광을 실시하는 작물은? 제2회 기출

① 장미 ② 가지
③ 국화 ④ 토마토

단일식물의 경우 밤이 길어야 개화를 하게 되는데, 인위적으로 보광을 하면 개화가 억제된다. 단일식물에는 국화, 벼, 콩 등이 있다.
| 오답해설 | ① 장미는 중성식물이다(품종에 따라 장일식물도 있음).
②, ④ 가지와 토마토는 중성식물이다.

10 한계일장보다 짧을 때 개화하는 식물끼리 올바르게 짝지어진 것은? 제7회 기출

① 국화, 포인세티아 ② 장미, 시클라멘
③ 카네이션, 페튜니아 ④ 금잔화, 금어초

한계일장보다 짧을 때 개화하는 식물은 국화, 포인세티아 등의 단일식물이다.
| 오답해설 | ② 장미와 시클라멘은 중성식물이다.
③, ④ 카네이션, 페튜니아, 금잔화, 금어초는 장일식물이다.

11 한계일장이 없어 일장조건에 관계없이 개화하는 중성식물은? 제1회 기출

① 상추 ② 국화
③ 딸기 ④ 고추

고추는 화성이 일장에 영향을 받지 않는 중성식물이다.
| 오답해설 | ① 상추는 장일식물이다.
②, ③ 국화와 딸기는 단일식물이다.

| 정답 | 06 ④ 07 ② 08 ② 09 ③ 10 ① 11 ④

4 식물생장조절제

12 다음이 설명하는 식물호르몬은? 제10회 기출

- 극성수송 물질이다.
- 합성물질로 4-CPA, 2,4-D 등이 있다.
- 측근 및 부정근의 형성을 촉진한다.

① 옥신 ② 지베렐린
③ 시토키닌 ④ 아브시스산

옥신(Auxin)

- 줄기의 선단부에서 기부를 향해 수송되는 극성수송 물질이다.
- 천연물질인 IAA, 합성물질인 4-CPA, 2,4-D 등이 있다.
- 생장조절물질로서 측근 및 부정근의 형성을 촉진한다.

13 과수재배에 있어 생장조절물질에 관한 설명으로 옳지 않은 것은? 제8회 기출

① 지베렐린 - 포도의 숙기촉진과 과실비대에 이용
② 루톤분제 - 대목용 삽목 번식 시 발근 촉진
③ 아브시스산 - 휴면 유도
④ 에틸렌 - 과실의 낙과 방지

에틸렌은 과실성숙의 촉진 등에 관여하는 생장조절물질이다. 과실의 낙과를 방지하는 식물생장조절물질은 옥신계 물질(Auxins)이다.

14 과수재배에 이용되는 생장조절물질에 관한 설명으로 옳지 않은 것은? 제5회 기출

① 삽목 시 발근촉진제로 옥신계 물질을 사용한다.
② 사과나무 적과제로 옥신계 물질을 사용한다.
③ 씨없는 포도를 만들 때 지베렐린을 사용한다.
④ 사과나무 낙과방지제로 시토키닌계 물질을 사용한다.

사과나무 낙과방지제로는 옥신계 물질(Auxins)을 사용한다.

15 **화훼재배에 이용되는 생장조절물질에 관한 설명으로 옳은 것은?** 제2회 기출

① 루톤(Rootone)은 옥신(Auxin)계 생장조절물질로 발근을 촉진한다.

② 에테폰(Ethephon)은 에틸렌 발생을 위한 기체 화합물로 아나나스류의 화아분화를 억제한다.

③ 지베렐린(Gibberellin) 처리는 국화의 줄기신장을 억제한다.

④ 시토키닌(Cytokinin)은 옥신류와 상보작용을 통해 측지발생을 억제한다.

루톤은 옥신을 이용한 생장조절물질로, 발근을 촉진한다.

| 오답해설 | ② 에테폰(Ethephon)은 에틸렌 발생을 위한 기체 화합물로 아나나스류의 화아분화를 촉진한다.

③ 지베렐린(Gibberellin) 처리는 국화의 줄기신장을 촉진한다.

④ 시토키닌(Cytokinin)은 옥신류와 상보작용을 통해 측지발생을 촉진한다.

16 **작물의 로제트(Rosette)현상을 타파하기 위한 생장조절물질은?** 제4회 기출

① 옥신 ② 지베렐린

③ 에틸렌 ④ 아브시스산

로제트(Rosette)현상이란 저온으로 인해 마디 사이가 매우 짧아지고 생장점 부근에 잎이 밀생하는 현상을 말한다. 지베렐린을 처리하면 줄기의 생장을 촉진하게 된다.

17 **소비자의 기호 변화로 씨가 없는 샤인머스캣 포도가 인기를 모으고 있다. 샤인머스캣을 무핵화하고 과립 비대를 위해 처리하는 생장조절물질은?** 제9회 기출

① 아브시스산 ② 지베렐린

③ 옥신 ④ 에틸렌

지베렐린(Gibberellin)은 샤인머스캣 재배 시 무핵화, 과립 비대 및 성숙 촉진을 위해 처리하는 생장조절물질이다.

| 오답해설 | ① 아브시스산(ABA; Abscisic Acid): 잎의 노화·낙엽을 촉진하고 휴면을 유도하는 생장억제물질이다.

③ 옥신계 물질(Auxins): 세포신장에 관여하는 식물생장촉진호르몬이다.

④ 에틸렌(Ethylene): 과실성숙의 촉진 등에 관여하는 생장조절물질이다.

| 정답 | 12 ① 13 ④ 14 ④ 15 ① 16 ② 17 ②

18 종자나 눈이 휴면에 들어가면서 증가하는 식물호르몬은? 제6회 기출

① 옥신(Auxin)
② 시토키닌(Cytokinin)
③ 지베렐린(Gibberellin)
④ 아브시스산(Abscisic Acid)

아브시스산(Abscisic Acid)은 생장억제물질로, 생장호르몬과의 상호작용으로 식물생육을 조절한다.

| 오답해설 | ①, ②, ③ 옥신, 시토키닌, 지베렐린은 과실의 생장과정에서 세포분열이나 비대를 촉진하는 식물호르몬이다.

19 다음은 식물호르몬인 에틸렌에 관한 설명이다. 옳은 것을 모두 고른 것은? 제1회 기출

ㄱ. 원예작물의 숙성호르몬이다.
ㄴ. 무색무취의 가스 형태이다.
ㄷ. 에테폰이 분해될 때 발생된다.
ㄹ. AVG(Aminoethoxy Vinyl Glycine) 처리에 의해 발생이 촉진된다.

① ㄱ
② ㄴ, ㄷ
③ ㄱ, ㄴ, ㄷ
④ ㄴ, ㄷ, ㄹ

에틸렌은 과실성숙의 촉진 등에 관여하는 생장조절물질로, 무색무취의 가스 형태로 에테폰이 분해될 때 발생하며, 원예작물의 숙성호르몬이다.

| 오답해설 | ㄹ. AVG(Aminoethoxy Vinyl Glycine) 처리에 의해 에틸렌(Ethylene)의 합성을 저하시킬 수 있다.

20 채소작물 재배 시 에틸렌에 의한 현상이 아닌 것은? 제3회 기출

① 토마토 열매의 엽록소 분해를 촉진한다.
② 가지의 꼭지에서 이층(離層)형성을 촉진한다.
③ 아스파라거스의 육질 연화를 촉진한다.
④ 상추의 갈색 반점을 유발한다.

에틸렌은 과일과 채소의 후숙과 연화를 촉진하며 탈색을 시키는데, 아스파라거스에 처리하면 육질의 경화를 촉진한다.

5 벼의 생장

21 벼의 수발아에 관한 설명으로 옳지 않은 것은? 제7회 기출

① 결실기에 종실이 이삭에 달린 채로 싹이 트는 것을 말한다.
② 결실기의 벼가 우기에 도복이 되었을 때 자주 발생한다.
③ 조생종이 만생종보다 수발아가 잘 발생한다.
④ 휴면성이 강한 품종이 약한 것보다 수발아가 잘 발생한다.

휴면성이 약한 품종이 강한 것보다 수발아가 잘 발생한다.

22 다음은 벼의 수발아에 관한 내용이다. (   )에 들어갈 내용을 순서대로 옳게 나열한 것은? 제9회 기출

수발아는 (   )에 종실이 이삭에 달린 채로 싹이 트는 것을 말하며, 벼가 우기에 도복이 되었을 때 자주 발생한다. 또한 (   )이 (   )보다 수발아가 잘 발생한다.

① 수잉기, 조생종, 만생종
② 결실기, 조생종, 만생종
③ 수잉기, 만생종, 조생종
④ 결실기, 만생종, 조생종

벼의 수발아

- 결실기에 종실이 이삭에 달린 채로 싹이 트는 것을 말한다.
- 결실기의 벼가 우기에 도복이 되었을 때 자주 발생한다.
- 조생종이 만생종보다 잘 발생한다.
- 휴면성이 약한 품종이 강한 품종보다 잘 발생한다.

| 정답 | **18** ④ **19** ③ **20** ③ **21** ④ **22** ②

THEME 06

식물의 번식

☑ 학습 포인트
• 작물재배 시 종자와 육묘의 중요성
• 영양번식의 개념과 종류

☑ 6개년 평균 3문제 출제

대표 예제

+ 기출 공략팁

영양번식을 하는 방법은 여러 가지가 있으며, 방법 간의 차이점과 작물별 적용방법에 대해 묻는 문제가 다수 출제되고 있다.

■ **육묘에 관한 설명으로 옳지 않은 것은?** 제7회 기출

① 직파에 비해 종자가 절약된다.
② 토지이용도가 낮아진다.
③ 직파에 비해 발아가 균일하다.
④ 수확기 및 출하기를 앞당길 수 있다.

예제 풀이

육묘는 종자를 온상 시설에서 길러 양질의 묘를 생산하는 것을 말하며, 육묘이식을 하면 직파에 비해 토지이용도가 높아진다. | 정답 | ②

■ **영양번식(무성번식)에 관한 설명으로 옳지 않은 것은?** 제2회 기출

① 과수의 결실연령을 단축시킬 수 있다.
② 모주의 유전형질이 똑같이 후대에 계승된다.
③ 번식체의 취급이 간편하고 수송 및 저장이 용이하다.
④ 종자번식이 불가능한 작물의 번식수단이 된다.

예제 풀이

번식체의 취급이 간편하고 수송 및 저장이 용이한 것은 종자번식(유성번식)에 해당한다. | 정답 | ③

■ **다음 설명의 영양번식방법은?** 제3회 기출

• 양취법(楊取法)이라고도 한다.
• 오래된 가지를 발근시켜 떼어낼 때 사용한다.
• 발근시키고자 하는 부분에 미리 박피를 해준다.

① 성토법(盛土法)
② 선취법(先取法)
③ 고취법(高取法)
④ 당목취법(撞木取法)

예제 풀이

고취법은 고무나무와 같은 관상 수목에서 줄기나 가지를 땅속에 휘어 묻을 수 없는 경우에 높은 곳에서 발근시켜 취목하는 방법으로, 양취법이라고도 한다. | 정답 | ③

핵심 이론

1 종자

(1) 종자의 구조

씨껍질 (Seed Coat, 종피)	• 종자를 감싸고 있는 보호기관으로 발아를 억제하거나 휴면을 유도함 • 종자발아에 필요한 효소가 저장되어 있음
씨젖 (Endosperm, 배유)	• 발아에 필요한 영양분이 저장되어 있음 • 종자는 배유가 있는 배유종자, 배유가 거의 없거나 없는 무배유종자로 구분됨
씨눈 (Embryo, 배아)	• 유아(어린 눈), 배축, 유근(어린뿌리)으로 구성되어 있음 • 잎, 생장점, 줄기, 뿌리가 될 조직들이 모두 씨눈 안에 있음

+ 배유종자와 무배유종자

• 배유종자: 배유에 양분이 저장되어 있다. 예 벼, 보리, 옥수수, 가지, 토마토, 양파 등
• 무배유종자: 배유가 없어 떡잎(자엽)에 저장 양분이 있다. 예 콩, 팥, 상추, 오이, 고추, 호박 등

(2) 종자의 품질

외적 조건	• 순도[?]가 높을수록 좋음 • 크고 무거운 것이 발아·생육에 좋음 • 수분량이 낮을수록 저장이 잘 되고 발아력이 오래 유지됨 • 품종 고유의 색깔과 냄새가 있어야 좋음 • 건전한 외부 상태, 즉 오염·변색·변질이 없어야 함
내적 조건	• 우량품종이며 유전적으로 순수한 것이 좋음 • 발아율이 높고 초기 신장성이 좋은 것이 우량종자[?]임

용어 **순도**
전체 종자에 대한 순수종자의 중량비

참고 **채종재배**
우량종자를 생산할 목적으로 재배하는 것

(3) 발아 전 종자 처리

선종		• 크고 충실하여 발아와 생육이 좋은 종자를 가려내는 것을 말함 • 종자는 육안, 용적, 중량, 색택, 비중에 의해 선별을 함
종자 소독	화학적 소독	농약 수용액에 담그거나(침지소독) 분제 농약을 묻혀서(분의소독) 소독하는 방법
	물리적 소독	냉수온탕침법, 온탕침법, 건열처리법 등이 있음
	기피제 처리	종자출아[?]과정에서 새, 쥐 등에 의한 피해를 방지하기 위해 종자에 약품처리를 하고 파종하는 방법
침종		파종 전 종자를 일정 기간 물에 담가 수분을 흡수하여 발아가 좋아지도록 함

용어 **출아와 맹아**
• 출아: 발아한 종자의 새싹이 지상 위로 출현하는 것
• 맹아: 목본식물에서 새싹이 움트거나 그 새싹 자체

(4) 종자의 발아

① 발아의 개념: 종자에서 유아와 유근이 종피를 뚫고 밖으로 나오는(출현하는) 것을 말한다.

② 발아의 조건

수분	대부분의 식물은 일정량의 수분을 흡수해야 발아함
온도	발아와 온도의 관계는 품종마다 다르며, 고온작물에 비해 저온작물의 발아온도가 낮음
산소	종자의 발아 시 호흡작용이 왕성해지므로 많은 양의 산소가 필요함
광	대부분의 식물에 있어 광과 발아는 무관하지만 광에 의해 발아가 조장되거나(호광성 종자) 억제되는 것(혐광성 종자)도 있음❷

참고 호광성·혐광성 종자의 예

- 호광성: 담배, 상추, 뽕나무, 샐러리, 우엉 등
- 혐광성: 호박, 토마토, 가지, 수박, 무, 파, 양파 등

③ 발아과정: 수분 흡수 → 저장양분 분해효소 생성 및 활성화 → 저장양분의 분해·전류 및 재합성 → 배의 성장개시 → 종피의 파열 → 유묘 출현

(5) 종자 발아를 위한 생육촉진 처리

최아	발아·생육을 촉진하기 위해 종자의 싹을 약간 틔워서 파종하는 것
프라이밍	파종 전에 수분을 가하여 발아의 속도와 균일성을 높이게 하는 것
전발아 처리	포장발아 100%가 되기 위해 처리하는 방법으로, 유체파종과 전발아 종자가 있음
경아	출아율을 높이기 위해 파종 전 종자에 흡수건조의 과정을 반복적으로 처리하는 것
과산화물 처리	벼 직파 시 사용되는 것으로, 과산화물이 물에서 분해면서 용존산소를 증가시켜 종자의 발아를 촉진함
저온·고온 처리	종자의 발아를 촉진하기 위해 저온처리하거나 예열한 물에 침지하기도 함
박피 제거	강산이나 강알카리성 용액에 침지하여 종피의 일부를 녹여줌으로써 발아를 촉진시키는 방법

(6) 발아의 조사

발아율	파종된 총 종자 수에 대한 발아종자수의 비율
발아세	일정한 시일 내의 발아율
발아시	발아가 최초로 시작된 날
평균 발아일수	발아한 모든 종자의 평균적인 발아일수
발아기	파종된 종자의 약 40%가 발아한 날
발아전	대부분(약 80%)의 종자가 발아한 날

참고 종자 수명 연장방법
- 저온, 저습, 밀폐 저장
- 빛, 산소의 차단

(7) 종자의 휴면❼

① 개념: 성숙한 종자가 수분, 온도, 산소 등의 적정 요건을 갖추어도 일정 기간 동안 발아하지 않는 것을 말한다.

② 휴면의 원인

구분	내용
경실	종피가 단단하여 수분의 투과를 저해하기 때문에 장기간 발아하지 않는 종자를 경실이라고 함 예 고구마, 연, 오크라의 경실
발아억제물질	종자에 있는 발아억제물질 때문에 발아가 억제되는데 종자를 물에 씻거나 과피를 제거하면 발아가 촉진됨 예 벼, 토마토, 오이, 호박 등
배의 미숙	종자가 모주에서 이탈할 때 배가 미성숙 상태여서 발아하지 못하는 경우, 후숙을 통해 배가 완전 발육하여 발아할 수 있음 예 미나리아재비과 식물, 장미과식물, 인삼, 은행 등

③ 경실의 휴면타파방법

구분	내용
종피파상법	경실종자의 종피에 상처를 내는 방법으로, 특히 콩 종자 발아 시 많이 사용됨
황산처리	진한 황산에 경실종자를 넣고 교반, 침식시킨 후 물에 씻어 파종하면 발아가 조장됨
온도처리	−190℃ 액체공기에 침지하거나 105℃에서 처리하는 방법

2 육묘

(1) 육묘의 기초

① 육묘의 개념: 종자를 온상 시설에서 길러 양질의 묘를 생산하는 것을 말한다.

② 육묘의 필요성
- ㉠ 직파가 불리한 경우 적용한다. 예 딸기, 고구마, 과수 등
- ㉡ 과채류 등은 육묘를 하면 수확기 및 출하기를 앞당길 수 있다.
- ㉢ 과채류, 벼, 콩, 맥류 등은 육묘를 하면 생산량을 증가시킬 수 있다.
- ㉣ 벼 재배 시 감자와 1년 2작이 가능하다.
- ㉤ 경지 이용률을 높일 수 있다.
- ㉥ 직파보다 초기관리가 용이하여 각종 재해의 방지에 유리하다.
- ㉦ 직파에 비해 종자를 절약할 수 있다.
- ㉧ 넓은 곳에서 일하는 것과 대비하여 중경제초 등의 노력을 절감할 수 있다.

③ 봄 결구배추 재배 시 육묘재배를 하면 추대를 방지할 수 있다.

④ 묘의 이식: 이식시기가 가까워지면 햇빛과 외부의 온도, 특히 저온에 서서히 경화❼ 시켜 정식하는 것이 좋다.

⑤ 육묘용 상토는 pH 5.5~6.8(약산성)이 적당하다.

용어 경화(Hardening)
- 식물을 외부환경의 변화에 적응시키기 위한 과정
- 주로 온도, 습도, 빛 등 환경적 스트레스에 견딜 수 있는 능력을 키우기 위해 시행함

(2) 육묘시설의 종류

온상육묘	인공적 발열로 보온하면서 키우는 육묘
공정육묘	자동화 기계 설비를 이용하는 육묘방법으로, 다음과 같은 이점이 있다. • 대량생산 가능 • 생산비 절감 • 운반, 취급 용이 • 묘 소질 개선 • 대규모 상업화 가능
플러그육묘	• 작은 셀로 나뉜 트레이에서 묘목을 기르는 방식으로, 각각의 셀에 씨앗을 심어 개별적으로 관리함 • 전체적인 이점은 공정육묘와 유사하지만, 플러그육묘는 각 묘목을 개별적으로 관리하는 데 중점을 두며 공정육묘는 전체 육묘 공정을 체계화하여 관리한다는 차이가 있음

(3) 묘상의 관리

토양의 준비	묘상에서 사용되는 상토[용어] 에는 주로 피트모스, 펄라이트, 버미큘라이트 등과 같은 가벼운 소재를 혼합하여 배수성과 통기성을 개선함
물관리	물의 배수가 잘 되도록 관리해야 함
실외환경 적응	• 어느 정도 성장한 후에는 본밭에 심기 전에 순화과정을 거쳐야 하며, 순화는 실내나 온실에서 자란 묘목을 실외환경에 적응시키는 과정임 • 갑작스러운 환경 변화로 인해 묘목이 스트레스를 받지 않도록 점진적으로 실외환경에 노출시키는 것이 중요함

용어 상토
씨앗 발아 후 어린 식물의 육묘에 최적화된 흙
• 유기질 재료: 수태, 피트모스 등
• 무기질 재료: 펄라이트, 버미큘라이트 등

3 영양번식(무성번식)

(1) 영양번식의 기초

① 영양번식의 개념: 종자 번식이 아닌 영양기관(잎, 줄기, 뿌리, 조직, 세포)을 이용하여 번식하는 방식이다.

② 영양번식의 장점
㉠ 고구마, 감자, 마늘 등 종자번식(유성번식)이 어려운 경우 이용된다.
㉡ 조기수확이 가능하다. 즉, 과수의 결실연령을 단축시킬 수 있다.
㉢ 우량한 유전적 성질이 그대로 보전된다.
㉣ 모주의 유전형질이 똑같이 후대에 계승된다.
㉤ 암수 중 어느 한쪽만 재배가 가능하게 한다.
㉥ 접목 시 수세 조절, 병충해 저항성 증대, 결과 촉진, 품질 향상 등의 이점이 있다.

(2) 영양번식의 종류

① 분주(分株, 포기나누기)[참고]
㉠ 어미식물에서 발생하는 흡지를 뿌리가 달린 채로 분리하는 방법이다.
㉡ 뿌리 부근에서 생겨난 포기나 부정아를 나누어 번식한다.

참고 분주로 번식하는 작물
아스파라거스, 박하, 토당귀, 모시풀, 석류 등

② 취목(取木, 휘묻이)

㉠ 식물의 가지를 모체에서 분리하지 않은 상태로 발근시킨 후 절단해서 독립적으로 번식시키는 방법이다.

㉡ 종류❷

성토법(묻어 떼기)	선취법
	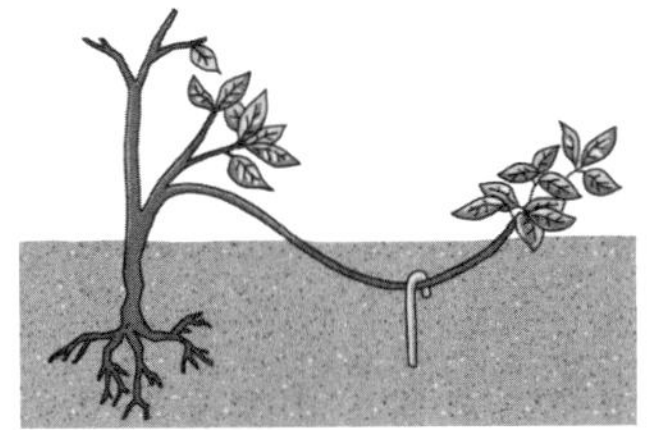
• 포기 밑에 가지를 많이 내고 성토해서 발근시키는 방법 • 모식물의 기부에 새로운 가지(측지)를 유도하고, 그 가지의 끝을 흙으로 덮어 뿌리가 내리면 잘라서 번식시키는 방법 예 사과나무, 자두, 뽕나무, 양앵두	가지의 선단부를 휘게 하여 땅속에 묻어 뿌리를 내리게 하는 방법 예 나무딸기
당목취법 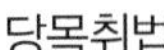	**고취법(양취법)**
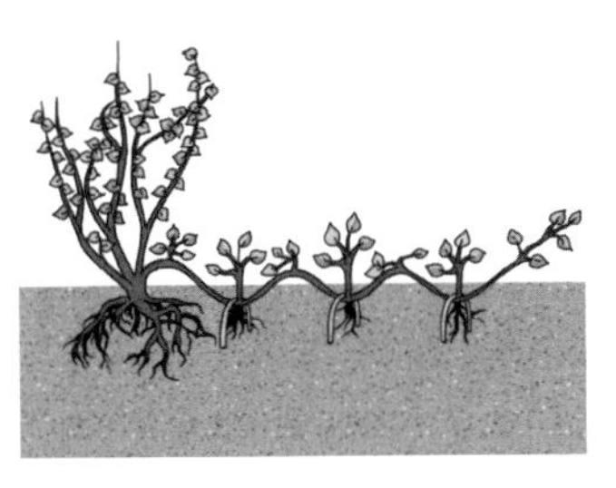	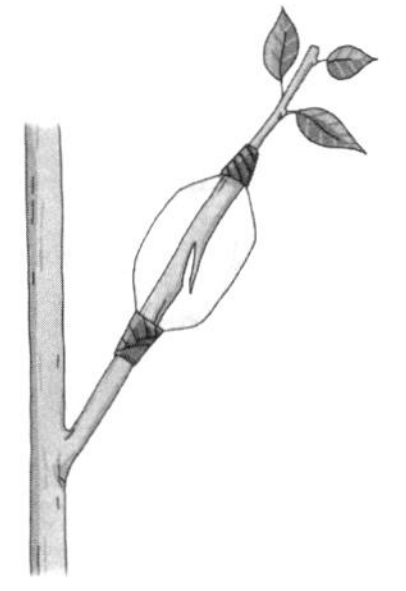
가지를 수평으로 묻고, 각 마디에서 발생하는 새 가지를 발근시켜 한 가지에서 여러 개를 취목하는 방법 예 포도, 양앵두, 자두 등	• 줄기나 가지를 땅속에 묻을 수 없는 경우에 높은 곳에서 발근을 유도하여 새로운 뿌리를 형성하는 방법 • 오래된 가지를 발근시켜 떼어낼 때 사용함 • 발근시키고자 하는 곳에 미리 절상, 환상박피❷ 등을 실시함 예 고무나무

참고 보통법

일반적으로 사용되는 취목으로, 줄기를 땅속에 묻어 뿌리를 내리게 하는 전통적인 방법

참고 환상박피

과수의 가지나 줄기에서 수피(사부)를 고리 모양으로 벗겨 양분이 과실에 집중되게 하여 크기와 착색을 개선하고, 결실을 촉진하거나 수세를 조절하는 원예적 관리기법

③ 삽목(插木, 꺾꽂이)

㉠ 모체로부터 영양기관인 잎, 줄기, 뿌리 등 영양체 일부를 분리하여 상토에 꽂아 발근시켜 독립 개체로 번식시키는 방법이다.

ⓛ 특성

- 과수의 결실연령을 단축시킬 수 있다.
- 모주의 유전형질이 후대에 똑같이 계승된다.
- 종자 번식이 불가능한 작물의 번식 수단이 된다.

ⓒ 분류기준

구분		이용 기관	유리한 작물
근삽(뿌리꽂이)		뿌리	고구마, 라즈베리, 호프
지삽(가지꽂이)	녹지삽	초본 녹지	국화, 카네이션, 제라늄, 콜레우스, 펠라고늄, 베고니아, 드라세나, 메리골드
	신초삽(반경지삽)	1년 미만의 새 가지(연한 새순)	사과, 복숭아, 감귤, 사철나무, 동백나무, 회양목, 철쭉류, 수국, 포인세티아
	경지삽(숙지삽)	묵은 가지(생장이 중지되어 약간 굳어진 상태의 가지)	포도, 무화과, 장미, 석류, 개나리, 남천, 배롱나무, 향나무
	일아삽(단아삽)	눈을 하나만 가진 가지	포도
엽삽(잎꽂이)		잎	렉스베고니아, 글록시니아, 페페로미아, 칼랑코에, 산세베리아, 펠라고늄, 차나무

참고 엽병삽

엽병삽은 엽삽의 한 방법으로, 잎몸만 이용하는 일반 엽삽과 달리 잎자루(엽병)까지 함께 꽂아 뿌리를 내리게 하는 번식 방법임

④ 접목(接木, 접붙이기)

㉠ 번식하고자 하는 모수의 가지를 잘라 다른 나무 대목에 붙여 번식하는 방법이다.

ⓛ 특성

- 식물체의 일부를 취하여 다른 식물체의 형성층에 유착되도록 접함으로써 서로 생리작용이 원활하게 교류되어 독립개체가 되도록 한다.
- 수세를 조절하고 병해충 저항성을 높일 수 있다.

참고 대목의 조건

- 생육이 왕성하고 병충해 및 재해에 강한 것
- 접수와 화합성이 좋은 것
- 뿌리가 튼튼하고 환경조건에 강한 것

ⓒ 분류기준

접목위치	근접목, 줄기접목, 가지접목, 잎접목, 정아접목	
접목장소	거접, 양접	
접목시기	춘접, 하접, 추접	
접목방법	절접(깎기접)	아접(눈접)
	가장 기본적인 접목으로, 일반과수에 많이 적용되며 접수와 대목 각각 한쪽 면을 깎아서 접목시킴	가지에서 1개의 눈을 채취하여 대목에 접목시킴

할접(짜개접)	설접(혀접)

굵은 대목에 가는 소목을 접목시키고자 하는 경우 사용되며 대목의 중간 부분을 쪼개어 그 사이에 접수를 넣어서 접목시킴	굵기가 비슷한 대목과 접수를 각각 비스듬히 혀모양으로 잘라서 서로 결합시킴
호접(맞접)	
접수로 하는 가지를 모수에 붙여 둔 채 행하는 접목	

✚ 접목의 장점과 채소류의 접목

- 장점
  - 결과 향상
  - 수세의 조절
  - 환경적응성 증대
  - 병충해 저항성 증대(포도나무, 사과나무, 토마토, 수박 등)
  - 결실연령 단축
- **채소류의 접목**: 박과 채소(수박, 참외, 오이 등)는 대목을 이용한 접목으로 영양번식을 한다. 박과 채소류를 접목했을 때의 이점은 다음과 같다.
  - 환경불량에 대한 내성이 증가한다.
  - 토양 전염성 병해 발생이 억제된다.
  - 양분 흡비력이 향상된다.
  - 과습 환경에 대한 저항력이 강하다.
  - 과실의 품질이 우수해진다.

⑤ **분구(알뿌리 나누기)**

㉠ 영양을 저장하는 비대화된 뿌리 또는 줄기를 이용해 번식하는 방식이다.

㉡ **적용 작물**: 글라디올러스, 백합, 튤립 등

⑥ **조직배양**❷

㉠ 식물의 세포·조직·기관 등을 영양배지에서 무균적으로 배양하여 완전한 식물체로 재분화시키는 것을 말하며, 식물의 전형성능❷에 기반을 둔다.

㉡ **효과**

- 바이러스에 걸리지 않는 무병묘의 생산이 가능하다.
- 단시간 내 급속 대량 증식이 가능하다.

참고 조직배양
딸기, 감자, 고구마, 바나나의 경우 무병주 생산을 위해 조직배양을 이용함

용어 전형성능
식물 세포가 전체 식물체로 발달할 수 있는 능력

필수 문제

1 종자

01 다음 A농가가 실시한 휴면타파 처리는? 제4회 기출

> 경기도에 있는 A농가에서는 작년에 콩의 발아율이 낮아 생산량 감소로 경제적 손실을 보았다. 금년에 콩 종자의 발아율을 높이기 위해 휴면타파 처리를 하여 손실을 만회할 수 있었다.

① 훈증 처리 ② 콜히친 처리
③ 토마토톤 처리 ④ 종피파상 처리

종피파상처리는 물리적 휴면타파방법 중 하나로, 종피에 기계적 상처를 주어 파종하는 방법이다.
| 오답해설 | ① 훈증 처리는 살충방법 중 하나이다.
② 콜히친 처리는 씨없는 수박 생산에 이용된다.
③ 토마토톤 처리는 토마토 재배 시 착과제로 이용된다.

2 육묘

02 작물의 육묘에 관한 설명으로 옳지 않은 것은? 제3회 기출

① 수확기 및 출하기를 앞당길 수 있다.
② 육묘용 상토의 pH는 낮을수록 좋다.
③ 노지정식 전 경화과정(Hardening)이 필요하다.
④ 육묘와 재배의 분업화가 가능하다.

pH가 낮을수록 산성화가 되며, 작물의 생장에 토양의 산성화는 좋지 않은 영향을 미친다. 육묘용 상토는 pH 5.5～6.8(약산성)이 적절하다.

03 채소 육묘에 관한 설명으로 옳은 것을 모두 고른 것은?

제10회 기출

ㄱ. 직파에 비해 종자가 절약된다.
ㄴ. 토지이용도가 높아진다.
ㄷ. 수확기 및 출하기를 앞당길 수 있다.
ㄹ. 유묘기의 환경관리 및 병해충 방지가 어렵다.

① ㄱ, ㄷ
② ㄴ, ㄹ
③ ㄱ, ㄴ, ㄷ
④ ㄱ, ㄴ, ㄷ, ㄹ

육묘는 작물을 재배할 때 직접 밭에 파종하지 않고, 일정한 환경에서 어린 묘(모종)를 키워서 본밭에 옮겨 심는 재배방법을 말한다. 이는 직파에 비해 종자가 절약되고 토지이용도가 높아지며, 초기관리가 용이하여 각종 재해의 방지가 쉬워진다.

04 시설재배 농가를 찾은 A손해평가사의 육묘에 관한 조언으로 옳지 않은 것은?

제9회 기출

① 출하기 조절이 가능하다.
② 유기질 육묘상토로 피트모스를 추천하였다.
③ 단위면적당 생산량을 증가시킬 수 있다.
④ 공간활용도를 높이기 위해 이동식 벤치보다 고정식 벤치를 추천하였다.

공간활용도를 높이기 위해 고정식 벤치보다 이동식 벤치를 사용하는 것이 더 적합하다.

| 정답 | 01 ④ 02 ② 03 ③ 04 ④

05 육묘 재배의 이유가 아닌 것은?

제5회 기출

① 과채류 재배 시 수확기를 앞당길 수 있다.

② 벼 재배 시 감자와 1년 2작이 가능하다.

③ 봄 결구배추 재배 시 추대를 유도할 수 있다.

④ 맥류 재배 시 생육촉진으로 생산량 증가를 기대할 수 있다.

봄 결구배추를 재배할 때 육묘재배를 하면 추대를 방지하는 데 효과적이다.

06 다음이 설명하는 것은?

제5회 기출

낙엽과수는 가을 노화기간에 자연적인 기온 저하와 함께 내한성 증대를 위해 점진적으로 저온에 노출되어야 한다.

① 경화 ② 동화

③ 적화 ④ 춘화

경화는 식물을 외부환경의 변화에 적응시키기 위한 과정으로, 주로 온도, 습도, 빛 등 환경적 스트레스에 견딜 수 있는 능력을 키우기 위해 시행한다.

| 오답해설 | ② 동화: 물질대사를 통해 생물체 내에서 물질이 합성되는 것이다.

③ 적화: 개화수가 많은 때 꽃망울이나 꽃을 솎아서 따주는 것이다.

④ 춘화: 생육기간 중 일정한 시기에 식물이 온도 자극(저온)에 의해 화아분화가 촉진되는 현상이다.

07 화훼작물의 플러그묘 생산에 관한 옳은 설명을 모두 고른 것은?

제3회 기출

ㄱ. 좁은 면적에서 대량육묘가 가능하다.
ㄴ. 최적의 생육조건으로 다양한 규격묘 생산이 가능하다.
ㄷ. 노동집약적이며 관리가 용이하다.
ㄹ. 정밀기술이 요구된다.

① ㄱ, ㄴ, ㄷ ② ㄱ, ㄴ, ㄹ

③ ㄱ, ㄷ, ㄹ ④ ㄴ, ㄷ, ㄹ

플러그묘(플러그육묘)는 작은 셀로 나뉜 트레이에서 묘목을 기르는 방식으로, 각각의 셀에 씨앗을 심어 개별적으로 관리하는 것이다.

| 오답해설 | ㄷ. 플러그묘(플러그육묘)는 기계화를 통해 노동력을 절약할 수 있으며, 기술집약적이지만 노동집약적이지는 않다.

3 영양번식(무성번식)

08 **작물의 취목번식방법 중에서 가지의 선단부를 휘어서 묻는 방법은?** 제1회 기출

① 선취법 ② 성토법
③ 당목취법 ④ 고취법

선취법은 가지의 신단부를 휘어서 묻는 방법이다.

| 오답해설 | ② 성토법(묻어 떼기): 포기 밑에 가지를 많이 내고 성토해서 발근시키는 방법이다.

③ 당목취법: 가지를 수평으로 묻고, 각 마디에서 발생하는 새 가지를 발생시켜 한 가지에서 여러 개를 취목을 하는 방법이다.

④ 고취법(양취법): 줄기나 가지를 땅속에 묻을 수 없을 때 높은 곳에서 발근시켜 취목하는 방법이다.

09 **다음이 설명하는 번식방법은?** 제4회 기출

ㄱ. 번식하고자 하는 모수의 가지를 잘라 다른 나무 대목에 붙여 번식하는 방법
ㄴ. 영양기관인 잎, 줄기, 뿌리를 모체로부터 분리하여 상토에 꽂아 번식하는 방법

① ㄱ: 삽목, ㄴ: 접목 ② ㄱ: 취목, ㄴ: 삽목
③ ㄱ: 접목, ㄴ: 분주 ④ ㄱ: 접목, ㄴ: 삽목

접목은 번식하고자 하는 모수의 가지를 잘라 다른 나무 대목에 붙여 번식하는 방법이고, 삽목은 모체로부터 영양기관인 잎, 줄기, 뿌리 등 영양체 일부를 분리하여 상토에 꽂아 발근시켜 독립 개체로 번식하는 방법이다.

| 오답해설 | • 취목: 식물의 가지를 모체에서 분리하지 않은 상태로 발근시킨 후 절단해서 독립적으로 번식시키는 방법이다.

• 분주: 어미식물에서 발생하는 흡지를 뿌리가 달린 채로 분리하는 방법이다.

10 **삽목번식에 관한 설명으로 옳지 않은 것은?** 제5회 기출

① 과수의 결실연령을 단축시킬 수 있다.
② 모주의 유전형질이 후대에 똑같이 계승된다.
③ 종자번식이 불가능한 작물의 번식수단이 된다.
④ 수세를 조절하고 병해충 저항성을 높일 수 있다.

수세를 조절하고 병해충 저항성을 높일 수 있는 방법은 접목(접붙이기)번식이다.

| 정답 | 05 ③ 06 ① 07 ② 08 ① 09 ④ 10 ④

11 다음이 설명하는 취목 번식방법으로 올바르게 짝지어진 것은?

제10회 기출

> ㄱ. 고무나무와 같은 관상 수목에서 줄기나 가지를 땅속에 휘어 묻을 수 없는 경우에 높은 곳에서 발근시켜 취목하는 방법
> ㄴ. 모식물의 기부에 새로운 측지가 나오게 한 후 끝이 보일 정도로 흙을 덮어서 뿌리가 내리면 잘라서 번식시키는 방법

① ㄱ: 고취법, ㄴ: 성토법
② ㄱ: 보통법, ㄴ: 고취법
③ ㄱ: 고취법, ㄴ: 선취법
④ ㄱ: 선취법, ㄴ: 성토법

고취법, 성토법, 선취법은 식물의 가지를 모체에서 분리하지 않은 채 발근시킨 후 절단해서 독립적으로 번식시키는 방식인 취목의 일종이다.

| 오답해설 | • 보통법: 일반적으로 사용되는 취목으로, 줄기를 땅속에 묻어 뿌리를 내리게 하는 전통적인 방법이다.
• 선취법: 가지의 선단부를 휘게 하여 땅속에 묻어 뿌리를 내리게 하는 방법이다.

12 농가에서 널리 이용하는 엽삽에 유리한 작물이 아닌 것은?

제8회 기출

① 렉스베고니아
② 글록시니아
③ 페페로미아
④ 메리골드

메리골드는 녹지삽에 적합한 작물이다.

엽삽에 유리한 작물

렉스베고니아, 글로시니아, 페페로미아, 칼랑코에, 산세베리아, 펠라고늄, 차나무 등

13 다음 (　　)에 들어갈 내용으로 옳은 것은?

제6회 기출

> 포도·무화과 등에서와 같이 생장이 중지되어 약간 굳어진 상태의 가지를 삽목하는 것을 (ㄱ)이라 하고, 사과·복숭아·감귤 등에서와 같이 1년 미만의 연한 새순을 이용하여 삽목하는 것을 (ㄴ)이라고 한다.

① ㄱ: 신초삽, ㄴ: 숙지삽
② ㄱ: 신초삽, ㄴ: 일아삽
③ ㄱ: 숙지삽, ㄴ: 일아삽
④ ㄱ: 숙지삽, ㄴ: 신초삽

숙지삽은 묵은 가지를 이용하여 삽목하는 것을 말하고, 신초삽은 1년 미만의 새 가지를 이용하여 삽목하는 것을 말한다.

| 오답해설 | 일아삽(단아삽)은 눈을 하나만 가진 가지를 이용하여 삽목하는 것을 말하며, 유리한 작물에는 포도가 있다.

14 다음 과수 접목법의 분류기준은? 제3회 기출

절접, 아접, 할접, 혀접, 호접

① 접목부위에 따른 분류　② 접목장소에 따른 분류
③ 접목시기에 따른 분류　④ 접목방법에 따른 분류

과수 접목법의 분류기준
- 접목부위에 따른 분류: 근접목, 줄기접목, 가지접목, 잎접목, 정아접목
- 접목장소에 따른 분류: 거접, 양접
- 접목시기에 따른 분류: 춘접, 하접, 추접
- 접목방법에 따른 분류: 절접, 아접, 할접, 혀접, 호접

15 일반적으로 딸기와 감자의 무병주 생산을 위한 방법은? 제1회 기출

① 자가수정　② 종자번식
③ 타가수정　④ 조직배양

조직배양은 식물의 세포 · 조직 · 기관 등을 영양배지에서 무균적으로 배양하여 완전한 식물체로 재분화시키는 것을 말한다. 딸기, 감자, 고구마, 바나나의 경우 무병주 생산을 위해 조직배양을 이용한다.

16 (　　)에 들어갈 내용으로 옳은 것은? 제2히 기출

조직배양은 식물의 세포, 조직, 또는 기관이 완전한 식물체로 만들어질 수 있다는 (　　)에 기반을 둔 것이다.

① 전형성능　② 유성번식
③ 발아세　④ 결실률

전형성능은 식물 세포가 전체 식물체로 발달할 수 있는 능력을 말한다. 조직배양은 식물의 전형성능에 기반을 둔다.
| 오답해설 | ② 유성번식: 양성의 개체로부터 생긴 배우자의 합체 즉, 수정에 의한 번식을 말한다.
③ 발아세: 일정한 시일 내의 발아율을 의미한다.
④ 결실률: 열매가 달리는 비율을 말한다.

| 정답 | **11** ①　**12** ④　**13** ④　**14** ④　**15** ④　**16** ①

THEME 07

파종 전 재배관리

✔ 학습 포인트
- 작부체계의 기초
- 정지의 종류와 파종 양식
- 시비관리

✔ 6개년 평균 2문제 출제

대표 예제

+ 기출 공략팁

- 작물이 생육하는 데 필요한 필수원소와 부족할 때 나타나는 증상에 대해 암기해 두도록 한다.
- 시비의 효과에 대한 충분한 이해가 필요하다.

■ 멀칭의 목적으로 옳은 것은? 제7회 기출

① 휴면 촉진 ② 단일 촉진
③ 잡초 발생 억제 ④ 단위결과 억제

예제 풀이

멀칭(Mulching)은 농작물 재배 시 토양 표면을 플라스틱필름이나 짚으로 덮어주는 방법으로, 잡초 발생 억제, 수분 증발 억제, 토양의 온도 조절, 토양의 유실 방지, 동해의 경감 등의 효과가 있다. | 정답 | ③

■ 다음 (   )에 들어갈 필수원소에 관한 내용을 순서대로 옳게 나열한 것은? 제9회 기출

(   )원소인 (   )은 엽록소의 구성성분으로 부족 시 잎이 황화된다.

① 다량, 마그네슘 ② 다량, 몰리브덴
③ 미량, 마그네슘 ④ 미량, 몰리브덴

예제 풀이

- 필수원소: 탄소(C), 수소(H), 산소(O), 질소(N), 인(P), 칼륨(K), 황(S), 마그네슘(Mg), 칼슘(Ca)
- 마그네슘은 엽록소 구성성분으로 부족 시 엽맥 사이사이에 황백화 현상이 나타난다. | 정답 | ①

핵심 이론

1 작부체계

(1) 작부체계의 기초

① **작부체계의 개념**: 일정한 토지에서 몇 가지 종류의 작물을 해마다 번갈아가면서 재배하거나, 일정한 토지에서 여러 가지 작물을 효율적으로 재배하는 재배방식이다.

② **효과**

㉠ 경지의 효율적 이용
㉡ 지력 유지로 기지현상 감소
㉢ 농업노동의 효율적 배분
㉣ 종합적 수익성의 향상

(2) 연작과 기지현상

① 개념

연작	동일한 토지에 같은 종류의 작물을 계속해서 재배하는 것
기지현상	연작으로 인해 작물의 생육이 뚜렷하게 나빠지는 현상

② 기지현상의 원인

㉠ 특정한 비료성분의 소모가 많아져 결핍현상이 나타난다.

㉡ 작토층에 염류가 과잉으로 집적된다.

㉢ 토양의 물리성이 악화된다.

㉣ 토양 중 특정 미생물이 번성하여 토양전염병 발병 가능성이 높아진다.

㉤ 특정 잡초가 번성할 수 있다.

㉥ 토양 내 선충이 번성한다.

③ 작물의 기지 정도

휴작 필요기간	작물
연작의 해가 적음	벼, 옥수수, 고구마, 조, 무, 당근, 담배, 양파, 딸기, 양배추, 마늘, 부추, 미나리 등
1년	콩, 쪽파, 시금치, 생강, 갓 등
2년	마, 감자, 오이, 땅콩, 잠두 등
3년	참외, 강낭콩, 토란, 쑥갓 등
5~7년	수박, 가지, 토마토, 레드클로버, 완두, 우엉, 고추, 배추, 사탕무 등
10년 이상	인삼, 아마 등

④ 기지의 대책

㉠ 윤작(돌려짓기)

㉡ **담수**: 미생물이 감소되고 유독물질이 용탈된다.

㉢ **토양소독**: 살균제로 토양소독을 한다.

㉣ **객토 및 환토**: 새흙을 객토 또는 환토한다.

㉤ **유독물질 제거**: 관개 또는 약제로 유독물질을 흘려보낸다.

㉥ **합리적 시비**: 수탈되는 특정 비료 성분을 충분히 공급한다.

㉦ **접목**: 저항성 대목에 접목한다.

(3) 윤작❷

① **개념**: 동일한 토지에 동일 작물을 이어서 재배하지 않고 몇 가지 작물을 특정한 순서로 규칙적으로 반복하여 재배하는 것을 말한다.

② 윤작 시 작물 선택

㉠ 지력유지를 위해 콩과작물이나 다비작물❷을 포함한다.

㉡ 토지이용도를 높이기 위해 여름작물과 겨울작물을 결합한다.

㉢ 잡초경감을 위해 중경작물이나 피복작물을 포함한다.

㉣ 식량과 사료 생산을 병행하는 것이 좋다.

참고 윤작의 종류

- 삼포식 농법: 농지를 세 부분으로 구분해서 매년 그 1/3씩을 휴경지로 하여 지력을 회복시키는 농사법
- 노포크식 윤작법: 영국 노포크(Norfolk) 지방에서 고안된 윤작으로, 4년 단위로 '순무 – 보리 – 클로버 – 밀'을 순환시키는 방식
- 이모작: 같은 경작지에서 1년에 두 번 곡물을 수확하는 방식

용어 다비작물

비료를 많이 필요로 하는 작물

참고 지력 증강을 위한 재배관리
- 질소 고정
- 잔비량 증대
- 입단 형성
- 토양 유기물 증대

③ 윤작의 효과

㉠ 지력[?]을 유지하고 증강시킨다.

㉡ 토양의 침식을 방지한다.

㉢ 기지현상이 회피된다.

㉣ 병충해 및 잡초가 경감된다.

㉤ 토지이용도가 증대된다.

㉥ 수확량이 증대된다.

㉦ 계절적 노력의 집중화를 경감시킨다.

(4) 그 밖의 작부체계

구분	내용
답전윤환	논을 몇 해마다 담수한 논과 배수된 밭 상태로 돌려가면서 재배하는 방식
혼파	두 종류 이상의 작물을 함께 섞어서 파종하는 방식으로, 보통 볏과목초와 콩과목초를 혼합하여 파종함
간작	한 가지 작물이 생육하고 있는 고랑 사이에 다른 작물을 재배하는 방식
혼작[?]	• 생육기간이 거의 같은 두 종류 이상의 작물을 동시에 같은 포장에 재배하는 방식 • 병충해 억제, 잡초억제, 토양의 비옥도 유지, 공간의 효율성 등의 이점이 있음
교호작	생육기간이 비슷한 작물을 한 이랑씩 엇갈려 재배하는 방식
주위작	포장 주위에 포장 내 작물과 다른 작물을 재배하는 방식

참고 대표적 혼작
- 옥수수+콩+호박
- 당근+양파
- 토마토+바질
- 상추+마늘

2 정지 및 파종

(1) 정지(整地)

① 개념: 작물재배에 있어 파종과 이식을 하기 전에 알맞은 토양 상태를 조성하기 위해 각종 기계를 이용하여 작업을 하는 것을 말한다.

② 종류

구분		내용
경운		• 토양의 물리성과 화학적 성질을 개선하기 위해 흙덩어리를 반전시키고 대강 부스러뜨리는 작업 • 20cm 이상 작업하는 것을 심경[?]이라고 함
쇄토		파종 및 이식작업을 용이하게 하기 위해 큰 흙덩어리를 알맞게 분쇄하는 작업
작휴법		이랑의 방향, 높이, 너비 따위를 농작물 종류의 생육환경에 알맞게 정하여 만드는 방법
	평휴법	이랑의 높이와 고랑의 높이를 같게 하는 방식

참고 심경
심토가 많이 올라오기 때문에 유기물을 많이 시비함

휴립법	이랑을 세우고 고랑은 낮게 하는 방식 • 휴립구파법: 이랑을 세우고 낮은 고랑에 파종하는 방식 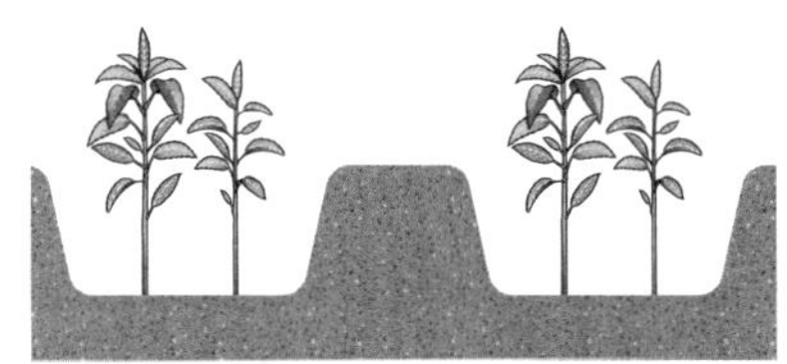 • 휴립휴파법: 이랑을 세우고 이랑 위에 파종하는 방식 
성휴법	이랑을 보통보다 넓고 크게 만드는 방식으로, 이랑을 평평하게 하여 이랑과 고랑의 높이를 같게 함 

참고 멀칭필름의 종류
- 흑색필름, 은색필름: 잡초 억제에 효과적임
- 투명필름: 토양 온도 조절로 초기 생육 촉진에 유리함
- 은색필름: 해충 방제에 가장 효과적임
- 생분해성필름: 환경 보호에 효과적임

(2) 멀칭(Mulching)

① 개념: 농작물 재배 시 토양 표면을 플라스틱필름[❷]이나 짚으로 덮어주는 방법이다.

② 효과

㉠ 잡초 발생 억제

㉡ 수분 증발 억제(건조 방지)

㉢ 토양의 온도 조절

㉣ 토양의 유실 방지

㉤ 동해의 경감

(3) 파종

① 파종 양식

산파(흩뿌림)	포장 전면에 종자를 흩어 뿌리는 방법
조파(골뿌림)	종자를 줄지어 뿌리는 방법으로 '드릴파'라고도 함
점파(점뿌림)	일정한 간격을 두고 종자 몇 개씩을 띄엄띄엄 파종하는 방법
적파	점파의 변형으로 일정한 간격을 두고 여러 개 종자를 한곳에 파종하는 방법

참고 파종량
일반적으로 파종량이 많을수록 단위면적당 수확량은 증가하지만, 일정 한계를 넘어가면 수확량은 오히려 감소함

② 파종량[❷]

㉠ 파종기가 늦을수록 파종량을 늘린다.

㉡ 맥류 산파의 경우 파종량을 늘린다.

㉢ 직파재배는 이식재배보다 파종량을 늘린다.
㉣ 토양이 척박하고 시비량이 적을 때에는 파종량을 늘린다.
㉤ 감자는 큰 씨감자를 쓸수록 파종량을 늘린다.

③ 파종의 절차

작조 → 시비 → 간토 → 파종 → 복토 → 진압 → 관수

㉠ 작조(골타기): 작물을 파종할 때 이랑을 만드는 것
㉡ 시비: 식물 생육을 위하여 토양에 비료를 시용하는 것
㉢ 간토(비료 섞기): 시비 후 그 위에 흙을 덮어 종자가 비료에 직접 닿지 않도록 하는 것
㉣ 파종: 종자를 직접 토양에 뿌리는 것
㉤ 복토: 파종 후 종자가 노출되지 않도록 묘상을 흙으로 덮어주는 것
㉥ 진압: 종자 파종 후 롤러 등으로 눌러주어 토양수분 이용을 극대화하는 것
㉦ 관수: 작물생육 시 토양에 인위적으로 물을 주는 것

(4) 이식

① 개념 및 효과: 이식은 '생육 촉진 및 수량 증가, 토지 이용 효율 향상, 숙기 단축, 활착 촉진 등'의 효과를 지니며, 다음과 같이 구분할 수 있다.

이식(옮겨심기)	• 현재 자라고 있는 장소에서 다른 장소로 작물을 옮겨 심는 일 • 특히 벼의 이식을 이앙이라고 함
정식(아주심기)	수확할 때까지 재배할 장소로 옮겨 심는 작업
가식(임시심기)	정식하기 전까지 임시로 심어 놓는 작업

② 이식의 시기
㉠ 토마토, 가지는 첫 꽃이 피었을 정도의 모로 이식하는 것이 좋다.
㉡ 토양의 수분이 넉넉하며 바람이 없고 흐린 날, 동상해가 없는 시기에 이식하는 것이 좋다.

3 시비관리

(1) 비료의 종류

① 비료의 3요소: 질소(N), 인(P), 칼륨(K)

질소(N)	• 작물체 건물 중의 많은 함량을 차지하는 중요한 무기성분임 • 단백질, 엽록소, 핵산의 구성 성분임 • 질산태(NO_3^-)와 암모늄태(NH_4^+)로 식물에 흡수됨 • 결핍 시 황백화 현상이 일어나며, 과잉 시 도장하거나 엽색이 짙어지며 한발·저온·기계적 상해·병충해 등에 취약해짐 • 결핍증상은 어린 생장점(유엽)보다 늙은 조직(노엽)에서 먼저 나타남

인(P)	• 에너지 전환과 세포 분열에 중요한 역할을 함 • 특히, 뿌리 발달, 꽃과 열매 형성, 씨앗 발아에 필수적인 영양소임 • 결핍 시 뿌리의 발달이 저해됨
칼륨(K)	• 물의 흡수와 이동, 세포 내 삼투압 조절에 중요한 역할을 함 • 부족 시 잎의 가장자리가 말라서 갈색으로 변하는 현상이 나타남

② 작물의 필수원소: 필수원소는 작물 생육에 필요불가결한 원소(16원소)를 지칭한다. 다량원소는 결핍현상이 쉽게 나타나므로 추가적으로 공급해야 한다.

다량원소	탄소(C), 수소(H), 산소(O), 질소(N), 인(P), 칼륨(K), 황(S), 마그네슘(Mg), 칼슘(Ca)❷
미량원소	몰리브덴(Mo),❷ 구리(Cu), 아연(Zn),❷ 망간(Mn), 붕소(B), 철(Fe), 염소(Cl)

참고 칼슘(Ca)
세포막의 중간 막의 주성분이며 잎에 많이 존재함

참고 칼슘 부족 시 작물에 나타나는 현상
- 딸기, 배추 등의 잎끝마름 증상
- 토마토의 배꼽썩음병
- 사과의 고두병

참고 몰리브덴(Mo)
질산환원효소의 구성성분이며 질소대사에 필요함

참고 아연(Zn)
효소의 촉매 또는 반응조절물질로서 작용함

③ 요소별 결핍현상

질소(N)	엽록소, 단백질, 효소 등을 구성하며, 하위엽부터 군데군데 황백화하여 전체적인 생육이 저하됨
인(P)	세포핵, 분열조직, 효소 등을 구성하며, 결핍 시 하위엽부터 잎이 가늘어지고 암녹색으로 변화함
칼륨(K)	잎, 생장점, 뿌리 선단에 다량 함유되어 있으며, 결핍 시 하위엽부터 잎 가장자리가 황변화함
칼슘(Ca)	세포막 구성성분으로, 결핍 시 상위엽부터 잎이 말리거나 뿌리나 눈의 생장점이 붉게 변해 죽음
마그네슘(Mg)	엽록소의 구성원소로, 결핍 시 엽맥 사이사이 황백화가 나타남

참고 질소비료의 사용시기
- 작물의 생육 초기
- 영양생장이 활발한 시기
- 생식생장 전환 직전

④ 질소비료❷

질산태 (NO_3^-)	• 무기태 질소로, 질산암모늄, 칠레초석, 질산칼륨 등이 있음 • 물에 잘 녹는 성질이지만 토양에 잘 흡착되어 유실되기 쉬우며, 석회와 함께 사용하는 것이 효과적인
암모니아태 (NH_4^+)	• 무기태 질소로, 황산암모늄, 염화암모늄, 질산암모늄, 인산암모늄 등이 있음 • 토양에 잘 흡착되어 논의 환원층에 주며 효과가 오래감
요소태	질소 함유량이 가장 많고 우리나라에서 가장 많이 사용됨
시안아미드태	석회질소로 유기태 질소의 한 종류임
유기태	• 단백질, 아미노산, 핵산과 같은 유기화합물에 포함된 질소를 말함 • 비료나 퇴비, 녹비와 같은 유기물에서 제공됨 • 식물이 직접 흡수할 수 있는 형태인 무기태 질소(암모늄, 질산염)로 변환되기 전에 토양 미생물에 의해 광물화 과정을 거쳐야 함 • 토양 내 미생물의 작용에 의해 암모니아태질소 또는 질산태질소로 전환됨

콩과작물과 볏과작물의 질소비료 시비

- 콩과작물에는 콩, 완두콩, 땅콩 등이 있으며, 이들은 특별한 능력인 질소고정능력을 갖추고 있다.
- 뿌리혹박테리아와의 공생을 통해 대기 중의 질소를 고정하여 사용하므로, 볏과작물에 비해 외부에서 질소 비료의 공급 요구가 적다.
- 볏과작물은 콩과작물에 비해 질소비료 시비를 늘려주는 것이 좋다.

⑤ 인산비료

㉠ 과인산석회, 중과인산석회: 산성토양에서 흡수율이 낮다.

㉡ 용성인비: 산성토양 개량에 효과적이다.

⑥ 칼리(칼륨): 무기태칼리와 유기태칼리로 나뉘며, 수용성이고 비효가 빠르다.

(2) 시비

① 작물별 시비의 시기

종자수확 작물	영양생장기에는 질소비료를 시비하며 생식생장기에는 인산, 칼리를 시비함
과실수확 작물	결과기에 인 및 칼리질 비료를 시비해야 과실의 품질이 좋아짐
잎수확 작물	질소비료를 추비❷로 늦게까지 주는 것이 좋음
뿌리수확 작물	초기에는 양분이 많이 저장되도록 질소를 넉넉히 주고, 양분이 저장되면 탄수화물의 이동에 관여하는 칼리를 충분히 시비함
꽃수확 작물	꽃망울이 생길 때 질소를 사용하면 착화·발육이 좋아짐

용어 추비
작물의 생육 중 추가로 주는 비료

② 작물별 시비 효과

㉠ 귀리에는 마그네슘 효과가 크다.

㉡ 고구마에는 칼리와 두엄의 효과가 크다.

㉢ 콩과작물에는 석회와 인산의 효과가 크다.

㉣ 담배, 사탕무는 질산태질소의 효과가 크다.

③ 엽면시비

㉠ 작물은 뿌리뿐만 아니라 잎에서도 비료성분을 흡수하는데, 필요 시 잎에 비료를 뿌려주는 시비방법을 '엽면시비'라고 한다.

㉡ 잎의 윗면보다는 아랫면에 살포하여 흡수율을 높게 한다.

㉢ 비료의 흡수율을 높이기 위해 전착제를 첨가하여 살포한다.

㉣ 엽면시비가 필요한 경우

- 작물의 영양생장을 촉진하고자 할 경우
- 작물에 미량요소의 결핍증상이 나타나 공급할 경우
- 토양시비로 뿌리흡수력이 약해졌을 경우
- 뿌리가 병충해, 침수 피해를 받았을 경우
- 작물에 빠른 영양 회복이 필요할 경우
- 작물의 품질 향상이 필요할 경우
- 토양시비가 곤란할 경우

1 작부체계

01 다음에서 설명하고 있는 용어로 옳은 것은?

> 일정한 토지에서 몇 가지 종류의 작물을 해마다 번갈아 가면서 재배하거나, 일정한 토지에서 여러 가지 작물을 효율적으로 재배하는 재배방식

① 연작 ② 작부체계
③ 기지현상 ④ 윤작

작부체계는 일정한 토지에서 몇 가지 종류의 작물을 해마다 번갈아가면서 재배하거나, 일정한 토지에서 여러 가지 작물을 효율적으로 재배하는 재배방식으로, 경지의 효율적 이용, 기지현상의 감소, 농업노동의 효율적 배분, 수익성 향상 등의 효과가 있다.
| 오답해설 | ① 연작: 동일한 토지에 같은 종류의 작물을 계속해서 재배하는 것을 말한다.
③ 기지현상: 연작으로 인해 작물의 생육이 뚜렷하게 나빠지는 현상이다.
④ 윤작: 동일한 토지에 동일 작물을 이어서 재배하지 않고 몇 가지 작물을 특정한 순서로 규칙적으로 반복하여 재배하는 것이다.

2 정지 및 파종

02 작휴법 중 성휴법에 관한 설명으로 옳은 것은? 제2회 기출

① 이랑을 세우고 낮은 고랑에 파종하는 방식
② 이랑을 보통보다 넓고 크게 만드는 방식
③ 이랑을 세우고 이랑 위에 파종하는 방식
④ 이랑을 평평하게 하여 이랑과 고랑의 높이가 같게 하는 방식

성휴법은 이랑을 보통보다 넓고 크게 만드는 방식으로, 이랑을 평평하게 하여 이랑과 고랑의 높이를 같게 한다.
| 오답해설 | ① 휴립구파법에 관한 설명이다.
③ 휴립휴파법에 관한 설명이다.
④ 평휴법에 관한 설명이다.

| 정답 | 01 ② 02 ②

03 파종방법 중 조파(드릴파)에 관한 설명으로 옳은 것은? 제10회 기출

① 포장 전면에 종자를 흩어 뿌리는 방법이다.

② 뿌림 골을 만들고 그곳에 줄지어 종자를 뿌리는 방법이다.

③ 일정한 간격을 두고 하나 내지 여러 개의 종자를 띄엄띄엄 파종하는 방법이다.

④ 점파할 때 한 곳에 여러 개의 종자를 파종하는 방법이다.

조파(드릴파)는 종자를 줄지어 뿌리는 방법이다.

| 오답해설 | ① 산파(흩뿌림): 포장 전면에 종자를 흩어 뿌리는 방법이다.

③ 점파(점뿌림): 일정한 간격을 두고 하나 내지 여러 개의 종자를 띄엄띄엄 파종하는 방법이다.

④ 적파: 점파할 때 한 곳에 여러 개의 종자를 파종하는 방법이다.

3 시비관리

04 작물재배에 있어서 질소(N)에 관한 설명으로 옳지 않은 것은? 제3회 기출

① 질산태(NO_3^-)와 암모늄태(NH_4^+)로 식물에 흡수된다.

② 작물체 건물중의 많은 함량을 차지하는 중요한 무기성분이다.

③ 콩과작물은 질소 시비량이 적고, 볏과작물은 시비량이 많다.

④ 결핍증상은 늙은 조직보다 어린 생장점에서 먼저 나타난다.

질소의 결핍증상은 어린 생장점보다 늙은 조직에서 먼저 나타난다.

05 작물재배에 있어서 질소에 관한 설명으로 옳은 것은? 제5회 기출

① 볏과작물에 비해 콩과작물은 질소 시비량을 늘려주는 것이 좋다.

② 질산이온(NO_3^-)으로 식물에 흡수된다.

③ 결핍증상은 노엽(老葉)보다 유엽(幼葉)에서 먼저 나타난다.

④ 암모니아태 질소비료는 석회와 함께 시용하는 것이 효과적이다.

질소는 질산태(NO_3^-)와 암모늄태(NH_4^+)로 식물에 흡수된다.

| 오답해설 | ① 콩과작물은 질소고정능력이 있으며, 볏과작물에 비해 외부에서 질소비료의 공급 요구가 적기 때문에 질소 시비량을 줄여주는 것이 좋다.

③ 결핍증상은 유엽(幼葉, 어린잎)보다 노엽(老葉, 늙은잎)에서 먼저 나타난다.

④ 암모니아태 질소비료는 석회와 함께 시용할 때 휘발하므로 비효율적이다.

06 작물의 질소에 관한 내용이다. (　　)에 들어갈 내용을 순서대로 옳게 나열한 것은? 제9회 기출

> 작물재배에서 (　　)작물에 비해 (　　)작물은 질소 시비량을 늘려 주는 것이 좋으며, 잎의 질소 결핍증상은 (　　)보다 (　　)에서 먼저 나타난다.

① 콩과, 볏과, 유엽, 성엽
② 볏과, 콩과, 유엽, 성엽
③ 콩과, 볏과, 성엽, 유엽
④ 볏과, 콩과, 성엽, 유엽

- 작물재배에서 콩과작물에 비해 볏과작물은 질소 시비량을 늘려주는 것이 좋다.
- 잎의 질소 결핍증상은 유엽(幼葉, 어린잎)보다 노엽(老葉, 늙은잎)에서 먼저 나타난다.

07 식물의 필수원소 중 엽록소의 구성성분으로 다양한 효소반응에 관여하는 것은? 제7회 기출

① 아연(Zn)
② 몰리브덴(Mo)
③ 칼슘(Ca)
④ 마그네슘(Mg)

마그네슘(Mg)은 엽록소의 구성원소로, 결핍 시 엽맥 사이사이 황백화가 나타난다.

| 오답해설 | ① 아연(Zn): 효소의 촉매 또는 반응조절물질로서 작용한다.

② 몰리브덴(Mo): 질산환원효소의 구성성분이며 질소대사에 필요하다.

③ 칼슘(Ca): 세포막의 주요 성분으로 잎에 많이 존재한다.

08 과수작물에서 무기양분의 불균형으로 발생하는 생리장해는? 제4회 기출

① 일소
② 동록
③ 열과
④ 고두병

고두병은 칼슘 부족으로 발생하며, 과실 표면에 반점이나 변색이 나타난다.

| 오답해설 | ① 일소: 사과가 오랜 시간 동안 직사광선에 노출되면 사과의 표면이 갈색, 노란색 등으로 변하는 손상을 받게 되는 현상이다.

② 동록: 온도가 급격히 내려갈 때 열매의 표면에 갈색 또는 녹색의 상처를 남기는 현상이다.

③ 열과: 급작스런 비로 인해 수분을 과도하게 흡수할 때 표면 세포들이 팽창되어 껍질이 갈라지는 현상이다.

| 정답 | 03 ② 04 ④ 05 ② 06 ① 07 ④ 08 ④

09 작물의 필수원소는?

제3회 기출

① 염소(Cl) ② 규소(Si)
③ 코발트(Co) ④ 나트륨(Na)

작물의 필수원소(16원소)

- 다량원소: 탄소(C), 수소(H), 산소(O), 질소(N), 인(P), 칼륨(K), 황(S), 마그네슘(Mg), 칼슘(Ca)
- 미량원소: 몰리브덴(Mo), 구리(Cu), 아연(Zn), 망간(Mn), 붕소(B), 철(Fe), 염소(Cl)

10 질소비료의 유효성분 중 유기태 질소가 아닌 것은?

제10회 기출

① 단백태 질소 ② 시안아미드태 질소
③ 질산태 질소 ④ 아미노태 질소

질산태 질소는 무기태 질소로, 유기태 질소가 아니다.

| 오답해설 | **유기태 질소**

- 단백질, 아미노산, 핵산과 같은 유기화합물에 포함된 질소를 말한다.
- 비료나 퇴비, 녹비와 같은 유기물에서 제공된다.
- 식물이 직접 흡수할 수 있는 형태인 무기태 질소(암모늄, 질산염)로 변환되기 전에 토양 미생물에 의해 광물화 과정을 거쳐야 한다.

11 과수의 엽면시비에 관한 설명으로 옳지 않은 것은?

제2회 기출

① 뿌리가 병충해 또는 침수 피해를 받았을 때 실시할 수 있다.
② 비료의 흡수율을 높이기 위해 전착제를 첨가하여 살포한다.
③ 잎의 윗면보다는 아랫면에 살포하여 흡수율을 높게 한다.
④ 고온기에는 살포농도를 높여 흡수율을 높게 한다.

고온기에 비료를 살포하면 잎이 타는 부작용이 발생할 수 있으므로 가급적 피해야 한다.

12 A농가가 요소 엽면시비를 하고자 하는 이유가 아닌 것은? 제6회 기출

① 신속하게 영양을 공급하여 작물 생육을 회복시키고자 할 때

② 토양 해충의 피해를 받아 뿌리의 기능이 크게 저하되었을 때

③ 강우 등으로 토양의 비료 성분이 유실되었을 때

④ 작물의 생식생장을 촉진하고자 할 때

작물의 생식생장을 촉진하고자 할 때에는 엽면시비가 적합하지 않다. 엽면시비는 영양생장을 촉진하고자 할 때 효과적이다.

| 정답 | 09 ① 10 ③ 11 ④ 12 ④

THEME 08

파종 후 재배관리

✔ 학습 포인트
- 작물의 생육 중 재배관리방법
- 병충해의 종류와 방제법

✔ 6개년 평균 3문제 출제

대표 예제

+ 기출 공략팁

병충해 관련 내용은 손해평가사 실무에서도 매우 중요한 사항으로, 1차 시험에서도 자주 출제되고 있다.

■ 과수원의 토양표면 관리법 중 초생법의 장점이 아닌 것은? 제1회 기출

① 토양의 입단화가 촉진된다.

② 지력유지에 도움이 된다.

③ 토양침식과 양분유실을 방지한다.

④ 유목기에 양분경합이 일어나지 않는다.

예제 풀이

초생법은 목초 또는 잡초를 이용하는 방법으로, 유목기에 양분경합이 발생하는 단점이 있다. | 정답 | ④

■ 병해충의 물리적 방제방법이 아닌 것은? 제4회 기출

① 천적 곤충
② 토양가열
③ 증기소독
④ 유인포살

예제 풀이

천적 곤충을 이용하는 방제는 생물학적 방제방법에 해당한다. | 정답 | ①

핵심 이론

1 생육 중 재배관리

(1) 보식, 솎기, 중경

보식	발아가 불량한 곳이나 이식 후 고사한 곳에 보충적으로 이식하는 것
솎기	• 발아 후 작물이 밀생한 곳에 일부 개체를 제거해주는 것 • 생육공간을 확보하여 균일한 생육을 유도하기 위해 필요함
중경	• 작물의 생육 중 작물 사이의 토양의 표토를 갈아서 부드럽게 해주는 작업 • 토양의 가스교환이 원활해져 작물의 활력이 증진되고 잡초가 제거되는 등의 효과가 있으나, 작물의 뿌리가 끊어지거나 풍식이 조장되고 동상해가 조장되는 역효과도 있음

참고 **배토가 필요한 작물**
아스파라거스, 파, 부추, 토란, 마늘, 감자, 땅콩 무, 옥수수 등

(2) 배토, 토입, 답압

배토❷	• 작물 생육 중 이랑 사이 또는 포기 사이의 흙을 작물 밑(그루 주변)으로 긁어 모아주는 작업 • 도복 경감, 새 뿌리 발생 조장, 잡초 방제 등의 효과가 있음
토입	• 맥류재배에 있어 골 사이의 흙을 부수어 자라는 골 속에 넣어주는 작업 • 동해 경감, 도복 방지 효과가 있음
답압	• 맥류재배에서 생육 중 골을 밟아주는 작업 • 동해 경감, 무효분얼 억제 효과가 있음

(3) 과수관리

① 정지: 과수재배 시 나무의 수형을 만들기 위해 가지를 유인하는 작업을 말한다.

② 과수의 수형

원추형	왜성사과나무, 양앵두에 사용되며 수고가 높아 관리가 불편하나 원줄기와 원가지의 결합이 강함
배상형	배나무 등에 사용되며 관리가 편한 이점이 있음
개심자연형	배상형의 단점을 보완한 형태로 복숭아, 자두 매실 등에 사용됨
울타리형	포도나무 형태임
변칙주간형	원추형과 배상형의 장점을 취한 것으로, 사과, 감, 밤 등에 사용됨

③ 전정

㉠ 과수 나무의 정지를 위해 가지를 절단하거나 생육과 결과의 조절 등을 위해 가지를 절단하는 것을 말한다.

㉡ 전정시기에 따라 '동계 전정(휴면기 전정), 하계 전정(생장기 전정)'으로 구분한다.

참고 **낙과의 요인**
- 영양소 부족 등의 생리적 요인
- 바람, 비 등의 환경적 요인
- 병해충 요인

④ 낙과❷방지 대책

㉠ 동상해 예방 조치를 취한다.

㉡ 방풍시설을 설치하여 강풍 피해를 방지한다.

㉢ 곤충방사, 인공수분, 수분수 혼식으로 수분❷을 원활히 유도한다.

㉣ 병해충을 방세한다.

㉤ 수광 상태를 개선한다.

㉥ 낙과 방지용 생장조절제를 살포한다.

용어 **수분과 수정**
- 수분: 성숙한 화분이 암술의 주두에 가 닿는 것
- 수정: 화분 속의 정핵과 밑씨 속의 난세포가 결합하는 것

+ 인공수분

- 인공으로 수분시키는 방법으로, 날개깃 등으로 꽃가루를 암술의 머리에 뿌려준다.
- 과수는 자기 꽃가루를 거부하는 성질이 있어서 친화성이 있는 다른 나무, 즉 수분수를 섞어 심고 방화곤충에 의한 수분작용이 있어야 결실된다. 수분수가 부족하거나 개화기에 기상이 불량하여 방화곤충이 활동하지 못하면 결실이 불량해지므로 이러한 경우 인력으로 과수의 꽃에 꽃가루를 묻혀주어 결실이 잘 되도록 한다.

용어 **열과**
급작스런 비로 인해 수분을 과도하게 흡수할 때 표면 세포들이 팽창되어 껍질이 갈라지는 현상

참고 **적과의 시기**
- 1차 적과: 개화 후 2~3주
- 2차 적과: 생리적 낙과 후(개화 후 약 4~6주)

⑤ 복대(봉지 씌우기)

㉠ 과피의 착색도를 향상시키는 등 외관을 좋게 만든다.

㉡ 과실에 발생하는 병충해를 예방한다.

㉢ 사과의 경우 열과가 예방된다.

㉣ 농약이 과실에 직접 닿는 것을 방지하여 품질을 높인다.

⑥ 적과 및 적화

㉠ 착과수가 많아 여분의 것을 어릴 때 따주는 것을 적과라고 하며, 개화수가 많은 때 꽃망울이나 꽃을 솎아서 따주는 것을 적화라고 한다.

㉡ 과실의 발육이 좋아지고 경엽의 발육이 양호하여 좋은 품질의 과실이 생산된다.

⑦ 과수원 토양관리방법

청경재배	• 풀이 자라지 않도록 관리하는 방법 예 김을 매서 잡초가 자라지 못하게 하고, 제초제를 사용하여 잡초를 제거함 • 장점: 양분경합이 없음, 병충해 감소, 과수원 관리가 쉬움 • 단점: 양분용탈 발생, 토양침식으로 입단형성의 어려움, 유기물 소모
초생재배	• 목초 또는 잡초를 이용하는 방법 • 장점: 토양 입단화 촉진, 토양침식 방지(지력 증진), 양분유실 방지(수분 보존) • 단점: 양분쟁탈, 병해충의 잠복장소 제공
멀칭재배 (피복재배)	• 볏짚과 같은 피복재로 토양을 덮어주어 저온 시에는 보온 효과, 고온 시에는 지면온도를 낮게 하여 재배하는 방법 • 장점: 토양침식 방지, 잡초발생 억제, 수분 증발 억제, 토양의 온도 조절·유실 방지, 동해의 경감
부초재배	• 풀이나 유기물을 이용하여 토양의 표면을 피복하는 방법 • 장점: 토양수분 증발 억제, 빗물에 의한 표토의 유실 방지

⑧ 순지르기

㉠ 신초(새로 자란 가지)의 생장점을 손이나 가위로 잘라내는 작업을 말한다.

㉡ 이를 통해 나무의 형태를 정돈하고, 꽃눈 형성·과실 발육·광 투과성 개선 등을 유도할 수 있다.

㉢ 또한 신초의 생장을 일시적으로 억제하여 착과율을 높이고, 그해에 새 가지를 분지시켜 원가지나 곁가지를 구성시키는 효과가 있다.

㉣ 웃자람 방지를 위해서도 실시한다.

⑨ 그 밖의 재배기법

㉠ **가지 유인**: 과수의 가지를 인위적으로 눕혀 고정함으로써 햇빛 투과, 꽃눈 분화, 결실, 수세 조절 등 과수의 생육과 생산성을 높이고, 나무의 형태를 관리하는 중요한 재배기술이다.

㉡ **가지 비틀기**: 과수의 어린 가지를 비틀어 생장세를 조절하고, 꽃눈 분화와 결실을 촉진하는 원예적 관리기법으로 가지를 자르지 않고도 도장지 억제와 수형을 관리할 수 있는 효과적인 방법이다.

참고 **과수재배에서 많이 발생되는 병해**
탄저병, 흰가루병, 잿빛곰팡이병, 화상병, 역병, 녹병, 검은별무늬병 등

용어 **담배모자이크병**
전염성이 매우 강한 바이러스성 질병으로, 담배, 토마토, 고추, 감자 등에 주로 발생하여 잎에 모자이크 패턴이 나타나는 증상이 특징임

2 병충해 방제

(1) 병해

원인	특성 및 종류
진균 (사상균, 곰팡이)	작물 병해 중 가장 많은 비율을 차지함 예 벼의 도열병과 잎집무늬마름병, 깨시무늬병, 감자의 역병, 맥류의 깜부기병, 사과의 적성병, 탄저병, 노균병, 흰가루병, 잿빛곰팡이병, 흑색썩음병, 균핵병, 모잘록병 등
세균	빛과 건조 상태에 약하여 작물의 조직이나 수분이 많은 곳에 생활함 예 벼의 흰빛잎마름병, 토마토의 청고병, 담배의 입고병, 사과의 근두암종병, 오이의 반점세균병, 양배추의 검은썩음병, 채소의 연부병, 궤양병, 무름병, 풋마름병, 화상병 등
바이러스	거의 모든 작물에서 발생하며, 특정 작물에 감염되어 병해를 일으킴 예 위축병, 위황병, 담배모자이크병 등

(2) 충해

벼 해충	벼멸구, 애멸구, 흰등멸구, 혹명나방, 가뭄벌레, 이화명나방 등
밭작물 해충	진딧물, 멸강나방, 파밤나방, 밤나방, 총채벌레, 바구미 등

(3) 방제관리

경종적 (생태적, 재배적) 방제	• 여러 가지 재배적 기술을 이용하는 친환경적 방제방법 • 기지의 원인이 되는 병해충을 윤작을 통해 방제함 • 특정 병해충에 대한 저항성을 가진 품종을 선택하여 재배함 • 파종시기를 조절하여 해충 발생시기와 맞물리지 않게 재배함 • 적절한 비료관리와 토양관리를 통해 작물의 생육환경을 최적화하여 병해충의 발생을 억제함 • 무병종자 선택으로 방제함 • 작물 간 적절한 간격을 유지하여 통풍이 잘 되게 하고, 과습하지 않도록 관리하여 병해충의 발생을 줄임
생물학적 방제	병해충을 억제하기 위해 천적 생물이나 자연에서 발견되는 유용한 생물을 이용하는 방제방법 예 기생벌류(해충의 알에 기생하여 해충의 부화를 막음), 페로몬트랩(해충의 생리적 행동을 유도하는 페로몬 유인 장치를 이용하여 번식을 방해함) 등
물리적 (기계적) 방제	• 밭토양의 담수로 토양전염성 병해충 방제 • 낙엽 등의 소각을 통한 방제 • 종자의 온탕 처리를 통한 병충해 방제 • 비닐 피복, 봉지 씌우기 등을 통한 차단
화학적 방제	살균제·살충제를 사용하여 병해충을 직접 방제함 예 기피제, 화학불임제 등

병해충 종합관리(IPM, 종합적 방제)	여러 가지 병해충 방제방법을 통합적으로 활용하여 병해충밀도를 경제적 피해수준 이하로 억제·유지하는 방법

+ 해충 방제에 이용되는 천적

해충	천적
점박이응애, 잎응애류	칠레이리응애, 긴이리응애 등
총채벌레류	애꽃노린재, 오이이리응애 등
굴파리류	굴파리좀벌, 굴파리고치벌 등
진딧물류	진딧벌류, 파리류, 무당벌레류, 풀잠자리류 등
온실가루이	온실가루이좀벌 등

3 수확 후 관리

(1) 수확 적기의 판정

① 판정기준

㉠ 외관상 특성 예 크기, 모양, 색상, 착색 정도, 조직감, 촉감 등

㉡ 시장조건, 기상조건

㉢ 당, 산의 함량비율(당산비)

㉣ 개화 후 생육일수(만개 후부터 성숙기까지의 일수)

② 전분이 낮으며, 당도가 높고 산도가 낮을 때가 수확 적기이다.

③ 벼의 수확 적기: 출수 후로부터 조생종은 50일, 중생종은 54일, 중만생종은 58일 내외이다.

용어 당산비
- 당도(°Bx)를 산도(%)로 나눈 값
- 사과는 20~25, 감귤은 14~16, 복숭아는 20~30 정도를 수확의 적기로 판단함

(2) 수확 후 생리작용 및 손실

① 수확, 포장, 운송 등에 의한 기계적인 상처에 의한 손실이 발생한다.

② 과실은 수확 후에도 호흡이 계속되어 저장양분이 호흡기질로 소모되는 손실이 나타난다.

③ 수확된 작물의 증산은 계속되므로 수분이 손실된다.

④ 각종 병원균의 침입으로 부패되기 쉽다.

⑤ 작물은 수확 후 일반적으로 휴면 상태에 놓이게 되는데 일정 기간이 지나면 휴면이 타파되어 맹아가 발생하여 상품성이 저하된다.

참고 호흡
과일은 수확된 후에도 생리적인 활동을 지속하는데, 호흡을 통해 산소를 흡수하고 이산화탄소를 배출하며, 이를 통해 저장된 에너지를 소모하게 됨

+ 호흡에 따른 과실의 분류

- 호흡 급등형 과실: 성숙과정에서 에틸렌의 영향으로 호흡 속도가 급격히 증가하는 과실
  예 사과, 서양배, 바나나, 수박, 복숭아, 참다래, 토마토, 살구, 키위, 망고, 멜론, 자두 등
- 호흡 비급등형 과실: 성숙과정에서 호흡 급등현상을 보이지 않는 과실로, 에틸렌에 대한 민감도가 낮음
  예 포도, 블루베리, 동양배, 감귤, 오렌지, 레몬, 고추, 가지, 오이, 딸기 등

(3) 수확 후 건조

곡물	• 45℃ 정도에서 건조 • 쌀의 경우, 건조 후 수분함량 15~16%가 적당함
고추	• 천일건조: 12~15일 건조 • 열풍건조: 45℃에서 2일 정도 건조
마늘	• 자연건조: 간이저장으로 약 2~3개월 건조 • 열풍건조: 45℃에서 2~3일 건조

용어 수확방법

굴취	땅을 파내어 수확하는 것
예취	작물을 베어내어 수확하는 것
발취	작물을 뽑아내어 수확하는 것
적취	집어내어 수확하는 것

참고 예냉

신선도 유지와 품질관리의 핵심기술

- 고온에서 품질이 빠르게 저하되는 작물에 필수적임
  예 딸기, 상추, 브로콜리, 사과
- 쌀, 보리, 콩, 양파, 감자 등은 예냉이 필요하지 않음

(4) 수확방법❷

① 감자, 고구마 등은 굴취한다.
② 화곡류, 목초 등은 예취한다.
③ 무 등은 발취한다.
④ 과실은 적취한다.

(5) 수확 후 저장방법

예냉❷	수확 직후 온도가 낮은 곳에서 예냉 처리를 하여 호흡급등 등 대사작용의 속도를 억제하고 신선도를 유지하여 작물의 품질을 유지시켜주는 작업
큐어링	감자, 고구마 등은 수확 시 물리적인 상처를 입어 병균의 침입가능성이 있는데, 수확물의 상처에 유상조직인 코르크층을 발달시켜 병균의 침입을 방제하는 과정
CA 저장	온도, 습도, 대기조성 등을 조절하면서 장기 저장하는 이상적인 방법으로 높은 농도의 이산화탄소와 낮은 농도의 산소조건에서 생리대사율을 저하시켜 품질변화를 지연시키는 저장방법
MA 저장	필름 등을 이용하여 작물 하나씩 포장하여 호흡에 의한 품질변화를 억제시키는 방법

필수 문제

1 생육 중 재배관리

01 다음이 설명하는 것은? 제4회 기출

> • 경작지 표면의 흙을 그루 주변에 모아주는 것을 말한다.
> • 일반적으로 잡초 방지, 도복 방지, 맹아 억제 등의 목적으로 실시한다.

① 멀칭　　② 배토
③ 중경　　④ 쇄토

배토는 작물 생육 중 이랑 사이 또는 포기 사이의 흙을 그루 주변으로 긁어 모아주는 작업을 말한다.

| 오답해설 | ① 멀칭(Mulching): 토양 표면을 피복하는 것으로, 피복자재로는 풀, 볏짚, 왕겨, 비닐 등이 있다.

③ 중경: 이랑 사이를 갈아주는 작업으로, 제초, 토양의 물리성 개선, 수분보전 등의 효과가 있다.

④ 쇄토: 파종 및 이식작업을 용이하게 하기 위해 큰 흙덩어리를 알맞게 분쇄하는 작업이다.

02 (　　)에 들어갈 내용을 순서대로 바르게 나열한 것은? 제2회 기출

> • 작물이 생육하고 있는 중에 이랑 사이의 흙을 그루 밑에 긁어 모아주는 것을 (　　)(이)라고 한다.
> • 짚이나 건초를 깔아 작물이 생육하고 있는 토양 표면을 피복해주는 것을 (　　)(이)라고 한다.

① 중경, 멀칭　　② 배토, 복토
③ 배토, 멀칭　　④ 중경, 복토

배토는 작물 생육 중 이랑 사이 또는 포기 사이의 흙을 그루 주변으로 긁어 모아주는 작업을 말하고, 멀칭은 짚이나 건초 등을 깔아 토양 표면을 피복하는 작업을 말한다.

| 오답해설 | • 중경: 작물의 생육 중 작물 사이의 토양의 표토를 갈아서 부드럽게 해주는 작업을 말한다.

• 복토: 파종 후 종자가 노출되지 않도록 묘상을 흙으로 덮어주는 작업을 말한다.

03 과채류의 결실 조절방법으로 모두 고른 것은?

제1회 기출

ㄱ. 적과	ㄴ. 적화	ㄷ. 인공수분

① ㄱ
② ㄱ, ㄴ
③ ㄴ, ㄷ
④ ㄱ, ㄴ, ㄷ

- 적과: 과실의 착생수가 과다할 때 여분의 것을 어릴 때 적제하는 것으로, 해거리를 방지하고 크고 올바른 모양의 과실을 수확하기 위해 알맞은 양의 과실만 남기고 따버리는 것을 말한다.
- 적화: 과수 등에서 개화수가 너무 많을 때 꽃망울이나 꽃을 솎아서 따주는 것을 적화라고 하며, 그 목적은 적과와 같다.
- 인공수분: 수분수가 부족하거나 개화기에 기상이 불량하여 방화곤충이 활동하지 못하면 결실이 불량해지므로 이러한 경우 인력으로 과수의 꽃에 꽃가루를 묻혀주어 결실이 잘 되도록 하는 방법이다.

04 사과 과실에 봉지 씌우기를 하여 얻을 수 있는 효과를 모두 고른 것은?

제6회 기출

ㄱ. 당도 증진	ㄴ. 병해충 방지
ㄷ. 과피 착색 증진	ㄹ. 동록 방지

① ㄱ, ㄴ, ㄷ
② ㄱ, ㄴ, ㄹ
③ ㄱ, ㄷ, ㄹ
④ ㄴ, ㄷ, ㄹ

사과 과실에 봉지 씌우기를 하면, 과피의 착색도 향상, 병충해 예방, 동록 방지 등의 효과를 얻을 수 있다.

| 오답해설 | ㄱ. 사과 과실에 봉지 씌우기를 한다고 해서 과실의 당도가 증대되지는 않는다.

05 과수재배 시 봉지 씌우기의 목적이 아닌 것은?

제2회 기출

① 과실에 발생하는 병충해를 방제한다.
② 생산비를 절감하고 해거리를 유도한다.
③ 과피의 착색도를 향상시켜 상품성을 높인다.
④ 농약이 직접 과실에 부착되지 않도록 하여 상품성을 높인다.

봉지 씌우기는 생산비 증가를 초래할 수 있다.

| 정답 | 01 ② 02 ③ 03 ④ 04 ④ 05 ②

06 다음 과수원의 토양관리방법은?

제3회 기출

- 과수원 관리가 쉽다.
- 양분용탈이 발생한다.
- 토양침식으로 입단형성이 어렵다.

① 초생재배 ② 피복재배
③ 부초재배 ④ 청경재배

청경재배는 풀이 자라지 않도록 관리하는 방법으로, 과수원 관리가 쉬우나, 양분용탈의 발생, 토양침식으로 입단형성의 어려움 등의 단점이 있다.

| 오답해설 | ① 초생재배: 목초 또는 잡초를 이용하는 방법으로, 토양 입단화 촉진, 토양침식 방지, 양분유실 방지 등의 장점이 있다.

② 피복재배: 볏짚과 같은 피복재로 토양을 덮어주어 저온 시에는 보온 효과, 고온 시에는 지면온도를 낮게 하여 재배하는 방법으로, 토양침식을 방지하고 잡초발생을 억제시킨다.

③ 부초재배: 풀이나 유기물을 이용하여 토양의 표면을 피복하는 방법으로, 토양수분의 증발을 억제하고 빗물에 의한 표토의 유실을 방지한다.

2 병충해 방제

07 다음이 설명하는 과수의 병은?

제10회 기출

- 세균에 의한 병
- 전염성이 강하고, 5~6월경 주로 발생
- 꽃, 잎, 줄기 등이 검게 변하며 서서히 고사

① 대추나무 빗자루병 ② 포도 갈색무늬병
③ 배 화상병 ④ 사과 부란병

화상병은 사과, 배 등 과수에서 발병하는 세균성 병해의 일종으로, 전염성이 강해 한 번 발생하면 나무 전체가 고사될 수 있다.

| 오답해설 | ① 대추나무 빗자루병: 나무의 가지 끝에서 여러 개의 가는 가지가 동시에 자라나 마치 빗자루처럼 보이는 증상을 보이며, 주로 파이토플라스마라는 미생물에 의해 발생한다.

② 포도 갈색무늬병: 포도나무에 발생하는 곰팡이성 병으로, 주로 잎, 줄기, 가지, 열매에 갈색의 병반(반점)이 생기는 병이다. 이는 포도 수확량과 품질에 큰 영향을 미치며, 특히 비가 자주 오거나 습한 환경에서 더 활발하게 발생한다.

④ 사과 부란병: 사과에 발생하는 곰팡이성 병으로, Colletotrichum 속의 진균에 의해 발생하고 과실에 썩은 갈색 병반을 형성하며, 병이 심해지면 사과의 전체가 부패하여 수확량과 품질에 큰 영향을 미친다. 이는 습도가 높고 따뜻한 환경에서 활발하게 발생한다.

08 채소 작물에서 진균에 의한 병끼리 짝지어진 것은?

제10회 기출

① 역병, 모잘록병
② 노균병, 무름병
③ 균핵병, 궤양병
④ 탄저병, 근두암종병

진균(곰팡이)에 의한 병

역병, 탄저병, 노균병, 흰가루병, 잿빛곰팡이병, 흑색썩음병, 모잘록병, 균핵병 등

| 오답해설 | ②, ③, ④ 무름병, 궤양병, 근두암종병은 세균에 의한 병이다.

09 세균에 의해 작물에 발생하는 병해는?

제6회 기출

① 궤양병
② 탄저병
③ 역병
④ 노균병

궤양병은 세균에 의해 발생하는 병해이다.

| 오답해설 | ②, ③, ④ 탄저병, 역병, 노균병은 진균(사상균)에 의해 발생하는 병해이다.

10 담배모자이크 바이러스의 주요 피해 작물이 아닌 것은?

제5회 기출

① 가지
② 사과
③ 고추
④ 배추

담배모자이크 바이러스는 가지, 사과, 고추, 담배, 토마토 등 식물의 잎에 얼룩무늬의 피해를 입힌다. 배추에서 잘 발생하는 병은 뿌리혹병, 무름병, 노균병, 탄저병 등이 있다.

| 정답 | 06 ④ 07 ③ 08 ① 09 ① 10 ④

11 작물의 병해충 방제법 중 생물적 방제에 해당하는 것은? 제2회 기출

① 윤작 등 작부체계의 변경
② 멀칭 및 자외선 차단필름 활용
③ 천적 곤충 이용
④ 태양열 소독

생물학적 방제는 병해충을 억제하기 위해 천적 생물이나 자연에서 발견되는 유용한 생물을 이용하는 방제방법이다.

| 오답해설 | ① 재배적 방제방법에 해당한다.

②, ④ 물리적 방제방법에 해당한다.

12 작물의 병해충 방제법 중 경종적 방제에 관한 설명으로 옳은 것은? 제1회 기출

① 적극적인 방제기술이다.
② 윤작과 무병종묘재배가 포함된다.
③ 친환경농업에는 적용되지 않는다.
④ 병이 발생한 후에 더욱 효과적인 방제기술이다.

경종적 방제는 기지의 원인이 되는 병해충을 윤작을 통해 방제하며, 무병종자 선택으로 방제한다.

| 오답해설 | ①, ③ 경종적 방제는 직접적으로 농약을 사용하여 방제하는 적극적인 방법으로 볼 수 없으며, 여러 가지 재배적 기술을 이용하는 친환경적인 방제방법이다.

④ 경종적 방제는 병이 발생하기 전에 더욱 효과적인 방제기술이다.

13 사과 과원에서 병해충종합관리(IPM)에 해당되지 않는 것은? 제3회 기출

① 응애류 천적 제거
② 성페로몬 이용
③ 초생재배 실시
④ 생물농약 활용

병해충종합관리(IPM)로 응애류 천적을 이용하는 생물학적 방제를 활용할 수 있다. 따라서 응애류 천적을 제거하는 것은 병해충종합관리(IPM)의 취지에 반한다.

14 해충과 천적의 관계가 바르게 짝지어지지 않은 것은? 제2회 기출

① 잎응애류 – 칠레이리응애
② 진딧물류 – 온실가루이
③ 총채벌레류 – 애꽃노린재
④ 굴파리류 – 굴파리좀벌

진딧물류의 천적에는 콜레마니진딧벌 등이 있다. 온실가루이는 천적이 아닌 해충이며, 온실가루이좀벌이 대표적인 천적이다.

15 다음이 설명하는 해충과 천적의 연결이 옳은 것은? 제4회 기출

- 즙액을 빨아 먹고, 표면에 배설물을 부착시켜 그을음병을 유발시킨다.
- 고추의 전 생육기간에 걸쳐 발생하며 CMV 등 바이러스를 옮기는 매개충이다.

① 진딧물 – 진딧벌
② 잎응애류 – 칠레이리응애
③ 잎굴파리 – 굴파리좀벌
④ 총채벌레 – 애꽃노린재

진딧물은 대부분의 작물에 가해를 하며 구침(구강)으로 어린잎이나 부드러운 줄기 부분의 수액을 빨아먹는다. 천적으로는 진딧벌류, 파리류, 무당벌레류, 풀잠자리류 등이 있다.

16 해충 방제에 이용되는 천적을 모두 고른 것은? 제6회 기출

ㄱ. 애꽃노린재류
ㄴ. 콜레마니진딧벌
ㄷ. 칠레이리응애
ㄹ. 점박이응애

① ㄱ, ㄹ
② ㄱ, ㄴ, ㄷ
③ ㄴ, ㄷ, ㄹ
④ ㄱ, ㄴ, ㄷ, ㄹ

애꽃노린재류, 콜레마니진딧벌, 칠레이리응애는 해충 방제에 이용되는 천적이다.

| 오답해설 | ㄹ. 점박이응애는 해충 방제에 이용되는 천적이 아닌 해충에 해당한다.

| 정답 | **11** ③ **12** ② **13** ① **14** ② **15** ① **16** ②

3 수확 후 관리

17 **과실의 수확 적기를 판정하는 항목으로 옳은 것을 모두 고른 것은?** 제6회 기출

ㄱ. 만개 후 일수	ㄴ. 당산비	ㄷ. 단백질 함량

① ㄱ, ㄴ
② ㄱ, ㄷ
③ ㄴ, ㄷ
④ ㄱ, ㄴ, ㄷ

수확적기를 판정하는 기준

- 외관상 특성 예 크기, 모양, 색상, 착색 정도, 조직감, 촉감 등
- 시장조건, 기상조건
- 당, 산의 함량비율(당산비)
- 개화 후 생육일수(만개 후부터 성숙기까지의 일수)

18 **호흡 급등형 과실인 것은?** 제10회 기출

① 포도
② 딸기
③ 사과
④ 감귤

호흡 급등형 과실은 성숙과정에서 에틸렌의 영향으로 호흡 속도가 급격히 증가하는 과실을 말하며, 사과, 바나나, 토마토, 복숭아, 자두, 키위 등이 있다.

19 **호흡 비급등형 과실인 것은?** 제1회 기출

① 사과
② 자두
③ 포도
④ 복숭아

호흡 비급등형 과실이란 성숙과정에서 호흡 급등현상을 보이지 않는 유형의 과실을 말한다. 과실의 예로 포도, 감귤, 오렌지, 레몬, 고추, 가지, 오이, 딸기 등이 있다.

20 다음 두 농가가 재배하고 있는 품목은? 제5회 기출

- A농가: 과실이 자람에 따라 서서히 호흡이 저하되다 성숙기를 지나 완숙이 진행되는 전환기에 호흡이 일시적으로 상승하는 과실
- B농가: 성숙기가 되어도 특정한 변화가 일어나지 않는 과실

① A농가: 사과, B농가: 블루베리
② A농가: 살구, B농가: 키위
③ A농가: 포도, B농가: 바나나
④ A농가: 자두, B농가: 복숭아

- 성숙기를 지나 완숙이 진행되는 전환기에 호흡이 일시적으로 상승하는 과실은 호흡 급등형 과실을 말한다. 사과, 서양배, 바나나, 수박 등이 대표적이다.
- 성숙기가 되어도 특정한 변화가 일어나지 않는 과실은 호흡비급등형 과실을 말한다. 포도, 블루베리, 동양배, 가지 등이 대표적이다.

21 저장성을 향상시키기 위한 저장 전 처리에 관한 설명으로 옳지 않은 것은? 제7회 기출

① 수박은 고온기 수확 시 품온이 높아 바로 수송할 경우 부패하기 쉬우므로 예냉을 실시한다.
② 감자는 수확 시 생긴 상처를 빨리 아물게 하기 위해 큐어링을 실시한다.
③ 마늘은 휴면이 끝나면 싹이 자라 상품성이 저하될 수 있으므로 맹아 억제 처리를 한다.
④ 결구배추는 수분 손실을 줄이기 위해 수확한 후 바로 저장고에 넣어 보관한다.

결구배추는 수확한 후 바로 저장고에 넣지 않고 건조시킨 후 저장하는 것이 좋다. 배추와 같은 외피에 수분 함량이 많고 상처나 병충해 피해를 받기 쉬운 작물은 호흡 및 증산작용이 왕성하여 그대로 저장하는 경우 미생물의 번식이 촉진되고 부패율도 급속히 증가하기 때문이다.

| 정답 | 17 ① 18 ③ 19 ③ 20 ① 21 ④

PART 02
원예작물학

6 개 년 출 제 비 중

17%

이 단원의 **핵심 테마**

✔ 6개년 평균 출제 문제수

THEME 01	원예작물 재배관리	2문제
THEME 02	시설재배	3문제

THEME 01

원예작물 재배관리

✓ 학습 포인트
- 과수원예의 특성 및 재배관리법
- 채소류와 화훼류의 재배관리법

✓ 6개년 평균 2문제 출제

대표 예제

+ 기출 공략팁

농업재해보험에서 다루는 원예작물별 재배관리방법에 대한 문제 출제가 지속적으로 증가하고 있다.

■ **절화의 수확 및 수확 후 관리 기술에 관한 설명으로 옳지 않은 것은?** 제6회 기출

① 스탠다드 국화는 꽃봉오리가 1/2 정도 개화하였을 때 수확하여 출하한다.
② 장미는 조기에 수확할수록 꽃목굽음이 발생하기 쉽다.
③ 글라디올러스는 수확 후 눕혀서 저장하면 꽃이 구부러지지 않는다.
④ 카네이션은 수확 후 에틸렌 작용 억제제를 사용하면 절화 수명을 연장할 수 있다.

예제 풀이

글라디올러스는 수확 후 눕혀서 저장하면 중력의 반대 방향에 따라 휘는 현상이 나타나므로 반드시 세워서 저장해야 한다. | 정답 | ③

핵심 이론

1 과수원예

(1) 과수원예의 특성

① 나무를 심고 수확하는 데 시간이 오래 걸리는 장기재배 주기의 특징이 있다.
② 과수는 특정한 기후와 환경조건에 민감하여 재배환경이 잘 맞아야 한다.
③ 많은 자본과 노동력이 필요하다.
④ 과수원예는 재배관리가 다른 작물보다 복잡하고 세밀한 관리가 필요하다.
⑤ 다른 작물에 비해 고부가가치의 작물로 분류된다.
⑥ 수량, 품질, 규격 등의 차이가 크게 발생하는 작물이다.

(2) 과수의 결실률 관여인자

① 타가수분을 위해 수분수와 혼식한다.
② 탄질비(C/N율)가 높을수록 결실률은 높아진다.
③ 엽과비[?] 가 높을수록 과실의 크기가 커진다.
④ 적정한 적과와 전정작업이 필요하다.

용어 엽과비
- 나무의 잎과 과실의 비율
- 과실의 양분은 잎에서 광합성을 통해 생산된 탄수화물로 공급되므로, 엽과비는 과실 성장에 중요한 요소임

+ 타가수분과 자식성 작물

타가수분이란 서로 다른 개체의 꽃가루(화분)가 다른 개체의 암술머리에 부착되어 수분이 이루어지는 현상을 말한다. 타가수분이 잘 일어나지 않는 자식성 작물은 같은 식물체 내에서 수분이 일어나는 식물로, 벼, 보리, 밀, 콩, 토마토, 완두 등이 있다.

용어 낙엽과수

- 가을과 겨울에 잎이 떨어지는 특성을 가진 과수류
- 주로 온대 기후에서 자라는 과일나무들이 여기에 속함

참고 위과와 진과

- 위과: 꽃받기가 비대해져 자란 열매 예 배, 사과 등
- 진과: 씨방이 비대하여 자란 열매 예 포도, 감귤, 복숭아 등

용어 자가 결실률

식물이 자기 자신의 꽃가루로 수정하여 과실을 맺을 수 있는 능력을 나타내는 비율로, 복숭아, 살구, 자두 등은 자가 결실률이 높은 과수임

용어 수분품종

타가수분을 위해 필요로 하는 다른 품종의 사과나무를 말하며, 대표적으로 골든 딜리셔스가 널리 이용됨

용어 탄저병

덥고 습할 때 발병하며, 과실 표면에 작고 검은 반점이 생기고 점차 커지면서 병반이 움푹 들어감

(3) 사과 재배관리

① 분류: 교목성 낙엽과수로, 봄에 잎이 나오고 꽃받기가 비대해져 과실이 되는 품종이다.

② 품종별 특성

구분	품종	수확시기	특성
후지	만생종	10월 말~11월 초	저장성이 매우 좋아 우리나라에서 가장 많이 재배됨
홍로	조생종	9월 초~중	무게가 300~400g 정도인 중대형 과일임
양광	중생종	9월 말~10월 초	우리나라에서 개발된 사과 품종임
아오리(쓰가루)	조생종	8월 말~9월 초	-
기타	홍옥, 국광, 감홍 등		

③ 재배관리

㉠ 자가 결실률이 극히 낮아 수분품종을 혼식한다.

㉡ 수형관리: 중앙주간형 및 개방형 구조를 위해 가지치기를 많이 한다.

㉢ 다른 과수에 비해 비교적 서늘한 기후를 좋아하며, 온대북부지역에 적합하다.

㉣ 적과: 좋은 품질의 과실을 얻기 위해 꽃이 피고나서 4~6주 후인 5월 말에서 6월 초에 적당한 수의 과실만 남기고 나머지를 솎아주는 적과작업을 한다.

㉤ 병충해관리

- 탄저병, 붉은무늬병, 겹무늬썩음병 등이 대표적인 병해이다.
- 사과응애, 나방, 진딧물 등의 충해를 입는다.

㉥ 시비관리: 봄철에는 질소 비료를, 과실이 형성될 때에는 칼륨과 인 비료를 추가로 주는 것이 좋다.

㉦ 수확시기

- 품종에 따라 9월에서 11월 사이에 수확한다.
- 수확시기를 잘못 맞추면 과일의 품질이 저하될 수 있다.

㉧ 수분 수정 후 과실의 생장은 우선 세포분열을 통해 종축생장이 되며 이후 세포의 크기 성장으로 횡축생장이 발달한다.

㉨ 일소현상

- 식물이나 작물에 물방울이 맺히면 물방울은 렌즈 작용을 하게 되어 햇볕에 작물체가 타들어가게 되는 현상을 말한다.
- 겨울철 직사광선에 의해 원줄기나 원가지의 남쪽 수피 부위에 피해를 주는 경우도 일소로 진단한다.
- 대표적인 예로 사과가 오랜 시간 동안 직사광선에 노출되면 사과의 표면이 갈색, 노란색 등으로 변하는 것을 들 수 있다.
- 차광막을 설치하거나 가지관리를 통해 경감 및 예방할 수 있다.

㉧ **동록현상**: 온도가 급격히 내려갈 때 열매의 표면에 갈색 또는 녹색의 상처를 남기는 현상으로, 과실의 품질을 떨어뜨리는 고상품성에 큰 영향을 미친다.

(4) 배 재배관리

① 품종별 특성

구분	수확시기	특성
신고	9월 중순 시작	우리나라에서 가장 많이 재배되는 대표적인 품종으로 저장성이 뛰어남
황금	8월 중순~말	과피가 황금빛을 띠는 조생종임
원황	8월 중순 시작	한 개의 무게는 400g~600g 정도인 중형 과종임
추황	9월 초순~중순	중생종
기타	만풍, 화산, 장십랑 등	

용어 타가결실
식물이 자신의 꽃가루가 아닌 다른 개체(다른 나무 또는 다른 품종)의 꽃가루를 받아서 수정하고, 그 결과로 과실을 맺는 현상

참고 검은별무늬병
- 흔히 흑성병이라고도 함
- 주로 과실, 잎, 가지 등의 표면에 검은 반점이 생겨 상품성이 크게 저하됨
- 주로 고온다습한 환경에서 발생함

② 재배관리

㉠ 타가결실을 필요로 하는 과수이다.

㉡ 배수가 좋은 조건에서 잘 자란다.

㉢ 서늘한 겨울과 따뜻한 여름에 잘 자라며 햇빛을 많이 필요로 하는 작물이다.

㉣ **적과**: 좋은 품질의 과실을 얻기 위해 꽃이 진 후 40~50일 정도 후에 진행한다.

㉤ **병충해관리**: 배나무에 자주 발생하는 곰팡이성 질병인 검은별무늬병은 주로 습도가 높은 환경에서 발생한다.

㉥ **수확시기**: 품종에 따라 수확시기가 다르지만, 일반적으로 8월 말에서 10월 초에 수확이 이루어진다.

(5) 포도 재배관리

① **생육**: 포도는 적절한 기후와 토양에서 잘 자라며, 햇볕이 잘 드는 따뜻한 지역에서 생산량이 높다.

② 품종

품종	특성
캠벨얼리	숙기가 8월인 조생종으로 가장 많이 재배되고 있음
델라웨어	• 숙기가 8월 말~9월 초인 중생종임 • 과즙이 많고 당도가 매우 높음
거봉	• 지베릴린 처리에 의해 씨가 없이 생산이 됨 • 당도가 매우 높음
샤인머스캣	• 따뜻하고 건조한 환경에서 잘 자라는 품종임 • 당도가 높고 향이 좋아 최근 재배가 많아지고 있음
기타	청수, 피오네 등

③ 병충해

㉠ 포도나무 잎곰팡이병, 노균병, 탄저병, 검은별무늬병에 취약하다.

㉡ 충해로는 포도잎말이나방, 총채벌레, 포도코끼리장님노린재 등이 있다.

④ **번식방법**: 지삽이 가장 널리 사용된다.

(6) 복숭아 재배관리

① **생육**: 복숭아는 비교적 온난한 기후에서 잘 자라며 일조량에 따라 과실의 품질 변화가 뚜렷하게 나타난다.

② **병충해**

㉠ 복숭아에서는 세균구멍병이 흔히 발생하는데 이 병은 세균에 의해 발생하고 따뜻하고 습한 환경에서 잘 발생한다.

㉡ 잎 표면과 과실에 작은 물집과 같은 갈색 반점이 생기고 심한 경우 과실이 썩어 떨어지기도 한다.

참고 **세균구멍병**
복숭아의 세균구멍병은 농업재해보험에서 재해로 보장되는 병해임

+ 과수별 결실 가지의 연령

- 1년생 가지: 감, 포도, 감귤 등
- 2년생 가지: 복숭아, 자두 등
- 3년생 가지: 사과, 배 등

2 화훼원예

(1) 국화 재배관리

① **생육**: 여러해살이 화초로 생육적온은 15~20℃이다.

② **번식방법**: 국화에서 가장 많이 사용되는 방법은 삽목(꺾꽂이)이며, 주로 4월~5월경 실시한다.

③ **품종**

스탠다드 국화	• 하나의 꽃대에 하나의 꽃만 피는 품종 • 꽃봉오리가 1/2 정도 개화하였을 때 수확하여 출하함
스프레이 국화	하나의 꽃대에 여러 개의 꽃이 피는 품종

④ **개화시기**: 보통 9~11월에 개화하며, 단일식물로 하루 13시간 이하의 일조 조건에서 꽃눈이 형성된다.

(2) 장미 재배관리

① **생육**: 15~25℃ 정도의 온난한 기후에서 잘 자라며 과습에 약해 물 빠짐이 좋은 토양에서 재배한다.

② **묘목 심기**: 장미의 묘목은 보통 늦가을이나 초봄에 심는 것이 좋다.

③ **블라인드(Blind) 현상**: 부족한 일조량, 낮은 야간 온도에서 장미 꽃눈이 꽃으로 발육하지 못하는 현상을 말한다.

④ **수확 후 관리**

㉠ 장미는 조기에 수확할수록 꽃목굽음이 발생하기 쉬우며, 꽃이 1/2~3/4 정도 개화했을 때 절화하는 것이 좋다.

㉡ 수확 직후 5~6℃ 저온창고에서 예냉 처리를 한다.

참고 산성물

pH를 낮춰서 세균의 번식을 억제하고, 꽃이 물을 더 잘 흡수할 수 있도록 도와줌

참고 암꽃 착생

암꽃은 열매를 맺는 꽃이므로 암꽃의 착생은 오이 재배에서 중요한 과정임

(3) 절화의 수명연장방법

① 화병의 물에 살균제와 당을 첨가한다.

② 산성물❷(pH 3.2~3.5)에 침지한다.

③ 줄기 절단부를 수초간 열탕처리한다.

④ 에틸렌 가스는 꽃의 노화를 촉진시키는 물질로, 과일이 발산하는 에틸렌이 꽃의 수명을 단축시킬 수 있다. 따라서 절화를 과일 근처에 두지 않는 것이 좋다.

⑤ 카네이션은 수확 후 에틸렌 작용 억제제를 사용하면 절화 수명을 연장할 수 있다.

⑥ 글라디올러스는 수확 후 눕혀서 저장하면 중력의 반대 방향으로 휘어지는 습성이 있으므로, 반드시 세워서 저장해야 한다.

⑦ 절화장미에서 자당(Sucrose)은 영양공급원으로, 수명 연장, 품질 유지, 개화 촉진에 중요한 역할을 한다.

⑧ 저온저장으로 대사활동을 최소화하여 수명을 오래 지속시킬 수 있다.

3 채소원예

(1) 토마토

① **생육**: 1년생 초본식물로 20~25℃의 따듯한 온도에서 잘 자란다.

② **파종**: 정식일 기준 50~70일 전에 파종한다.

③ **육묘**: 10℃ 이하 육묘 시 화방의 위치가 짧아진다.

④ **병충해**

㉠ **배꼽썩음병**: 칼슘 부족 시 배꼽 부위가 검게 썩은 것처럼 되는 생리장해현상이다.

㉡ **흰가루병**: 습도가 높을 때 발생하며 잎에 흰가루 같은 곰팡이가 생긴다.

⑤ 착과제 토마토톤 처리는 토마토의 착과제로 이용된다.

⑥ 과실의 관리

구분	내용
공동과	과실의 속이 일부 비어 있는 경우로, 햇빛을 잘 받게 해야 함
기형과	열매 모양이 기형인 것으로, 생육환경을 개선해야 함
배꼽썩음과	• 배꼽 부근이 검게 썩은 것처럼 보이는 열매 • 칼슘 부족으로 생기기 때문에 석회 등을 엽면시비함
줄썩음과	• 과일의 윗부분에서부터 아랫부분까지 흑갈색의 줄무늬가 형성된 것 • 일조 부족, 고온다습, 칼리 결핍 등으로 발생함

(2) 오이

① **생육**: 오이는 햇빛을 많이 필요로 하는 작물로 18~25℃가 생육적온이다.

② 개화

㉠ 오이 꽃눈은 암수의 구별 없이 한 꽃 안에서 분화된다.

㉡ 육묘기간 중 야간온도가 15℃ 이하의 저온, 짧은 일조시간의 단일환경에서 암꽃 착생❷률이 높아진다.

③ 병충해

㉠ **노균병**: 흔히 발생하는 병해로 곰팡이균에 의해 발생하며 고온다습한 환경에서 발병하여 잎의 표면에 작은 황색반점이 생기는 것이 특징이다.

㉡ **온실가루이**: 잎 뒷면에 붙어 잎의 즙을 빨아먹어 잎이 황색으로 변하고 시들게 만든다.

㉢ 오이 체내에 마그네슘 결핍으로 백색현상이 나타난다.

㉣ 오이는 생장비대가 촉진되는 시기에 일조량 부족으로 낙과가 발생할 수 있다.

(3) 수박

① **생육**: 햇빛을 많이 필요로 하는 작물로 20~30℃가 생육적온이다.

② **개화**: 계속해서 각 분지 사이에 꽃이 맺히는 무한꽃차례[❷]에 속한다.

③ **수확**: 파종 후 80~100일이 지나면 수확이 가능하며 줄기 끝이 갈색으로 변했는지, 과실의 두드리는 소리에 따라 수확을 결정한다.

④ 콜히친 처리로 씨없는 수박을 생산한다.

⑤ 내병성이 강한 대목에 접목을 하여 덩굴쪼김병과 같은 토양병의 저항성을 높이는 재배를 한다.

(4) 고추

① **생육**: 햇빛을 많이 필요로 하는 작물로, 하루에 최소 6~8시간 이상의 직사광선을 받을 수 있는 장소가 적합하다.

② 병충해

㉠ **탄저병**: 곰팡이에 의한 병해로 고온다습한 환경에서 발생하고 열매에 원형의 반점이 생긴다.

㉡ **역병**: 고온다습한 환경에서 발생하고 물에 젖은 듯 한 반점이 생기고, 줄기가 썩어 결국 식물이 고사하게 된다.

㉢ **배꼽썩음과**[❷]: 석회(칼슘)의 결핍으로 발생한다.

③ **수확**: 6월 초중순에 풋고추 수확이 시작되며, 6월 중순 이후 매운 품종의 수확이 시작된다.

용어 무한꽃차례
꽃이 피는 시기와 개서가 일정하지 않고 환경조건이 맞으면 무한정 꽃이 피는 것

참고 배꼽썩음병
고추 열매의 끝 부분, 즉 배꼽 부분이 검게 변하며 썩는 증상

필수 문제

1 과수원예

01 일소현상에 관한 설명으로 옳은 것은? 제1회 기출

① 시설재배 시 차광막을 설치하여 일소를 경감시킬 수 있다.
② 겨울철 직사광선에 의해 원줄기나 원가지의 남쪽 수피 부위에 피해를 주는 경우는 일소로 진단하지 않는다.
③ 개심자연형 나무에서는 배상형 나무에 비해 더 많이 발생한다.
④ 과수원이 평지에 위치할 때 동향의 과수원이 서향의 과수원보다 일소가 더 많이 발생한다.

일소는 식물이나 작물에 물방울이 맺히면 물방울은 렌즈 작용을 하게 되어 햇볕에 작물체가 타들어가게 되는 현상을 말한다. 따라서 차광막을 설치하여 일소를 경감시킬 수 있다.

| 오답해설 | ② 겨울철 직사광선에 의해 원줄기나 원가지의 남쪽 수피 부위에 피해를 주는 경우도 일소로 진단한다.
③ 배상형 나무에서는 개심자연형 나무에 비해 더 많이 발생한다.
④ 과수원이 평지에 위치할 때 서향의 과수원이 동향의 과수원보다 일소가 더 많이 발생한다.

2 화훼원예

02 장미의 블라인드현상의 직접적인 원인은? 제9회 기출

① 수분 부족　② 칼슘 부족
③ 일조량 부족　④ 근권부 산소 부족

블라인드(Blind)현상이란 꽃봉오리가 생기지 않거나 생기더라도 꽃으로 발육하지 못하고 퇴화하는 현상을 말한다. 대부분 일조량이 부족하고 낮은 야간 온도환경에서 많이 나타난다.

03 절화의 수명연장방법으로 옳지 않은 것은?

제1회 기출

① 화병의 물에 살균제와 당을 첨가한다.

② 산성물(pH 3.2~3.5)에 침지한다.

③ 에틸렌을 엽면 살포한다.

④ 줄기 절단부를 수초간 열탕처리한다.

에틸렌은 식물의 성숙이나 노화에 관여하는 호르몬으로, 에틸렌을 엽면에 살포할 경우 절화의 노화를 촉진할 수 있다.

04 절화장미의 수명연장을 위해 자당을 사용하는 주된 목적은?

제10회 기출

① pH 조절
② 미생물 억제
③ 과산화물가(POV) 증가
④ 양분 공급

자당(Sucrose)은 식물의 주요 탄수화물로, 식물에서 에너지를 공급하고 세포 활동을 유지하는 데 필수적이다. 절화장미에서 자당은 영양공급원으로 수명 연장, 품질 유지, 개화 촉진에 중요한 역할을 한다.

3 채소원예

05 전염성 병해가 아닌 것은?

제9회 기출

① 토마토 배꼽썩음병
② 벼 깨씨무늬병
③ 배추 무름병
④ 사과나무 화상병

토마토 배꼽썩음병은 칼슘 부족 시 나타나는 현상으로, 전염성 병해가 아닌 생리장해에 해당한다.

| 정답 | 01 ① 02 ③ 03 ③ 04 ④ 05 ①

06 토마토의 생리장해에 관한 설명이다. 생리장해와 처방방법을 옳게 묶은 것은? 제4회 기출

> 칼슘의 결핍으로 과실의 선단이 수침상(水浸狀)으로 썩게 된다.

① 공동과 – 엽면시비
② 기형과 – 약제 살포
③ 배꼽썩음과 – 엽면시비
④ 줄썩음과 – 약제 살포

토마토의 배꼽썩음과는 칼슘 부족으로 생기므로 석회 등을 엽면시비한다.

| 오답해설 | ① 공동과: 과실의 속이 일부 비어 있는 것이며, 햇빛을 잘 받게 해야 한다.

② 기형과: 열매 모양이 기형으로 생긴 것으로 생육환경을 개선해야 한다.

④ 줄썩음과: 과일의 윗부분에서부터 아랫부분까지 흑갈색의 줄무늬가 형성된 것으로, 일조 부족, 고온다습, 칼리 결핍 등으로 발생한다.

07 A농가가 오이의 성 결정시기에 받은 영농지도는? 제4회 기출

> 지난해 처음으로 오이를 재배했던 A농가에서 오이의 암꽃 수가 적어 주변 농가보다 생산량이 적었다. 올해 지역 농업기술센터의 영농지도를 받은 후 오이의 암꽃 수가 지난해보다 많아져 생산량이 증가되었다.

① 고온 및 단일환경으로 관리
② 저온 및 장일환경으로 관리
③ 저온 및 단일환경으로 관리
④ 고온 및 장일환경으로 관리

오이와 같은 박과채소는 저온(야간 온도 15℃ 이하), 단일환경(짧은 일조시간)에서 암꽃 착생률을 높일 수 있다.

08 A농가의 하우스 오이 재배 시 낙과가 발생하였다. B손해평가사가 주요 원인으로 조사할 항목은? 제5회 기출

① 유인끈
② 재배방식
③ 일조량
④ 탄산시비

오이는 생장비대가 촉진되는 시기에 일조량 부족으로 낙과가 발생할 수 있다. 따라서 낙과 시 일조량을 확인해야 한다.

| 정답 | 06 ③ 07 ③ 08 ③

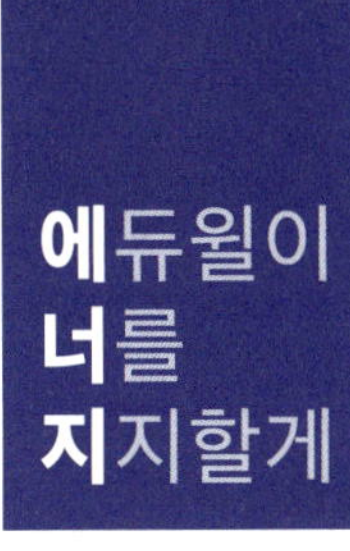

ENERGY

겨울이 오면, 봄이 멀 수 있으랴!

– 퍼시 비시 셸리(Percy Bysshe Shelley), '서풍에 부치는 노래'

THEME 02

시설재배

✔ 학습 포인트
• 양액재배(무토양재배)
• 시설자재 등 원예 시설의 종류

✔ 6개년 평균 3문제 출제

대표 예제

+ 기출 공략팁

시설자재에 대한 문제는 매년 출제되고 있다.

■ 시설원예 피복자재의 조건으로 옳지 않은 것은? 제2회 기출

① 열전도율이 낮아야 한다.
② 겨울철 보온성이 커야 한다.
③ 외부 충격에 강해야 한다.
④ 광투과율이 낮아야 한다.

예제 풀이

시설원예 피복자재는 광투과율이 높아야 한다. | 정답 | ④

핵심 이론

1 양액재배(무토양재배)

(1) 개념

① 수경재배의 일종으로, 토양 대신 물과 영양액을 사용하여 작물을 재배하는 방법이다.
② 작물의 성장에 필요한 모든 영양소를 포함한 양액을 뿌리로 직접 공급하여 작물을 재배한다.

(2) 특성

① 품질이 향상되고 수확량이 증대된다.
② 자동화가 쉬워 노동력이 감소된다.
③ 청정재배, 연작재배가 가능하다.
④ 배지소독으로 연작장해 예방이 가능하다.
⑤ 양액의 완충능?이 없다.
⑥ 재배기간 단축이 가능하다.
⑦ 초기 자본투자가 크고 전문 기술이 필요하다.
⑧ 병원균 오염 시 오염속도가 빨라 그 피해가 크다.
⑨ 재배 가능한 작물이 많지 않다.

용어 완충능
외부에서 들어오는 산성 또는 염기성 물질에 대해 pH 변화를 억제하고 안정적으로 유지하는 능력

(3) 배양액의 조건

① 필수무기양분을 함유해야 한다.
② 배양액의 농도가 적정해야 한다.
③ 배양액의 pH가 적절해야 한다. pH 5.5~6.5가 이상적이나, pH 5.0~7.0이면 생육에 지장은 없다.

④ 작물에 유해한 이온을 함유하지 말아야 한다.
⑤ 농도, pH의 변화가 적어야 한다.
⑥ 뿌리에서 흡수하기 쉬운 용해된 이온 상태여야 한다.

(4) 종류

담액수경 (담액재배)	• 작물의 뿌리가 물과 영양액에 완전히 잠긴 상태에서 자라는 방법 • 수조 속에 산소가 부족하기 쉬우므로 산소 공급 장치를 설치해야 함 • 산소 공급방법에 따라 양액 수위조절식·환류식·통기식·낙차식·분자식 재배로 구분됨 • 배지의 사용이 최소화되거나 생략될 수 있으며, 배지로 사용되는 것은 암면, 펄라이트, 코코피트 등이 있음 • 베드는 허리 높이 정도로 작업하기에 편해야 함
박막수경 (NFT)	• 작물을 플라스틱필름으로 만든 베드 내에서 생육시키고, 그 안에서 배양액을 재순환하는 방식으로 흘려보내는 재배방법 • 고형배지를 사용하지 않고, 뿌리의 일부는 공중에 노출하고 나머지는 양액에 닿게 하여 재배함

참고 시설재배 작물
- 과채류가 시설재배의 약 54%를 차지함(수박, 참외, 딸기, 오이, 토마토, 호박 등)
- 무, 상추, 배추, 시금치, 파, 대파, 쪽파, 피망 등도 시설재배로 재배되고 있음

2 재배시설❶ 및 시설자재

(1) 유리온실의 종류

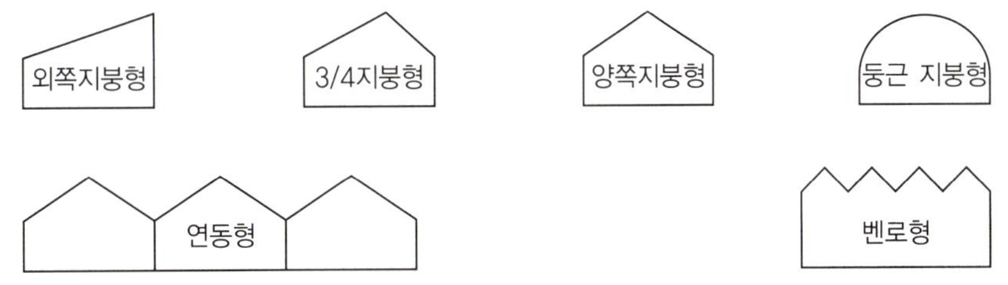

외쪽지붕형 (외지붕형)	한쪽 지붕이 다른 쪽 지붕보다 길거나 짧은 비대칭 형태의 온실 구조
3/4지붕형 (쓰리쿼터형)	지붕의 양쪽 경사면이 비대칭인 형태의 온실로, 한쪽 지붕이 짧고 다른 쪽 지붕이 더 긴 구조
양쪽지붕형 (양지붕형)	양쪽 지붕의 경사가 대칭적인 구조를 가지고 있는 온실로, 가장 널리 사용되고 있음
둥근 지붕형	지붕이 둥글게 아치형으로 설계된 온실 구조
연동형	여러 개의 온실을 서로 연결하여 대규모 재배를 위한 넓은 재배 공간을 만드는 방식의 구조
벤로형	여러 개의 작은 박공형 지붕❶이 연속적으로 연결된 구조로, 지붕형보다 서까래❷의 간격이 넓음

용어 박공형 지붕
가장 일반적인 지붕 구조 중 하나로, 두 개의 경사진 면이 정점에서 만나 삼각형을 이루는 형태의 지붕

용어 서까래
지붕의 하중을 지지하며, 지붕의 뼈대를 이루는 구조 부재

유리온실 규격 관련 용어

- 동고(Ridge Height): 지면에서 용마루(지붕의 가장 높은 지점)까지의 길이(온실의 높이)
- 간고(Span Height): 지면에서 기둥 상단 또는 지붕틀까지의 길이
- 측고(Side Height): 측면 벽체의 높이, 즉 지면에서 처마(지붕의 시작점)까지의 길이
- 헌고(Eaves Height): 지면에서 처마까지의 길이

(2) 시설재배용 플라스틱 피복재

① 연질 피복재: 두께가 0.05~0.1mm 정도인 부드럽고 얇은 플라스틱필름을 사용하는 피복재

폴리에틸렌(PE)필름	• 가장 많이 사용되고, 가장 저렴하며, 광투과율이 높음 • 내구성이 약하고 보온성이 떨어짐
염화비닐(PVC)필름	• 투명성이 좋고 보온성이 뛰어남 • 폴리에틸렌(PE)보다 비싸지만 내구성이 더 좋음 • 먼지가 잘 붙어 광투과율이 나빠질 수 있음
에틸렌아세트산(EVA)필름	• 폴리에틸렌(PE)과 염화비닐필름(PVC)의 장점을 결합한 피복재 • 열 보존 성능이 뛰어나고, 내구성이 우수함 • 먼지가 덜 붙으나, 가격이 비쌈

② 경질 피복재: 두께가 0.1~0.2mm 정도인 플라스틱필름을 사용하는 피복재

폴리에스테르(PET)필름	광투과율이 높고, 내구성이 좋음
불소수지필름	내구연한이 길고, 눈이 많이 오는 지역에서 사용하면 유리함

(3) 시설자재의 조건

피복자재	• 열전도율이 낮아야 함 • 겨울철 보온성이 좋아야 함 • 외부 충격에 강해야 함 • 광투과율이 높아야 함 • 내구성이 커야 함 • 수축과 팽창 정도가 작아야 함
골격자재	• 내부식성이 강해야 함 • 철재 및 경합금재가 사용됨

(4) 시설재배에 사용되는 기화냉방법

① 기화냉방법이란 시설재배에서 사용되는 온도조절기술로, 공기의 습도를 이용하여 내부 온도를 낮추는 방식을 말한다.

② 여름철 고온기에도 작물이 적절한 온도에서 자라도록 하여 생장 촉진과 생산성 향상에 기여한다.

팬 앤드 패드 (Fan and Pad)	물이 증발할 때 주변 열을 흡수하여 공기를 냉각시키는 기화냉각원리를 활용한 방법
팬 앤드 미스트 (Fan and Mist)	시설 내의 온도를 조절하기 위해 팬과 미스트를 사용하는 냉각방법
팬 앤드 포그 (Fan and Fog)	시설에서 온도를 낮추고 적절한 습도를 유지하기 위해 팬과 포그를 사용하는 기화냉방법

+ 시설토양의 특성

- 위치에 따라 온도 분포가 다르다.
- 위치에 따라 광 분포가 불균일하다.
- 노지에 비해 토양의 염류 농도가 높아지기 쉽다.
- 노지에 비해 토양이 건조해지기 쉽다.

(5) 시설원예용 인공조명

백열등	• 가격이 저렴하고 설치가 간단하지만 열 발생이 많고 에너지 효율이 낮음 • 광질(파장)과 광량 조절이 어려우며, 주로 전조(일장 조절)용으로 제한적으로 사용됨
형광등	• 발광 효율이 높고 열 발생이 적으며, 백열등보다 수명이 긺 • 출력이 낮아 대형 온실보다는 소규모나 육묘장, 전조용으로 사용됨
수은등 · 고압수은등	• 넓은 면적에 강한 빛을 공급할 수 있으나 광효율은 형광등보다 낮음 • 적외선 방출이 적어 식물의 도장을 방지하는 데 도움이 됨
메탈할라이드등	• 300~700nm의 넓은 파장대 빛을 방출해 광합성과 형태형성에 효과적임 • 가격이 비싸고, 별도의 안정기가 필요함
고압나트륨등	• 높은 출력과 광합성에 적합한 파장(580~630nm)을 많이 포함해 대형 온실 보광용으로 널리 쓰임 • 광질이 한쪽 파장에 치우쳐 있어 다른 조명과 병행 사용이 권장됨 • 특히 500nm 이하의 청색광이 부족하여 줄기와 잎이 과도하게 신장하는 도장현상이 발생할 수 있음
LED (발광다이오드)	• 최근 가장 각광받는 조명으로, 에너지 효율이 높고 원하는 파장(청색, 적색 등) 선택이 가능하며, 열 발생이 적고, 수명이 긺 • 설치가 간편하고 광질·광량 조절이 용이하여 스마트팜, 식물공장, 온실 보광 등 다양한 시설원예에 활용됨

빈출 & 예상문제 엄선!

필수 문제

1 양액재배(무토양재배)

01 토양재배에 비해 무토양재배의 장점이 아닌 것은? 제6회 기출

① 배지의 완충능이 높다.
② 연작재배가 가능하다.
③ 자동화가 용이하다.
④ 청정재배가 가능하다.

무토양재배(양액재배)는 배지의 완충능이 없다는 단점이 있다.

02 수경재배에 사용 가능한 원수는? 제5회 기출

① 철분 함량이 높은 물
② 나트륨, 염소의 함량이 100ppm 이상인 물
③ 산도가 pH 7에 가까운 물
④ 중탄산 함량이 100ppm 이상인 물

배양액의 적정 산도는 pH 5.5～6.5가 이상적이다. 그러나 pH 5.0～7.0이더라도 생육에는 지장이 없다.
| 오답해설 | ① 수경재배에 사용할 원수에 철이 들어있을 경우 노즐을 막히게 하는 원인이 되므로 미리 제거해야 한다.
② 나트륨, 염소의 함량은 30ppm 미만의 물이 적합하다.
④ 중탄산 함량은 50ppm 이하가 적절하다.

03 베드의 바닥에 일정한 크기의 기울기로 얇은 막상의 양액이 흘러 순환하도록 하고 그 위에 작물의 뿌리 일부가 닿게 하여 재배하는 방식은? 제9회 기출

① 매트재배
② 심지재배
③ NFT재배
④ 담액재배

양액재배의 종류

- 담액재배(담액수경): 작물의 뿌리가 물과 영양액에 완전히 잠긴 상태에서 자라는 방법이다.
- NFT재배(NFT 수경, 박막수경): 작물을 플라스틱필름으로 만든 베드 내에서 생육시키고, 그 안에서 배양액을 재순환하는 방식으로 흘려보내는 재배방법이다.

04 담액수경의 특징에 관한 설명으로 옳은 것은?

제7회 기출

① 산소 공급 장치를 설치해야 한다.

② 베드의 바닥에 일정한 구배를 만들어 양액이 흐르게 해야 한다.

③ 배지로는 펄라이트와 암면 등이 사용된다.

④ 베드를 높이 설치하여 작업효율을 높일 수 있다.

담액수경의 경우 수조 속에 산소가 부족하기 쉬우므로 산소 공급 장치를 설치해야 한다.

| 오답해설 | ② NFT재배(박막수경)에 관한 설명이다.

③ 담액수경의 배지로는 양액이 사용된다.

④ 베드는 허리 높이 정도로 작업하기에 편해야 한다.

05 다음이 설명하는 양액재배방식은?

제10회 기출

- 고형배지를 사용하지 않음
- 베드의 바닥에 일정한 기울기를 만들어 양액을 흘려보내는 방식
- 뿌리의 일부는 공중에 노출하고, 나머지는 양액에 닿게 하여 재배

① 담액수경
② 박막수경
③ 암면경
④ 펄라이트경

박막수경은 수경재배의 대표적인 방법 중 하나로, 고형배지를 사용하지 않고 얇은 막 형태로 영양액을 흐르게 하여 식물 뿌리에 필요한 영양분과 물을 공급하는 수경재배방식이다.

| 오답해설 | ① 담액수경: 뿌리가 일정한 깊이의 정체된 영양액에 잠겨 있는 재배방식이다.

③ 암면경: 암석을 높은 온도로 녹여 섬유 형태로 만든 새질인 암면을 사용하는 재배방식이다.

④ 펄라이트경: 화산암을 고온으로 가열하여 확장한 가벼운 무기질 재료인 펄라이트를 사용한 재배방식이다.

| 정답 | 01 ① 02 ③ 03 ③ 04 ① 05 ②

2 재배시설 및 시설자재

06 다음이 설명하는 온실형은? 제7회 기출

- 처마가 높고 폭이 좁은 양지붕형 온실을 연결한 형태이다.
- 토마토, 파프리카(착색단고추) 등 과채류 재배에 적합하다.

① 양쪽지붕형 ② 터널형
③ 벤로형 ④ 쓰리쿼터형

벤로형은 여러 개의 작은 박공형 지붕이 연속적으로 연결된 구조이다.
| 오답해설 | ① 양쪽지붕형: 양쪽 지붕의 경사가 대칭적인 구조를 가지고 있는 온실로, 가장 널리 사용되고 있다.
② 터널형: 플라스틱 하우스의 일종으로 강한 내풍성을 지닌 하우스 형태이다.
④ 쓰리쿼터형(3/4지붕형): 지붕의 양쪽 경사면이 비대칭인 형태의 온실로, 한쪽 지붕이 짧고 다른 쪽 지붕이 더 긴 구조이다.

07 온실의 처마가 높고 폭이 좁은 양지붕형 온실을 연결한 형태의 온실형은? 제10회 기출

① 둥근지붕형 ② 벤로형
③ 터널형 ④ 쓰리쿼터형

벤로형은 여러 개의 작은 박공형 지붕이 연속적으로 연결된 구조이다.
| 오답해설 | ① 둥근지붕형: 지붕이 둥글게 아치형으로 설계된 구조이다.
③ 터널형: 반원형 또는 아치형 구조를 가진 온실로, 일반적으로 플라스틱필름이나 유리로 덮인 구조이다.
④ 쓰리쿼터형: 지붕의 양쪽 경사면이 비대칭인 형태의 온실로, 한쪽 지붕이 짧고 다른 쪽 지붕이 더 긴 구조이다.

08 작물의 시설재배에서 연질 피복재만을 고른 것은? 제1회 기출

ㄱ. 폴리에틸렌필름
ㄴ. 에틸렌아세트산필름
ㄷ. 폴리에스테르필름
ㄹ. 불소수지필름

① ㄱ, ㄴ ② ㄱ, ㄹ
③ ㄴ, ㄷ ④ ㄷ, ㄹ

- 연질피복재: 폴리에틸렌필름, 염화비닐필름, 에틸렌아세트산필름
- 경질피복재: 폴리에스테르필름, 불소수지필름

09 **다음이 설명하는 시설재배용 플라스틱 피복재는?** 제3회 기출

> • 보온성이 떨어진다.
> • 광투과율이 높고 연질피복재이다.
> • 표면에 먼지가 잘 부착되지 않는다.
> • 약품에 대한 내성이 크고 가격이 싸다.

① 폴리에틸렌(PE)필름
② 염화비닐(PVC)필름
③ 에틸렌아세트산(EVA)필름
④ 폴리에스터(PET)필름

폴리에틸렌(PE) 필름은 광투과율이 높고, 내구성이 약하며 보온성이 떨어진다.
| 오답해설 | 연질필름 중 염화비닐(PVC)필름이 보온성이 가장 좋으며, 에틸렌아세트산(EVA)필름은 먼지가 덜 부착되는 특성이 있다.

10 **시설원예 피복자재에 관한 설명으로 옳지 않은 것은?** 제10회 기출

① 연질필름 중 PVC필름의 보온성이 가장 낮다.
② PE필름, PVC필름, EVA필름은 모두 연질필름이다.
③ 반사필름, 부직포는 커튼보온용 추가피복에 사용된다.
④ 한랭사는 차광피복재로 사용된다.

연질필름 중 PVC필름의 보온성이 가장 우수하며, PE필름은 보온성이 떨어진다.

11 **시설원예 자재에 관한 설명으로 옳지 않은 것은?** 제4회 기출

① 피복자재는 열전도율이 높아야 한다.
② 피복자재는 외부 충격에 강해야 한다.
③ 골격자재는 내부식성이 강해야 한다.
④ 골격자재는 철재 및 경합금재가 사용된다.

피복자재는 열전도율이 낮아야 한다.

| 정답 | 06 ③ 07 ② 08 ① 09 ① 10 ① 11 ①

12 **시설 내의 온도를 낮추기 위해 시설의 벽면 위 또는 아래에서 실내로 세무(細霧)를 분사시켜 시설 상부에 설치된 풍량형 환풍기로 공기를 뽑아내는 냉각방법은?** 제3회 기출

① 팬 앤드 포그
② 팬 앤드 패드
③ 팬 앤드 덕트
④ 팬 앤드 팬

팬 앤드 포그(Fan and Fog)는 시설에서 온도를 낮추고 적절한 습도를 유지하기 위해 팬과 포그를 사용하는 기화냉각방법이다.

13 **시설 내의 환경 특이성에 관한 설명으로 옳지 않은 것은?** 제6회 기출

① 위치에 따라 온도 분포가 다르다.
② 위치에 따라 광 분포가 불균일하다.
③ 노지에 비해 토양의 염류 농도가 낮아지기 쉽다.
④ 노지에 비해 토양이 건조해지기 쉽다.

시설토양은 비료성분이 강우 등으로 용탈되지 않고 축적되므로 노지에 비해 토양의 염류 농도가 높아지기 쉽다.

14 **장기간 재배한 시설 내 토양의 일반적인 특성으로 옳지 않은 것은?** 제10회 기출

① 강우의 차단으로 염류농도가 높다.
② 노지에 비해 염류집적으로 토양 pH가 낮아진다.
③ 연작장해가 발생하기 쉽다.
④ 답압과 잦은 관수로 토양통기가 불량하다.

노지에 비해 염류집적으로 토양 pH가 높아진다. 시설재배에서는 비료를 자주 사용하고, 자연 강수에 의한 토양 세척이 부족하기 때문에 염류가 축적되는 문제가 발생한다.

| 정답 | 12 ① 13 ③ 14 ②

memo

memo

memo

memo

여러분의 작은 소리
에듀윌은 크게 듣겠습니다.

본 교재에 대한 여러분의 목소리를 들려주세요.
공부하시면서 어려웠던 점, 궁금한 점,
칭찬하고 싶은 점, 개선할 점, 어떤 것이라도 좋습니다.

에듀윌은 여러분께서 나누어 주신 의견을
통해 끊임없이 발전하고 있습니다.

에듀윌 도서몰 book.eduwill.net

- 부가학습자료 및 정오표: 에듀윌 도서몰 → 도서자료실
- 교재 문의: 에듀윌 도서몰 → 문의하기 → 교재(내용, 출간) / 주문 및 배송

2026 에듀윌 손해평가사 1차 한권끝장

발 행 일 2025년 8월 4일 초판
편 저 자 홍태우
펴 낸 이 양형남
개 발 정상욱, 배소진
펴 낸 곳 (주)에듀윌
등록번호 제25100-2002-000052호
주 소 08378 서울특별시 구로구 디지털로34길 55 코오롱싸이언스밸리 2차 3층
I S B N 979-11-360-3890-6(13320)

www.eduwill.net
대표전화 1600-6700